陈清泰文集

上下求索 ③

社会科学文献出版社
SOCIAL SCIENCES ACADEMIC PRESS (CHINA)

第三卷出版说明

本卷收录的是陈清泰同志在1998年至2004年（担任国务院发展研究中心党组书记、副主任，清华大学公共管理学院院长，清华大学、国家行政学院、南开大学等院校兼职教授等期间）的主要文稿。包括发表的文章、会议讲话、讲课稿、调研报告等。其中一些政策建议，特别是企业改革以及国有资产管理、运营、监督、考核体系等重大改革方面的决策建议，受到中央领导同志的重视。

作者在1998年之后的著述很多，涵盖社会经济发展、经济体制改革、政府与公共管理、企业改革与发展、科技创新与新技术、国民经济规划与产业发展、资本市场与上市公司、汽车产业等许多领域。部分文章收录于作者已出版的《国企改革：过关》《国有企业走向市场之路》《自主创新和产业升级》《迎接汽车革命》等专著。本卷主要收录作者在1998年11月至2004年12月有关社会经济决策咨询方面的重要著述，特别是在经济体制改革、企业改革与发展方面的著述。

第三卷 目录

在"中国中小企业发展研讨会"开幕式上的讲话
 （1998年11月8日）…………………………………… 1

发展管理科学，提高市场竞争力
 （1998年11月11日）………………………………… 4

《中国现代企业制度》序言
 （1998年12月9日）…………………………………… 8

在"中国公司治理结构国际研讨会"上的演讲
 （1998年12月19日）………………………………… 14

在国防科工委机关学习会上的报告
 （1999年1月8日）…………………………………… 21

在全国政协九届二次会议小组会上的发言
 （1999年3月4日）…………………………………… 42

中国大型企业和企业集团的改革与发展
 （1999年3月25日）………………………………… 46

体制转轨与企业家素质
 （1999年4月21日）………………………………… 51

经济调整时期企业该怎么办
 （1999年6月8日）…………………………………… 55

在"中国会计与财务管理国际研讨会"上的讲话
 （1999年6月12日）………………………………… 66

《〈中共中央关于国有企业改革和发展若干重大问题的决定〉学习
辅导讲座》书稿节选
（1999年8月22日） ………………………………………… 73

从战略上调整国有经济布局和改组国有企业
（1999年8月22日） ………………………………………… 82

完善组织体制，加快结构调整，促进军工企业集团的规范和健康发展
（1999年8月23日） ………………………………………… 93

在"在京中央企业党政领导干部贯彻十五届四中全会精神学习班"上的
辅导报告
（1999年9月25日） ………………………………………… 116

在"中国企业改革与发展研讨会"上的基调报告
（1999年11月4日） ………………………………………… 128

在"世界500强与中国大型企业发展研讨会"上的讲话
（2000年1月10日） ………………………………………… 134

在"中国国有企业公司治理问题国际高级专家研讨会"上的总结讲话
（2000年1月19日） ………………………………………… 143

在首届"中国发展高层论坛"上的主题演讲
（2000年3月27日） ………………………………………… 149

中国国有经济在加入WTO背景下的战略性调整
（2000年4月28日） ………………………………………… 154

在中国发展研究基金会2000年企业工作会议上的讲话
（2000年6月2日） ………………………………………… 160

我国大型企业改革与发展的若干问题
（2000年6月13日） ………………………………………… 173

上市公司应注意处理好的几个问题
（2000年6月24日） ………………………………………… 179

建立国有资产管理、监督和运营体制

　　（2000年7月23日）· 183

正确发挥资本市场作用，推进国有企业改革和发展

　　（2000年9月8日）· 189

《中国大型工业企业发展报告（2000年）》序言

　　（2000年9月19日）· 196

我国经济结构战略性调整的对策

　　——"十五"计划建议调研汇报

　　（2000年9月30日）· 206

规范法人治理结构，培育企业信用主体

　　（2000年10月12日）· 215

企业要把握好历史性机遇

　　（2000年11月11日）· 224

改革要解决好所有者到位问题

　　（2000年11月25日）· 231

积极促进民营经济健康发展

　　（2000年12月8日）· 238

进一步深化企业改革的几个问题

　　（2001年2月7日）· 248

在"香港上市中国公司研讨会"上的演讲

　　（2001年2月15日）· 263

在"中国发展高层论坛"2001年年会上的讲话

　　（2001年3月25日）· 272

关于"授权经营"的制度设计

　　（2001年4月23日）· 277

实现国企改革脱困三年目标的长远意义
　　（2001年5月22日） ·················· 283

关于深化国有企业改革的几个问题
　　（2001年6月28日） ·················· 289

法人治理结构是公司制的核心
　　（2001年7月4日） ··················· 308

在"中国上市公司的现代企业制度建设——公司治理大会"晚餐
　　会上的演讲
　　（2001年9月10日） ·················· 320

在"中国企业经营者激励与约束机制——股票期权激励制度研讨会"
　　上的讲话
　　（2001年9月14日） ·················· 325

培育信用体系，夯实市场体制基础
　　（2001年11月13日） ················· 334

关于建立符合市场经济要求的国有资产管理体制问题
　　（2001年11月15日） ················· 338

在"第三届上海国际工业博览会论坛——跨国公司的培育与发展专题
　　报告会"上的演讲
　　（2001年11月24日） ················· 346

改善公司治理的目标和途径
　　（2001年12月1日） ·················· 354

加强企业制度研究与学科建设
　　（2002年1月19日） ·················· 359

在"国有股减持方案专家评议会"上的讲话
　　（2002年1月21日） ·················· 363

在"中国—西班牙国企改革研讨会"上的演讲
　　（2002年5月10日） ··· 367

在"第二届公共政策与管理国际研讨会"开幕式上的主题讲话
　　（2002年5月14日至16日） ································ 376

《中国的公司治理与企业改革》序言
　　（2002年5月26日） ··· 383

在中共中央党校"国有重要骨干企业领导干部进修班"上的专题报告
　　（2002年7月8日） ··· 390

在"社会信用建设与中国诚信发展座谈会"上的讲话
　　（2002年9月18日） ··· 408

国有股减持所引起的思考
　　（2002年9月23日） ··· 411

在公共管理高级培训班结业典礼上的讲话
　　（2002年9月29日） ··· 420

伴随企业改革的是制度创新
　　（2002年10月8日） ·· 424

关于改革国有资产管理体制的汇报提纲
　　（2002年11月19日） ······································· 427

中国"入世"战略与用好"过渡期"
　　（2002年11月23日） ······································· 435

国有资产管理体制改革的突破
　　（2002年11月25日） ······································· 441

关于改革国有资产管理体制的几点思考
　　（2002年12月1日） ·· 444

健全社会保障制度是一项紧迫任务
　　（2002年12月9日） ·· 450

出资人机构如何行使所有权
　　（2002年12月12日） ·················· 457

国有企业改革：形势和重点
　　（2002年12月26日） ·················· 461

在"国有资产管理体制改革研讨会"上的开场讲话
　　（2003年1月14日） ··················· 474

在全国政协十届一次会议经济大组会议上的发言
　　（2003年3月4日） ···················· 476

《财经》专访：国资委的定位
　　（2003年3月12日） ··················· 480

国有资产管理体制改革
　　（2003年3月23日） ··················· 487

公司治理与资本市场融资
　　（2003年4月6日） ···················· 493

对《企业国有资产监督管理暂行条例》（修改稿）的几点意见
　　（2003年4月30日） ··················· 500

深化国有资产管理体制改革的几个问题
　　（2003年5月9日） ···················· 504

创造自主品牌比形成开发能力更难
　　（2003年5月14日） ··················· 513

上海、江苏两地国有企业改革与国有资产管理体制改革情况调研报告
　　（2003年6月16日） ··················· 520

国资部门成立后的国企改革
　　（2003年6月18日） ··················· 528

建立有效公司治理的几个问题
　　（2003年7月18日） ··················· 552

有效的公司治理是现代企业制度建设的核心
　　（2003年9月15日）…………………………………………… 558

推进垄断行业的改革和重组
　　（2003年11月5日）…………………………………………… 569

控制投资应有新思路
　　（2004年3月7日）……………………………………………… 572

在2004年"中国发展高层论坛"上的总结讲话
　　（2004年3月22日）…………………………………………… 575

全国"企业家活动日"福州座谈会上的讲话
　　（2004年3月25日）…………………………………………… 578

企业面临的形势与改革
　　（2004年3月30日）…………………………………………… 582

在企业家培养计划启动会上的讲话
　　（2004年5月28日）…………………………………………… 592

经济全球化与政府作用
　　（2004年8月6日）……………………………………………… 597

在中央汇金投资有限责任公司干部培训会上的报告
　　（2004年8月31日）…………………………………………… 605

建立与市场体制相适应的经营者激励机制
　　（2004年9月6日）……………………………………………… 623

全国政协经济委员会深化国有企业改革座谈会情况
　　（2004年10月26日）…………………………………………… 629

建立与现代企业制度相适应的企业经营者选聘和激励机制
　　（2004年11月6日）…………………………………………… 635

"十一五"时期的国企改革
　　（2004年11月15日）…………………………………………… 642

深化银行企业改革，建立有效公司治理

  （2004 年 11 月 21 日） …………………………………… 646

国有经济的战略定位和有序调整

  （2004 年 12 月 18 日） …………………………………… 652

在"中国中小企业发展研讨会"开幕式上的讲话[*]

（1998年11月8日）

1998年11月8~9日，国家经济贸易委、国务院发展研究中心、科技部、全国工商联和中国民生银行共同在京举办"中国中小企业发展研讨会"。来自各省市工商联、经济贸易委等地方政府部门、银行等金融机构、不同类型中小企业的负责同志出席了研讨会。

中小企业在我国经济发展中无可替代的特殊重要地位已越来越突出地显示出来；与此同时，不少中小企业，特别是国有中小企业发展状况不佳，迫使不少地方主管部门急于寻求出路。目前，放活中小企业、发展中小企业的工作已经引起全国上下的广泛关注，出现了对发展和放活中小企业非常有利的形势。

在纠正一些地方急于求成、对国有中小企业实行"一股就灵"和"一卖了之"的同时，必须全面正确理解十五大精神，按十五大精神及时制定正确的政策措施，引导、推进中小企业发展。当前，为中小企业的发展创造必要的政策环境和配套条件是政府和社会各界应有的责任。

培育和发展多种所有制中小企业，放活国有中小企业是政策性很强的工作，不是靠某一项工作就能奏效的，这是一项系统工程。从当前的形势看，大多数中小企业面临的共同主题是"如何顺利走向市场"。为此，我认为应根据实际情况着重研究和做好四个方面的工作。

第一，选择适合的企业财产组织形式。国有小企业要依据自身发展的

---

[*] 本文是作者（已由国家经济贸易委党组副书记、副主任，转任国务院发展研究中心党组书记、副主任）出席"中国中小企业发展研讨会"开幕式时的讲话。

历史、所在行业的特点、职工认同的程度，选择改组、联合、兼并、租赁、承包经营、股份合作制和出售等形式进行改制。重要的是在政企分开的同时，明晰企业所有者，并使所有者职能到位，对多数中小企业来说，要加强职工的参与和监督。通过所有者追求更高经济效益的动机，形成对企业的激励；通过所有者防范风险的机制，形成对企业的约束。改制后的企业要形成企业盈利有人高兴、企业亏损有人着急、企业资产流失有人心疼，如果企业破产就无人能救的机制。

第二，指导中小企业实行"三改一加强"。企业改制当然很重要，但充其量是改善了生产关系。如果生产力各要素不改善，依然难以有效提高企业的市场竞争力。在改制的基础上，中小企业要通过改革转换机制，适应走向市场的道路；要通过改组，优化结构；要通过改造开发新产品，实现技术进步；要通过加强管理，降低成本，提高产品质量。通过"三改一加强"走"小而专、小而精、小而高、小而强"的路子。

第三，培育和发展中小企业服务体系。中小企业势单力薄，在市场竞争中处于弱势的地位。任由中小企业自生自灭地自然发展，损失太大。政府在不直接管企业之后，有责任为中小企业的发展创造必要的环境和成长的土壤，培育和建立一套服务体系。特别是在信息共享、市场营销、技术支持、咨询培训、融资渠道以及物资配送等方面，通过政府部门或中介机构、服务公司，为中小企业和企业主提供切实有效的帮助。

第四，建立和完善社会保障体系。小企业面临的风险大，在它们进入市场后要放开手脚让其参与竞争，而一旦失败必须有社会保障的安全网"兜底"。也就是说，在企业正常运转时，要为可能的下岗、失业准备一笔保障金；在职工有工作能力的时候，要为其生病时和退休后准备一笔保障金，以此构成一个社会安全保障体系，解除企业和职工的后顾之忧。这是小企业闯市场的必要条件，也是社会稳定的基础。

山东诸城、河北新乐、广东肇庆、福建泉州、浙江温州、四川宜宾、河南漯河，等等，很多省的很多县市在放活小企业的实践中积累了很多宝贵的经验。总结那些成功的经验可以看出，发展小企业要政企分开，要有扶持政策，要采取综合性措施。"单打一"不会有好效果，企图求助于一剂"灵丹妙药"包治企业百病也是不切实际的幻想。

这次会议专门就中小企业问题进行研讨，并且突出了为中小企业融资服务的主题，这是具有重要现实意义的。

中小企业融资是一个特殊问题，用传统的一般化办法既很难满足中小企业融资的需要，又很难防范银行的风险。目前，国家已经把支持中小企业发展的融资问题提上了重要议事日程，但是尚有许多政策性、技术性和操作性的问题有待解决。借鉴日本、香港等国家和地区的成功范例，总结交流民生银行、上海城市银行、中国经济技术投资担保公司等实践经验，必然会对有关部门制定政策，为有关方面进一步探索中小企业融资起到积极的作用。

预祝研讨会成功。

发展管理科学，提高市场竞争力*

（1998年11月11日）

"管理科学，兴国之道"，简洁、透彻地说明了管理的重要性。与发达国家相比，我们在管理概念、管理方式和管理手段上的差距，拉开了生产组织方式的差距；生产组织方式在一定程度上决定着社会和企业对可控制资源的运作效率和效益。用现代管理概念、现代管理方式和手段改造传统管理已成当务之急。这一点还远未被更多的人所认识。

这套丛书的出版，是值得庆贺的一件事情。这是一套我国比较系统地介绍计算机技术和信息技术应用于企业管理现代化的新概念和新技术的丛书。它是将理论研究与应用工程融为一体的一套丛书，具有开创性意义。

振兴和发展中国的管理科学，是经济工作的当务之急。在1996年7月25日国家自然科学基金委员会管理科学部成立大会上，朱镕基同志发表了《管理科学　兴国之道》的重要讲话，要求加强对先进企业管理经验和现代管理科学的研究和宣传，多出版一些这方面的著作。这套丛书的出版，就是落实朱镕基同志重要指示的一个具体步骤。

近年来，面对国家经济管理体制由计划经济向市场经济、供需关系由卖方市场向买方市场的转变，众多企业一时不知所措，不少企业由此陷入困境。痛定思痛，企业要转换机制走向市场，必须改变传统的经营思想、增长方式和企业管理的概念、制度、方法及手段。

我国企业长期在计划经济体制、卖方市场下生存和发展，形成了粗放经营的痼疾。它们大多满足于靠数量和速度拉动、维持外延式增长，热衷

---

* 本文是作者1998年11月为《企业现代化新概念新技术及其应用》丛书所作的序言。

于完善"大而全、小而全"的组织结构,得意于简单品种、大量生产的方式。它们往往重能力扩张,轻技术开发;重生产增长,轻市场营销;重硬件装备,轻软件管理;缺乏用现代化手段、精细管理和先进生产方式改造传统管理的动力。依照这种粗放经营方式,国有企业的好日子已经过了几十年,多数企业还没有遇到不可逾越的障碍。与此同时造成一种错觉,就是不少管理者认为这种粗放式经营管理似乎可以永远维持下去。

但是,企业生存的环境悄然变了。面对变化了的形势,大多数企业缺乏必要的准备,在越来越激烈的市场竞争中表现出诸多的弱点。如缺乏质量、效益概念,缺乏管理创新和技术创新意识,缺乏风险研究和市场应变能力,缺乏市场开拓和财务管理技能,也缺乏资本运营的经验和国际竞争的勇气。他们因疏于管理而浪费了资源,因不重视信息而错过商机,因决策失误而背上包袱——传统的经营思想、管理方法、生产经营方式正遇到严峻的挑战,受到剧烈的冲击。

转向买方市场之后,市场中的主动权由卖主转给了买主,买主操持"货币选票",掌握企业的兴衰,他们正逐渐走到"上帝"的位置。买主的选择权在迅速扩大,买主的"挑剔"性格正一展无遗。用户对产品的品种、质量、价格、交货期的要求越来越高,产品的寿命周期在迅速缩短。多品种、小批量、个性化、高质量、低成本和及时交货已成为企业竞争力的基本要素。由于落后的管理不适应市场竞争,不少企业蕴含的潜力无法发挥,吃尽了苦头。邯钢、海尔等企业的经验证明,加强管理、改进管理、用现代化管理方式和手段改革管理,是提高企业市场竞争力的当务之急。

所谓管理,就是管理者对自己可控制的资源(人、财、物、时间)进行计划、分配、控制、协调和评价的过程。从某种意义上说,可控资源的运作效果、效率和效益完全取决于管理。20世纪初福特、斯隆开创的标准化、分工和流水线的泰勒制生产方式,创造了制造业的新纪元,把欧洲领先数百年的单件生产方式远远抛在了后边;"看板管理"的出现,又使日本登上了世界制造业王国的宝座;"精益生产方式"的提出,使美国汽车制造业再度恢复了元气;"并行工程"的出现,使新产品开发的成本和周期缩短近半;标准化和系统集成技术的发展,正改变着企业甚至世界性的制造业分工；信息高速公路的应用，使企业可以把全球作为资源配置的版图，实现跨国生产、采购、销售、资金调度和服务……近代各国、各公司争先运用最新的技术成果，特别是计算机和现代信息手段创造新的管理概念和生产方式，诸如敏捷制造（AM）、成组技术（GT）、计算机集成制造系统（CIMS）、全面质量管理（TQC）、智能制造系统（IMS）、精益生产（LP）、分形企业（FC）和并行工程（CE）等，使他们的竞争力明显提高。由此可以看出，伴随科技进步而出现的不仅是生产手段的一轮轮更新，而且是生产方式、管理方式的不断革命。生产手段的更新与生产方式、管理方式革命相辅相成，推动了生产力水平的提高和社会进步。当今，以信息技术为先导的科技革命的发展，不仅改变了企业的管理概念、管理手段和管理方式，而且也深刻地改变着企业的管理对象、管理内容和管理制度。企业国际竞争的经验表明，用现代化管理概念和手段改造传统管理，实现管理科学化，将产生革命性的效果。因此，管理是生产力，管理科学是兴国之道，更是"兴企之道"。

面对计算机技术和信息技术为主的现代化管理手段，各企业几乎都处于同一个起跑线。而不少企业领导者却以为现在用计算机、信息手段改造管理还距己甚远，或只满足于用计算机打字记账和发工资。当然，应用现代手段进行企业管理并不像放下算盘、拿起计算器那么简单，难点在于同时必须改造传统管理才能发挥现代手段的潜力。作为起步，目前对不少企业，特别是大中型企业来说，在总体设计下，用现代手段逐项改造企业的资金管理、成本管理、价格管理、库存管理、采购管理、销售管理、技术管理、生产管理、质量管理、投资管理、售后服务等的条件是具备的，在此基础上形成管理网络，再建立现代生产方式、建立现代管理大概念就顺理成章了。

目前国有企业面临企业走向市场的共同主题。改革企业管理，就要使企业组织、企业制度、企业各项管理都转向支撑和服务于提高企业的竞争力方面上来。为此，管理要立足于买方市场；管理要推动技术进步；管理要促进制度创新；管理要面向国际竞争；管理要以人为本；管理要应用现代化手段。

这套丛书收集了国内多位专家在企业现代化新概念和现代化管理新技

术、新手段方面的研究及应用成果，对推进企业管理现代化，甚至生产方式现代化会有重要的意义。

这套丛书的可贵，还在于它是官、产、学、研共同努力的结晶，对于推进我国科技界与产业界的有效结合具有重要的示范意义。CIMS是国家高技术研究发展计划（"863"计划）自动化领域中的两个重要主题之一。几年来，在原国家科委的组织推动下，CIMS课题组的科学家辛勤工作，艰苦探索，特别是注重把理论研究与产业化应用工程有效结合起来，从而取得了显著成效。这套丛书的作者，包括已过世的我国科技界楷模、高技术研究发展计划（"863"计划）自动化领域首席科学家蒋新松院士和CIMS课题组组长吴澄院士等，都是CIMS课题组主要成员或直接参与了CIMS课题研究和应用工作的专家、教授。他们不仅致力于研究居于世界前沿的先进制造技术，而且致力于推动科研成果与我国企业应用的紧密结合。他们长年深入企业车间，直接为科技成果转化为现实生产力进行着不懈的努力。现在，他们又把多年理论研究与实践的成果，以深入浅出的方式奉献给读者。他们这种精神不仅让人钦佩，而且也是科技界与产业界相互结合、共同努力，促进我国生产力发展的一个范例。

希望这套丛书对企业经营管理者和研究企业管理的人士在推进企业管理现代化方面有所启迪和帮助。

《中国现代企业制度》序言*

（1998 年 12 月 9 日）

现代企业制度试点是国务院为贯彻落实党的十四届三中全会精神，稳妥推进建立现代企业制度的战略部署。通过三年探索和实践，试点的目的基本达到，积累了结合实际进一步推进现代企业制度建设的经验，为实现十五大提出的"力争到本世纪末大多数国有大中型骨干企业初步建立现代企业制度"目标创造了条件。

党的十四届三中全会明确提出，建立现代企业制度是发展社会化大生产和市场经济的必然要求，是我国国有企业改革的方向，以公有制为主体的现代企业制度是社会主义市场经济体制的基础。由此看出，现代企业制度的建立无论对国有企业改革与发展，还是对实现社会主义市场经济体制目标都具有特殊重要的意义。

现代企业制度试点是国务院为贯彻落实党的十四届三中全会精神，稳妥推进建立现代企业制度的一项重要部署。1994 年 11 月，国务院召开了"全国建立现代企业制度试点工作会议"，决定选择 100 家国有大中型企业试点，各省区市和有关部门也选择了 2500 多家试点企业，试点工作在全国范围内展开。

为指导和推进试点工作，国务院有关部委和各省区市做了大量的协调工作，相继出台了一批指导性文件，并结合试点进程中的情况，先后在上海、青岛、大连、重庆、海口、西安、北京等城市召开了各种工作会、座谈会和经验交流会，推动试点工作。

三年来，各地区、各部门和试点企业依照国务院统一部署，绝大多数

---

* 本文是作者 1998 年 12 月 9 日，为《中国现代企业制度》一书所作的序言。

试点企业依照《中华人民共和国公司法》进行改制,按"三改一加强"方针,结合实际,扎扎实实地推进各项试点工作,对建立现代企业制度进行了多方面的探索。

第一,通过试点初步建立了有限责任制度。依《中华人民共和国公司法》明确企业国有资产投资主体,做到产权责任清晰。依法建立新型政企关系,国家所有者退居到股东的地位,依股东方式行使权利。包括国家在内的出资者则只以投入企业的资本额为限,对企业债务承担有限责任,从根本上改变了企业吃国家"大锅饭"的体制。

第二,初步建立了企业法人财产制度。企业拥有包括股东投资和借贷形成的边界清楚的企业法人财产,由此确立企业法人的法律地位。法人财产既是企业市场经营运作的对象,也是企业自负盈亏的基础。企业破产时要以全部法人财产承担债务责任。

第三,形成了资产的流动机制。企业要"活",重要的是形成产权的流动性和开放性,即要使资本的注入和出资者的更换、增减能顺利进行。在企业重组和股票上市过程中,不少企业已经尝到甜头。这就改变了现行的工厂制企业中固化而不能流动的板块式、封闭式的产权结构。

第四,拓宽了企业融资渠道。改变了国有企业与财政和银行紧紧捆在一起、企业只能依赖财政注资的体制,使企业有可能进入资本市场,实行广泛、多渠道融资。一些有前景的企业由此而加速了发展。

第五,初步形成了转机制、抓管理的内在动力。董事会作为投资者派出的代表进入企业,主持企业经营工作,在企业内正逐步体现投资者的本能:追求效益最大化和极力规避风险。这就促进了企业以追求经济效益为目标,形成企业内部制度创新、管理创新和技术创新的动力。

第六,促进了新型的企业与职工关系的建立。企业作为独立的公司法人,与职工的关系是依据《中华人民共和国劳动法》形成的契约关系,企业不应再包揽职工的就业、福利、子女和社会保障等一切方面。试点企业分流富余人员、分离企业办社会职能的工作有了较大进展。

第七,形成了企业约束机制。通过公司法人治理结构,投资者以法定形式进入企业,行使选择经营者、重大决策和资本收益的权利,初步改变了所有者代表缺位的问题。通过企业内的权力机构、决策机构、执行机构和监督机构，形成了所有者、经营者和劳动者相互激励又相互制衡的机制，并形成科学的领导体制及决策程序，使三者的权益得到保障，三者的行为受到约束。对试点企业来说，在外部有市场的吸引和约束，在内部有法人治理结构的制衡，从而初步建立起我们渴望已久的自负盈亏、优胜劣汰以及激励和约束相结合的经营机制基础和框架。

第八，为国有企业的改革和发展锻炼和培养了一批人才。在三年的试点中，大批企业领导人员苦心钻研和积极探索通过制度创新使企业适应市场的途径，培养和锻炼了一批比较懂得现代市场经济的企业管理者。他们是国家的宝贵财富，必将会对国有企业改革做出应有的贡献。

第九，观念的转变和对市场经济认识的提高，是试点的一大收获。现代企业制度试点给试点企业的干部和职工上了一堂现代市场经济的强化培训课，使试点企业的干部和职工深深认识到，企业要想生存就必须适应市场；企业若要适应市场，只有依靠自己的力量、深化自身的改革。企业观念的转变，为企业的发展和试点的深化创造了条件。

由此可见，试点企业与传统国有企业相比，出现了本质上的差别。这是国有企业在走向市场过程中的一次飞跃。因此，现代企业制度试点的成效是显著的。

从三年试点的进程看，有四个方面的特点。

一是以制度创新为主要内容，把"产权清晰、权责明确、政企分开、管理科学"有机结合，全面进行试点。试点从一开始就强调不搞优惠政策，不吃"偏饭"。很多试点企业看重制度创新、机制转换的效应，他们大胆探索、勇于创新，着力在"创"和"新"上下功夫。96%的试点企业通过清产核资、理顺产权关系，陆续明确了国有资产投资主体，按《中华人民共和国公司法》制定了公司章程，构建新的公司领导体制，初步形成公司法人治理结构，并努力规范运作，为转换企业经营机制提供和奠定了制度基础。

二是从实际出发，探索各类国有企业改制的具体形式。百户试点企业分布在全国30个省区市，分属不同行业，是国有经济的缩影。在具体改革形式上，根据各企业自身的特点，既有国有独资的资产经营公司、控股公司，也有多元股东组成的有限责任公司和股份有限公司，还有40多户试点企业成为上市公司。为了避免在试点中进一步固化不合理的经济结构，对不符合国家产业政策又难以摆脱困境的企业不盲目进行改制，有三户企业在试点中被兼并和实施破产，有一户企业仍暂时保留原体制。试点实践表明，单纯的企业改制并不能真正建立现代企业制度，企业必须要结合自身的实际，先改组，在改组中以产权为纽带，具备条件的实行投资主体多元化，之后再依《中华人民共和国公司法》进行改制，完善法人治理结构。与此同时重新审视企业发展战略，加强技术改造，培育新的生长点；改造传统管理方式，实现管理科学化。认真这样做的企业一般能够取得较好效果。

三是试点工作发展不平衡。从试点起步的快慢，试点方案是否完善，试点操作是否规范等方面来看，百户试点企业要优于面上的试点企业。多数地方和企业共同的难点是如何确定国有投资主体。在完善公司法人治理结构方面做得比较规范，按"三改一加强"综合治理的地方和企业，对促进企业转变经营机制效果更明显。

四是现代企业制度试点牵动传统经济体制各个方面，甚至牵涉政治体制改革。这是一个不断探索、不断实践、不断认识和不断发展的过程。现代企业制度是社会化大生产和市场经济文明成果与我国十几年改革开放相结合的产物。三年来，人们对现代企业制度的认识经历了实践—认识—再实践—再认识的发展过程。同时也是在各方面看法并不完全一致、各方面条件并不完全具备的情况下向前推进的，试点改制成果也是呈阶段性的。试点之初，由于种种原因，大多数企业选择了国有独资的形式，随着认识和实践的深入，大多数企业又选择了多元化的投资主体。随着企业改制条件和融资渠道的改善，国有独资公司的比例还在继续下降。试点的实践表明，现代企业制度是公有制与市场经济有效结合的企业组织制度，是国有企业特别是大中型国有企业改革的一种现实可行模式，多元股东持股的公司体制，更有利于企业经营机制的转换，促进政企分开。

五是现代企业制度试点的"波及效应"广，对深化改革起到积极的推动作用。现代企业制度是一个相互配套的制度体系，仅靠企业"孤军深入"新制度难以建立。通过试点的碰撞和探索，把束缚生产力发展的体制弊端充分揭示出来了。实践表明，企业改革与外部配套改革结合得越紧密，试点的效果也越好。现代企业制度尽管仍在试点阶段，但作为国有企业方向性的制度基础，已经广泛触及国有资产管理、政府机构和职能改革、社会保障制度的建立、投融资制度改革、劳动力市场的建立等诸多问题，产生了强大的波及效应。

回头来看，三年试点也取得了丰富的经验。

第一，摸索出了一套先改组后改制、边改组边改制的经验。乱铺摊子、重复建设是国有企业经营状况不佳的重要原因之一。在建立现代企业制度试点过程中，不少地方和企业将建立现代企业制度与国有企业的重组结合起来。一是试点企业自身的改组，如剥离企业办社会职能、下岗分流等；二是试点企业在改制的同时，以产权为纽带，通过兼并、股权置换等手段，实现与其他企业的重组，顺理成章地通过产权流动实现了投资主体多元化，有利于规范改制形式，有利于经营机制转换。

第二，企业改制一定要解决一批历史遗留问题。国有企业源于传统的计划经济体制。经过几十年的运转，积累了各种各样、在原有体制和企业制度下无法解决的问题，如冗员问题、"办社会"问题、经营者管理问题和资产边界不清问题等，尤其要弄清企业国有资产管理、运营、监督机制，并使其职能到位，这是制度创新的基础。这些问题一定要在改制的同时予以解决，改制后的企业才能按新的机制运行。

第三，转机建制的目的是提高企业对市场适应能力，提高企业经济效益。企业经营的根本是创造利润。国有企业之所以要改制，正是由于传统的政企关系既阻碍了国有企业放开手脚走向市场，又使政府始终难以摆脱要承担无限责任的境地；传统的资产管理体制既阻碍企业经营者、劳动者积极性的调动，又使国家所有者的监督难以到位，国有资产往往处于所有者失控状态；传统的企业制度既阻碍了企业运用市场经济允许的融资发展等手段迅速壮大自己，又使企业内缺乏科学的组织制度和决策体制，难以形成激励和约束机制。改制不是为了翻牌子、建机构，最终目的是寻求公有制与国有经济走向市场、适应市场、不断提高市场竞争力的有效途径。

第四，企业改制要与再就业工作结合起来。试点企业的实践告诉我们，冗员过多是国有企业的通病，要严格按照中共中央和国务院的规定和要求，建立再就业服务中心，妥善安置下岗职工和分流的富余人员，分离企业办社会职能，逐步建立起符合《中华人民共和国劳动法》的企业和职工双向选择的人员流动机制，使企业能按生产经营的需要决定用人数量和劳动结构。

第五，为利用资本市场融资奠定了基础。百户试点企业中已上市和拟上市的已达50%以上，由于试点企业改制较早、操作较规范，并且改制后又经过了一段时间的公司制运作，积累了一定的经验。因此，上市后的运作更规范、更稳定。

第六，三年试点最重要的体会就是大胆探索、勇于创新、重在实践。百户试点最大的特点就是没有优惠政策可以依赖，但为试点企业留出了较大的探索与创造的空间。面对几十年计划经济体制所形成的观念陈旧、机制僵化、负担沉重等深层次矛盾，只要符合"三个有利于"，能够使国有资产保值增值，有利于企业走出困境，步入发展之路，办法可以大胆地想，难关可以谨慎地闯，方案可以大胆地试。由于百户试点企业遍布全国各地、分属不同行业，存在的问题既有共性，又有各自的特殊性，每个企业都根据自己的实际，结合外部条件，走出了自己的改制路径。

总之，通过三年探索和实践，试点的目的已经达到，即，国有企业在制度建设上存在的问题已经摸清；制度创新的必要性进一步明朗；找出了一些解决重点难点问题的办法和途径；大多数试点企业按照《中华人民共和国公司法》进行了改制，制度创新的基本框架已经在试点企业初步形成；与建立现代企业制度相关的配套改革，如深化国有资产管理体制改革、建立经营者的激励约束机制、解除企业不合理负担等方面的工作，已经逐步展开；积累了结合实际进一步推进现代企业制度建设的经验；尤其是在十五大精神的鼓舞和指引下，人们的认识进一步统一，为实现党的十五大提出的"力争到本世纪末大多数国有大中型骨干企业初步建立现代企业制度"目标奠定了基础。

在"中国公司治理结构国际研讨会"上的演讲[*]

(1998 年 12 月 19 日)

建立社会主义市场经济最重要的一点,就是使国家投资和拥有股份的企业成为独立的市场主体。政企不分是服务于计划经济的管理体制,政府不独立,企业也不独立。这已成为国有企业走向市场的制度性障碍。建立社会主义市场经济体制,政企分开是必要条件。

在中国国有企业改革的关键时期,中国(海南)改革发展研究院专题研讨中国公司治理结构的问题,具有重要的现实意义。

一 国有企业走向市场的一个必要条件是政企分开

建立社会主义市场经济最重要的一点,就是使国家投资和拥有股份的企业成为独立的市场主体。政企不分是服务于计划经济的管理体制,现在它已经成为国有企业走向市场的主要障碍。政府既是社会经济的调控者,又代表国家行使所有者职能。在企业内有劳动者和经营者,但是所有者缺位。凡是需要企业董事会做决策的事都由政府部门分兵把口行使职权,整个政府就成了国有企业的董事会,这就使国有企业不能成为独立的市场主体,而与政府处于一种"联体"状态。由此产生诸多的弊端。

(1)政府直接干预企业的生产、经营,既使企业不能成为独立的法人实体,也使政府陷入了对企业要承担无限责任的境地。为了减少国有企业

---

[*] 本文是作者 1998 年 12 月 14 日在中国(海南)改革发展研究院召开的"中国公司治理结构国际研讨会"上的演讲。

的市场风险，政府采取严格的投资项目审批制度，似乎审批制度越严，越能控制企业的非正常行为，减少经营风险。面对审批制度，一部分企业却认为，既然有政府把关，自己尽管张开大口要项目、要贷款，有了成绩是经营者的政绩，出了问题自然政府要负责。由于信息的不对称，通过持之以恒的"公关"，很多没有效益的"项目"蒙混过关往往并非难事。另外，即使是合理的项目，但审批要经过很多的环节，往往是几年的过程。审批下来早已时过境迁，难以取得好的经济效果。对于长期大量低水平重复建设和屡见不鲜的失败项目，实际上政府财政或通过国有银行在承担着无限责任。

（2）政府热心地办企业，认真地管企业，决定着企业的重大事项，其本身就像一个超级企业；企业又要按政府的要求，设立与政府对应的机构，对职工生老病死全面负责，自办小社会，又像一个个"小政府"。这种职能错位，使国有企业长期处于财务不透明、粗放经营、粗放管理、低效运行的状况。

（3）政府和企业之间职权边界不清，所有权和经营权混为一谈，国有产权管理、运营和监督的责任不清，结果就是低效率。

一方面，政府是企业国有资产的所有者，但又具体掌握着企业的经营权力；另一方面，厂长（经理）是代表所有者，还是代表劳动者，或其本身是位经营者，这也含混不清。当发现企业机制不灵活，不能适应市场时，就倾向下放权力。政府在下放经营权的时候，往往将所有权一并放弃，使不少企业被"内部人"控制；当发现企业非正常行为屡屡发生，所有者权益失去保障的时候，又倾向于加强政府的直接管理。此时政府在收回所有权的同时，往往又把企业经营权一并上收。改革开放以来，沿着"一管就死，一死就放，一放就乱，一乱就收，一收又死"的轨迹往复多次，但是企业并未能成为独立的市场主体，反而造成国有资产的流失。

（4）政企不分阻碍了政府行使社会经济管理职能。政府既是社会经济的管理者，又行使企业国有资产所有者的职能，这种双重职能使政府很难给自己一个准确的定位。当它行使社会管理职能的时候，往往要照顾国有企业，使非国有经济感觉国有企业在吃偏饭；当它行使所有者职能时候，又往往把国有企业当作行使政府职能的工具，把本应由政府行使的职能强加给国有企业,让企业"办社会",使国有企业认为自己受到不公平待遇。这就使社会主义市场经济很难建立。

总之,要建立社会主义市场经济,使国有企业走向市场、自主自立、自负盈亏、参与竞争,必须实行政企分开。今年开始的政府机构调整,已经把这一改革提上了日程。

二 政企分开的一个基础是企业制度创新

所谓"政企分开",正确的含义应有两个方面:一是政府对竞争性行业企业的生产经营直接干预应当停止;二是国家所有者职能必须到位。两者必须同时进行,中间不能脱空。否则,就会出现"内部人控制"的局面。

国家以所有者身份行使职能的方式,依现在推行的体制,主要表现在四个方面:

第一,实行国家所有,分级管理,分工监督;

第二,各级政府对分工监督的企业,派出所有者代表参与组成股东会或董事会;

第三,政府对被监管的国有独资公司每年认可年度经营目标;

第四,政府对国有独资公司派出稽查特派员或监事会,对企业财务状况进行监督,对经营者业绩做出评价。

要使国家所有者职能到位,必须改革企业制度。在政企不分的体制下,国有企业的重要决策都在政府,这时实行厂长(经理)负责制,相对集中权力,有利于提高效率。在政府不再直接干预后,如何防止经营者滥用权力就是一个大的问题。此时,传统的国有企业制度已经不能保障包括国家在内的所有者的最终控制权,不能保障所有者权益不受侵蚀。改革原有企业制度的一个核心问题,是使所有者,特别是国家所有者职能到位。

现代公司是既能保障所有者权益,又使企业能以独立法人身份进入市场,参与竞争的比较有效的企业制度。对国有企业制度的改革应努力做到"产权清晰、权责明确、政企分开、管理科学"。其要点如下:

第一,保障包括国家在内的所有者权益,使所有者对其投资的企业拥有最终控制权；

第二，企业拥有包括所有投资者投资和借贷形成的边界清晰的法人财产，依法取得独立法律地位，进入市场独立运作；

第三，政府不再直接干预企业经营，但对企业债务也不再承担无限责任。

通过对国有企业进行公司制改革，有可能解决传统国有企业走向市场时包括政企不分等一系列体制问题和经营管理问题。

第一，可以确立有限责任制度，依法重新构建企业和政府的关系，做到产权责任清晰。国家所有者退居到股东的地位，依法以股东的方式行使权利。包括国家在内的所有者只以投入企业的资本额为限对企业债务承担责任。这就可以从根本上改变政企不分、企业吃政府大锅饭的体制。

第二，可以建立企业法人财产制度。企业依法取得包括各个股东投资和借贷形成的企业法人财产，以此确立企业的独立法人地位。企业在市场中独立运作法人财产，以全部法人财产对债务承担责任，自负盈亏。

第三，可以形成企业资产的流动机制。股份制奠定了企业财产流动性的基础，使资本的注入和出资者的更换、增减能顺利进行。股份制企业有可能进入资本市场实行资产重组和广泛融资。

第四，能形成转换机制，改革内部管理的动力。董事会受投资者的信托经营企业，来自所有者追求经济效益最大化的动机和极力避免市场风险的本能，使董事会对经理人员提出严格要求并认真监督。由此会促成的企业动力机制和约束机制，能端正企业的市场行为，形成制度创新、技术创新和管理创新的动力。

第五，会促进企业与职工建立新型的关系。企业作为独立法人与职工按照《中华人民共和国劳动法》建立契约关系，逐步形成企业根据生产经营的需要确定用人数量和人员结构，职工自主择业，这就形成了劳动力流动机制。

第六，有利于形成科学的领导体制和组织制度。通过公司法人治理结构，使所有者（代表）进入企业，建立起适应市场竞争的科学的领导体制和决策体制，在企业内部形成投资者（代表）、经营者和劳动者三方的激励和制衡关系，使三者的合法权益得到保障，三者的行为又受到约束，做到管理科学。

总之，可以说制度创新、对国有大中型企业进行公司制改革，是政企分开后，保障国家所有者权益的必要条件，也是企业走向市场适宜的组织形式。

三　制度创新的一个要点是公司法人治理结构

直至今日，现代公司制仍是大型企业投身社会化大生产和市场竞争有效的财产组织形式。但能发挥其有效性的一个重要条件，是具有健全的公司法人治理结构。

在我国企业改革与发展中，确有一批企业通过规范的公司制改革，转变了经营机制，极大地提高了企业市场竞争力。但也确实有不少企业翻牌为公司之后，经营机制依旧，领导体制、决策程序依旧，管理制度、管理方法依旧。有的企业尽管股票已经上市，但经营并无起色。究其原因，重要的一点是公司法人治理结构被严重扭曲。

企业是出资者投资依法建立的营利性机构，它追求的目标本来很单一，就是赚钱。在正常情况下，职工得到的是工资和工资性收入，企业盈亏最终的承受者是企业的所有者、出资人。因此，所有者是促使企业追求经济效益的主要动力，所有者又是企业避免风险的掌舵人。因此，对于国有公司来说，端正企业行为，必须解决的一个问题，就是国有公司老板真正到位。如果国有公司老板权能不到位，那么国有公司老板派出的股东代表、董事、董事长就形同虚设，公司法人治理结构就徒有虚名。由此造成的结果，要么是经营者偷懒、不负责任，要么是企业被"内部人"控制，使所有者权益受到侵蚀。

由于政府已经深受企业"内部人"控制之苦，因此，为在政企分开后使所有者职能真正到位，不少企业又进入另一误区。比如以下几种情况。

（1）主张董事长、经理一人兼。这一方面得到某些企业领导人的拥护，使他们可以得到统管一切的权力；另一方面也得到一些政府部门的支持，为它们继续直接管理企业提供了方便。实际上董事、董事长受所有者的信托，与经理在身份、职责、权限、考虑问题角度、考核评价标准等都是一个服从一个的两种层次关系。如果一人兼，两种层次混淆，怎能保证董事长始终站在国家所有者立场，而不被经理的身份所左右？怎能保证董事会对经理工作能提出严格要求和切实的监督？

（2）主张政府所有者机构既管派入被投资企业的董事、董事长，还要管理经理甚至副经理，似乎对企业领导人管的越多越安全。一般来说，与人事管理体系相对应的是责任体系。如果董事、董事长连同经理、副经理都被同一机构任命并对这一机构负责，那么董事会对经理的权威不就被架空了吗？经理与副经理可以平起平坐，那么谁对经营工作负责？这种状况，法人治理结构的责权体系如何建立？

（3）主张董事会成员与经理、副经理人员重合，认为这样可以把决策与执行统一起来，减少矛盾。从某种意义上说，有矛盾才能制衡。法人治理结构承认在企业中所有者、经营者、职工是三组不尽相同的利益主体。这种两套班子重合的做法在回避矛盾的同时放弃了制衡。这不是又返回到所有权与经营权混为一体的改革原点了吗？

（4）对"集体决策、个人负责"等董事会议事规则、决策程序马虎行事，不以为然。每位董事都受所有者的信托，对重要决策都要明确表态并记录在案，个人负责。必要时国家控股股权可以追究董事的法律责任。这是使董事始终站在所有者立场，维护国家所有者权益的保障。如果董事会活动不按《中华人民共和国公司法》规范运行，董事如何承担信托责任，又如何能追究董事的法律责任？

（5）对董事会依照国家法律、法规决策的事，政府部门还要再审批，似乎这样才更保险。"疑人不用，用人不疑"，国家所有者对投资企业的关心，不在于替企业做出多么英明的决策，关键是选择好称职的董事、董事长并有效监督。对董事会决策的再审批，实际上是解脱了董事会的责任，仍然没有脱离政企不分的老路。

（6）认为国有独资公司是最高级形式，不少企业争相改制为国有独资公司。按《中华人民共和国公司法》规定，国有独资公司是多种公司中的一种特殊形式，并不适用于一般竞争性领域的公司。它只有唯一的注资渠道、唯一股东，搞不好会为维持旧体制敞开方便之门，也为政府干预企业提供方便，最后是"体制复归"。实践证明，多元股东持股的公司对国有企业克服体制弊端，转换经营机制等有更多的优越性：有利于实现政企分开；有利于所有者职能到位；有利于资产重组和多渠道融资；有利于公司法人治理结构的规范运作。

可见，当前国有企业改革中，研究和总结如何建立有效公司治理结构必须掌握的要点，是指导国有企业制度创新的一项重要工作。

我想，当前应特别注意以下几点。

（1）严格按《中华人民共和国公司法》建立层次分明的人事管理体制，构建权责明确的管理体系。在公司内，要管事管人相一致。在人事管理上，上一层次管下一层次；在责任体系上，下一层次对上一层次负责。

（2）董事会成员与经理、副经理不能高度重合，一般情况下董事长与经理应分设。

（3）公司组织体制和领导体制，要严格按《中华人民共和国公司法》运行，规范可以追究董事信托责任的董事会议事规则和决策程序。

（4）在企业联合重组中，以产权为纽带使国有企业成为多元投资主体的有限责任公司或股份公司，具备条件的可股票上市，有利于股东职能真正到位。

（5）在国家法律、法规范围之内，公司董事会职权内决策事项，政府不再干预和审批。

在国防科工委机关学习会上的报告[*]

（1999年1月8日）

企业和企业改革是一个重大问题，也是一个难题，大家都在研究探讨这一难题。党中央、国务院在这方面有很多重要的决定，这是指导我们工作的重要原则。我今天想讲三个方面的问题。第一，实行政企分开是国有企业走向市场的重要条件；第二，加速经济结构调整和企业的战略性重组；第三，在经济回落时期，企业应该做什么、能够做什么。

一　关于政企分开的问题

搞好国有企业一个很大的障碍就是政企不分。实行政企分开这个问题讲了十多年，总的来看有进步，但从根本上没有解决。在这种体制下，企业经营自主权不落实和对企业的约束机制不健全，这两者是并存的；企业经营机制不灵活和企业非正常行为屡屡发生是并存的；企业经济效益不高和企业的非经营性支出过快增长、国有资产流失是并存的。在这种情况下，政府如果再放权则担心失控，如果再收紧又怕把企业管死。因此我们一直处在这种两难境地。从去年开始，中央政府进行机构改革。在罗干同志报告中，机构改革的第一个原则就是要实行政企分开。这是搞好国有企业的一项战略性措施，所以，自去年开始已经采取一系列措施来推动这项工作。

---

[*] 1999年1月8日，国防科工委（中华人民共和国国防科学技术工业委员会）举行机关干部学习会，作者应邀就政企分开、结构调整以及经济回落时期的对策等企业和企业改革问题做报告。本文是作者的讲话稿。

（一）政企不分的弊端

政企不分的弊端可以归纳为以下几个方面。

第一，政府直接干预企业的生产经营，既阻碍企业成为独立的法人实体，同时也使政府陷入对企业承担无限责任的境地。由于企业缺乏自我约束能力，为了减少风险，企业的主要生产经营决策、投资决策，始终由政府决定或批准。然而，政府的审批对企业来讲等于拿到了一份通行证。企业得到政府的批准书后，银行就不得不为企业提供贷款。银行很难承担出现呆坏账的责任，政府实际上对贷款承担了担保责任。但政府又很难对企业实行有效的监督，因为政府始终在企业之外。在这种审批制下，国有企业比任何其他企业都更敢于不考虑风险和回报去搞重复建设，更敢于不自量力地去扩张，更敢于无限制地去借贷和负债经营。这是不少国有企业背上沉重包袱，甚至陷入困难境地的重要原因。现在国有企业沉重的包袱，主要已不是改革开放之前的问题，绝大多数都是改革开放之后的问题。投资决策失误，投资低效益或是没有效益，使之背上了永远也还不清的债。对企业经营者来说，那些重要的决策既然得到了政府的批准，出了问题自己还有什么责任。因此，企业经营不善的后果自然可以推给政府，直到发不出工资向政府要，还不了的债也向政府赖。实际上，这种政企不分的体制，使国家或者是国家通过银行对企业承担了无限责任，企业稳吃政府的大锅饭。

第二，政企职能错位造成企业低效益。职能错位的现象非常明显，走到哪里都可以听到和看到，各级政府都在热心地办企业、认真地管企业，都在决定企业的重大事项。所以，每一级政府都像一个大企业。另外，政府又要求每一个企业要有和政府相对应的机构和职能，让企业各自办一个小社会。远离城市的军工企业在这方面更加典型、更加明显。这样，每一个企业又像一级政府。政企职能错位，扰乱了企业的目标。当企业领导者站在经营者的立场考虑问题时，当然要追求经济效益，要排除各类与生产经营主业无关的杂事，要降低成本。但是当他作为一个小社会管理者的角度考虑问题时，他就要保一方平安，保证职工就业岗位稳定，保证离退休职工安度晚年，保证职工及家属的医疗、上学和生活福利条件不断改善，甚至还要保证职工子女的就业。这样，政府就为国有企业管理者设定了两个相互矛盾的目标。来自企业内部职工的现实压力，往往使企业经营者追求经济效益的动机和热情淡化。职工离开了企业就找不到社会依托；反过来，企业也不能辞掉职工，人员不能流动的机制使职工稳吃企业大锅饭，加上企业稳吃政府大锅饭，最后的结果就是低效率、低效益。

第三，政企不分使企业的国有资产管理、运营和监督的责任不清，造成国有资产流失。近年来，市场机制的作用在逐渐强化，社会上利益主体多元化的格局也已经形成，各种所有制资产大幅度交叉和流动重组的局面也已经开始。由于企业的国有资产管理、运营和监督机制没有建立或者很不完善，侵蚀国有资产的形式变得更加多样和隐蔽。时至今日，我们的管理体制就是，企业的国有资产笼统地说是国家所有，但是当发现企业资产流失的时候，却找不到具体的责任人。实际上，国家通过政府在企业之外来行使所有者职能，在企业之内所有者代表是缺位的。这种管理体制，一方面使得需要所有者做决策的事都要由政府部门分兵把口行使职能，使政府成为千万个国有企业的董事会，形成了政府直接干预企业的物质基础。这就使得企业难以成为独立的法人实体，进入市场。另一方面，企业又缺乏来自企业内部的所有者或所有者代表负责任的监督。所有者是政府，它远离企业，在企业之外，企业内部搞些什么动作，它根本搞不清。也就是说，远离企业的国家所有者往往难以及时获得准确的必要的信息，所有者被架空。

第四，政企不分阻碍了政府行使社会经济管理职能，使政府难以为各类企业创造公平竞争的条件。在这种政企不分的体制下，政府也是两幅面孔。一方面，它是全社会经济的调控者，同时它又行使国有资产所有者职能。双重职能使政府很难给自己一个准确的定位。当它在行使社会调控职能的时候，它又是国有企业的所有者代表，因此它必然照顾国有企业，特别是困难的国有企业。从而使那些非国有企业感到自己吃了亏，认为政府在给国有企业吃偏饭，自己受到了不公平的待遇；而当政府作为国有企业所有者的身份来考虑企业决策、决定企业重大事项的时候，它又是社会生活的管理者，往往就把国有企业作为行使政府职能的一种工具，本来应该政府做的事情让企业去做，让企业来分担社会职能，这样国有企业也感到受到了不公平待遇。政企不分使每个国有企业的背后都有政府背景，这就形成台前企业间的竞争，实际体现了台后各级、各地政府间的竞争。当本地企业处于不利地位时，政府可以利用工商管理、市场准入、差别税费等合法或不合法行政手段体现对企业的亲疏。因此，这种政企不分的体制就极大地阻碍了政府为创造公平竞争机制而正常行使的职权。改革开放20年的实践证明，要建立社会主义市场经济体制，要使企业以独立法人的身份走向市场，公平地参与市场竞争，不可回避的一个问题就是政企分开。

（二）如何实行政企分开

实行政企分开必须要配套地解决若干问题，不是说政府一撒手就政企分开了，没那么简单。我在工作中直接的感受就是，所谓政企分开绝不意味着国家所有者对几万亿经营性资产可以一放了之。政企分开的目标是双重的，政府部门要停止对企业的行政性干预，但同时国家所有者职能又必须到位。也就是说，政府直接干预企业的手要从企业里退出来，政府应该公平地对待各类企业，"宏观调控"和提供服务，与此同时，国家行使所有者职能的手又必须进入企业而且要到位。这两者应该同时进行，中间不能脱空。一旦脱空就会出现所谓的"内部人控制"，国家所有者权益就会受到损失。

有效地实行政企分开，需要从以下几点做起。

第一，改革政府机构，转变政府职能。过去多年讲到了政企分开，也做了不少工作，之所以效果不理想，其中一个重要原因就是政府机构改革没有到位。要把政府职能切实转变到宏观调控、社会管理和公共服务上来，把生产经营权真正交给企业，那些曾以管理企业为己任的专业经济管理部门，要将主要职能转向制定行业规划和行业政策，进行行业管理，要引导本行业的产品结构调整，要维护行业平等竞争秩序，不再直接管理企业。这次政府机构改革的方案应该说充分体现了这个指导原则。国家把七个专业部转成了国家局，经过一段时间的过渡，它们就不再直接管理企业了。这次军队、武警、公检法以及党政机关与所管企业脱钩做得比较彻底，如果地方政府机构改革也做相应的调整，这就为政企分开奠定了一个组织基础。

第二，要确立国家行使所有者职能的方式。按照江泽民同志在党的十五大报告中所讲到的，要建立有效的国有资产管理、监督和运营机制。根据这次政府机构改革方案，国家所有者将逐步退居到股东的地位，按照《中华人民共和国公司法》（本文以下简称《公司法》）来行使国家股东的权利，国家对国有企业或者是国有独资企业行使所有者职能。按照现行的体制，国家行使所有者职能的方式体现在四个方面。

一是按照国家统一所有、分级管理、分工监督的原则，国家层次作为所有者直接管理的就是经国家认定的重点大型国有独资公司或国有企业，也就是经国家认定的"关键的少数"。原来国家经济贸易委员会提出来512家，这次脱钩，会有进有出，但大体就是这个量级的重点企业。我估计将来不会超过1000家。在这些国有独资公司或国有企业下层持股、控股的企业，要按照"谁投资谁负责"的原则，由各个投资的机构对下属的国有资产负责，国家这一级只管国有独资公司，而不宜管国有独资公司下面控股参股的企业。

二是国家直接监管的企业具备条件的要按《公司法》进行公司制改制，国务院监管部门作为股东派出所有者代表，参与公司治理。这是国家要管的。为此，中央成立了大型企业的工委。我认为，将来国家对国有企业或企业资产运作情况的关心，更重要的体现是派出得力的、可以信赖的经营者，而不在于替这个经营者做多么高明的决策。要让经营者去决策，出了问题唯他是问。选好人是最关键的一条。

三是国家以投入企业的资本量享受所有者权益。按照党的十四届三中全会的决定，国家所有者权益主要体现在三个方面：一个是管人，一个是重大的决策；一个是收益。具体地体现所有者权益，我想国家可以以股东身份与被监管企业每年签订经营协议，规定这一年到底要干什么，最终要达到什么目标。有国家认可企业的年度经营目标，就不再干预企业具体的生产经营。这是国家行使所有者职能的一种方式。

四是按照分工监管的原则，国家向国务院重点联系的国有独资公司或国有企业派出稽查特派员。稽查特派员以企业年度经营目标为准，审计考核企业的年度财务报告。稽查特派员对企业业绩如何评价？评价的依据，一是企业财务报告的真实性，二是与企业的年度经营目标相对照。

第三,要对大中型国有企业进行规范的公司制改造,实行制度创新。在政企不分的体制下,国有企业的重要决策权掌握在政府手中,在这种情况下,实行厂长负责制,相对地集中权力,有利于提高效率。实行厂长负责制,给了厂长经理什么权?是生产经营和建设的指挥权,决策权没有给他,实际上通过行政审批等方式依然在政府手里。当政企分开之后,企业成为独立的市场主体,如何防止个人滥用权力就成为一个十分突出的问题。目前,国际上可行的办法就是依据《公司法》进行改制,建立企业法人治理结构。包括国家在内的所有者,要把可信赖的代表派入股东会或董事会来行使股东的权力,人进入企业,但屁股要坐在国家所有者的位置。在企业内部,要形成科学的决策体制和制衡机制,重要的问题在董事会实行"集体决策、个人负责"。

这与党委领导下的厂长负责制的议事规则是不一样的。党委能领导但是不负责,厂长经理负责但是不能领导。另外,党委集体领导是集体决策集体负责,出了问题集体负责。而董事会的议事规则是集体决策,少数服从多数,但是个人负责,每个人的表态记录在案,如果出了问题可以追溯,甚至可以上法院起诉。当然这就与厂长负责制也不一样了。这套公司的治理结构、组织制度、管理体制,既可以发挥集体决策的优势,又使每个参与决策的成员承担起个人责任,甚至法律责任。没有这样一套制衡机制,实行政企分开,国家作为所有者是不放心的,所有者的权力很容易被架空。要实行政企分开,就必须寻找实行政企分开之后可行的企业制度,这就是中央讲的现代企业制度。

第四,建立和完善政企分开的投融资体制。在把投资决策权交给企业之后,在政府、企业和银行之间形成投融资责任体制和制衡机制是十分重要的。也就是说,在规范的公司制企业中,决策的权利和责任必须是对称的。董事会受托于包括国家在内的股东,在决策的时候既能体现所有者追求最大利润的强烈愿望,又能体现所有者避免风险的审慎态度。就是说,企业如果真正站在所有者的角度进行投资决策,必须从两个方面考虑:一方面要追求更大的利润,另一方面又要避免风险,这是双重的。这与政府批项目、厂长经理要项目的机制完全不同。同样,在银行自主承担呆坏账风险之后,对企业投资项目自主评估、自主决定放贷,这个办法比银行奉政府之命提供贷款要谨慎得多。银行的权利和责任也是对称的。这样就有可能形成企业和银行双重自负盈亏、自担风险的投融资责任机制。这就为政企分开后把决策权交给企业创造了必要的条件。如果投融资体制不改，企业的重大投资权交给企业是不行的，是要出问题的。

第五，要分离企业"办社会"职能，使政府和企业各自职能到位。我们是社会主义国家，企业无疑应该承担社会责任，但是不应该让企业去办"小社会"。对政府来说，政府要管理经济，但是不应该把由政府承担的社会职能转交给企业。企业的责任是集中精力搞好经营、照章纳税，而政府的责任是用纳税人的钱来承担社会职责。也就是说，企业为职工提供的是就业岗位而不是终生的依靠。在企业走向市场后，职工对企业的依托必须转向对社会的依托。企业所承担的"办社会"职能，如建立中小学、职工养老、医疗、社会保障等，要逐步地交还给政府。

最近，我们实行的国有企业职工下岗分流、减人增效、分离企业办社会职能的机构等，是符合这个方向的。将企业办社会的机构分离出来，到底谁有这个积极性？一般来说政府是缺乏积极性的，因为这都要花钱，它是赚不了钱的。但在最近几年，经济回落，企业状况不好，有的地方政府想明白了：如果本地的国有企业背着这个包袱和那些不背包袱的企业在同一个市场上去竞争，本地的企业肯定要垮。企业垮了财政也垮了，从中长期考虑这是划不来的。因此，这些地方政府下决心分离企业办社会的机构，政府把这些机构接收过来。最早想通的是长沙市。现在一些试点城市工作的力度还是比较大的。

第六，要培育和发展中介组织。中介组织和政府、企业一起是社会主义市场经济的组成部分。政企分开之后，无论是企业和政府的沟通，企业和行业的协调、自律，还是为企业改善管理、培训人才、融资、筹资、合资合作、产权流动、股票上市和维护企业的合法权益，都需要发挥中介组织的作用。当然，中介组织也存在和政府脱钩的问题。中介组织要整顿、要充实、要提高素质，要立足于服务、沟通、公正监督，真正扮演好中介组织的角色。中介组织不能把自己办成"二政府"，凌驾于企业之上，也不要依靠政府的授权来维持生计。政府也要把市场经济中政府不该做、做不好的事情交给中介组织去做；企业也要转变观念，把做不了、做不好、做起来得不偿失的事情委托给中介组织去做。政府、企业、中介组织应各自找准应有的位置。

政企分开是一个系统工程,不是一件很简单的事,因此要通过一系列配套的改革,最终才能实行政企分开。只有政企分开,国有企业才能以独立法人的身份走向市场,社会主义市场经济体制才有可能建立起来。

二 关于结构调整和企业重组问题

(一) 企业外部环境发生了重大变化

当前,国有企业确实面临着很大的困难。我们研究一下国有企业的处境为什么这么困难。1992年、1993年的时候国有企业状况不是还可以吗,为什么这几年这么困难?我认为,企业外部环境在这些年发生了重大变化。对于多数企业来说,对这个变化认识不足、缺乏准备,很多企业始料未及。对企业影响最大的外部环境变化有三个。

第一,国家的宏观管理体制由计划经济体制逐渐向社会主义市场经济体制转变。这个转变实际是以1994年财政税收等一系列宏观管理体制改革为标志。宏观管理体制的变化影响到各类企业,但影响最大的恰恰是国有企业。因为国有企业和旧体制关联最密切。为了向市场经济体制转变,我们改革了财税体制,由分灶吃饭、财政包干变成了分税制,这对国有企业意味着承包制结束了,而当时实行承包制的国有企业占国有企业总数的85%以上。也就是说,85%以上的国有企业要和国家建立新型的财税关系,影响非常之大。为了向社会主义市场经济体制转变,税制改革了,由原来的区别税种、差别税率,改成了统一税制、公平税赋。这对国有企业意味着停止了税收减免。那些靠减免税过日子的企业一下子变得很困难。为了向社会主义市场经济体制转变,价格逐渐放开,行业、产业、企业之间,产品之间的比价发生了急剧的变化,原来状况好的企业可能变得很困难,原来处境困难的企业可能在变好。比如采油和炼油,原来的利润主要表现在炼油,原油价格压得很低。随着原油价格逐渐向国际靠拢,采油的(企业)日子逐渐好过,利润上升,而炼油的(企业)日子变得很困难,要消化大幅度调价的因素。1995年农副产品调价，当年纺织行业要消化棉花涨价因素202亿元，当年消化不掉，全行业亏损。为了向社会主义市场经济体制转变，银行商业化，越是还款能力强的企业银行越希望给它贷款，越是还不起钱的企业银行越向它逼债。为了向社会主义市场经济体制转变，汇率并轨，企业直接面对汇率的风险，很多企业抱怨当时技术改造1美元兑2.7元人民币，按现在的价码还了几倍，但欠债变得更多了，如此等等。就是说，向社会主义市场经济体制转变的每项政策措施，都对国有企业影响重大，而国有企业大多对此缺乏准备。

第二，长期的卖方市场、短缺经济逐渐转向供需平衡或供过于求。供需关系的颠倒对企业影响非常大，这是一个非常要害的问题。在市场中，买主和卖主的地位变了，短缺经济的时候是买主求卖主，决定企业发展的往往是生产能力；而供需平衡之后，决定企业兴衰的是企业有没有订单、有没有买主。过去国有企业长期生存的条件一个是计划体制、一个是短缺经济。在短缺经济条件下，对于多数行业和企业来说，它们之间只不过是老大、老二、老三的关系。一个企业水平高、决策得当、抓住了机遇、技术改造上去了，卖一个产品可以赚100元钱；另一个企业业绩平平，卖一个产品赚50元钱；再一个企业管理不行，技术改造没跟上，卖一个产品赚1元钱。但是不论怎么说，各个企业还能开工，还能发工资，还能维持。而在转向买方市场后，货币选票投向哪里，要由买主自己来决定。而那些得不到买主货币选票的企业就会陷入非常困难的恶性循环。产品销售不出去，库存增加，接着效益下降，再接着银行停止贷款，出现大量三角债。因此，一旦进入不良循环，要想靠自身的力量翻身，对相当一部分企业来说已变成不可能。实际上，在供需关系发生根本性变化之后，市场竞争中的优胜劣汰机制真正发挥作用了。企业之间的关系已经不是老大、老二、老三的关系，说得严重一点就是，一个企业的崛起要以一批企业被淘汰为代价。长虹去年彩电卖出了800万台，全国的彩电市场也就是1900万~2000万台。长虹把市场份额占掉了，那么另外一部分企业就要垮掉。这是企业外部环境发生的第二个重大变化。

第三，中国市场对外开放的格局进一步形成。过去长期高关税保护，国内市场实际上留给了国有企业。从1995年4月1日前后，我国进口产品的平均关税总水平由35.9%降到了23%,下降了三分之一还多。1997年10月1日,我国进口产品的平均关税再一次降到17%,下降的幅度是26%。关税总水平还没有到位,到2000年要下降到15%左右,这样就和国际上一般发展中国家大体持平。另外,江泽民总书记也已经在国际上承诺,我们的加工业产品要降到10%左右。关税总水平下降的初期,如果说我们还可以在数字上做一些文章,对那些我们进口数量很少的或我们根本不进口的,可以大幅下降,国内已经有了竞争能力的,有进口替代的部分,有一定水平下降,幼稚的产业还可以维持较高关税进行保护的话,那么现在每下降一个百分点都要伤筋动骨。WTO的谈判非常艰巨,其中很重要的一个内容也是关税。随着中国关税总水平的下降,国外的产品、国外的厂家大量进入中国市场。如果说改革开放初期进入大陆市场的主要是港台一些华人圈里的商人的话,现在跃跃欲试进入中国市场的恰恰是世界500强,大型跨国公司。有人统计过,500强已经有230家进入中国大陆。这些大型跨国公司非同一般,它们都是战略性的经营公司,它们要进入中国市场,一般来说不是简单地考虑近期,而是作为他们全球市场战略的一部分,他们有足够的经济实力、技术实力和管理能力,短期之内可以不赚钱。而对这样的一种格局,我们的国有企业完全缺乏准备。

(二) 结构问题

由于这样一系列外部环境的变化,国有企业长期积累的内部的深层次矛盾逐渐暴露。这里有体制问题,包括政企不分,有政策问题,也有企业经营机制转换滞后的问题。面对市场的困难,有的企业不是找市场而是找市长,面对政府等靠要,期盼政府的恩赐。这其中有企业内部管理落后、不适应市场竞争的问题;有企业人多、债务重和办社会负担沉重的问题;同时也有一个不容回避的就是结构问题。如果说个别企业有问题,我们可以从管理、领导班子等多方面去考虑,但是整个行业都出现了问题,那么从政府角度就要更多地从结构上去考虑。比如纺织业,到1997年底,全国棉纺纱锭是4170万锭,有关专家估计全国12亿人的穿衣加上出口有2500万~3000万锭足够了,多出1000多万锭。在这样的产业结构状况下,要想把每一个纺织企业都搞好搞活是不可能的,这一部分企业上去了,另一部分企业必然要垮下来，因为市场没有这么大的容量。党的十五大已经把结构调整、国有企业重组提到了重要的议事日程，把结构调整和企业重组当作现阶段经济体制改革的重要任务和进一步解放和发展生产力的重大问题。江泽民同志在报告中提出要继续调整和完善所有制结构，要从战略上调整国有经济的布局，提出要对国有企业实施战略性重组。实际上党的十五大不仅在理论上对结构调整和企业重组有了新的突破，而且在调整和重组的重要原则和政策上也做了概括性描述。

我认为中国经济发展到现阶段，结构性的问题确实变得很突出了。长期的短缺经济刺激了重复建设。我国从80年代就讲要调整结构，要控制重复建设，但是效果并不理想。其中重要的原因就是外部条件是短缺经济。从长期看结构不合理会带来严重后果，而企业则考虑短期内还有市场。在这样的情况下，持续的重复建设愈演愈烈，一旦打破供需平衡，生产能力过剩的矛盾就会爆发出来，情况相当严重。

有人统计过，全国家电生产线开工率大约在50%，关键是没有那么大的市场，在经济回落时期表现得更加突出。一方面重复建设造成生产能力过剩，竞争加剧，价格水平不断下降。恶性竞争使得两极分化加剧，企业利润水平降低，包括优势企业的利润也在降低，而有良好前景的产品和投资项目为数不多，企业普遍开工不足。另一方面就是随着经济和社会的发展，城镇消费结构正在发生变化。居民消费已由过去侧重于食品、衣着、家电开始转向住房、轿车、计算机、通信和提高生活质量的服务方面，如教育、旅游等，由解决一般水平吃穿用逐渐转向改善生活条件。同时，近年农民收入增长缓慢，有些地方又缺乏家电等消费条件，使农村消费增长受阻。因此，那些传统产品、产业对经济的拉动力已经衰退或趋于平缓，而能带动新的经济增长的增长点还没有培养起来，或者说还没有正常地发挥作用。因此，当前的结构性矛盾变得特别突出。所以，要使中国的经济再度起飞，要使中国经济持续、稳定、健康、快速发展，结构调整势在必行。

（三）现阶段结构性矛盾的主要表现

一是所有制结构落后于形势。国有经济涉及的领域过宽，涉及的行业过广,从修鞋店、杂货店到导弹、卫星,在各个领域几乎无处不在、无所不包。国有经济在如此宽阔的领域很难长期维持下去。这一方面限制了其他所有制经济的发展空间,另一方面也造成国有经济力量分散,顾此失彼。我国国有企业有30多万户,国有工业企业8万多户,如果能把1000户真正关系国家经济命脉的企业搞好就不错了。现在力量分散,顾此失彼,一说起来亏损很严重,同时在关键领域和行业国有经济的力量并不强。

二是企业组织结构不合理。在短缺经济的情况下,企业的组织结构是"大而全、小而全",大企业多而不够强,生产集中度很低;小企业少而不活,很难创造市场的活力;专业化协作、社会化生产没有得到发育,造成生产经营的低效率,企业市场应变能力差,经济效益不高。短缺经济的背后实际上是生产能力的短缺。因此,一个企业要维持正常的生产,一般来说尽量做到办事不求人,担心靠别人一旦靠不住,自己正常的生产经营就要被打乱。因此,各企业都从主营产品向上下游的工艺和零部件无限延伸,这就造就了众多的"全能型"企业,形成一个个"大而全、小而全"企业。这种体制惯性一直延续下来,所以专业化协作到现在没有得到充分的发育,这是企业结构的一大弊端,包括军工企业。

三是生产结构与需求结构不相适应。企业所能生产的产品品种、档次、数量和社会需求产品的品种、档次、数量对不上号。相对于有效购买力,企业有很多生产能力闲置,自己的产品卖不出去,但是还有很多产品需要进口。

四是产品换代、技术创新、产业升级势在必行。经过多年的经济发展,现在是一般加工工业膨胀,高新技术产业所占比重较低,产品技术含量低、附加值低。在短缺经济时期、解决产品有无的时候,这些产品发挥了重要作用,但当人民生活改善之后,这些产品就跟不上需要了。因此,产品换代、技术创新、产业升级势在必行。

五是东部中部西部地区之间的产业梯次转移时机已经成熟。现在世界经济一体化的趋势越来越明显,从积极的方面看对我们是机遇,也就是说我国东南沿海可以接受来自发达国家和地区的一些高新技术产业转移,而东南沿海的某些劳动密集型、高耗能的产业要向中西部转移,使每一个地区能够发挥各自的优势,各得其所,都得到发展,以改变我国东西南北中产业结构趋同的状况，理顺地区之间产业结构的合理性。

总的来看，经济发展到现阶段，经济总量已不小，但经济结构不适应经济的发展，不适应参与国际竞争的矛盾已十分突出，集中的表现就是企业竞争力不强，经济效益不高，关键是国有经济的分布不合理，组合和配置的效率低。可以说，寄托于现有结构下的无限投入是事半功倍的。只有在改善存量组合的基础上，再改善增量的配置，这样才能使我们的经济进入一个新的发展阶段。而产业结构、企业组织结构和产品结构的调整要以企业为载体，最终落脚点还是企业的调整。过去我们就发现了结构不合理带来的恶果，但是结构调整缺乏动力。现在由于企业环境发生了重大变化，因此无论地方政府还是企业都看到结构调整的必要性。可以说，现在市场竞争、优胜劣汰为结构调整注入了动力。目前企业大规模分化重组的形势已经到来，分化重组会带动和促进产业结构、企业结构的调整，预计未来若干年内国有企业的重组和调整是推动中国经济发展的一个火车头。这是消除不合理所有制结构对生产力约束的一次重大战役，是从整体上提高我国经济素质的最壮观的一幕，也是实现两个转变、优化配置资源最具前景的一次变革，它会推动一批龙头企业的发展和壮大，也会使一批丧失竞争力的企业退出市场，促使传统产业改变面貌，也会伴随着技术升级和新产业、新产品的诞生。这次企业重组是千万个企业参与的大合唱，影响非常深远。

（四）重组和调整的目标

第一，调整产业结构，使第一产业得到加强，第二产业得到调整，要把那些重复建设的泡沫挤掉一块，使第三产业得到更快的发展。

第二，优化企业组织结构，淘汰一批已丧失竞争力的企业，实现资产重组，使大企业形成规模，小企业放开搞活，企业之间要形成专业化协作和社会化大生产的局面。

第三，改善和调整所有制结构。国有经济要有所为有所不为，在关系国民经济命脉的重要行业、关键领域，国有经济的控制地位要得到加强，其他行业也要加强重点；同时要使集体、个体、私营经济得到较快的发展，形成多种所有制经济共同发展、相辅相成的局面。

第四，产品换代、技术升级，改造传统产业。要淘汰一批高耗能、高污染、低质量、低效率的产品、工艺和装置，提高高技术和新兴产业在经济中的比重，具有国际比较优势的产业、产品要有较快的发展。

第五，东部地区接受发达国家和地区的产业转移，实现东、中、西部的产业梯次转移，不同地区的比较优势得到发挥，全国经济得到均衡发展。

第六，调整和改善劳动力结构，企业的富余人员得到分流和转岗，企业劳动力结构得到优化，第三产业从业人员的比例要上升。

（五）重组的手段

一是制度创新，建立现代企业制度，以产权为纽带进行企业重组，多数应组建成多元投资主体的有限责任公司，具备条件的可股票上市。

二是抓大放小，抓重点、抓关键的少数。这是结构调整的一个重要方面。

三是推进兼并破产。这是实现优者扩张发展，劣者平稳淘汰的一个具体形式。

四是下岗分流，调整劳动力结构。

五是培育和发展资本证券市场。以企业股票上市或配股融得的资金来兼并有前景的企业。

六是推进纺织、煤炭、军工等行业的调整与重组。淘汰产品落后、工艺落后、消耗高、污染严重的生产。

七是推动金融体制改革，建立政企分开的投融资体制。

总之，要将企业改革、改组、改造与加强管理相结合，采取综合措施推进重组和调整。

（六）关于组建企业集团问题

组建企业集团非常重要。曾经有一段时间有人对这个政策发生怀疑，主要是前年东南亚金融危机之后，韩国排名前30位的大企业有一半以上纷纷出了问题，因此，国内外一些人士对中国要不要搞大型企业集团提出了质疑。我认为对这个问题应该有一个正面回答。对中国来说，发展一些大型的企业集团势在必行，主要出于以下三个方面的考虑。

第一，在国民经济重要行业和关键领域要形成支柱，那些规模经济十分明显的行业小打小闹不行，没有效益，必须有一批大型企业集团作为支柱，这才能撑得住，国家才能稳定。

第二，经济结构调整和重组要有主体。经济结构调整的主体不是政府，要有一批大型骨干企业作为龙头推进调整，才能形成一个合理的企业群。

第三，要有一批大型企业集团作为参与国际竞争的代表队。中国经济总量这么大，没有一批国家代表队是不行的，所以要建立一批大型企业集团。

在组建企业集团时，从指导思想上要注意这样几个问题。

第一，组建企业集团一定要以提高经济效益为目标，要在重组上做文章，要在机制转换上做文章，不能拼凑、不能"拉郎配"。要正确理解组建企业集团不是把企业的资产简单地数字相加，而是要对参加重组企业的可控制的资源进行重组、优化配置，在优化配置的过程中，要产生新的生产力和增长点，$1+1<2$ 不能干，$1+1=2$ 没必要干，甚至于 $1+1=2.1$、2.2 也没必要干。要创造倍增效益，这样重组才有意义，否则管理的链条过长，鞭长莫及，效益反而会下降。所以重组要提高效益，没有效益就别干。

第二，重组的主体是企业，必须根据企业经营发展战略、企业市场竞争的需要来决定企业重组扩张的程度，不能拔苗助长。当然不排除在特殊情况下政府的干预。因为对国有企业来说，政府是国家所有者代表。但是政府主要是政策引导，创造必要的外部环境，给企业提出一些指导性意见。那种急于求成的"拉郎配"会把好企业拖垮，最后事与愿违。那种归大堆、向好企业甩包袱最后的结果绝不会把企业做强，只能增加企业的风险。这种事绝对不应该干。

第三，集团的发展绝不仅仅是把企业做大，其目的是把企业做强，要培植优强企业的内涵。企业销售收入的多少只是企业内涵的一种外在表现，它不是本质，不能全部表现出企业是优是强。在企业重组的时候，不能只抓表面现象，本末倒置，用合并同类项的办法把企业捆绑在一起，销售收入增加了就误认为企业强大了。大型企业优强的内涵主要表现在技术开发能力和市场营销能力上。有没有自己的名牌产品、专有技术、知识产权，是否有自己独立的市场和市场份额、销售服务体系等，这是关键。中间的生产环节固然重要，更重要的在于控制别人掌握不了的关键技术和增值量最高的工艺，其他的部分可以采购和委托生产，多一些少一些无关紧要。

第四，要注意培育一批现代企业。组建企业集团，建立现代企业制度，最后成果的一个表现就是出现一批优强的现代公司。所谓优强的现代企业，有五个特征。第一，它是规范的公司制企业。公司制是大型企业走向市场最适宜的财产组织形式。第二，实行社会化大生产和专业化协作的组织结构，不再是"大而全"。第三，要有强大的技术开发和市场营销能力，有自主的品牌。第四，从事大规模的营销活动，达到规模效益。第五，有很好的经济效益。

如果经过企业的重组能够出现这样一批优强企业或企业集团，我们的目的就达到了。

三 关于经济回落的时候，企业应该做些什么

当前总的来看，市场对企业的约束明显增强，企业间的竞争在加剧，优胜劣汰、两极分化的格局不断发展，有一些过去威风一时的企业现在感觉非常痛苦，一些有巨型生产能力的企业开工不足甚至出现亏损。面对当前的经济形势，对于企业特别是大中型企业来说，要回答的一个问题就是，在经济回落的情况下应该做什么、能做什么。

实际上，在市场比较红火的时候，对企业充满了机遇，在经济调整时期，对企业也有机遇，甚至有很多在顺利的时候想做而做不到的事情，在经济回落的时候出现了好的时机。当前对企业来说以下几项事情是可以考虑的。

第一，下决心摆脱对政府的依赖，自主自立，义无反顾地走向市场。当前的现实情况已经证明，在企业丢掉用户的时候，政府是爱莫能助的。不可能政府批条子强迫别人买你的产品，这已经做不到了。一些企业的经验证明，企业一旦摆脱对政府的依赖，可以说是一次伟大的思想解放，企业的聪明才智就会迸发出来，就会改变企业的面貌，就会创造业绩。邯钢就是这样。邯钢在连续五年亏损后没有办法了，去跑冶金部，冶金部说它

不是其直属企业；去跑河北省政府，河北省政府说政策全在中央，我没有什么东西好给你；找到邯郸市，市里说我的财政还要靠你，你找我有什么办法。在这种情况下，邯钢下决心自主自立，逼出来"模拟市场核算，实行成本否决"等一系列办法，此后整个状况都改变了。如果它还是依靠市长等靠要就不会有今天。

第二，重新研究自己的发展战略。总的来说不少大型企业对发展战略的研究是不够的，不够重视。如果说企业有很好的战略性研究，那么对前面讲到的无论是宏观管理体制的变革、供需关系的变化、中国市场对外开放格局的形成，企业都会有应变的对策。人无远虑，必有近忧。很多企业昙花一现或一个优势企业一下子变得很困难，缺乏战略性的研究是很重要的原因。所谓战略性研究，就是对进入哪个市场、退出哪个市场要有科学的论证。很多企业在状况好的时候头脑发热，比如前些年，不少企业进入房地产、股市特别是期货市场都有很大的盲目性。很多企业由于缺乏战略研究，重资产扩张，轻资本结构；重近期效益，轻产业、产品结构的可持续发展；重规模扩大、生产增长，轻技术开发、市场开拓；重硬件投入，轻人才准备、融资安排。面对逐步强化的市场约束，企业必须重新研究自己的发展战略。主要内容包括企业的组织制度、组织结构的选择；企业要进入和退出的市场领域以及地区的选择；企业多元化经营和专业化协作的选择；企业的产品结构和技术方向的选择；企业资本结构和融资方式的选择；扩大规模和市场占有与近期效益两者优先次序的选择；产业、贸易、金融组合形式的选择。总之，由于企业外部环境的变化，企业很多矛盾已经充分暴露，因此，在这个时候要冷静下来，重新研究一下自己的发展战略。

第三，建立更加合理的专业化协作体系。计划体制下的产品短缺，实际上是生产能力的短缺。为了维持正常生产，企业普遍表现出"大而全、小而全"的特征。我国企业生产规模已经逐步扩大，但是专业化协作的生产经营体系到现在还没有充分发育。为什么非要搞专业化协作？主要是"大而全、小而全"有诸多的弊端。其弊端至少表现为三个方面。

一是"大而全"，管理幅度增加，产品更新周期长，难以实现多品种生产，市场的应变能力下降。

二是自制率高，力量分散，企业投资增加，负担加重，风险增加。

三是生产能力很难均衡，生产要素利用率低，经济效益不高。每一道工序并不一定都能达到规模效益，总体上生产能力不会均衡，造成整体效率比较低。

在进入产品买方市场的同时，社会生产能力和投资也逐渐转向买方市场。如果有一个很好的产品，有市场前景，那么把产品的一部分委托给别人，利用社会已有生产能力或让别人投资干，这完全是可能的。因为社会上有闲置的生产能力和资金。这样就为建立更加合理的专业化协作体系奠定了基础。一般来说大型企业最主要的是加强企业的产品开发、技术开发，要壮大自己的营销体系，至于生产部分，重要的是掌握关键生产工艺和增值最大的环节。凡是通过采购可以低成本获得的，一般自己没有必要干；凡是通过别人投资而能实现自己目标的那就让别人去干，赚大钱的部分在自己手里就够了。在当前企业重组、结构调整的过程中，要逐渐地培育专业化协作体系。

第四，抓技术改造，调整产品结构，抓好技术开发，培育新的增长点。现在一些企业的产品销路不畅，效益下跌，对这个现象如果一股脑儿地都归结为所谓市场疲软，在那里等待经济复苏，那就要犯历史性错误，企业就要错失时机，最后翻不过身来。从某种意义上说市场经济是消费引导的经济，企业的发展关键靠市场，要看买主的脸色来行事。过去多年的重复建设，很多产品的生产能力普遍过剩，加上消费结构正在逐渐变化，因此老增长点大多已经衰退和乏力，投入产出效益明显下降。因此靠老产品已经难以维持经济增长，也难以有很高的效益。在这个时候，企业要深入市场调查，仔细分割市场，开发潜在的需求，下大力气推进企业的新产品、新技术开发，加速新技术转化为商品的过程。现在已一改"投资饥渴"的时代，很多企业已经感到技术改造或建设投资没有方向，什么原因，就是因为没有技术储备，拿不出有市场前景的产品。现在对一个企业来说，开发出适合中国人消费水平、能进入家庭的产品，确实要下大功夫。过去企业技术改造经费中有很大一部分用于扩大生产能力，企图现得利，现在却落得开工不足，资金难以回收。吃一堑，长一智，现在企业要将更多的可支配经费用于技术开发，为企业创造未来。海尔已经做到了年销售收入的

4%用于技术开发,这在国内算是高的,但与国际水平相比还是有差距的。企业可支配资金的分配方式应随环境的变化而改变。大型企业应将更多的资金用于技术开发,生产部分可以自己干一点,也可以外面委托一点,用于生产上的投资比例相对减少。实际上在市场中,人无我有可以赚大钱,人有我优还能够赚钱,如果平分市场恶性竞争,那你就赚不到钱。在这个时候,你赶快转向,再拿出一个新产品又可以赚钱。

第五,收缩战线,强化主业,培养核心竞争力。现在,我们有一些庞然大物贸然进入自己不熟悉的行业而惨遭败绩,变得相当困难;也有一些企业经不住眼花缭乱的超额利润的引诱而误入了房地产、股票和期货市场的陷阱。在一定条件下,企业慎重地扩张确实是一种发展战略,但是,在特定的情况下,企业收缩战线,强化主业,甩掉那些不赚钱的包袱也是一种发展战略。当前,对不少企业来说,后者是更加迫切需要研究的战略。很多企业实行多角化经营,如果把很多互不相干的行业都掺杂进来,这不叫真正的经营,这是大杂烩。别人在特定行业积蓄了多年的经验,还在那里苦苦挣扎,你贸然进去就能赚钱?没那么简单,真正赚钱的还是靠主业。如果要扩张,主要是壮大主业,向上游或是下游相接近的行业延伸也许还有可能。目前的问题是,很多企业横向产业跨度过宽,纵向产业链条过长,而核心产业都很虚弱;企业层次过多,结构松散,说起来企业很大,但管起来四处跑冒滴漏,算下来没有赚多少钱。当前,企业要闯过市场约束造成的难关,就要收缩战线、压缩泡沫,果断地甩掉那些不赚钱的部分,退出对自己没有前景的行业,集中力量壮大主业,提高产品质量,搞好经营管理。

第六,学邯钢,提高管理的有效性。要建立和完善面向市场的企业管理制度。邯钢经验的实质就是摆脱对政府的依赖,在决心走上市场之后,就逼出了一个以市场可以接受的价格来"模拟市场核算、实行成本否决"的办法,并做到了加强管理、调整品种、挖掘潜力、进行有效的技术改造。我们过去企业管理的缺陷是比较粗放,但管理粗放的另外一面是潜力巨大。比如柳钢下决心学邯钢抓管理,去年一年下来采购成本降低了9%,大约是9700万元。这就是靠内部挖潜挖出来的。在市场状况比较好的时候,想要下决心抠成本、严格管理,往往气氛不好。但现在是时候了。市场约束增强的时候，恰恰是改进内部管理、加强内部管理、提高管理有效性的好时机。

第七，推动劳动、人事、工资制度的改革，搞好职工下岗分流工作。在企业状况好的时候，搞下岗分流很难，职工的认同程度比较低。现在已经成了气候，政府也采取了一系列的措施，为下岗职工创造了必要的生活条件。此时企业要敢碰硬，工作要做细，要有气魄。如果下岗分流、减人增效这个问题不解决，长远来看企业没有希望。因为通过下岗分流要解决两个问题：一是近期减人增效，二是人员的流动机制。企业要根据生产经营的需要来决定用人的数量和劳动力的结构；职工根据自己的才能，也有权选择自己的岗位。这个机制要逐渐形成，而下岗分流恰恰是一种过渡。

第八，优势企业也可以慎重地低成本扩张。过去企业扩大生产能力、增加产品品种，都要靠自己投资，而现在社会生产能力是过剩的，因此企业可以通过兼并甚至对国有企业可以通过划转等一系列的办法壮大自己。但是，扩张后必须有更好的经济效益、更好的前景，这个事情才可以做。

第九，大力开拓市场，逐步参与国际经济的大循环。由于企业外部环境的变化，企业的发展由原来主要取决于生产能力，转向更多地取决于企业产品的市场占有率。只要有了订单，自己能干就自己干，自己干不了委托别人去干，别人也愿意为你干。很多企业停工半停工，并不是没有生产能力，而是没有订单。在过去买方市场的情况下，企业经营者的注意力主要集中在生产能力的扩大和改善上，而较少注重市场信息的收集分析、营销体系的建设、销售策略的研究、信息反馈和售后服务体系的建立等。在这方面我们做的工作相对来说比较少。在稳定客户、稳定中间商方面，我们下的功夫也很不够，所以，大多数企业没有一套已经扎了根的市场销售和服务体系。产品畅销时企业趾高气扬，并没有善待自己的用户和中间商；当产品滞销时，树倒猢狲散，找不到任何依托。因此，痛定思痛，要认真研究如何开拓市场，如何有稳定的市场占有率，有一个稳定的顾客群和中间商。这样，企业在状况好的时候，要善待他们，中间商该赚钱时你要让他赚，在你困难的时候，他也会帮助你去推销产品开拓市场。另外，在外国产品大量进入中国市场的时候，中国的企业也要打出去。未来的局面是什么？是"你打你的，我打我的"。对每一个企业，你可以占领的市场既有国内的也有国外的，必须同时考虑，这样自己才能有一个更大的活动空间。

总之，企业还可以做很多事情，就是说，在外部经济状况宽松的时候，企业可以红红火火；在外部环境变紧的时候，企业也必须研究自己该做什么和能做什么。苦苦等待是没有出路的。

在全国政协九届二次会议小组会上的发言[*]

（1999年3月4日）

> 20世纪90年代中后期，全国国有企业下岗分流员工过千万，已经成为一个全社会都很关注的重要问题。1999年3月4日，全国政协九届二次会议举行小组会议，作者以"积极对待下岗分流，加快完善社会保障体系"做了发言。作者时任全国政协委员、国务院发展研究中心党组书记、副主任。

近来不少企业不景气，使很多国有企业职工承受了巨大的下岗再就业的压力，这引起了全社会的关注。据劳动部门统计，去年下岗职工总计1219万人，通过多渠道安置和实现再就业609万人，尚有610万人转到今年。预计今年还有300万左右新增下岗分流人员。这样，今年总计仍将有下岗分流职工1000万人左右。

去年，党中央、国务院及时召开专门会议，发布文件，采取得力措施，在较短时间内使下岗职工基本生活有了着落。这充分体现了党中央、国务院对下岗职工的关心。

去年在一年之内有上千万国有企业职工下岗，几百万职工再上岗。这么大范围的劳动力流动、重组、转移、调整是前所未有的，而且社会基本平稳，这是十分了不起的大事。

现在，不少人提出，为什么有这么多国有企业职工下岗分流？怎样才能从根本上改变这个状况？为此我有三点想法和建议。

---

[*] 本文是作者在全国政协九届二次会议小组会上的发言提要。

一 要正面宣传部分职工下岗、再上岗的历史必然性和积极意义，使社会和职工对此有积极的理解，以积极的态度和良好的精神状态迎接这一挑战，闯过经济体制改革这一难关

我们出现的下岗分流与资本主义大萧条造成的大量失业有本质的不同。我们遇到的是经济发展过程中的问题，是深化改革的一种表现，是向社会主义市场经济体制转变中必经的过程。

（1）部分职工下岗分流，实行减人增效，是提高企业市场竞争力的基本措施。在正常情况下，国有企业职工富余三成至五成。在市场竞争加剧之后，很多企业被人员负担压得喘不过气。而国有企业竞争对手，无论是国内其他所有制企业还是国际竞争对手都没有富余人员的包袱。要使国有企业提高竞争力，就必须支持和帮助国有企业把富余人员平稳转移。

（2）部分职工下岗再上岗，是伴随经济结构调整而进行的劳动力结构调整。随着我国经济的持续增长，现在已经进入了产业升级、技术更新、产品换代、企业重组的调整期。这一轮调整是保持经济持续稳定增长的推进器。而劳动力结构调整是经济结构调整的必要条件。如长期亏损、资不抵债、扭亏无望的企业平稳退出市场，消除重复建设的泡沫，淘汰污染环境、浪费资源的小煤窑、小造纸、小水泥、小炼油等工厂都将伴随着劳动力的转移。

（3）部分职工下岗再上岗是建立劳动力流动机制的前奏。市场经济体制最终必然形成的是劳动力这个"生产要素"的市场化配置。也就是企业按生产经营的需要确定用人数量和劳动力结构；职工根据自己意愿和特长选择最能发挥自己才能的岗位。实现这一机制要有一个过程，现在职工下岗分流已经成为建立劳动力流动机制的可喜起点。另外，"一次分配定终生"不利于调动职工的积极性和聪明才智。脱离传统的劳动就业体制，对国有企业职工是一次解放。外面的天地宽得很，靠自己诚实的劳动和技能、智慧去就业、创业可以大有作为。一些下岗明星已经做出榜样。

（4）部分职工下岗分流，是职工各项保障由依附企业转向依附社会的

起点。过去国有企业有生无死，国家通过企业承担职工的生老病死和子女上学就业等社会责任。现在企业在竞争中已经有起有落、有兴有衰，甚至有生有死。几千万国有职工的身家性命依附于一个个并不稳定的载体，社会就不能稳定。随着政企分开的推进，政企职能要各自就位。企业搞好经营，照章纳税；政府用纳税人的钱，承担好社会职能。

总之，部分职工下岗分流、劳动力流动重组必定给中国经济注入强大活力，极大地推动社会主义市场经济体制的建立。闯过这一难关，社会就会出现更加美好的前景。但是，这里涉及千万职工和家属的切身利益，必须慎重从事，做好工作。其中正确的舆论导向至关重要。只有使职工真正理解，才能得到全社会的支持。

二 大力创造新的就业岗位，为下岗职工再就业创造条件

下岗分流的难点在于再就业。只有不断创造新的就业岗位才能逐步化解当前的矛盾。新的就业岗位在哪里？一般不在大型企业。新的大型工业投资项目，由于有机构成的提高，吸纳劳动力并不多，一般50万~100万元投资才有一个就业岗位。解决就业要更多地依靠各类三产服务业中的中小企业。

首先，鼓励在企业内部分流。主业以岗定员，提高效率。多余的人从岗位上撤下来，依靠企业可用的生产经营条件发展三产服务业，财务上独立核算，条件成熟时独立。一些企业用这种方式消化了分流人员的30%~50%。这种方法最为平稳，职工容易接受，政府要更多地给予支持。

其次，支持各类、各种所有制中小企业，包括商业、社区服务、旅游、维修业等的发展，增加就业岗位。从各地情况看，中小企业发展较好的地方，就业矛盾就舒缓得多。

最后，要鼓励下岗职工独立或合伙下海创业。私营和个体经济已经吸纳约6000万人就业，而且每年还以几百万的数字增加。一些国有企业职工有技术、管理技能，只要解放思想，转变观念，可以大有作为。

中小企业能创造更多的就业岗位，但是创造就业岗位是要支付成本的。中小企业处于弱者地位，他们的发展需要政府政策支持，需要创造必要的

环境。这是政府责无旁贷的。

三 加快建立和完善社会保障体系

下岗职工进再就业服务中心是犹犹豫豫的,特别不愿意签托管协议。其中重要的原因是有后顾之忧。现在的情况是,企业这个托管已经靠不住了,但以社会为依托,这个依托体系还很脆弱、很不完善,职工一百个不放心。

国家对国有企业职工是要承担责任的。职工由依托企业转向依托社会,是个庞大的社会系统工程,难度很大。去年养老、医疗保障体制改革力度很大,离退休职工已基本可以按时领到离退休金,对社会稳定起了重要作用。下一步社会化管理问题、扩大覆盖面问题还要进一步推进。

当前用"再就业服务中心"的形式,通过"三家抬"保证下岗职工基本生活,这是现实有效的办法,要坚定不移地把中心办好。

从长远看,结构调整、劳动力流动重组不是一次性的,职工下岗再上岗将是一种正常现象,建立规范的失业保障制度势在必行。"再就业服务中心""三家抬"是向未来失业保障制度过渡的有效形式。之所以"三家抬",就是现在职工基本工资的3个百分点的失业保险金不足以支撑下岗失业人员的基本保障。扩大失业保障覆盖面和提高交纳比例的问题必须统筹研究。现在下岗职工基本生活费已经拿到,问题是要分步调整保障金的来源,逐步增加社会保险支付比例,减少政府、企业支付的比例,直至为零。

中国大型企业和企业集团的改革与发展[*]

(1999年3月25日)

1999年3月24日至25日,中国社会科学院和戴姆勒—克莱斯勒股份公司,在北京人民大会堂联合举办"经济发展与企业管理高层研讨会",来自中、德、美三国的资深专家,中方高层官员和知名大企业家等共80余人出席了研讨会。研讨会就经济发展与企业管理等问题进行了深层的交流与讨论。

受传统体制和发展阶段的影响,中国大企业多而不强,小企业少而不活,企业之间缺乏协作互补机制。目前,我们还处于工业化阶段,形成大中小型企业分布适当、专业化分工合理的企业群体,是保持国民经济持续健康发展的重要条件。因此,我们既要放宽政策,鼓励多种所有制,特别是非公有制小企业迅速发展,以创造市场活力;也要培育一些优强的大型企业和企业集团,以支撑国民经济的发展基础,两者不可偏废。

一 培育和发展大型企业和企业集团,是促进中国经济发展的一项重要措施

亚洲金融危机使日本、韩国一些大型企业和企业集团陷入困境,甚至使一些企业巨头惨遭破产。此时国内国外一些人士纷纷提出:中国是否还要坚持发展企业集团的方针?

总结国有企业改革和经济发展近20年的经验,我们提出了"抓大放小"的方针。即培育和发展一批大型企业和企业集团,放开搞活众多的小

---

[*] 本文是作者在"经济发展与企业管理高层研讨会"上的演讲稿。

型企业，使之形成合理的企业群体结构。在亚洲金融危机爆发后，中国共产党第十五次全国代表大会再次肯定了这一方针。江泽民同志明确提出"要培育和组建一些跨行业、跨地区、跨所有制、跨国经营的大型企业和企业集团"。韩国一些大型企业和企业集团成功的经验与失败的教训对我们都有重要的借鉴作用，但不会改变我们的方针，因为"抓大放小"是针对中国企业改革和经济发展的实际情况，经过深思熟虑而提出的一个战略。

中国没有经历比较完整的工业化过程。在计划经济体制下，通过国家投资形成了今天产业布局的基础；改革开放激发了地方政府发展经济的冲动，也增强了区域分割、相互攀比、自成体系的倾向；在产品短缺的刺激下，受投资项目审批制的诱导，企业热衷于在原有水平上扩大能力。在这一过程中，我们的经济总量得到了较快发展，但结构优化的问题却被忽视，尤其在转向买方市场之后，结构性矛盾突出地暴露出来了。如企业组织结构不合理，专业化分工、社会化协作的生产组织方式尚待形成，产业集中度低，大多数企业达不到规模经济，技术开发能力弱、市场营销水平低等，这些已成为阻碍企业发展的重要问题。

为克服企业组织的结构性弊端，在重要行业、关键领域需要培育和发展一批优强的大型企业和企业集团。它们的作用有三个。

（1）它们是国民经济重要行业、关键领域的支柱。能源、交通、通信、基础原材料、军工、重要加工业等是关系国家经济命脉的基础产业，是国民经济健康发展的基础。在这些领域，规模经济的特征特别明显，并且还有投资规模大、建设周期长、社会效益显著而投资回收周期长的特点，是一般企业难以进入的领域，必须有一批优质的、实力强大的大型企业和企业集团作为支撑力量。

（2）它们是经济结构调整和企业重组的主体。在计划体制、短缺经济下，为克服从企业外部获取工艺及零部件协作和配套服务的制约，各类企业几乎都从主业向上、下游生产环节延伸，纷纷形成大大小小的"全能型"企业组织结构。那些"全能型"企业体态庞大、工艺齐全、产品自制率很高，追求万事不求人，但各环节几乎都达不到规模效益。这种"全能型"生产组织方式：一方面，使得大企业尾大不掉，技术进步缓慢，产品开发周期长，市场应变能力差，造成低效率、低效益；另一方面，也限制了小企业向专业化生产和专业化服务方向发展的空间，加之行业封闭、地区分割，这种自成体系的生产组织格局已极大地阻碍了企业的发展，无以为继。为提高经济运行效率和企业市场竞争力，我们必须通过生产组织方式转变和企业重组重建专业化生产、社会化协作，形成大中小型企业互补的企业群体结构。此时，需要一批优强龙头企业起牵头作用。

（3）它们是参与国际竞争的代表队。中国经济要立足于世界经济之林，就必须培育和提高中国产业在国际分工中的比较优势，这就需要通过资源要素的大规模聚集和优化组合，形成达到规模经营和相应技术实力的若干具有国际竞争力的企业集团。

二 培育和发展大型企业集团必须坚持正确的方针

培育和发展一批优强的大型企业和企业集团，并不意味着企业集团越多越好、越大越好，关键是要形成有利于经济发展的企业群体结构。在政府职能转变没有完全到位的情况下，在推进发展企业集团的政策掌握上尚存有不少问题。需要提出的是以下几点。

（1）组建企业集团要以提高经济效益为目标，要在企业重组、机制转换上做文章。组建集团绝不是将国有企业资产做数字相加，而是要对参加重组企业的可控制资源进行重新组合、优化配置，形成新的机制，并由此创造新的生产力，形成新的生长点，创造倍增效益。

（2）企业是重组的主体。必须根据企业参与市场竞争的需要，根据企业经营和发展战略来决定企业重组方案，确定需要剥离、分立的子体和要退出的行业，确定调整扩张的幅度和进度，不能根据政府的主观意愿去拼凑和组合。对于国有企业来说，不排除在特殊情况下政府的干预，但政府主要的职责是政策引导和创造必要的外部环境。政府急于求成地"拉郎配"或向优势企业甩包袱，绝不会把企业做强，反而会把优势企业拖垮，最终的结果将事与愿违。

（3）企业集团的组建绝不仅是为了做大，主要目的是要做强，关键在于培植优强企业的内涵。在现行体制下，政府主宰国有企业，拼凑、合并国有企业易如反掌，此时企业"拼盘"形成的年销售收入并不能真实地反映企业的实力。代表大型企业优强实力的是高人一筹的发展战略、科学的组织制度、优秀人才的聚集、新机制的建立,以及由此而形成的高超的技术开发水平和市场营销能力。也就是说,在市场竞争中要有自己的知识产权、知名品牌和专有技术,有强大的销售服务体系和市场份额。而这些恰恰是中国企业的弱点。

(4)在发展大企业和企业集团中要实现政企分开,进行企业制度创新。要明晰大型企业和企业集团母公司的投资主体,依照《中华人民共和国公司法》建立科学的企业法人治理结构。国家所有者以股东方式行使权利,承担有限责任。集团公司以产权为纽带对所属企业进行重组,使相关企业成为多元股东持股的有限责任公司或股份有限公司。集团母公司与相关企业分别建立控股、参股关系,形成母子公司体制。

(5)国有经济要向关系国民经济命脉的重要行业、关键领域的大型企业和企业集团集中。改革开放以来国内生产总值的分配格局已经发生变化,除国家之外的多元投资机制已开始形成,国有经济要向其他所有制经济不可替代或难以替代的行业和领域集中。目前国有经济无处不有、无所不包的局面正在改变。对国有经济进行战略性调整的目标就是:涉及国家安全和社会稳定的特殊行业必须由国有资本占有,如中央银行、军工等;同时,国有经济还要向关系国计民生的基础设施、基础产业、高新技术产业和支柱产业集中,使之居于支配地位;在一般竞争性行业,通过资产重组和结构调整,国有经济要有进有退、加强重点。

(6)防范重组的风险。重组中企业要强化主业,突出培育核心竞争力,要注意保持合理的资产负债结构,要把握企业扩张的节奏,并保持适度的管理幅度。兼并、收购、扩张是一种战略,紧缩、分立、甩掉不具前景的机构也是一种战略。目前对于大型企业和企业集团确实存在低成本扩张的机遇,而且极有诱惑力。但是必须看到拼凑不等于大,大了也不等于强。一味的扩张,过速的膨胀,贸然进入不熟悉的领域都会增加经营风险。

三 培育一批优强现代企业

要在关系国民经济的重要行业、关键领域培育一批优强的现代企业,形成国民经济稳定发展的基础。这些优强的现代企业应具备以下特征。

（1）有规范的公司制财产组织形式，适当的资产负债结构，同时使所有者投入企业的资本富有流动性，形成来自所有者的追求经济效益的激励机制和防范风险的约束机制。

（2）形成社会化大生产和专业化协作的生产组织结构。改变"全能型"低效率的格局。

（3）有强大的技术开发和市场营销能力。

（4）从事规模生产和规模市场营销。

（5）有较好的经济效益。

体制转轨与企业家素质[*]

(1999 年 4 月 21 日)

中国企业家调查系统是由国务院发展研究中心人力资源研究培训中心、国务院研究室工业交通贸易司、国有资产管理委员会企业分配局、国家统计局综合司、中国企业联合会研究部共同发起，由国务院发展研究中心批准于 1993 年 9 月 17 日成立的调查机构。自成立以来，为准确把握我国企业家队伍的基本情况和成长发展规律，及时反映企业经营者对宏观经济和体制改革的意见和建议，为政府部门决策提供科学依据，为理论研究提供实证数据，为企业家队伍的成长与发展提供正确导向，中国企业家调查系统坚持进行每年一度的以全国范围内企业经营者为对象的大型问卷跟踪调查并举办"中国企业家成长与发展调查结果发布暨研讨会"。

这是中国企业家调查系统进行的第六次调查。这个调查为我们提供了很多很重要的信息，这些信息既为政府部门决策起到很好的参考作用，也为研究机构研究企业家成长、研究企业如何适应当代社会发展需要等方面提供了有价值的资料。企业是这些信息的提供者，希望企业也能够利用好这些信息，搞好企业工作。

从这次调查结果来看，正如许多同志所言，既有可喜的一面，又有令人担忧的一面。可喜的是，确实看到这些年企业家队伍状况在逐渐改善；担忧的是，经济的迅速发展使得企业外部环境发生了巨大的变化，而中国企业家队伍还远远不能适应发展的需要。

---

* 本文是作者 1999 年 4 月 21 日在"第六届中国企业家成长与发展调查结果发布暨研讨会"上的讲话录音整理稿。

这次调查侧重的是企业家素质问题,大家谈论的也是如何提高企业家素质这一议题。听了大家的发言,我有几点意见与大家一起讨论。

一 目前企业家正面临外部形势的巨大挑战

从国内情况来看,我们正处在体制转轨、经济发展阶段升级的关键时期。对企业,尤其是国有企业影响重大的有三个方面。首先,计划(经济)体制逐步转向市场(经济)体制,毫无疑问会使与旧体制关联最紧的国有企业受到最大的冲击。承包制结束了,减免税没有了,价格放开了,银行商业化了,外汇外贸体制变了。所有这一切都对国有企业影响重大,而很多国有企业对这些变化缺乏必要的准备。其次,中国长期延续的卖方市场现在已逐步转向了买方市场,这种变化是历史性的,几乎是不可逆转的。现在绝大多数行业和产业,都由卖主选择买主转成了买主选择卖主。这种主动权在市场上的转换,影响太大了。在买主求卖主的时候,很多国有企业没有认真培育自己的销售体系,也没有善待用户,靠批条子卖东西。一旦用户有了选择权,很多国有企业落选了,这时候哭都没有用。很多企业现在生产产品卖不出去,又没有替代产品;现有的经营策略一旦受阻,又没有第二套方案,致使企业陷入三角债,职工下岗分流,甚至整个工厂停工。在转向买方市场之后,市场竞争真正开始了,很多人从未想过市场竞争如此残酷。过去企业水平的高低只不过排个老大、老二、老三,现在企业之间的关系却表现为生与死的关系。一个企业市场占有率的上升,就会以一批企业垮台为代价,这已经成为现实。最后,国内市场对外开放格局已进一步形成,如果今年加入 WTO,情况可能更为严峻,而国内企业对国际经营没有经验,甚至没有这种意识。

新的形势对驾驭企业拼搏于市场的领导者来说提出了更严峻的挑战。体制在变,市场情况在变,竞争形势在变,这些错综复杂的形势对企业、企业家的素质提出了更高的要求。

二 随着政企分开,企业经营者的地位和作用越来越重要

过去政企不分,企业重要决策权在政府。虽然实行了厂长、经理负责

制，实际上凡是需要所有者做决策的权力并没给企业，给厂长、经理的只是政府做出决策之后生产、经营的具体指挥权。如投资项目要由综合经济部门审批，财务决算要由财政部门批准，工资分配要由劳动部门管理等，董事会的职能是由政府部门分兵把口在行使，各级政府承担了国有企业董事会的职能。现在政企分开的问题已提上日程，国有企业要走向市场。面对瞬息万变的市场竞争，国家作为所有者仍要直接干预企业生产经营已越来越不可能。也就是说，当企业亏损时，政府不能再给补贴，当产品卖不出去时，政府也爱莫能助。企业要提高市场竞争力，重要的是提高对市场的应变力。大事小事要等政府的红头文件就会错过市场机遇，那种事事直接干预的状况也使政府陷入要承担无限责任的境地。政府作为所有者对国有企业的关心，将更多地表现在选择可以信赖的经营者，而不是替代经营者做多么高明的决策。过去政府的眼睛盯着企业的具体事务，现在政府要把注意力更多地放在选择好、监督好企业经营者上面。

三 知识更新对经营者而言迫在眉睫

从几次调查结果来看，大中型企业领导人员文化层次逐年有所上升。但由于历史原因，很大部分是出身于工程技术人员。由工程技术背景转过来搞管理有潜在优势，但如果经营管理的知识未能及时更新补充，显然就缺乏驾驭企业走向市场的能力。目前，企业经营者学习补充知识的任务很繁重。一些经营者看不懂资产负债表，却在那里主持一个企业的经营工作；他们没有基本的金融知识，却到处搞融资、筹资和股票上市；一些企业领导人不懂得经营风险，却要搞扩张、重组和多角经营；一些人不掌握市场信息，却在那里决策投资等。这些不是个别现象。现在企业负债很重，有的生产能力闲置，陷入困境。仔细分析一下，真正属于改革开放之前遗留下来的并不是很多，很大部分是改革开放以后盲目扩张投资而形成的。目前市场竞争日趋激烈，技术进步日新月异，全球经济一体化趋势日见明朗，这些都要求企业经营者尽快掌握现代管理知识。陈旧的知识应付不了复杂的现实，我们企业经营者的知识更新迫在眉睫。

四 下决心抓好企业家的培训

企业的外部环境已经发生了很大变化。现在，如果我们某项技术跟不上，可以引进；某些国内设备、原材料满足不了要求，也可以花外汇进口。但是高水平的经营管理人才，我们是买不来的，武汉柴油机厂曾请来了格里希[①]，但这毕竟是短期的和少数的，我们的企业不可能大批雇用外国经理。那我们靠什么？要靠我们自己经营者的成长。中国要立足于世界经济强国之林、培育有国际水平的企业，最重要的资源是要有一批达到国际先进水平的企业经营者。现在，问题不在于把不称职的企业领导撤下来，这容易做到。困难在于把谁换上去才称职。我们缺乏这样一批人才，缺乏经理人才市场。现在一方面要靠厂长、经理在实践中锻炼，在市场竞争中摔打，另一方面必须抓紧培训，包括现职经营者和后备经营者。功夫不负有心人。

我曾与参加了三个月工商管理培训的厂长们座谈学习感受。在企业里，他们有的管经营、有的管销售、有的管财务、有的管生产，在经过三个月紧张的培训，这些厂长们大有茅塞顿开之感。他们回过头一反思，我当初为什么不这样做而要那样做呢？就是没有必要的知识做指导。如果有现代经营管理知识做指导就会如虎添翼，水平就会有一个质的飞跃。他们普遍感到这种培训非常必要，也非常重要。现在的状况是，发达国家对培训更重视，而发展中国家却不重视。在中国往往说起来重要，忙起来不要。有的人有自觉性，但多数人自觉性不高。上海的中欧工商管理学院为驻香港的英国企业家培训，培训一周收费一万美元，人家很高兴。因为他们认为进入中国市场最快的途径是接受培训。而我们的企业经营者则缺乏这种意识。

我很高兴地看到有这么多部门参与对企业家的调查活动，大家都认为这种调查非常有意义。我希望中国企业家调查系统能把这项调查活动持之以恒地进行下去，积累更加丰富的信息，以期促进企业的转轨和企业家队伍的成长。

[①] 威尔纳·格里希（Werner Gerich，1919~2003），德国专家，是改革开放后国企聘请的第一位"洋厂长"。

经济调整时期企业该怎么办[*]

(1999年6月8日)

随着中国经济进入体制转轨、结构调整以及企业转制、增长方式转变并行的时期,企业明显感受到了市场约束增强、企业竞争加剧、优胜劣汰作用强劲、企业间两极分化进程加快的制约。此时企业该怎么办?

目前,我们正处于体制转轨、结构调整,企业转制、增长方式转变并行的时期。从某种意义上说,这是经历20年改革开放和经济持续高速增长之后的经济调整期。这一轮调整孕育着产品更新、企业重组、技术升级和结构优化。它将促使经济增长方式的转变,是我国经济持续、稳定、健康发展的推进器。

当前对企业来说,明显的感受是市场约束增强,企业竞争激烈,优胜劣汰作用强劲,企业间两极分化的进程加快。一些过去风光无限的企业,现在正经历痛苦的磨难;一些有巨型生产能力的企业,现在却开工不足,甚至出现亏损。

在当前经济回落时,企业,特别是大中型国有企业必须认真反思和回答的是,此时自己应该做什么和能够做什么?

实际上,市场红火时对企业充满机会,在经济调整期对企业也存在机遇,甚至很多在企业顺利时做不了、做不到的事,这时去做是最好的时机。矛盾的暴露是解决矛盾的前提。现在就要针对暴露出的问题,痛下决心深化改革,转换机制,推进"三改一加强"。

---

[*] 本文是作者1999年3月8日在全国政协女企业家会议上报告的主要内容,1999年3月9日送《人民日报》发表。也是作者1999年4月3日在中国集团公司促进会常务理事会会议上的讲话。

对大多数国有企业来说，当前应当做也可以做的有以下几点。

一　摆脱对政府的依赖，丢掉幻想，走向市场

长期以来，国有企业虽然受政企不分的牵制，难以走向市场，但从政府那里可以获得特殊的优惠和照顾，有"大锅饭"可吃。因此，面对日益激烈的市场竞争，一些企业犹豫不决，缺乏自主自立走向市场的勇气和决心。它们不是眼睛向内挖掘潜力、面对市场寻找机会、培育优势壮大自己，而是面对政府，等上级拿主意，靠政府给"政策"，要政府强制银行提供贷款。实际上，1994年开始的以财政税收体制为主的改革，使我国宏观管理体制正逐步转向市场经济。多种所有制经济已有很大发展，短缺经济平稳转向买方市场，政府职能已逐步转向为各类企业创造公平的竞争环境。

现在，维持直接管理企业的政府手里的那"一把米"已经没有了，各种吃偏饭的"优惠政策"正逐步取消，在竞争性行业，很多国有企业的不可替代地位已经不复存在。时至今日，当企业在市场上失去用户信赖的时候，政府已爱莫能助。在优胜劣汰机制无情地作用于各类企业的时候，政府不可能一味地保护落后企业。面对现实，国有企业唯一的出路就是必须丢掉幻想，下决心摆脱对政府的依赖，自主自立，义无反顾地走向市场。

邯钢等一些国有企业成功地走向了市场。他们的实践证明，摆脱对政府的依赖，对国有企业是一次伟大的解放。思想解放天地宽。充分发挥国有企业多年积累的技术、管理和人才优势，充分调动目前市场经济可以运用的各种工具和手段，挖掘潜力、开拓市场、寻求发展，要比坐等政府优惠政策的路宽得多。

从1998年开始的政府机构改革，第一项原则就是政企分开。政府的主要职责正逐步转向宏观调控、社会管理和公共服务。以管理企业为主要职能的政府部门撤部变局，转变职能，不直接管理企业。因此，企业依赖政府的后路已经阻断。面对现实，企业要认真研究的是，如何自立自强，适应政企分开的形势；如何利用这一时机，推进企业的制度创新、机制转换，走向市场。

二　视顾客为"帝王"，大力开拓市场

近年来不少国有企业停工、半停工，处境十分困难。现在要冷静地环顾一下周围，到底发生了什么变化使自己茫然不知所措？

卖方市场下买主求卖主，大多数企业注意力集中于生产能力的扩张，而较少在市场信息的收集与分析、营销体系建立、营销策略研究、售后服务体制建设和稳定客户群、稳定中间商的培养上下功夫。也就是没有一套扎了根的营销服务体系。在其产品畅销时，企业趾高气扬，并不尊重中间商和顾客；在产品滞销时则树倒猢狲散，找不到任何依托。

企业长期习以为常的卖方市场已悄然转向买方市场。对企业来说，就意味着由生产能力决定企业发展，转变为企业发展取决于市场容量和市场占有。供需关系的根本性变化，使市场中的主动权由卖方转给了买方，这是许多企业始料不及的。许多企业长期热衷的低水平能力扩张的"成果"被闲置，而提升市场占有率的能力还不知在哪里。

痛定思痛，这其中给我们最深刻的教育是什么？说到底就是：市场是企业运转的中心，是企业竞争较量的战场；顾客是企业的衣食父母，是决定企业兴衰的"帝王"。办企业的出发点和落脚点都在市场。当顾客有了充分选择权之后，企业的成败就在于顾客对其产品和服务的选择。受到青睐的企业，顾客的"货币选票"纷纷送来，企业利润丰厚，市场空间扩大；企业一旦失去顾客的宠爱甚至被顾客抛弃，就会陷入困境。顾客的选择是分散的决策，他们公开、公平地对待各个企业，但他们绝不同情弱者，也不会"照顾"困难户。

转向买方市场之后，市场竞争才真的开始了。很多企业明显暴露出"生产能力有余，开拓市场能力不足"的致命弱点。为适应市场竞争形势，企业各项经营工作必须转而围绕适应市场，开拓市场，创造市场展开，补足这一弱点。要在建立有效的销售服务体系上下功夫，下决心培育营销能力。要主动、虚心倾听顾客意见，千方百计提高技术能力，提高产品质量，改善服务，满足顾客现实和潜在需求，培养稳定的顾客群和中间商。

面对国外商品大举进入中国市场的局面，怨天尤人是无济于事的。积极的对策是开拓自己的市场，把自己的产品打到他们的后院，来个"你打你的，我打我的"。这就是未来必然的市场格局。

吃一堑长一智。经过这一起一落，企业经营者应当领悟到，当前把"开拓市场、善待顾客"放到多么重要的位置都不过分。从长远看，在市场经济中，最终制约企业的永远是市场。开拓市场是企业永恒的课题。

三　重新研究自己的发展战略

近年来，不少大企业时喜时忧，甚至昙花一现，重要原因是这些大型企业对战略研究未予足够重视。主要表现在：对进入和退出市场缺乏科学论证，有很大的盲目性；重资产扩张，轻资本结构优化和风险防范；重近期业绩，轻产业、产品结构的可持续发展；重规模扩大、产能增长，轻技术开发、市场开拓；重硬件投入，轻人才准备、融资安排等。

随着市场竞争的加剧，影响企业发展的因素变得越来越复杂。企业发展前途的不确定性增加，使得企业走一步看一步，要冒巨大的风险。必须要有一个纵观全局、经系统考虑、具有全局性、前瞻性的打算和安排，来指导企业以后要走的路——发展战略。

发展战略的基本内涵是培育企业的核心竞争力，即开发独特产品的能力，发明专有技术的能力和创造先进营销手段的能力。

主导产品是核心竞争力的精髓；创新是核心竞争力的灵魂。发展战略就是企业通过对内外环境和条件的全面评估，发现和分析企业的比较优势，从而做出可持续发展的总体性谋划和对策选择，以使核心竞争力持续增强，使新机制长久不衰。当前，市场约束逐步强化，企业外部环境已经发生了巨大变化，这里充满机遇和挑战。大型企业必须要重新研究的战略问题包括：①企业组织制度和组织结构的选择；②公司进入和退出的市场领域和地区的选择；③多元化经营与专业化协作的选择；④产品结构和技术方向的选择；⑤资本结构与筹资方式的选择；⑥扩大规模与近期效益之间优先次序选择；⑦产业、贸易与金融组合形式的选择。

四 建立更具合理性的专业化协作体系

面对多变的市场,许多国有企业败下阵来,难以适应。其中一个根本原因是受制于低效、落后的生产组织方式。过去产品长期短缺,其实质是生产能力短缺、是上下游产能不配套。企业为维持正常生产和获取更高效益,就从主营产品向上游和下游无限延伸。因此,普遍出现"大而全、小而全"的全能型生产组织方式。现在,我国生产规模已逐步扩大,但专业化协作的生产经营体系尚未得到充分发育,这是国有企业缺乏市场竞争力的一个致命弱点。全能型企业的弊端:一是管理幅度过宽,尾大不掉,市场应变能力差;二是企业投资增加,力量分散,负担加重;三是在长链条生产过程中能力的不均衡性使之达不到经济规模,生产要素利用率低、效率低、效益差。

进入产品买方市场的同时,社会生产能力和投资也逐步转向买方市场,这就为建立更具合理性的专业化协作体系创造了基本条件。

一般来说,大型企业最重要的是建立强大的产品、技术开发能力,技术集成能力,和市场营销体系以及品牌影响力。这是企业实力的标志,也是别人所不能替代的。至于生产环节,重要的是掌握关键工艺和增值最大的环节。一般来说,凡是通过采购可以以低成本获得的,自己就没必要生产;凡是可以通过别人投资而实现的,自己就没有必要干。据华为介绍,深圳华为是一家电信产业公司,8000名职工,技术研究和开发人员占40%,市场营销和服务人员占35%,管理人员占12%,但生产人员只占13%。

由全能型生产组织方式转向专业化协作,是提高企业竞争力的战略性措施,是走向社会化大生产的必经之路,是工业结构的一场革命。它能带来的变化是:产品、工艺、技术水平迅速升级;劳动生产率大幅度增长;新产品开发周期大大缩短;制造成本大幅度降低,从而可以实现多品种、小批量、低成本、短交货期的生产经营,满足顾客不断增长的多样化、个性化需求。在生产组织方式转变过程中,将培育一批优强大企业和众多的"小型巨人"。总之,生产组织方式的转变将会增强经济活力,提高我国产业的总体水平和企业的市场应变力、竞争力。

从总体上看,目前短缺的主要不是生产能力、不是投资,而是具有市场前景的技术和产品。利用这一特点,现在在一些行业甚至出现了没有生产工厂的大型产业集团,即技术开发、市场营销"两头在我,生产在他"。某些企业和一些进出口公司(综合商社)、超级市场,以商贸为先导,之后定牌生产,再投资发展产业,成了风险较小的进入新产业的方式。

五 抓技术改造,调整产品结构;抓技术开发, 培育新的增长点

一些企业的产品销路不畅,效益下跌。如果将这些一股脑都归结为"市场疲软",坐等"复苏",那将犯历史性错误。从某种意义上说,市场经济是消费引导的经济。随着居民收入增加,传统产品普及率迅速提高,此时消费者对商品需求层次升级,需求结构趋于多样化。因此,对于多数行业和企业来说,老的增长点大多已经衰退和乏力,投入产出效益明显降低。在市场约束强劲的行业,一般来说,靠设备投资、扩张能力取得增长的空间已经消失。此时,维持老产品、老的生产经营方式已难以取得高增长、高效益。目前,企业"宁让利润,不让市场",竞相降价、恶性竞争愈演愈烈,几乎到了相互残杀的程度。但这并不能扩大市场总量,只落得平均利润下降、亏损增加,后劲枯竭。

经营之道是:人无我有,可以赚大钱;人有我优,还可以赚钱;平分市场、恶性竞争,就很难赚钱。

事实说明,在同等水平上你一刀我一枪的竞争难以有大的作为,即使市场份额增加,效益也上不去。拉开档次,扩大差距才能有新的前途。现在,商品过剩是相对于现有产品的品种、质量、功能、档次而言,一旦在技术-产品上有新的突破,就会带来市场新的繁荣。例如把数字压缩技术应用于视听系统的技术突破,使得适合中国人消费水平的视听系统有可能广泛进入家庭,这不仅对提高百姓生活质量产生了积极影响,还在很短时间内创造了年销售收入过百亿元的新产品。遗憾的是,由于众多厂家一哄而上,该产品已走向衰退。

市场饱和、需求结构变化已使技术进步成为关乎企业兴衰的一个关键因素。此时,争取经济效益更积极更有效的方法是增加技术开发投入。

目前，全国工业企业技术开发费平均不足销售收入的1%，这还是典型卖方市场下生产型企业的特征，绝对不能适应市场竞争需要。海尔集团1998年已率先提高到了4%。这是海尔竞争力迅速上升的重要基础。在能力扩张、投资空间紧缩之后，企业可支配的资金、人力、物力要更多地用于新产品开发、新技术开发，缩短新技术转化为商品的周期，这是必然的趋势。

开发什么技术、开发什么产品，这属于战略性决策。如果说这一战略决策过去主要靠政府审批，效果并不理想的话，那么现在如果凭厂长、经理拍脑袋、闭门造车，风险就会更大。周密的市场调查是新产品开发的第一道工序，深入了解市场需求，科学地划分市场，找准市场目标，选好顾客群体，这是做好开发工作的基础。而这一点恰恰是中国企业所不熟悉的，必须尽快学会。

现在是有效需求不足与有效供给不足并存。在传统产品生产能力大量闲置的同时，还有大量社会需求要靠进口产品才能满足。当前风险较小的领域是有选择地开发进口替代产品。这些产品先期开拓市场的成本已经支付。针对已探明和开拓了的市场及客户群，开发出可以替代的产品，以优质低价位夺回市场是完全有可能的。冰箱、彩电、空调等就基本走完了这一过程。进而由进口替代转向出口导向，企业的水平就上了一个新的台阶。进口替代的空间是相当大的。例如，目前中国正在经历产业化的过程，谁来装备中国的产业？这是一个巨大的市场。目前从重化工业到轻工、纺织、食品、建筑、安装等行业都到了技术升级、装备更新的阶段，但这些装备的国产率大约只有三分之一。一些企业或项目的优质设备几乎全盘进口。再如，我们是钢铁大国，产量举世无双，但每年仍要进口约1000万吨钢材；我们是服装出口大国，但服装面料每年还要进口60亿美元；我们是纺织大国，但成群的纺机、织袜机等都是进口。

六　调整结构，强化主业，培育核心竞争力

在市场的强劲约束下，企业结构性矛盾暴露了，此时也出现了结构调整的良好时机。优势企业有低成本扩张的欲望，劣势企业急于寻求出路，

这就构成了企业重组的动力。

企业重组和结构调整包括兼并、收购、扩张，也包括企业的分立、转让、收缩和"减肥"。

但这一过程中也充满风险，在组建和发展企业集团时，以下几点值得注意。

①必须以经济效益为目标，在生产经营要素的重组上做文章。通过重组和机制转换一定要培育新的增长点，产生新的生产力，获得倍增效益，这是最基本也是最重要的一点。

②重组中注重资产质量和合理的资产负债结构，要进行合理的公司组织结构设计，提升组织效率。

③兼并、扩张要符合集团发展战略，有利于突出主业、强化主业，壮大集团核心竞争力。不贸然进入生疏领域。

④要控制扩张的幅度和管理幅度。要避免过速膨胀带来的后遗症，防止管理失控带来灾难性后果。切不可因贪心扩张而徒有虚名，落得实祸。

企业充分利用有利形势，审慎扩张是一种发展战略；在特定情况下收缩战线、强化主业，甩掉不赚钱的包袱，也是一种战略。

近年来，一些庞然大物贸然进入自己不熟悉的行业而惨遭败绩，一些企业经不住眼花缭乱"超高利润"的诱惑跌入房地产、股票、期货陷阱而不能自拔。从他们的经验教训看，当前，对那些处境艰难的大企业收缩战线和"减肥"可能是更需要研究的战略。

目前，我国许多大企业和企业集团的状况是：横向产业跨度过宽，纵向产业链过长，核心产业虚弱；母公司、子公司、孙公司、孙孙公司，层次过多，结构松散，尾大不掉。说起来企业块头很大，管起来四处跑冒滴漏，算起来没有多少能赚钱。当前，要闯过市场约束造成的困难，就要收缩战线，挤压泡沫，果断地甩掉那些不赚钱的公司，退出对自己没有前景的行业，集中力量，壮大主业，提高资产质量。

邯钢毫不犹豫地甩掉了那些不赚钱的"寄生企业"，赛格退出了那些对自己不具前景的行业，砍掉上百家三级以下的孙孙公司的做法都取得了管理有效性增强、资产负债结构改善、负担减轻的效果，使企业轻装上阵，力量集中，主业壮大，经营状况迅速改观。

七 学邯钢，提高管理有效性

我国经济已由超高速增长转向了稳定增长。在超高速增长时期，由于发展速度和需求数量的巨大拉动力，掩盖了粗放经营、粗放管理的众多问题。现在靠数量扩张求发展的空间已经消失，企业必须研究的是如何适应国民经济稳定增长（如 GDP 增长 5%～7%）的形势，研究在这种环境下企业持续发展的途径。

日本在 20 世纪 70 年代初也曾经历了类似的过程。就是说，随着经济高速增长时期的过去，那种竭尽经营资源、靠不留余地的能力扩张求得发展的道路已到尽头。生产能力已经过剩，总供给的规模已经达到或超过有效需求的极限，只有转变增长方式、推行精细化管理、消除臃肿、适应稳定增长才有出路。丰田生产方式就是在这一背景下应运而生，并得到广泛采用的。

邯钢率先在这方面走出了一条道路。邯钢经验的实质是摆脱对政府的依赖，"推墙入海"，下决心自主自立，走向市场。由此逼出来了一套以市场可以接受的价格确定目标成本，在公司内"模拟市场核算，实行成本否决"的管理方法，进而走上"三改一加强"的道路，创立了符合厂情、国情的走向市场经济的企业管理方式。在这一过程中，邯钢推行强有力的目标成本管理，开发适销对路的钢材品种，彻底改革采购和库存管理，甩掉不赚钱的"寄生公司"，砍掉过多的银行账号，停止亏损品种的生产，压缩各项财务支出，强化物流、资金流控制，又按照"产品优质、工艺先进、装备实用"的原则推行技术改造，严格技术改造的预算控制。这一整套精细的管理方法极大地提高了管理的有效性，经济效益大幅度提高。以此为阶梯，及时发行股票，实行有效的低成本扩张，使邯钢走上了良性循环的轨道。

在经济高速增长时期，国有企业内部管理普遍粗放。最大的弊端是只重视生产数量，忽略了产品质量和生产成本，财务管理和财务监控没放到应有位置。管理粗放的另一面是通过加强和改善管理可以从中挖掘的潜力巨大。例如国有工业企业资金平均每年只周转 1.5 次，如果周转速度能提高 0.1 次，全年则可少用流动资金2800亿元，可由利息转为效益200亿元。

面对经济增速回落的形势，每户企业都要以临战的精神状态迎接兴衰生死的考验。要顺利闯过当前这一关口，就必须下大的决心，以卧薪尝胆的精神，改进和加强企业管理、狠抓管理有效性。充分利用经济体制转轨所创造的条件，下大功夫稳定提高产品质量，提高附加值，强化财务管理，同时，大幅度减少人、财、物的消耗。无数事例说明，这里面的潜力是巨大的：重庆特钢学邯钢，1998年半年之内吨钢综合能耗由1130公斤下降到726公斤，产品单位成本降低约50%；柳钢通过招标采购等改革，1998年采购成本下降了9%，节省9000多万元；通过精细管理，华锡1998年生产成本下降14%等，这些都是较好的实例。

八　减人增效，推进三项制度改革

遇到市场不景气时，企业收缩的一项对策就是压缩生产、裁减人员，同时调整产品结构或经营方式以求再度发展。在我国，由于体制等诸多原因，国有企业还不能完全照搬这套做法。但是减少库存，减人增效则是企业生存所必须的。在正常情况下，国有企业富余人员估计多了三成、五成，而在市场紧缩之后，很多企业就被人员负担压得喘不过气来。在同一市场上，国有企业的竞争对手并没有富余人员的包袱，外资企业更是轻装上阵。目前在工业生产中的人均实物产出量，发达国家要比我国高出几十倍，例如人均产钢约差20倍，人均炼油约差15倍，人均生产汽车约差30倍。这里尽管有些不可比因素，但不能不承认，如此之大的差距，极大地削弱了我国企业的市场竞争力。面对如此严峻的竞争形势，国有企业减人增效已经成为能否生存的一个关键。

党中央、国务院对下岗职工基本生活保证做了周密安排，但有些企业的领导仍有各种顾虑，担心职工不能接受、不敢实行减人增效。这样下去要把好企业拖垮。连工资都已发不出来，还怎么能留用那么多人。与其都窝在一起吃苦，不如多渠道分流富余人员，拓宽出路。这样既可保住主业，又可调动每个人的能动作用，使职工总体收入增加。国有职工脱离传统就业体制，对自己也是一次解放。外面的天地宽阔得很，靠自己的诚实劳动和聪明才智去就业、创业大有可为。很多下岗职工已经做出了榜样。

在经济结构、企业结构调整中，劳动力结构必须调整，部分职工下岗—再上岗是一种大的趋势。在市场不景气、生产经营困难时实行下岗分流、建立劳动用工新机制，社会各界容易理解，职工也容易承受。这项工作牵涉社会观念的转变，涉及千万职工和家属的切身利益，做好工作的难度很大，必须审慎从事。但不这样做，国有企业无异于等死。可以说这是中国体制改革、经济发展必然经历的一个历史阶段。越过这段痛苦的过程，企业和职工都会进入一个新天地。当前，只要按照中央的规定做好工作，确保职工基本生活，这项工作是可以进行下去的。

当前，企业一方面要努力提高主业竞争力，以岗定员，把多余的人撤下来；另一方面，国有企业对职工是负有责任的，对被分流的职工不能一推了之。有条件的分流到企业内部后勤服务等机构，利用企业已有条件发展第三产业服务业，增加就业岗位。在财务上分账计算，逐步做到自食其力、自负盈亏。有部分职工可以向社会分流、自谋职业，按《中华人民共和国劳动法》经济性裁员的规定给予一次性补偿。还多余的人，组织他们进入再就业服务中心。服务中心按时发放基本生活费，根据劳动力市场的需求，组织他们进行再就业培训，并通过劳动力市场等多渠道帮助他们实现再就业。随着社会保障制度和劳动力市场的建立和完善，就可以形成人员正常流动机制。为企业按生产经营需要确定用人数量和劳动力结构，职工按自己意愿和特长选择最能发挥自己才能的岗位创造条件。

急剧变化的外部环境考验着每家企业。面对经济回落，企业不能无所作为。不同的精神状态和对应措施会有不同的结果。此时更需要企业家精神，更需要冷静分析、沉着对应。说到底，企业的命运最终操在企业自己的手中。

在"中国会计与财务管理国际研讨会"上的讲话[*]

(1999年6月12日)

1999年6月11日至12日,"中国会计与财务管理国际研讨会"在香港举行,研讨会由香港理工大学与清华大学共同主办。作者应香港理工大学校长潘宗光先生的邀请,出席研讨会并以"中国国有企业的改革与发展"为题演讲。

我很高兴应香港理工大学校长潘宗光先生的邀请,出席由香港理工大学与清华大学共同主办的这次"中国会计与财务管理国际研讨会"。下面我就中国国有企业改革的形势和途径问题做一发言。

一 中国国有企业改革已进入关键时期、攻坚阶段

当前,中国在经济领域的许多方面都进入了由量变到质变的过程。对企业影响最大的是这几点。

(1) 市场机制正取代计划体制。1994年开始的财政、税收、价格、金融等项改革逐步到位,市场经济的宏观管理体制初步形成,依附于旧体制、靠减税让利、政策优惠而生存的国有企业面临空前的挑战。

(2) 短缺经济正转向供需平衡或供过于求。市场竞争日趋剧烈,靠数量增长和速度拉动求得经济增长的粗放经营已难以为继,经济的结构性矛盾充分暴露。

(3) 中国市场对外开放的格局进一步形成。即便在国内市场,国有企

---

[*] 本文是作者1999年6月12日在"中国会计与财务管理国际研讨会"上的讲话稿。

业也将面对世界最强的竞争对手，国有企业面临巨大的国际竞争压力。

目前，中国正处在经济体制转轨、经济结构调整、经济增长方式转变并行的形势。对企业来说，最直接的感受就是市场经济的优胜劣汰真的事到临头了。这里既充满了挑战，也有众多的机遇。国有企业普遍面临摆脱对政府的依赖，转换经营机制自主自立走向市场的考验。

一批企业经营观念转变早，经营机制转变快，重大经营决策得当，在竞争中脱颖而出，抓住机遇得到了迅速发展。市场占有率、利润迅速向这些企业集中，企业知名度迅速提高。这些企业代表了国有企业走向市场成功的一面。

与此同时，长期沉淀于国有企业的深层次矛盾也充分暴露。主要有这几个矛盾。

（1）政企不分造成的体制性矛盾。政府热心办企业，直接地干预企业，一方面企业难以以独立的法人身份走向市场、自主经营；另一方面政府也陷入了对企业要承担无限责任的境地，企业在吃政府的"大锅饭"。政府要企业承担大量的社会职能，使企业成为职工生老病死、妻儿老小的社会依托。职工离不开企业，企业也辞不掉职工，造成职工吃企业的"大锅饭"。在转向市场经济体制时，两个"大锅饭"造成的低效率极大地削弱了国有企业的市场竞争力。加之传统企业制度的缺陷，使国有资本不具有流动性，企业有生无死，国企矛盾持续积累。

（2）重复建设造成的结构性矛盾。在短缺经济、政府直接干预的情况下，各个企业都埋头搞生产能力扩张，经济增长靠速度拉动。纺织、建材、钢铁、石化等众多行业长期重复投资、低水平重复建设的泡沫在买方市场的积压下，结构性矛盾爆发了。企业间竞相降价、恶性竞争，经济效益下降。

（3）历史负担沉重的矛盾。在面临政企分开，自主自立走向市场的时刻，国有企业富余人员多、债务负担重、承担大量社会职能的状况使它们处于不平等竞争地位，难以创造良好的经营业绩。

（4）机制转变滞后的矛盾。相当一部分企业经营者不适应改变了的外部环境，与驾驭企业走向市场的要求相距甚远。不少人习惯于依靠国家投资，却较少考虑经营风险；注重实物生产，却较少考虑经济效益；热衷于扩大生产规模，却较少研究市场。满足于以大量人力、物力投入换取经济增长，却较少依靠改善管理、改进技术提高效益。这是不少企业陷入困境的内因。

这些矛盾的暴露，使相当一部分国有企业处境艰难。在严酷的优胜劣汰机制作用下，企业间的两极分化的格局迅速形成。优势企业有低成本扩张的欲望；困难企业急于寻求生存的出路，企业间的分化、调整、重组以前所未有的规模在全国展开。这涉及众多企业的转产、分立、合并，甚至关闭、破产，影响着职工的下岗、分流和再就业，它牵动着全社会。正如江泽民同志多次指出的，国有企业改革已进入关键时期、攻坚阶段。这主要是指：①相当一部分国有企业一夜之间丧失了市场，用传统的挽救方法已无济于事；②长期卖方市场下投资形成的供给结构与买方市场的需求结构严重脱节，使产品结构、产业结构和企业组织结构的矛盾暴露无遗，一批企业已停工半停工；③有大量的职工下岗，停减发工资，这使人们开始怀疑，那种大锅饭、铁饭碗究竟还能维持多久；④企业改革即是一个历史过程，但目前已成为一个拖不过去的现实问题。

矛盾的充分暴露，为解决矛盾创造了条件。有可能用三年左右的时间，使企业改革、结构调整实现突破性进展。

二 深化国有企业改革的途径

经过多年改革实践的积累和党的十五大理论的概括，深化国有企业改革的途径已经清晰。

1. 调整国有企业改革的思路

在计划经济体制下，供应的短缺使得国有企业几乎要支撑国民经济的各个方面。为了保证供给，政府要支持每家国有企业。随着供需关系的变化和多种所有制经济的发展，一些国有企业不可替代的地位发生了变化。相应地，搞好国有企业的思路必须进行调整。

（1）由着重搞好国有经济、国有企业，转向以公有制为主体，多种所有制经济共同发展，大力发展股份制和混合所有制企业；

（2）由着眼于搞好一户户国有企业，转向从战略上调整国有企业经济布局，进一步发挥国有经济的不可替代作用；

（3）由以减税让利作为搞好企业的主要手段，转向为各类、各种所有制企业创造公平竞争的市场条件，实行优胜劣汰；

（4）由力图搞好搞活每户国有企业，转向抓大放小，对国有企业实行战略性改组，重点抓好关系国家经济命脉的关键少数。

2. 实行政企分开

政企不分是国有企业走向市场的一大障碍。政府直接办企业、管企业，一方面企业难以以独立法人的身份走向市场，自主经营、自负盈亏；另一方面也使政府陷入了要为企业承担无限责任的境地。为实行政企分开，中央政府已进行了政府机构改革；党政机关、公检法机构已与企业脱钩，不再直接管理企业；接下来还要探索适合走向市场的企业国有资产管理、运营监督体制，寻找国家所有者行使股东权力、加强监督的途径和方式；企业要实行公司制改革，建立企业法人治理结构，为所有者行使职能创造条件；同时还要培育社会中介机构，发挥服务、沟通、公证、监督职能。

3. 从战略上调整国有经济布局

随着国民经济的持续、快速、健康发展，一般竞争性行业已转向买方市场，此时的一个基本事实就是：国家财政无力，也没有必要支持行业如此宽泛、数量如此庞大的国有经济。随着多种所有制经济的迅速发展，国有经济布局有可能也必须进行战略性调整。

国有经济的作用，不仅仅在于自己有多大的发展，更重要的是为整个国民经济的健康发展和国家安全起重要的支撑作用，使国家对经济发展具有相应的调控能力。因此，要改变国有经济战线过长，在国民经济各个领域无处不在、无所不包的状况，使国有经济有进有退，有所为有所不为。国有经济要向关系国家经济命脉的重要行业、关键领域集中；向社会有需求，而民营经济难以进入的领域集中；向优势、高效的大企业集中。

4. 推进建立现代企业制度

建立社会主义市场经济体制必须解决的一个关键问题就是：寻求公有制、国有经济与市场经济结合的有效形式。

党的十四届三中全会认为，两者结合的有效形式就是以"产权清晰，权责明确，政企分开，管理科学"为特征的现代企业制度。大中型国有企业要依照《中华人民共和国公司法》进行改制，尽力形成多元股东持股的有限责任公司或股份有限公司，发展混合所有制经济。通过企业制度创新，第一，所有权与经营权适当分离，同时使所有者职能到位。国家所有者以股东方式行使权利，对企业债务承担有限责任。第二，建立法人财产制度，使企业拥有包括股东投资和借贷形成的边界清楚的企业法人财产，并依此确定其法律地位，在市场中自主经营、自负盈亏。第三，形成科学的法人治理结构。依《中华人民共和国公司法》建立企业领导体制和组织制度，形成企业的激励和约束机制。可以认为，现代企业制度是解决政企分开的组织手段，是理顺产权关系的组织形式，是使企业成为独立法人的组织保障，是转变企业领导体制，实现科学管理的基本途径。

5. 对国有企业实施战略性重组，抓好大的、放活小的

中国国有企业总计约 30 万户，在行业分布上重复、分散，大的未形成经济规模，小的缺乏市场活力。多为"全能型"生产组织结构，专业化协作、社会化生产经营方式有待培育。企业结构不合理已经成为阻碍经济发展的重要因素。

企业结构调整，就是国家要在关系国家经济命脉的重要行业、关键领域抓"关键的少数"，重点培育一批大型企业和企业集团，使他们成为国民经济重要行业、关键领域的支柱，经济结构调整的主导，参与国际竞争的代表队，国家调控经济的主导力量。同时要采取多种形式放开搞活国有中小企业，使他们选择适宜的企业财产组织形式，独立走向市场；提高生产经营要素的质量，走小而专、小而精、小而特的道路；政府要为中小企业发展建立和完善产前、产中、产后的社会化服务体系，改善小企业的生存环境。大企业与中小企业之间要形成符合专业化生产、社会化协作的企业群体结构，提高整体运行效率。

6. 实行减人增效、增资减债

由于历史原因，政府通过国有企业履行保证就业的职能，并通过国有企业对职工承担了社会保障职能，加上在企业迅速膨胀时期没有必要的资金注入，就使得国有企业普遍人员多、债务重和社会负担重，在市场竞争中处于不平等地位。有步骤地减少冗员，解除企业办学校、办医院等社会

职能势在必行。国家在着力建立社会保障体制的同时，通过建立再就业服务中心，发展劳动力市场、看准再就业培训，鼓励职工自谋职业、自主创业等办法，每年可从国有企业分流约 500 万名职工。一些地方也采取措施由政府接收企业自办的医院、学校等社会服务机构，每年全国大约可以转移 3000 个这类机构。为改善企业资产负债结构，首先要制止企业无效投资或低效投资，切实停止低水平重复建设；同时支持企业多渠道引进新的投资者，增加资本金。具备条件的可引进外资嫁接、合作；试行债权托管、债权转股权。有的依职工自愿可出资持股，有的可转让国有股，由收购者注资，条件好的可在境内、境外股票上市筹资。通过这些措施降低企业的资产负债率。

7. 实行兼并、破产，使丧失竞争力的企业退出市场

国家不能一味地"挽救"困难企业。鼓励优势企业兼并困难的国有企业，对长期亏损、资不抵债、扭亏无望的国有企业实行破产，退出市场。破产要严格按国家有关法律和规定进行，切实保证债权人合法权益，防止逃废银行债务的行为。目前，国有企业破产的一大困难是破产企业职工的基本生活保证和再就业安置。国家在加速社会保障制度建设的同时已制定政策，通过建立再就业服务中心等方式妥善解决因破产而造成的职工基本生活保证问题。

8. 培育企业经营者队伍

在政企分开、企业走向市场之后，国家所有者对企业的关心已不在于能替企业做出多么英明的决策，重要的是能否选用合适的经营人才。当前影响深化改革和经营状况改善的重要因素，是缺乏懂得市场经济的经营管理人才。要承认职业的经营管理者是一个特殊的社会阶层。要培育经理人才市场，企业依据《中华人民共和国公司法》行使用人权，探索对企业经营者的筛选、聘用、考核和激励、约束机制，形成有利于优秀人才脱颖而出的条件。已经采取措施加强现任企业经营者的培训，提高他们的经营能力和驾驭企业走向市场的水平。国家对国有独资企业派出稽察特派员，对企业财务状况和经营者业绩进行监督。

9. 加快推进配套改革

加快建立和完善养老、医疗和失业保障制度，扩大其覆盖面，提高保

险金的收缴率，逐步实行下岗职工社会化管理，为职工的流动创造条件。

深化政企分开的投融资体制改革，国家实行宏观调控和政策引导。对企业来说，谁投资、谁决策、谁承担风险；对银行而言，谁放贷、谁决策、谁承担风险。形成风险约束机制，把投融资决策权交给企业和银行。

培育和发展要素市场。特别是资本市场、劳动力市场，使资本和劳动力能顺畅流动，为企业重组、劳动力结构调整创造条件。还要发展信息、技术市场，培育社会中介服务机构。

加强市场管理，维护经济秩序。要进一步消除地方保护、市场分割；制止各种乱收费、乱集资、乱摊派、乱罚款；打击假冒伪劣，保护知识产权。

《〈中共中央关于国有企业改革和发展若干重大问题的决定〉学习辅导讲座》书稿节选[*]

（1999年8月22日）

1999年9月22日，党的十五届四中全会通过了《中共中央关于国有企业改革和发展若干重大问题的决定》（以下简称《决定》）。1999年10月，中央财经领导小组办公室组织编写出版了《〈中共中央关于国有企业改革和发展若干重大问题的决定〉学习辅导讲座》一书。

企业制度创新在建立社会主义市场经济体制的变革中处于特殊重要的地位，但"建立现代企业制度"绝非企业层面的局部问题，它牵涉传统体制的诸多方面，而目前在现代企业制度建设中遇到的最大难点恰恰在企业之外。现在的问题是，离开了诸如国有资产管理体制、投融资管理体制、社会保障体制等方面的进一步改革，现代企业制度难以建立；而企业制度创新、公司治理有效性没有新的进展，其他方面的改革又难以完全到位。当前，在互动的改革中要着力解决企业制度建设中的几个难点。

1993年党的十四届三中全会提出建立现代企业制度之后，全国上下进行了广泛的探索和实践。这些探索和实践，一方面使我们对党的十五届四中全会再次提出的"建立现代企业制度，是发展社会化大生产和市场经济的必然要求，是公有制与市场经济相结合的有效途径，是国有企业改革的

---

[*] 本文是作者作为《中共中央关于国有企业改革和发展若干重大问题的决定》起草组成员，1999年8月22日为《〈中共中央关于国有企业改革和发展若干重大问题的决定〉学习辅导讲座》一书撰写的两篇稿件之一，题目为《建立现代企业制度要解决好几个难点问题》（注：原题目为《推进国有企业改革和发展主攻的目标》）。

方向"有了更深的理解，另一方面也使我们深切地感到，企业制度创新必须进一步克服诸多体制障碍，舍此不能达到预期目的。

党的十五届四中全会《决定》的重要贡献在于，针对企业制度创新实践遇到的几个难点问题有了新的突破，为坚持这一改革方向疏通了道路。

一 继续推进政企分开

政企分开绝不是国家将全国人民长期创造积累的几万亿经营性国有资本撒手不管，一放了之。所谓政企分开，一是政府作为宏观经济管理者的职能，不再直接干预企业日常经营活动；二是政府作为所有者，必须通过一套制度安排使所有者代表进入企业，而且行使权能到位；三是政府承担着社会管理和公共服务职能，必须创造条件为企业摆脱"办社会"之苦。

实行政企分开必须并行地做好几件事。

1. 改革政府机构，转变政府职能

自1998年开始的中央政府机构改革即以实现政企分开为第一原则，使政府职能转变到宏观调控、社会管理和公共服务上来，把生产经营的权利真正交给企业。让那些曾主要管理企业的专业经济管理部门转向主要制定行业规划和行业政策，进行行业管理；引导本行业产品结构调整、维护行业平等竞争秩序，不再直接管理企业。1998年这次政府机构改革充分体现了这一原则，已将七个专业部改成国家局。1998年底政府各部门和公检法、党政军又与所办经济实体脱钩。这些都为政企分开奠定了重要基础。

2. 确立政企分开后国家行使所有者职能的方式

按《决定》要求，"政府对国家出资兴办和拥有股份的企业，通过出资人代表行使所有者职能"。也就是说，对一般企业，政府通过"出资人代表"而不是政府部门行使所有者职能。国有资本的出资人是国家，由政府行使职能。"出资人代表"是受政府委托的国有资本经营机构。政府行使社会管理职能，出资人代表（机构）行使国家所有者职能。这就实现了政府社会管理职能与国家所有者职能的分离。

3. 确立政企分开后国家投资企业的企业制度

在政企分开，企业以独立法人身份走向市场之后，包括国家在内的所有者对其投资企业的最终控制权必须有企业制度的保障。在传统"国有企业"制度下,往往在下放经营权时将所有者的权利一起下放,国家所有者被架空;在加强所有权管理时又一并将企业经营权上收,把企业管死。这种企业制度上的缺陷,不能切实保证所有者权益。根据党的十五大和《决定》的要求,通过规范的公司制改革,使所有者按出资额享受所有者权益,对企业债务承担有限责任;企业自主经营自负盈亏,对所有者的净资产承担保值增值的责任;通过建立规范的法人治理结构,使所有者权能到位。这是政企分开后,既能使企业成为独立法人走向市场,又能保障国家所有者权能的基本制度。

4. 建立和完善政企分开的投融资体制

企业自负盈亏的条件是能自主决策,重要的一点是要有投融资自主权。过去那种"企业申请,政府审批,银行出钱,企业投资"的做法几乎无人考虑投资风险,最终都由国家或通过国有银行承担了风险责任。在完善的公司法人治理结构中,所有者(代表)进入企业,对企业重大问题进行决策,企业自担风险,权责对称而明了。这要比远离企业的政府做决策科学、实际和负责得多。银行商业化后,银行对企业投资的项目要自主评估,要自主决定放贷、自主承担呆坏账的风险。这要比奉政府之命"提供资金"慎重和负责任得多。这就可以构成企业和银行双重自负盈亏、自担风险的投融资责任机制,为政企分开后把投融资决策权交还给企业创造条件。

5. 建立和完善社会保障体制,发展中介服务

政府要发挥社会管理和公共服务职能,推进和支持建立以养老、医疗、失业保障为主的社会保障体制,建立劳动力市场,为企业解脱办社会的职能,形成人员可以流动的机制。同时,大力发展和规范中介服务,使它们在企业与政府之间、企业与企业之间发挥服务、沟通、公证和监督作用。

二 积极探索国有资产管理的有效形式

无论从政企分开,使国有企业走向市场的需要,以及从保证国家所有者权益、防止国有资产流失的现实,还是从国有资产需要不断流动、重组的角度,以及从提高国有资产运作效率的要求等诸多方面,都提出了一个

绕不过去的问题，就是如何建立符合市场经济要求的企业国有资产的管理、运营和监督体制。正因为如此，现代企业制度四个特点中第一项就是"产权清晰"。

1. 关于国有资产管理体制框架

《决定》规定了未来国有资产管理体制的框架："国家所有、分级管理、授权经营、分工监督。"就是"国务院代表国家统一行使国有资产所有权，中央和地方政府分级管理国有资产，授权大型企业、企业集团和控股公司经营国有资产"，"从体制上、机制上加强对国有企业的监督"。由于我们尚缺乏成熟的实践，《决定》对具体的管理体制未做明确规定，但"允许和鼓励地方试点，探索建立国有资产管理的具体方式"。

上海和深圳等地在国有资产管理体制方面进行了有益的探索，积累了实践经验。它们通过设立国有控股公司作为国有股权持股机构，使各企业每部分国有股权都有了具体的、明确的、统一的、排他性企业国有资本出资人（法人，非自然人）。出资人（机构）是国有资本经营机构，没有行政权力，以追求经济效益为目标，按《中华人民共和国公司法》对授权经营的资本以股东方式行使所有者权能。通过这套体系使企业的国家所有者职能到位，使企业每一部分国有股权的管理、运营、监督责任落到实处，形成一个可以追溯资产经营责任的体系。国有持股机构持股的企业从产权意义上与政府脱钩，严格地讲，在这些企业中存在的已不是"国有资本"，而是"国有法人资本"。这样就理顺了企业的产权关系。一方面，国有资本经营机构属企业性质，向国家承担授权经营国有资产的保值增值责任。另一方面，它们与"国家"又保持着"特殊"的关系。一般来说，政府（或通过设立的委员会）代表国家对国有控股公司管三件事：重要人事即董事的任免，年度经营目标的确认和以年度目标为基础对其经营业绩的考核与评价。

2. 关于法人财产权

既坚持国家所有又使企业走向市场的一个核心问题，是党的十四届三中全会《中共中央关于建立社会主义市场经济体制若干问题的决定》指出的"有效地实现出资者所有权与企业法人财产权的分离"。《国有企业财产监督管理条例》（本文以下简称《监管条例》）进一步明确"政府和任何机构不得直接支配企业法人财产","不得以任何形式抽取注入企业的资本金,不得调取企业财产"。经常有人问,如果企业拥有法人财产,那么国家所有不就被架空了吗?实际上这是两个层次的问题。所有者拥有的是企业股权,享有股东权利,并可根据自己的意愿运作股权;企业拥有法人财产,独立经营法人财产,自负盈亏,据此确立企业的法律地位。

企业法人财产具有以下特点。

(1) 企业法人财产是指出资者投资和借贷形成的资产总和。法人财产是企业自主经营的对象,是自负盈亏的依据。公司对财产拥有占有、使用、处理、收益的权利。

(2) 企业法人财产的运作是以盈利为目的。

(3) 企业法人财产具有连续性。只要企业存在,企业法人就不会丧失法人财产权。管理人员的变动不影响法人财产权的行使。

(4) 企业法人财产具有整体性和不可分割性,出资人一旦将资本投入企业,就不得撤回,也不得以股东个人意志支配某一部分财产。

(5) 多个投资主体相联合,使企业制度发生重大变化;企业出现两个层次的利益主体:股东和企业法人。

(6) 股东享有股权,企业拥有法人财产权,股权与法人财产权的分离使企业所有权与经营权的分离成为现实。

(7) 股权的转让不影响企业法人财产。股权的可转让性,使公司财产结构调整更加灵活,有利于提高资本运营效率。

3. 关于加强对国有资本营运的监督

《决定》指出,建立企业监督机制是"确保国有资产及其权益不受侵犯"的重要措施。对多元股东持股的公司,国有股持股机构由派出的股东代表或董事对公司状况进行监督,同时通过依《中华人民共和国公司法》设立的公司内部监事会对董事和经理人员进行监督;

对国家授权投资的机构或部门单独出资设立国有独资公司,由授权投资机构或部门对独资公司依据《监管条例》派出监事会,对其进行监督;

对国家授权经营的机构,政府可依据《国务院稽察特派员条例》向其派出稽察特派员或依据《监管条例》派出监事会对其进行监督。

从总体上说,多元股东的公司所有者权能易于真正到位,尤其是内部监督；对国有独资公司，包括国家"授权经营机构"，为防止内部人控制，由外部董事为主组成外派监事会进行监督是十分必要的。

三 对国有大中型企业进行规范的公司制改革

规范的公司能有效地实现出资者所有权与企业法人财产权的分离，有利于政企分开、转换机制，有利于形成科学的领导体制和组织制度，也有利于筹集资金、分散风险，是国有大中型企业投身社会化大生产和市场竞争的有效的企业制度。在改制中值得注意的有这几点。

1. 更多的国有企业应改制为多元股东的有限责任公司

《中华人民共和国公司法》规定"国务院确定的生产特殊产品的公司或者属于特定行业的公司，应当采取国有独资公司形式"。就是说国有独资公司并不是国有企业改制的普遍形式。现代企业制度试点的实践证明，将原"国有企业"改为国有独资公司，从转换机制的角度看意义不大，往往是换汤没换药，最多是穿新鞋走老路。

《决定》进一步提出，"国有大中型企业，宜于实行股份制的，通过规范上市、中外合资和企业相互参股等形式，改为股份制企业，发展混合所有制经济，重要的由国家控股"。多元股东的公司有利于所有者职能到位，形成规范的公司法人治理结构；有多元股东的制衡，易于实现政企分开，使企业的目标集中于追求经济效益。国有资本控股，可以扩大国有资本支配范围；国有资本参股，对民间资本可以起到引导、带动和支持作用。因此，发展多元化投资主体的公司是国有企业公司制改制的一项重要原则。

2. 公司法人治理结构是公司制的核心

公司治理结构的本质是解决由于所有权与经营权分离之后产生的信托、代理的问题。因此，公司治理结构的核心是处理股东与信托人－董事会的关系；董事会与代理人－经理的关系。包括董事会如何忠诚于股东，并勤勉尽职；董事会如何有效地监督、约束经理和如何平衡各个公司相关者的利害关系等。规范的公司治理结构建立并正常运转了，现代公司制度就建立起来了。

《〈中共中央关于国有企业改革和发展若干重大问题的决定〉学习辅导讲座》书稿节选

在全球经济进入大规模的产业调整和企业重组时期，治理结构已成为公司核心竞争力的最重要的部分和保持持续竞争优势的决定因素之一。在多种所有制经济大幅度交叉，国际资本广泛流动情况下，规范的公司治理结构是国内外投资者树立信心的根据。经济合作与发展组织（OECD）发布了《经合组织公司治理原则》。十五届四中全会明确提出公司法人治理结构是公司制的核心，对国有企业改制具有重要意义。

不少现代企业制度试点企业和股票上市公司的法人治理结构被严重扭曲。这都违背了建立现代企业制度的初衷，有的甚至违反了《中华人民共和国公司法》。

在建立规范的公司法人治理结构中应注意掌握以下几点。

（1）国家所有者通过对国有资产授权经营机构的严格监管，使他们成为持股企业的"真老板"，而且要权能到位。授权经营机构受国家所有者之托，依《中华人民共和国公司法》以股东的方式来行使职权，最重要的是选派称职的股东代表或董事，使国有法人股东权能真正到位，这是公司法人治理结构有效运行的基础。

（2）严格按《中华人民共和国公司法》建立层次分明的人事管理制度，构建权责明确的管理体系。股东会、董事会、经理之间的制衡是通过对人的管理而实现的，理顺公司人事管理是建立公司责任体制的关键。

（3）董事会成员与经理、副经理不能高度重合，一般情况下董事长与经理应当分设，大型企业应设立外部董事或独立董事。

（4）国有独资和国有控股公司的党委成员可通过法定程序进入董事会、监事会；董事会、监事会成员依党章可进入党委会；职工代表依法进入董事会、监事会，但必须按《决定》的规定"充分发挥董事会对重大问题统一决策、监事会有效监督的作用"，不能出现多个决策中心。

（5）董事会在公司法人治理结构中处于中心位置。建立和规范可以追究董事责任的董事会议事规则和决策程序。这对于防止董事"偷懒"或渎职，保证所有者权能到位至关重要。

（6）公司的权利机构、决策机构和执行机构应权责分明，严格按《中华人民共和国公司法》和公司章程运行。特别要说明的是，董事长在董事会范围内行使职权，未经董事会授权董事长不能全权代表董事会，更不能超越董事会以"产权代表"和"一把手"自居。经理对日常经营管理有足够的权力，但必须以贯彻董事会决议和董事会授权为基础。董事会和经理之间是决策和执行的关系，但董事长与经理之间不存在领导与被领导关系；经理必须对董事会负责并报告工作，但不是对董事长个人负责。

（7）在国家法律法规范围内，公司董事会决策的事项，政府不再干预和审批。

四 面向市场转换经营机制

建立社会主义市场经济体制，对于经济运行来说，就是通过市场竞争优化配置资源，提高运行效率；对于企业而言就是建立优胜劣汰，优者有迅速发展壮大的环境，劣者有淘汰出局的机制。企业制度创新的效果体现在适应市场经济的经营机制之中。

（一）建立优胜劣汰机制

在市场竞争中长盛不衰者是少见的，通过资产流动及时淘汰落后，是经济富有活力的表现。目前国有企业的困难是国有资本长期不能流动、企业有生无死并使问题长期积累造成的。实际上在市场充分竞争的情况下，同样的资产在不同企业的回报和前景完全不同；国有资本在不同行业和领域所能发挥的作用和对国民经济的贡献也完全不同。因此，国有资本应当不断地向关系国家命脉的重要行业、关键领域流动，向高效企业流动。这将促使企业有兴有衰、有生有死，但国有资本从总体上可以保值增值。优者能发展，劣者被淘汰，对企业来说既是强大的市场激励，也是严格的市场约束。

（二）建立人员流动机制

随着市场变化，产业结构、企业结构调整在不断地进行，市场竞争引发的企业兴衰也不断发生，由此带来的经理人员和职工下岗再上岗是正常的社会现象。通过建立现代企业制度，职工与企业应依据《中华人民共和国劳动法》建立新型劳动关系。做到经营者能上能下、人员能进能出，收入则根据劳动力市场平均价格和企业效益能增能减。要使企业能根据生产经营的需要决定用人数量和劳动力结构；职工能根据自身特长、爱好选择最能发挥自己才能的企业和岗位，这是提高社会经济运行效率的基本条件。

为此，必须建立和完善社会保障制度，建立劳动力市场，分离企业办社会职能，使员工由"企业人"成为"社会人"。目前，通过"再就业服务中心"的办法分流企业富余人员取得重大突破。就业门路在拓宽，社会承受能力在提高，建立人员流动机制这一宏大社会工程已经起动。

（三）建立企业管理创新、技术创新机制

在政企分开后，企业必须排除非经济目标的干扰，彻底抛弃重数量、轻质量，重速度、轻效益，重投入、轻产出的粗放经营方式，牢牢把握争取最高经济效益的目标。面对经济全球化的挑战和科学技术的迅猛发展，要潜心培育企业的核心竞争力，即持续开发独特产品的能力，持续发明专有技术的能力和持续创造先进营销手段的能力。形成跟踪市场，持续推进管理创新、技术创新的机制。

（四）建立风险防范机制

企业独立经营、自负盈亏，政府不再承担连带责任。所谓自负盈亏，就是企业利润丰厚，可以迅速发展，经理人员收入增加，职工工作稳定，福利改善；企业业绩平平，就会受到来自所有者和市场的双重压力；企业亏损，经理人员面临解雇、职工面临减员的危险；企业资不抵债、不能偿还到期债务，企业就要破产。破产是对经营不善的企业的极端惩治形式，可以使企业所有者损失惨重甚至全军覆没，使经理人员名声扫地、社会价值贬低，使债权人的利益大打折扣，职工也要承受失业的痛苦。风险防范机制的建立，可以形成市场对企业的刚性约束。

从战略上调整国有经济布局和改组国有企业[*]

（1999年8月22日）

1999年9月22日，党的十五届四中全会通过《中共中央关于国有企业改革和发展若干重大问题的决定》（本文以下简称《决定》）。1999年10月，中央财经领导小组办公室组织编写出版了《〈中共中央关于国有企业改革和发展若干重大问题的决定〉学习辅导讲座》。

在确立多种所有制经济共同发展是长期稳定国策的情况下，国有经济在国民经济中必须重新定位，进行有进有退的战略性调整。国有资本是由政府掌握的特殊的稀有经济资源，它追求的目标不仅是自身的保值增值，同时要保障国家安全和国民经济总量的最大化。在一般竞争性领域，国有资本投入再大的成功，也不过是排挤了民间资本，对经济总量做大并无益处。国民经济发展和国家安全有需要、民营资本不准进入或不愿进入的领域，是国有资本集聚的重点，使国有资本与民营资本的投资方向有个大体的分工，以此发挥民间投资不可替代的作用。

20世纪90年代中期以来，我国国民经济在跨过短缺经济的同时，企业间竞争日益加剧，平均利润率降低，许多深层次问题充分暴露，经济结构性矛盾已经成为制约企业改革和发展的一个基本因素。因此，党的十五届四中全会《决定》把"从战略上调整国有经济布局和改组国有企业"作为推进国有企业改革和发展的一项根本性措施，并分别对"从战略上调整国有经济布局"和"推进国有企业战略性改组"的目标和政策等原则做了

---

[*] 本文是作者作为《中共中央关于国有企业改革和发展若干重大问题的决定》起草组成员，1999年8月22日为《〈中共中央关于国有企业改革和发展若干重大问题的决定〉学习辅导讲座》一书撰写的两篇稿件之二，题目为《从战略上调整国有经济布局和改组国有企业》（原题目为《推进国有企业改革和发展点主攻的目标》）。

明确规定。

一 国有经济布局的问题和企业结构的矛盾

我国国有经济的布局主要是在计划经济时期国家投资形成的,虽然改革开放之后做了一定的调整,但在买方市场强力拉动和各级政府求发展的强烈欲望的相互促进下,低水平重复建设愈演愈烈,新增投资没能适应需求结构升级,使得本来就不尽合理的布局结构在很多方面又进一步恶化。正如《决定》所指出的,"国有经济整体素质不高,资源配置不尽合理、企业组织结构不合理",已经成为经济发展的主要障碍,"必须着力加以解决"。这些结构性矛盾主要表现为五点。

(一) 所有制结构不合理

集中表现在三方面。首先,国有经济比重过高。长期以来,由于政策的抑制作用,非公有制经济没有得到相应发展,浪费了可贵的社会资源。同时也使国有经济在国民经济中的比重过大,制约了经济的活力。其次,国有经济行业布局过宽。无论涉及国家安全、公共服务,还是居民日常生活需要,几乎都由国有经济提供,致使国有经济力量分散、尾大不掉、顾此失彼,在国家必须控制和提供服务的重要行业和关键领域不能集中力量。最后,国有资本集中度低。国有企业近30万户,平均每户企业国有资本金只有1000万元左右,加之专业化程度低,大多达不到规模经济,没有规模效益。由于国有企业摊子过大,国家财力无法支撑,大多数企业资本金不足,在高负债下运行。

党的十五大提出,所有制结构不合理已经形成对生产力发展的羁绊,必须逐步消除。这是解放和发展生产力的重大任务。

(二) 生产结构与需求结构不相适应

长期低水平重复建设的恶果在转向买方市场之后爆发了。90年代中期以来,无论生产资料还是生活资料,无论城镇市场还是农村市场,普遍出现了供过于求的状况,工业生产能力结构性过剩。企业所能生产的产品,无论品种、质量还是数量，与社会需求都不相适应。为争夺传统产品市场，企业间恶性竞争，平均利润率下降，亏损增加。与国内企业开工不足、生产能力闲置并存的是，因国内产品不能满足需要，不少产品大量依赖进口。这表明生产结构的调整已严重滞后于需求结构的变化。

（三）产业技术结构落后

我国在初级产品产量已跃居世界前列的同时，技术落后的弊端明显显现。首先，产品落后、工艺落后、装备落后，消耗同样的资源、原材料和劳动力，我们只能生产出发达国家 1/20~1/10 的价值，这种粗放的经营方式不仅效益低下，而且给环境、资源造成了巨大压力，成为可持续发展的障碍。其次，受市场约束，老的生长点已增长乏力，投入产出效益明显下降。最后，在总产出中，高新技术产业、新兴产业比重低、产品附加值低，整体效益难以提高。这表明，由于产业技术结构落后、产业发展缺乏亮点，后劲乏力，严重制约了经济的增长。

（四）企业组织结构失调

在短缺经济时期，企业为维持正常生产，生产链向主导产品的上游工序无限延伸，形成了大而全、小而全的全能型生产经营结构，企图"万事不求人"，大、中、小型企业几乎在同一层面竞争，组织化程度低。大企业肥胖、臃肿而不强，没有规模效益；小企业缺乏特色和创新能力，散而不活。企业间专业化协作、社会化生产的组织体系没有建立，没有形成协作互补的企业群体结构。这是造成我国国有企业市场应变能力差、运行效率低、经济效益不高的重要原因。

（五）区域经济结构趋同

在短缺经济刺激下，各地政府纷纷投资发展"自己的"钢铁、纺织、机械、化工、家电甚至汽车工业，企图形成本地"门类齐全"的产业结构，造成了地区经济结构趋同，缺乏特色。近年来，几经调整已经有所改善，但尚未从根本上解决。从世界经济一体化和全国资源优化配置角度看，沿海地区接受发达国家和地区某些产业转移还缺乏战略规划和政策引导；

沿海地区一些产业向内地转移还遇到某些认知和政策的障碍。在我国东、中、西部尚需按劳动力和自然资源的比较优势，建立各具特色经济，形成产业互补的梯次结构。

总体看来，虽然我国经济的总量已经不小，但不能适应市场经济的要求。这说明，随着供需关系的变化和消费结构的升级，我国经济的结构调整、产业升级、技术更新、企业重组已势在必行。

80年代以来，国家已经饱尝经济结构不合理之苦，多次提出调整经济结构的任务，但实际收效并不明显。地方和企业在买方市场下、从近期利益出发，难以看到结构问题的严重性，缺乏推进结构调整和企业重组的动力。近年来随着市场约束明显增强，强者有意低成本扩张，弱者急于寻求出路，优胜劣汰机制为企业重组注入了强大的动力；党的十五大和十五届四中全会《决定》在理论政策上的突破，为这次调整和重组奠定了思想和政策基础；近几年企业联合重组、兼并破产、减人增效等实践为这次调整和重组提供了基本手段。

目前，大规模产业调整、企业重组的形势已经到来，这一轮结构调整、重组不是暂时性、局部性的措施，而是为改变企业状况、求得经济持续发展的整体性战略。这种调整，不仅要用现代技术改造传统产业，淘汰、压缩污染环境和浪费资源的落后生产能力，还要加快发展具有市场前景、技术含量高、附加价值高的生产能力，特别要发展高新技术产业；不仅要调整产品结构、产业结构和企业结构，还要对所有制结构、对地区和城乡经济结构进行调整；不仅要解决当前的市场供求问题，更要提高国民经济的整体素质和效率、效益，适应进入WTO的形势，着眼长远发展。不把这件事做好，难以实现经济体制和增长方式的根本转变，国有企业的状况也不能有根本好转。

二 调整国有经济布局和企业结构的指导原则和目标

党的十五届四中全会《决定》对国有经济布局、企业结构调整的指导原则和目标做了原则规定，对指导经济结构调整和企业重组具有十分重要的现实意义。

（一）国有经济的功能定位

十五届四中全会《决定》指出"国有经济在国民经济中的主导作用主要体现在控制力上"，并对国有经济的控制力做了三条界定。

一是"国有经济在关系国民经济命脉的重要行业和关键领域占支配地位"。就是说，体现国有经济控制力，主要是在关系国民经济命脉重要行业而不是在所有领域占支配地位。国有经济在这些领域中，有的要发挥"支撑"作用，也就是创造基础条件的作用。即在其他所有制经济不能进入或无力进入，而国家安全、国民经济发展又必不可少的领域，由国有经济进入，以确保国家安全和国民经济健康发展。有的要起"引导"作用，也就是带头作用。即按照国民经济发展的总体需要和产业政策，以有限的国有投资引导民间投资。同时还要发挥"带动"作用，即带动民间投资，而不是代替其他所有制经济，促使整个国民经济的更快发展。

二是"国有经济应保持必要的数量，更要有分布的优化和质的提高"。实践证明，国有经济发挥主导作用，主要在于分布和质量，而不能只看数量的多少和比例的高低。要通过优化配置使国有资本都能有效发挥"支撑""引导"和"带动"作用，并且"在经济发展的不同阶段，国有经济在不同产业和地区的比重可以有所差别，其布局要相应调整"。

三是"国有经济的作用既要通过国有独资企业来实现，更要大力发展股份制，探索通过国有控股和参股企业来实现"。这就把可以体现国有经济控制力的范围扩大了。也就是说，不仅国有独资可以体现国有经济的控制力，国有控股甚至参股也可以体现控制力。

政府是特殊的投资者，国有经济是一种特殊的经济成分。从深层次含义来说，国家投资兴办企业不是简单地为赚钱，也不只是为使国有资本有多大增值，更为重要的是通过国有企业的发展支撑整体社会经济迅速、健康发展，起到其他所有制经济不可替代的作用。政府投资追求的是社会经济质量的最佳化、经济总量的最大化。在经济总量的增量中，政府可以通过增加的税收、土地升值、增加就业等专有的"资金回收通道"形成良性循环，从而得到更大的回报，最终使全国人民受益。

（二）国有资本向国家需要控制的行业领域集中

国有资本是有限的，是稀缺资源。国有资本的布局和配置效率将决定国民经济的发展状况和国家对国民经济的控制能力。针对目前国有经济的分布状况，《决定》提出要从战略上调整国有经济的布局，"坚持有进有退，有所为有所不为"，"着力解决国有经济分布面过宽的问题"。哪些要进，哪些要退；哪些要为，哪些不为？国有经济要从一般竞争性领域向重要行业、关键领域集中，也就是《决定》指出的，向"涉及安全的行业，自然垄断的行业，提供重要公共产品和服务的行业，以及支柱产业和高新技术产业中的重要骨干企业"转移，这些是支撑国家安全和经济发展的脊柱，是国家责无旁贷必须支持搞好的关键少数。在一般竞争性领域，新增国有资本不应再投入，有条件的可以逐步退出。具体看，竞争性领域具有实力的企业，要吸引多方投资加快发展；对产品有市场但负担过重、经营困难的企业，通过兼并、联合等形式进行资产重组和结构调整，盘活存量资产；产品没有市场、长期亏损、扭亏无望和资源枯竭的企业，以及浪费资源、技术落后、质量低劣、污染严重的企业要实行破产、关闭。

概括地讲，就是抓好大的，放活小的；加强重点、放开一般。从总体上做到集中优质资产、重组低效资产、盘活呆滞资产、消除无效资产。必须指出的是，这种国有资本的有进有退是布局上的转移，并不损害国有资本总量。而国有资本分布的优化，将极大地提高国有经济的整体质量，并有力地增强国有经济在国民经济中的支撑、引导和带动作用，使国民经济更健康地发展。

（三）结构调整要与技术进步和产业升级相结合

国有经济结构调整不只是生产能力的增减和资产存量的转移，必须与技术进步和产业升级相结合，提高生产要素的质量，提高经济的整体素质。产业升级有两方面含义。第一，用现代技术改造传统产业，实现产品换代、技术升级，增加产品技术含量，增加附加值，提高质量，提高效益；淘汰一批高耗能、高污染、低质量、低效率的工艺、装置和产品。第二，在电子信息、生物工程、新能源、新材料、航空航天、环保等新兴产业和领域掌握核心技术；加快发展高新技术产业，增加高技术产业、新兴产业在总产出中的比重，发展具有国际比较优势的产业和产品。

（四）调整和改善所有制结构，发展混合所有制经济

调整和完善所有制结构有两重含义：一是在竞争性行业充分发挥非国有资本的投资功能，使国有资本可以向国家需要控制的行业和领域集中，把国民经济的"蛋糕"做得更大；二是发展混合所有制经济。通过股份制形式使国有与非国有、公有与私有等交叉投资和控股，发挥各自的优势，重要的企业国家控股。这对完善市场机制，提高经济运行效率有重要意义。

现在居民储蓄和手持现金连同金融资本已超过8万亿元，而且增势不减。采取更加灵活的方式调动这笔财富，对国民经济的发展将会起重要的作用。凡是适合民间投资进入的领域，要通过独资、合伙和股份制等形式，鼓励、引导集体和个体、私营等非国有制经济进入并放手发展。这样，有限的国有资本就可以投向其他所有制经济不准进入或难以进入的重要行业、关键领域。这主要是：①必须由国家垄断经营的特殊企业；②自然垄断行业；③社会效益明显、投资回报周期长的基础设施和公共设施；④投资规模特别大，民间无力进入的领域；⑤投资初期风险大的领域；⑥国家为实现社会目标而进行的投入等。最终形成国有经济与其他所有制经济的互补发展格局，充分调动各种社会资源，把国民经济总量做得更大，结构和机制更加合理。

《决定》指出：随着国民经济的不断发展，国有经济"总量将会继续增加，整体素质进一步提高，分布更加合理，但在整个国民经济中的比重还会有所减少。只要坚持公有制为主体，国家控制国民经济命脉，国有经济的控制力和竞争力得到增强，这种减少不会影响我国的社会主义性质"。

（五）坚持"抓大放小"的方针，构造合理的企业规模

《决定》重申坚持"抓大放小"的方针。对于那些规模效益特别明显的行业，应以企业为主体，以资本为纽带，主要通过市场进行联合改组，大规模聚集有效资源，着力培育实力雄厚、核心竞争力强劲的大型企业和企业集团，实现规模生产、规模经营。如石油、石化、电信、铁路、钢铁、汽车等。有的可以成为跨地区、跨行业、跨所有制和跨国经营的大型企业

集团。要发挥这些企业在资本运营、技术创新、市场开拓等方面的优势,使之成为国民经济发展的支柱和参与国际竞争的主要力量。

要采取更加灵活的方式放开搞活中小企业。中小企业要向小而专、小而精、小而特、小而新的方向发展,要特别扶持科技型小企业,充分发挥小企业机制灵活、贴近市场、创新能力强,可活跃在社会有需求,大企业做不了、做不好或获利微薄的加工业、商业、服务业以及为大企业配套和服务的领域。

(六)建立专业化生产、社会化协作的生产经营格局

各类大、中、小型企业之间要形成优势互补的专业化协作生产组织关系。《决定》特别指出了国有企业"大而全、小而全,没有形成专业化生产、社会化协作体系和规模经济"的组织结构弊端。现在,我国生产规模已经不小,但专业化协作的生产经营体系尚未得到充分发育,这是国有企业缺乏市场竞争力的一个致命弱点。全能型企业的弊端:一是管理幅度过宽,尾大不掉,市场应变能力差;二是企业投资增加,力量分散,负担加重;三是在长链条生产过程中能力的不均衡,使生产要素利用率低、效率低、效益差。

破除全能型生产组织方式,转向专业化生产、社会化协作,是提高经济素质和企业竞争力的战略性措施,是走向社会化大生产的必经之路,是工业结构的一场革命。它能带来的变化是:使大型企业和中小型企业形成协作互补、各得其所的企业群体结构;使产品、工艺、技术水平迅速升级;劳动生产率大幅度提高;新产品开发周期大大缩短;制造成本大幅度降低,从而可以实现多品种、小批量、低成本、短交货期的生产经营,满足顾客不断增长的多样化、个性化需求。在生产组织方式转变过程中,将培育一批优强大企业和众多的"小型巨人"。生产组织方式的转变将会增强经济活力,提高我国产业的总体水平和企业的市场应变力、竞争力。

三 结构调整的政策措施

加速经济结构调整已经成为搞好国有企业和经济持续增长的一个关键,经过多年的积累,我们已具备了必要的条件。

（1）经济结构的矛盾已充分暴露，优胜劣汰为结构调整注入了动力。

（2）结构调整的理论、认识上的障碍逐步清除，对结构调整的必要性、紧迫性逐渐形成共识。

（3）生产能力相对过剩、商品相对充裕，一些企业无可替代的地位已经消失，有了结构调整的空间。

（4）国际产业结构调整、企业重组给我们提供了机遇。

（5）结构调整的政策措施陆续出台，经过实践积累了初步经验。

（6）综合国力增强，为结构调整支付成本的渠道逐步明朗。

（7）企业、职工和社会对结构调整的承受能力提高。

近年来，国务院为调整经济结构已采取了一些重大步骤：如纺织行业压锭、重组、减员、改造的综合措施；石油、石化、石油产品销售的上下游一体化、产供销一条龙的重组；统配煤矿下放地方，同时关闭小煤窑；宝山钢铁和上海钢铁、梅山钢铁企业联合重组；有色、军工的重组方案陆续出台；党政军、公检法与所管企业脱钩；等等。近年来，优势企业的兼并扩张、扭亏无望企业的破产，都以前所未有的规模在推进；国有小企业的改组、联合、租赁、承包、股份制、股份合作制、转让等，都取得了可喜的进展。全国加速产业和企业结构调整的形势已逐步形成。

在推进结构调整中，政府的主导作用在于为优势企业的迅速发展开拓更大的空间、创造必要的环境；为丧失竞争力的企业退出市场开辟顺畅的通道、排除现存的障碍，而不在于针对具体问题制定和推行多么高明的重组方案和调整方案。也就是说，政府要正确使用行政手段，如消除政策和体制阻碍，发布信息，实行政策引导等，而企业重组的运作要以企业为主体，更多地依靠市场力量。

当前推进工作的政策措施的重点有这几个。

（1）进行公司制改革，明晰产权，实行投资主体多元化，确立资产流动的主体。

（2）抓大放小，有进有退。国家重点抓好关系国家经济命脉的重要行业、关键领域的骨干企业，其他企业通过资产重组加强重点。对中小企业要采取更加灵活的方式放开搞活，使它们依照有关规定，选择适合的财产组织形式独立走向市场。在重组转制中，鼓励中小企业突出主业，走小而专、小而精、小而特的专业化发展道路，与大型企业形成专业化生产、社会化协作的企业群体结构。政府要为中小企业组织建立产前、产中、产后的社会化服务体系，改善中小企业生存与发展的环境。

（3）鼓励兼并，规范破产。政府不再一味地"挽救"困难企业，但要为企业的"退出"市场排除障碍。鼓励企业自愿联合，鼓励优势企业兼并困难企业，实行低成本扩张；使长期亏损、扭亏无望、不能偿还到期债务的企业依法破产，退出市场；对污染环境、浪费资源的企业和资源枯竭的矿山，要依法转产、关闭。

（4）行业调整重组。对规模效益特别明显的重要行业进行重组。重组要根据企业情况，既有"扩张""做大"的一面，也包括"分立"和"减肥"的内容，最终形成若干在主业方面达到规模经济、结构合理、适度竞争的大型企业和企业集团。

（5）减员增效。当前，通过再就业服务中心分流富余人员的同时，要鼓励有条件的国有企业主辅分离、转岗分流，创办独立核算、自负盈亏的经济实体安置富余人员。同时，要加速社会保障制度的建设，包括变现部分国有资产、合理调整财政支出结构等，增加社保基金的渠道，逐步推行社会保障的社会化管理。培育和完善劳动力市场，为建立劳动力流动机制创造条件。

（6）分离企业办社会职能。要逐步把企业所办学校、医院和其他社会服务机构移交地方政府管理，所需经费可在一定期限内由企业和政府共同承担，逐步过渡到由政府承担。

（7）实行债务重组，改善企业资产负债结构。对一部分产品有市场、发展有前景，但由于债务过重而陷入困境的重点国有企业实行债转股，在引入新股东情况下，结合企业具体情况调整经营结构、股权结构，建立法人治理结构。符合上市条件的国有企业，可以通过境内外资本市场筹集资金，并适当提高公众流通股的比重；允许国有及国有控股企业按规定参与股票配售。一些信誉好、发展潜力大的国有控股上市公司，在不影响国有控股的前提下，适当减持部分国有股，所得资金用于结构调整。

（8）推进企业技术进步和产业升级。建立企业技术进步机制，形成技术创新体系。利用当前国家实行积极的财政政策、扩大内需的有利时机，集中必要力量，对重点行业、重点企业、重点产品和重大先进装备制造业加大技术开发和技术改造投入，给予贷款贴息支持，培育和发展产业投资基金和风险投资基金。

（9）培育和发展资本市场。利用资本市场提供的规范、便捷的资产重组机制，优势企业扩张有前景的业务或购并其他企业；国家可以通过资本市场减持国有股份，改善企业股权结构；上市公司亦可通过资本市场分立、转让不具前景的分支机构，实现结构重组。

完善组织体制,加快结构调整,促进军工企业集团的规范和健康发展[*]

(1999年8月23日)

目前,十大军工集团组建方案已经国务院批准,进入了组建过程之中。我想在此提出一些参考意见供大家研究。

我今天主要讲三个问题:一是大型企业和企业集团的组织结构和组织结构的演变过程;二是依照《中华人民共和国公司法》(本文以下简称《公司法》)对大型企业和集团进行改建和规范;三是在结构调整中壮大集团。

一 大型企业和企业集团的组织结构演变过程

(一) 大型企业组织结构的设置

大型企业和企业集团的组织结构演变。对大型的战略经营机构来说,确定其经营目标之后,一个非常重要的问题,就是组织体制,也就是组织框架的设计。组织体制设计得好,公司的效率就比较高。所谓组织体制的选择,就是要确定总部和分支机构、分支机构与分支机构的关系。关于总部和各个分支机构的功能分工,重要的是确定集团或大企业的投资决策中心、利润中心、成本中心三个中心的设置。

投资决策中心。投资决策中心的职能,是制定集团或全公司发展战略,进入、退出哪个市场,集中融通资金、决定集团的重大投资项目和投资计划,审核批准和监督各分支机构实施投资计划。另外还要做好涉及集团重

---

[*] 1999年8月23日,国防科工委召开"军工集团公司现代企业管理研讨会",作者应邀出席并做报告。本文是作者在会议上讲话的录音整理稿。

要方面的管理，如经营目标、财务管理、业绩评价、人事安排等。投资决策中心在集团公司中处于首脑的位置。

利润中心。主要职责就是投入产出。投资决策中心把项目确定后，利润中心去组织实施。项目建设起来，组织经营生产，进入市场，把钱赚回来。至于赚回来的钱如何使用，应该由投资决策中心来支配。

成本中心。成本中心的职能，是按照预定的计划组织生产，搞好产品质量、成本控制，管好职工队伍。成本中心的职能相对来说比较简单。对我们大型企业来说，就是指下边的生产工厂、车间的层次。

大型的经营机构功能分工一定要很明确，不能含糊。就是说，谁有权决定融资贷款，谁有权决定项目投资，谁负责把利润赚回来，谁负责产品质量、成本控制，层次和责任一定要非常明了。一旦混淆，企业管理就很难有效率，资金和效益的跑冒滴漏就无法避免，经济效益也很难保证。

（二）大型企业组织结构的演变

市场经济国家大型企业集团的组织结构已经经过了一百多年的演变，大体上经历了三种组织形式。

第一种组织形式就是控股公司，国外把它叫 H 型结构。这种组织形式于 1860 年首先出现在美国。由于当时生产厂家变得越来越多，各个厂家之间出现竞相降价、恶性竞争。为保住生产厂家的利润，大型厂家开始收购兼并，形成控股的局面。当时控股的主要目的是控制价格，即通过控制价格、控制产量来保证经济效益。但是到 1904 年美国出台了《反垄断法》，这种控股公司显然与反垄断法是相违背的。因此在流行了一段时间之后，这种控股公司被其他的形式所取代。

另一种控股公司，是通过持有其他公司一定数量的股权，对被持股的企业进行控制的公司。一般来说，这种控股公司的总部是一个小型的办事机构，每个公司的成员企业都有比较大的独立性，都是一个独立的企业法人，有很大的决策空间。下属独立企业也是一个投资决策中心，总部相对比较弱，没有能力也缺乏足够的信息去评价和监督下属的子企业的决策中心。

控股公司在实践中分成两类：一类是纯控股公司，只靠股权来控制和

完善组织体制，加快结构调整，促进军工企业集团的规范和健康发展

操纵其他的公司，自身并没有实际经营的业务，主要就是股权的控制，直至股权的买卖；另一类，除以股权运作为业务以外，同时自身也经营某种业务，这种控股公司为混合控股公司，有比较强的财务力量。以现金购买或用已有的股票来调换其他公司的股票，取得控股权，然后在股东大会上发挥股权的优势，通过选举权和表决权来支配被控股的企业。这种控股是间接的控制。

控股公司的特点是以有限的资本控制更多的资本，这样易于形成比较大的集团。可以对某些子企业控股，再通过被控股的子企业对其他企业控股，层层控股后，变成一个金字塔式的很大的一个机构。但是总体上来说，这种组织形式比较松散。这种控股公司在1920年由于《反托拉斯法》的出现，逐渐被一元化组织结构取代了。

第二种组织形式是一元化组织结构。"一元化组织结构"的特点就是"大一统"，只有一个企业法人，其下属的分支机构是非法人组织，与我们过去的大型工厂有些类似。

一元化组织结构的特点是垂直管理。这种组织结构有一个庞大的总部，有总裁领导下的执行委员会和一些职能部门，包括生产、销售、财务等，通过职能部门对下属生产经营单位实行高度集中管理。总部行使投资中心、利润中心的双重职能，下面的分公司、分厂或车间都是生产经营的成本中心。在这种高度集权的组织体制中，总部把各个成员之间的关系变成集团内部关系，对外实行统一经营。总部按职能划分若干部门进行集中管理，各个职能部门都是生产经营的辅助部门，自主权很小，而生产经营单位的自主权更小。这种高度集中的体制，一般说来适用于生产业务比较单一的企业，其企业规模有限。

一元化组织结构的优点：总部能够集中监管整个公司发展规划的制订、实施和修改；重大融资项目，重大业务活动和核心业务；经营状况；内部的资源调配；人、财、物的调整；还有内部关系的协调等。其缺点在于：第一，公司总部把战略规划、投资中心的职能和日常的经营混杂在一起，使公司容易陷入短期的日常事务之中，对长远考虑相对会弱化；第二，主业和其他业务混杂在一起，在主业必须突出的情况下，其他相关业务发展受到了限制；第三，各个副总经理负责专门业务，容易形成和陷入部门利

益，忽视了整体利益。

第三种组织形式是事业部管理体制。

美国的通用汽车公司首先开始实行了事业部管理体制的公司结构。大约开始于20世纪20年代。为使各个车型都能够有一个比较快的发展，通用公司开始分门别类管理，成立了事业部。后来大家争相效仿，事业部的形式陆续发展起来。事业部制的公司结构与一元化组织结构相比是分权式的体制。在集团最高决策机构之下，按产品性质和市场特点分别设立事业部。比如美国通用汽车公司有按地区设立事业部，有北美汽车部，欧洲汽车部。有的按产品成立事业部，或者设立大型子公司。这些分支机构在最高决策机构之下，享有一定范围的投资权。在经营方面，它是一个利润中心，总部每年审批它的营业额和费用。事业部下面的生产工厂和车间，是成本中心。有的工厂很大，年产30万辆汽车，但仍然是成本中心。事业部可以设立一些职能部门，例如工程部、人事部、销售部，管理下属机构和生产经营单位。一个事业部按一元化组织结构进行集中管理。总部为了更好地执行投资决策中心的职能，设立一些参谋班子，比如财务、市场、技术开发等若干委员会，其优点在于把总部从日常的生产经营中解脱出来，专心研究公司的发展战略，从集团整体利益出发设计制订重大的投资计划，研究集团内部的资源配置，对分支机构进行战略性的管理和协调。

在事业部管理体制的机构中，总部保留了三个最高的权力：第一，协调事业部之间的活动，确保避免在有关市场、供应商、生产流程、研究开发上发生集团内部的自相竞争；第二，系统评价、监督各个事业部的业绩，决定各个事业部的主要人选；第三，在监督和对长期市场情况进行评价的基础上，决定批准事业部进入或退出的市场领域。由总部来决定事业部的重要决策。到了二战以后，欧洲、日本许多大型集团都转向了事业部制的形式，这种体制占绝大多数。其中的重要原因是公司的规模庞大，业务范围几乎都超出了本行业。即使都在同一行业，如汽车，但是由于多品种和地区化、国际化经营，原来的一元化组织结构已经不适应了，大多数都转向了事业部体制。

这三种形式的划分，只是一种总结归纳，中间很多形式是交叉的，可以有各种各样的组合。但是我认为这里边比较要害和不能回避的，是三个中心的职能界限必须要非常清楚，不能既是利润中心又是投资决策中心。如果是这样，总部就被架空了。如果既是成本中心同时又要搞经营，绝对是自相残杀，把企业搞乱。这方面国内已经有了大量的例子。每个下属机构都有一种升级的倾向。成本中心总希望能买能卖；利润中心赚来的钱希望自己决定投资。但公司再大它也是一个整体，不是自由市场，离开了整体性，就不能称其为企业。并不是某一个局部搞得最好，公司整体效益就会最好。

从企业组织体制的演进来看，由于发展阶段的不同，各个国家又有很大差异。

（三）公司治理结构的主要形式

所有者对公司的控制形式，是公司治理结构的要害。从各个国家的实践来看，可以分美国、日本、德国三种模式。

在美国，股东或所有者对公司的制衡有两种方式。第一种是通过股票市场制衡。实行这种方式的公司股权相对比较分散。对投资者来说，企业经营不好，就可以把股票卖掉，"用脚投票，一走了之"。股东抛售股票，股价就下跌，这就是在给企业施加了压力。这是对企业一种重要的制衡。第二种制衡就是股价跌到一定程度时，就会被另外的公司收购，被别人接管，公司的经理人员就完蛋了。

美国很长一段时间主要就是这两种方式。原因是股权比较分散，另外公司内部的事务又相当复杂。美国的主要投资者是机构投资：投资基金、养老基金等。他们有强大的资金实力、市场判断力和避险意识。美国大型企业的普通股和长期债券大都来自机构投资者，他们某种意义上通过资本市场，受到机构投资者的控制。

一度有些公司被经理人控制，所有者的权益受到了损害。机构投资者最后使一些大型公司最高行政长官被"炒鱿鱼"。这就是后来人们所说的"机构投资者的觉醒"。

在日本，股东对公司的控制也是通过两个方面来进行的。第一是通过企业间的交叉持股进行控制。在日本大型企业、大型的经营机构，资本的来源主要是法人投资，包括金融机构投资和一些实业公司的投资。日本有一本书叫《法人资本主义》讲的就是这些。法人投资在企业的资本中占有很大比例,其中大多又是交叉持股。如三菱、三井、住友等六大集团交叉持股。这几家公司每周有一个恳谈会,实际是股东会。如果哪个公司有了较大的变化,在恳谈会上要对其施加影响,甚至换人。第二是通过"主银行"进行控制。日本每一个大型企业都有一个主要银行,"主银行"对企业持股一般在5%左右,在日本企业当中是比较大的股东。同时,银行对这个企业又提供了最大份额的贷款,可以派人进入企业。"主银行"对企业的监控是相当厉害的,它对企业的资金财务运作状况最清楚。日本主要是通过这两个方面对企业进行控制。

最后一种模式是德国的模式。他们在公司治理结构上的特点是"双重委员会制度"。也就是说,上面有监事会,下面又有董事会(有的叫管理委员会)。德国的所谓监事会大体上相当我们所理解的董事会,公司资本大多来自公司法人、创业家族、银行。在德国,对企业的控制,第一,来自银行。银行对公司的控制可以通过股票、贷款、派代表参加监事会,甚至有的银行派代表作为大型公司的监事会主席对企业进行监管。第二,来自职工代表。德国强调职工参与。

二 依照《公司法》对大型企业和集团进行改制和规范

这里要讲的实际上是如何落实国务院的批复的问题。现在军工十大集团公司由于没有得到完全的改制,实际还是按《全民所有制工业企业法》(本文以下简称《企业法》)而不是按《公司法》来进行调整的。企业组织体制也是依据《企业法》,是按厂长经理负责制的路子走的。因此,这次组建集团公司没有最终到位,从某种意义上说是现代企业制度建设的过渡。在国务院的批复中讲到,"集团公司组建后,要依照《公司法》进行改建和规范,加快建立现代企业制度"。就是说现在的改革没有到位,组建后接着进行改建和规范的工作。这是一个很重要的事情。

关于改制和规范,国务院文件和国防科工委的请示里都讲到了。我在这讲几点意见供大家参考。

完善组织体制，加快结构调整，促进军工企业集团的规范和健康发展

（一）关于国家授权投资的机构问题。

在国务院批复中明确提出："集团公司作为国家授权投资的机构，对其全资企业、控股企业、参股企业的有关国有资产行使出资人的权利，对所投资企业中国家投资形成的国有资产依法经营管理和监督，并承担相应的保值增值。"还有一句很重要，"对所投资企业享有资产收益权"。如果把前后意思加起来，就是对所属资产有经营管理、监督、收益的权利。虽然从我们1993年开始建立现代企业制度以来，就已经讲到了授权经营的问题，《公司法》里面也讲到了授权经营，实际上真正经国务院授权的机构，在此之前只有三个作为试点的企业集团：有色总公司、航空工业总公司、石化总公司。这次一下批了十个，作为国家授权经营的机构。

对这件事情怎么理解？这是一个全新的事物，而且非常重要。特别是对集团公司的设置非常关键。企业的国有资产，由政府代表国家行使所有者职能，在有关文件中都有了规定。而政府作为全社会经济的管理者，同时又要和参与市场竞争的国有资本分开。有人讲政企分开，还要"政资分开"，这有一定的道理。政府的社会管理职能是面对各类企业，国有资产的管理，是对参与竞争的国有资本管理。对全社会经济的管理和对参与竞争的国有资本的管理是不能混在一起的，否则又是裁判员又是运动员，就会出现各种各样的弊端。

但是国有资产又由谁来管呢？离开了政府谁能代表国家？政府又不能不管。理顺产权关系这个问题，到现在我们并没有很好解决。在有关文件里设计了这个路子，政府把经营性的国有资产通过授权交给某些资产经营机构经营管理，由这个机构来代行国家所有者职能，使政府和经营性国有资产管理脱开。在《公司法》里规定，"经营管理制度健全，经营状况较好的大型国有独资公司，可由国务院授权行使所有者的权利"。实际上这是解决政资分开的关键环节。政府要在资产授权机构的后面管授权的机构，由机构对下属企业持股。所以授权投资的机构是政府和下属国有企业之间的一个界面。

对授权经营和国家授权的投资机构，可以做如下理解。现在没有一个权威的解释，我的只作为个人意见。

（1）政府要把边界清楚的国有资本委托给授权投资的机构。对你们来说就是集团公司。

（2）国家授权投资的机构对受托的国有资本拥有占有、使用、处置和收益的权利。原来对这个问题一直有争论，在《监管条例》里面讲到了占有、使用、处置的权利，但收益权没有讲。而这次国务院的批复里面把收益权也交给你了，从这个意义上来说，你是完全意义的国有资本的所有者。拥有占有权、使用权、收益权、处置权，重大问题要向政府报告。授权经营的机构是国家单独设立的国有独资的特殊企业法人，与一般企业法人是不同的。在它的上面没有一般出资人，而是代表国家所有者的政府。

（3）按照经政府批准的公司章程运作，在某些方面不受《公司法》的调节。从《公司法》来看，并不承认政府是股东。而集团公司的股东恰恰是政府，其章程要经过政府来批准。授权经营的机构可以单独出资设立国有独资公司，对外投资可以在一定范围超过自身净资产，而一般的企业是没有这个权利的。

（4）授权经营的机构不具有政府职能。要以国有法人股东的身份，依照《公司法》对全资、控股、参股的企业的国有资本行使出资人的权利，而不是行政管理权。行政管理权在国防科工委。

（5）授权经营机构独立运作国家委托经营的国有资本，以国有资本的保值增值为目标。这个话本来可以不说，但很重要。应该没有其他目标，不能有多重目标，但对军工来看恰恰有多重目标。后面我还要讲这个问题。

（6）政府通过一定程序对授权经营的机构进行管理和监督。除了批准公司章程，决定授权投资机构的终止、变更、分立等以外，政府在日常主要是管三件事。第一，授权经营机构的董事、董事长的任命。如果严格按《公司法》来说，政府不要管经理，经理应该由董事会来聘任。第二，年度经营目标的确认，要经过国家委托机构的认定。如国防科工委认定搞什么型号，完成什么任务，生产、经营、利润、职工等，年度目标国家要管。第三，要以年度目标为准进行审计考核。

（7）授权经营机构主要有两大类。一类是核心企业牵头的国有独资集团公司，就是前面所讲到混合控股性质的公司。对这样一些大型企业集团进行授权，如宝钢。另外一类是没有核心业务的机构，如上海纺织控股集团。

完善组织体制，加快结构调整，促进军工企业集团的规范和健康发展

（二）国有独资公司法人治理结构中的几个问题

江泽民同志在大连考察时的讲话中强调，公司法人治理结构是现代企业制度的核心。公司法人治理结构能否发挥作用的要害在于规范。现在有些公司，包括上市公司，之所以运转的状况不理想，其中的一个重要原因是法人治理结构不规范、扭曲，使法人治理结构起不到激励、制衡的作用。如国家所有者职能没有到位，达不到预期的目的。有的董事长、总经理任命要政府批，并且是一个文件下达，董事长、总经理似乎平起平坐，这导致治理结构的混乱。

在改制为国有独资的集团公司时，关于法人治理结构，有几点值得注意。

第一，由政府代表国家作为所有者向集团公司委派或更换董事、董事长。董事受国家所有者的信托，要按照公司章程和政府的信托协议，担起国家所有者真老板的职责。这一点非常关键，我认为所有者职能要到位，就是代表所有者利益的董事的职责要到位。如果董事不能忠诚地对待国家所有者的信托，整个法人治理结构就形同虚设。

第二，政府对授权投资的机构即集团公司的特殊要求，应该集中反映在集团章程和国家对董事的信托协议之中。政府平时不能也不应该总去下达"红头文件"干涉企业的经营。国家把董事派去，是对董事们的信任，通过信托协议来体现和反映国家的意志。要保证企业有自主决策权。

第三，集团公司不设股东会，由董事会代行股东的职权。当然有的说代行部分股东的权能，也是对的。因为，由于没有股东会，应该由股东会做决策的事情，集团公司不能完全都代行，如董事不能自己选举自己，必须由政府来决定董事。另外，集团公司的解散、分立，自己也不能决定。从这个意义上来说，董事会又是代行部分股东的权利，可以决定日常管理中对资产的占有、使用、处分等问题。董事会虽然是最高决策机构，但本公司的合并、分立、解散，增减资本金，发行公司债券，必须经政府批准。

第四，严格按照《公司法》建立层次分明的人事管理制度，构建公司权责明确的管理体系。要按照《公司法》的规定。公司法人治理结构的制衡关系，实际上体现对人的制衡。董事会、经理之间的制衡，包括对下层

经理的制衡，主要是通过对人事的管理来实现的，因此理顺公司的人事管理是建立公司责任体系的关键。对国有独资公司来说，如果国家管不了董事，董事会管不了经理，经理管不了部门经理，那么这套法人治理结构就是无效的。所以这套管理责任体制制衡关系的建立，实际上体现在对人的制衡上。有人说管资产、管事、管人，权利要对称、要一致，我想是有一定道理的。当然党管干部的原则还要坚持，但是管理方式上要改进。

第五，董事会成员和经理、副经理不能高度重合。因为董事会行使的职权、考虑的问题、责任，与经理是不一样的。在一般情况下，董事长和经理应该分设。这样，公司治理结构才能有效。

第六，国有独资和国有控股公司的党委成员可以通过法定程序进入董事会监事会。我想集团公司也是这样的，党委会成员可以依照法定程序进入董事会、监事会，董事会、监事会成员也可以按照党章进入党委会，职工代表也可以进入董事会、监事会。

但是，必须保障董事会对重大问题的统一决策的权力，不应该有两个决策中心。党委要参与，双向交叉是其中的一种重要的，也是比较现实可行的形式。原来有人提出过，党委会研究后，作为党委委员的董事要在董事会上表达党委的意见。我认为这不合适。董事会讨论中出现的一些问题，党委会没有讨论，怎么表态？这就乱了。董事会和党委会是两种决策体制。党委会是集体讨论、集体决策、集体负责；董事会是集体讨论、集体决策，但个人负责。如果董事会讨论出了问题，追究个人责任时，却说我当时是不同意的，这是党委让我表态的，最后还是无人负责呀！我想，党委会与董事会可以交叉进入，但是必须发挥董事会对重大问题统一决策、监事会有效监督的作用，不要搞双元制。

第七，公司的组织体制和领导体制，要严格按《公司法》和"公司章程"运行，要建立规范的、可以追究董事信托责任的董事会的议事规则，少数服从多数。包括董事长，也是一票。在董事会决策过程中要对决策过程记录在案。如果出现问题，可以追溯，在重大决策中张三怎么表态，李四怎么表态，如果出现法律问题，可以追究个人责任，甚至可以到法院去起诉。这就是"集体决策、个人负责"，和党委的"集体负责"不一样。集团公司的法人治理结构一定要把责任落实到每个董事的头上。如果董事

完善组织体制，加快结构调整，促进军工企业集团的规范和健康发展

表态屡屡失误，对不起，你的水平有限，就要换人。这套机制就是促使每一位国家派出的董事变成真老板。

第八，在国家法律法规包括公司章程规定范围内的东西，由董事会做决策，政府不再干预。如果再说三道四，企业还怎么干？但是集团公司自身要承担决策的后果。政府不再干预的同时，也加重了集团公司董事会的责任。现在是政府审批，政府都批准了，集团公司还有什么责任？这是推卸责任的最好办法。如果政府不再批，水有源，债有主，它就跑不掉了。这样反而增加了集团公司的责任意识。

（三）关于集团公司的组织体制设计

企业组织结构的设计和组织形式的选择，必须要有利于实现这个组织的目标。任何一个组织都是由特定目标所决定的，先有目标，后有组织。这个不能颠倒。在组织当中的每一个机构、每一个分支都要和实现组织的总体目标联系起来。组织目标的分解，形成了分支机构，离开了目标的组织，机构没有存在的价值。当然背离了目标的组织，更不能存在。随着目标的层层分解，机构就可以层层建立。目标应分解到每一岗位。因此我们研究组织体制，首先要研究目标。

对于一般的企业，尤其是国外的公司、大型企业机构，目标很单一，就是赚钱。通过资本投入，能够赚取更多的利润，就这么一个目标。我国的授权投资机构是一个特殊的企业法人。而军工集团公司又有许多的特殊性，其组织体制如何设置值得研究。如果按照大型企业三种典型的组织结构构架去选择，我们可以做一些分析。

纯粹型的控股公司，以资本增值为目的，可以进行资本、股权的买卖和运作，而对被持股的企业只能以股东的方式施加影响。我认为从总体上看，这个办法对军工企业不一定适用。层次过多了效率低。对于"一元型"的"大一统"结构，我们现在这样庞大的集团公司，下属那么多分支机构，搞不好又会陷入行政性管理圈子里出不来。

因此，我认为可以以事业部制的结构为基础做一些研究。比如民用产品（下文简称民品），可以设立民用产品的事业部，如民品规模太大，还可以分成若干事业部，如汽车部、家电部。事业部对下面的管理可以

设立分公司子公司,也可以是控股公司、参股公司。如果集团公司按照控股的办法控制那么多子公司,派那么多董事,我想管理幅度上有一些问题。

对于民品有一些经验是可以借鉴的,关键是军用产品(下文简称军品)。国防科工委下面的这些集团公司,天字第一号任务是军品。其销售收入可能占小头,却是集团公司存在价值的关键所在。所以,这个机构怎么设置显得更加重要。军品和民品有很大的区别。军品大体上分为三类,一类是军品和民品可以重合的。这个我想没什么问题,是完全可以共用的部分,只不过有时可以接受甲1的订货,有时可以接受甲2的订货。第二类是有一部分与民品有相似之处,但是不能共线生产。第三类是军品专用的这一块。①开发生产有特殊性。比如开发哪些军用产品,能不能进入市场,企业自身不能自主决定;②军品专有的这一块,订单并不是来自市场,只能接受国家采购,而且不能自主销售;③军品专有的部分,它的产品价格不能根据供需关系来定价。价格是国家定,即成本加5%。不能说是新产品,就要卖高价;④这些国有独资的下属企业,可以贷款,但它们不能从资本市场融资;⑤这类产品不存在市场竞争。

我看到了这个文件(《批复》),虽然也讲到鼓励竞争,但是更重要的是分工协作、发挥优势、各有侧重、有序竞争。我想,若真正做到分工协作,就很少有竞争了。一个搞直升机,一个搞固定翼飞机,这是两回事,无法竞争。我看几大集团公司的分工基本上是错开的,少数也有一点重合,比如子弹、炮弹等。所以说基本上不存在市场竞争,反过来对这些企业也不存在市场约束。从本质上来说,对这类军工产品不能自主经营,当然也无所谓自负盈亏。在《批复》中也讲到了让它进入市场,但我认为这个问题要具体分析和研究。让它进入市场,主要是进入国际市场。

在组织体制设置上必须考虑这样一个特殊性。集团公司对下属企业有下列几种关系。一种是总公司和分公司,另一种是总公司与事业部。分公司与子公司本质上是不同的。大家要考虑,对哪一类产品搞分公司,哪一类产品搞子公司,哪一类产品搞事业部。

设置分公司的优点是:①设置程序比较简单;②管理机构比较简练;③可以和总公司合并纳税;④直接参与总公司的资产负债表。它的负债汇入总公司的负债，同时也可以分摊总公司的管理费，但是分公司不承担债务责任。不利的方面：①总公司要担负债务连带责任；②设立分公司可能较少得到地方支持。因为它的财务，纳税关系在总公司。各个分公司之间可以内部调配，用内部价格，管理成本较低。

设置子公司的有利方面：①母公司可以控制更多的资产；②子公司独立承担债务；③子公司可以有自己的融资渠道，这样就可以拓宽总公司的融资渠道；④子公司可以享受地方的税利优惠。同时，母子公司可以通过合理的转移价格、转移利润，合理避税；⑤可以得到地方的支持。不利的方面：①注册登记手续复杂；②母公司管理相对比较间接，不好直接用行政管理去下达计划。若是多元股东，只能用股东的方式行使权利，相对增加了管理的复杂程度；③子公司之间比分公司之间关系复杂。如果子公司之间有产业链联系的话，也要通过市场交易；④子公司不能直接分摊公司的管理费。

我介绍这些情况，就是说在组织结构的设计上要考虑军品的特殊性。如果按我个人意见，我倾向于民品这一块设立事业部，事业部下边设立子公司，由事业部对下面控股、参股。民品放开，走向市场，多渠道融资，有条件的上市。而军品这一块可做一系列分析，凡可与民品共线的部分让给民品。因为有民品垫底，军品成本可以降低，实现军民结合，以民养军。

另外，也有一部分是完全属于军品自身的，目前与民品不能合起来的部分，也可以设立事业部，事业部下边设立分公司。否则，设立子公司，市场机制对它很难发挥作用，管理成本很高，最后丧失了效益，划不来。这部分企业要让它勉强进入市场，恐怕会有问题。如果一个企业性质既有军又有民，是有一种办法，这种办法可能会变成独立的子公司，一方面有军品，一方面又有民品，军民又不能共线，这样带来另外的一些其他问题。完全是军的这一块采用怎样的组织方法，值得研究。

（四）通过建立现代企业制度使集团公司作为出资者的职能到位

怎么去行使出资者职能？要通过制度创新。

第一，是通过公司制的改建，可以使集团公司的出资者与企业建立新型关系，而不是通过过去的行政关系，实现出资者的所有权与企业法人财产权的分离。集团公司对下属企业拥有所有权——股权。下属企业拥有法人财产权，可以独立进入市场，参与竞争自主经营、自负盈亏。

第二，是通过制度创新来改变债务责任关系。集团公司对下属企业仅以投入企业的资本额为限，行使权利、承担责任。这样，下属企业一旦死了，集团公司不承担连带责任。

第三，是通过制度创新，由集团公司向下属企业派出所有者代表，使董事作为所有者的代表进入企业行使职能。所有者追求利润的动机形成对企业的激励，所有者避免市场风险的意识形成对企业的约束，企业的激励和约束都来自所有者。对一个企业来说，政府拿到的是税收，职工和经营者拿到的是工资。真正企业的盈亏，最终承担的是所有者。所有者不到位就是既没有动力又缺乏约束。

第四，通过制度创新可以使国有资本流动起来。如买卖股权，使资本具有流动性，这一点非常重要。保值增值靠流动，如果"钱到地头死"，就保不了值。

第五，可以拓宽企业的融资渠道。过去的国有企业，其他资本不能进入，通过股份制改造使其他投资者可以进入或退出，这一点变得很重要。条件成熟，可以股票上市。

第六，依靠制度创新可以形成一个科学的法人治理结构。这点也很重要，我不多说了。

所以说将权利交给各个集团公司，代表国家行使出资者职能，怎么行使到位？很重要的是要通过制度创新。如果没有制度创新，还是原来《企业法》下的国有企业，对不起，国家所有者职能依然不能到位。企业亏了还来找政府，还是只有生不能死。

（五）集团公司的改造问题

1. 集团公司与分支机构的关系

集团公司总部应该是投资决策中心，是重大问题的决策机构。事业部原则上是专业化生产经营单位，在授权投资范围内有很大的经营权，是利润中心。它负责投资项目的实施和资金回收，负责集团承上启下，是具体

完善组织体制，加快结构调整，促进军工企业集团的规范和健康发展

的经营运作环节。总部和下属单位之间是行政性的分权关系。

关于集权与分权，不同公司有所不同，没有一个严格标准。但有一个原则是统一的：它要服从集团公司的整体目标。实际上一个集团集权和分权，都要服从于集团公司整体目标的实现和整体效益的最大化。任何一个局部利益和局部权利都不能有损于这个基本原则。我在企业工作时也感到，下边都倾向于分权，认为分权越多越好，越主动。这样，就出现一个"围城"现象：在集团内部总希望分权，权力大到和外边的独立企业差不多；而在集团外的一些企业，感到风险很大，拼命想进到集团。因为集团内可以得到保护，这个问题处理起来很难。但一个重要的原则就是服从总目标。在机构体制设计上是这样一个原则，在运行体制上也是这样一个原则。一段时间赚钱的部分不一定就是最需要投资的部分。所以你这个"利润中心"的钱不能动，这是不行的。因为你这个部门将来可能是要淘汰的，而另外一个新兴产业可能是我们未来的增长点。如果集团公司没有这个调动能力，那么你就不是集团了。你不能整体分配资源，怎么有竞争力？

在我们的实践中，有许多含糊其词的说法，什么要尊重企业的自主权等。我认为这个话不确切。在我们贯彻《转机条例》（指《全民所有制工业企业转换经营机制条例》）中就出现这个问题。《转机条例》的14项权利指的是总公司还是分公司，给的是母公司还是子公司？争来争去，这个事情说不清楚。另外还讲划归"小核算单位"，"把竞争引入企业内部"，这些都没有理论根据，也没有得到实践验证。作为一个战略性的经营机构，它整体的市场竞争力、整体的活力，要体现在内部的严格控制和内部的严格管理上。如果一个集团内部是松散的，怎么有战斗力？如果一个集团内部每一个局部都有自己的账号，都是投资中心，无异于一个水桶，到处都是窟窿眼，四处跑冒滴漏。财聚不起来，怎能形成整体实力。

2. 对下属企业的管理

对分公司、子公司、事业部的管控办法不能一概而论，比较难控制的是子公司。一般来说，对下属企业的控制办法有几条。

第一，是股权控制。绝对控股还是相对控股？对于绝对控股的公司，母公司对其发展战略、发展方向要进行控制，但是对具体事务不要多问。

第二，是财务控制。这是总部控制子公司最重要的环节，包括投资、

融资、产品和经营成本、利润、投资决策权等。这些对控股公司来说应该在本部高度集中，否则你控股公司就没有意义了。

第三，是人事控制。公司要向子公司委派董事，对派出的董事要重视他的能力和对企业的忠诚度。现在有些企业的经理人员，有能力但缺乏职业道德，对股东不忠诚，最后把企业掏空。

第四，是制度控制。要制定一系列制度，有的还要借助中介机构，加强对子公司的管理和监督。比如重大事项的报告制度，建立统一高效的信息系统，及时掌握子公司的信息，请专业中介机构进行年度审计等。

3. 通过改制发挥集团公司的组织功能

集团公司由原来的行政性总公司转为国家授权的投资机构，这是一个巨大变化。绝不是机构名称换一换，干部的职务改一改，这是一个脱胎换骨的过程。因为原来的行政管理和现在的授权资产管理，它们的目标、管理的功能、运作的方式、对干部的考验评价，都发生了变化。如果把原有的一套搬到新体制，穿新鞋走老路，结果就是"体制复归"。这样的情况非常容易发生，很多企业上市，重融资、轻专制，市场表现不好，都与此有关。我想中央、国务院下了这么大功夫，国防科工委下了这么大功夫，集团公司应该在这方面有所创新，走出一条新路来。

集团公司应该发挥这几方面的功能。

（1）集团发展战略的制定和监督实施的功能。要认真研究、领会国家设置本集团公司的战略意图，本公司的社会责任，据此制定发展战略，和年度目标。

（2）资产的运营管理功能。当前，在集团组建期要对下属企业逐个研究分析，确定在集团组织框架下的定位，必要时进行重组。

（3）发挥集团公司的融资功能，保持集团有良好的资产负债结构。就是要聚财、理财、生财。投资决策中心没有这些功能怎么进行投资决策？

（4）是风险管理功能。尽管是军工集团，终究是要有很大一部分进入市场，这就会有市场竞争、融资、投资的风险。建立风险管理机制很重要，我们很多企业就是由于重大投资决策、经营决策失误，掉入陷阱拔不出来。韩国一些大型企业集团的经验教训很值得我们借鉴，一些非常大的，都是前三十位的企业集团，在亚洲金融危机的冲击下，一下就垮掉了。

（六）集团公司要发挥人事管理和人力资源开发的功能，要聚集人才、培养人才，不断增强技术开发、采购营销、国际化经营的功能

总之，要由原来的行政管理的体制、观念，真正转变到集团公司授权经营的机构的新轨道上来。

三　在结构调整中壮大集团

国务院《批复》中要求"在集团公司组建后，加大结构调整的力度、加快资产重组的步伐，用三年左右的时间完成预定的企业结构调整的目标"。这一点非常重要。一般来说，包括军工企业在内的我们的国有企业，特别是制造业的传统结构有很多致命的弱点。这是我们陷入困境，缺乏国际竞争力的主要原因。

第一，同一产品、同等技术水平上各地重复设厂，生产集中度低，都达不到规模经济。恶性竞争，总体低效率。

第二，生产组织方式落后，专业化生产、社会化协作没有得到应有的发育。大而全、小而全、全能型的生产经营型企业比比皆是，这是制约我国制造业发展的致命弱点。为了保住一个主导产品的生产，不得不向上游和下游两个方向发展。比如不得不搞零部件，为了搞零部件，又去搞毛坯件等。这样形成了一个个大而全、小而全、尾大不掉、效率很低的企业。

第三，主业不强，技术含量低，技术开发能力、市场营销能力弱。改革开放以后，我们引进了不少国外技术，但是又走到了另外一个极端，对国外技术高度依赖。这主要是很多企业急功近利，为了创造近期的业绩而带来的后果，把很多国内技术的开发甩到一边。

第四，所有制结构单一。绝大多数是国有独资，多种所有制结构、混合所有制经济没有得到很好的发展。

第五，冗员过多，自办小社会。军工企业的问题可能更突出一些。

第六，丧失竞争能力的国有企业不能及时退出市场。国企长期有生无死，一些矛盾长期得不到解决。在短缺经济、计划经济体制下，只要生产出来产品，不愁没有买主，这些问题被掩盖了。另外，承包制时期是一厂一策，企业有困难，国家就减税让利，这些矛盾也被掩盖了。1994年以后，这些矛盾陆续暴露出来。两个原因，一是体制改革因素，承包制结束了；一个是卖方市场转向买方市场，用户有了足够的选择权。

当前全国的经济进入了一个调整期，正处于结构调整、机制转换、企业重组、增长方式转变的阶段。从全国来说，纺织、煤炭、钢铁、小水泥、小发电、小炼油，都在加紧进行调整。这一轮结构调整和企业重组将会带动产品换代、技术更新、产业升级，生产集中度将会提高，同时，生产组织方式也会更趋合理。这轮调整中会使优强企业得到低成本的扩张，同时也会使一些丧失竞争力的企业淘汰出市场。当然，在此期间，不可避免地会有大量的职工下岗、再上岗。可以说，这轮经济的调整，是推动经济发展的火车头。未来的希望，在于这一轮的调整。现在时机已经成熟，而且很多行业都在推动结构调整，我认为，我们军工行业如果有计划、有意识地推动这轮调整，大有文章可做。

目前，调整的条件基本成熟。

①全国形成共识，必须要调整，那些已经丧失竞争力的国有企业不可替代的地位在多数行业已经不存在了。原来有些企业已经很困难，但是没有企业能替代它。60年代，一个肥皂厂、一个火柴厂都不能垮掉。现在不一样了，随着多种所有制经济的发展，在许多行业，国有企业可以退出，可以关闭，有人能替代。这样使国有经济有进有退不仅有必要，而且有可能。

②调整结构的手段已经形成。中央讲的抓大放小、兼并破产、债务重组、企业上市等，都是可为之举。

③结构调整的政策措施已陆续出台。如对国有企业兼并破产有政策，对职工下岗分流有政策，等等。

④为结构调整支付成本的渠道逐渐开通。中央拿出银行冲销呆坏账准备金，今年要突破500亿元；股票上市，这是一个重要的渠道，一年可以有1000多亿元；债转股，国务院已开始具体操作；另外是下岗职工安置、企业关闭的成本等已经有所安排。

⑤社会和职工对结构调整的承受能力在提高。这一点很了不起。现在一些地方的一些企业必须要关闭、必须破产，大家认账了，社会认账。职

完善组织体制，加快结构调整，促进军工企业集团的规范和健康发展

工无奈，也认账了。

军工企业的困难不比一般的企业少！应该充分利用现在这样一个有利时机，抓准自身结构性的问题，加紧调整、甩掉包袱、优化结构、壮大企业。这是壮大军工十大集团非常关键的措施。

关于如何调整的问题，恐怕各个集团不会一样。我提一点意见，作为参考。

第一，收缩战线，下决心淘汰那些已经没有生存能力的企业。可以说这是军工走出困境的主要措施。中央提出三年走出困境时，我在经贸委，我们考虑的解决问题的方案，其中重要的一条，就是使一批企业退出市场。现在已经处于买方市场，一旦企业丢掉了市场，政府就是想要帮助，也是爱莫能助。我们不可能批条子，强迫别人买它的产品。再用传统的办法去给它注资，解决不了问题。注了资，不过是增加库存。企业一旦进入不良循环，产品卖不出去，库存增加，效益下降，接下来出现三角债，资金回不来，银行停止贷款，各个债权人就要来逼债。这时靠它自身的力量开发新产品，对不起，时过境迁了。对这类企业，再用传统的办法挽救不行了，最好的办法是让它平稳地退出市场。

徐鹏航同志讲，兵器工业系统原来140多家企业，亏损的有110多家。国有企业没有退出市场的机制，只能生，只能救，而不能死。有的企业可能在80年代初就需要调整，有的要关闭，有的要转移。但是那个时候，不能关闭，不能调整，这个问题一直积累到今天。所以几十年问题的积累，在今天的形势下，再用"水多了加面，面多了加水"的办法不行了。因此必须要重新配置国有资产，重新配置劳动力。对于每一个集团来说，要淘汰一批丧失竞争力的企业。对下属企业来说，也要淘汰一批不赚钱的附属企业。邯钢扭亏其中的一条，就是下决心甩掉了不赚钱的寄生企业，慢慢才恢复过来。深圳赛格集团，曾经有一段儿（时间）不错，后来盲目膨胀。上来一个新的总经理后，关掉了大多数家子公司、孙公司，资产质量马上提高，状况很快好转。国外的企业也是这样，在遇到不景气，企业困难的时候，战线收缩是重要的企业再生战略。当前的战略调整就是下决心使一批企业退出市场。如果一个企业在实现总公司的目标当中发挥不了作用，或只能起负的作用，就要被淘汰。

军工企业要淘汰关闭，比一般的企业有更大的难度。职工为军工企业做出很大的贡献，有些企业远离城市，一家人都在一个企业，难度变得更大。现在是宁可花钱解决职工的问题，也不要再花钱去救没有希望的企业了，这个成本可能还要低一些。军工企业淘汰、关闭，一方面要利用国家已经出台的政策措施，这是主要的。但是对某些特殊问题，也可以向国家要一些政策。如纺织行业压缩总量、淘汰落后产能，国有纺织企业退出市场，国家给了不少政策。每砸掉一万锭，国家补贴150万元，主要用于安置职工。今年我问华仁同志，他说给纺织行业大约有100亿元。军工与纺织行业不一样，但是它也特殊。我想从国家角度看，对一些特殊的困难，应该解决。但是我刚才说的一个原则，重要的是解决职工问题，而不是去挽救一些没有希望的企业。

第二，军民分线、突出主业。委里的同志给我介绍，目前，在各集团公司销售收入中，军品已经占少数，但两者的比例是动态的。集团公司在这轮结构调整中军品与民品怎么重组？我想军民产品可以通用、共线生产的可以放在一个企业。规模化生产可以提高设备利用率、降低成本。实现"以军带民、以民养军"。

完全属于军用专用的这块有两种方式。一种是在每一个企业中，有一块军品，有一块民品，以民养军。我对这类企业的"以民养军"有点想法。民品竞争激烈，企业玩命在那里干，能有一点盈利已经很不容易了，还要拿出来一块"养军"，哪能有什么好结果呢？既然民品无力"养军"，是否可以把集团公司20%的民品产业、80%的军品产业，变成20%的企业搞民品，80%的企业搞军品？这样做的好处，对集团公司来说是可以实现双重目标，既有保军的目标，这是国家赋予你们的天职；又有盈利的目标。但是，对于下属的每一个企业来说只有一个目标，如果搞民品，就每天在民品市场打拼，研究竞争对手，去融通资金、去竞争市场。即使这样，能盈利也很不容易了。

另一部分搞军品的企业就是全力以赴去搞军品，目的不是为了赚钱，就是保证国防装备水平不断提高需要。这样，每一个企业只有一个目标，企业的决策、组织管理都会做得更好。各个集团公司可以考虑，有没有这种可能？

完善组织体制，加快结构调整，促进军工企业集团的规范和健康发展

在军工高技术涉及的面非常宽，其中"卡脖子"的往往是核心零部件。可以在军工企业周围培育一批高技术的关键零部件企业，可以是集团内的，也可以是集团外的，使其成为"高、特、精、专"的"小型巨人"。

另外，什么是军品？核心部分是技术开发和装配调试。中间的制造部分是关键材料、关键零部件和关键工艺，而不是全过程。因此，现在和平时期对军品的原则是："小摊子、高水平，小核心、大协作。多研制、少生产，多品种、小批量。"这和一般办企业的思路是不一样的。对于工厂来说，需要多生产，少品种，大批量。对军品的原则，给企业出了道难题。但是这个原则是对的。实现这个原则的办法是发展专业化生产协作，也就是把军工独有这块压缩到最小。最关键的是技术开发，核心部件和系统集成。凡是别人能做的，一概拿出去。委里同志给我介绍造炮厂，要从冶炼开始组织生产。这是有历史原因的，有当时的必要性。但是现在还有没有必要？贯彻军品原则，最重要的是把军工的摊子缩小，通过系统集成、大规模协作、采购、订货来实现。我认为，如果是在过去的十年、二十年前这种办法不可行，那么现在就有这种可行性。现在社会生产能力是过剩，只要有订货，可以在十家、八家中选择。自己所要干的是别人不能替代的部分，这样就把摊子缩小了。靠军品订货不足，要国家补贴，因为军工是国家安全的需要，又要马儿跑又要马儿不吃草怎么行？但是摊子太大，国家养不起。如果收缩到一定程度，国家应该保。研制的问题，少量的生产等，能不能实现？我只是提出一种思路供大家来研究。

第三，调整生产组织方式，发展专业化生产。过去之所以"大而全，小而全"，是由于生产能力短缺。现在环境变了，用户的要求变了，是多品种，小批量，及时交货，优良的服务，还要求产品有个性化。所以生产必须满足这种要求。在国外汽车装配厂的汽车总装线末端下线的汽车，一个小时内几乎没有完全一样的。在奔驰公司，问相关管理人员公司的卡车有多少品种，他说大约16000种。要生产多少辆呢？一年大约19万辆，这个数量怎么能生产出来？这实际上就是生产组织方式和我们不一样。奔驰的生产组织方式就是大量的社会化协作和专业化生产，每个主导厂从成本上自制率只有30%~40%，而70%是通过采购来实现的。因此我们制造业也面临着这样的改造，再搞那种全能型大而全的企业实际上是无以为继的，

没有办法适应市场的要求。搞不好市场还要被外国人占领。

这轮结构调整无论对军品还是民品都是一样。在民品中出现了一个很好的势头。我访问过一家企业，这家企业做 VCD 机，它的决策、投资、生产、盈利的过程很有意思。大约在 1997 年 11 月，它开始研究 VCD，第二年 1 月做出决策上项目，同时从另外一家公司高薪挖来一个人，由他组织一个班子，4 月份拿出样机，5 月份安装装配线，7 月份开始出产品，9 月份开始赚钱。它怎么能做到？全部是组合的，自己搞总体设计、搞机壳，其他全部是采购。另外还有一家生产液压搬运车的小公司，只有 11 个人，没有制造工厂，它设计出来一种样机，160 多个零件全部委托加工，质量、交货期控制得很严格，由一个部门装配。一台小车国内成本 750 元钱，卖给外商 1200 元，外商在国际市场上卖 400 美元。这个公司年销售额一两千万元，今年还准备将 11 个人压缩到 7 个人。

随着产品转向买方市场，投资也是买方市场，回报率高的项目有很多人愿意干。因此我们现在办工厂搞制造业没必要从头干起。不仅民品，军品也可以搞社会化协作。这样整个产业水平才能提上来，那些小而精、小而特的企业才有用武之地。大型企业集团的注意力要集中在技术开发、技术集成、市场营销、关键部件的制造。我认为我们要研究这一发展趋势。

结构调整也应包括劳动力结构调整，分流富余人员。这个问题是一个历史性的难题，从国家来说已经提到重要议事日程。我希望军工企业不要错过这个机会。对很多企业来说，大家没有功劳也有苦劳，一起战斗这么多年，现在分流人员不忍心。但是这个问题早晚都要解决，早解决比晚解决好。现在中央、国务院都在讲，企业要减员增效。职工的承受能力在提高，下岗职工的出路也在逐步制度化，社会保障、再就业中心、劳动力市场基本条件已经具备，应该利用这个有利形势。要按上海同志所说的"无情调整，有情操作"。国家对国有职工是负了责的，但调整是大势所趋。

从总体上来看，"三改一加强"是结构调整的一个综合性的措施。将来企业下面有事业部，事业部下面有子公司，这些子公司应该更多地实行股权多元化。在结构调整中，以产权为纽带，实现投资主体多元化，不要都搞国有独资公司。

按《公司法》的要求，有两条，第一，一般的国有企业无权设立国有独资公司。只有像你们这样的国家授权投资机构才有权设立。第二，要求只有在特殊的行业和企业才可以改制为国有独资公司。一般的竞争性企业应该搞成多元股东的有限责任公司和股份有限公司，才能集中体现现代企业制度的优点。国有独资公司难以全部体现多元股东。国有企业改制为多元股东的有限责任公司顺理成章的做法，是在这次结构调整当中实现。

军工很特殊，我了解得不多。提的这些意见仅供大家参考，谢谢大家。

在"在京中央企业党政领导干部贯彻十五届四中全会精神学习班"上的辅导报告[*]

(1999年9月25日)

> 1999年9月22日,党的十五届四中全会通过《中共中央关于国有企业改革和发展若干重大问题的决定》(本文以下简称《决定》)。1999年9月25日上午,"在京中央企业党政领导贯彻十五届四中全会精神学习班"在北京京丰宾馆举行。本文作者参与了《决定》的起草工作。

1999年9月22日,党的十五届四中全会通过了《中共中央关于国有企业改革和发展若干重大问题的决定》。

我参与了《决定》的起草过程,今天就贯彻学习《决定》,给大家做辅导报告。

最近这几年国有企业的外部环境发生了几大变化。

一是国家的体制转轨,从1994年开始市场体制框架已基本形成,对企业影响很大。

二是供需关系发生了历史性的转变,长期的短缺经济悄然变成买方市场,使卖主和买主的主动权发生了交换。现在顾客有了足够的选择权,这对企业是巨大的变化,很多国有企业由于产品质量服务等问题,在竞争中被落选。

三是社会的需求结构在升级,正在经历供应不足。80年代初,百元级消费,90年代千元级消费,现在一般的吃穿用对于城市中层以上收入的人来说已基本达相当水平,进一步的消费向住房、教育、旅游、汽车这些万

---

[*] 本文是在"在京中央企业党政领导贯彻十五届四中全会精神学习班"做辅导报告的讲稿。

在"在京中央企业党政领导干部贯彻十五届四中全会精神学习班"上的辅导报告

元级、十万元级的消费升级。

这些外部环境的变化使得国有企业的深层次的矛盾暴露。可归纳为：一是体制性问题，政企不分，企业还不独立；二是结构性矛盾，长期重复建设造成的低水平产能过剩，但消费升级的产品供应不足；三是经营机制转变还不适应市场竞争；四是国有企业负担过重。人多、债务重，企业办社会。

矛盾的暴露使很多国有企业陷入困境，同时也为解决问题创造了条件。江泽民同志总结为八字："关键时期、攻坚阶段。"就在这个时候，中央召开四中全会，专门就国有企业改革和发展若干重大问题做出决定，还是第一次。这个《决定》经过很长时间酝酿。2月中央政治局决定开四中全会，讨论国企问题，起草工作从3月1日开始。江泽民会见起草小组成员，发表重要意见，之后还亲自做了很多调查研究。

《决定》共1.5万字，内容十分丰富。今天我想专门就现代企业制度谈一些学习的认识和看法。这个问题在《决定》中占有很重要的分量，过去大家疑惑的一些问题《决定》都进行了回答。

《决定》再一次强调建立现代企业制度是社会大生产、公有制与市场结合的有效途径，是国企改革的方向，在十四届三中全会已有所表述，再次重申。我们要建立社会主义市场经济体制，这一体制的要点是，既要坚持公有制为主体的国有经济，又要使市场发挥基础性作用，提高经济运行效率。要两者兼而有之。因此，必须解决一个历史性的难题是，能不能既坚持国有资本国家所有，又坚持政企分开，使千万个企业成为独立的主体？早在1993年起草党的十四届三中全会决定时，江泽民同志要起草组回答的问题就是："公有制与市场经济能否结合，如何结合？"如果能结合，则成功。否则，要么坚持公有制，退回到计划经济体制；要么利用市场经济的高效率，就只得搞私有化。最后两者"兼要"的途径和方案就是企业制度创新——"现代企业制度"。

为此十四届三中全会《决定》有一段分量很重的表述："建立现代企业制度是社会主义市场经济的基础"，不是微观基础。

下面结合刚刚发布的四中全会《决定》分三个方面讲一下。

一 传统国有企业制度的弊端

1988年通过了《全民所有制工业企业法》(本文以下简称《企业法》)。那时的国有企业还是为完成政府计划而设立的生产单位。那时国家生产计划实施的基础是国有企业,而国企赖以生存的条件又是计划。改革开放后,通过扩权放权、减税让利和承包等,实行了多次改革,1988年颁布了《企业法》,1992年《全民所有制工业企业转换经营机制条例》发布。之后企业有改进,但企业制度还没有变。主要表现在几方面。

(一) 政企不分,职能错位

所有权和经营权混为一谈,使企业不能成为独立的法人实体,长期以来政府把社会管理职能和国有资产管理职能集于一身,各级政府都在办企业,都在直接干预企业的生产经营,国企不仅财产国家所有,而且重大事项都由政府代表全民决定,政府像一个董事会,企业并不是独立的主体。在经营者看来,重大问题既已由政府决定和批准,有了业绩说成是自己管理的成绩;失败了,则有足够的理由推给政府,企业负盈不负亏。这就使政府陷入了对国有企业负无限责任的境地,发不了的工资,还不了的债,都可以推给政府。政府要求企业有对应的机构,自办小社会,企业又像政府,承担很多非经营目标。这就使企业站在经营者立场考虑问题时,要降低成本,增加利润;而站在小社会管理者考虑时,又要保稳定、保离退休职工安度晚年、保家属住房改善甚至保证子女上学就业。这些冲突矛盾的目标,使企业领导者不知所措。而来自职工的现实压力冲淡了他们追求经济效益的动机,这种政企不分,使国企难以给自己定位,目标混淆就不能有高效益。

(二) 国有资产管理的责任和监督的责任不清

国有企业的财产是国家所有,但没有一个机构代表国家行使所有权。各部门都可以以所有者代表自居,对企业说三道四,但由此产生的后果他们并不承担责任。一些部门争相设置各种审批程序,来给自己增加权力。

在"在京中央企业党政领导干部贯彻十五届四中全会精神学习班"上的辅导报告

在二汽时,我就有深切的感受。一些企业利用部门各管一段,谁都关心但都不了解整体的情况的现实,出现了"内部人控制",以掌控的经营权谋私利。在这种体制下企业的盈亏对政府部门和经营者都没有切肤之痛。在发现企业投资失误、经营不善、国有资产流失时,各方面都有理由相互推诿,打板子都不知打谁。

(三)传统企业的国有资产不具备流动性,难以实现优化配置

"国有企业"顾名思义,唯一股东是国家,唯一注资渠道是财政;既排斥其他资金进入,国有资产也不具流动性。在财政无力也不应该对一般行业注入资本金后,绝大多数国企注资无源,出现"不改造等死、改造了找死"的说法。经营性资产只有在不断流动中发现机会、运用机会才能保值增值。国资不能流通,使国企进入或退出一个市场非常困难,往往错失良机。进入没有资金来源,退出就损失惨重。使国企有生无死,没有活力。这些问题一直积累到今天,矛盾尖锐而突出。

(四)在国有企业内,所有者代表缺位,难以形成企业的动力机制和约束机制

政府远在企业之外来行使所有者的权能,在企业之内没有所有者或所有者代表。对每个国有企业来说,来自所有者的追求经济效益的压力并不强硬,缺乏动力,屡屡出现损害国有者权益的非正常现象。看着好好的企业,稽查特派员去认真一查一个大窟窿。在实行厂长经理负责制后,政企分开,厂长经理代表所有者还是职工,还是经营者并不清楚。厂长、经理的行事往往看政府领导的脸色,顾及的是领导是否满意。一个企业把经营决策绑定在一个人的身上,又缺乏有效的监督,会带来较大风险。近来企业被内部人控制的事层出不穷。厂长、经理负责制绝对过了时,把巨大的国有资产寄望于一个人身上,原来这个人很好,但他会变。在计划经济时代实行厂长负责制,那是在国家计划严格控制之下的举措,实际上没给厂长、经理决策权,只是实施国家计划的指挥权。在那种情况下搞厂长、经理负责制可以。但是真正以独立法人身份进入市场,《企业法》已不适应。

二 建立现代企业制度要解决的问题

国企改革的任务是使国企改制为适应市场经济的企业制度、管理体制和经营机制，成为独立的法人实体，走进市场、参与竞争，优胜劣汰。多年的实践证明，无论是减税让利还是简政放权都不能解决。现代企业制度是使企业成为独立法人主体的制度保障，转变企业机制的组织措施。

什么是现代企业制度？我认为是符合社会大生产要求，产权清晰、权责明确、政企分开、管理科学，依法规范的企业制度。就大中型企业而言，公司制是主要形式。个体、私营企业很大一部分会选择独资企业、合伙企业、股份合作制等企业形式。

通过建立现代企业制度，解决如下问题。

（一）实现所有权和企业法人财产权的分离，使企业成为独立的市场主体

政府通过职能转变，面向社会承担其公共管理、宏观调控、社会服务等职能。将不再干预企业的生产经营。设立专职的国有资产经营管理机构，代表国家所有者行使权能。由授权经营机构，依照《公司法》，派代表参加股东大会的代表，向有限责任公司派董事，行使决策和资产受益等权力。有"授权经营机构"的隔离和衔接，使国有企业与政府没有直接的产权关系，从根本上改变政企不分的状况；也改变所有者缺位。企业用股东投资和借贷形成的法人资产，独立经营运作，对出资者行使保值增值责任；在公司经营失败甚至破产时，以全部法人财产抵偿公司债务，公司股东不承担连带责任。自主经营的就是这个意思。

如果这一体制形成，所有者拥有股权，也就是对企业的最终控制权；企业拥有的是法人财产权，可以独立运营。所有权与经营权分开了，分别由两个主体运作。这就保证了国家有所有的权利；也是其投资或拥有股份的公司成为独立法人，投入市场竞争，优胜劣汰。传统企业制度是做不到的。

（二）建立有限责任制度，改变国家和企业的债务责任关系

按《企业法》国家实际上在承担无限责任，其中国家银行承担的责任，也是国家在承担。转制为公司后，公司以全部法人财产自主经营，并以这一财产对自己的债务承担责任，破产时，要以此清偿债务，包括国家在内的出资者只以投入企业的资本额为限，承担有限责任。这就改变国家对企业承担无限责任的境地。国家只以投资额为限承担责任。这就是使国家有可能把经营权更多地交给企业。破产机制形成市场约束的刚性机制，十分重要。

（三）使所有者职能到位，形成来自所有者的动力机制和约束机制

国家所有者以派出股东代表或董事的形式进入企业，比政府远离企业指手画脚更为合理合规，也有效得多。现在在企业内有多个利益主体。作为所有者的政府，主要职责是经济社会管理和服务，对企业关注的是GDP、就业和税收；经营者关注的是掌控的资源的扩大、职位晋升和薪酬；职工关注的是工资增长和就业岗位的稳定。原则上讲这些几乎都与利润、资产增值无关。实际上最关切利润、资产增值的是出资人、投资者。可以说他们是企业持续发展的原动力，是防范公司风险的守门人。通过企业制度创新，使国家所有者（代表）进入企业，行使所有者权利，从根本上端正企业行为，形成企业发展的动力和约束机制。

（四）通过公司制改革建立资产流动机制

对于传统企业，只有授予其经营的财产，没有资本和资本金的概念。政府和企业连体，企业财产就是国家财产的一部分，其他投资者无法进入国企。放开搞活国有企业讲了20年，但始终没有到位。

国家可以股东身份灵活进入或退出某企业。企业也可以吸收国有或非国有投资者资金。可以随市场变化灵活调整资金流向，这是国资保值增值的重要途径。我们都在讲搞活，"活"就活在资产的流动和人员流动；"死"就死在资产不能流动和人员不能流动。如果这两大生产要素有序流动起来，国有经济的竞争力将大大提高。

(五) 拓宽融资渠道，放大国有资本功能

传统体制只能由财政注入资本金，这次《决定》指出可以通过股份制扩大资本来源。最近改革力度较大，包括过去一直谨慎的通信、石油、石化关系国家命脉的一类重要企业都可以通过改制上市在国有资本控股的情况下，吸收市场投资甚至境外投资，来放大国有资本功能。对新兴、高技术产业可以投资，发挥引导作用。

(六) 建立企业法人治理结构，形成科学合理的企业治理结构、领导结构

无论党委领导下的厂长负责制，还是厂长经理负责制，所有者对经营者控制和制衡，防止滥用权力，始终是一个重要的命题。公司法人治理的核心是既给经营者足够的经营管理的权利，又保障所有者对经营者的管控。制度安排，就是所有者通过法定形式进入企业，形成所有者、经营者、劳动者之间的制衡体系，保障三者合法权益。中央文件不断重复的阐明，"建立现代企业制度是国有企业改革的方向"，有效的公司治理是国有企业改革的核心。

三 建立现代企业制度要解决好几个难点问题

制度创新绝非易事，国企那些深层次体制问题必须解决。从试点来看，制度创新必须搞好配套改革，《决定》提出四个问题。

(一) 继续推进政企分开

讲了十几年，有进步，但远未解决。政企分开绝不是国家把全国人民创造积累的几万亿经营性国有资产撒手不管。政企分开有两重含义：一是政府不再干预企业日常经营活动，但政府作为所有者必须通过一套制度安排，使所有者代表进入企业，而且要使之权能到位。二是政府承担的社会管理和公共服务职能，必须创造条件为企业摆脱办社会之苦。

为此，要并行地做好几件事。第一件事是改革政府机制，转变政府职

在"在京中央企业党政领导干部贯彻十五届四中全会精神学习班"上的辅导报告

能。使政府职能转到宏观调控、社会管理、公共服务。这次政府机构改革将把那些主要管理企业的政府部门"由部转局"。转向制定行业规划，维护公平竞争，不再管企业。充分体现了政企分开的原则；1998年底，政府各部门、公检法等国家机构与所办企业脱钩。第二件事是确立政企分开后，国家行使所有者职能的方式。这是非常困难的事。在《决定》中规定：政府对国家出资兴办的企业，通过出资人代表行使所有者职能。国有资本的出资人是国家，政府行使职能，出资人代表是受政府委托的国有资产经营机构。国有资本出资人不是自然人，而是国家；出资人代表不是个人，而是一个机构，即国有资本的经营机构。实现政资分离。第三件事，就是确立政企分开后，国家有投资企业的企业制度。国家的最终控制权必须有企业制度的保障。过去在给企业下放经营权时，一起下放所有权，国家所有权被架空；收所有权，又把经营权一并收回。已经兜了好多圈子了。第四件事，要建立和完善政企分开的投融资体制。企业自负盈亏的条件是自主决策。否则不能自负盈亏。国家最后一项未下放企业的权力，就是投资决策权。中央政府和地方政府还是要审批。企业改制为公司，政企分开后，政府把项目审批权交还给企业有两个重要条件，一是国有股权代表已经进入企业，要承担防范风险、审慎把关的职责；二是公司要自负盈亏。公司大的决策失误甚至会导致破产。过去的体制下决策失误几乎没有人承担责任，只能政府兜底。因此，企业胃口都很大，实际上政府在宏观管理是个高手，但对产业领域的一些具体项目却不一定在行。由于信息不对称，厂长经理要糊弄政府容易得很。大量的无效投资，哪个没经过政府审批？在完善的现代企业制度中，所有者代表进入企业，企业的权利和责任对称。在不涉及公共利益的方面减少和取消行政审批，远比远离企业的政府做决策，科学和实际得多。在银行商业化之后，自主承担呆坏账责任，比奉政府之命风险小得多。第五件事建立和完善社会保障体制，发展中介服务体制。传统体制下，国家通过国有企业提供员工保障，"进了国企门，就是国家的人"。员工没有社会保障，只有"企业保障"。维系这种体制的企业是有生无死。如今，企业要真正走向市场，就会有生有死，员工下岗再上岗的流动性上升。加紧建立养老、失业、医疗为主的社会保障体制，为企业摆脱了办社会的职能，已经成为向市场经济体制转型的基础设施。与此同时，还应大力发展中介服务。实行政企分开不是一件简单的事。

（二）要建立国有资产的管理体制

现代企业制度第一句话就是讲"产权清晰"。党的十三届三中全会的《决定》把现代企业制度归纳为四句话"国家所有、分级管理、授权经营、分工监督"。对具体的管理形式没有规定，允许和鼓励试点。在各地试点中有以下几点很重要。

（1）建立国有资产运营管理体制要解决三个问题。一是国有资产所有者到位，对每块资本都有唯一、排他性国资管理机构。形成可以追溯责任的机制。二是通过一系列制度和体制安排，使政府的社会管理职能与国有资本的经营管理职能分开。三是确立企业法人财产制度和有限责任制度，实现政企分开、所有权与经营权分开，为企业走向市场创造条件。

（2）上海、深圳的经验值得重视，设立国有资产投资控股公司，确定每一部分国有控股都有明确排他性、唯一的国有资本出资人。上海把工业局变成18个控股公司，有人说是翻牌的"婆婆加老板"。但实际效果很好，对下面重组转制发挥了重要作用。出资人机构没有行政权力，追求经济效益，以股东形式行使权能，使国家所有权到位，形成可以追溯责任的机制。上海三毛，原来80%是国有资本，变成纺织控股公司后，原国有资本变成国有法人股。上海三毛就与政府无直接财产关系了。这就理顺了企业的产权关系。

（3）授权经营。政府把边界清楚的国有资本委托给授权经营的机构，机构按受托协议，拥有占有、使用、处置和收益权。授权经营机构属特殊企业法人，按《公司法》政府不能作投资人，不受《公司法》的调解，对外投资允许超过自身净资产的50%。授权管理机构独立动作委托经营的国有资本，不再承担政府职能，以保值增值为责任，政府通过一定形式对其监督。授权经营机构分作两类，一类是有核心企业牵头的国有独资公司，另一类是没有核心企业的国有资本投资运营公司。

（4）关于法人财产权。在现代企业制度试点中，很多人提出疑问，如果企业拥有了法人财产权，国家所有权不是架空了？是否侵犯国家所有权？"一物不能二主"啊。

在"在京中央企业党政领导干部贯彻十五届四中全会精神学习班"上的辅导报告

如何理解法人财产权,应从以下几点着手。第一,公司法人财产是出资者投资和借贷形成的资产总和。是企业经营的对象,自负盈亏的依据。第二,法人财产运作以盈利为目的。第三,法人财产具有连续性,只要公司存在,财产不丧失,股权买卖、管理人员更换不受影响。第四,具有整体性和不可分割性,资本一经投入即不得撤回。第五,多个投资主体相联合,公司出现两个利益主体,股东和公司法人。第六,股东享有股权,公司拥有法人财产权。二者分离使所有权经营权分离成为可能。第七,股权的转让不影响企业法人的财产。

(5) 加强对国有资本运营的监督。

(三) 进行规范的公司制改革

试点已经五年,有如下几点值得注意。

1. **更多的国有企业改制为多元股东的有限责任公司**

特殊行业、特殊产品,有特殊需要才改制为国有独资公司。一方面它不具备资本市场融资的功能,另一方面,很容易穿新鞋走老路,换汤不换药。如联通公司初建时资本来源都是国有,但它有多家股东,形成了内部的制衡机制,有利于建立好的公司治理。因此,企业改制中混合所有制是方向,股权多元化是方向。

2. **公司法人治理结构是公司制的核心**

理顺公司人事管理,是建立公司责任体制的关键。很多企业都担心,厂长负责制不是挺好的嘛,现在搞公司制,又是股东会,又是董事会,不是制造矛盾吗?传统国有企业不是一个独立市场主体,而是完成国家计划的生产单位。企业和职工的一个目标就是保证完成国家计划。在现公司内股东、经理人、职工是不同的利益主体,用一元化的领导已不适宜。保护各方合理合法的权益,制约各方过分的要求,需要科学的制度保障,形成合理的制衡机制。现代公司内的制衡关系,是通过对人的制衡实现的。如经理必须听董事会的,如果不能执行董事会的决定就换人。

董事会成员与经理人员不能高度重合,董事长与经理一般应分设。

董事会监事会进入党委……(决定)充分发挥董事会对重大问题统一决策、监事会有效监督的作用。

建立和规范可以追溯责任的制度，防止偷懒。

公司的权力机构执行机构权责分明，董事长未经董事会授权不能代表董事会，不能以"一把手"自居，不能随便对外代表公司。在公司内不存在统一的"企业领导班子"，经理对日常经营管理有足够的权力，但必须以贯彻董事会决议和董事会授权为基础。董事会和经理是决策和执行的关系，董事长和经理不存在领导和被领导关系，经理必须对董事会负责、汇报工作，不是对董事长个人负责。

国家在法律法规范围内对董事会决议事项无权再干预。

（四）面向市场转换经营机制

经营机制的转换，上海等地有一些经验，大家可以借鉴。

1. 优胜劣汰的机制

市场经济中常盛不衰是少见的，有生有死是常态，近年企业亏损、停工、半停工，职工下岗，甚至发不出工资的现象严重，这是多年积累的结果。亏损企业的国有资本每天都在流失或"消失"。要形成一套流动机制，原有企业不行了，或被兼并、或关闭、或破产。使其有效资产连同员工转移到赚钱的部门。生产要素的流动机制、企业有生有死的机制，是资产保值增值的重要途径。

2. 人员的流动机制

劳动力结构的调整，通过建立现代企业制度，要建立依照劳动法，经营者能上能下，人员能进能出，收入能增能减的机制，企业根据需要决定人数经营结构，职工根据自身素质爱好决定岗位和选择企业。为此要建立社会保障制度，建立劳动力市场，目前再就业门路在加宽，社会承受能力强，劳动力流动的条件在改善。

3. 建立企业管理创新、制度创新的机制

最近为使企业摆脱困境，中央领导对此很重视，专门召开技术创新大会。政企分开后，政府用纳税人的钱办社会；企业要牢牢把握经济效益目标。要潜心培育企业核心竞争力，持续增强企业开发独特产品的能力、发明专有技术的能力、创造先进营销手段的能力，实现跟踪市场，持续创新的局面。结构调整的一个重要原则是突出主业，前一段为克服国企经营品种单一，有的企业走入另一个误区——过度多元化。

4. 建立风险防范机制

企业自主经营、自负盈亏，政府不再承担连带责任。一些企业业绩平平，受到所有者市场的双重压力，走上了亏损、解雇、资不抵债、破产的不归路。

破产是整治无效企业的一种极端形式。所有者全军覆没，经理者名声扫地，职工承受失业的困扰。从而形成了来自市场的刚性约束。

在"中国企业改革与发展研讨会"上的基调报告[*]

(1999年11月4日)

1999年11月4日至5日,由香港科技大学、香港中文大学、北京大学与国家经贸委共同举办,北京大学中国经济研究中心和光华管理学院承办的"中国企业改革与发展研讨会"在北京大学召开。

今年9月,中国共产党十五届四中全会专题就国有企业改革与发展若干重大问题做出了《决定》(指《中共中央关于国有企业改革和发展若干重大问题的决定》,全文同)。可以认为,在国有企业改革与发展的关键时刻,全会的召开和《决定》的发布对深化国有企业改革具有里程碑的意义。下面我想就国有企业改革的形势和深化企业改革的途径作一发言。

一 中国国有企业改革的形势

中国正处在向市场经济转轨的过程中,许多方面都已进入实质性转变的阶段。当前,对企业影响最大的是这几个方面。

(1)市场机制正取代计划体制。1994年开始的财政、税收、价格、金融等项改革逐步到位,市场经济的宏观管理体制初步形成,依附于旧体制、靠减税让利、政策优惠而生存的国有企业面临空前的挑战。

(2)短缺经济正转向供需平衡或供过于求。市场竞争日趋激烈,靠数量增长和速度拉动求得经济增长的粗放经营已难以为继,经济的结构性矛

---

[*] 作者应邀出席"中国企业改革与发展研讨会"并以"中国国有企业的改革形势和深化改革的途径"为题作基调报告。本文是作者1999年11月4日在研讨会上的讲话稿。

盾充分暴露。

（3）中国市场对外开放的格局进一步形成。即便在国内市场，国有企业也将面对世界最强的竞争对手，国有企业面临巨大的国际竞争压力。

目前，中国进入了经济体制转轨、经济结构调整、经济增长方式转变和经营机制转换并行的时期。对企业来说，最直接的感受就是买主求卖主的时代已经过去，每户企业都面临用户货币选票投向的选择。市场经济的优胜劣汰真的事到临头了。这里既充满了挑战，也有众多的机遇。国有企业普遍面临摆脱对政府的依赖，转换经营机制、自主自立走向市场的考验。

一批企业经营观念转变早，经营机制转变快，重大经营决策得当，在竞争中脱颖而出，抓住机遇得到了迅速发展。市场占有率、利润迅速向这些企业集中，企业知名度迅速提高。这些企业代表了国有企业走向市场成功的一面。

与此同时，长期沉淀于国有企业的深层次矛盾也充分暴露。主要有这几个矛盾。

（1）政企不分造成的体制性矛盾；

（2）重复建设造成的结构性矛盾；

（3）历史负担沉重的矛盾；

（4）经营机制转变滞后的矛盾。

这些矛盾的暴露，使相当一部分国有企业处境艰难。在市场的强力约束下，企业间的两极分化的格局迅速形成；结构性的矛盾正迫使一部分国有企业退出市场。此时，优势企业有低成本扩张的欲望，困难企业急于寻求生存的出路，企业间的分化、调整、重组正以前所未有的规模在全国展开。这一结构调整和企业重组，既是中国经济再度高涨的火车头，也涉及众多企业的转产、分立、合并，甚至关闭、破产，影响职工的下岗、分流和再就业，它牵动着全社会。正如江泽民同志多次指出的，国有企业改革已进入关键时期、攻坚阶段。主要是指这些方面。

（1）相当一部分国有企业一夜之间丧失了市场，用传统的挽救方法已无济于事，不能只靠政府。

（2）长期卖方市场下投资形成的供给结构与买方市场的需求结构严重脱节，生产能力闲置与依赖进口并存，使产品结构、产业结构和企业组织结构不合理的矛盾暴露无遗，一批企业已停工半停工。

（3）有大量的职工下岗，停减发工资，这使人们开始怀疑，那种"大锅饭""铁饭碗"究竟还能维持多久。

（4）企业改革虽然是一个历史过程，但目前已经出现深化改革和结构调整的最有利时机。

经过多年的积累，深化改革的条件已基本具备这些方面。

（1）国有企业的现实问题和深层次矛盾已经暴露，为认识矛盾、解决矛盾创造了条件；

（2）国有企业改革的方向已经确定；

（3）国有企业改革的指导方针已经明确；

（4）改革的近期和中期目标已经提出；

（5）十五大和十五届四中全会进一步清除了深化国有企业改革在观念和认识上的障碍，确定了深化改革的政策原则；

（6）推进改革的政策措施陆续出台；

（7）为改革支付成本的渠道逐渐明朗，社会保障体制初步建立；

（8）职工、企业、社会对改革的迫切性达成了共识，对改革的承受能力提高。

因此，尽管当前国有企业仍处于较困难时期，但从深化改革、结构调整的意义上说，确实出现了最有利的时机。

二 深化国有企业改革的途径

经过多年改革实践的积累，深化国有企业改革的途径已经清晰。

在计划经济体制下，市场的短缺使得国有企业几乎要支撑国民经济的各个方面。为了保证供给，政府要支持每家国有企业。随着市场经济体制的建立，供需关系的变化和多种所有制经济的发展，一些国有企业不可替代的地位已不复存在。相应地，搞好国有企业的思路必须进行重大调整。

（1）由重视发展国有经济转向以公有制为主体，多种所有制经济共同发展，大力发展股份制和混合所有制企业。

（2）由着眼于搞好一户户国有企业，转向搞好国有经济，从战略上调整国有经济布局，使国有经济在关系国家安全和经济命脉的行业和领域发挥不可替代作用。

（3）由以减税让利作为搞好企业的主要手段，转向结构优化和制度创新，政府为各类、各种所有制企业创造公平竞争的市场条件。

（4）由力图搞好搞活每户国有企业，转向优胜劣汰，对国有企业实行战略性改组，为优势企业发展壮大和衰退企业退出市场创造条件。

当前国有企业改革和发展的主要措施有以下几点。

（一）实行政企分开

要改变政府直接办企业、管企业，同时要企业承担社会和公共职能等职能错位的状况，使企业以独立法人的身份走向市场，自主经营、自负盈亏；政府用纳税人的钱办社会，解脱企业办社会职能；通过持股机构行使国有股东的权利，对企业债务承担有限责任。为实行政企分开，中央政府已进行了政府机构改革；政府机构不再直接管理企业。

（二）从战略上调整国有经济布局

国有经济的作用，不仅仅是自己有多大的发展，更重要的是为整个国民经济的健康发展和国家安全起到重要的支撑、引导和带动作用，使国家对经济发展具有相应的调控能力。因此，要改变国有经济战线过长，在国民经济各个领域覆盖面过宽的状况，使国有经济有进有退，有所为有所不为。国有经济要向关系国家经济命脉的重要行业、关键领域集中；向社会有需求，而民营经济难以进入的领域集中；向优势、高效的大企业集中。要重视和支持非国有经济的发展，不断改善所有制结构。

（三）推进公司制改革

探索建立国有资产管理、监督、运营体制。大中型国有企业要依照《中华人民共和国公司法》进行改制，除极少数必须由国家垄断经营的企业之外，要尽力形成多元股东持股的有限责任公司或股份有限公司，发展混合所有制经济。下大功夫建立规范的公司法人治理结构。

（四）抓大放小，有进有退

国家重点抓好关系国家经济命脉的重要行业、关键领域的骨干企业，特别是规模效益明显的重要行业，如石油石化、电信、钢铁、有色和军工等，其他企业通过吸引多方投资加快发展或通过资产重组加强重点。对中小企业要采取更加灵活的方式放开搞活，政府要支持为中小企业组织建立产前、产中、产后社会化服务体系，改善中小企业生存与发展的环境。

（五）鼓励兼并，规范破产

政府不再一味地"挽救"困难企业，但要为丧失竞争力的企业"退出"市场排除障碍。鼓励优势企业兼并困难企业；长期亏损、扭亏无望、不能偿还到期债务的企业依法破产，退出市场；对污染环境、浪费资源的企业和资源枯竭的矿山，要转产、关闭。增加银行核销呆坏账准备金，用于企业的破产和兼并。

（六）减员增效

当前，要支持有条件的国有企业分流富余人员。在通过再就业服务中心分流富余人员的同时，要加速社会保障制度的建设。通过变现部分国有资产、合理调整财政支出结构等方式，增加社保基金筹集渠道，逐步推行社会保障的社会化管理。培育劳动力市场，发展再就业培训，为形成劳动力流动机制创造条件。

（七）分离企业办社会职能

要逐步把企业所办的学校、医院和其他社会服务机构移交地方政府管理，所需经费可在一定期限内由企业和政府共同承担，逐步过渡到由政府承担。

（八）实行债务重组，提高直接融资比重，改善企业资产负债结构

对一部分产品有市场、发展有前景，但由于债务过重而陷入困境的重点国有企业实行"债转股"，也就是把债券，转为股权。在引入新股东的

情况下，结合企业具体情况调整经营结构、股权结构，完善公司法人治理结构。符合上市条件的国有企业，可以通过境内外资本市场筹集资金；允许国有控股机构按规定参与股票配售，当减持国有股份，所得资金用于结构调整。

（九）推进企业技术进步，培育新的经济增长点

用先进技术改造传统产业，提高高新技术产业在总产出中的比重。鼓励产、学、研结合，形成技术创新体系。利用当前国家实行积极的财政政策、扩大内需的时机，以贷款贴息方式支持重点行业、重点企业、重点产品和重大先进装备制造业加大技术改造投入，同时培育和发展产业投资基金和风险投资基金。

（十）培育企业经营者队伍

当前影响深化改革和经营状况改善的重要因素，是缺乏懂得市场经济的经营管理人才。要加快培育经理人才市场，加强现任企业经营者的培训，提高他们的经营能力和驾驭企业走向市场的水平。部分企业试行经理人员年薪制和持股计划，把物质鼓励同精神鼓励相结合。国家要加强对国有独资企业财务状况和经营者业绩的监督。

（十一）加快推进配套改革

加快建立和完善养老、医疗和失业保障制度的工作。

深化政企分开的投融资体制改革，实行谁投资、谁决策、谁承担风险；谁放贷、谁决策、谁承担风险。

培育和发展要素市场，特别是资本市场、劳动力市场。还要发展信息、技术市场，培育社会中介服务机构。

加强市场管理，维护经济秩序。要进一步消除地方保护、市场分割；制止各种乱收费、乱集资、乱摊派、乱罚款；打击假冒伪劣，保护知识产权。

在"世界500强与中国大型企业发展研讨会"上的讲话*

（2000年1月10日）

2000年1月10日，中国企业评价协会举办"世界500强与中国大型企业发展研讨会"。在研讨会上，中国企业评价协会发布分析报告，中国石油化工集团公司等中央企业以及来自北京、上海、广东、浙江、湖南、河南等地的大型企业集团的负责同志发言，来自国务院发展研究中心、北京大学等研究机构的专家做评论发言。

进入90年代中期，经济体制改革和卖方市场转向买方市场，使企业面临严峻的挑战，经营机制转换不到位和结构性的矛盾越来越突出。在深化改革、结构调整中，大型企业与企业集团是社会关注的焦点。

1999年9月在上海举行的财富论坛，在国内特别是在国内大型企业中的反响非常强烈。政府官员、企业家和学者都纷纷将世界500强与中国大型企业做比较，研究在新形势下对中国大型企业如何评价、中国的大型企业如何发展，充分体现了大家对此问题的关注。

下面，结合大家的讨论，我想讲以下几点意见。

一　在中国培育一批大型企业和企业集团的方针不能动摇

亚洲金融危机后，韩国一些大型企业陷入困境、险象环生，甚至一些曾经雄极一时的大企业和集团也出现了破产、被收购的惨象。此时，很多

---

* 本文是作者在"世界500强与中国大型企业发展研讨会"上以"中国大型企业和企业集团发展的几个问题"为题进行会议总结的讲话录音整理稿。

在"世界500强与中国大型企业发展研讨会"上的讲话

外国来访者和国内人士纷纷提出：中国搞好大型企业和企业集团的方针还对不对，还要不要坚持做下去？我认为中央提出"抓大放小"的方针，不是从近期的个别因素考虑，而是从中国经济发展全局、从中国的长远需要，经过系统周密的考虑而提出的。我们必须深入研究韩国企业集团兴衰的经验教训，但绝不能因此而动摇我们搞好一批大型企业和企业集团的既定方针。

现在世界上许多国家提出"小的就是美"。随着经济、技术的发展，小企业施展才能的天地越来越宽阔，小企业引起了更多的关注，这是正确的。特别对于我国，较长时期我国更加重视大型企业，对小企业的作用估计不足。但是，中国还没有经历完整的工业化过程，产业集中度低，大多达不到规模经济条件。因此，我们在提出放开搞活小企业的同时，着力培育一批优强的大型企业和企业集团势在必行，这是国家利益之所在。现在的问题不是要不要发展一批大型企业和企业集团，而是要弄清大型企业和企业集团的功能和内涵，要通过培育一批优强企业集团，使中国国民经济立足于更加牢固的基础之上。

根据中国经济发展状况，大型企业集团应主要发挥三方面的作用。

第一，它们是国民经济主要行业、关键领域的支柱。如在能源、基础原材料、交通、通信、军工等规模经济十分明显的行业，小打小闹不会有效益，没有一定规模不可能为国民经济发展提供质优价廉的基础产品和服务。因此，必须聚集有效资产，形成一批大型企业和企业集团来支撑国民经济的健康发展。

第二，它们是经济结构调整和企业重组的主体。现存的企业组织结构不适合市场经济的发展。我们的状况是大企业臃肿而不强，大多达不到规模经济；小企业散而不活，缺乏特色，各类企业几乎都是"大而全""小而全"，专业化协作和社会化生产没有得到充分的发育。专业化协作的群体结构是产业健康发展的重要条件，结构调整、企业重组的载体是企业。企业集团根据市场竞争的需要和发展战略，以产权为纽带，通过市场有目的的进行联合、分立、兼并、出让、重组，以形成合理的结构。这是结构调整和企业重组的主流。尽管在转轨时期政府行使了所有者职能，必要时在企业重组中可以进行干预，但是这对于企业集团的组建只能起到第一推动力的作用,集团重组一旦实现就应该放开,政府退回到股东的地位。大型企业和企业集团在企业重组中的主体地位和作用是不可替代的。

第三,它们是中国经济参与国际竞争的代表队。中国要立足于世界强国之林,没有一批具有国际竞争力的大型企业和企业集团是不行的。因此发展和培育一批大型企业和企业集团,是中国富国强民之需要,是加强国家对国民经济控制力的需要,也是中国立足于世界经济之林的需要。

二 重点培育大型企业和企业集团的核心竞争力

1995年起,美国《财富》杂志每年都对全球大型企业按年销售收入多少进行排序,排出前500家。上榜企业被称作"世界500强"。一般情况下,企业的销售收入多少是企业竞争力的重要表现,上榜者称之为"强"也合乎情理。但在我国现行体制下,政府对国有企业进行拼凑合并易如反掌,这时,企业销售收入的多少就不能如实地反映企业是强还是弱。因此切不可本末倒置,用合并同类项的办法,把企业捆绑在一起,销售收入增加了,就误以为把企业做强了。有的企业雄心勃勃,提出在一定期限内,把销售收入达到几十亿、几百亿。这并不一定是坏事,但更重要的,必须研究的是以怎样的内涵来支持这个数字,要搞清楚市场、技术、投入的基础在哪里。如果没有考虑这些,而贸然提出空洞的指标,绝对是弊大于利。经营者必须弄清楚的是,有了投资不一定能搞出可赚钱的项目;建设起生产能力也不一定能赢得应有的销售收入。急功近利,搞不好就会拼凑数字,最后徒有虚名,落得实祸。现在有些企业集团就是如此,看起来块头很大,管起来跑冒滴漏,算起来没有多少能赚钱。这就是社会上有人贬称的"十个集团九个空,还有一个不成功"。当然这是一种挖苦言辞,是片面、不对的,却说明了一种值得注意的倾向。实际上,企业的基础是企业的活力,而不是企业的规模。我们追求的目标不是简单地把企业做大,关键是要把企业做强,因为大并不等于强。因此,组建企业集团绝不能把同类企业捆绑叠加,或把他们的销售收入做数字相加就算成功了。重要的是对参加重组企业可以控制的资源进行优化重组,要在优化配置中创造出新的生产力,焕发出新的增长点,产生倍增效益。也就是说,如果1加1等于2,这一合并就没有意义，甚至1加1等于1.1或1.2，这都意义不大，因为管理幅度增加了，随之经营风险也增加了。通过优化重组产生倍增效益，这才是我们所要达到的目的。

大型企业的优势和核心竞争力，重要的体现是技术开发实力和市场营销能力。就是通常大家讲的，企业要从开发—生产—营销的"橄榄型"向"哑铃型"转变。在转向买方市场之后，社会上一般的生产能力并不短缺，实际上短缺的是技术开发和市场营销能力。如果一个大型企业没有自己的品牌，没有自己的专有技术，没有自己独立的市场份额，企业做大了，实际上是风险增加了。因此，评价企业的强弱，主要看企业的核心竞争力。核心竞争力可以理解为企业持续的开发独特产品的能力，持续发明专有技术的能力和持续创造先进营销手段的能力。其中，主导产品是核心竞争力的精髓，持续的创新是核心竞争力的灵魂。这正是我们培养大企业所要充实的内容。

三 大型企业、企业集团要注重优化企业结构

在经历了亚洲金融危机之后，很多人都在研究韩国大企业的兴衰。20世纪60~80年代，韩国政府集中了信贷、融资、税收等各项政策，支持了少数大型企业和企业集团。这些大型企业集团确实创造了辉煌的业绩，使韩国的经济在短时间内进入了世界经济排名的第12位。但是，亚洲金融危机爆发之后，一些政府扶持的大型企业集团，由于自身结构和机制存在着致命的弱点，经不起金融风波的冲击，纷纷垮台，排位前30名的很多企业连连倒闭。如大宇集团，到现在危机还没有过去。韩国垮台的大企业身上的那些致命的结构性弊端，在我们许多企业集团中是可以找到影子的。因此，吸取它们成功的经验，研究它们失败教训，来优化我们自身的结构是至关重要的。

第一，注重企业的财务结构。最近，国务院提出了债转股问题，很多企业都想利用这一政策，这是无可非议的。但是这里存在一个认识问题。企业亏损的根本原因不能完全归结为资产负债率高，或者说负债率高不能作为企业亏损的主要原因。实际上，是亏损企业中存在非运营资产。也就是说一部分资产不参加运营，或低效运营，不能使企业获得必要的销售收入，没有资金流。大家知道，"天下没有免费的午餐"，投入企业的所有资

产，都是要回报的。资本金的投入要回报的是红利，贷款要回报的是利息。因此，企业总资产中如果没有回报的部分大了，这个企业的日子肯定过不下去，就是说优质资产在背着无效资产。如果企业的总资产回报率能够达到或超过贷款利率，企业怎么会出现亏损。企业不同时期负债率或高或低是一种经营决策，没有统一的标准。一般讲，在企业总资产利润率高时，负债率高一点，资本金利润率就高一点，但财务风险高；资产负债低，财务风险低，但资本金利润随之降低。因此，决策者就是要在争取最高资本金利润率与尽力避免财务风险之间做出抉择。所以，资产负债结构问题很值得研究。财务结构中要特别注意债务结构，也就是长期负债与短期负债的关系。短期负债利率低，但风险高。韩国很多企业垮台，就是短期负债过多。

第二，要注重企业的经营结构。经营结构的调整，一般表现为突出主业，培育核心竞争力。企业结构调整有两个取向，通过兼并、收购、联合、多角经营等方式，实现扩张，这是一种战略取向。通过这种战略，突出主业，增强自己的核心竞争力。另一种战略取向就是通过分立、关闭、合并、合作、转让等方式收缩战线，剔除非营利和没有前景的业务，关闭或转让那些寄生公司、不赚钱的分支机构，清除非运营资产。企业要根据自己的实际情况和发展战略，认真分析每一部分资产的回报率，选择不同取向，及时果断调整经营结构。

第三，要注重企业的股权结构。十五届四中全会的《中共中央关于国有企业改革和发展若干重大问题的决定》（本文以下简称《决定》）明确提出，"要大力发展股份制"，"除极少数必须由国家垄断经营的企业以外，要积极发展多元投资主体的公司"。如果母公司必须是国有控股公司的话，子公司仍要积极发展为多元投资主体的公司。关于股权结构，《决定》要求"重要的企业国家控股"。也就是说其他的国家不一定都要控股。实践证明，多元投资主体有利于转换机制，有利于拓宽融资渠道，有利于股东监督，有利于分散经营风险，有利于建立有效的公司治理结构。国外大的集团几乎都是通过兼并而形成的，同时他们几乎都是股份制公司。很少有国有独资公司或私营独资公司能够进入世界500强。所以，真正要把企业做大，股份制是一条必经之路。国有资本向竞争性行业企业的注资渠道逐步关闭，资本市场融资，社会法人股、公众股比例增加是必然的趋势。

第四，要注重企业的组织结构。目前，中国还缺乏大型企业和企业集团管理经验，需要在实践中探索。实际上，组织结构是企业可控资源的分配方式，从某种意义上，它会决定企业对短缺资源的配置效率，决定企业的效益和竞争力。不同的企业，在不同的发展阶段，可以采取不同的组织结构，这是企业经营决策的重要方面。现在普遍的问题是大型企业集团的组织过于松散，统一配置资源能力很弱，上下层机构的从属关系含糊，集团内各机构管理目标南辕北辙，职权定位不准。现在在集团中讨论较多的是采用直线职能体制，多级法人体制，还是采用公司事业部体制等。当今，世界五百强中以事业部制的组织结构居多，但对不同类型的企业，也没有统一的原则。针对我国大型企业集团过于松散的现状，除为规避风险外，产业性集团选用事业部制有利于集中配置资源，壮大集体公司竞争力。其中的一个核心是要把三个中心，即投资决策中心、利润中心、成本中心设置好。企业集团内每个分支机构的功能定位必须清楚明了，不能含糊，并责权到位，这是集团组织框架的基础。

四　大型企业要重新研究自己的发展战略

近年，企业外部环境发生了很大变化，以不变应万变无异于等死。一些大企业时喜时忧甚至昙花一现，究其原因，是他们对企业发展战略没有给予足够的重视。其中重要的表现，就是很多企业对要进入和退出的市场缺乏科学论证，有很大的盲目性；在企业重组中，看重资产扩张，而缺乏风险防范；在企业生产经营计划中，看重近期效益，缺乏可持续发展的安排；在企业可用资金的投向上，看重生产规模的扩大，轻视技术开发和市场开拓；在企业发展中一般又重视硬件投入，轻视人才准备和融资安排；等等。人无远虑，必有近忧。现在，随着市场竞争的加剧，影响企业发展的因素变得越来越复杂，企业发展前景的不确定性在增加，因此企业走一步看一步要冒很大的风险。大型企业必须要纵观全局，经过系统考虑，做出全局性和前瞻性的打算和安排，指导企业今后要走的路。这就是企业发展的战略。

当前，随着居民收入的增加，传统产品普及率的提高，我们面临着居民消费结构升级、需求结构多样化的形势。因此，对于多数行业和企业来说，旧的增长点已经衰退或消失，或者是增长乏力，投入产出效益明显降低。在市场约束强劲的行业，一般来说，靠设备投资、扩张能力取得增长的空间已经不存在了。维持旧产品，旧的经营方式已经难以取得高增长高效益了。目前在很多企业中出现了所谓"宁让利润不让市场"，竞相降价、恶性竞争的现象，几乎到了互相残杀的程度。但是，市场总量并不能因此而扩大，只能落得平均利润下降、亏损增加的结局。这种竞争持续时间长了，企业的后劲就会枯竭。实践证明，在同等水平上你一刀我一枪的竞争，难有大的作为，即使某个企业的市场份额增加了，效益也上不去。只有通过开发和投放新产品、新技术、新的商业模式，拉开档次、扩大差距，才有新的前途。因此企业有限的投入应更多地投向技术开发和市场营销。

目前，全国企业技术开发费不足销售收入的百分之一。这仍是典型的卖方市场下生产型企业的特征，绝对无法适应市场竞争的需要。因此在能力扩张、投资空间紧缩之后，企业必须调整发展战略，可支配的资金、人力、物力要更多地用于新产品开发、新技术开发，缩短新技术转化为商品的周期。这是一种必然的趋势。

我们应该认识到，增加产品的技术含量，增加产品的附加值，也是一种投入产出的过程。过去人们习惯于投资后要看到厂房、设备等实物，感到心里踏实。技术投入有风险，而且技术软件的产出成果可能仅是一份文字报告，一些人并不承认它价值的存在，这是我们观念上的落后。有些企业尝到技术引进的甜头，以为可以长期立足于别人的技术而获得持续发展，显然这是不切实际的幻想。因此，虽然大家都在讲靠产量求效益的空间在缩小，应该提高产品的附加值，但是我们技术开发的投入迟迟上不去，甚至下降，还在做逆调整，如此等等。这是企业对竞争形势的判断问题，是企业的发展战略问题。所以，企业外部环境已经和正在发生巨大变化，这里充满机遇和挑战，大型企业必须要重新研究自己的发展战略。

五 实现企业制度创新，建立规范的公司法人治理结构

大型企业的发展必须建立新的机制，旧机制造就不了现代大型企业。但是，企业制度创新与其说是企业的事，不如说是政府乃至全社会的事。

中央提出建立现代企业制度后，从试点到推开相当艰难。什么原因？不是企业不努力，而是它牵动了全社会。如果全社会各个方面都不动，建立现代企业制度就是一句空话。反之，如果企业制度创新没有达到一个新的水平，其他方面的改革也很难到位，两者关联性非常强，这正是我们制度创新所遇到的难点。

可喜的是，十五届四中全会的《决定》，对推动企业制度创新所遇到的重大难点都做出了规定。其中，最重要的有三点。

一是关于政企分开。到底怎么分，十五届四中全会的《决定》一语道破了一个要害，就是"政府对国家出资兴办和拥有股份的企业，通过出资人代表行使所有者职能"，反过来，就是政府部门不再行使所有者职能，与国家出资的企业不再有直接的产权关系。这就使政企分开最难的这个问题突破了。

二是国有资产管理体制。对于要建立的国有资产管理体制，十五届四中全会规定了四条原则：国家所有、分级管理、授权经营、分工监督。同时又提出允许和鼓励地方试点。有了四条原则和鼓励试点的政策，就可以操作了。出席这次会议的许多企业是属于授权经营的范围，授权经营的企业属特殊企业法人，它和政府保持直接的关系，受政府的直接监督。国家通过委托授权经营机构持股，使大多数国有企业有了集中统一的国有出资人。这样，从财产权的意义上，一般企业的国有资本随之变为"国有法人资本"，这就从根本上解决了"产权清晰"这一难题。

三是《决定》提出"公司法人治理结构是公司制的核心"。制度创新落实到企业操作的层面，就是要建立并规范运作公司法人治理结构。因此，法人治理结构既是企业内部的问题，又是与所有者之间关系的重要问题。公司法人治理结构如果运转正常了，现代公司制度就建立起来了。"老三会""新三会"是困扰企业改制的一大问题，《决定》提出，在国有独资和国有控股的情况下，党的负责人可以通过法定程序进入董事会、监事会；董事会、监事会的成员可以通过民主程序进入党委会，在这种情况下，要"充分发挥董事会对重大问题统一决策、监事会有效监督的作用"。有这一点，问题大体上就解决了。也就是说，一个企业的生产经营只能有一个决策中心，这个决策中心就是董事会。

要达到公司法人治理结构的规范化,我们还有很大的距离。过去的企业制度与现代公司制有很大的差别,向新体制转轨有相当大的困难。我认为应当承认转轨要有个过程,但应该加速朝这个方向去努力。

随着世界经济一体化和中国进入WTO进程的加快,公司法人治理结构绝不是我们关起门来想怎么做就可以怎么做的。一方面必须要依法,另一方面还有与国际对接的问题。如果一个企业的法人治理结构极其特别,搞得别人都弄不懂,那么所有的投资者都会望而却步,因为投资者的所有者权益无法通过企业制度和法定程序给以保障。所以,我们要建立适应市场经济的现代企业制度,必须规范法人治理结构,而且应该与国际通行的做法大体相当。最近,经济合作与发展组织(OECD)制定了公司法人治理结构的指导原则,目的是逐步统一发达国家的公司法人治理结构,在跨国投资、跨国交易大幅度增长的时候,形成透明的、大家较易理解的治理结构。因此,在走向全球化的情况下,我们所要建立的公司法人治理结构也必须先考虑与国际衔接的问题。

在"中国国有企业公司治理问题国际高级专家研讨会"上的总结讲话[*]

(2000年1月19日)

2000年1月19日，国务院发展研究中心、经济合作与发展组织（OECD）和亚洲开发银行在京联合举行"中国国有企业公司治理问题国际高级专家会议"。与会中外学者认为，当前国有企业改革成效从总体上看并没有达到预期的效果，主要原因是中国按照公司制对国有企业进行改革时，只注重了政企分离，只注意到了财务制度和税收制度建设，而没有建立起有效的公司治理结构。中外专家在公司治理结构、独立董事制度、扩大监事会权力、改革国有资产管理体制、公司决策与执行和监督机制等方面提出了许多有益的建议。

这次会议是在中国召开的关于公司治理结构问题规模最大的国际会议，参加这次会议的40位国外专家分别来自20个国家以及经济合作与发展组织、亚洲开发银行等国际机构，国内有60多位企业家、教授、学者，大家对国有企业公司治理的制度安排和运作方式广泛交换了意见，就六个方面的问题进行了深入的讨论。会上有很多对于中国企业改革很有价值的意见和建议，值得我们深入研究和在工作中加以借鉴。

我想借这个机会讲一下中国国有企业公司制改革中的问题和建立健全治理结构的意见。中国向市场经济体制转轨和进入WTO的进程，使国有企业改革仍是经济体制改革的中心环节。国有企业改革的重点是结构调整和制度创新，最终的结果是使他们进入市场，投身市场竞争。

公司法人治理结构是公司体制建设的核心内容，是企业改制中遇到的

---

[*] 本文是作者在"中国国有企业公司治理问题国际高级专家研讨会"上总结讲话的录音整理稿。

最重要的难点问题之一。这次 OECD、亚洲银行与发展中心合作召开会议，对这一至关重要问题进行广泛研讨，对我们具有非常重要的现实意义。

（1）经合组织已经提出了一个公司治理结构的指导原则。这使我们进一步认识到，在经济全球化、产业和企业进入大规模调整和重组时期，使得公司治理结构已成为全球性的问题，是公司核心竞争力的最重要的部分和保持持续竞争优势的决定性因素之一，是投资者树立信心的根据。在前不久召开的中国共产党第十五届四中全会做出了一个《中共中央关于国有企业改革和发展若干重大问题的决定》（本文以下简称《决定》），在《决定》中明确提出，"公司制是现代企业制度的一种有效组织形式，公司法人治理结构是公司制的核心"。

（2）在中国不少已经进行公司制改制的企业，包括一些股票上市公司的法人治理结构被严重扭曲。有的政府部门既向公司制企业派入董事、董事长，还要管理经理、副经理。他们认为对企业领导人员管得越多越安全；有的董事长要求兼任总经理，他们在排除政府对企业干预的同时，希望企业也不受股东老板的约束；有的董事会成员与经理人员高度重合，为企业内部人控制敞开方便之门；有的对董事会议事规则和决策程序不以为然，使董事对股东的信托责任没有真正建立；有的政府部门仍然用管"国有企业"的办法管理公司，对董事会做出的决策政府还要审批，如此等等。这种被扭曲的治理结构都违背了建立现代企业制度和进行公司制改革的初衷，实际上有的也违反《中华人民共和国公司法》（本文以下简称《公司法》）。

（3）公司治理结构的本质是解决所有权与经营权分离之后资本所有者即股东权益如何保障的问题。因此，尽管中国企业有自身的特点，但我认为和国际通行的公司法人治理结构相比，不能过分的"特殊"；中国企业虽然有它的特点，但是当国内外投资者对这个公司的治理结构无法理解，或认为所有者权益无法保证时，任何投资者绝不会对这个企业投资或与其合作。因此，规范的公司法人治理结构是维护投资者合法权益的有效制度安排，是赢得投资者信任的必要条件。

（4）法人治理结构规范运作的基础是"产权清晰"，所有者到位。企业是投资者出资建立的营利性组织，它追求的目标本来很单一，就是赚钱。在正常情况下，职工和经营者得到的是工资，银行得到的是利息，政府得

在"中国国有企业公司治理问题国际高级专家研讨会"上的总结讲话

到的是税收。企业是盈是亏最终都由投资者承担。因此,所有者是促使企业追求经济效益的主要动力,所有者也是企业规避风险的掌舵人。如果国有企业改制中国有"老板"不到位,法人治理结构必形同虚设。国有"老板"真正到位,公司法人治理结构才能有效运行,使国家所有者权益得到保障。但是,在市场经济中,政府是特殊的所有者,它承担社会管理职能,主要追求社会目标,很难成为以追求经济效益为目标的合格股东。因此,必须通过一套制度安排使国家投资和拥有股权的企业所有者到位。

(5) 中国企业公司制改革正常进行的必要条件是实行政企分开。当前,必须改变政府对企业从外部干预过多,但是国家所有者职能又没有到位这两方面的问题。要研究和确立符合市场经济的国有资本的管理体制。近几年,我们有了进步,1998年开始的中央政府的机构改革,其中第一个指导原则就是如何实现政企分开。为此,中央政府已经撤掉了以管理企业为主要职责的七个专业部。另外,最近中央已经决定,政府对国家投资和拥有股权的企业不能直接管理,要通过出资人代表来代行国家所有者职能。也就是在政府和企业之间设立若干控股公司,通过授权经营,由他们代行国家所有者权能。这样,既可以使一般企业与政府从财产权上割断联系,避免政府对企业的直接干预,又有利于所有者职能到位。

(6) 国有企业进行公司制改制的一个要点就是实行股权多元化。一般情况下,一个国有股东持股比例不宜过高,最好能有非国有股东包括外资股东介入。实践证明,国有企业改制为国有独资公司,从转换机制角度看意义不大,往往穿新鞋走老路,换汤不换药。目前,新增国有资本不会再投入竞争性国有企业。国有企业筹资的主要渠道将转向资本市场,带来的效果就是股权多元化、混合所有制。经验表明,多元股东的有限责任公司,有股东之间的制衡,有利于国有股东的权能到位,也有利于公司法人治理结构的规范运作。

(7) 大中型国有企业改制可分为两类。一类是国家授权经营的国有大型企业、集团公司和控股公司,它们是政府与企业之间的"中介体"。国家把边界清楚的国有资本委托给其经营,按委托经营协议,它们对授权经营的资本拥有占有、使用、处分和收益的权利。国有控股公司对持股的企业行使出资人权能,是国有法人股东。这些授权经营机构、国有控股公司是国有独资公司，属于特殊企业法人，受政府直接监管，数量不能很多。目前全国国有企业的总数大约为23万家，其中确定由中央政府直接监管的企业大约是170家。在这些企业的法人治理结构中政府有三条监管通道。一是政府任命董事和董事会；二是由政府与控股公司签订授权经营协议或业绩合同；三是以经营协议或业绩合同为准，政府派出监事会进行审计、考核和监督。兼职的监事在中国没有多大作用，现在要派出的监事会应该是专业的监事，专职的监事长。

另一类，一般国有企业应改制为多元股东的公司。政府通过国有资本授权经营机构持有股权，被持股企业原来的"国有股"，也随之变为"国有法人股"。从财产权意义上企业与政府脱钩。这是大多数国有企业改制的模式。对于这类企业要按《公司法》建立规范的公司法人治理结构，和私人公司不应该有两样。

（8）当前，在建立规范的公司法人治理结构中应注意掌握以下几点。

①国家所有者通过对国有资产授权经营机构的严格监管，使他们在持股企业成为"真老板"，使国有法人股东权能真正到位。这是公司法人治理结构有效运行的基础。

②严格按《公司法》建立层次分明的人事管理制度。股东会、董事会、经理之间的制衡是通过对人的制衡和管理实现的，按《公司法》理顺公司人事管理是建立公司责任体制的关键。

③董事会成员与经理、副经理不能高度重合，一般情况下董事长与经理应当分设，大型企业应设立外部董事或独立董事。

④国有独资和国有控股公司的党委成员可通过法定程序进入董事会、监事会；董事会、监事会成员依照党章可进入党委会；职工代表依法进入董事会、监事会，但必须按《决定》的规定"充分发挥董事会对重大问题统一决策、监事会有效监督的作用"，不能出现多个决策中心。

⑤董事会在法人治理结构中处于中心位置。要建立和规范可以追究董事责任的董事会议事规则和决策程序。这对于防止董事偷懒或渎职，保证所有者权能到位至关重要。

⑥公司的权力机构、决策机构和执行机构是信托代理关系，是一种分权体制，要严格按《公司法》和公司章程运行，做到权责分明。特别要说

在"中国国有企业公司治理问题国际高级专家研讨会"上的总结讲话

明的是,董事长不能理解为公司的"一把手"。他在董事会范围内行使职权,未经董事会授权,董事长不能全权代表董事会,更不能超越董事会以"产权代表"和"一把手"自居。经理对日常经营管理有足够的权力,但必须以贯彻董事会授权为基础。董事和经理之间是决策和执行的关系,但董事长与经理之间不存在领导与被领导关系。经理必须对董事会负责并报告工作,但不是对董事长个人负责。

⑦在国家法律范围内,公司董事会决策的事项,政府不再干预和审批。

国务院发展研究中心对国有企业改革中的公司治理结构问题一直非常关注,我们认为,如果公司法人治理结构能够规范并正常运转,那么国有企业制度创新的目标就基本实现了。最近一年来,中国在国有企业公司治理结构的建立和完善方面取得了一定的进展,表现在三个方面。

第一,在去年9月中共中央十五届四中全会的文件中明确规定中国的公司要建立和完善公司法人治理结构;

第二,在保证国有资本预算硬约束的前提下,通过委托代理制度由国有资本授权经营机构对国家投资和拥有股份的企业行使出资人职能,政府部门不再持有股权,这样有利于摆脱政府干预,也有利于出资人到位。

第三,通过建立和规范监事会制度增强对国有企业的外部监督,消除国有企业存在的"内部人控制"问题。

健全和完善中国企业法人治理结构已远远超出了企业自身的范畴,我们还有大量的问题需要研究,需要通过实践去探索。这里有政府部门和企业认识观念的转变问题,有相关法律法规的配套问题,也有一个传统文化的问题。这次国际研讨会所提出或强调的以下问题尤其值得我们研究和重视。

①除极少数必须由国家垄断经营的企业外,要发展多元化投资主体的公司,建立有效制衡机制。公司治理结构要通过一系列制度性安排,维护股东权利和确保利害相关者的合法权利;

②业绩合同是执行国有企业公司治理的一个特殊工具,国有资本授权经营需要政府与国有企业签订业绩合同或经营协议,特别是那些控股公司;

③公司治理结构框架设计中,应当保证及时准确地向所有者或公众披露与公司有关的任何重大问题,包括财务状况、经营状况、所有权状况和公司治理状况的信息;增加透明度是端正企业行为的重要问题;

④公司治理结构框架应确保董事会对公司的战略决策地位和对管理人员的有效监督，并确保董事会对公司和股东负责。

在以上这些方面，我们还要加强深入的研究和探索，借鉴国外国有企业公司治理方面比较成熟的经验，加快中国企业改革的步伐。

由经济合作与发展组织、亚洲开发银行和国务院发展研究中心共同主办的"中国国有企业公司治理问题国际高级专家会议"取得了显著的成果。我在这里对三方的共同努力表示赞赏，并希望继续加强友好合作。

在首届"中国发展高层论坛"上的主题演讲*

（2000 年 3 月 27 日）

为了在中外企业家、学者和政府官员之间，建立起一种新的对话和交流的机制与渠道，促进中国了解世界，世界了解中国，国务院发展研究中心自 2000 年起，每年举办"中国发展高层论坛"。2000 年 3 月 27 日至 28 日，第一届"中国发展高层论坛"在北京钓鱼台国宾馆举行。来自中外的跨国公司董事长、首席执行官、国际组织代表和国外知名教授、中国政府官员、企业家和专家、学者共 150 人参加会议。朱镕基总理会见与会外方代表，温家宝副总理出席开幕式并致辞。论坛由国务院发展研究中心主任王梦奎主持。

我想就中国"国有企业改革的形势和途径"做一发言。

一 中国国有企业改革已进入关键时期、攻坚阶段

进入 90 年代中期，企业环境发生了质的变化。对企业影响最大的是这几点。

市场机制正取代计划体制；

短缺经济正转向供需平衡或供过于求；

中国市场对外开放的格局进一步形成。

经济形势的发展，使中国进入了经济体制转轨、经济结构调整、经济增长方式转变并行的时期。对企业来说，最直接的感受就是市场经济的优

---

* 作者以"国有企业改革的形势与途径"为题做主题演讲。本文是作者 2000 年 3 月 27 日主题演讲录音的整理稿。

胜劣汰真的事到临头了。这里既充满了挑战，也有众多的机遇。国有企业普遍面临摆脱对政府的依赖，加速结构调整，实现体制转换，自主自立走向市场的考验。

一批企业经营观念转变早，经营机制转变快，在竞争中脱颖而出，抓住机遇得到了迅速发展。市场占有率、利润向这些企业集中，企业知名度迅速提高。这些企业代表了国有企业走向市场成功的一面。

与此同时，长期沉淀于国有企业的深层次矛盾也充分暴露。主要的有：政企不分造成的体制性矛盾；重复建设和产业升级迟缓造成的结构性矛盾；人多、债务重等历史负担沉重的矛盾；企业制度创新滞后、经营机制不适应市场竞争的矛盾。

面对日益激烈的市场竞争，不少国有企业竞争失利。近年有相当数量的企业停工、半停工，上千万的国有企业职工下岗或停发、减发工资。这涉及众多企业的转产、分立、合并，甚至关闭、破产，造成大量职工的下岗、分流和再就业，它牵动着全社会。

这些矛盾的存在，使国有经济整体运行效率下降。目前，国有工业企业大约占用了工业资本的2/3，银行工业贷款的70%，但只创造了工业总产值的1/2。国有企业的低效率已经影响到中国经济持续增长的潜力。正如江泽民主席多次指出的，国有企业改革已进入关键时期、攻坚阶段。

国有企业面临诸多问题，当前关系全局、影响深远、必须解决的是国有经济的战略性调整和企业制度的创新。这是国有企业深化改革、充分调动国民经济增长潜力的两个根本性问题。当前，市场约束明显增强，国有企业两极分化的格局迅速形成。优势企业有低成本扩张的欲望；困难企业急于寻求生存的出路。政府部门对竞争失败的企业也爱莫能助。这一形势的出现，为国有经济的结构调整和体制转换注入了强大的动力。但是，结构调整和体制转换遇到了传统体制的阻力，遇到了社会观念、企业内部人控制、市场环境和社会保障条件等一系列的障碍，使得本应出现的大规模企业重组、结构调整和制度创新的形势并未如愿到来。目前的情况是，相关配套改革不到位，结构调整和体制转换难以实现；而国有企业的状况未根本好转，配套改革也难以完成改革正处于一个非常重要的时期。

二 深化国有企业改革的途径

在多年改革实践的基础上,去年9月党的十五届四中全会讨论和通过了《中共中央关于国有企业改革和发展若干重大问题的决定》。使深化国有企业改革的途径更加清晰。

1. 调整国有企业改革的思路

随着体制环境和供需关系的变化,搞好国有企业的思路必须进行调整。

(1) 由着重搞好国有经济、国有企业,转向以公有制为主体,多种所有制经济共同发展,大力发展股份制和混合所有制企业。

(2) 由着眼于搞好一户户国有企业,转向从战略上调整国有经济布局,向国家必须控制和提供公共服务的领域集中,进一步发挥国有经济的不可替代作用。

(3) 由以减税让利作为搞好企业的主要手段,转向企业制度创新、推进公司制改革;政府要为各种所有制企业创造公平竞争的条件,使优势企业的壮大发展有空间;使竞争失败的企业退出市场有通道。

(4) 由力图搞好搞活每户国有企业,转向抓大放小,对国有企业实行战略性改组,重点抓好关系国家经济命脉的关键少数。

2. 实行政企分开

为此要并行地做好几件事:推进政府机构改革,转变政府职能;党政机关与企业脱钩,不再直接管理企业;要探索适合企业走向市场的国有资产管理、运营、监督体制,寻找国家所有者行使股东权力的途径和方式;企业要实行公司制改革,建立公司法人治理结构;同时还要培育社会中介机构,发挥服务、沟通、公证、监督职能等,创造政企分开的必要条件。

3. 从战略上调整国有经济布局

国有经济的作用,不仅仅是自己有多大的发展,更重要的是为整个国民经济的健康发展和国家安全起支撑作用。也就是在国家安全、国民经济发展有需要,民营投资不能进入或不愿进入的领域,由国有经济进入,为国家安全和国民经济发展创造基础条件,使国家对经济发展具有相应的调控能力。因此,要改变国有经济战线过长,在国民经济各个领域无处不有、无所不包的状况,使国有经济有进有退,有所为有所不为。国有经济要向涉及国家安全的行业、自然垄断的行业、提供重要公共产品和服务的行业,以及支柱产业和高新技术产业中的重要骨干企业集中。

4. 推进公司制改革,建立规范的公司法人治理结构

大中型国有企业要依照《中华人民共和国公司法》(本文以下简称《公司法》)进行改制,尽力形成多元股东持股的有限责任公司或股份有限公司,发展混合所有制经济。通过企业制度创新,第一,所有权与经营权相分离,企业自主经营、自担风险;国家所有者对企业债务承担有限责任。第二,建立法人财产制度,企业自主经营法人财产、自负盈亏。第三,形成科学的法人治理结构。形成企业的激励和约束机制。目前,国有企业向公司制转制时遇到的一个大的困难是如何建立规范有效的公司法人治理结构。

5. 对国有企业实施战略性重组,抓好大的、放活小的

目前中国国有企业总计约 23 万户,在行业分布上重复、分散,大的未形成经济规模,小的缺乏市场活力。多为"全能型"生产组织结构,专业化协作、社会化生产经营方式有待培育。

企业结构调整,就是在关系国家经济命脉并且规模效益特别明显的行业,通过市场聚集有效资源,形成规模生产、规模经营,使他们成为国民经济重要行业、关键领域的支柱,经济结构调整的主导,参与国际竞争的代表队,国家调控经济的主导力量。同时要采取多种形式放开搞活国有中小企业,使他们选择适宜的企业财产组织形式,独立走向市场;政府要为中小企业发展放宽市场准入的限制,建立和完善产前、产中、产后的社会化服务体系,改善小企业的生存环境。大企业与中小企业之间要形成专业化生产、社会化协作的企业群体结构,提高整体运行效率。

6. 实行减人增效、增资减债

由于历史原因,国有企业普遍人员多、债务重和自办"小社会"。国家已采取措施,通过建立再就业服务中心,发展劳动力市场,鼓励职工自谋职业、自主创业等办法,每年可从国有企业分流约 500 万名职工。一些地方也采取措施由政府接收企业办的医院、学校等社会服务机构,每年全国大约可以转移 3000 个此类机构。为改善企业资产负债结构,首先要制止

企业无效投资或低效投资，切实停止低水平重复建设，同时支持企业多渠道引进新的投资者，增加资本金。具备条件的可引进外资嫁接、合作。试行债权托管、债权转股权。有的依职工自愿可出资持股，有的可转让国有股，由收购者注资，条件好的可在境内、境外股票上市筹资等降低企业的资产负债率。

7. 实行兼并、破产，使丧失竞争力的企业退出市场

国家不再一味地"挽救"困难企业。鼓励以产权为纽带实施兼并重组，对长期亏损、资不抵债、扭亏无望的国有企业实行破产；关闭浪费资源、污染环境的企业，使之退出市场。

8. 培育企业经营者队伍

当前影响深化改革和经营状况改善的重要因素，是缺乏懂得市场经济的经营管理人才。要承认职业的经营管理者是一个特殊的社会阶层，要培育经理人才市场，要依据《公司法》行使用人权，探索对企业经营者的筛选、聘用、考核和激励、约束机制，形成有利于优秀人才脱颖而出的条件。已采取措施加强现任企业经营者的培训，提高他们的经营能力和驾驭企业走向市场的水平。国家对国有独资企业派出监事会，对企业财务状况和经营者业绩进行监督。

9. 加快推进配套改革

主要是加快建立和完善养老、医疗和失业保障制度；深化政企分开的投融资体制改革；培育和发展资本、劳动力、信息、技术等要素市场，培育社会中介服务机构；加强市场法制建设，改善市场管理，维护经济秩序；等等。

国有企业改革是中国体制转轨和经济持续增长的关键。为使改革成功，不仅要设计良好的改革方案，而且必须要为改革创造配套的环境，妥善处理各利益相关者的关系，克服阻力。有中国20多年改革的实践，还有国际经验可以借鉴，我相信经过持续不断的努力和探索，中国的国有企业改革是能够成功的。

中国国有经济在加入 WTO 背景下的战略性调整[*]

（2000 年 4 月 28 日）

我国几乎用了十多年的时间与世界贸易组织谈判，要求加入 WTO。对中国来说，这是主动对外开放参与经济全球化的重大战略。它不仅使我国可以以平等的身份参与世界范围的资源配置，发挥比较优势；而且可以参与国际贸易规则的制订，保障我国合法权益。同时，中国要承诺按国际商贸规则调控经济，加速经济体制转轨。由此中国得到的好处，一是为经济发展和发挥比较优势取得了一个更加宽阔的空间和相对稳定的环境；二是通过兑现国际承诺，进一步锁定中国向市场经济过渡的改革进程及时间表。兑现入世承诺涉及诸多方面的改革，首当其冲的是政府改革；要赢得参与经济全球化的利益，我国的经济和产业结构需要进行调整。入世谈判已经进入最后阶段。国内各个方面的准备已在启动。

一　国有经济的战略性调整是国民经济持续增长的关键

加入 WTO，对中国的长远意义在于，使中国能以平等的身份参与世界范围的资源配置，发挥比较优势；同时，中国承诺按国际商贸通行规则调控经济，加速经济体制转轨。由此中国得到的好处，一是为经济发展和发挥比较优势换取了一个更加宽阔的空间和相对稳定的国际环境；二是通过

---

[*] 本文是作者 2000 年 4 月 28 日访问戴姆勒公司时，在柏林中德经济专家交流会上的演讲稿。亦是作者 2000 年 3 月 21 日在中国企业家调查系统研讨会上讲话的主题。

承担国际义务,进一步推动了中国向市场经济体制的过渡。

通过实行改革开放政策,使中国经济保持了多年的高速增长。中国加入世界贸易组织,是在新形势下推进经济体制改革和经济持续增长的重大战略,它将产生的巨大作用甚至可以和改革开放政策相比。但是,除相应的经济法律法规必须及时确立和完善,政府部门的管理职能、调控经济方式的转变必须如期实现之外,如果国有经济战略性调整和国有企业的企业制度创新不能很好地进行并到位,那么就不能获得进入WTO可能得到的全部好处。

进入90年代中期,国家宏观管理体制逐步转向市场经济;长期卖方市场悄然转向买方市场;通过关税总水平的降低,使国内市场对外开放的格局已经形成。与此同时,世界经济全球化和科技进步的加快发展,国有经济不适应市场经济的深层次问题集中暴露出来,国有企业效率低、竞争力差的状况正直接影响着全国经济的持续增长。

①国有经济行业覆盖面过宽,顾此失彼。在政府直接干预、财务软约束和政府无力做资本金投入的情况下,一些企业都竞相举债扩张,造成恶性竞争、效益低下。因此沉淀了大量不良债务,使金融风险大大增加。

②国有经济运行效率呈递减趋势。进入90年代中期,市场竞争加剧,国有企业亏损面增加,始终在35%～50%的高位徘徊。国有工业企业1997年每百元总资产年销售收入仅为47元,全部流动资金每年周转仅1.2次,三角债和产成品库存不断增加,不少企业已丧失创新能力。

③在电信、电网、金融等重要行业国有经济处于垄断地位,机制转变滞后,为社会和经济发展提供服务的质量不高,成本高、效率较低,有的成了发展的瓶颈。

④国有部门占用了大部分社会资源,但只有较少的产出。比如,国有工业占有工业资本资源约2/3,银行工业贷款的70%,而创造的工业总产值只有1/2。运作效率较高的非国有部门,一方面很难获得融资支持,另一方面受到市场准入和行业壁垒限制,而不能放手发展。

显然,目前这种稀缺资源的低效配置,大大限制了经济发展的潜力。通过对国有经济的战略性调整,改善资源配置已成为经济持续发展的一个关键。

面对加入 WTO，参与国际范围产业分工和经济结构调整的机遇和挑战，必须通过整合，重新配置资源，以使各种所有制经济的优势得到发挥，使中国经济在与世界经济接轨并参与国际分工中处于一个有利地位。

二 对国有经济进行战略性调整和对国有企业进行战略性重组

去年9月，中共中央十五届四中全会以足够的分量提出了对国有经济进行战略性调整和对国有企业进行战略性重组的任务。

1. 国有经济的市场定位

中国是社会主义市场经济体制国家。在中国未来的市场经济体制中，国有经济是一种特殊的经济成分。原则上讲，国家投资兴办企业不是简单地为了赚钱，更重要的是通过国有经济的发展，为国家安全和国民经济发展创造基础条件；支撑、引导和带动民间投资，使整个社会经济健康发展。也就是国家安全和国民经济发展有需要，而民营经济又不能进入或不愿进入的重要行业和关键领域，由国有经济进入，对国家安全和经济发展起支撑作用。

因此，关键是国有资本的分布。如果国有经济在一般竞争性领域无限扩张，作用再大不外乎是挤出了民间投资，对整个社会经济并无益处。另外，国有经济发挥作用并不都需要国家独资，大多可以通过国有控股和参股来实现。

2. 国有经济要向国家必须控制的行业和领域集中

目前，国有资本仍占有较大比重，并控制着影响国家命脉的行业。国有资本的分布和配置效率决定着国民经济发展状况和国家对国民经济的控制力。调整国有经济布局就要收缩战线，坚持有进有退的方针。国有经济要从一般性竞争领域向涉及国家安全的行业、自然垄断行业、提供重要公共产品和服务的行业，以及支柱产业和高新技术产业中的重要骨干企业转移，这四个方面是支撑国家安全和经济发展的脊柱，是国家必须支持搞好的关键少数。凡适合民间投资的领域，新增国有资本不应再投入。

3. 加快国有中小企业的改革，放手发展中小企业

在转向市场体制之后，国有中小企业的状况更加困难，这涉及职工上

千万。要采取更加灵活的方式加速国有中小企业改革，改善和调整所有制结构，使其顺利走向市场。

中小企业资本微薄、实力有限，从这个角度看，它在市场竞争中处于弱者地位。但中小企业机制灵活，贴近市场，富于创新，转弯灵、掉头快，管理层次少、决策机制活、应变能力强，它们可以活跃在市场分散、个性化要求高，大企业干不了或无利可图的商业、服务业、零部件制造等广阔领域。中小企业的市场生命力在于灵活和创新，而这些恰恰是国有经济的弱势。实践证明，中小企业天然就是民营经济的天堂。如果说国有经济有进有退，从企业规模和所在行业而言，中小企业正是国有经济首先应退出的部分。

放手发展中小企业，是中国民营企业成长的起点，是国民经济的增长点，是改善中国经济所有制结构、增强经济活力的必由之路。

4. 在结构调整和企业重组中调整和改善股权结构

在经济结构调整和企业重组中，要注重以产权为纽带，改善股权结构，除极少数必须由国家垄断经营的企业外，要积极发展多元投资主体的公司。要创造条件通过规范上市、中外合资和企业参股等引入多元股东，包括非国有股东，重要的可由国有控股。多元股东的公司有利于投资者权能到位，形成规范的公司治理结构。有多元股东的制衡，易于实现政企分开，有利于企业走向市场。

5. 规范公司法人治理结构

中国缺乏现代公司治理的基础，不少改制为公司的企业、中外合资甚至上了市的公司，法人治理结构被严重扭曲，直接影响了企业的业绩和投资者的信心。这是结构调整和企业重组中遇到的最重要问题之一。

加入WTO为我国和我国状态良好的企业在国内国际投资者中源源不断地筹措长期投资、求得发展开辟了更加广阔的空间。作为战略投资者，比"特殊优惠"更加看重的是政策的稳定性、完善的法治环境和规范的法人治理结构。也就是说，有前景的企业要想从资本市场获得充分的资本支撑，公司治理结构必须是可以信赖的，投资者的合法权益能通过治理结构得到切实保障。因此，目前正在进行的以产权为纽带的结构调整能否顺利进行，很大程度上取决于公司治理结构的有效性。如果公司治理结构极其特殊，特殊到别人都无法理解的程度，那么就等于这家企业自绝于这轮结构调整和企业重组之外，自己阻断了通向投资者和资本市场的通道。

三 深化改革，克服结构调整中的体制障碍

当前，市场约束明显增强，企业的两极分化、优胜劣汰为结构调整注入了强大动力，但是本应出现的大规模结构调整和企业重组的形势并未如愿到来。现实表明，结构调整的艰难，不仅在于制定正确的目标和设计良好的过渡方案，还必须巧妙地克服由于涉及众多部门和千万相关者的权力和利益格局变动而带来的阻力。

1. 转变政府职能，克服政企不分带来的障碍

每户国有企业都有一级政府或政府部门的背景。由于政府或政府部门以社会目标为主、追求政绩，又受辖区的限制，对国有企业通过重组在全社会优化配置资源往往掺入"部门意志"。要么强令优势企业背起困难企业，搞"拉郎配"；要么为企业跨地区重组设置障碍。为此，政府要与所办企业脱钩，通过持股机构行使所有者职能；政府职能要转向关注增加税收、增加就业岗位，对各类企业不应有亲有疏；要转向为企业创造环境，吸引投资，使优势企业有壮大发展的空间；使竞争失败的企业有退出市场的通道，为推进经济结构调整铺平道路。

2. 加快公司制改革，克服"内部人控制"造成的障碍

国有企业改革是从"精简放权""减税让利"开始的，并没有触及"产权明晰"这一体制问题。一方面，在企业内部所有者缺位，财务软约束；另一方面，又不断向企业放权。政府对众多国有企业鞭长莫及，虽然设置了不下六七种方式从内部和外部进行监督，但大多流于形式，只要企业不找政府的麻烦，一般也无力顾及。实际上许多企业内部人已控制了一切。企业重组一旦威胁到内部人的位置和利益，就会遇到各种障碍和阻力。与此同时，厂长（经理）和职工都"以厂为家"，将工厂当作生老病死的靠山。由此带来了一系列的弊端和后遗症。工资并不能真实反映劳动成本，企业通过承担社会职能以各种半透明、不透明的"灰色收入"进行补贴，这就使得经理、职工与企业在工资之外还有说不清楚的经济关系。改革和

重组一旦要触动这一利益格局，就会遇到众多的现实问题和巨大阻力。必须加快公司制改革，使所有者到位，切实加强对经理人员的监督。

3. 加快社会保障体制建设，克服劳动力流动的障碍

过去，国有企业有生无死，政府通过国有企业对职工承担社会保障职能，职工离开企业就找不到任何社会依托。因此，国有企业职工原则上不能流动。经济结构调整和企业重组必须以劳动力结构调整为前提，以人员流动为载体。劳动力的不可流动性已成为结构调整的巨大障碍。当前，中国正面临几千万国有企业职工由"企业人"向"社会人"的大转变。基本途径就是加快建立以养老、医疗、失业为重点的社会保障体制，企业承担社会职能的机构如医院、学校、幼儿园等，逐步移交政府或社区管理，同时，发展劳动力市场，创造人员可流动的基本条件。

4. 规范对国有独资公司的监督，克服"内部人控制"再发生的可能

在政府不直接干预企业的情况下，大规模结构调整和资产重组中，国家所有者权益如何保障就是一个大的问题。对国有独资公司更是如此。克服国有企业"内部人控制"的主要途径，是将代表股东利益的股东代表或董事派入企业，履行对经理人员监督的职能。中国的实践证明，对于国有独资企业，外部的监督是绝对必要的。从取得的经验看，对国有独资企业，一是要有外派的监督，二是要有专职人员参与。在外部监督中，要妥善处理监督的有效性与董事会独立行使职能的关系。

结构调整和企业重组还涉及资本市场发育不充分、经济法规不完善等障碍。这些障碍，都需要通过深化改革逐步解决。

当前，中国经济持续发展的一个关键是改善结构。企业间的两极分化客观上为结构调整创造了有利时机，其中国有经济的战略性调整和国有企业重组是中心环节。如果能够抓住时机，完成这一轮调整，它不仅会给中国经济的持续增长增加动力，对经济体制转轨将产生巨大的推动作用，而且也是进入WTO的重要准备。

在中国发展研究基金会 2000 年企业工作会议上的讲话[*]

（2000 年 6 月 2 日）

我今天准备讲三方面的问题。

一　当前企业面临的形势和企业改革、发展的主攻方向

　　进入 90 年代中期之后，很多企业都感觉日子变得越来越不好过，原因是企业外部环境发生了很大的变化。那么，企业外部环境发生了哪些变化？从国内来看有三个方面。

　　第一，国家宏观管理体制由计划体制转向市场体制。

　　这个转变对各个企业都会产生影响，但其中影响最大的是国有企业。从 1994 年开始，为建立社会主义市场经济体制的框架，国家宏观管理体制进行了一系列的改革。财政体制改革，由分灶吃饭、财政包干转向分税制，对国有企业意味着承包制结束了。税收体制改革，对国有企业意味着税收减免结束了，那些靠减免税过日子的企业的问题和矛盾就暴露出来了。价格逐渐放开，意味着产品之间、行业之间、企业之间的比较优势发生了变化，那些依靠国家定价得到好处的企业一下变得很困难。金融体制改革，银行商业化了，对国有企业意味着通过国家计划或者政府命令获得银行贷款已经不可能了，大家的直接感受就是银行嫌贫爱富，还款能力强的它希望你借钱，而还不起钱的企业它要向你逼债。外汇体制改革，汇率并轨了，对企业意味着要直接面对汇率风险，如此等等。国家宏观管理体制的变化，对国有企业影响重大。由于大多数企业对这样的变化缺乏准备，所以事到

---

[*] 本文是作者 2000 年 6 月 2 日在中国发展研究基金会 2000 年企业工作会议上讲话的记录整理稿。

临头时就出现了各式各样的问题，感觉日子很难过。

第二，长期的卖方市场、短缺经济逐渐变成买方市场、供需平衡或者供过于求。

过去国有企业所依托的生存条件主要是两个方面：一个是政企不分的体制，另一个是短缺经济的市场。国有企业在这种环境下生存了几十年，大多数行业的企业几乎从来没有担心过自己的产品卖不出去。但90年代中期以后，这种情况变了。如果说，过去在卖方市场条件下决定企业发展的是企业的生产能力，那么转向买方市场后，决定企业发展的就是有没有买主、有没有订单。市场的主动权由卖主转给买主后，买主一旦有了选择权是非常厉害的，可以说是"顺我者昌，逆我者亡"。得到消费者的青睐，你的日子就好过；如果消费者看不上，你就一败涂地。而且在这个时候政府也爱莫能助，政府不可能再靠批条子让消费者买你的东西，住你的旅店。对这样巨大的变化，我们的企业缺乏准备。

第三，国内市场对外开放的格局进一步形成。

过去的高关税保护，等于把国内市场留给了国有企业。随着对外开放水平的提高，关税水平将大幅度下降，即便在国内市场也要面对国际最强对手的竞争。有人统计，世界500强中已经有140家在中国安家落户，而且都是一些国际型的战略经营机构，它不是简单看短期利益如何，而是要长期占领你的市场。实际上，现在要想在国内找一个能够避开国际竞争的避风港，已经是不可能的了。面对这样的形势，很多企业缺乏应对措施。

国际经济形势方面90年代以来也在发生急剧的变化。

第一，以信息、通信技术为龙头的科技进步迅猛发展。科技成果转化为生产力的周期迅速缩短，使得科学技术作为第一生产力的地位迅速强化。实际上，各个国家、各个企业已经开始在一个新的技术平台上开展竞争。

第二，全球性的大规模资源配置风起云涌。由于信息交换方式、信息传递速度、信息处理能力、信息传递成本等发生了神奇的变化，在世界贸易组织的推动下，使得以全球为版图进行资源配置，以全球为市场发挥比较优势成为现实，使世界经济一体化成为现实。面对这样巨大的变化，各国大型企业正在进行大规模的重组，以全球为版图瓜分市场。中国要加入WTO，必须要面对这样的现实，也就是说，任何一个行业和企业都要认真考虑将来的竞争对手是谁、合作的伙伴是谁，以及如何应对。

国内、国际形势历史性的巨大变化，对中国国有企业的改革和发展提出了严峻的挑战。在这个过程中，国有企业固有的矛盾和问题充分暴露了。这些矛盾和问题归纳起来有以下几个方面。

第一，政企不分的体制性矛盾。政企职能错位，政府在认真地办企业，管企业，反过来又让企业承担大量社会职能。政府和企业的职责边界不清，政府该干什么，企业该干什么，搞不清楚。政府和企业财产关系不清。企业状况好的时候，希望政府放权；企业状况不好的时候，又希望政府"拉兄弟一把"。企业实际上并没有真正成为独立的市场主体。

第二，结构性矛盾。长期的短缺经济刺激了重复投资、重复建设，而一旦转向买方市场后，结构性矛盾就爆发了。

第三，国有企业历史负担沉重。国有企业人员多、债务重，承担了大量的社会职能。人多给企业造成的影响不只是增加了企业的成本，更重要的是扰乱了企业的目标。当厂长、经理从经营者的角度考虑问题时，要追求经济效益，要提高利润、降低成本，包括降低劳动成本；而当他转过来作为一个小社会管理者的角度考虑问题时，他又必须要保一方平安，保证离退休职工安度晚年，保证在职职工岗位稳定，保证职工子女上学甚至就业，要使他们的医疗条件逐年改善，等等。搞得厂长、经理自己都搞不清楚他到底要干什么。这等于政府给他设立了两个相互矛盾的目标，使其不知所措。如果我们的厂长、经理连追求经济效益的目标都含糊其词，这个企业怎么能搞好？

第四，经营机制不适合于市场经济。国有企业没有独立做出决策的权利，遇事要等"红头文件"，等政府审批。这套机制怎么能在市场上独立运转呢？所以无论和外资、乡镇企业还是与民营企业相比，都处在被动状态。目前国有企业仍然占有社会资源中的很大一块，比如，大约占有工业资本的2/3，工业银行贷款的2/3，但所实现的产值只相当于全部工业产值的1/2。这种状况不能长期维持下去了。

中央已经深切地感到，如果国有企业改革没有新的进展，整个经济很难持续稳定增长。正因为如此，去年中央专门召开全会研究国有企业改革和发展问题，并做出重要决定。以中央全会名义专题研究企业问题并做出决定,这在中国共产党历史上还是第一次。

十五届四中全会《中共中央关于国有企业改革和发展若干重大问题的决定》(本文以下简称《决定》)指出:"国有企业的体制转换和结构调整进入了攻坚阶段。"一个是体制转换,一个是结构调整。这里既包含了对当前形势的判断,也提出了下一步企业改革和发展的主攻方向。政府如何转变职能,企业如何制度创新;国有经济如何进行战略性调整,国有企业如何进行战略性重组。现在制约企业改革深化、走向市场的就是这两大问题,而下一步要重点解决的也是这两大问题。因此,对于我们基金会所属的企业,大原则和中央精神完全一致,也应该按照这个方向研究我们自己的问题,改进我们的工作。

二 国有经济战略性调整和企业重组

十五届四中全会对结构性问题看得很重,提出要从战略上调整国有经济布局和改组国有企业。《决定》的前面有两部分专门讲结构问题,一部分讲从战略上调整国有经济的布局,一部分讲从战略上推进国有企业的改组。这两部分都是战略性的。为什么把国有经济战略性调整和国有企业改组看得这么重?实际上,当前制约国有经济乃至整个经济发展的一个大问题是结构性问题,其中很重要的就是国有经济的结构和国有企业的结构。矛盾表现在哪里?

第一,所有制结构不合理。一方面,国有经济的比例过高而效率相对比较低,浪费了大量资源;另一方面,国有经济涉及的行业面过宽,并在大多数领域占有控制地位,缺乏活力。

第二,国有资本集中度过低。有限的国有资本大量分散在各个行业,分散在几十万家企业之中。改革开放初期,我们的国有企业总共有30.5万户,现在还有23万户。90年代初期,平均每户国有企业的资本大约只有1100万。另外,国企缺乏活力的结果,造成生产结构和需求结构不相适应。企业所能提供的产品和服务品种、质量、数量、档次和社会需求的品种、质量、数量、档次对不上号。一方面我们很多工厂生产能力过剩、放空;另一方面我们还要依赖进口。比如钢铁,我们现在生产能力世界第一,年产 13000 万吨，但由于品种、质量满足不了要求，尽管我们很多钢铁厂开工不足，但每年还要进口大约 1000 万吨钢材。

第三，产业技术结构落后。我们初级产品的产量已跃居世界前列，但技术落后，产品落后，工艺落后。消耗同样多的资源、原材料、劳动力，我们只能生产出发达国家 1/4～1/6 的价值。实际上这已经成为可持续发展的障碍。

第四，企业组织结构失调。最主要的表现是"大而全""小而全"的全能型企业比较多。这是在短缺经济下形成的企业组织结构。每家企业摊子铺得大，投入多、产出少，产品成本高、质量低，没有市场竞争力。

第五，地区产业结构趋同。在短缺经济刺激下，每个地方都想搞自己的一套完善的工业体系，要有自己的钢铁，要有自己的化工，要有自己的机械制造，要有自己的汽车生产等。

总体来看，我们的工业总量已经不少，但不适合市场经济的要求，总体效益低，缺乏国际竞争力。在 80 年代，我们已经感觉到这种结构性矛盾的危害。中央、国务院多次要求调整结构，但收效甚微，原因是短缺经济。很多地方拿不到钢铁的时候肯定自己要办小钢铁厂，拿不到水泥的时候自己就要搞小水泥厂。只有在转向买方市场之后，生产能力过剩的矛盾暴露了，这才给结构调整注入了动力。我们现在搞企业间的兼并、关闭等，但十年很难做到。

经济结构调整，大家已经感到有这个需要，但是在实施中遇到很多障碍。这次四中全会的贡献在哪里？就是在政策理论和思想认识问题上有重大突破。

第一，对国有经济的定位有了一个说法。在未来的国民经济中，国有经济到底干什么？和其他所有制经济是否有分工？如何分工？这一点过去很含糊，而这次四中全会在这个问题上有重要的突破。党的十五大讲到，国有经济在整个国民经济中要发挥主导作用。这次四中全会《决定》对这个"主导作用"又做了进一步阐述：国有经济在国民经济中的主导作用主要体现在控制力上。什么是控制力？《决定》界定了三条，这三条就是未来国有经济的定位。一是未来国有经济要在关系国民经济命脉的重要行业发挥支撑作用。所谓支撑作用，就是为国民经济发展创造基础条件的作用。二是要起引导作用。所谓引导作用就是带头作用。三是应该保持必要的数量，但更要有分布的优化和质的提高。也就是说，要起支撑作用，要有控制力，当然也必须要有数量。另外，对于体现控制力，《决定》还讲：国有经济的作用既要通过国有独资企业来实现，更要大力发展股份制，探索通过国有控股和参股企业来实现。因此即便是关系国家命脉的重要行业，国家要的是有控制地位，并不等于必须都是国家独资。

第二，明确了国有经济调整的方向。《决定》指出：国有资本要向国家需要控制的行业和领域集中。这实际上是对国有经济定位的进一步阐述。国有资本是短缺资源，它的配制效益从某种意义上决定整个国民经济的效益。《决定》认为：国有经济要"坚持有进有退，有所为，有所不为。要着力解决国有经济分布面过宽的问题"。

国有经济向哪些方面集中？《决定》提出了四个方面：第一是涉及国家安全的行业。比如军工、印钞等。第二是自然垄断的行业。比如电网、城市供水等。第三是提供重要公共产品和服务的行业。如公路、桥梁等基础设施，以及为整个经济社会发展和人民物质文化水平提高提供服务的行业。第四是在支柱产业、重要行业中的高新技术产业。这是未来国有经济应该进入，或者保持一定控制能力的四个方面。反过来讲，在其他方面，有条件的都可以退出。

四中全会把这些问题讲透了，就使得我们在国有企业结构调整中可以放开手脚。四中全会对于结构调整还制定很多重要的原则，比如，结构调整要和技术进步、产业升级相结合。也就是说，这一轮结构调整不是简单的搬家，而是要使整个档次、水平、结构升级。所谓结构升级包括两个含义，第一个含义是要用先进技术改造传统产业，使装备水平、技术水平、产品水平升级。第二个含义是在国民经济总产出中，高新技术部分的应该增加产出比例，增加产品附加值。

要调整、完善所有制结构。也就是说，要充分调动民间投资的作用。民间资本是一笔可以调动的巨大财富。应该通过鼓励民间投资，支持民办企业，发展债券市场，股票市场等。给民营企业、民间资本提供更广阔的发展空间。如果民间投资不上来，长期稳定发展是很难实现的。最近，大家非常关注四中全会《决定》所讲到的放开中小企业的问题。原来是讲要搞好"大中型企业",现在我们讲搞好"大型企业",放开搞活"中小企业"。把中企业向小企业靠拢,虽然只有一字之差,但是是一个重大的政策调整。也就是说,那些小企业,包括中型企业可以通过更加灵活的方式推进调整、重组。当然重要前提还是国有资产不能流失。这些政策性调整,对国有经济在国民经济中的定位和发展会有很大作用。

但是,还有一些政策性障碍需进一步突破。比如所有制结构、产业结构不合理,已经严重制约了经济的发展。目前从企业角度来看,已经有了结构调整的动力,但是大规模结构调整和重组的状况仍然不尽理想。现在,世界范围的重组风起云涌,每年有几万亿元的重组规模,而我们仍然是小打小闹。原因是每个企业都有政府的背景,如果某个地方的企业到另外一个地方去,能得到公平待遇吗?往往不能。另外还有我们的税制改革跟不上,很多国际上解决了的问题,而我们没有解决。当然也有企业内部人的障碍,一旦被兼并,可能原来的经理就坐不住了,董事长也干不下去了,所以会带来一系列有形和无形的障碍。另外还有企业承担了大量社会职能,有的企业也愿意兼并困难企业,但冗员、"办社会"的包袱背不起。这个要求是合理的,但解决不了。这个兼并就搞不成了。

现在大规模结构调整应该到来而没有到来,是因为遇到大量的障碍和阻力。虽然克服和消除这些障碍和阻力需要一个过程,但如果错过有利时机,我们还会大大落后。韩国在亚洲金融危机时受到的打击很厉害,但它抓住时机进行了结构调整。最近,韩国经济明显回升。如果我们这轮结构调整的任务不能很好地完成,在新一轮的竞争中我们会处在不利的地位。

三 建立现代企业制度,规范公司法人治理结构

关于建立现代企业制度的问题,早在党的十四届三中全会就已经提出。国有企业改革的重要出路就是推进企业制度创新。但在推进遇到了很多企业和地方政府自身难以解决的问题,这次四中全会《决定》在几个重要问题上有了突破。我想着重讲三个方面的问题。

在中国发展研究基金会 2000 年企业工作会议上的讲话

（一）关于如何实现政企分开

我们讲了 20 年政企分开，虽然取得了很大进步，但问题并没有真正解决，原因就在于政企分开是一个重大的体制问题，不是靠人的主观意愿或者靠几个"红头文件"所能解决的。我认为要真正实现政企分开，必须并行做好五件事。

第一，要改革政府机构，转变政府职能。1998 年政府机构改革所确定的第一个指导原则，就是实现政企分开。所以中共中央、国务院下颁了若干文件，要求党政军、公检法与所办企业脱钩。记得 1994 年的时候国务院设立一个"脱钩办"，当时我还在经贸委主持这项工作。在跟各个部委谈脱钩问题的时候，非常困难。政府应该对整个国民经济进行宏观调控，为各类企业的生存和发展创造公平的环境，不应该直接经营和管理企业。这一轮"脱钩"是从政府机构改革入手，比那次要彻底。现在地方政府也正在进行机构改革，也遵循了同样的原则。我想这只能是为政企分开奠定了重要的基础，并不是就此就能完全解决政企分开的问题。

第二，确立政企分开后国家行使所有者职能的方式。政企分开并不是对企业中的国有资本撒手不管了事。那么这块国有资本怎么管？国有资本国家所有，政府代表行使职能，但又要政企分开，该怎么处理？这是长期困扰我们的关键问题。过去企业内没有董事会，没有所有者代表，但国有企业并不是没有所有者，所有者实际上就是政府。政府各部门分兵把口行使所有者的职能。比如，项目投资需要董事会做决定，由政府计划部门审批；进行技术改造需要董事会做决定，由经贸委审批；企业每年的财务决算需要董事会讨论、股东会批准，由政府财政部门批准等。也就是说，千万个国有企业只有一个董事会——政府。这样的体制怎么搞市场经济？这样的国有企业怎么与外资企业、民营企业竞争呢？没法竞争。上海对此进行了探索，成立了上海市国有资产管理委员会。深圳也有一套办法在进行探索。十五届四中全会《决定》提出：政府对国家出资兴办和拥有股份的企业，通过出资人代表行使所有者职能。这句话非常重要，也就是说，对一般的企业，政府通过出资人代表而不是政府或者政府部门本身行使所有者职能。国有资本出资人是国家，政府行使具体职能。所谓出资人代表就是受政府委托的国有资本经营机构。这样,政府行使社会管理职能,出资人代表受托行使所有者职能,就可以实现政府的社会管理职能和所有者管理职能的分离。有国有资本经营机构的隔离,政府与企业没有直接的产权关系,就可实现政企分开。

第三,国家投资企业的企业制度改革。政府要通过出资人机构对国家投资兴办和拥有股份的企业行使所有者职能,这些企业就必须进行公司制改制,使企业中的国有资产成为国有股权,并由国有资本经营机构持有。经营机构是企业的股东,以股东的方式行使所有权,与企业不再有"行政隶属"关系,实行所有权和经营权分开。千万不能成为"婆婆加老板"。

第四,建立和完善政企分开的投融资体制。政企分开过程中,政府非常担心的是企业乱投资。为了解决这个问题,政府采取的办法是加强审批。政府审批的越严,企业就越可以肆无忌惮地向政府提项目。道理很简单,既然政府要审批我的项目,出了问题企业还有什么责任呢?当然就可以张开大口向政府要项目,银行也要奉政府之命向企业提供贷款。出了问题企业不负责任,银行也不负责任,责任就在落在了政府头上。由于信息的不对称,企业往往可以蒙混过关。正是这样的体制造成了大量没有效益的重复建设项目。

第五,完善社会保障体制,发展中介服务机构。政企分开后,企业要独立走向市场,涉及一个重大的问题,就是社会保障问题。过去国有企业职工的社会保障之所以可以依托于企业,其中一个基本的条件就是国有企业有生无死,长命百岁。职工"进了工厂的门,就是国家的人",企业要养你一辈子。当真正走向市场之后,国有企业已经是有生有死了,职工将自己的身家性命依托于一个个有很大不确定性的企业,是绝对不行的。因此,国有企业职工的生老病死必须由依托企业转向依托政府和社会。另外,政企分开后,企业自主经营、照章纳税;政府用纳税人的钱,提供社会服务,各自就位才能保障社会和谐稳定。另外,政府和企业,企业和企业,企业和用户间要有一些中介机构提供服务、沟通、征信、监督等,因此,中介服务机构要大力发展。

(二) 积极探索国有资产管理的有效形式

政企分开后,政府面向全社会进行管理,提供公共服务,企业逐渐走向市场,成为独立的企业法人。这一点对一般企业容易做到,但对国有企业就不那么简单。1994年开始搞现代企业制度试点时,很多企业碰到的第一个难题就是不知道谁是自己的"老板"。谁都想干预企业,但谁都不承担责任。经过几年的探索和试点,十五届四中全会针对国有资产管理提出了四项原则:国家所有,分级管理,授权经营,分工监督。意思就是国务院代表国家统一行使所有权;中央和地方分级管理国有资产;可以授权大型企业,企业集团和控股公司经营国有资产;从体制、机制上加强对国有企业的监督。同时,《决定》还提出:要允许和鼓励地方试点,探索建立国有资产管理的具体形式。有了这四条原则,再加上允许和鼓励地方试点。

上海的做法是设立国有资产监督管理委员会,把原来的19个工业局转成控股公司,经过国有资产管理委员会授权作为持股机构,对下面的企业进行重组等工作。在重组结束时,再对19个控股公司进行第二轮重组,经过第二轮重组后可能只剩下4~6个。这样,控股公司的行业特点将慢慢淡化,将成为持股机构,搞资本运作。

深圳是另外的做法,它平地起家设立了资产经营公司。一个资产经营公司没有竞争,就分成三个。

这是上海和深圳的做法,大家都可以探索。总之,大致的做法是在政府和一般企业之间建立控股公司。这就提出一个问题,这个公司是什么性质?实际上国务院已经对10个军工企业,对石油、石化、电力总公司等作了"授权经营"。授权经营和持股机构的控股公司大体上应该是一回事,这和《中华人民共和国公司法》也可以衔接。《中华人民共和国公司法》规定:经营管理、制度健全、经营状况较好的大型企业、国有独资企业,可以由国务院授权行使资产所有者的权利。现在的问题是对授权经营机构、持股机构如何理解?

我对授权经营机构的理解是,政府要把边界清楚的国有资本委托给授权经营机构经营。授权经营机构可以按照《中华人民共和国公司法》中的独资公司设立,按照公司章程对授权的国有资本拥有占有、使用、处分、收益的权利,重大问题和事项要向政府报告。政府和授权机构应该签订一个经营协议,或者载入公司章程。政府对持股机构的特殊要求可以写进经营协议或公司章程。也就是说,政府可以通过经营协议的方式体现自己的意志，而不是通过"红头文件"进行干涉，干什么事情都要向政府请示，这个公司将无法运作。

授权经营机构没有政府职能，它对投资控股的企业是以国有法人股东的身份行使出资人的权利。授权经营机构应该独立运作委托经营的国有资本，要以经营协议和资产保值增值为目标。政府要通过一定的程序对持股机构进行监管，但这个监管应该是规范的。我认为政府对持股机构管三件事：第一，管人，管董事会成员，甚至于可以管到董事长；第二，与控股公司每年签订经营协议；第三，按照年度经营目标进行审计、考核、评价。政府不能按照过去行政隶属关系的思路，用老的办法去管理持股机构。

授权经营机构大体有两类，一类是本身有核心业务的集团公司，也可以叫作混合控股公司，比如，石油、石化等。还有一类是自己没有核心业务的纯控股公司，搞集团运作。深圳和上海基本上属于后一类。

在未来国有资产管理体制中，授权经营机构、持股机构作为政府与公司的界面将处于核心地位。

（三）公司制的优点

第一，公司制是一种可以迅速、大规模聚集资本的有效形式。经营管理状况良好的公司是个人投资者和法人投资机构追逐的对象。对一般的竞争性行业的企业，国家不可能再进行投资，因此资本市场就成了企业融资的主渠道。公司制是投资者进入和退出最便捷、规范的企业制度，也是企业进入资本市场壮大和发展的最有效的企业制度。

第二，公司制有利于建立适应市场的经营机制。国有企业经营机制的转换并不是靠个人主观意愿而实现，必须有企业制度作载体，通过公司制改制，可以进入多元股东，特别是一些非国有股东，组成权利机构、决策机构、执行机构和监督机构。有利于建立对股东及公司利益相关者负责的组织体制和决策制度。有利于形成新的经营机制，适应市场，提高企业市场竞争力。

第三，公司制提供了投资者有效的监督体制框架。根据《中华人民共和国公司法》规定，可以建立内部监事会，对国有独资，国家可以派出监事会；对上市公司，必须按照《中华人民共和国证券法》执行规范的信息披露制度，增加了社会公众对公司的监督。还有股权的买卖，对经营者也是有效的激励和监督，如果你的股票大幅度上升，就表明股民对你的信任，这是一种"信任投票"。如果股票连连下跌，这是股民对你投的不信任票。这种监督透明度高，比传统国有企业的监督有效得多。

第四，公司制可以达到较高的经营管理水平。投资者并不就是各个行业最高明的经营管理者，为了获得更好的效益，投资者可以通过一套委托代理的关系，聘请最能干的人，干最适合的事。投资者的才能在于资本运作，它可以聘请经营企业最高水平的人作董事经营公司；聘请管理企业最高水平的人作为经理，管理企业。各自发挥各自的长处，就可能达到更高的经营管理水平，获得较高的投资回报。

因此，公司制的体制相对传统企业制度是很大进步。但它的必要条件是要建立规范的法人治理结构。有一种观点认为，国有企业是政府的企业，政府想怎么管就怎么管，这是政府的权力。其实不然。因为那是过去在计划经济体制下的思路。在社会主义市场经济体制框架确定之后，任何一个在市场上运作的公司都与社会的诸多方面有着各种利害关系。如果你无视这些利害相关者的相关利益，就不能得到社会的承认。比如一个公司，政府是其利害相关者，政府关心税收和就业；投资者是利害相关者，他关心的是股票的增值，关心利润和分红；经营者是利害相关者，他关心的是自己的经营业绩和工资收入；职工也是利害相关者，他关心就业岗位的稳定、工资福利的改善；银行也是利害相关者，他关心贷给公司的款能否按时付本还息；用户也是利害相关者，他关心能否得到质优价廉的产品和服务。因此，一个企业的兴与衰牵动社会生活的诸多方面，如果没有一个合法的、规范的治理结构，这个企业将无法保障其利害相关者的利益，也就不会被社会所承认。

我们现在正面临加入 WTO 的问题，加入 WTO 对企业来说提供了很好的条件，使我们可以以更加平等的身份参与国际竞争或进行国际融资。现在的国际资本是富裕的，它们要寻觅好的项目进行投资，当然，中国的好企业也是国际投资者青睐的对象。但是，它是不是真的要来你这里投资，就要看你的环境、看你的条件、看你的投资环境是否稳定；它是不是要与你合作，甚至投资，则要看你的法人治理结构是否规范。如果你的法人治理结构不规范、不透明，让投资者看不懂，使他感觉到钱投进去之后很不放心，那他怎么敢往你那里投？如果没有了国有资本的投入，再自绝于资本市场，那么你发展的前途在哪里？因此，规范的公司法人治理结构是公司制的核心，是企业市场竞争力的基本要素。

我国大型企业改革与发展的若干问题[*]

(2000年6月13日)

一 当前我国大型企业面对的环境

进入90年代中期,我国企业的外部环境发生了急剧变化。第一,国家宏观管理体制由计划体制逐步转向市场体制,目标是使市场在资源配置上发挥基础性作用。由此带来的结果是政府、市场、企业之间的关系正在发生根本性变化。第二,长期的卖方市场转向了买方市场,卖主与买主在市场中的主、被动地位发生变化。由生产能力决定企业兴衰转向由企业的订单、市场占有率和企业的创新能力、竞争能力决定企业的生死。由此带来的结果是企业间的竞争真正开始了,优者胜劣者汰已成为严酷的现实。第三,我国市场的对外开放格局进一步形成,正逐步成为国际市场的一部分。我国企业必须融入经济全球化的大潮,即便在国内市场,我国企业也将面对世界最强对手的竞争。

与此同时,以世界贸易组织作为冲破市场壁垒的先锋,有迅猛发展的信息通信为主导的科技进步推波助澜,经济全球化的形势迅速发展。世界各大公司为适应和利用这一形势,纷纷调整战略,采取措施,争夺竞争的主动权,抢占竞争的制高点。世界级大企业迅速大规模跨国重组,巨型跨国公司以全球为版图,利用各地比较优势,进行全球性产业重新布局、全球性生产和研发的分工和布局。这一势头来势迅猛,其范围席卷全世界。

对于长期局限于计划经济体制下、封闭于国内市场的中国企业,在体制转轨尚未到位、市场机制还不健全的情况下就要面对国内国际环境如此

---

[*] 本文是作者2000年6月13日在"全球经济减速与中国应对策略研讨会"上的讲话。

迅速的巨变，确实是极大的挑战。

二 大型企业的改革

国内国际企业环境的巨变，使我国大型企业正经受摆脱对政府的依赖、建立适合市场经济的经营机制、自主自立走向市场的考验。企业改革面临结构调整和体制转轨两大任务。市场约束增强后，我国经济和企业的结构性矛盾充分暴露，面对加入世界贸易组织、参与国际范围的产业分工和经济结构调整的机遇与挑战，必须通过资产整合实现产业升级，通过企业重组增强竞争实力，使我国经济在与世界经济接轨中处于比较有利的地位。

当前的结构调整应着手解决五个问题：（1）推动产业升级，培育一批新的高增长产业；（2）增强国际竞争力，在加入 WTO 背景下发挥比较优势；（3）实现技术升级，缩短与发达国家的技术差距；（4）国有资本有进有退，优化国有经济布局，发展民营经济与中小企业，改善所有制结构；（5）形成产业结构和企业结构随市场变化而自行调整的机制。

近年来，国家直接管理的石油、石化、军工、有色金属、电信、纺织、煤炭等大型国有企业的重组取得了成效，主要通过行政力量关闭某些浪费资源、污染环境的企业取得了一定进展，从而使产业和企业结构有所改善。但是，通过市场实现大规模企业重组的形势并未如愿形成。最典型的现象是，家电领域的恶性竞争几乎达到自相残杀的程度，但并未导致通常应出现的企业间的并购、联合和重组。这说明通过市场实现企业重组遇到了极大的障碍，符合市场经济体制的政府、市场、企业之间的关系还没有就位，也说明企业结构调整与体制转换相辅相成、密切关联。

体制转换的关键是政企分开，通过公司制改制实现所有权与经营权相分离。现在的问题是，从形式上看，经过公司制改制的企业已经不少，但从实质上看，机制转换大多并没有到位。由于体制转换涉及诸多深层次的改革，涉及诸多方面权力利益关系的调整，有极大的难度。从政府到企业，往往希望绕过这些困难，在基本不触动旧体制和权力利益格局的情况下建立新的企业制度。结果新制度是在被扭曲的情况下建立的，当然也就很难实现建立新制度的初衷。为解决这个问题，党的十五届四中全会《关于国有企业改革与发展若干重大问题的决定》（以下本文简称《决定》）从三个方面提出了指导原则：（1）继续推进政企分开，政府对国家出资兴办和拥有股份的企业，通过"出资人代表"行使所有者职能；（2）积极探索国有资产管理的有效形式，国家所有，分级管理，授权经营，分工监督；（3）公司法人治理结构是公司制的核心，国有企业公司制改制必须规范进行。仔细研究这些指导原则，我们可以从中找出解决当前企业制度创新中的基本问题和解决转制难点的途径。

三 大型企业与政府的关系

政企关系是国有企业改革的一个核心问题。按照十五届四中全会《决定》的精神，政府通过出资人代表——授权经营机构行使所有者职能。这样，政府和一般拥有国有资本的企业不再有资产关系，那些企业原有的国有资本已经转成了授权经营机构的"国有法人资本"，依《中华人民共和国公司法》（本文以下简称《公司法》）由授权经营机构行使股东权利。由此，那些企业从产权制度上就实现了政企分开。

目前，许多大型、特大型国有企业被政府认定为授权经营机构。现在的问题是，这些授权经营机构（有的称集团公司，或控股公司，或资产管理公司）与政府应该建立怎样的关系？它应承担什么样的职能，如何才能胜任应有的职能？

授权经营机构是受政府委托经营国有资本的机构，在未来国有资产管理体制中处于承上启下的枢纽地位。对授权经营机构的设计和定位，是理顺政企关系、进行企业制度创新的一个关键。根据目前的认识和实践，似可这样认定这一机构。（1）政府将边界清晰的经营性国有资本委托给授权经营机构经营，授权经营机构以资产保值增值为目标独立运作。（2）授权经营机构按委托协议，对被委托的国有资产拥有占有、使用、处分和收益的权利，重大问题和事项向政府报告。（3）授权经营机构按《公司法》注册，政府为其出资人，是政府单独出资设立的公司，属特殊企业法人。授权经营机构按政府批准的章程，比照公司运作。（4）授权经营机构不具有政府职能，对其全资、控股、参股企业以"国有法人股东"的身份行使出资人权利。(5)政府通过一定的程序对授权经营机构进行监管,最重要的是管三件事:一是向授权经营机构派出董事(含董事长);二是每年与授权经营机构签订业绩合同;三是以业绩合同为准,对授权经营机构进行审计、监督和业绩评价。

为体现政府意志的某些特殊要求,应在政府与授权经营机构双方认可的基础上列入业绩合同,除此之外,政府对授权经营机构的经营运作不应再干预。在业绩合同范围内,授权经营机构有充分的自主权独立运作;超出业绩合同的重大事项,必须向政府报告。无论哪一方,如要修改业绩合同,必须经过必要的程序,以体现业绩合同的严肃性。

政府根据审计、监督和业绩评价结果,决定董事的报酬和去留。如果政府对董事会的经营业绩不满意,可以提出警示,甚至更换董事会,但不能越俎代庖替董事会进行决策。否则,内部科学、合理的责权体制被打乱,就会造成巨额资产无人负责的严重后果。

由此看来,"授权经营"是一个全新的概念,承担着全新的职能,应当具有全新的运作机制。目前,一些授权经营企业,为了上市将核心业务和技术、管理骨干人员分出,发起设立股份公司,股票上市;将非核心业务和余留人员组成存续公司,两公司在人员任职、资产和财务等方面广泛交叉。存续公司一方面是上市公司的控股股东,另一方面负责消化和处理沉重的历史遗留问题,即质量较差的非核心资产和大量余留人员。存续公司的多重目标,使它很难成为以追求经济效益为目标的合格股东,非正常行为时常发生。实践证明,原国有大型企业并非一经国家授权、认定就可以成为合格的"授权经营机构"。这些企业面临更为深刻的重组、转制、改造的过程。

大型企业要摆脱对政府的依赖、自主自立的走向市场,面临的问题是如何建立适应市场竞争的机制和不断改善企业结构,获得可持续发展的能力。

大型企业要以提高核心竞争力为目标,抓紧结构调整,重点是这三个方面。(1)改善企业的经营结构,甩掉近期无效益、长远无前景的业务和尾大不掉的分支机构;突出主业,通过企业重组和技术升级形成经济规模,培育新的生长点。(2)改善资产负债结构,转让无效资产、剥离非经营性资产、挤压资产泡沫，提高总资产回报率。通过资本市场把负债率降低到安全水平。（3）改善股权结构，引入新的投资者，降低国有股权比例。除极少数必须由国家垄断经营的企业外，要积极改制为多元投资主体的公司，发展混合所有制经济，重要的企业由国家控股。

在调整结构中，大型企业进入资本市场是一种必然的选择。资本市场可以从三个方面发挥积极作用：一是政企分开后，政府财政转向公共职能，断绝了对国有企业的资本投入，资本市场成为企业直接融资的主渠道；二是企业进入资本市场运作，使企业的结构调整和重组变得便捷而有效。三是政府行政垂直管理职能弱化之后，企业要接受资本市场的评价、激励和约束，由此将形成新的机制。这是企业改革和发展的关键。

进入资本市场的公司已成为投资者、债权人、经营者、职工，甚至政府利害关系的交会点，必须建立公司法人治理结构，依照法律和公司章程规范运作，使目标集中于公司和股东利益最大化——这是实现政企分开，端正企业行为，完善激励与约束机制，适应市场竞争和使投资者权益得到保障的关键。

由此可以看出，企业进行结构调整和重组，引入新的投资者，进行公司制改制，建立规范的公司法人治理结构，是大型企业走向市场的总体脉络。这里每走一步都十分艰难，需要政府和企业共同努力，但值得注意的是，在这一过程中决不应迁就旧体制和旧观念，使我们的目标扭曲和变形。

四　把握入世带来的机遇

经济全球化，意义在于在世界范围内优化配置资源。一般来讲，这必然比在一国配置资源有更高的效率。人们常说，加入 WTO "挑战与机遇并存"。但必须认识到：机遇大于挑战。目前，不少政府官员和企业经营者都在认真研究入世的对策，大多出于对参与国际竞争的担心，不断提出并希望国家通过正常的和各种非正规的形式延长对某些产业的保护期。但总结改革开放 20 多年的经验，我们可以发现，哪些产业较早地放开竞争，哪些产业就快速增长，在面临入世时表现出较强的竞争力；哪些产业受到较强的保护，这些产业至今竞争力仍然较弱。竞争会使一些企业被淘汰，但真正的强者都只能在竞争中产生。

我国企业应当以更加积极的眼光看待入世。如果像有些人所想的，入世带来的大都是负面的影响，那么我们就没有必要入世。入世的长远意义在于，中国承诺按国际商贸通行规则调控经济，加速经济体制转轨，同时使中国能以平等的身份参与世界范围的资源配置。由此中国企业可以得到的好处是，为发挥比较优势取得更加广泛的市场空间和相对稳定的发展环境。

经济和技术发展程度不同、资源禀赋不同的国家及其企业，对不同的产业和不同层次的技术表现出不同的比较优势。经济全球化就是承认这一差别，按各自比较优势重新进行国际分工。国际分工意味着各国、各企业在有比较优势的部分争夺制高点；在没有比较优势的部分，通过"全球采购"获得质优价廉的产品和服务。现在，从一台汽车、一台设备到一台计算机、一个电信产品甚至一台家电，都很难确认它就是由哪一个国家开发和制造的。实际上，哪一个国家和企业都不可能具有"全方位"的比较优势，从而在产业方面包揽一切。一般来讲，经济和技术量级高的企业附加值高、效益高、处于优势地位，是各国和企业争夺的目标。但企业间现实的竞争则表现为经济技术同一量级企业之间的竞争，不同量级企业之间多表现为"互补"。与此同时，量级高的企业通过技术和管理的创新实现产业再升级，创造新的优势，将原有产业向外转移；而后发的企业则争相接受产业转移，并希望通过自己的努力积蓄力量，实现超越式发展。这是一个此起彼伏的动态过程。

因此，为迎接"入世"，大型企业必须研究的是如何将自己放在世界范围挖掘比较优势，研究实现产业升级的可能性和具体途径，研究如何利用先发企业产业转移的机会，研究与自己在经济技术量级相当企业间的竞争形势。所以，入世为各大型企业创造了一个更大的舞台，但企业必须以在国际范围发挥比较优势为目标进行自我调整，积极慎重地投身到国内、国际企业重组，积极参与国际分工，争取扮演一个有利的角色。只有这样，才有可能充分获得"入世"带来的利益。

上市公司应注意处理好的几个问题[*]

（2000年6月24日）

在现代企业制度试点工作的推动下，国有企业上市形成了一个小高潮，但政府和企业关注的重点是融资，对建立有效公司治理结构方面关注度不足，陆续出现了一些值得注意的问题。

在国有企业特别是大中型国有企业必须通过公司制改制实现企业制度创新。在这一点取得基本认同之后，如何建立规范的公司治理机制就成了最重要的问题。

一些企业和地方、主管部门，包括一些国有企业的董事长、经理，他们以很高的热情推进建立现代企业制度，但不少同志并未弄清企业制度创新的要害。重要的标志就是他们从未想到，甚至并不愿意去改变传统国有企业的治理机制。有的主管部门还不想放弃可以操纵国有企业的权力，认为自己部门管的企业想怎么管就可以怎么管；不少企业渴求上市，希望通过市场融资充实资本金，但很少想到改善治理结构；有的董事长、经理总想几个"一把手"一人兼，以防止扯皮为由回避制约和制衡。有的还留恋厂长、经理负责制时的个人说了算情景。从总体上说，国有企业公司制改制进程，直至上市公司的状况并不理想。如何正确处理股东特别是国有股东、董事、公司治理的问题还没有得到解决，这已成为当前国有企业改革中非常重要的问题。

针对时弊，党的十五届四中全会《中共中央关于国有企业改革和发展若干重大问题的决定》（本文以下简称《决定》）明确提出，"公司制是现代企业制度的一种有效组织形式。公司法人治理结构是公司制的核心"。为了

---

* 本文是作者2000年6月24日在"股东、独立董事和公司治理高层研讨会"上的讲话稿。

建立规范的公司法人治理结构并正常运作,按照《中华人民共和国公司法》和国际通行做法,股份制公司特别是上市公司当前要注意处理好几个问题。

(1) 国有股份应由经政府认定的持股机构持有。政府在市场经济中扮演特殊的角色,有特殊的职能和权力,四川金路等事例一再表明,一般股东,包括一般法人股东,很难与政府股东平起平坐,因此,政府不宜直接出面行使所有者职能。这也就是十五届四中全会《决定》指出的"政府对国家出资兴办和拥有股份的企业,通过出资人代表行使所有者职能"。这是保证同股同权的重要基础。

(2) 注重招股书的严肃性。招股书是判断公司前景的基本依据,也就是投资者决策的依据。投资者确认公司的资金不会被经理、董事、控股股东滥用、挪用,他们才肯投入。这是上市公司正常运作的基本条件。因此,招股书具有十分的严肃性,必须做到真实、准确、没有误导,非经严格程序不能修改。例如,招股说明书对不能确保履行的事务做出的承诺,在依据并不确凿的基础上做出的投资预测等,都可视为是欺诈行为,投资者由此而遭受损失时,当事人应承担法律责任。

(3) 上市公司必须认真承担公平的信息披露责任。信息披露制度是上市公司接受市场监督,保护投资者利益的主要工具,是股东和潜在投资者对董事会和经理是否称职做出评价和行使表决权的关键。因此,对证券市场活动和股票价格有重大影响的资料,例如,公众评估公司状况,决定"买"与"卖"所需要的资料等。公司必须按有关法规及时、准确地披露。披露之前,公司要承担严格保密的责任。不及时披露,披露不真实,或披露前的信息泄漏,都属违规行为,严重的要受到制裁,直至停牌,当事人要承担法律责任。

(4) 对股东平等对待,确保公平交易。公司的重大股权结构变动,必须及时向股东和公众披露,或经股东会批准。如产权变动涉及关联交易,必须按有关规定行事,有的要征求独立非执行董事的意见,在股东会上获得独立股东的批准,以确保这项交易并不损害公司和其他股东利益。公司董事、监事和主要经理人员的持股必须申报和披露。严格禁止内幕交易。也就是获知公司价格敏感资料的公司雇员,特别是董事、监事、经理人员,在价格敏感资料披露前不得进行相关的证券买卖,否则将受到罚款直至法律制裁。

（5）股东会、董事会、经理和监事会分权分责治理。必须改变"一元化领导"和苛求"统一的领导班子"概念。公司内权力机构、决策机构、执行机构和监督机构不是简单的领导与被领导的关系，各个机构独立运作，各司其职、各负其责，权责分明，形成可以追溯责任的组织体制。这种治理机制正常运行的一个关键是要理顺人事管理制度，也就是说公司内各机构之间的制约是通过对人的制衡来实现的。例如股东会任聘董事，并可对他们的渎职行为追究法律责任；董事会任免经理，对经理执行董事会决议情况和对公司的经营管理进行监督等。

（6）落实董事的责任。董事对公司经营承担重要责任，但承担责任的对象是公司和全体股东。股份制公司特别是上市公司的董事，不应只顾个别股东或大股东的利益，同时必须代表小股东利益，还必须确认公司相关者的利益，例如债权人、员工、经理、子公司、顾客、供应商等的利益。只有这样，公司和股东才有持久的更高利益。

按香港上市公司规定，董事应承担勤勉诚信责任，即以应有技能、谨慎和勤勉行事；招股书责任，对招股书所载资料的准确性承担完全的责任；信息披露责任，即对影响证券市场活动和股价的资料应监督公司及时准确披露；对股市交易的持续责任，即公司收购或变卖资产时向股东披露，或请求股东会批准；董事进行证券交易时应承担的责任，即严禁在知悉股价敏感因素情况下进行交易等。由于董事违反责任而使公司或股东蒙受损失时，他们有权要求董事承担赔偿责任，甚至诉诸法律。

（7）董事会的责任。董事会在公司治理结构中处于枢纽地位。在所有权与经营权分离的情况下，投资者将巨额资本投入公司之后能否有回报，有什么样的回报，从某种意义上讲完全取决于董事会——公司的经营者。因此，董事会、董事对公司经营负有巨大责任。

董事会主要职责是对公司发展战略、经营目标、风险回避和年度预算进行审议和指导，监督公司目标的实施，监管主要资本的转让和收购；选聘公司执行官——经理，决定其报酬，监督经营计划的执行，必要时可决定更换经理；对股东、董事会、经理层之间潜在冲突进行协调和管理；对公司的会计制度、财务报告制度、风险监控、公司活动合法性进行监督等。

为保证董事会对公司法人事项的独立客观判断和决策，董事会要独立于经理，因此董事会成员不能与经理人员高度重合，要有足够数量的非执行董事，以便于对诸如经营目标、财务报告、董事会和经理提名及他们的报酬等做出有利于公司和股东的决定。

（8）约束大股东的直接干预，制止大股东的侵权行为。保护全体股东权益是规范公司治理结构的重要原则，董事会的决议对不同股东可能产生不同影响，控股股东可能有机会利用公司从事一些增加他们自己利益而损害其他股东利益的业务活动。公司选任一定数量独立的非执行董事，有利于公平地对待所有股东。重大股权变动要由股东会批准，有利于形成最佳资本结构。股东大会的过程和程序应使所有股东受到平等待遇，特别要有利于小股东的参与。对关联交易要有严格的管理，董事和经理自己在公司有影响的交易中的任何相关利益应作披露，对内部人交易和滥用权力进行自我交易、内幕交易要严格禁止。

建立国有资产管理、监督和运营体制[*]

(2000年7月23日)

1993年党的十四届三中全会的《中共中央关于建立社会主义市场经济体制若干问题的决定》提出"产权清晰，权责明确，政企分开，管理科学"的现代企业制度是国有企业改革的方向。在推进试点中遇到的一个绕不过去的问题就是试点企业弄不清谁是自己的"老板"。为此1997年党的十五大提出"建立有效的国有资产管理、监督和营运机制"。但这个"机制"是什么？一直没有下文。1999年党的十五届四中全会制定并发布了《中共中央关于国有企业改革和发展若干重大问题的决定》提出"国家所有，分级管理，授权经营，分工监督"的原则。但这依然没有可操作性。这已经成了企业改革的一大障碍。

建立符合市场经济的国有资产管理体制，是深化国企改革的一个必要环节。

在传统国有资产管理体制和国有企业制度下，国有企业只是完成国家计划的生产单元，不能成为市场经济的微观基础。改革开放后虽几经简政放权，企业地位有所改善，但从制度上并未使国有企业成为独立的产权主体、利益主体，进而以独立法人身份走向市场。

在党的十四大确定建立社会主义市场经济体制的改革目标之后，摆在我们党面前的一个严肃问题，是公有制、国有经济与市场体制能否结合、如何结合。如果通过一套制度安排能实现有效结合，在我们面前将展现社会主义市场经济的美好前景；如果找不到可结合的途径，那么我们将面临严峻的选择。要么为坚持公有制、国有经济，退回到计划体制；要么坚持

---

[*] 作者梳理了一下想法，于2000年7月23日写了这篇文章，但一直没有发表。

运用市场机制，就得实行私有化。苏东国家当发现计划体制难以实现经济快速发展而选择市场体制时，它们就放弃了社会主义公有制，走上了私有化的道路。显然，这对中国而言是绝对不可取的。

因此，能否建立符合市场经济要求的企业国有资产管理、监督和运行体制，既保证企业资本最终国家所有，又构造千万个独立的产权主体、利益主体，就成了国有经济与市场体制能否相容的关键，也是既坚持公有制、国有经济，又发挥市场体制作用的目标能否实现的一个关键。十四届三中全会提出通过建立现代企业制度，进行企业制度创新，改革国有资产管理方式，寻求公有制与市场体制结合的有效途径，并确认"以公有制为主体的现代企业制度是社会主义市场经济体制的基础"。但在建立现代企业制度过程中，由于国有资产管理体制改革相对滞后，受到了影响。

回顾国有企业改革的历程，我们可以清楚地看出一条逻辑关系主线。

国有企业改革始终围绕企业、政府、市场关系而进行；企业与政府关系集中于政企能否分开、如何分开；政企分开的核心是所有权与经营权能否分离、如何分离；两权分离的要害是能否建立规范的公司法人治理结构，在两权分离情况下保障国家所有者权益；公司法人治理结构能否规范建立和正常运作，关键是企业内所有者能否真正到位又不越位。

长期以来，由于所有权与经营权混为一谈，政企不分、政企难分的问题始终困扰着政府也困扰着企业。政府在企业外承担所有制职能，出现了一系列无法克服的弊端；企业内所有者缺位，使"内部人控制"、架空所有者的现象带有一定的普遍性。当发现企业不活时，政府就向企业放权。在两权不分情况下，向企业下放经营权时，将部分所有权一并下放，进一步固化了内部人控制的格局。此时在缺乏所有者激励与约束的情况下，与所有者权益相悖的行为屡屡发生。如大胆贷款、盲目投资、谎报数字、追求"政绩"、管理松弛、低效高工资、逃废债务，甚至转移、私分国有资产等。此时政府又倾向于上收权利，在上收所有权的同时又把经营权一并上收，企图通过加强行政干预和设置过多的行政审批来矫正企业的不正常行为。结果，要么由于信息的严重不对称，企业经营者蒙蔽政府所有者并非难事；要么繁杂、漫长的审批过程进一步降低了效率，搞死了企业。改革开放以来，在传统国有资产管理体制范畴内，就企业经营权力在政府与企业之间上收了下放、下放了再上收，在这怪圈中已经循环多次。但决定政企关系的国有资产管理体制改革却始终没有到位，政企分开、两权分离和企业内所有者缺位的问题始终没有解决。

在市场体制下，所谓企业就是所有者为了赢得利润投资依法组建的经济机构。来自所有者获取最高利润的追求就是企业发展的动力；来自所有者避免风险的谨慎就形成了企业的自我约束。因此，所有者是企业的主宰。所有者在企业内权能到位，并为获取更高的投资回报而认真行使权能，这才能形成企业正当的激励与约束机制，企业才能有正常的经营行为。可以说，扭转企业内部人控制、矫正企业非正常行为的根本性措施就是所有者（代表）进入企业并权能到位。

在市场中，每一户企业都涉及很多利害相关者，但各自利益取向则不尽相同。经营者追求的是控制资产规模的最大化和个人收入的增加；职工期望的是工作岗位的稳定和工资福利的增长；债权人希望的是企业按时付息还本；客户要求提供质优价廉的产品和服务；政府希望企业增加就业和按时付税；而所有者则期望获取更高的利润和投资回报。围绕企业的各个利害相关者都有明确的、人格化的代表来维护并努力扩大自己一方的权益，唯独国家所有者一方缺位。此时，国家所有者权益被侵蚀几乎是无法避免的。

例如，在国有企业进行股份制改革中，出现了以产权制度改革和全员持股为名，编造"企业贷款技术改造，付本还息后新增资产应归集体所有，企业改制时可以量化给个人"等歪理，企图把国有资产半买半送、明买实送给经营者和职工；在国有经济有进有退的调整和国有企业重组中以"国退民进"，"国有企业要从一切竞争性领域退出"为名，采取资产缩水、夸大亏损、隐瞒利润等手段，人为地降低国有资产价值，悬空银行债务，甚至采取隐匿、转移等手段侵吞国有资产等现象时有发生。

目前阶段，国有企业改革和发展的任何重大措施几乎都涉及产权的变动，随着政府对企业干预的减少，克服企业内部人控制的问题变得更加重要。因此，无论从维护国家所有者权益，还是从企业改革和发展的角度都触及产权管理问题。建立和完善符合市场经济的国有资产管理、监督、运营体制已具有十足的紧迫性，表现在以下几点。

（1）国有经济有进有退的战略性调整已陆续展开；

（2）国有企业战略性重组使国有部门之间、国有部门与非国有部门之间的产权交易规模越来越大；

（3）大规模债权转股权正在进行；

（4）国有企业公司制改制陆续展开，建立法人治理结构要求"人格化"所有者到位；

（5）部分丧失竞争力的企业等待退出市场；

（6）越来越多的企业股票上市，国有股减持已经开始。

如上等等每项变动的本质都是产权的变动，都是通过产权交易而进行的结构调整和重组。

从本质上讲，产权交易、重组等变动是所有者为获取更高投资收益的主动措施；是国家所有者发现投资布局达不到社会平均利润率或不能实现国家所有者意志时对国有资本布局做有进有退的调整。显然，有权决定产权变动的唯一主体是所有者。但是，产权变动涉及多方利益关系，每个利害方都会出面或明或暗，用合法甚至非法手段极力维护和扩大自己的权益。在当前广泛涉及产权变动的情况下，如果在企业内国家所有者缺位的问题不能及早解决，就会冒很大风险，政府在企业外再多的干预也不能从根本上解决问题。产权的交易、重组等变动必须由所有者决策，并在所有者严密监督下进行，才能保障所有者意图的实现和权益不受侵蚀。

党的十五大明确提出了"建立国有资产管理、监督和运营机制"的任务。十五届四中全会《中共中央关于国有企业改革和发展若干重大问题的决定》进一步明确了"国家所有，分级管理，授权经营，分工监督"的国有资产管理体制框架，并提出要允许和鼓励地方试点。

从现实情况看，建立符合市场经济的国有资产管理体制，主要应解决四个问题。

（1）落实国有资产经营责任。国家设立国有资本投资运营公司，把投资和拥有的股权分别授予其持有，使它们成为国有出资人机构（代表）；企业经营性国有资本随之转为持股机构的国有法人资本。国有资本投资运营公司独立运营国有资本，对持有的股权是唯一的、排他性的国有出资人（机构），集中统一行使所有者职能，对国家承担保值增值责任。以此形成可追溯产权责任的体制和机制，落实国有资产经营责任；

（2）使所有者权能到位。国有企业通过公司制改制，建立公司法人治理结构，国有资本投资运营公司作为出资人代表（机构），向投资和拥有股权的企业派股东代表参加股东会，以投票方式体现出资人意志、决定企业重大事项，推选公司或派出董事，组成董事会。董事会受股东信托，对股东负责，决策公司法人事项、选聘经理人，并对其进行监督。以此使所有者（代表）权能到位。

（3）政府的社会管理职能与国有资本经营职能分开。对国家投资和拥有股权的企业通过国有资本投资运营公司，而不是政府自身行使所有者职能，这就从财产权关系上割断了政府与一般企业的联系。政府行使社会管理职能，通过一套制度安排对国有资本投资运营公司进行监督，不干涉具体事务。

（4）确立公司法人财产制度和所有者有限责任制度，实现所有权与经营权分离。公司以提高企业价值和为投资者创造利润为目标，独立经营法人财产，即所有者投资和借贷形成的总资产。国有资本投资运营公司运营国有股权，对持股企业依《公司法》以股东方式行使权能。在企业遇到风险时，公司以全部法人财产对债务承担责任；所有者只以投入企业的资本额为限承担有限责任。

在"国家所有，分级管理，授权经营，分工监督"的国有资产体制框架中，"国有资本投资运营公司"是个极为重要的体制设计，是建立新体制的纽带和核心。

国有资本投资运营公司是政府与原拥有的国有企业之间的中介。政府把经营性国有资本分别注入其中，使它们成为国有独资的控股公司或资产经营公司。这些国有持股机构受国家信托，独立经营国有资本；国有企业经公司制改制，原国有资本转为国有持股机构的国有法人股份，从而与政府不再有资产关系。这样，从国家看，每一部分经营性国有资本都有持股机构负责经营管理，对国家承担资产经营责任；对企业而言，每一部分国有法人股都有唯一的、排他性的国有持股机构统一行使所有者权能。

建立符合市场经济体制的国有资产管理、监督、运行体制和机制是国有企业改革的重大问题，它涉及传统体制诸多方面，必须由政府主导，协调各方力量共同努力。上海、深圳等地对此已经进行了有益的探索，积累了可贵的经验。

很多政府部门担心国有资产流失，但为防止流失就不流动不是办法。解决流动而不流失的途径，就是尽快建立国有资产管理、监督、运行机制，形成产权清晰，权责明确地对每一部分国有产权的追责机制。这已经是今天绕不过去的重要问题了。

正确发挥资本市场作用，推进国有企业改革和发展[*]

（2000年9月8日）

在政企分开之后，国有企业面临两个问题：

一是，资源配置的主体逐渐由政府转向市场，由此，国有企业必须走向市场，在竞争中获取资源、发展自己；

二是，政府的财政职能逐渐转向公共财政，政府对竞争性行业的国有企业断绝了新增国有资本的注入。由此，企业的发展必须充分利用货币市场和资本市场。

在国有企业走向市场过程中，资本市场可以在融资、重组和促进企业转换机制等方面发挥积极作用，但必须规范运作。现在由于认识上的偏差、体制上的欠缺和操作上的不当，有些上市公司滥用资本市场，伤害了股东权益。

关于融资功能。这是国有企业改制上市最看重的一点。改革开放之后，国家对原有企业很少有资本金投入，对多数新建项目资本金也投入不足。与此同时，资本市场发育迟缓和居民储蓄快速增加，反映在企业层面就是高负债率。资本市场开放之后，一方面，由于政府轻监管重审批，实行额度控制，把上市融资变成了过去计划分配资金的延续，结果使行政权力扭曲了市场机制。另一方面，在国家所有者对企业投资软约束情况下，国有企业表现出极大的、持续的融资饥渴。在这些企业看来，股票上市融资与到银行借贷不同的是，没有了还本付息的压力；与争取国家投资相比，又没有了国家主管部门的层层审批、考核与验收。只要经过一年左右的准备

---

[*] 2000年9月8日，第五期中金论坛举行"中国国有企业改革和资本市场发展研讨会"。本文是作者在研讨会上的讲话稿。

和"包装",就可以到资本市场一举获得几亿、十几亿,甚至几十亿人民币或美元,何乐而不为。所以,大多数企业竞相要求上市融资。

确实,任何好的投资项目都是投资者追逐的对象,但他们投资的目的是为了回报。事实证明,由于传统体制的诸多弊端,使国有企业投资总体的回报率不高,转成上市公司后,如果投资体制基本不变,决策程序基本不变,追求目标基本不变,如何一夜之间就能有较高的回报?企业融资和转换机制两者并行才会有较好效果,但市场融资可在较短时间实现,可是转换机制并非那么简单。目前,上市融得资金后,投入产出效益不高已是较普遍的现象。有的企业急于融得资金,上市时的"包装"成了"伪装",有的招股书虚虚实实,并不准备完全实行,有的公司领导以上市融资作为"政绩",在得到股民的投资后,把招股说明书抛到脑后,自食对投资者的严肃承诺,使投资回报没有着落。有的公司信息披露不是为了对股东负责和接受监督,结果出现了"刚上市就亏,一配股就亏,刚扭亏又告亏"。资本市场的融资功能被扭曲为圈钱、解困,严重挫伤了股民的投资热情。

关于推进企业重组的功能。国有企业从准备到上市是一次重大的结构重组的过程,也就是企业在进入资本市场引入新的投资、改善资产负债结构的同时,必须调整经营结构和劳动力结构。要精干主业,甩掉目前无效益、无长远前景的业务和尾大不掉为数众多的分支机构,剥离不参与运营和不产生效益的资产,挤压资产水分,提高资产质量,分流富余人员,不把历史包袱转嫁给新的投资者。

结构调整和企业重组又是适应市场的动态过程。资本市场提供了规范、便捷、灵活的资产结构调整机制,是产权组合的市场。国家可以通过资本市场减持国有股份调整企业产权结构;优势企业可以通过资本市场融资,扩张有前景的业务;还可以通过资本市场实现企业间的并购、联合;上市公司不具前景的业务和分支机构,也可以通过资本市场进行分立、转让,实现主动调整。对那些经营不善,业绩持续下滑的上市公司,股价的持续下跌,为其他公司通过资本市场收购重组创造了机会。

这类从股东利益出发的重组、并购、分立,将使企业结构不断优化、保障投资者收益,是企业具有活力的表现。

进入90年代中期以来,中国企业结构性矛盾已经暴露无遗,但是企业重组遇到了很大的阻力。这里有政企不分、条块分割的体制障碍，有税制、统计不尽合理带来的利益分配上的掣肘，也有企业内部人控制形成的阻力。虽然通过政府行政力量的重组、调整有了一定进展，但以企业为主体，以提高竞争力为目标，以资本为纽带，通过市场而进行的企业购并、重组的形势并未迅速兴起。上市公司在企业重组中本应表现出更大的灵活性，但一方面它们没能完全摆脱旧体制的束缚，另一方面约占70％的国有股、法人股不能流动，基本阻断了通过股市转换控制权，实现企业重组、优化配置资源的可能。

国有企业不"活"，一个弊端是"钱到地头死"，资产不能流动。如果上市公司也不能通过资本市场转换控股权，实现公司购并重组，怎能保持经济活力？

关于推进企业转换经营机制的作用。上市公司与传统国有企业在制度上的最重要区别在于所有权与经营权相分离，上市公司已经成为多元主体利害关系的交会点。为保障所有者权益，平衡各利益相关者的关系，公司任何重大行为的随意性都会带来严重后果。因此，上市公司应当是一个有国家法律保障的、制度严谨的分权－制衡体系，通过一系列委托代理关系建立规范的法人治理机制，维系公司各利益相关者之间的平衡。

现实情况是，不少公司上市的出发点和着重点是筹资，但对在这一过程中必须进行的、其深刻程度可以用"脱胎换骨"来比喻的"转换经营机制"，却并未真正理会。

不少公司上市后，领导体制、决策过程依旧，管理制度、管理方法依旧，经营机制、政企关系依旧，没有完全超越旧体制。一些上市公司经营状况并无起色。究其原因，重要的是企业经营机制转变滞后，公司法人治理结构被严重扭曲。举例如下。

有的政府部门既向公司派董事、董事长，还要管理经理、副经理，打乱了公司控制权的配置规则，搞乱了公司内部的权责关系，使公司的经营劣迹无人负责；

有的控股股东公司的董事长直至经理、副经理，与上市公司的董事、董事长、经理班子重合，使上市公司经营者从未真正感受到要对股东负责的压力和来自股东的鞭策。

有的企业董事长、经理一人兼，董事会不能有效监督经理，在避免企业"领导班子"内部矛盾的同时失去了制衡；

有的董事会成员与经理、副经理高度重合，使董事会被经理班子控制，董事代表股东利益的作用失效，董事会形同虚设，内部人控制一切的局面并未打破；

有的董事会对"集体决策、个人负责"的议事规则不以为然，重大问题还是个人说了算，民主、科学的决策机制没有形成，各位董事对股东的信托责任没有落实；

有的在上市"圈"到钱后随意投资或处置，早把股东和招股说明书抛到脑后，股东回报没有保障；

有的公司对投资者信息披露不真实、不规范，千方百计逃避社会监督，无意对股东负责；

有的公司因国有股东占大头而且不流动，经营者就看政府脸色行事，小股东利益得不到保障。面对股价的涨落仍我行我素、不理不睬，资本市场对它的约束作用无效，等等。

这种被严重扭曲的治理结构，是旧体制和机制在新形势下的再现和复归。这种"改制"不仅不能保障所有者权益和产生健全的市场行为，而且已经直接影响到企业的业绩和投资者的信心。造成上市公司治理结构严重扭曲的原因，一是上市公司股权结构设置不合理，国有股份比重过大，社会公众股份过于分散，缺乏有实力的机构投资者；二是政府职能转变滞后，在企业上市之后，仍习惯于用行政性办法干预企业；三是国有资产管理体制改革不到位，上市公司与国有持股机构之间的关系没有理顺。

目前在中国，资本市场的功能作用被扭曲带有某种普遍性，这就不能简单从某个个体的行为中找原因，还得从体制和机制上寻找解决的途径。这里有两点是至关重要的。

一是在要建立的社会主义市场经济体制中，进一步明确政府、市场、企业之间的关系和各自的定位。

政府与企业的关系集中于政企是否分开，如何分开？政企分开的核心是所有权与经营权能否分离，如何分离？所有权与经营权分离的关键在于能否依法建立规范的公司法人治理机制。这是上市国有企业克服体制弊端所要解决的主要问题。

由于传统体制的惯性，已上市的原国有企业"隶属关系"的尾巴尚未完全割断。每一上市公司背后都有一定的政府背景，一些上市公司的重大问题特别是重要人事、重大经营决策等，政府部门仍直接插手，重要投资等要政府审批。由于各地政府的直接或间接介入，企业之间的竞争，从某种意义上演变为背后的政府部门之间的竞争。地方政府对不同背景的企业有亲有疏，同一背景的企业在不同地方受到不同的待遇。当企业在前台竞争得手时，政府在背后操纵；当企业竞争失利时，政府走上前台，或代替企业决策，或封锁市场，或强制银行贷款，或减免税费支持，甚至不惜动用公检法等办法和手段护己排他。四川德阳金路公司股东会、董事会被地方政府动用政法手段强行干预的事件就是一个典型的实例。

政府部门直接插手上市公司事务，是因为公司拥有国有股权，但政府主要承担社会管理职能，追求的是社会目标和政绩。当国家所有者目标与政府目标不一致时，政府部门往往以政府目标代替所有者目标。政府出面作为股东参与上市公司运作，任何其他股东无法与其抗衡，这就出现了政府部门超越《中华人民共和国公司法》，下达红头文件任免上市公司董事长、经理，上市公司重要决策先由政府部门研究决定，再由董事会批准等现象，董事会形同虚设。这就直接影响到公司的决策是以公司和股东利益最大化为目标，还是以所属政府的社会目标和政绩为准则？由于上市公司与政府关系的扭曲，加之国有股、法人股不流通，资本市场不存在控股权转移和杠杆收购的压力，因此许多上市公司经营者就看政府部门的脸色行事，对股价起落、股民呼声不以为然，致使在国有企业改制中资本市场应有的作用未能充分发挥。

二是上市公司国有股东的所有者职能必须到位。在公司制企业中，所有权与经营权分离，所有者不再直接干预企业的经营，但这并不等于要削弱所有者在公司治理中的重要地位。上市公司离开了所有者的监督必然产生非正常行为。目前，中国一些上市公司行为不端，这是主要的原因。

值得注意的是，为使公司能成功改制上市又不更多地触动内部人的利益，也为了减少政府的麻烦，大多将原企业改变为"集团公司"（亦称"续存公司"）作为上市部分的国有控股机构。这种做法越来越多，几乎变成了一种相互借用的"模式"。但从最近几年实践效果来看，目前这种"模式"很难使所有者职能到位，也很难产生正常的股东行为。

作为上市公司国有控股股东的"续存公司"，它有多重目标。企业的优质资产重组上市后，存续公司一方面背起了原企业余留人员、低效和无效的非核心资产，还有企业的债务；另一方面控制着有融资能力的上市公司。国有母体为解决前者困难可支配的资源就是后者。一般的做法是，在包装上市时，把包袱留在续存公司，上市成功后再转嫁给上市公司。因此，多数国有母体与上市公司两者形分实合，无论在管理者兼职、关联交易、公共设施交叉，甚至在财务、资金等方面都保留着许许多多不明不白的关联关系。国有母体与上市公司领导人的兼职，使他们成了"双面人"，处在非常尴尬的地位。当他们坐在上市公司董事长和经理的位置时，就要做出最大努力，争取上市公司创造良好业绩，实现公司和股东权益最大化；当他们站在国有母体的立场考虑问题时，又企图通过兼职的方便使用控股权和关联交易，得到非分利益或向上市公司转嫁负担，使续存部分的经济状况得以改善。在现实情况下，由于来自内部人的压力更加具体和现实，续存公司往往不惜牺牲前者而保全后者。因此，续存公司很难成为以上市公司效益最大化为目标的股东。如果有政府背景的国有控股股东行为不端正，没有什么力量能控制它。这不仅会使其他股东权益受损，控股股东自身权益也将无法保障，最终可能导致阻塞国有企业进入资本市场的通道。

大公司改制中实行一分为二，一是将核心资产（优良资产）和主持核心业务的骨干人员独立出去，通过上市引入新的投资者，实现股权多元化，建立规范、有效的公司法人治理结构，完全按新体制和新机制运行；二是将公司遗留部分，包括一时处理不了的体制问题，历史遗留问题，放在续存公司。应该说，这是一种从旧体制中迅速解放具有发展前景的核心业务，同时又承认历史，稳妥处理遗留问题的现实途径。

问题的关键在于，经过一分为二的改造后，对续存公司如何定位？如果要续存公司一方面承担处理非核心资产、自办"小社会"保障职工就业等任务，另一方面又要承担原有企业核心资产上市后的控股股东，实践证明，将会导致上述负面结果。

如果按国际惯例规范续存公司与上市公司的关系，可考虑以下改革设想。第一种办法是，如果由续存公司持股、控股的状况目前还无法改变，那么续存公司要与上市公司相互独立，在人员、资产、账目上严格实行"三个分开"。通过制定法规，规范续存公司与上市公司的关系；第二种办法授权经营机构之间的换股，降低续存公司持股比例；第三种办法是授权经营机构剥离"存续部分"，将其送交专业性的资产经营公司专业化处理，所需成本国家认可。总之，无论采取哪种办法，绝不应将续存公司的遗留问题（包括与政府关系、与所有者关系、经营方式、不良资产、历史债务、职工就业、福利等）再以各种途径和形式回归给上市公司。如果这样，我们永远无法建立新体制和实现良性循环。

一些大型公司已经认定为"授权经营"机构，从实践经验看，"授权经营"应当是一个全新的概念，它不应是旧体制和历史遗留问题的沉积物。很难想象没有经过脱胎换骨的改造转制，只经"授权"国有企业就可以成为称职的国有控股公司。重要的是国家要为授权经营国有资本的机构设置唯一的、便于考核的目标，就是股东权益最大化。在国有企业改制中，无论在国内上市还是在境外上市，采取目前续存公司做法的都很难做到这一点，这是股市中存在的一大隐患。

针对时弊，为使资本市场正确地发挥作用需做到以下几点。

（1）一般上市公司要降低国有股份占比，按十五届四中全会要求，"重要的企业由国家控股"。

（2）政府要约束自己的行为，不插手上市公司事务，通过"出资人代表"行使所有者职能。严格执行《中华人民共和国公司法》，上市公司在国家法规范围内的运行，政府不再审批。

（3）要重新审视续存公司——上市公司国有母体的作用。如果尚需作为国有持股机构，必须经过改造和认定，端正国有股东的行为。续存公司与上市公司要实行人事、资产、财务"三分开"，控制关联交易，把上市公司的目标集中于公司和股东权益最大化。

（4）上市公司应设立独立董事，并明确它们的权利和责任，以约束大股东的侵权行为，保护小股东和公司利益相关者的权益。

（5）根据股市承受能力，逐步使国有股、法人股可流通，新上市公司应做到同股同权，不应再分可流通股和不可流通股。

《中国大型工业企业发展报告（2000年）》序言*

（2000年9月19日）

　　《中国大型工业企业发展报告（2000年）》是以国家权威部门提供的数据和对样本企业的问卷调研为依据，分析和评价了样本企业的业绩与效益、技术创新、竞争力、行业分布、地区结构、所有制结构、国际依存度等状况，并就当前大型工业企业改革与发展中的若干问题做了理论分析，提出了应对策略。对政府政策制定、企业经营管理的把握和研究机构研究工作有所帮助。

　　《中国大型工业企业发展报告（2000年）》是以国家统计局提供的1999年销售收入最大的1000家工业企业为主要研究样本，着重分析和评价了中国大型工业企业的业绩与效益、技术创新、竞争力、行业分布、地区结构、所有制结构、国际依存度等，并就当前大型工业企业改革与发展中的若干问题做了理论分析，提出了应对策略。

　　中国企业评价协会还在征得企业同意的前提下，选择了一些具有代表性的企业作为每一章节的案例研究对象，以辅佐主报告内容。

　　《中国大型工业企业发展报告（2000年）》后附录了"1999年中国1000家大型工业企业一览表""中国大型工业企业主要经济指标一览表"，以增加本报告的信息量。

　　由此可以看出，本报告的初衷在于为中国大型工业企业的改革与发展战略研究提供背景资料和分析意见，为各级政府官员和国内外研究人员提

---

* 本文是作者2000年9月19日为中国企业评价协会组织编写的《中国大型工业企业发展报告（2000年）》一书所作的序言。

《中国大型工业企业发展报告（2000年）》序言

供中国大中型工业企业的基本情况、基础数据和某些研究成果，以供分析判断和做出政策选择。

与过去相比，我们确实生活在一个日新月异的变革时代。企业面对的体制环境、竞争形势、经济全球化、科技进步等都在以前所未有的速度向前跨进。我们可以这样说，当今世界唯一不变的准则就是变革。大型工业企业是战略性经营单位，"人无远虑，必有近忧"，认真分析这些变化、仔细品味这些变化对自己意味着什么，从中发现机遇，利用机遇，采取积极对策，是力挽狂澜、竞争取胜的重要条件。

一　大型企业面对的环境

进入90年代中期，中国企业的外部环境发生了急剧变化。对企业影响最大的变化有三。第一，国家宏观管理由计划体制逐步转向市场体制，目标是使市场在资源配置上发挥基础性作用。为此，财政体制、税收体制、价格体制、金融体制、外汇体制、外贸体制等相继转轨。由此带来的结果是政府、市场、企业之间的关系正在发生根本性变化。第二，长期的卖方市场转向了买方市场，卖主与买主在市场中的主、被动地位发生变化。由生产能力决定企业兴衰转向由企业的订单、市场占有率，由企业的创新能力、竞争能力决定企业的兴衰生死。由此而带来的结果是企业间的竞争真正开始了，优者胜劣者汰已成为严酷的现实。第三，中国市场对外开放格局进一步形成，中国正逐步成为国际市场的一部分。1995年、1997年两次关税大幅下调，已使我国进口产品关税算术平均值由35.9%下降到17%，但还没有到位。加入世界贸易组织的谈判为我国企业的国际化经营进一步改善了条件，但也将我国关税和非关税进一步减让的时间表锁定。由此而带来的结果是，中国企业必须走向经济全球化的大潮，即便在国内市场，中国企业也将面对世界最强对手的竞争。

与此同时，以世界贸易组织作为冲破市场壁垒的先锋，有迅猛发展的信息通信为主导的科技进步推波助澜，经济全球化的形势迅速发展。世界各大公司为适应和利用这一形势，纷纷调整战略，采取措施，争夺竞争的主动权，争夺竞争的制高点。世界级大企业迅速大规模跨国重组，巨型跨国公司以全球为版图，利用各地比较优势，进行全球性产业重新布局、全球性生产和研发的分工、调整。这一势头来势迅猛，其范围席卷全世界。

对于长期局限于计划经济体制下、封闭于国内市场的中国企业，在体制转轨尚未到位、市场机制还不健全的情况下就要面对国内国际环境如此迅速的巨变，确实是极大的挑战。但真正的企业家在身处危机时更能发现机遇、捕捉机遇。

二 大型企业的特殊作用

在中国的工业化过程中，大型企业有着特殊重要的作用。

大型企业是国民经济的支柱。在那些规模经济特别明显的领域，如电力、石油、石化、电信、铁路、钢铁、航空、海运等行业，必须通过市场聚集有效资产，形成若干大型企业，实现规模生产、规模经营，为国民经济发展提供质优价廉的基础产品，支撑国民经济迅速健康发展。

大型企业是经济结构调整的主体。结构调整和升级是推进经济发展的动力；经济结构调整主要通过企业结构优化而实现。大型企业通过技术进步、产业升级、体制创新和资产的兼并、扩张或转让、分立，一方面形成新的增长点，另一方面淘汰落后的生产能力，转移低效或无效资产，提高自身的市场竞争力，带动为数众多的相关企业甚至相关产业的升级、调整，为整个国民经济发展增加动力。

大型企业是技术创新和实现集约化经营的领头羊。从某种意义上讲，大型企业的技术实力代表着国家的综合实力。经济增长方式由粗放型转向集约型是我国工业化正经历的过程。目前，我们正面临必须改变靠不遗余力地大规模投入资金、资源和劳动力，不惜牺牲环境而换取有限经济增长的状况，实现可持续发展。大型企业占用了全国较大部分的社会资源，它们对社会稀缺资源运用的水平和运作的效率，某种意义上决定着国家的经济运行质量；大型企业实现技术创新和增长方式转变才能改变国家的经济运行质量。那些技术密集、资金密集型新一代产业的形成，往往要求较高的经济规模和技术素质。没有大规模技术投入不可能形成自主开发能力并保持产品、技术上的竞争力,没有大规模生产和营销不能降低成本。因此,向集约化经营的转变关键是大型企业的转变。

大型企业是我国参与国际竞争的代表队。中国要立足于世界民族之林,必须不断提高国家的技术实力和经济实力。从某种意义上讲,国家的技术实力体现在企业的水平,没有一批达到国际水平的大型企业,国家的政治安全、经济安全都会受到威胁。国家间经济实力的较量,实际体现为企业经济实力和技术实力的较量。

改革开放之初,国家就以极大的精力关注和支持大型企业的改革与发展,目的在于通过提高大型企业的素质带动整个国民经济素质的提高,通过调整大型企业的结构改善全社会生产要素的配置效率。尽管广大中小企业具有广阔的前景和可释放的能量,但大型企业在重要行业、关键领域仍对国民经济发展具有支撑作用。

三　大型企业的竞争力

企业大并不等于企业强,与把企业做大相比,我们更应注意的是把企业做强。对于中国国有企业而言,通过行政办法,用"拉郎配"等各种方式把企业做大易如反掌,而把企业做强却远非易事。

把企业做强,就是要培育企业的核心竞争力。在强者如林的商战中,大型企业没有几个能镇服对手的"杀手锏",就会危机四伏。目前,电视机、DVD、空调机等产品的价格大战,已经打得使买主感到吃惊甚至目瞪口呆,厂家也已到了你败我伤的程度,可是这种恶性竞争还在延续。什么原因?没有"杀手锏"。各厂家几乎都拿不出具有技术突破的创新产品。在产品技术含量、质量、品种、档次、花色完全雷同的情况下,只靠价格这唯一因素,你一刀我一枪的竞争很难有大的作为,即使市场份额有所增加,效益也上不去。经营之道正所谓"人无我有、人有我优、人优我专"。

核心竞争力就是持续创新的能力,即持续开发独特产品的能力,持续发明专有技术的能力,以及持续创造先进管理和营销手段的能力。其中创新是核心竞争力的灵魂,主导产品(服务)是核心竞争力的精髓。

就中国企业而言,面对世界科技进步的迅速发展,加大技术开发的力度已势在必行。我国产业每年的总投入已经不少，但囿于卖方市场的惯性，企业缺乏创新的动力机制和能力，大多数投资仍用于能力扩张、低水平重复建设，认为可以长期利用别人开发的技术和市场坐享其成。结果导致恶性竞争：研发投入低而又低，生产能力过剩再过剩，平均利润率降低再降低。

世界500强企业的研发费用占销售收入的比例一般在5%~10%，我国大中型企业的研发费用却由1990年的1.38%降到1998年的1.28%，其中1996年仅为1.1%。在这里，我们必须明白一个最简单的道理，如同"种瓜得瓜、种豆得豆"一样，对于生产能力的投入，收获的是产能的增长；对于科技开发的投入，收获的是产品和技术的更新、产品附加值的提高。产能的增长会受到市场容量的制约而不能发挥，而创新的产品和技术却有无限的市场空间，没有"天花板"。

四 大型企业的改革

大型企业正经受摆脱对政府的依赖、建立适合市场经济的经营机制、自主自立走向市场的考验。企业改革正面临结构调整和体制转轨两大任务。

市场约束增强后，我国经济和企业的结构性矛盾充分暴露，面对加入世界贸易组织、参与国际范围的产业分工和经济结构调整的机遇与挑战，必须通过资产整合实现产业升级，通过企业重组增强竞争实力，使中国经济在与世界经济接轨中处于比较有利的地位。

这一轮结构调整应着手解决五个问题：①通过技术创新和产业升级，培育一批新的高增长产业；②发挥比较优势，增强国际竞争力；③实现技术升级，缩短与发达国家的技术差距；④国有资本有进有退，优化国有经济布局，改善所有制结构；⑤形成产业结构和企业结构随市场变化而自行调整的机制。

近年来，国家直接操作的石油、石化、军工、有色、电信、纺织、煤炭等大型国有企业的重组取得了成效；主要通过行政力量关闭某些浪费资源、污染环境和生产能力过剩的企业取得了一定进展，从而使产业和企业结构有所改善。但是，通过市场实现大规模企业重组的形势并未如愿形成。

最典型的现象是，家电领域的恶性竞争几乎到了自相残杀的程度，但并未导致通常应出现的企业间的并购、联合和重组。这说明通过市场实现企业重组遇到了极大的障碍，行政性垄断、区域壁垒尚未打破，符合市场经济体制的政府、市场、企业之间的关系还没有就位，也说明企业结构调整与体制转换相辅相成、密切关联。

体制转换的关键是政企分开，通过公司制改制实现所有权与经营权相分离。现在的问题是，从形式上看，经过公司制改制的企业已经不少；但从实质上看，机制转换大多并没有到位。但由于体制转换涉及诸多深层次的改革，涉及诸多方面权力利益关系的调整，有极大的难度，从政府到企业，往往希望绕过这些困难，在基本不触动旧体制和权力利益格局情况下建立新的企业制度。结果新制度是在被扭曲的情况下建立，当然也就很难实现建立新制度的初衷。为解决这个问题，党的十五届四中全会《决定》从三个方面提出了指导原则。

继续推进政企分开：政府对国家出资兴办和拥有股份的企业，通过"出资人代表"行使所有者职能。

积极探索国有资产管理的有效形式：国家所有，分级管理，授权经营，分工监督。

公司法人治理结构是公司制的核心：国有企业公司制改制必须规范进行。

仔细研究这些指导原则，我们可以从中找出解决当前企业制度创新中的问题和转制难点的途径。

五　大型企业与政府的关系

政企关系是国有企业改革的一个核心问题。按照十五届四中全会《决定》的精神，政府通过出资人代表——授权经营机构行使所有者职能。这样，政府和一般拥有国有资本的企业不再有直接资产关系，那些企业原有的国有资本已经转成了授权经营机构的"国有法人资本"，依《中华人民共和国公司法》由授权经营机构行使股东权利。由此，那些企业从产权制度上就实现了政企分开。

目前,许多大型、特大型国有企业被政府认定为授权经营机构。现在的问题是,这些授权经营机构(有的称集团公司,或控股公司,或资产管理公司)与政府应该建立怎样的关系?它应承担什么样的权能,如何才能胜任应有的职能?

授权经营机构是受政府委托经营国有资本的机构,在未来国有资产管理体制中处于承上启下的枢纽地位。对授权经营机构的设计和定位,是理顺政企关系、进行企业制度创新的一个关键。根据目前的认识和实践,似可这样认定这一机构。

(1)政府将边界清晰的经营性国有资本委托给授权经营机构经营,授权经营机构以资产保值增值为目标独立运作;

(2)授权经营机构按委托协议,对被委托的国有资产拥有占有、使用、处分和收益的权利,重大问题和事项向政府报告;

(3)授权经营机构属特殊企业法人,政府为其出资人,是政府单独出资设立的国有独资公司。授权经营机构按政府批准的章程,比照公司运作;

(4)授权经营机构不具有政府职能,对其全资、控股、参股企业以"国有法人股东"的身份行使出资人权利;

(5)政府通过一定的程序对授权经营机构进行监管,最重要的是管三件事:

一是向授权经营机构派出董事(含董事长);

二是每年与授权经营机构签订业绩合同;

三是以业绩合同为准,对授权经营机构进行审计、监督和业绩评价。

体现政府意志的某些特殊要求,应在政府与授权经营机构双方认可的基础上列入业绩合同,除此之外,政府对授权经营机构的经营运作不应再干预。在业绩合同范围内,授权经营机构有充分的自主权独立运作;超出业绩合同的重大事项,必须要向政府报告。无论哪一方,如要修改业绩合同,必须经过必要的程序,以体现业绩合同的严肃性。

政府根据审计、监督和业绩评价结果,决定董事的报酬和去留。如果政府对董事会的经营业绩不满意,可以提出警示,甚至更换董事会,但不必越俎代庖替董事会进行决策。否则,内部科学、合理的责权体制被打破,就会造成对巨额资产无人负责的严重后果。

由此看来，"授权经营"是一个全新的概念，承担着全新职能，应当具有全新的运作机制。目前，一些授权经营的企业，为上市将核心业务和技术、管理骨干人员分出，发起设立股份公司，股票上市；将非核心业务和余留人员组成存续公司，两公司在人员任职、资产和财务等方面广泛交叉。存续公司一方面是上市公司的控股股东，另一方面负责消化和处理沉重的历史遗留问题，即质量较差的非核心资产、大量余留人员和历史负债。存续公司的多重目标，使它很难成为以追求经济效益为目标的合格国有股东，非正常行为时时发生。实践证明，原国有大型企业并非一经国家授权、认定就可以成为合格的"授权经营机构"。这些企业面临极为深刻的重组、转制、改造的过程。重要的是对投资和拥有股权的企业，只应有一个目标，就是追求股东权益最大化和规避资产风险。

六　大型企业改制与发展的途径

大型企业要摆脱对政府的依赖、自主自立走向市场，面临的问题是如何建立适应市场竞争的机制和不断改善企业结构，以获得可持续发展的能力。

大型企业要以提高核心竞争力为目标，抓紧结构调整，重点是做到这几点。

（1）改善企业的经营结构，甩掉近期无效益的、长远无前景的业务和尾大不掉的分支机构，突出主业，通过企业重组和技术升级形成经济规模，培育新的生长点；

（2）改善资产负债结构，消除无效资产，剥离非经营性资产，挤压资产泡沫，提高总资产回报率，通过资本市场把负债率降低到安全水平；

（3）改善股权结构，引入新的投资者，降低国有股权比例，除极少数必须由国家垄断经营的企业外，要积极改制为多元投资主体的公司，发展混合所有制经济，重要的企业由国家控股。

在调整结构中，大型企业进入资本市场是一种必然的选择。资本市场可以从三个方面发挥积极作用：一是政企分开后，政府财政转向公共职能，断绝了对国有企业的资本投入，资本市场成为企业直接融资的主渠道；二是企业进入资本市场运作,使企业的结构调整和重组变得便捷而有效;三是政府行政垂直管理职能弱化之后,企业要接受资本市场的评价、激励和监督,由此将形成新的激励与约束机制。这是企业改革和发展的关键。

进入资本市场的公司已成为投资者、债权人、经营者、职工,甚至政府利害关系的交会点,必须建立公司法人治理结构,依照法律和公司章程规范运作,使目标集中于公司和股东利益最大化——这是实现政企分开,端正企业行为。

由此可以看出,企业进行结构调整和重组,在这一过程中引入新的投资者,进行公司制改制——进入资本市场,实现股权多元化,接受资本市场的评价和监督——建立规范的公司法人治理结构,形成有效的激励与约束机制。这就是大型企业走向市场的总体脉络。这里每走一步都十分艰难,需要政府和企业共同努力。但值得注意的是,在这一过程中绝不应受旧体制和旧观念的牵制,使我们的目标扭曲和变形。

七 把握入世带来的机遇

经济全球化,意义在于在世界范围优化配置资源。一般来讲,这必然比一国配置资源有更高的效率。当今世界,离开了这一大趋势就意味着落后。

改革开放使中国人尝到了参与国际分工的甜头,也是近20年经济持续发展的重要动力。加入WTO是这一政策在新形势下的延续。

人们说,加入WTO"挑战与机遇并存"。但必须加一句:"机遇大于挑战"。目前,不少政府人员和企业经营者都在认真研究入世的对策,大多出于对参与国际竞争的担心,不断提出并希望国家通过正常的和各种非正规的形式延长对某些产业的保护期。但20年来,我们自己的经验是,哪些产业较早地放开竞争,哪些产业就快速增长,在面临入世时表现出较强的竞争力;哪些产业受到较强的保护,哪些产业至今竞争力仍然较弱。竞争会使一批企业被淘汰,但真正的强者只能在竞争中产生。

中国企业应当以更加积极的眼光看待入世。如果像有些人所想,入世带来的大都是负面的影响,那么我们就没有必要入世。实际上,加入世贸

《中国大型工业企业发展报告（2000年）》序言

组织的长远意义在于，中国承诺按国际商贸通行规则调控经济，加速经济体制转轨，同时使中国能以平等的身份参与世界范围的资源配置。由此中国企业可以得到的好处是，为发挥比较优势取得了更加广泛的空间和相对稳定的环境。

经济和技术发展程度不同、资源禀赋不同的国家及其企业，对不同的产业和不同层次的技术和产品表现出不同的优势。经济全球化就是承认这一差别，按各自比较优势重新进行国际分工。国际分工意味着各国、各企业在有比较优势的部分争夺制高点；在没有比较优势的部分，通过"全球采购"获得质优价廉的技术和产品。现在，从一台汽车、一台设备到一台计算机、一个电信产品甚至一台家电，都很难确认它就是由哪一个国家制造的。实际上，哪一个国家和企业都不可能具有"全方位"的比较优势，从而在产业方面包揽一切。一般来讲，经济和技术量级高的企业在附加值高、效益高领域处于优势地位，这是各国和企业争夺的目标。但现实企业间的竞争则表现为经济技术同一量级的企业之间的竞争，不同量级企业之间多表现为"互补"与合作。与此同时，量级高的企业通过技术和管理的创新实现产业再升级，创造新的优势，将原有产业向外转移；而后发的企业则争相接受产业转移，并希望通过自己的努力积蓄力量，实现超越式发展。这是一个此起彼伏的动态过程。

因此，为迎接入世，大型企业必须研究的是如何将自己放在世界范围找到自己的比较优势；研究实现产业升级的可能性和具体途径；研究如何利用领先企业产业转移的机会；研究与自己在经济技术量级相当企业间的竞争形势。所以，入世为各大型企业创造了一个更大的舞台，但企业必须以在国际范围发挥比较优势为目标进行自我调整，积极慎重地投身国内、国际企业重组，积极参与国际分工，争取扮演一个有利的角色。只有这样，才有可能充分获得入世带来的全部好处。

面对入世，固守过去的一切，必然丧失时机；眼睛只盯着国内市场就无法施展自己的优势；一味依赖国家保护就会束缚住自己的手脚。某些弱势产业，国家保护了几十年不过如此。事到如今，只有投身竞争才会壮大自己；只有参与国际分工和重组才会有更好的前景。

迈进新世纪的钟声即将敲响，全新的时代呼唤中国大型企业的成长。

我国经济结构战略性调整的对策

——"十五"计划建议调研汇报*

（2000年9月30日）

"十五"计划建议提出，今后5年到10年，是进行经济结构战略性调整的重要时期，也是完善社会主义市场经济体制和扩大对外开放的重要时期。据此，1999年国务院发展研究中心设立了"我国经济结构战略性调整"课题。组成由作者和鲁志强为课题负责人，刘世锦为课题总协调人的课题组。

国务院发展研究中心设立的"我国经济结构战略性调整"课题已经完成，报告文本已发给大家，供大家研读。

经济结构调整涉及很多问题，在这里我想就调整的目标、主线、注意掌握的原则和政府在结构调整中的定位谈一点意见。

一 获得经济增长动力和建立自行调整机制是新一轮结构调整的目标

结构调整是推动经济发展的基本因素之一。从一定意义上说，经济发展是通过结构的规律性调整和转换而实现的。在结构调整中，通过技术进步、产业转换、体制和组织创新，一方面形成新的经济增长点，另一方面淘汰落后生产能力，从而为经济的进一步发展提供动力。结构调整具有显著的阶段性特征，一次大的经济结构调整，往往推动一个新的增长阶段的形成。

---

* 本文是作者2000年9月30日代表课题组做调研汇报的汇报稿。

"十五"时期进行的新一轮结构调整具有与以往调整不同的特点。

第一,是在短缺经济结束、传统产业普遍供过于求的背景下进行的推动产业升级的调整。为使今后较长一个时期国民经济保持较高的增长速度,必须在原有的高增长产业趋于平缓和乏力以后,通过产业升级培育出一批新的高增长产业。

第二,是在经济全球化趋势加快,我国即将加入WTO的背景下进行的致力于增强国际竞争力的调整。加入WTO利弊如何,很大程度上取决于国内体制改革和结构调整的状况。要通过"有进有退"的结构性调整,充分发挥我国的比较优势,从整体上提高我国经济的国际竞争力。

第三,是在技术进步加速,正在对经济全局产生革命性影响的背景下进行的推动技术升级的调整。发展高新技术产业,缩短与发达国家在一些重要领域的技术差距;用高新技术改造传统产业;形成基于企业和市场的技术创新与应用机制,是新一轮调整中必须着力解决的问题。

第四,是在社会主义市场经济体制建设取得重大进展,改革进入攻坚阶段的背景下进行的旨在形成结构调整新机制的调整。我国经济结构的不合理及其不断加剧,很大程度上源于旧体制遗留下来的和经济转轨时期新出现的深层次矛盾和问题。既重视结构调整本身,也重视形成结构调整的新机制,这应当是新一轮结构调整的显著特点。

从以上几个特点出发,新一轮结构调整应当设定两个基本目标:一是通过产业升级、技术升级和提高国际竞争力的调整,使我国经济获得在较长一个时期(如10年左右)保持较高发展速度(如7%~8%)的动力;二是通过在调整中加快体制转轨和制度建设,建立起能够对结构矛盾做出积极反应和自行调整的新机制。

二 产业升级和城市化是新一轮结构调整的主线

现阶段我国经济中主要有如下一些结构性矛盾。

一是一次、二次、三次产业之间的矛盾。产出结构中的第二产业比重过高,第三产业比重过低;就业结构中第一产业的比重过高,近一半的劳动力停留在农业领域。

二是城乡之间的矛盾。城市化进程落后于工业化进程。部分工业企业（特别是80年代以来"离土不离乡"的乡镇企业）未能充分利用城市的聚集效应。城市类型、功能等方面的结构不合理。

三是地区之间的矛盾。东南沿海地区和中西部地区发展差距持续扩大，某些省区内发展严重不平衡。行业和区域间也存在着产品与生产要素市场分割现象。

四是产品和生产能力结构的矛盾。低技术含量、低附加价值产品和生产能力过剩，高技术含量、高附加价值产品和生产能力不足，过剩与供给不足并存。

五是产业组织结构矛盾。生产能力低水平过度重复、分散，大多数达不到规模经济要求，专业化分工、社会化协作水平较低，尚未形成合理的企业群体结构。

六是消费结构矛盾。城镇居民一般吃、穿、用的需求基本满足，在向以住、行和提高生活质量的服务性消费为重点的需求结构升级中遇到了体制和政策障碍，出现了"消费断层"。在农村，由于基础设施不配套使某些消费难以实现。

七是金融结构矛盾。金融机构和金融工具不适应多种所有制经济发展的要求，国有银行为主渠道的金融结构主要服务于传统的国有企业，特别是其中的大企业。在经济中发挥越来越重要作用的非国有企业、中小企业和一些高成长的高新技术企业，则难以获得有效的金融服务。

八是所有制结构矛盾。国有经济战线依然过长，有进有退的调整任务仍很艰巨，有效动员社会力量投资的机制尚待形成，企业财产组织形式有待规范和提高。

这些结构性矛盾存在着内在联系。我国统计将近70%的人口居住在农村，农村人口向非农产业和城市的转移，是我国工业化进程中最为重要、最为艰难的任务。由此而导致的城乡结构矛盾，表现在产业和地区层面上，就是三次产业结构矛盾和地区结构矛盾。近年来我国农村人口的收入和消费增速减缓，主要是由于向非农产业转移的速度减缓。向非农产业转移速度减缓的直接原因，是城市产业结构升级受阻，特别是在产业升级中具有重要意义的第三产业发展缓慢。城市产业结构升级受阻，则是因为城市居民消费结构升级遇到困难,因为行政性过度重复建设,以及低效率资源(企业及生产要素)的退出障碍。这些问题又与现有的金融结构和所有制结构矛盾密切相关。

因此,从适应消费结构升级、避免过度重复建设和消除市场退出障碍入手,推动城市产业结构升级,进而带动农村人口向非农产业和城市转移,加快城市化进程,将构成新一轮结构调整的基本内容。产业升级和城市化是新一轮结构调整的主线。

三 新一轮结构调整的几项重要原则

第一,正确处理发展与调整的关系,以发展带动调整,以产业升级带动低效率资源退出,通过调整形成新的发展动力。新一轮结构调整不能再延续"水多加面,面多加水"的做法。其特点是新的高增长产业的培育与低效率资源的退出并行。在调整中,如果缺少必要的增长速度,缺少高增长接替产业,以及由此带动的新的消费、投资和就业机会,结构调整将会遇到很大困难,在有些方面甚至根本调不动。另外,新一轮调整具有较大的可预见性,只要调整的方针和措施得当,完全可以期待出现一批高增长产业,为化解存量调整中的矛盾提供空间。当出现高增长产业拉动的较快发展时,要采取多种措施淘汰落后产能,而不能再将其后推,这一点应当成为新一轮调整与以往调整的重要区别。

第二,正确处理改革与调整的关系,以改革促进调整,使新一轮调整与进入世贸组织相呼应,成为促进体制转轨和制度建设的过程。结构性矛盾产生和长期积累的主要原因,是依然存在的与新的发展阶段不相适应的体制和政策。要通过制度的"破"与"立",建立能够对经济结构自行动态调整的新机制。

第三,正确处理政府、企业和市场的关系。以企业为主体,市场为基础,正确发挥政府在结构调整中指导、规范、协调、服务的职能,为结构调整提供制度保证。新一轮结构调整必须逐步实现调整主体和调整方式的转变,这对调整效果有着决定性的影响。以企业为主体,主要依托市场力量进行调整,并不是说无需体现国家意志,无需政府的宏观调控。但政府在结构调整中的主要职责，不再是直接调动社会资源或指挥企业贯彻政府意图，而是通过政策引导、制定法律法规、信息发布等体现政府意志，创造对结构调整至关重要、企业又无能为力的体制、法制和市场环境，让企业根据自身状况、所处行业、竞争形势做出决策。政府投资应主要集中于提供重要公共产品和服务的部门。对那些涉及国家安全、自然垄断或提供重要公共产品和服务等市场难以发挥作用的行业，必要时政府应进行干预。

第四，正确处理结构调整中经济、行政和法律手段之间的关系，重点是建立和完善有利于结构调整的法律体系。结构调整中经济、行政、法律手段都要使用，基础是经济手段。行政手段在经济转轨时期仍需使用，但合理的使用边界很难掌握，这正是行政手段过度使用或滥用的原因之一。因此，经济和行政手段都要在法律法规的范围内行事，做到有法可依。既是当前规范调整的依据，也是建立自行调整机制的基础，应当特别引起重视。

第五，正确处理产业进入和退出的关系，既要重视消除"退出市场"障碍，也要重视解决"进入市场"困难。不论是衰退产业的调整，过度重复建设后果的消化，还是低效率企业的淘汰，都需要有一个好的退出机制。要下大功夫消除退出障碍，使产业调整、企业重组和人员流动的外部环境得以根本改观。另外，必须克服某些领域和产业的"进入"困难。目前，在一些产业和服务领域仍然存在对非国有企业的进入壁垒，中小企业特别是高新技术中小企业的创业环境仍不宽松。培育新的高增长产业，促进高新技术企业的发展，前提是要改善创业、产业环境，形成能有效动员社会力量创业和投资的机制，这就必须放松对市场准入的管制。除极少数必须要由国家专营的领域外，应拆除基于所有制、地区和行业等的进入壁垒，给各类合法企业以公平进入和参与竞争的机会。按照WTO的市场准入原则，允许外资进入的领域，首先应允许国内企业进入。

四　正确发挥政府的指导、协调和服务职能

新一轮结构调整的基本思路可概括如下，以积极推进产业升级和城市化进程为主线，以企业为主体，市场为基础，正确发挥政府的指导、协调和服

务职能，推动我国经济进入一个新的较长时间、较高速度的发展时期，并形成与新体制相适应的结构动态调整机制。这一轮结构调整有三个重点：一是在消费结构升级、放松进入管制、技术进步带动下的产业结构升级；二是进一步打破"条块"分割、行政性垄断，开放、规范要素市场，鼓励竞争，促进产业和企业组织的合理化；三是消除产业、企业和人员的退出障碍。简单地说，就是要解决"产业升级""开放市场""顺利退出"三个问题。

结构调整的目标确定以后，调整的实际效果如何，关键在于以何种机制进行调整，在于政府转变职能，正确发挥作用。新一轮结构调整中政府职能应主要体现在如下几个方面。

第一，进一步调整国有经济布局，改组国有企业。要坚持有进有退的方针，采取措施，使国有经济向国家安全、国民经济发展有需要，其他所有制经济不准进入或不愿进入的行业和领域集中，使国有经济对国家安全和国民经济发展起到支撑作用，发挥非公有制经济不可替代的作用。重点搞好涉及国家安全的行业、自然垄断的行业、提供重要公共产品和服务的行业以及支柱产业和高新技术领域中的骨干企业，增强国有经济对国民经济的控制力。

第二，加速政企分开，推进企业制度创新。每户国有企业的"行政隶属关系"背景已经成为结构调整的障碍。要克服由于条块隶属关系给企业跨地区重组带来的阻力。按照十五届四中全会《中共中央关于国有企业改革和发展若干重大问题的决定》的要求，政府通过出资人代表（机构）行使所有者职能，不再直接管理国有企业。出资人代表没有行政职能，保障以经济原则推进企业重组，排除非经济因素的干扰。加快国有企业的公司制改制。使投资者的进入和退出简易可行，使企业把目标集中于投资回报。

第三，进一步开放市场，促进公平竞争和全国统一市场的形成。要打破区域性分割和行政性垄断，进一步培育和发展产品、资本、劳动力及其他生产要素市场。出台和完善有利于形成全国性统一市场的法律，提高其权威性。对限制跨地区、跨部门投资和产品销售的地区、部门政策和法规，要坚决禁止和取消。进一步放松市场进入管制，结合加入WTO的要求，对已有的不符合建立全国性统一市场的法律法规，进行一次全面清理。

第四，加快社会保障体系建设，重点解决资金缺口问题。企业退出障碍主要是人员退出的障碍,即人员的社会保障和再就业问题。社会保障体系既有制度建设问题,难度更大的是资金缺口问题。应通过部分国有企业股权减持、国有土地使用权拍卖、发行国债或专项债券、财政列支、征收社会保障税等短期和中长期的办法,充实社会保障基金。要尽最大努力,争取在一个不太长的时间内,使新的社会保障体系能够有效运转。

第五,制定并正确实施经济发展和结构调整规划,加强中央政府的调控能力。中央政府结构调整规划要立足于促进资源在全国范围内的顺畅流动,优化配置。各地规划应从各自实际出发,发挥比较优势,消除市场分割、自成体系的倾向,防止已有不合理结构的延续和强化。加强中央政府对跨地区、跨部门的大型基础设施项目如机场、港口、道路等的规划协调,防止重复建设或"好事难成"现象的发生。

第六,制定和实施符合国情的城市化发展战略,形成大中小合理布局的城市群落(圈、带等)。既要积极发展中等城市和小城镇,对大城市、特大城市也要给予足够重视,因为它处在城市群落的核心地位。要调整大城市简单地平面扩张的发展方式,以建设快速轨道交通系统为突破口,发展卫星城,提升城市功能水平,带动住宅、汽车等方面消费。小城镇发展要与乡镇企业的改造、集聚结合起来,在农民进入非农产业和城市的过程中发挥更大作用。要通过政策引导,吸引民间资金投入各类城市的基础设施建设。西部开发,从实质上说也是一个推进城市化的过程。

第七,抓紧消除制约消费结构升级的体制和政策障碍。住宅、汽车、教育、电信、计算机、旅游等是现阶段城镇居民消费升级的主要领域,也将成为拉动新经济高增长的主导产业。这类消费需求正孕育形成。但转化成现实消费则需要创造必要的消费环境和消费条件。要调整已过时的与扩大内需相矛盾的抑制消费的政策。发展消费信贷,为居民住、行及其他消费行为提供金融服务和完善基础设施。

第八,创造立足于企业和市场的技术创新和新技术应用环境。高新技术产业是以创意和知识为资本,以人为载体,哪里创业环境好就可以在哪里扎根。因此,从某种意义上说,它已不再是由政府选择企业,而是拥有创意和知识的创业者选择适合地区和政府,也就是创新、创业的环境。对此,政府的主要职能应转为创造适宜创新创业的环境。哪些是高新技术,哪些是有市场前景的创意，应由市场来判断，既不应因行政审批而被扼杀，也不应由政府拔苗助长。另外，用高新技术或适用技术改造传统产业，有巨大空间和潜在效益。要采取各种政策措施和途径鼓励产、学、研结合，促进企业形成持续的技术进步机制；要鼓励企业增加研发投入、建立研发中心。对少数具有全局影响的基础性关键技术，可考虑由国家出资组织攻关，其知识产权归于国家，国内有关企业可以共享。

第九，清除企业重组的体制和政策障碍。企业两极分化后，优势企业有扩张的欲望，困难企业急于寻求出路，通过企业重组，重新配置资源的社会需求已经形成。政府要制定和完善相关配套法规，改进统计办法，改革税收制度，使跨行业、跨地区、跨所有制的企业收购、兼并、联合及其他形式的重组得以顺利进行。既要鼓励优势企业兼并其他企业，也要重视"强强联合"，这已成为经济全球化背景下国际企业重组的重要特征，是我们应对加入WTO的重要措施。

第十，对衰退行业和地区实施必要的退出援助，强制性淘汰落后生产能力要以法律为依据。一些衰退性行业，特别是单一资源性矿区和城市，单靠自身力量难以解决产业退出涉及的一系列问题，其中包括完善社会保障体制、引入新的投资者、培育接替产业、再就业培训和过渡期的财政来源等，这一过程大体需要10年甚至更长的一段时间。对这些行业和地区进行必要的政策援助，应当成为国家产业政策的重点。对污染严重、浪费资源、危及安全、假冒伪劣及其他危害经济和社会的产品和企业，应运用多种手段综合治理，必要时可实行强制性淘汰。但应以有关法律和生产技术标准为依据，公平对待国有企业与民营企业，公平对待大企业和中小企业。

第十一，实行正确的就业政策，鼓励劳动密集型产业和中小企业的发展。"十五"及以后更长一个时期，我国始终面临严峻的就业压力。因此，在搞好大企业的同时，要特别重视发展民营企业和中小企业；在强调发展高新技术产业的同时，绝不能忽视劳动密集型产业的发展。中小企业和第三产业是新增就业岗位的主要来源，劳动密集型产业目前在我国仍具有比较优势，有发展空间。政府应在资金、技术、信息等方面给予必要的政策扶持。要重视协调城乡劳动力就业的关系。一些城市对农村劳动力进城就业的歧视政策应当进行调整。

第十二，重视并加强政府对企业的信息服务。政府在宏观和中长期发展方面的信息上占有优势，这些信息对企业的正确决策具有重要的引导和指导作用。政府的发展规划，实质上也是提供一种前瞻性的信息。当政府对企业的直接干预减少以后，信息服务应当成为政府为企业提供的服务中非常重要的部分。为此，政府有关部门应当加强信息的收集、加工，形成顺畅的信息传递与互动渠道。

规范法人治理结构，培育企业信用主体[*]

（2000年10月12日）

国有企业与国有银行之间借贷关系的背后，政府是信用主体。随着经济体制的转型，企业和银行已经各自独立。特别是以个体私营为主的中小企业，没有原始积累。企业与银行间的借贷、放贷交易需要有各自信用，或专业担保中介的支持。2000年10月12日，首届"中国担保论坛"在上海举行，论坛主题是"市场、政策和风险防范"，来自国内外担保机构、政府有关部门的280多名专家、企业家和政府人员出席论坛。

近年来，发展中小企业和高新技术企业的势头不断上升，相应地信用担保问题也进一步提上日程。对中国来说这还是一件新事物，通过"担保论坛"进行研讨和交流很有意义。下面我想就培育企业信用主体问题谈几点意见。

一　建立信用体系是市场经济的一项基础工程

随着改革的深化，财政对竞争性行业企业的投资已经终止。企业求得发展的融资渠道必须转向资本市场和货币市场。目前，这两个市场的资金比较充裕，加入世贸组织还可以使国内、国际这两个市场相互联通，具有更充足的实力。但企业能否受到市场的青睐，则要看自身的前景和企业的信誉。可以说，培育可信赖的信用主体，建立信用体系，是建立市场经济的一项基础工程，是当务之急。

---

[*] 本文是作者以"规范法人治理结构，培育企业信用主体"为题在"中国担保论坛"上的讲话。

在政企不分体制下，企业和银行的关系、企业与企业的关系直接与间接地体现为企业与政府的关系。从企业层面看，这是一种儿子与老子的关系，并没有什么"信用"可言。在向市场经济转轨后，这种缺乏信誉基础的经济关系遇到了尖锐的挑战。首先是三角债迅速上升，接着是银行"收息率"迅速下降，企业与银行、企业与企业的纠纷不断，经济交往中的道德风险急剧上升，致使信贷市场不敢放贷，资本市场起起落落。

但是，体制的惯性是强劲的。近年来，一些国有企业在通过政府指令而获得贷款之路不畅之后，就转而希望通过机构担保而获得资金；一些政府部门在强制银行安排贷款遇到困难之后，就想通过指挥担保基金继续推行政府项目；而一些银行分支机构在上级压力下则急于转移风险，并未着意通过提高商业化水平而独立承担项目评估等责任。政府、银行、企业都自觉不自觉地企图在已经改变了的条件下维系过去的方式，而对建立社会信用体系还没表现出应有的热情。此时，信用担保机构夹在政府、企业和银行之间，同时承担着经营风险和道德风险。

实际上，在提出建立社会主义市场经济体制之后，融资方式已悄然变化。

首先，1993年国务院正式发出通知，明确政府和政府部门不得再为企业经济活动提供担保，1995年这一条正式列入《中华人民共和国担保法》。其次，1994年国有银行开始进行商业化改造，加强了系统垂直管理，强化了经营管理和经济效益约束，自主放贷、自负盈亏的压力逐步形成。最后，财政功能正逐步转向公共财政，主要投资于公共产品和公共服务，明确提出不能再用纳税人的钱为纳税人培植竞争对手，这就基本阻断了财政向竞争性行业的企业注入资金的渠道。

这些方面的改革，使得企业融资方式即社会资金的配置方式发生了根本性变化。企业对资本市场和货币市场的依赖程度明显增强。

脱离单一的财政注资渠道，转而走向天地宽阔的货币市场和资本市场，对企业来说不仅是历史的必然，也是一次历史性解放。目前的现实是，一方面一些企业为资金不足而发愁，另一方面居民储蓄持续增加，银行为防范风险不敢放贷；一方面一些企业有前景的项目由于缺乏资金而不能启动，另一方面国内和国际游资对这些企业望而却步，有钱不敢投资。显然，两者难以结合的症结就是缺乏可靠的社会信用体系。

因此，在旧体制范畴内兜圈子没有出路，要从货币市场和资本市场源源不断获得经济发展的动力，就必须继续转变政府职能、深化银行商业化改革、加速企业经营机制转变，同时完善法律、法规，发展信用评级等中介服务，真正建立起信用体系。这是社会主义市场经济的一项基础工程。

信用担保作为一种社会中介服务，对联通政府、银行和企业的关系非常重要，但信用担保活动必须建立在企业和银行等信用主体自律的基础之上。企业在资本市场和货币市场能否融得资金，以及融资成本，与企业信誉直接相关。企业要成为能得到货币市场和资本市场认可的信用主体，关键的是建立规范的公司法人治理结构。

二　规范的法人治理结构是赢得资本市场信赖的基石

企业制度有欠缺就难以培育可信赖的信用主体；管理有随意性就无诚信可言。公司制改制是突破体制障碍，实现转换机制的基本途径。

第一，公司是企业进入资本市场迅速、大规模聚集资本的有效组织形式。

第二，通过公司制改制引入新的投资者，改变股权结构，有利于建立适应市场竞争的经营机制。

第三，公司制提供了包括董事会监督经理、信息披露、建立监事会等在内的投资者有效监督的体制框架。

第四，公司制企业可以实现所有权与经营权相分离，使投资者与经营者实现最佳结合，达到较高的经营管理水平。

国有企业通过公司制改制要获得这些好处，它的公司法人治理结构就必须规范和有效，值得投资者信赖。

公司制度的建立和健全是一个十分艰难的过程，它牵涉旧体制的诸多方面，就改革的深度而言，远不是放权让利所能相比的。有的人从自己的理解出发，有的人受各种关系和背景的制约，总希望在不触及旧体制和利益格局的情况下，实现企业制度创新，建立起新的法人治理结构。这实际上是不可能的。制度创新就是一系列破和立的过程，如果把旧体制各种扭曲的做法都包装进公司体制并视其为合理合法，那么投资者和债权人就会望而却步，敬而远之。

有人认为，我们自己的企业，想怎么管就可以怎么管，纯属自家的事。这完全是误解。在转向市场经济后，企业作为市场主体，是众多利益相关者利害关系的交会点，这里包括政府、各个股东、债权人、经理人和广大职工、顾客。如何调动各个利益相关者的积极作用，维护各相关者的合法权益并在他们之间取得平衡，绝不是任何随意性所能做到的。只有依照法律规范和一系列合同（包括章程）建立稳定、可信的制度框架，才能构成各利益相关者可信赖的基石。这就是企业的市场形象和市场竞争力的要素。面对进入世界贸易组织给企业提供的良好机遇，这一点将体现得更加突出。

中国加入世贸组织，在较大程度上为中国企业走向世界、开展国际化经营扫除了贸易壁垒的障碍。中国企业可以和各国企业互惠互利地发展各种策略合作和战略联盟，也有可能更充分地利用国际货币市场和资本市场，迅速壮大自己。但国际投资者比"特殊优惠"更看重的是政策的稳定性和完善的法制环境；看重的是基于良好、规范的公司法人治理结构而建立的企业信誉。

面对进入 WTO，我国任何一个状况良好的企业都有可能在国内国际更广泛的投资者中源源不断地筹措到短期和长期资金，求得迅速发展。但要想从全球货币市场和资本市场上获得充分的资本支撑，企业的治理结构就必须是可以信赖的，能得到国内外投资者的理解，并使投资者的合法权益有可靠的制度保障。治理结构可以影响企业的市场信誉，良好的治理结构有助于提高资本市场对企业的信心，从而有可能获得较低成本的融资，获得稳定的资金来源。

三　法人治理结构一旦被扭曲，就不能实现公司制改制的初衷

公司法人治理结构的本质是妥善处理由于所有权与经营权分离而产生的信托、代理关系，即股东与信托人-董事会之间的关系、董事会与代理人-经理之间的关系，包括董事会如何忠诚于股东并勤勉尽职，董事会如何有效激励和监督经理，以及如何平衡公司各相关者利益关系的问题。在

公司内建立一套可靠的诚信体系和监督机制。

因此，一个进入市场的企业能不能得到发展，在很大程度上取决于其治理结构是否有效。如果企业的治理结构极其特殊，特殊到别人无法理解的程度，那就等于自绝于投资者和货币市场。

在国有企业改革与发展中，有一批企业克服体制障碍，通过规范的公司制改制或股票上市，建立了比较规范的公司法人治理结构，形成了科学的决策体制和激励、约束机制，促进了经营机制转换，提高了市场信誉。但是，不少企业翻牌为公司后，法人治理结构被严重扭曲，穿新鞋走老路，没有超越旧体制。企业的领导体制、决策过程依旧，管理制度、管理方法依旧，经营机制、政企关系依旧。有的尽管已成为上市公司，但企业市场信誉并没有改变。究其原因，重要的一点是公司法人治理结构被严重扭曲，公司内的诚信和监督机制没有建立。举例如下。

有的政府部门既向企业派董事、董事长，还要管理经理、副经理，打乱了公司控制权的配置规则，搞乱了公司内部的权责关系，使公司的经营劣迹无人负责；

有的企业董事长、经理一人兼，董事会不能有效监督经理；

有的董事会成员与经理、副经理高度重合，使董事会被经理班子控制，董事代表股东利益的作用失效，为企业内部人控制一切敞开方便之门；

有的董事会对集体决策、个人负责的议事规则不以为然，重大问题还是"一把手"说了算，民主、科学的决策机制没有形成，各位董事对股东的信托责任没有落实；

有的把公司分权—制衡体制看成"董事会领导下的经理负责制"，未经董事会授权，董事长处处以"法人代表"和"一把手"自居，要事事"领导"总经理，这扰乱了公司的责任体制，使企业经营管理效率降低；

有的国有企业股票上市，在"圈"到钱后随意投资或处置，早把股东和招股说明书抛到脑后，并不想通过资本市场改善股权结构，转换经营机制；

有的公司对投资者信息披露不真实、不规范，千方百计逃避社会监督，无意对股东负责；

有的公司国有股占大头，经营者仍看政府脸色行事，他们认为只要把政府主管部门糊弄住，自己就可稳坐江山，小股东利益得不到保障，一些上市公司面对股价的涨落仍我行我素、不理不睬，资本市场对它的约束作用无效，等等。

为防止失控，改善和加强对经营者的监督，政府和企业也通过多种途径进行了大量探索。我们曾寄希望于企业党组织发挥"保证监督"作用，但党组织负责人与经理往往因"哥俩好"，考虑问题的角度和利益关系基本一致，而很难发挥作用；国家多次强调加强职代会的民主监督，这在涉及职工利益的有关问题上起到了积极作用，但对经营决策的核心业务，职工往往难以深入参与；政府一次次加强对企业重大经营、投资项目的审批，但由于信息严重不对称，"蒙混过关"往往并非难事；国家曾通过"财税价大检查"加强财经纪律约束，但往往以检查组与企业讨价还价，交一笔钱而了事；政府一再要求主管部门加强监管，但往往由于主管部门与企业各种关系过于密切而失灵；国家也曾派审计监察部门或党的纪检部门介入监督，这对企业有很大的威慑力，但能认真稽查的只是少数，大多由于内部人控制的严密和信息渠道不畅，只有经理更迭时才能发现一个个大漏洞。

这种种被严重扭曲的治理结构的一个共同问题，是他们对投资者和债权人背弃了诚信原则。这种"改制"不仅没能产生健全的市场行为，反而已经直接影响到企业的业绩和投资者、债权人的信心。因此，党的十五届四中全会《中共中央关于国有企业改革和发展若干重大问题的决定》（本文以下简称《决定》）指出，"公司法人治理结构是公司制的核心"。为实现建立现代企业制度的初衷，政府与企业必须共同努力，在这个"核心"问题上下功夫。如果这个核心问题处理好了，建立现代企业制度的目标才能实现，作为一个个信用主体才能得到社会的认同。

四 深化改革，克服规范公司治理结构的障碍

中央提出建立现代企业制度已 6 年有余，改制为公司的企业有几万家，上市公司已有千户，但在建立规范的公司法人治理结构方面，还需做出巨大努力。有些公司在法人治理上的人为因素和随意性，已严重损害了股东的利益，损害了公司相关者利益，损害了公司的市场信誉。

当前，要在党的十五届四中全会《决定》精神的指导下，不失时机地深化改革，克服规范公司治理结构的障碍。

第一，克服政企不分带来的障碍。政府对国有企业的直接干预和国有股东权能不到位并存，是公司法人治理机制不规范的重要原因。国家是特殊的股东，如果国家股东的行为不端正，没有哪种力量能对它进行制约。政府代表国家进入市场直接行使股东权利是不适宜的。从某种意义上说，按照"国家所有，分级管理，授权经营，分工监督"的原则建立和规范国有资产的运营、管理和监督体制是规范公司法人治理结构的一个关键。政府作为社会管理者，面对各类企业一视同仁；政府作为国家所有者，要通过"出资人代表"而不是自己直接出面行使股东权能。出资人代表是受国家所有者委托经营国有资本的投资控股机构，以提高国有经济对国民经济的控制力和国有资本权益最大化为目标运营国有资本，属于特殊企业法人。国有企业并非一经"授权"就能成为合格的投资机构，必须进行彻底的改制改造。投资控股机构与投资和持股的企业依《中华人民共和国公司法》是股东和公司之间的关系，与其他投资者同股同权、同股同酬，不存在所谓的"行政隶属关系"，不再有任何行政管理权力，绝不能成为"婆婆加老板"。

第二，推进股权多元化，为公司法人治理结构的规范运作创造基本条件。实践证明，国有企业改制为国有独资公司，从机制转换角度看并不理想。国有独资公司难以建立规范的法人治理结构并规范运作。因此，通过股权结构设置防止和矫正国有股东的非正常行为，把企业目标集中于追求经济效益，是国有企业公司制改制要遵循的重要原则。一般来说，引入多元股东，包括另外的国有股东，特别是非国有股东，有助于所有者职能到位，形成规范的公司治理结构；有多元股东的制衡，易于实现政企分开，使企业目标集中于追求经济效益。

党的十五届四中全会《决定》总结了国有企业公司制改制的经验，提出"除极少数必须由国家垄断经营的企业外，要积极发展多元投资主体的公司"。"一股独大"，往往使经营者只看这一大股东的脸色行事，如果这一国有股东行为不端，企业就会偏离追求经济效益的目标，公司、小股东和公司利益相关者的利益就难以保障。为此，《决定》强调，要发展混合所有制经济，"重要的由国家控股"，也就是说，对一般企业国有股东也不一定控股。

第三，克服"内部人控制"造成的障碍。长期以来政企职能错位，政府通过国有企业对职工及家属承担就业、上学、医疗、养老等社会依托责任。这就使"纯洁"的国有企业成为融合了地方政府、主管部门、企业经理和企业职工利益的、被改造了的国有企业。例如，政府审批制增加了审批者的权力，但并不能使所有者职能到位。由于个案审批难以避免随意性，审批者批准或不批准的责任与所造成的后果严重不对称，审批往往难以避免某些个人的私下交易。企业内所有者缺位，在缺乏有效监督情况下，厂长（经理）负责制使决策和执行混为一谈，很容易变成个人说了算。经理和职工的工资并不能真正反映他们的真实收入，企业通过办社会进行或明或暗的补贴，使职工得到额外的实惠……实际上围绕国有企业编织了一个个错综复杂的利益网，内部人控制了一切，对包括股东、债权人在内的利益相关者失去了诚信原则。改革一旦触及这一利益格局，就会遇到来自各个方面强大的阻力和难以克服的各种现实问题。

实行公司制，要改变"一元化"领导体制，科学地配置公司的控制权，确保分权—制衡的有效性，这是克服内部人控制的有效措施。要使所有者（代表）进入企业组成最高权力机构，保持对公司的最终控制权；董事会成员与经理人员不能过分重合，以确保董事会以公司和股东利益为取向主持公司的经营和决策；大型公司还应有外部董事或独立董事，以确保公司、小股东和利益相关者的权益；董事长与经理不能一人兼，以确保董事会对经理人员的有效监督。国有独资公司依法设立外派监事会。上市公司还要依照法规作信息披露。如此等等。这种规范的公司治理机制使公司体制中没有不受约束的人，从而保证所有者对公司的最终控制。

第四，积极探索符合公司体制的人事管理制度。如何科学地配置公司控制权，是涉及公司怎样承担风险的问题。

企业的盈亏直接或间接都由所有者承担，可以说所有者是公司第一利害相关者，因此他们要对企业有最终控制权，最重要的体现就是股东直接掌握董事会的选聘和去留，决定公司合并、分立等重大产权变动，年度财务决算，收益分配等权力。董事会受股东信托，以公司和股东利益最大化为原则，负责公司的经营决策、选择公司的经营管理者（经理）、监督公司经营管理者执行董事会的决议，董事会成员凭借自己的业务能力和社会信誉充当衔接股东与公司的枢纽。公司经理按董事会的授权受托经营管理公司业务、执行董事会决议，他有权提名自己的助手和部门经理，并组织公司高效运转。在这一体制中，股东对董事会工作是否满意，不在于是否要代替董事会对公司经营进行决策；董事会对经理的经营管理是否满意，也不在于是否要代替经理去指手画脚，最重要的表态就是决定他们的奖惩和去留。

由此看来，公司控制权的合理配置是公司灵活经营和防范风险的关键。公司控制权的核心是对人的控制权，也就是说层次分明的人事管理权是公司控制权合理配置的核心。股东会、董事会、经理和监事会之间的制衡体制，最终是通过对人的控制而实现的。理顺公司人事管理是建立规范的法人治理结构的一个关键。

十五届四中全会《决定》指出，要"积极探索适应现代企业制度要求的选人用人新机制，把组织考核推荐和引入市场机制、公开向社会招聘结合起来，把党管干部原则和董事会依法选择经营管理者以及经营管理者依法行使用人权结合起来"。在推进国有企业公司制改制过程中，政府和各股东要促进形成规范的公司法人治理机制，积极探索按《中华人民共和国公司法》行使各自的权利，不应超越《中华人民共和国公司法》干预公司的人事管理。

企业要把握好历史性机遇*

（2000年11月11日）

"中国企业家调查系统"是由国务院发展研究中心、国家统计局等部委以及中国企业管理协会（中国企业联合会）的有关机构共同发起，由国务院发展研究中心批准成立于1993年的调查研究机构。中国企业家调查系统旨在准确把握我国企业家队伍的基本情况和成长发展规律，及时反映企业经营者对宏观经济和体制改革的意见和建议，为政府部门决策提供数据支撑，为理论研究提供科学依据，为企业家队伍的成长与发展提供正确导向。

看到这次调查的结果，非常受鼓舞。其中重要的一点，就是可以明显感觉到，企业作为一个微观经济单位对于宏观经济问题更加关心了。刚才几位企业来的同志谈了一些对宏观经济形势和加入WTO的看法，其中有很多很好的意见和建议。有些与政府、专家学者以及研究机构的看法相一致。我认为这是企业走向市场、自主经营的一个很重要的变化。

我们这次会议主要讨论和研究宏观经济形势。我想就此问题并结合这次调查情况谈三点意见，与大家一起来讨论。

一　关于世纪之交企业所处的外部环境

从国内来看，企业外部环境正在发生三个方面的历史性变化。

第一个历史性变化，我们国家的经济体制正在由计划经济体制向市场

---

* 2000年11月11日，中国企业家调查系统举行"2000·中国企业经营者问卷调查结果发布暨宏观经济形势研讨会"。本文是作者在会议上的讲话。

经济体制转变。从 1994 年开始，财政体制、税收体制、外贸体制、金融体制、价格体制等都在向市场体制转变。体制性转变是极其深刻的，从某种意义上说，会带来翻天覆地的变化。这些变化对每一个企业都会产生很大的影响，当然影响最大的是国有企业。在体制转变过程中，可能会给企业带来很大的困难，但是新的体制一旦稳定下来，企业就会走向新的天地。

第二个历史性变化，市场供需关系由长期的市场短缺转向供需平衡或者供过于求。90 年代中期以来，绝大多数行业出现了这种现象。随着供需关系的变化，卖主和买主在市场中的地位变了，市场主动权由卖主转向了买主。过去那种靠请领导批条子、走后门买东西的事情，现在没有了。随着这种供需关系的变化，我们的产业甚至我们整个经济的结构性矛盾进一步暴露出来。但是同时也应看到，矛盾暴露得愈加深刻，结构调整的时机也变得愈加成熟。

第三个历史性变化，国内市场对外开放的格局进一步形成。过去的高关税保护，等于把国内市场留给了国内企业，现在，随着关税水平的大幅度、快速下降，中国市场加速国际化。现在，在大多数的行业或领域，能够避开国际竞争的"避风港"已基本上不存在。即便在国内市场，国内企业也要面对国际最强对手的竞争。

从国际环境来看，有三个重要的特点值得企业重视。

第一个特点，以信息技术为代表的技术革命的发展，正在引起世界经济结构的调整和更新，推动着世界范围的产业升级，也预示着社会生产力会有一个迅速的、大幅度的提高。科技革命的发展，一方面，深刻地改变了社会经济和社会生活的面貌；另一方面，为适应科技革命的形势，各个国家纷纷加快了科技进步和产业结构调整的步伐。面对这种形势，对于我们这些后发展的国家来说，就有可能实现超越式发展。例如，与传统产业相比，我们的信息产业和发达国家的差距相对较小，如果我们能抓住机遇，利用好机遇，那么就有可能迎头赶上或者缩短差距，实现超越式发展。

第二个特点，经济全球化的迅速发展，带动了以全球为版图的经济结构调整和资源优化配置。在更大范围内优化配置资源，必然带来资源利用效率的大幅度提高。按照各自的比较优势重新进行的国际分工陆续展开，各国争相占取有利地位。在全球化的经济结构调整中，世界贸易组织起着重要作用。

第三个特点，跨国公司已经成为全球资源配置的重要力量。巨型跨国公司通过大规模的企业重组、跨国经营以及跨国投资，不断整合全球资源配置状况。

无论是国内环境还是国际环境的这些历史性变化，对面向 21 世纪的企业来说都是至关重要的。适者生存逆者亡。如果我们的企业要超过自由市场上的叫卖水平，就必须根据这些变化认真研究自己的中长期发展战略。也就是说，面对国内国外企业环境的巨变，大型企业再想关起门来我行我素，或者只以国内市场来考虑本企业的发展，已经没有出路。我认为，有党的十五届五中全会《关于制定国民经济和社会发展第十个五年计划的建议》，再加上世贸谈判的结果，基本上框定了未来一段时期内中国企业面对的大环境，这就是企业生存和发展的大背景。

二　关于当前的经济形势

对当前经济形势的看法是我们这次调查的一个重要内容。对总的经济形势怎么估计，究竟是出现了转机、转折，还是出现了"拐点"？经济学家们还可以再研究和讨论。但是就企业来说，我认为应该从两个方面来看：一方面，大家从实际工作中已经感受到经济有所回升，情况向好的方向发展，这是调查中大家的共同反映；另外一方面也必须要看到，前几年经济发展迟缓的基本原因并没有完全消除，因此持续稳定发展的基础并不牢靠，还需要进一步巩固。当前，要加速结构调整和体制转轨，进一步推进解决制约经济发展的深层次问题，增强积极发展的动力。从国家的角度应该做的工作、从企业的角度应该考虑的问题，我认为至少应该有这么几个方面。

第一，结合加入世贸组织，全面清理有关的法律、法规和规章制度，进一步落实多种所有制共同发展的方针，对各类企业实行国民待遇，进一步放宽市场准入的限制，降低进入的门槛。取消对民营企业的歧视性政策，大力发展民营经济和中小企业，为它们的发展创造宽松的环境和必要的条件。多种所有制企业共同发展，是党的十五大确立的长期战略。十五届四中全会强调要调整所有制结构。当前来说，民营经济和中小企业的发展是带动经济增长的重要动力。

第二，加速国有企业改革。在国有企业改革脱困取得三年阶段性成果的基础上，要不失时机地继续推进改革的深化。我认为这里有几个重要的工作要做：首先，要进一步探索和确立政企分开的国有资产管理体制，既要做到政企分开，又使企业的国家所有者职能到位。十五届四中全会《中共中央关于国有企业改革和发展若干重大问题的决定》（本文以下简称《决定》）对此已有了原则性规定，但是还需要在实践中探索具体的形式。其次，要加快国有企业的股份制改革，向公司体制转型，其中特别要注重实现股权多元化。最后，要建立规范的公司法人治理结构。现在名义上改制的公司已经不少，但是真正建立规范的法人治理结构的不多，可以说微乎其微。很多公司的法人治理结构是被扭曲的，扭曲的法人治理结构造成的后果，就是公司会失去投资者的信赖。暗箱操作、个人说了算，再加上政府的干预，哪个投资者敢到你那里投资！当前，法人治理结构问题应该引起各个企业和各级政府的高度重视。

如果说建立现代企业制度是国有企业改革的方向，得到了大家的认同，接下来的问题就是要规范法人治理结构。现实的问题已经摆在我们面前：国家财政体制已逐步转向公共财政，也就是说由国家财政对竞争性行业进行投资的通道已经断绝。因此，这些企业怎么办？只有依靠资本市场。然而，资本市场的投资者和国家投资者是完全不一样的。国家投资者过去是政企不分，习惯做法是直接干预。但是资本市场的投资者是另外一种做法，他只投资，并不直接经营，他们并不认为自己就是最英明的经营者。通过有法律保障的委托代理关系，请经营专家和职业经理来经营管理，远比自己强。因此，他是否投资，很重要的是看你公司的治理结构是不是规范和有效，是不是能够保障他作为所有者的权利。如果企业的法人治理结构很特殊，特殊到投资者无法理解的程度，投资者就不投资了，反过来就等于企业自绝于资本市场。这是一个很大的问题。

需要强调的是，规范的治理结构不是仅靠企业自身努力就能建立的，必须要有政府和各个方面的共同努力。

加速企业改革，还有一个必须提到议事日程的问题，就是探索合理的经营者的薪酬体制，要对企业经营者形成有效的激励和约束机制。十五届四中全会《决定》中讲到要试行年薪制、期权制,用股权的办法进行有效激励。但具体怎么操作,还有待于进一步探索和实践。如果经营者的激励和约束机制问题不解决,规范的法人治理结构的建立也会缺乏基础。

第三,加快政企分开,转变政府职能。这是这次调查当中企业非常关注的一个重要问题。政府、企业、市场三者之间怎么定位?应该结合加入WTO的要求,改革政府的管理体制、管理方式、管理手段和相应的法律、法规,使之逐步适应市场体制。要进一步减少行政性审批,减少对价格、对投资的管制;要放宽市场准入。实际上,加入WTO,对每个企业、每个行业都是严峻的挑战。但是,最大的挑战首先是对政府。在资本、经济资源在全球范围迅速流动的情况下,各个国家间的竞争某种意义上是各国政府创造的市场环境的竞争。环境好、投入产出效率高,企业和资本蜂拥而至;环境不好,则相反。而创造市场环境的是政府。此时,政府改革首当其冲。政府管理体制和管理方式,要由行政管制转向创造市场环境、提供公共产品和公共服务;由对不同所有制企业区别对待,转向公平对待各类企业,实行国民待遇;由靠特殊政策支持某些企业,转向为所有企业创造公平竞争环境,建立稳定、透明的法律框架;由对企业活动的微观干预,转向制定政策、宏观调控。总之,为适应体制转变,政府面临机构改革、职能转变的紧迫任务。

第四,继续推进结构调整。搞好国有企业改革,关键是解决两大问题:一个是结构调整,一个是制度创新。结构调整的问题各方面讨论的已经很多了,我想提出一个值得注意的问题:面对加入WTO,这一轮结构调整必须考虑国际经济结构调整的背景,不能再关起门来做调整。也就是说,我们要充分利用国际经济结构调整给我们带来的机遇,以及技术革命给我们创造的条件,壮大自己。

第五,进一步推进配套改革。这是在调查中大家非常关心的问题。企业走向市场的社会条件要靠政府协调各方面共同创造。其中主要的是社会保障体制建设、投资融资体制改革、税收体制改革等。

我总的感觉是,当前经济情况和1998年、1999年相比有回升,但并不稳固,必须抓紧这个时机推进改革,加速结构调整,力争实现持续快速发展。

三 关于入世的挑战

对加入 WTO 问题，大家讲了很多意见。加入 WTO 确实是挑战与机遇并存，有利有弊。但总的来说利大于弊，这个观点我想大家都有共识。从总体上看，加入 WTO 与建立社会主义市场经济体制的改革目标具有高度一致性，是从体制上推进转型的一项战略决策。

关于加入 WTO 的意义，我认为有以下几点。

第一，可以进一步锁定中国经济市场化体制的改革目标，加速推进向市场化发展的进程。我们现在的改革日程表实际上是与国际社会的各个成员一起制定的。如果我们不失信于国际社会的话，那么我们必须按照这个时间表向市场经济体制加速转轨。这对我们来说是一个很大的促进。

第二，我国有权参与国际经济贸易规则的制定，可以利用国际贸易争端解决机制，以正规的途径来维护我们的权益。

第三，我国可以享受多边、稳定、无条件的最惠国待遇。

第四，为中国企业以平等的身份参与国际经济活动创造了基础条件，给中国企业以更大的活动空间、更自由的活动余地、更透明的法制环境。

要获得这些好处，我们也必须承诺进一步对外开放国内市场。

在剧变的大潮中。谁能发现机遇、抓住机遇、利用机遇，谁就处于主动地位。面对入世，机遇在哪里？如何利用加入 WTO 的机遇？从总体上来说，通过国际竞争提高本企业的产品科技含量、经营管理的水平，是机遇；利用国际产业结构转移的机会，发挥比较优势，参与国际分工，是机遇；通过兼并联合、投身国际重组，是机遇；利用国际合作的机会引进先进的技术、管理和营销模式，是机遇；利用技术革命引发的产业升级来实现超越式发展，是机遇；通过国际化经营，运用两个市场两种资源，是机遇；利用国际资本市场、货币市场多渠道融通资金，获得迅速发展，也是机遇。

从企业角度来看，在仔细分析入世可能给自己造成的冲击，并制定相应对措施的同时，更要下大力气发现机遇、利用机遇。过去，我们企业的市场经营范围很有限，只习惯于在国内或某一地区搞经营，绝大多数企业还不熟悉国际化经营。在加入 WTO 这个大形势下，每个企业必须要考虑如何提高自己的国际化经营能力。这里就包括信息问题、人才问题、技术问题、经营战略问题、融资问题等。从长远来看，大型企业达不到一般国际水平也会很难站稳国内市场。因此，以入世为契机，努力提高自己，已时不我待。

企业家调查系统的问卷调查已经进行了八年，有一大批积极分子的支持。我也算一个。大家支持这项事业，就是因为在建设社会主义市场经济的过程中，人们越来越清楚地发现，懂得市场经济，能把握市场竞争的高水平的企业经营者，是全社会的稀缺资源。我们可以这样说，如果有了国际水平的企业家，由于种种原因可能不一定会产生世界级的企业；但是如果我们没有一批能够达到国际水平的经营者，我们就不可能产生世界级的企业。所以，千军易得，一将难求。一个高水平的企业经营者，可以充分调动有效资源，把一个困难的企业救活、搞好；反过来，一个拙劣的经营者也可以把一个好企业三下五除二搞光、搞死。我们讲企业改革、企业发展，实际上重要的载体是企业家。因此，除了组织部门、人事部门关心企业家之外，也应该有社会机构包括我们调查系统来关心企业家，不断地倾听企业家的呼声，能收集、反映他们的意见，能为他们正当的权益呼吁，能为企业家成长开拓一个更加宽松的环境。我想这个是非常有必要的。

企业家调查系统在这方面做了大量的工作，也得到了大家的支持，每年的调查包含了大量的、很有价值的信息。经过长时间的积累，如果把历年的资料做分析、比较，就可以看出中国企业家成长的脉络。这些对企业、对国家来说，都是很有意义的。

调查系统主要的目的就是了解企业的状态，搜集大家的意见、呼声，客观地向有关方面反映。这些资料一方面为政府机构制定政策提供依据，一方面为企业判断形势、做经营决策提供参考，另外也为学者专家研究问题做基础资料。我希望调查系统继续做下去。我也希望这项工作能够得到大家的不断支持。

谢谢大家！

改革要解决好所有者到位问题*

(2000年11月25日)

搞好国有企业涉及的两个重要方面的问题,即结构调整和制度创新。这两方面调整与改革都涉及国有产权的变动。近年,国有经济的战略性调整、公司制改制迅速展开,对搞好国有企业发挥了重要作用。结构调整是产权流动的过程,在国家所有权不到位下的流动,很难避免资产流失。因此顺利进行的必要条件是产权责任清晰,进行的结果应当是国有资本配置效率的提高。

近年,国有经济的战略性调整、公司制改制迅速展开,对搞好国有企业发挥了重要作用。结构调整是产权流动的过程,在国家所有权不到位下的流动,很难避免资产流失。因此顺利进行的必要条件是产权责任清晰,进行的结果应促进国家所有权到位。

当前大家对国有投资机构发展非常关注,我认为这里有两个重要原因:一是当前国有经济的战略调整已经成为我国经济持续发展的一个关键,而国有经济的战略性调整,实质上是国有资本布局的调整,企业自身是无能为力的,必须由国有投资机构进行;二是国有企业改革已经进入企业重组和制度创新的重要阶段,产权流动、建立法人治理结构也都需要国有持股机构的参与,并使所有权到位,因此,国有投资机构的设立和科学运作非常重要。

一个是国有经济的战略性调整,一个是进一步深化国有企业改革。这是"十五"计划期间两项重要的任务。也可以说,国有投资业发展对"十五"计划的实现具有非常重要的作用。下面我想讲几点看法。

---

* 本文是作者2000年11月25日在国务院发展研究中心市场经济研究所召开的"国有投资业在国民经济发展与改革进程中的战略地位"研讨会上讲话的录音整理稿。

一 关于债转股问题

债转股,是四大银行将部分国有企业的不良债权分别注入各自设立资产经营公司,该公司再把债权转为公司的股权,自身从"债主"转身为"股东"。企业债务负担降低,经营状况好转时,这部分股权可由企业回购,也可在市场上卖出,收回资金。在这一运作过程中,一方面使企业减小了付息的压力,有了喘息的机会;另一方面减少了银行不良债务损失。到目前,已有600余户大型国有企业约4600亿元债权陆续转为股权。这一重大改革措施运作效果如何,牵动全局、影响重大。

长期以来,在社会舆论中存在一种错觉,认为国有企业效益不好就是因为负债过高。这个观点似是而非,很容易在概念上造成混淆。企业效益不好的根本原因是总资产利润率过低,甚至低于利息率。一般来讲,负债率的高低表现为企业财务风险的大小,并不决定企业的效益。那种似是而非的错觉已经成为"公认"的舆论,不仅企业,包括很多政府的领导也这么认为。因此,将经营不善的所有责任和原因一股脑地推到了负债过高上。企业是经营机构,所投入的每一分钱都要有回报。资本投入是为了分红和资产增值,贷款发放是为获得利息和按时还本,这里没有免费的午餐。通过债转股,把应该支付的利息变成减亏或者变成了利润,是不是企业的状况就好了呢?

仔细研究可以发现,企业状况不好有多方面的原因。对一部分国有企业来说,为降低财务风险对负债结构做调整是很必要的。但在调整负债结构的同时,必须要解决一系列实质性问题。造成效益不高的根本原因不消除,今天的债转股就会变成明天的"再转股"。

在债转股,改善负债结构的同时,必须改善和调整企业的经营结构。实际上,亏损的原因是企业的运作效率过低。例如,1997年,美国工业企业每100元钱总资产所获得的销售收入是110元钱,我们的国有企业只有47元钱。这怎么能有效益?为什么现金流量不足?这说明企业的资产结构、资产质量存在问题。实际上就是在总资产中有大量不创造销售额和利润收入的资产,即无效资产或非经营性资产。因此,在改善资产负债结构的同时，必须调整资产结构，甩掉无效益、无前景的业务，剥离无效资产、壮大主业，砍掉那些近期无效益、长远无前景的子公司、孙公司。中石油和中石化上市，大约要剥离三分之一的资产和三分之二的人员，以使企业状况变得更好。如果资产管理公司用1：1的价钱把债权买过去，但企业经营结构没有改善，不良资产并没有处理，我们有什么理由相信企业的状况能变得越来越好。

同时，要以新投资者进入为契机，明晰产权、改善股权结构，建立公司法人治理结构，转换经营机制。实际上，债转股是制度创新的一次非常好的机会。一方面迫使原来的国家所有者到位，另一方面又有新的投资者进入。即便产权都是国有，但由多个机构持股，就有可能使它的目标定位于追求效益。但是，目前这个目标没有完全实现。因为有的新进入的投资者，摆开的架势不像真正的投资者，也不准备认真行使所有者权能。他们也不参加股东会，也不参加董事会，不参与决策，对经营者的去留也不行使权力。在这样的情况下，所有者依然没有到位，领导班子没有重组，业务没有重组，体制、机制没有改变，治理结构也没有改善，只是原来的债务免交了利息，转作资本金后仍然没有分红的压力。就此我们怎么能期望这个企业将来有很高的回报？

债转股是搞好国有企业一次很好的契机，但是要取得好的效果，我们必须要把减轻债务负担与结构调整、制度创新、建立新机制联系起来。为此，国有资产经营公司作为机构投资者负有重要责任，需要深入企业，认真调查研究，做出科学判断。

二 关于国有经济的战略性调整

党的十五大和十五届四中全会，对国有经济战略性调整和国有企业重组的指导原则做了规定，并且排除了一系列认识上的障碍，这是在改革上的很大突破。接下来就要进入实际运作的阶段。在这种情况下，把国有经济战略性调整列为一个课题，对国有投资机构做专门的研讨，我认为非常有价值。有这样几个问题需要进一步研究。

（一）关于国有经济定位问题

国有经济要有进有退。国有资本要向关系国家经济命脉的重要行业、关键领域集中，增强对国民经济的控制力。原则上讲，未来国有经济应该在全社会经济中发挥不可替代的作用。凡是民营资本愿意进入并允许进入的部分，新增国有资本就没有必要再投入。国家必须控制的行业和领域，有的也可通过国有控股和参股来实现。国家是一个特殊的投资主体，国家投资者所关注的不只是国有经济所占份额有多大，追求的更是把全社会经济总量做到最大。所以，十五届四中全会《中共中央关于国有企业改革和发展若干重大问题的决定》（本文以下简称《决定》）讲到，国有经济要在国民经济发展的重要行业和关键领域发挥支撑、引导和带动作用。所谓支撑作用，就是创造基础条件。经济发展、国家安全有需要，民营经济不愿意进入或不能进入的领域，国有经济进入，支撑国家安全和国民经济发展。如长江三峡工程等大型基础设施，回报期很长，谁也不愿意投，那就国家投。引导和带动作用就是开始风险比较大时，国有投资先进入，带动民间投资，而不是代替民间投资。

国有经济未来的定位，十五届四中全会界定了四个方面，就是涉及国家安全的行业，自然垄断的行业，提供公共产品和服务的行业，以及支柱产业和高新技术产业中的重要骨干企业。这是将来国有经济投入的主体。即使在这些领域，大多也可以通过国有控股和参股体现国家的控制力，必须由国家垄断经营的只是极少数。其他领域国有企业，有能力可以更好地发展，但是国家不可能再有资本金注入，可以进入资本市场引入新的投资者；如果没有能力继续发展的，那就退出。明确国有经济的定位，对于国有资产经营公司的运作具有非常重要的指导作用。

（二）国家所有者如何到位问题

结构调整涉及资产的买进卖出，对国有资产，谁有权决定买？谁有权决定卖？谁有权定价？谁有权动用资产变现的钱？这是资产流动的基本前提。现在的状况是，一方面政府对企业直接干预过多，另一方面国家的所有者权能没有到位，两者并存。现在有很多部门都争先恐后地想当国有企业国家所有者的代表,但是对于大多数企业来说,国家所有者恰恰没有到位。十五届四中全会《决定》做了原则规定,即"国家所有,分级管理,授权经营,分工监督"。同时允许和鼓励地方试点。目前,我国正面临国有经济大规模战略性调整和国有企业的战略性重组。各种所有制资产大规模交叉重组。此时一个不可逾越的问题是,谁有资格成为国有资本调整和运营的主体?如果说企业债转股的这部分股权有了明确统一的所有者主体(目前其权能大多并未到位)的话,那么原企业中国有资本的所有者主体是谁?如果政府直接出面操作,会退回到政企不分的老传统。实践证明,这也不会有好的结果。如果企业"自己"做自己的老板,这无异于国家所有者鼓励企业内部人控制一切,从而架空自己。国有资产管理、监督、运营的体制建设已经非常迫切。在国有资产管理体制尚不清晰的情况下进行大规模国有资本运作,风险是非常大的。

(三) 通过结构调整,促进建立规范的公司法人治理结构问题

这是当前企业制度创新中非常重要的问题,引起了各方面的重视。经过几年的改革,大家认同了国有企业改革要制度创新。接下来必须要解决的问题就是建立规范的法人治理结构。如果法人治理结构不规范,所建立的现代企业制度就是走过场。现在的状况总体来看不理想,包括上市公司也不规范,其中主要的表现就是公司内的激励、监督机制尚未形成。一方面股东权益得不到保障,另一方面大股东侵犯小股东权益,国有股东侵犯非国有股东的权益。这里重要的问题是股权结构不合理。大多数公司国有股一股独大,而且国有股又有政府背景,因此,经理人员是看着政府的脸色行事,而不是面对全体股东。似乎只要把国有大股东糊弄住,自己就可以稳坐江山。因此,现在不规范的公司治理结构,已经影响到公司的运作和资本市场的信誉。现在经常可以听到一种错误的说法,认为"都是中国的企业,我们想怎么管还不就怎么管","要考虑中国的特点,要有自己的特色"。我认为,总体来看,社会主义市场经济已经充分表现了中国的特色,但是对于建立公司法人治理结构来说,重要的不是"特色",而是要"规范"。

经营状况好的企业要求发展,将来融资的主要渠道靠资本市场。而在资本市场,无论机构投资者还是自然人投资者,他们无意干预公司的经营

管理，最关心的是公司的运作是不是规范，董事会是否尽到了诚信和勤勉责任，运作过程能不能保证所有者权益。一般来说，投资者认可要承担经营风险，但是他们绝对不会承担由于不规范运作而造成的资产损失。现在很多企业，包括有发展前景的企业缺乏资本金。另外，居民又有投资的欲望。如果把国际投资者加进去，资本市场的资金是充裕的。有发展前景的企业跟资本市场能不能建立有效的结合、实现双赢，关键在于公司的法人治理结构。尽管企业很有前景，但是法人治理结构不规范，投资者不知道你怎么就会把他的钱玩光，那这个公司等于自绝于资本市场，没有人会把钱投给你。法人治理结构必须是规范的、透明的，我们多数企业恰恰还没有做到这一点。法人治理的重要意义在于保护股东权益，投资机构，包括国有投资机构，作为股东为维护自己的权益依法积极参与治理，是促使企业形成一个科学的法人治理结构的关键。

三 国有经济的战略性调整要实现三个目标

这一轮经济结构调整是战略性调整，不是适应性调整，更不是为减持而减持。通过这一轮调整，要综合地实现若干目标，其中包括改善国有经济布局、克服国有制的体制弊端、筹措资金解决历史遗留问题等。

（一）改善国有经济布局

要坚持国有经济有进有退，使国有资本向国家必须控制的、关系国家经济命脉的重要行业和关键领域集中，发挥其他所有制经济不可替代的作用。凡是民营经济愿意进入的领域，新增国有资本就没有必要再投入，具备条件时则可以退出，使国有资本更多地集中在天然垄断行业、涉及国家安全行业、提供公共产品和服务的行业，以及支柱产业和高新技术产业中的重要骨干企业。为改善国有资本的布局结构，国有投资机构是重要的运作主体，负有重要责任。

（二）改善企业股权结构

实现企业股权多元化，在一般性行业破除国有股一股独大，是解决政企分开、使所有者权能到位的重大举措。这是企业走向市场、建立规范的公司法人治理结构的重要基础。国有经济进行有进有退的调整，是实现股权多元化的重要契机，切不可放过机遇。有关政策原则和认识上的问题，党的十五大和十五届四中全会已经解决。在具体实施中，新的投资者如何进入？如何建立法人治理结构？国有投资机构有很重要的责任。

（三）要通过减持国有股充实社会保障基金

在这一轮的战略性调整中，将一部分国有股权转让（划拨）给社会保障基金，使社会保障基金成为新的国有投资者。由此可以得到四个好处：一是根据社保支付的需要变现部分国有股权，以保证社保支付；二是社保基金作为国有持股机构，是企业股权多元化的很好的途径；三是社保基金承受着社保支付的压力，有可能成为积极的投资者，为维护自己的权益而积极促进公司法人治理结构的规范运作；四是社保基金是国有的战略投资机构，由专家理性运作，有利于促进资本市场的健康成长。如果运作得好，对国有企业的制度建设会起到重要的促进作用。

国有经济的战略性调整要实现这三个目标，必须综合考虑。如果仅把减持放在第一位，目的就是为了减持，对其他方面缺乏考虑和安排，我认为绝对没有好处。综合协调实现三个目标，使三个方面都能受益，对深化改革和"十五"计划的实现具有重大的意义。

积极促进民营经济健康发展*

（2000年12月8日）

云南省处于我国南部边陲。国有企业不发达，经济发展主要靠民营经济。2000年12月8日，云南省人民政府举办"中国民营经济面向二十一世纪发展论坛"，作者应邀出席论坛并演讲。

党和国家提出的以公有制为主体，多种所有制经济共同发展的基本经济制度和从战略上调整国有经济布局的提出，加快了国有经济有进有退的调整，为民间投资和民营企业的发展让出了一些空间。这是解放生产力、发展生产力的重大战略，得到了全社会的广泛认同，这为中国经济的持续稳定增长注入了动力。中国民间投资和民营企业正在进入发展的黄金时代。

这里讲的民营企业，更确切地说是指"民有企业"，即区别于政府投资的企业，如集体企业、私营企业、个体企业以及外资企业等。就国内城乡居民所办企业而言，目前大多为中小企业。国有中小企业经改制后，多数已转变为民营企业。因此从某种意义上讲，这里所指的民营企业又可涵盖中小企业。

一　民营企业是拉动中国经济增长的重要力量

改革开放以来，随着思想解放程度的提高和各项政策的放宽，民营企业和民间投资逐步发展，目前已经成为中国经济发展的一支重要力量。正确认识和客观评价民营经济在国民经济发展中的地位和作用，对于深刻理解和贯彻党的多种所有制经济共同发展战略，深刻理解和贯彻邓小平提出的"发展才是硬道理"的方针，是至关重要的。

＊ 本文是作者在"中国民营经济面向二十一世纪发展论坛"上演讲的录音整理稿。

（一）民营经济是中国经济的重要组成部分，是国民经济发展的一支生力军

尽管国有和国有控股的大型企业是国家安全的保障，在一些重要领域起着支撑作用，但是民营企业，包括广大中小企业仍是创造市场活力、拉动经济增长的基本力量。

目前，中国工商注册的企业大约 1000 万户，国有企业约 20 万户，98% 为民营企业，还有个体工商户约 2800 万。非国有部门对中国国内生产总值的贡献率已达 60%。自 1980 年以来，非国有部门产值以平均每年递增 30% 左右的速度增长，与国有部门年均递增 5%～10% 相比，非国有部门在近 20 年为拉动经济增长做出了更大的贡献。除此之外，民营经济还是出口创汇的有生力量，20 年来，我国约 50% 以上的出口交货值是由民营企业和中小企业创造的。

（二）民营企业是增加就业岗位的主要渠道

全国职工在中小企业就业人数约占 75%。1990 年至 1999 年 10 年间，国有单位从业人员净减少 1774 万人，集体企业净减少 1837 万人；同期，私营个体企业却净增 2796 万人，外资企业净增 546 万人。到 1996 年，在个体工商户从业人员已达 5442 万人。实践表明，近年在国企改革和经济结构调整中，在国有和集体企业从业人员净减少的同时，是民营和外资企业以年均净增 300 多万个工作岗位，缓解了社会就业压力，为稳定社会做出了贡献。随着民营企业的发展，这一趋势会更加明显。

（三）民营经济是推动市场化进程的重要力量

与国有企业相比，民营企业很少获得政府的"偏饭"，也较少政府的直接干预，大多与市场经济有着天然的联系。民营企业，特别是民营中小企业，产权清晰，利益驱动力强，组织层次简洁，内部信息畅通，对市场反应灵敏，与顾客和市场联系直接；小企业产品结构、技术结构相对简单，应变能力强；民营企业经营灵活，劳动用工制度、工资分配制度均可根据市场竞争需要自主决定和调整；民营企业一般投资较少，追求利润动机强，

富于创新精神,敢于承担风险,如此等等。民营企业正是利用机制灵活的优势,活跃在大企业尚未涉足的新兴领域、竞争十分激烈的领域和技术创新领域,活跃在品种多、批量小的加工、配套、维修领域和零售、服务等本小利薄的领域,以及需求分散、个性化要求高的领域。民营经济的积极参与,使得这些领域竞争更加充分、市场更加灵活。实践证明,凡是民营经济发展较早、较充分的地区和领域,其市场发育就相对较快,经济发展更具活力。

(四)民营企业是国有大企业改革和发展的重要依托

在竞争性行业,有发展前景的国有企业,为提高竞争力需要资金支持,但政府已不会再有新的资本投入;那些竞争失败的国有企业,在市场中已经失去不可替代的地位,但退出市场的最大难点是涉及众多职工的下岗。解决国有大企业"钱从哪里来""人往哪里去"的一条根本出路就是发展资本市场,鼓励民间投资;发展民营企业,增加就业岗位。通过民间投资进入和民营企业参与国有企业重组,从而实现股权多元化,促进政企分开,建立规范的公司法人治理结构。这对国有企业转换经营机制具有决定性作用。传统国有企业"大而全"造成的低效率是国有企业缺乏竞争力的重要原因。破除"大而全"的生产组织方式,实现专业化生产、社会化协作,需要依托各类专业化民营企业。由此形成专业化、低成本、高质量、可灵活应变的生产组织体制,使大企业与中小企业优势互补,实现双赢。

(五)民营企业是技术创新的生力军

民营企业产权清晰,更加适合高风险、高回报的新技术创新创业。到1997年,我国已有民营科技企业7万余家,有不少民营科技企业登上了科技高峰,创造了良好的业绩。联想、华为等企业几乎连年以50%～100%的速度发展,效益连年翻番,很快由小变大,由弱变强。发展民营企业已成为我国发展高新技术产业,迎接知识经济挑战的重要举措。

由此可见,民营企业是国民经济发展的一支生力军,在壮大国民经济、改善结构、保持国民经济持续快速稳定增长中具有不可替代的地位和作用。

二 民营企业要努力提高自身素质

改革开放之后,"傻子瓜子"创始人等一批"勇敢分子"首先冲破传统观念和体制的禁锢,在政策夹缝中创业。在80年代中期,乡镇企业异军突起,90年代初伴随经济过热,民营企业大量涌现。20年来,中国民营企业所处的环境不断改善,但就总体而言,民营企业还是处在一种特殊环境之下。主要是:法制环境缺乏保障;社会歧视普遍存在;政策环境还不平等;融资渠道不畅通;市场秩序不规范;配套服务体系欠发达等。

民营企业创业者以顽强的意志克服重重障碍获得了发展。但是在这种体制环境下创业和成长,使得多数民营企业具有一些先天的弱点,主要表现在:有的初始积累不足,起步水平不高,低水平重复投资,难有后劲;有的投资者缺乏创业经验,盲目性较大,成功率较低;有的追求目标短期化,采取不正常竞争手段,不惜以造假、损害环境获取近期利益,不可能持续发展;有的产权关系模糊,企业制度不规范,留下不少后遗症;有的缺乏科学管理基础,在短期快速膨胀后就走向衰退;有的民营企业家素质有待提高等。

总体上讲,在中国,民营企业还是企业中的弱势群体,处于成长期。在经济大潮的起落中,部分民营企业抓住机遇,决策得当,越过了初创期的艰难,实现了超常规的发展,跃升为企业明星。多数民营企业还处于创业后的成长期,有待于在竞争中壮大和发展。但与此同时,不少民营企业成立后不久又消失了,也有一些虽一时赫赫有名,但并未逃脱昙花一现的命运,还有为数不少的民营企业在市场的夹缝中惨淡经营。政策环境的局限和民营企业的那些弱点,阻碍了多数民营企业的生存和发展。

随着民营企业发展的政策环境、市场环境、社会舆论不断改善,民营企业要不断走向成熟,就必须要努力提高自身的素质。当前最主要的是以下几方面。

(一) 明晰产权归属是企业成功的基础

产权是创业的动力,模糊的产权关系会带来一系列后遗症。随着社会舆论的进步，民营企业要告别过去那种必须用"红帽子"掩盖的产权关系，创业之初就要明确产权归属，形成来自产权的激励和约束。市场中运作的企业有多个利益相关者，但投资者是企业追求长远发展、避免市场风险的主宰。"苏南模式"和"温州模式"的重要差异就在这里。

（二）选择适宜的企业制度并加以规范

企业制度是企业的基础设施。要根据不同发展阶段、不同规模的民营企业，特别是投资者选择不同的财产组合形式，选择适宜的企业制度。如独资企业、合伙企业、有限责任公司、股份有限公司等有法律依据的企业制度，可以以法定的制度和约定的规则，在所有者、经营者、劳动者和债权人之间建立规范而且透明的权力和责任关系，使各方合法权益受到保护，过分要求受到制衡。一方面可充分调动各相关者的积极性，另一方面可以减少内耗和内部摩擦，保证企业的持续和正常运转。

（三）坚持创新，保持创新的锐气

创新是企业前进的发动机。民营企业较少有传统体制的局限和历史包袱的束缚，具有机制灵活、富于创新的天性。持续的技术创新、管理创新和制度创新，是民营企业特别是民营中小企业克服弱势，在市场竞争中取胜的法宝。创新停止了，企业的生命就将结束。创新与高新技术有联系，但又有区别。良好的创意更有商业价值。我们必须理解，厂房设备投入获得的是生产能力的提高和产品质量的改善；而技术开发投入获得的是技术更新和提高产品附加值。有市场需求的独占性技术和产品会创造"人无我有"的高回报。民营企业初创时的模仿跟进方式要适时转向创造自己的核心技术、拳头产品、知名品牌和有效的管理及营销能力。

（四）突出主业，培育核心竞争力

丰富多彩的市场处处充满机会，但一个企业并非进入哪个市场都能赢利。民营企业立足于市场的基础就是要扬长避短，有的企业在竞争中发展为大型企业，如近年的微软、思科，中国的海尔、华为；有的则在有限的业务范围内做精、做专、做高,成为"小型巨人"。关键是不断培育自己的核心竞争力,即持续开发独特产品的能力、持续发明专有技术的能力和持续创造先进营销方式的能力。做到"人无我有,人有我优,人优我专"。在市场竞争中总有自己的"撒手锏",企业才能持续发展。

东京大田是日本著名的中小企业聚集区,在全盛时期有9000家中小企业。在经济长期不景气中经过严酷竞争,优胜劣汰,目前还剩下5000家左右。一位叫熊仓的小企业家说,能在严酷竞争中不倒的中小企业有三种类型。一是产品占有率名列前茅,具有"第一性";二是产品独一无二,具有"唯一性";三是属于新崛起行业,具有"先驱性"。

(五)实行科学管理

管理就是经营者通过对企业各项活动的计划、组织、指挥、协调和控制,不断优化自己可控制的人、财、物等有效资源,充分利用市场经济允许的手段,最大限度地创造效益。管理水平决定企业有效资源利用的水平,即决定企业的竞争力。管理的要害在于科学和有效。民营企业要逐步由家长式管理转向科学管理,用先进手段实现管理科学。家族式企业并不等于必须实行家长式管理。因为创业者并不一定就是最佳的管理者。企业规模很小时优秀的管理者并不一定能管好大型企业。本田公司的创业者本田把公司的经营管理交给职业经理人并长期合作,成为佳话。思科公司创始人在公司发展到相当规模后,急流勇退,"创业者打天下,职业经理人治天下",使思科公司再现辉煌,持续至今。当前,民营企业特别要注意加强对人力资源的管理、财务管理、质量管理和市场管理。不下决心建立良好的管理基础,企业就不可能获得持续的发展。

(六)提高企业家素质

创业者在民营企业中具有决定性作用,要在市场这所大学校里不断提高自己综合素质,努力使自己成为有创业精神的企业家。企业家是特殊的人才。他要有对市场的敏感、有决策的艺术、有吸引人才的魅力、有诚信的品格、有推进工作的刚毅。企业家在追求企业长远发展过程中所遭遇的困难之大,所经受的挑战之严峻,能承受的心理和人格压力之沉重,所要求的动力之持久和强大,远不是一般人所能比拟的。那些有了成绩就自傲、遇到困难就气馁的人成不了企业家。市场是培育企业家的大学校,民营企业家要在市场竞争中不断锤炼自己。

(七) 建立信誉,追求持续发展

企业良好的信誉会招财进宝。民营企业走向成熟就要面对社会,以诚信相待,就要树立自己的社会形象,重信誉、守合同。民营企业要下决心创造和培育自己的品牌,抛弃那些造假冒牌、蒙骗欺诈等短视、短见行为,追求持续的发展和长远的效益。

企业之间的竞争,最终是信誉和品牌的竞争,而品牌又是由信誉凝聚而成。一个企业失去了信誉也就失去了客户,也就等于自绝于资本市场、信贷市场和商品市场,从而失去了所有未来发展的可能。信誉是企业对社会、对市场、对客户的承诺。承诺的可信度要接受利害相关者的评判,要接受时间的考验。经历了时间积累而取得广泛认同后,诚信就会变成企业的财富。被认可的品牌会招揽更多的客户,良好的商誉会拓宽融资渠道,言必信、行必果会减少融资成本。

三 为民营企业的发展营造环境

经济体制转轨实际上就是经济资源配置的机制由计划转向市场;经济资源配置的主体由政府转向千万个独立的市场主体;经济资源配置方式由政府集中统一决策,转向市场主体根据对市场的判断分散决策。显然,在这一转变中政府—市场—企业三者之间的关系必须重新界定,政府经济管理职能和发挥作用的方式必须改变。

市场化的本质是经济资源跨区域流动的阻力降低至零,使全国甚至全球配置经济资源成为可能。资金、人才、技术等经济资源的大规模跨区域流动,几乎使各地都被卷入史无前例的大规模区域经济分工之中。

随着中国市场化程度的提高,发展经济的稀缺资源(如人才、技术、资本等)的流动性大大增强,各地政府的政策、应对措施和所创造的市场环境,直接影响着每个地区在经济分工中的地位和对流动着的资源的利用程度。在市场体制下，企业和个人是投资和创业的主体，市场信号对他们的决策有决定性作用，而政府对他们直接干预的作用是有限的；资金、技术和人才是流动性很强的稀缺资源，这些稀缺资源总是朝着效率最高的方向流动；良好的市场环境会提高资源效率，能吸引更多的稀缺资源，而能创造市场环境的主体是政府；哪个地方能更多地吸引和留住经济资源，哪个地方就会获得更高经济增长、就业机会和税收。

从这个意义上讲，经济全球化把各个国家推上了竞争的舞台；国内市场化则把各个地方政府推上了竞争的舞台。这个竞争，表面现象是对流动着的人才、技术和资本的竞争；进一步看，是市场环境优劣的竞争；深层次看，是创造良好市场环境的能力和水平的竞争，是政府改革和政府职能转变的竞争。

区域经济振兴和持续发展的关键是建立内在的经济增长机制。而实现良性发展的主导力量是政府，是政府如何妥善处理自己与企业和市场的关系。一般而言，政府应提供政策和法制框架，进行经济调节、市场监督、社会管理、公共服务；企业自主决策、自担风险，以效益为目标创造经济增长；社会中介组织在政府与企业、企业与企业间提供信息、沟通、自律、公证等服务。三者各自就位，相互协调、互动才能形成区域经济的内在增长机制。

因此，政府关心当地经济增长的方式必须改变，由干预企业经营，主导经济增长，转向为各种所有制企业创造平等、透明的法制环境，使有前景的企业有迅速发展的空间，使竞争失败的企业有顺利退出的通道。当前需要着重研究和解决的主要问题有以下几个。

（一）完善产权保护制度

民营企业在初创时期，很多创业者就心有余悸，对个人合法财产用各种名目加以掩饰，而发展到一定规模后就更产生了不安全感，有的用各种办法戴上一顶"红帽子"，有的甚至将财产转移到境外。这是极不正常的现象。1997年9月江泽民同志在党的十五大报告中明确指出，"公有制为主体，多种所有制经济共同发展是我国社会主义初级阶段的一项基本经济制度"，"要继续调整所有制结构，进一步解放和发展生产力是经济体制改革的重大任务。""非公有制经济是我国社会主义市场经济的重要组成部分,对个体私营等非公有制经济要继续鼓励引导,使之健康发展"。接下来如果能按这一原则修改宪法,确保私人合法财产不容侵犯,并以这一原则修改各类相关法律、法规,消除私人投资者的后顾之忧,这就成了鼓励民营企业发展的重要基础。

(二) 排除市场准入歧视

党的十五届四中全会已经对关系国家安全和国家必须垄断经营的行业做了限定,其他方面就应进一步放开,允许民间资本进入,抑制大企业垄断。面对入世,很多民营企业提出,即将允许外资进入的保险、银行、电信等行业,应该首先向国内的投资者开放。贯彻十六大精神就要进一步放宽政策,扩大民间投资领域。允许民间资本在更广泛的领域以独资、合作、合资、参股、特许经营等方式进入,激发民间投资热情。要鼓励民间资本参与国有经济的战略性调整和国有企业重组。民间投资天然具有自负盈亏的性质,对民营企业进入哪个市场、投资什么项目,政府可以进行政策引导,但除对社会、环境等有影响的部分外,政府应简化手续、减少审批。

(三) 开通融资渠道

由于种种原因,国有商业银行主要服务于政府项目和国有企业。对民营企业的融资要求,不论企业和项目如何,大多都为防范风险而较少介入。融资渠道不畅已经成为有前景的民营企业发展的重要制约因素。要鼓励商业银行扩大对民营企业的贷款,支持建立为非国有经济服务为主的金融机构。要逐步消除对民营企业的所有制歧视,在企业上市、发债、兼并、收购等直接融资方面给民营企业以支持。要总结经验,发展中小企业担保基金,研究创立风险投资基金,开启股票二板市场,为民营企业直接、间接融资拓宽渠道。

(四) 改善市场环境

给予民营企业与其他企业平等的创业、生存和发展的权利。要清理和调整与十五大精神不符的各项政策规定,取消对民营经济发展的各种限制性、歧视性条文，制定鼓励民营中小企业，特别是高新技术企业发展的政策。要降低民间投资的产业门槛，简化工商登记手续，制止乱摊派、乱收费，破除地区分割、行业壁垒，放宽技术入股比例，在税收、土地使用、企业开办、进出口等方面，取消一切不利于民营企业发展的限制。

（五）发展社会服务体系

民营企业的主体是中小企业，它们势单力薄，处于弱者地位。政府的重要责任就是组织社会力量，为它们创造专业化的服务体系。要总结设立"创业中心""产业孵化器"等的经验，发展创业辅导、投资咨询、管理诊断等中介服务，发展培训中心、技术市场、人才市场和信息服务等为民营中小企业建立产前、产中、产后的社会化服务体系。亚太经济合作组织部长级会议确定为中小企业优先提供五种服务，即市场进入、信息共享、技术援助、人才开发和资金融通。这是为中小企业发展提供服务内容的很好概括。

发展民营企业、鼓励民间投资绝不是权宜之计。从各个地方发展的差异中，人们清楚地看到改革开放之后并不像人们过去想象的那样，哪里原有经济基础好、国有经济规模大，哪里必然就发展得快。事实恰恰相反，民营经济活跃的地方，市场就活跃，就业状况就好，居民生活改善的速度就快，经济发展的波动较小，经济增长的速度较快。在我国，国有经济要发挥主导作用，但是国有经济并非在各行各业都有优势。靠国有经济包打天下是不能实现持续快速发展的，充分调动亿万人求富思变的创新、创业潜力，是解放和发展生产力的重大战略。培育千百万具有创业精神的民营企业，是中国经济持续稳定发展的支柱。

进一步深化企业改革的几个问题[*]

（2001年2月7日）

到2000年底，国有企业改革脱困三年目标已经实现。作者总结归纳了三年改革脱困成绩，认为三年脱困取得了两大成果。一是国有企业经营状况明显好转；二是在建立新机制上打开了局面，而后者更具有长远和本质的意义。

国有企业改革脱困三年目标实现后，进一步深化企业改革的工作不能停顿。

一 巩固国企改革脱困的成果，着力建立新机制

到2000年底，国有企业改革脱困三年目标已顺利实现。认真总结实现三年目标的巨大成就，对继续深化改革具有重大意义。

（一）三年目标提出的背景和取得的成就

进入20世纪90年代中期，企业外部环境发生了巨大变化。其中对企业影响最深的有三方面。

（1）1994年开始的以财政、税收为主线的改革，使国家宏观管理由计划体制转向市场经济体制。面对这一体制剧变的形势，长期依附于旧体制的国有企业一时难以适应。

（2）伴随生产能力的持续增长，居民消费结构升级，市场上的供需关系发生了历史性逆转。长期低水平重复建设、技术开发投入不足和产品结

---

[*] 本文是2001年2月7日作者在总结三年的成果基础上，对进一步深化改革提出的几点意见和建议。

构、产业结构不合理的矛盾逐渐爆发。

（3）随着体制转轨和对外开放的深化、关税总水平的降低，中国市场进一步国际化的格局已经形成。企业国际竞争力不足的矛盾突显。

长期以来，国有企业就是在计划体制、卖方市场、高关税保护下生存和发展的。面对如此历史性巨大变化。此时，结构调整已势在必行。但绝大多数国有企业缺乏准备和应变能力，加之体制、政策的制约，技术更新、产业结构升级、企业重组的高潮未能及时形成。企业很快陷入在狭窄的领域低水平恶性竞争的局面。从弱势企业开始，库存产品积压，三角债上升，不能及时支付利息，银行停止贷款，工厂停工半停工，大量职工下岗、不能及时领到工资，大量退休职工不能按时领到退休金……长期积累于国有企业的深层次矛盾爆发。至1997年，全国工业企业连续三年利润下降、亏损上升，部分产业出现全行业亏损，下岗职工总计上千万。此时，国有企业的问题已经成为社会关注的焦点和影响经济发展、社会稳定重要因素。江泽民同志多次指出，国有企业改革进入了关键时期、攻坚阶段。

针对这一严峻形势，1997年9月，党的十五大提出"力争到本世纪末大多数国有大中型骨干企业初步建立现代企业制度，经营状况明显改善"的三年改革与脱困目标。

经过全党全国共同努力，到2000年，国有企业改革和脱困的三年目标已顺利实现。

（1）国有企业经营状况明显好转。去年国有及国有控股工业企业盈亏相抵后赢利2392亿元，为1997年的2.9倍。

（2）国有经济结构得到改善。以纺织行业为突破口，调整结构，发展新的增长点，淘汰落后生产能力。国家重点监测的14个亏损行业，有12个扭亏为盈。

（3）分流了富余人员。以"再就业服务中心"为过渡形式，积极推进社会保障体制建设，促进职工下岗再就业。三年国有企业下岗分流富余职工约2100万人。

（4）企业结构得到调整。一批丧失竞争力的企业逐步退出市场。1997年底国有大中型亏损企业6599户，通过兼并、联合和破产注销约2000户。

（5）资产负债结构得到改善。三年间约有300家国有企业在境内上市、

22家境外上市，共筹集资本金超过4000亿元；国家在约600户企业实行债权转股权，总额约4000亿元。国有企业总体负债率下降。

（6）企业技术状况改善。国家贴息约200亿元支持重点国有企业贷款技术改造，加上企业自筹资金，三年共完成技术改造投资约10000亿元。

（7）企业制度创新取得进展。国家重点监管的大型国有企业约80%进行了公司制改制，初步建立了现代企业制度。

这些成就的意义不仅在于使中国经济出现了良好的发展势头，加强了国民经济持续发展的基础，更重要的是进一步坚定了搞好国有企业的信心。

（二）着力培育和建立新机制具有本质意义

国有企业三年改革和脱困更具本质意义、能长期发挥作用的新机制，至少有以下几个方面值得特别引起重视。

1. 国有企业退出市场的机制初步形成，渠道开始打通

在过去的三年，结束了国有企业有生无死的历史。对那些丧失竞争力的企业，政府宁肯采取措施帮助因此而下岗的职工，而不再注资"挽救"没有希望的企业。政府鼓励通过企业的兼并重组重新配置生产要素。大家越来越清楚地看到，那些丧失竞争力的企业被兼并是一种新生，而企业破产也是生产要素重新配置的一种极端形式。没有企业的破产，就没有真正意义的自负盈亏、真正的政企分开，也就没有真正的市场经济。三年中2000多户企业被兼并、破产的实践积累了十分宝贵的经验，也逐渐取得了职工和公众的认同，为修改《中华人民共和国企业破产法》、建立企业退出市场的机制和通道奠定了基础。

2. 国有企业职工流动机制初步形成

三年中有2000多万职工下岗，大部分已再就业。这次劳动力结构大规模调整不仅减轻了企业负担，而且也是国有经济结构调整、企业重组的必要条件。千万国有职工大转移，对破除"进了工厂门，就是国家的人"的传统观念，具有跨时代的重要意义。大量职工下岗分流，极大地促进了职工养老和职工下岗、失业基本生活保障体制建设。很多城市的经验表明，只要社会保障机制健全，国有企业职工通过劳动力市场流动，不仅必要而且可能。

3. 国有企业职工逐步由"企业人"转变为"社会人"

企业办社会、职工以企业为"家",特别在远离城市的大型企业,职工生老病死依托的唯一支柱就是企业。企业办社会不仅增加了经济负担,而且使企业不能将目标集中于追求经济效益,与其他竞争对手相比处于劣势地位;职工离开企业找不到任何社会依托,职工离不开企业,企业也辞不掉职工,两者不能双向选择,各得其所、提高效率。三年中,采取多种形式逐年从企业中分离出大量的学校、医院、幼儿园等社会机构,由地方政府承接,加之社会保障的社会化管理逐步到位,政企错位的状况逐步得到改善。企业将目标集中于提高经济效益,承担起保障就业岗位和增加税收的职能。政府用纳税人的钱承担起社会管理和公共服务的职能,从而实现政府和企业间的社会化分工,职工的社会依托由企业转向社会,由"企业人"变为"社会人"。

4. 国有企业由依赖政府注资,转而走向资本市场

在激烈的市场竞争中,政府用纳税人的钱支持某一企业,无异于是对其竞争对手的歧视。三年中,政府已改变给个别企业吃"偏饭"、用特殊政策扶持的办法。除规范的债转股外,对竞争性企业已经断绝了财政注资。有前景企业的融资渠道已逐步转向境内或境外资本市场、信贷市场,或通过多种途径从境内外引入新的投资者。企业对政府注资或以政府指令强制银行贷款的期望逐步弱化或消失。

从长远看,以追求更高投资回报为目标,资本结构不断优化、企业结构动态重组、劳动力结构适时调整,并不是90年代独有的特点,而是适应市场竞争、保持国有经济活力的需要。经济增长有周期,行业发展有兴衰,企业经营有成败。市场经济的活力就在于持续动态调整和配置生产要素。绝不能认为三年任务完成了就可以偃旗息鼓,企业就不再重组、职工就不再流动,丧失竞争力的企业就不再退出市场了。三年脱困期间,对结构重组、企业退出、职工下岗分流是当作特殊重大问题,由政府主持以个案方式逐个处理的,这方式是不能持久的。

三年目标的实现实际上取得了两大成果:一是国有企业经营状况明显好转;二是在建立新机制上打开了局面,有了良好的开端。而后者是三年改革和脱困更带有本质意义的成就。

但是，这些成果要能成为不需政府干预，可以通过市场自动运行的机制还远不成熟，还有大量工作要做。如果在建立新机制上就此停步，必然是行百里者半九十，将来不得不走回头路。因此，在三年成就的基础上必须继续努力，深化改革，创造配套条件，完善法规，规范运作，大力推进新机制的建立。从某种意义上说，包括资本、人员在内的生产要素市场化流动机制的形成是长期保持国有经济良好状态，不断增强国有经济实力的基本保障。

二 建立符合市场经济的国有资产管理、监督、运营体制

随着改革的深化，特别是在十四届三中全会提出建立现代企业制度，大家在制度建设上下了很大的功夫。如果回顾一下这些年国有企业改革的历程，我们可以清楚地看出一条逻辑主线。

国有企业的改革始终是围绕着政府、企业和市场三者之间的关系而展开的。

政府和企业的关系又集中于政企能不能分开？如何分开？

政企分开的核心是所有权和经营权能不能分离，怎么分离？

两权分离的要害在于能不能建立规范的法人治理结构，在两权分离的情况下保障国家所有者权益。

公司法人治理结构能不能规范运作，关键又在于是否能建立一套有效的国有资产管理、监督、运营机制，政府通过出资人代表行使所有者职能，并且使所有者真正到位，在企业内形成来自所有者的动力机制和约束机制。

由此可以看出，国有资产管理体制的改革是深化国有企业改革的一个关键。

由于国有资产管理体制问题牵涉的面很广，涉及很深层次的问题，所以1993年中央提出了"产权清晰"之后，一直还没有一个法规来规范怎样清晰。但是，随着改革的深化，现在解决这个问题已经变得非常紧迫了。

（一）改革国有资产管理体制具有的现实紧迫性

来自所有者获取最高利润的追求，就是企业发展的动力；而来自所有

者避免风险的谨慎,就是企业的自我约束。对于企业来说,所有者是主宰。因此,只有所有者到位,并为获得更高的投资回报而认真行使权能,企业才会有正常的经营行为。

进入市场的企业是多个利害相关者矛盾的交汇点,但是每个利害相关者的利益取向不尽相同。比如,经营者是利害相关者,他追求的是控制资产规模的最大化;职工是利害相关者,他们期望的是工作岗位的稳定和工资福利的增长;债权人是利害相关者,他们期望的是按时得到利息和按时还本;客户是利害相关者,他们对企业的要求是信守合同和提供质优价廉的产品和服务;政府是利害相关者,他们追求的是增加就业岗位和增加税收。只有所有者最关心企业的利润和投资回报。现在的情况是,围绕企业的各个利害相关者都有明确的人格化的代表来维护自己一方的权益,唯独国家所有者一方在企业内缺位,因此国家所有者权益被侵蚀几乎是无法避免的。

随着改革的深化,现在国有企业改革发展的每一项大的措施,几乎都涉及产权,在大规模涉及产权变动的时候,如果所有者缺位,就要冒巨大的风险。

第一,国有经济有进有退的战略性调整已经陆续进行,"十五"期间结构调整是主线。

第二,国有企业的战略性重组在越来越广的范围内进行,产权交易的规模越来越大。

第三,大规模的债权转股权正在进行,是明晰产权的机会。

第四,国有企业公司制改制陆续推进,股权多元化已成大趋势。

第五,部分丧失竞争力的企业等待退出市场。

第六,越来越多的企业股票上市,国有股权流动和减持已经开始。

从本质上讲,产权交易重组是所有者为了获得更高投资回报而采取的主动措施;是国家所有者发现投资布局达不到社会平均利润率或者不能实现国家所有者意志的主动行为。显然,有权决定产权变动的唯一主体就是所有者。产权变动牵扯多方产权主体的利害关系。其他各方产权主体明晰,在产权变动的过程中,或明或暗,或用合法的手段或用非法手段来极力维护和扩大自己一方的权益;而国有产权主体却模糊不清。在当前广泛涉及产权变动的情况下，如果在企业内国家所有者缺位，就会冒很大的流失风险。这个时候，政府在企业之外再多的干预也不能从根本上解决问题。产权变动必须由所有者决策，并且在所有者的严密监督之下进行，才能保障权益不受侵犯。

（二）关于国有资产管理的体制设计

党的十五届四中全会明确了"国家所有，分级管理，授权经营，分工监督"的国有资产管理体制框架。

1. 国有资产管理体制的改革应主要解决四个问题

（1）落实国有资产经营责任。形成对每一部分经营性国有资产均可追溯产权责任的体制和机制；

（2）所有者权能到位。所有者（代表）进入企业，并在企业内行使所有者权能。

（3）政府的公共管理职能部门与监管国有资本经营职能的机构分开。

（4）实现所有权与经营权分离，确立公司法人财产制度和所有者有限责任制度。

2. 符合市场经济要求的经营性国有资产管理的体制框架应分为三个层次

第一个是政府层次。核心问题是将行使公共职能的政府部门与行使国家所有者权能的部门分开，使各自有明确的行政目标和准确的职能定位。行使公共管理职能的政府部门面对全社会各个经济主体，创造公平有效的市场环境。设立专司国有股权行使机构（可以有不同的名称，如新加坡叫"董事咨询和任命委员会"。以下称股权行使机构），作为市场中多元投资主体的一方，代表国家所有者在国有企业或国有控股公司中行使出资人的权能。股权行使机构对同级政府负责并报告工作。

第二个层次是国家控股公司和"授权经营的机构"（《中华人民共和国公司法》称"授权投资的机构"），要解决的核心问题是两个层面的所有权与经营权分离。由政府股权行使机构直接持股的部门分为两类：一类是国有资产投资控股公司，另一类是"授权经营的机构"。这是政府股权行使机构将国有资本分别注入组建的专司国有资本经营的控股公司。国有资产投资控股公司和授权经营机构按《中华人民共和国公司法》（本文以下简称《公司法》）以国有独资公司注册，建立公司法人治理结构。政府股权行使机构和国有资产投资控股公司、授权经营机构实行所有权与经营权分离。政府股权行使机构不越过授权经营机构对其持股企业行使权利。

第三层次是公司制企业。国有企业按《公司法》进行公司制转制。原"国有资产"转化出来的国有股权由授权经营机构持有，成为"国有法人股份"。从财产权上隔断了与政府的直接联系。

通过这一系列制度安排，可以实现政府公共管理职能与行使国家股东权力职能的分立；使行使国家股东权力的机构与持股的公司实现所有权与经营权的分离。这样，既落实了国有产权责任，建立起可追溯国有产权责任的体制和机制，又可以实现政企分开、所有权与经营权分开，使国有资本投资和持有股份的企业成为独立的法人实体和市场竞争主体。

但是，实现政企分开、所有权与经营权分开的基础条件，是公司治理结构的有效性和国有产权委托代理的有效性。

（三）需要澄清和进一步研究的问题

1. 分级管理与分级所有

中央和地方政府有各自独立的财权。应当明确承认，哪一级财政投入的资本和所形成的所有者权益就属于哪一级政府的资产，一般情况下不能平调，这是"产权清晰"的原有之意。过去国营和地方国营的区分就反映了这一现实。

现阶段，名义上国家统一所有、实质上分级所有的这种模糊的产权制度，已经造成了许多弊端。明确经营性资产的分级所有，从某种意义上只是对现实通过"行政隶属关系"体现的所有者控制权的一种认可，但有利于落实产权责任。如果要改"分级管理"为"分级所有"，则必须审慎处理历史过程中不断上收、下放的那些企业的产权归属。

2. 在建立新体制过程中解决老职工社保欠账问题

国有企业老职工由过去的"企业保障"转制为社会保障，必须向社保基金支付一笔费用。老职工应有的社保积累已由国家用作再投入，因此国有资产存量中有一部分是由国有职工社保基金形成的。在建立国有资产新体制时应将一部分国有产权划转为社保基金所有。这样做有两个好处，一是恢复了历史本来面目，解决体制转轨时期国家对社保基金的欠账；二是社保基金始终存在支付压力，对持股企业有可能成为追求投资收益最大化的积极股东，有利于提高公司治理的有效性。

3. 不能因"所有制"与"所有权"概念混淆致使行使所有权的主体混乱

"所有制"是指生产资料占有的社会属性，而"所有权"则是所有权人（包括自然人和法人）依法对自己财产享有占有、使用、收益和处分的权利。前者是政治经济学的概念，如国有制、集体所有制、私有制等，后者则是所有权人的财产权利，是法律概念。两者不能混淆。《企业财务通则》规定，企业"资本金按照投资主体分为国家资本金、法人资本金"。就是说，从所有权角度可以有两类国有制企业，一类是拥有国家资本金的企业，一般政府是出资人；另一类是由国有独资或控股的企业法人投资建立的企业，它属国家所有制性质，但所有权人不是政府，而是公司法人。企业的每一份投资只能有唯一的出资人享受所有者权利，承担出资人责任，不能"一物二主"。因此，不能认为所有制性质属国有的企业，政府都要行使所有权，都可以直接干预。政府为出资人的企业，政府可以通过股权行使机构直接行使所有者权利；国有法人投资和拥有股份的国有性质的企业，则应由国有投资法人行使所有者权利，政府不应也无权直接干预。现在政府部门对凡具有国有制性质的企业，包括由国有法人投资的企业进行直接干预是没有法律依据的，已经造成不好的后果。这是设计未来国有资产管理体制必须建立的一个基本概念。

4. 国有出资人的权能必须由统一的机构集中行使

对国家直接监管的企业由数个部门多头行使国家出资人权利的机制已经造成诸多弊端。由于信息不对称，为经营者利用部门之间矛盾实现内部人控制创造了条件。对于政府作为出资人的国有制企业，要由政府股权行使机构，统一行使国家出资人权能，包括管资产与管人相一致。国家所有者意志通过政府股权行使机构集中体现。政府股权行使机构权力到位，责任也要到位。以此形成国有产权责任体制，提高国有资本委托代理的有效性。对于国有法人持股的国有制企业，依《公司法》由国有持股机构对持有股份的企业排他性地行使出资人权利，并承担相应责任，政府不再干预。做到"产权清晰，权责明确"。

5. 政府股权行使机构应规制化地监管授权经营机构

授权经营机构是特殊企业法人，面对市场化的环境，政府股权行使机构不能再用"行政隶属关系"的方式行使出资人权利和监管授权经营机构，应通过一套科学的制度安排实现所有权与经营权分离。一般讲，为体现国家股东控制权，主要管好四件大事：

（1）授权经营机构的设立和章程以及授权经营机构的变更、分立、注销；

（2）任免董事长和董事（可包括内部董事和外部独立董事）；

（3）与授权经营机构签订年度（或几年）的业绩合同，在合同中集中体现国家所有者意志；

（4）以业绩合同为准，由监事会主持进行年度审计、考核和评价。

公司章程和业绩合同是政府通过股权行使机构与授权经营机构间建立的受法律保护的、明确、可预见的稳定关系。在章程和合同范围之内，授权经营机构独立运作，股权行使机构不再事事干预。超出章程和合同范围的重大事项公司要向股权行使机构报告；国家对授权经营机构有新的要求要通过修改合同或章程加以反映。在年度审计、考评中，如发现违反章程和合同的重大问题，应更换董事，而不是由政府替董事会对公司事务做出决定。

6. 对国家授权经营机构应分两类管理

按党的十五届四中全会《中共中央关于国有企业改革和发展若干重大问题的决定》（本文以下简称《决定》）的精神，一类是国家必须控制的行业和领域，特别是提供公共产品、国家管制性领域的授权经营机构，它们的目标是以最低的成本、最好的质量满足社会的需要。政府给它们特许经营权，但必须控制其产品和服务的质量及价格。为此，政府公共管理部门要与它们签订明确、详细的合同，规定必须达到的成果和目标，并接受政府和公众的监督。其中部分提供公共产品的机构，由于受政府服务要求和价格控制等自身不可抗拒因素影响，预算无法平衡。此时，该缴的税费应该照缴，而必须由政府预算补贴部分则通过核算和谈判确定。做到"亲父子明算账"。在这里，政府公共管理部门与授权经营机构建立的是需方与供方的关系，并不因此打乱政府监管部门与授权经营机构的产权关系。另一类为竞争性行业的企业，政府不应再给它们设定非经济目标，国有资本完全按市场化原则运作，以权益最大化为目标，有进有退，与民营投资并无两样。在投资主体多元化的情况下，国有资本是稀缺资源，应向国家有需要而民间资本不准进入或不愿进入的领域集中，发挥民间投资不可替代的作用。

7. 强化对法人产权、私人产权的法律保护

经济主体市场活动的基础是产权；经济主体市场活动的动力和约束力也来自产权。只有对产权稳固的法律保护才能使各产权主体产生正常的市场行为。只要坚持社会主义市场经济体制，我们就必须承认多元产权主体的长期存在。我国经济体制转轨伴随的是产权体制改革的过程。总体上讲，我国经济体制转轨滞后于经济发展水平；产权体制改革滞后于经济体制转轨过程。一方面我们已经承认国有产权、法人产权、私人产权、外商产权长期合法存在；另一方面不仅在产业政策、市场准入等方面存在所有制歧视，而且在产权保护上存在缺陷，在产权保护的立法程度上也有差别。对不同产权有差异的法律保护程度，会使部分产权主体有后顾之忧，这不仅表现在对私人产权保护程度不够，而且国有法人产权受政府随意干预，甚至无偿"划拨"的事也时有发生。政府的越权干预使国有法人财产权利的主体不稳定、不确定；产权保护程度不到位的结果是产权主体缺乏安全感，行为短期化、过度投机和不讲信誉，甚至资产转移。没有明晰、高效、稳定的产权机制，会严重损害经济增长和市场秩序的基础。给法人产权、私人产权和外商产权与国有产权同等程度的法律保护无伤国体，却对明晰国有产权责任，促进多种所有制经济发展产生积极影响。

三 有效的公司治理结构是企业竞争力的基本要素

所谓公司法人治理结构，本质就是要妥善处理由于所有权和经营权相分离而产生的信托代理的关系。也就是说，所有者投资设立了经营机构，但是所有者并不直接参与经营，把投资的财产信托给董事会来替他经营；董事会对法人事项做出决策，但是他不直接管理，聘请职业经理替他实现公司的目标。这样就出现了一系列的委托代理关系，所有者把财产信托给

了董事会，董事会做出决策，又委托经理去执行，经理执行的结果如何体现所有者意志、保障所有者的权益。这就必须有一个科学的体制设计做保障，这套制度安排就是公司法人治理结构。

公司法人治理结构是一个有国家法律保障的、制度严谨的分权制衡体制。它所形成的一套有效的委托代理关系，可以保障投资者的最终的控制权，可以维系公司各个利害相关者之间的平衡，使所有权和经营权的分离成为可能。反之，如果所有者权益得不到保障，所有者必然干预，所有权和经营权不可能分离，对国家投资的企业而言，就是政企不分。因此，法人治理结构是企业制度创新的一个核心问题。

（一）公司是国有企业走向市场的最佳制度选择

通过公司制改制实现政企分开、所有权与经营权分离，至少可以得到四个好处。

（1）获得迅速大规模聚集资本和实现资产重组的基本条件。

（2）自主经营、自负盈亏，既是激励也是约束。有利于建立适应市场的竞争经营机制。

（3）投资者进入企业，建立有效监督的体制框架，降低监督成本。

（4）投资者、经营者和管理者各展所长，可以达到较高的经营管理水平。

国有企业要想通过公司制改制得到这些好处，公司治理结构就必须科学、规范。

当前，很多国有企业改制为公司，但由于治理机制被人为地扭曲，并未达到预期的效果。其中有很多含糊的概念需要澄清。

（1）作为公共管理者的政府与作为国家所有者的政府，各以何种方式行使各自的职能？怎样构造排他性的、集中统一的国有出资人（机构），并形成可追溯产权责任的体制，提高国有产权委托代理的有效性？

（2）公司的股权结构对公司治理会产生什么影响？为什么国有股一股独大的公司出现那么多问题？

（3）控股股东不恰当的直接干预能否维护自己的合法权益，股东维护自己权益的有效手段是什么？

（4）控股股东与公司是什么关系？以何种方式行使股东权利？为什么控股股东也应注意保护小股东权益？如果侵犯小股东权益，对公司和控股股东会带来什么利弊？

（5）公司控制权的配置是通过人事控制权体现的，如果打乱了人事控制权的配置规则，对公司责任体制有何影响？

（6）股东会、董事会的规范运作，对维护股东权益、提高公司价值会产生什么作用？

（7）如何理解公司制的分权分责制衡体制与传统国有企业一元化领导体制的差异？董事会、董事长、经理应是什么关系？运作中如何掌握？

（8）在对公司的战略指导和对公司经理人员有效监督方面如何保持董事会和董事的独立性，怎样落实每位董事对股东的独立责任？

（9）如何防治公司内部人控制？董事会成员与经理、副经理相互兼任的利弊如何？董事长兼任经理的理由是防止"扯皮"，但董事会监督经理的作用如何发挥？

（10）提高公司透明度，对所有股东及时、准确、公平地披露与公司有关的任何重大问题，包括财务状况、经营状况和公司治理状况的信息对维护股东权益、提高公司市场价值有何作用？

还有一些同志把国有企业"领导班子""一把手""党委（董事会）领导下的经理负责制"等概念简单地搬到公司制企业，扭曲了公司运行机制。

（二）健全的公司治理是取得投资者信赖的基石

随着市场化程度的提高，以营利为目的的投资，由政府配置逐渐转向由市场配置。国家通过政策调控资本市场和信贷市场，机构投资者和个人投资者大量地是通过资本市场选择项目，选择业主，自主投资自担风险，这种方式正逐步成为商业性投资的主渠道。政府投资者往往希望直接干预或通过审批，体现政府意志。而资本市场上的投资者，他们希望通过一套有法律保障的信托代理关系，聘请经营管理专家来管理公司，在所有权和经营权分离的情况下来实现自己的合法权益最大化。对于资本市场的投资者，他们不得不承受由于经营失误而造成的损失，但他们绝不接受由法人治理结构扭曲或暗箱操作带来的风险。可以说，一个富有前景的企业，建立有效的公司法人治理结构是取得投资者信赖的基石，是走向资本市场的通行证。现在的情况是，有发展前景的企业需要不断充实资本金实现迅速发展，而那些机构投资者和个人投资者则迫切地期盼寻找良好的投资项目。这两者能否有效结合，一是看资本市场是否健康有序，二是看公司法人治理结构是否规范有效。一些企业的领导对规范公司法人治理结构有畏难情绪，提出要搞有自己特色的法人治理结构，企图在基本不触动旧体制情况下建立起新的机制。企业转制是一系列"破"与"立"的过程，对于法人治理的基本原则，我们要强调的不是特色，而是规范。如果一个企业的法人治理结构极其特殊，特殊到别人无法认同的时候，就不能取得投资者的信赖，这个企业就等于自绝于资本市场和投资者。这一点对有意进入资本市场的企业来说是非常重要的。

(三) 改善公司法人治理的实践经验

建立有效的公司法人治理结构不是单靠企业自愿就可以完全做到的，它涉及很多体制方面的问题。从各地实践经验看，建立规范的法人治理结构有这样几点是重要的。

(1) 改善股权结构。既然公司治理的目标是维护股东权益，改善公司治理的动力应该来自股东。目前，在国有资产管理监督运营体制还不健全的情况下，对国有企业改制过来的公司而言，国有股东如何真正到位又不越位，这是改善公司治理的关键。实践经验证明，国有企业改制为国有独资公司对企业经营机制转换意义不大，国有股一股独大也很难使所有权到位。股权分散化有利于淡化主管部门和行政隶属关系的色彩，股东之间的制衡有利于使公司将目标集中于为股东创造价值，实现所有权与经营权相分离。

(2) 国有股权必须要由集中统一的、排他性的出资人机构行使。一个公司可以有多个国有股东，但每份国有股权必须由集中统一的、排他性的出资人机构行使所有权，绝不能多头管理。否则由于信息不对称，将为内部人控制敞开方便之门。

(3) 改善董事会的结构。保持董事和董事会的独立性对提高公司治理有效性有重要作用。从实践看，一是外部董事占适当的比例是保持董事会独立性的必要条件。最近证监会提出，外部董事要占三分之一。二是要重视独立董事的特殊作用。从控制和监督关联交易、增加公司透明度、对公司的财务监督和业绩评价等方面维护股东权益，特别是小股东权益，独立董事有特殊的作用。三是经理、董事长原则上分设为好。董事会的重大责任是监督经理，如果董事长兼任经理，董事会监督经理的作用就会失效。

（4）健全董事会的组织体制。一个是以独立董事和外部董事为主，设立审计委员会，审核公司财务体制，监督财务运营状况。另一个是主要由外部董事和独立董事组成的薪酬委员会，负责高层管理人员的业绩评估，并就薪酬水平提出建议。两个委员会都有独立性，一个承担监督职能，一个要发挥激励作用，以此形成公司良好运行的体制保障。

（5）规范议事规则，健全议事程序。董事会实行的是"集体决策、个人负责"的体制，对需董事会决议的事项，每位董事应独立发表意见并经本人签字，记录在案。不能把"集体决策，集体负责"体制引入公司治理。一旦出现重大决策失误，股东有权追溯董事的个人责任，必要的时候还可能被告上法庭。这套机制的用意是使每一个董事独立地对股东承担起责任。

面对入世的挑战，深化国有企业改革的工作显得更加紧迫。此时，政府关心国有企业的发展，并不在于再给它们多少"特殊政策"，或替企业做出多么高明的决策，而是为它们走向市场创造基础条件。其中重要的是为它们解除旧体制遗留的问题，使国家所有者到位。

在"香港上市中国公司研讨会"上的演讲*

(2001年2月15日)

虽然经过几年的实践,对"建立现代企业制度是国有企业改革的方向"基本取得了共识,但国有企业的改制实践仍是对传统体制的巨大挑战。政府追求的是社会目标,很难成为以个别企业的盈利为目标的"合格股东"。上市公司有证券部门的监管,有公开披露的制度,有其他股东的制约,是国有企业改制后最为规范的组织形式,建立有效的公司治理应首先从上市公司做起。

一 健全的法人治理是取得投资者信赖的基石

由于我们缺乏"股东文化"和公司治理文化的积淀,加之传统国有企业管理模式的深刻影响,包括国有控股上市公司在内,国家从企业外部的过多干预和企业内所有者缺位并存,使公司法人治理方面还存在不少问题,有些还是比较严重的。资本市场的投资者毕竟是依靠健全的公司法人治理结构保障自己的投资权益,因此,资本市场和资本市场上的投资者在与政府特殊优惠政策相比更看重的是稳定的投资环境、透明的政策法规和健全规范的公司法人治理结构,有改善公司治理的迫切愿望和持续动力。尽管受现有国情的种种制约,但上市公司有相对严格的法规监管,有强制性信息披露制度,有众多投资者的监督和评价,有条件率先建立规范的公司法人治理结构、实现企业制度创新的突破。

随着企业进入国内、国际资本市场步伐的加快,改善公司治理结构已

---

* 本文是作者2001年2月15日在香港交易所主办的"香港上市中国公司研讨会"上的书面演讲稿,题为"上市公司要率先建立规范有效的法人治理结构"。

经成为十分迫切而突出的问题。从长远看，这是资本市场稳定发展的重要基础。

目前，一些上市公司由于法人治理的缺陷，已经伤害了股东权益，挫伤了投资者的积极性。现实情况是：一些状况良好或有前景的企业急需资金支持，以求迅速发展；而国内国际投资者有较充裕的资金，在四处寻找良好的投资机会，但两者能否实现良性结合，各得其所，重要条件就是企业是否有良好的、可信赖的法人治理结构。一般来讲，资本市场投资者可以承担市场经营的风险，但他们绝不接受内部人暗箱操作或大股东操纵带来的损失。

二 改善公司治理结构的目标是保护股东权益

当前，改善公司治理结构的要点是：保障公司运营以公司价值和股东的长期利益为追求目标，最大限度地降低代理成本，实现股东财富的最大化。

在经济全球化迅速发展的背景下，跨国的企业联合、兼并和投资规模越来越大。为保障跨国投资者的权益，经济合作与发展组织1999年5月通过了一个"OECD公司治理原则"，它有以下几个要点。

（1）公司治理结构框架应保护股东权利。

（2）公司治理结构框架应保护所有股东，包括小股东和非国有股东受到平等待遇。如果他们的权利受到损害，他们有机会受到有效补偿。

（3）公司治理结构框架应确保利益相关者合法权利，并鼓励公司与利害相关者在创造效益和工作机会及为保持公司财务状况而积极地进行合作。

（4）公司治理结构框架应保证及时准确地披露公司有关的任何重大问题，包括财务状况、所有权状况和公司治理状况的信息。

（5）公司治理结构框架应确保董事会对公司的战略指导和对管理人员的有效监督，并确保董事会对股东负责。

这些基本原则概括了世界优秀企业公司治理的共同特点，其要害就是公司法人治理结构必须保障公司和股东权利，特别是小股东权利。尽管好的公司治理结构在各国和各公司没有绝对统一的模式，但这些基本原则却可以得到投资者和利益相关者的广泛认同,有普遍的适用性。

这些指导原则与《中华人民共和国公司法》是相一致的,经过这一提炼,使我们改善公司法人治理结构必须实现的目标更加突出,必须掌握的要点更加清晰,即要实现股东和公司相关者权益最大化。

在国有企业陆续走向国内外资本市场的情况下,面对全球勃然兴起的公司治理运动,在如上公司治理基本原则面前,我们所要强调的不是特色,而是规范。

三 法人治理结构是企业竞争力的基本要素

公司法人治理结构的本质是妥善处理由于所有权与经营权分离而产生的信托、代理关系,即股东与信托人—董事会之间的关系、董事会与代理人—经理之间的关系。包括董事会如何忠诚于股东并勤勉尽职,董事会如何有效激励和监督经理,以及如何平衡公司各个相关者利益关系的问题。

股东推选能代表自己利益的、值得信赖的、有能力的代表,组成公司的最高经营决策机构——董事会。作为最高决策机构,董事会受股东委托,决定公司法人事项,全权负责公司的经营管理,拥有法人财产的支配权和经理人员的任免权。如果股东发现董事未尽到责任可以撤换,玩忽职守的可到法院起诉。董事会以经营管理水平和诚信、尽责为标准选聘经理人。经理作为执行董事会决策的代理人,在董事会授权范围内对公司事务独立行使管理权和代理权,扮演"首席执行官"的角色。董事会代表股东利益对经理的经营管理和尽职尽责情况进行有效激励与监督;必要时还可依《中华人民共和国公司法》(本文以下简称《公司法》)设立由股东代表和适当比例职工代表组成的监事会,对公司财务、董事和经理执行公务的情况进行监督。这样,所有者、经营者、管理者就在公司制度安排下,依照法律制度和公司章程的规范分责分权,权责分明,建立起易于评价和追溯的责任体制。

可以看出,公司制是一个有国家法律保障的、制度严谨的分权——制衡体系,它所形成的一套有效的委托代理关系可以保障投资者的最终控制权可以维系公司各利益相关者之间的平衡,使所有权与经营权分离成为可能。

通过公司制改制，可以突破国有企业深化改革、走向市场的体制障碍，实现政企分开，所有权与经营权分离。为国有经济的健康发展提供一个良好的制度保障。

第一，公司是可以迅速、大规模聚集资本的有效组织形式。经营管理状况良好的公司，是个人投资者和法人投资机构追逐的对象。在一般竞争性行业，国家不可能对国有企业再有资本金注入，资本市场将成为企业融资的主渠道。公司制是投资者进入和退出最便捷、规范的企业制度，也是企业进入资本市场广泛融资和实现重组最便捷的组织形式。

第二，公司制改制有利于建立适应市场竞争的经营机制。国有企业经营机制转换，并不是仅凭个人主观愿望就能实现的，必须以企业制度为载体。通过公司制改制，可以引入包括非国有股东在内的多元股东，构建公司法人治理结构，使公司把目标聚焦于投资回报，建立对股东及公司利益相关者负责的组织体制、决策机制和执行、监督体系，形成所有者、经营者、管理者和职工的合法权益能够得到保障、过分要求能够得到制衡的激励与约束机制。

第三，公司制提供了投资者有效监督的体制框架。公司重大问题由股东会决定；董事会做出经营决策，监督经理运营。根据《公司法》规定，可由股东代表和适当比例职工代表组成监事会，对公司、董事、经理进行监督。上市公司还必须按《中华人民共和国证券法》将涉及经营和投资的重大事项及时向公众披露，每年要聘请专业的审计事务所进行财务审计。公司股票价格的涨落，随时反映着投资者对公司前景信心的变化，是股民对经营者信任程度的货币投票。如果股价一路下跌，公司还将面临被其他公司收购的风险，董事会和经理就面临被撤换的危险。由此形成对经营者的监督和约束，促使公司以投资回报和股东收益最大化为追求目标，搞好经营管理。

第四，公司制企业可以达到较高的经营管理水平。投资者并不就是各行各业高明的经营者。投资者出资，按《公司法》组建经营机构，将财产信托给可以信赖的、有决策能力的董事会经营管理；董事会以科学、民主方式集体决策，但个人负责。董事会以经营管理才干为标准选聘高水平的职业经营管理者；董事会为经理人员制定明确、唯一的效益目标，并激励和监督其执行。这样，投资者、经营者和管理者各展所长、各得其所，可以使公司达到较高的经营管理水平。

国有企业通过公司制改制要获得这些好处，它的公司法人治理结构就必须科学和规范。

在国有企业改革与发展中，有一批企业克服体制障碍，通过规范的公司制改制或股票上市，建立了比较规范的公司法人治理结构，形成了科学的决策体制和激励、约束机制，促进了经营机制转换，提高了市场竞争力。但是，不少企业翻牌为公司后，法人治理结构被严重扭曲，"穿新鞋走老路"，没有超越旧体制。企业的领导体制、决策过程依旧，管理制度、管理方法依旧，经营机制、政企关系依旧，公司法人治理结构被严重扭曲。例如，有的政府部门既向企业派董事、董事长，还要任命和管理经理、副经理，打乱了公司控制权的配置规则，搞乱了公司内部的权责关系，使公司的经营劣迹无人负责。有的企业董事长、经理一人兼，董事会不能有效监督经理，在避免企业"领导班子"内部矛盾的同时失去了制衡；有的董事会成员与经理、副经理高度重合，虽然避免了"两张皮"的问题，却使董事会被经理班子操控，董事代表股东利益的作用失效，为企业内部人控制一切敞开方便之门；偏离了以投资回报和股东价值最大化为追求的目标。

有的董事会对集体决策、个人负责的议事规则不以为然，重大问题还是个人说了算，民主、科学的决策机制没有形成，各董事对股东的信托责任没有落实；

有的把公司分权——制衡体制看成"董事会领导下的经理负责制"，未经董事会授权，董事长处处以"法人代表"和"一把手"自居，要事事"领导"总经理，扰乱了公司的责任体制，使企业经营管理效率降低；

有的国有企业股票上市，在"圈"到钱后随意投资或处置，把股东和招股说明书抛到脑后，并不想通过资本市场改善股权结构，转换经营机制；

有的公司对投资者信息披露不真实、不规范，千方百计逃避社会监督，无意对股东负责；

有的公司国有股占大头，经营者仍看政府脸色行事，他们认为只要把政府主管部门糊弄住，自己就可稳坐江山，小股东利益得不到保障。一些上市公司面对股价的涨落仍我行我素、不理不睬。资本市场对它的约束作用无效；等等。

这种被严重扭曲的治理结构，使企业的体制、机制和运转方式并未超出旧体制的范畴。这种"改制"不仅不能产生健全的市场行为，而且已经直接影响到企业的业绩和投资者的信心。法人治理结构被扭曲的首要受害者就是公司和包括国家在内的全体股东，这已经关系到国有企业能否顺利走向市场，国有企业改革能否成功。因此，党的十五届四中全会《中共中央关于国有企业改革和发展若干重大问题的决定》（本文以下简称《决定》）指出，"公司法人治理结构是公司制的核心"。为实现建立现代企业制度的初衷，政府与企业必须共同努力，在这个"核心"问题上下功夫。如果这个核心问题处理好了，建立现代企业制度的目标才能实现。

四 改善公司治理结构的重要途径是改善股权结构

既然公司治理的目标是维护股东权益，那么改善公司治理的动力主要看股东。如果股东没有为维护自己权益而积极参与公司治理的热情，那么内部人则往往更乐于保持自己的控制权而维持现状。目前，在国有资产管理、监督、运营体制尚不健全情况下，对国有企业改制过来的公司，国有股东如何真正到位又不越位，是改善公司治理的关键。

《公司法》规定，"国务院确定的生产特殊产品的公司或者属于特定行业的公司应采取国有独资公司的形式"。就是说，一般国有企业应改制为多元股东持股的公司，国有独资公司并不是国有企业改制的普遍形式。

在推进建立现代企业制度过程中，很多国有企业改制为国有独资公司或一家国有股东持有70%至90%以上的股权。包括很多国有上市公司都是一股独大。从全国实践看，这种股权结构对机制转换很难发挥作用，往往是换汤不换药，最多是穿新鞋走老路。

国有独资公司和国有股一股独大的主要弊端有5点。

（1）难以做到政企分开。政府往往把这一改制后的企业仍当作行使政府职能的工具，直接干预和指挥，小股东权益被侵犯；

（2）经营者往往以政府主管的好恶为准，看国家大股东脸色行事，其他股东的监督失效，企业看重政府的要求，不能把目标集中于经济效益，创造良好业绩；

（3）国有股东管理众多控股企业，鞭长莫及，其他小股东又较少有发言权，所有者权能难以到位，为内部人控制提供了条件；

（4）不利于放大国有资本的功能，扩大国有资本的辐射作用，发挥国有经济对其他所有制经济的引导、带动作用；

（5）在国家不再新增资本投资的情况下，有良好前景企业的发展将受到制约。

因此，十五届四中全会《决定》提出，"除极少数必须由国家垄断经营的企业外，要积极发展多元投资主体的公司"，促进混合所有制经济发展。这是中央确定的国有企业改制的一项重要指导原则。

总结全国经验，对那些身居重要行业、关键领域的企业，国家控制力有的要由国有独资企业来实现，更多的则要"探索通过国家控股和参股来实现"；在一般行业，根据具体情况，从有利于机制转换、有利于企业发展出发，股权结构可有多种选择。十五届四中全会要求"重要的企业由国家控股"，就是说一般企业可以国有控股，也可以不控股。

如何实现股权多元化？当前可有多种选择。

（1）当前国有经济战略性调整和国有企业战略性重组和企业联合、兼并，可以以产权为纽带进行，实现股权多元化；

（2）具备条件的企业可以在境内、境外资本市场股票上市；

（3）具备条件的企业，可与债权人协议将债权转为股权，引进新的投资者；

（4）小企业在所有者和职工自愿情况下，可进行股份合作制或职工持股的改制；

（5）引进国外投资者，实行合资嫁接；

（6）部分国有股转让（减持），改善股权结构；

（7）由持股机构通过股权交换，对持股的企业实行交叉持股。

五 改善公司法人治理的实践经验

（1）优化股权结构。引进新的投资者，实现股权多元化；

（2）国有持股机构对所持股权集中、统一、排他性地行使所有权。派股东代表参加股东会;派出董事参加董事会。

(3) 改善董事会结构。外部董事不少于三分之一;独立董事有特殊作用;董事长/经理分设——监督经理。

(4) 健全董事会体制。设立审计委员会;设立薪酬委员会。

(5) 规范董事会议事规则。健全董事会决策程序。

六 完善公司治理结构规范运作的配套条件

规范的公司治理结构并不是靠公司自身努力就能做到的,需要政府、企业和中介机构共同努力,营造完善的配套环境。

(1) 完善相关法规。着重解决以下问题:①改善董事会结构,明确有关外部董事、独立董事的规定;②强化董事义务,进一步明确董事的个人责任;③改变董事长即法人代表的概念(规定),强化董事会议事规则和投票、记录制度;④限制绝对控股股东超越公司法的干预;⑤改善对经营者的激励制度,包括股票期权,等等。

(2) 提高国家所有权委托代理的有效性,建立和完善国有资产管理、监督、运营体制。政府授权资产经营机构持有国家股权,国有持股机构应成为依照《公司法》进行投资、追求商业目标的机构;使企业中每一部分国有资本都有集中统一的、排他性的出资人机构持有,并集中行使股东权利,承担相应责任。

(3) 发展机构投资者,改善公司的股权结构。将国有公司分为两类,一类是必须由国家垄断经营的公司,如某些天然垄断的行业、涉及国家安全的行业、提供重要公共产品的骨干企业,由国家立法成为特殊企业法人,拥有特许经营权,接受国家和公众的监督,完成社会目标、兼顾经济效益;另一类是在竞争性行业、按市场规则运营的公司。逐步对各类投资者开放,包括设立和发展投资基金,承接第二类公司部分减持的国有股份,改变国有股一股独大的状况。

(4) 健全资本市场,加强证券监管。寻找时机使证券市场中非流通股全流通,使上市公司的市场价值真实化,并形成控制权可转移的机制。加强对上市公司治理结构、信息披露、关联交易等的监管,增加公司的透明度，发挥资本市场对公司治理和业绩的客观评价和强有力的监督、约束作用。

（5）发展经理人才市场。公司可以通过市场选聘经理人才，为管理新秀脱颖而出创造条件。同时，以经理人员市场价值的起落形成对经营者的客观评价和激励与约束，促使其勤勉、诚信地为公司工作。以经理人才的市场价格决定经理人才的薪酬。

（6）发展中介服务机构。发展规范并具有职业道德的高素质的会计师事务所、审计师事务所、律师事务所以及股评机构、管理咨询机构、行业协会等中介机构，可以为企业和股东提供良好的服务，起到客观、公正的评价、监督、咨询、沟通作用。

在"中国发展高层论坛"2001年年会上的讲话*

（2001年3月25日）

2001年3月25日，国务院发展研究中心在北京钓鱼台国宾馆举办第二届"中国发展高层论坛"2001年年会，主题是"经济全球化与政府作用"。温家宝副总理出席"中国发展高层论坛"开幕式。他在致辞中指出，经济全球化并不意味着减少政府的责任和作用。在参与经济全球化的进程中，中国政府将担当起自己应负的责任，进一步转变职能，改进发挥作用的方式。王梦奎、项怀诚、王春正、解振华、陈清泰等有关部门负责人，海外跨国公司高层领导人，国内部分大型企业高层领导人，国际组织和非政府组织代表，海内外著名专家学者百余人出席会议。

女士们，先生们，同志们：

首先，我谨对各位来宾在百忙之中参加这次会议，再次表示诚挚的欢迎和感谢。

这次会议的主题是"经济全球化与政府作用"。在当前形势下讨论这个问题有哪些意义？经济全球化背景下政府应当发挥何种作用？中国的政府职能转变应当沿着什么方向推动？在体制转轨过程中，政府还应做什么？为引起大家讨论，我想就这些问题谈一些看法，以抛砖引玉。

经过十几年的不懈努力，中国加入WTO的进程已经进入了最后阶段。加入WTO，从根本上说，是中国适应经济全球化大趋势，并应对由此带来的机遇和挑战的战略决策。生产、贸易和消费的国际化进程可以上溯到19

---

* 本文是作者在第二届"中国发展高层论坛"2001年年会上的讲话。

世纪后期,但在过去的二十年间,由于信息革命迅猛发展所创造的技术支撑、国际贸易组织逐步调整规则、改进法律保障,以及国际分工细化和市场规模扩张所提供的舞台,经济全球化进程显著加快。随着国际贸易壁垒不断削弱,国际商品贸易高速增长,1980~1995年平均增长率达到5.6%;服务贸易异军突起,年均增长速度达到9.3%,均高于同期世界经济增长速度;国际投资日趋活跃,跨国公司在全球范围内展开生产经营活动,其累积输出资本已达35000亿美元,成为推动经济全球化进程的主体;金融国际化加速发展,国际金融市场交易量大幅增长,各主要国际金融市场已经形成时间上相互接续、价格上相互连动的交易网络;国际互联网迅速扩张,国际间信息流动低成本、大容量、快速便捷,信息交流意义上的"地球村"正在形成之中;区域性贸易、投资自由化安排陆续涌现,成为进一步带动全球贸易投资自由化的引导力量。

经济全球化进程的显著加快,带来了一系列的重要变化。首先是国际分工基础的改变。经济全球化趋势的增强,使信息、生产要素、商品和服务跨国界流动的成本大大降低。随着产业结构的高度化,在决定各国比较优势的因素中,资源禀赋作用在减弱,而政府效率、市场机制完善程度、劳动者掌握知识与信息的能力、受到政策影响的市场规模等因素的作用在增强。其次,国际分工模式出现变化。随着经济全球化的日益深化,以跨国公司为主体寻求在全球范围内资源的最佳配置,将其产业链的不同环节分别布局在不同的国家,将越来越多的国家纳入跨国公司的全球生产与服务网络之中。表现在贸易结构上,就是产业内贸易和公司内贸易的比重大幅度提高。最后,以上这些变化进而导致了国家经济利益的含义与维护方式的变化。以往维护国家经济利益,主要是支持本国企业占领国外市场,同时保护国内市场使之免受竞争对手的侵蚀。跨国公司大量出现后,不仅在全球采购、加工与销售,而且进行全球融资,其国籍特征日益模糊。跨国公司进入一国投资,对投资东道国的经济增长、就业、税收、技术进步等方面起到日益重要的作用,并越来越深地融入了东道国的整体经济之中。尽管跨国公司作为投资方与被投资方之间不是不存在利益冲突,但一个日益明显的事实是,一国的国家经济利益不再仅仅体现于基于本国资本的传统"民族企业",还体现于境外资本参与其中,存在于"本土"的合资和独资企业。相应地，维护国家经济利益的手段也由以往的贸易与投资壁垒为主，逐步转变为改善投资环境，降低交易成本，吸引各方投资，增强"本土"各种类型企业的竞争力为主。

经济全球化趋势显著增强及其带来的诸多变化，促使处在国际分工体系中的各国经济发展战略以及与此相关联的政府作用已经和正在发生重要转变。以往的国家经济发展战略，旨在最大限度地利用国内现有资源，对发展中国家来说，则倾向于实行"进口替代""出口导向"的对外政策。随着经济全球化进程的加快，这种战略的局限性日益明显，不少国家转向实行在开放中增强本国经济竞争力的战略，即在争取公正合理的国际经济新秩序的基础上，一方面充分利用本国资源，另一方面越来越多地利用全球资源，在比较优势的基础上，通过竞争逐步提高本国企业的国内国际竞争力。另外，政府发挥作用的方向和方式也在相应调整。就东亚国家而言，政府的强力干预和产业政策曾被认为是其经济快速增长的重要乃至关键因素。但近年的经验，特别是亚洲金融危机的经验表明，政府的这种干预短期内可能有效，但在中长期则很可能伤害经济的竞争力，付出的代价却是高昂的。越来越多的国家政府意识到，创造并维护一个有效率的市场比产业政策更重要。政府发挥作用的基点，应当从对资源配置的直接干预，转向使市场起作用，通过市场力量提高资源配置的效率，增强本国经济的竞争力。

生产要素在全球范围的可流动性，使得哪里市场机制完善，哪里有比较优势，哪里靠近市场，它就会在哪里落地。而哪里从全球吸引的生产要素越充沛，哪里的经济就发展更快。但是，能创造和提高国家竞争力的主要因素是政府。因此，中国加入WTO面临着多方面的挑战，其中政府管理体制和行为方式面临的挑战最为直接和突出。在过去的二十多年间，中国实行积极的对外开放政策，经济由封闭走向开放，越来越多地融入国际分工体系，成为经济全球化进程的主动参与者。开放从一个独特的角度推动着改革，又是中国社会主义市场经济体制建立和完善过程的重要力量。在经济转轨的大背景下，中国各级政府的职能转换和机构改革取得了不同程度的进展，有些方面的进展相当显著。与此同时，政府改革也存在着相对滞后、与新形势不相适应的诸多问题。在中国加入WTO，更加广泛和深入地介入经济全球化进程的背景下，政府应当发挥什么样的作用？在现有的基础上，政府作用的方向、重点和方式应当有哪些改变？这些问题是无法回避的。对这些问题，目前也存在着不尽相同的看法。

一种观点倾向于通过政府的强有力干预和重点扶持，促进一批大企业特别是国有大企业的成长，以增强中国企业在加入WTO后国内国际市场上的竞争力。这种观点认为，尽管亚洲金融危机后暴露出一些问题，但对日本、韩国等国家政府扶持企业的做法不宜全盘否定。另一种观点则认为，中国加入WTO后，国内经济将进一步与国际经济接轨，市场化程度将提高到一个新的水平，政府的作用应当大幅度减少，在关注"市场失效"问题的同时，尤其应当关注"政府失效"的问题。还有一种观点认为，中国正处在经济转轨时期，与成熟的市场经济国家相比，政府应当在更多的领域发挥作用。

应当说，由于理论、历史和现实背景的不同，以上诸多看法从不同角度看都是有一定道理的。不同观点的交流、讨论，将有助于深化对问题的认识。国务院发展研究中心的课题组向本次会议提交了一份题为"经济全球化背景下的政府改革：中国的经验、问题和前景"的研究报告，阐述了一些初步看法，作为参与会议讨论的一种意见。

我们认为，从形式上看，中国加入WTO后政府所面临的挑战，较多地表现在涉外经济管理体制方面，但进一步分析，则不难发现问题主要源于整个经济体制本身。或者说，涉外管理体制上的问题只是整个经济体制所存在问题在一个特定方面的反映。在中国加入WTO的背景下，一方面要加快对不适应WTO规则的涉外体制、法规和政策的调整，另一方面，也是更重要的，要在深化以市场为导向的经济体制改革、完善社会主义市场经济新体制上付出更大努力。

在这个过程中，政府的角色定位至关重要。其中的一个基本问题是政府、市场与企业的关系。在新的开放格局下，特别是经过亚洲金融危机以后，对于政府强力干预、扶持部分企业和产业发展的做法，必须重新审视。相比之下，创造一个有效率的市场环境则更加重要，更具有基础意义。中国参与经济全球化进程的立足点是发挥自己的比较优势。但诸多比较优势要转化为现实的竞争优势，最重要的是形成一个有效率的市场环境。体制转轨和市场环境不会自然形成，因此，强调市场起作用，并不否认政府起作用，但政府作用的重点和方式应有根本性的转变。政府应当是"亲市场"的，要将自己的主要注意力、发挥作用的基本点，明确无误地放到创造有效率的市场环境上来。从这个意义上说，对政府的有效性，很大程度上要通过市场的有效性做出估价。

另外，市场经济、开放型经济在不同国家因国情不同可以有很大差异。中国仍然是一个发展中国家，旧体制遗留的问题和社会发展不平衡的问题还比较突出，仍然处在经济转轨过程之中。这些特点决定了在现阶段政府转变职能，首先要从对企业的直接干预中抽身，集中精力搞好宏观调控与市场的"培育"和"完善"。与成熟市场经济国家相比，政府起作用的领域要多一些。同样显而易见的是，此时政府的作用存在着较大的不确定性。重要的并不是政府作用的"多少"，而是政府作用的"定位"和"范围"的合理性。

在明确新形势下政府作用的方向、重点和方式的基础上，今后一个时期应当选择若干重要而条件相对成熟的领域加快推进政府改革。例如，按照加入WTO所做的承诺，全面清理现行的法律、法规和政策；以放松或取消进入限制为重点，营造国内各类合法经济主体公平竞争的环境；清理并大幅度减少政府行政性审批；按照建立统一、开放、公平竞争的国内市场的要求，大力整治市场秩序；以国有大企业改制为重点，加快国有经济布局战略性调整的步伐；抓紧一批具有自然垄断和公用事业特点的行业的改革、重组和规制；加快社会保障体制的建立和完善；加快行政程序立法，规范行政权力，落实依法行政；加快司法体制改革，加强司法独立，为市场经济的有效运作提供及时、公正的司法服务；将精干、养廉、高效有机结合，提高行政管理效率和人员素质；等等。

如何在经济全球化的背景下有效发挥政府作用，是中国进一步改革开放的重要问题。这个问题的答案也许不是唯一的。中国发展高层论坛邀请国内外专家、企业家和政府官员就这一问题进行深入研讨，具有十分重要的意义。我相信，通过与会各界人士的共同努力，我们的交流将会产生许多积极成果，这些成果不仅将有益于中国进一步的改革、开放和经济社会发展，也将有益于世界和平与发展。

关于"授权经营"的制度设计[*]

（2001年4月23日）

国有产权委托代理是不可或缺的重要环节。但一般而言，管理幅度过宽效率会降低，委托代理的链条越短效率越高。面对庞大的国有资产和国有企业群，国有产权的委托代理将两种形式并存。一是国家所有权行使机构直接控股重要企业；二是通过"授权经营"监督所属企业。"授权经营"在未来国有产权的管理体制中是一个特殊重要的环节，这一委托代理的制度设计关系重大。授权经营机构是国家投资和拥有股份的企业的国有"老板"，是政府单独出资设立的专司国有资本经营的控股公司，它的功能定位和运作方式，关系到所属企业的公司治理，关系到国有资产的保值增值。

一 关于国有产权委托代理

国有企业改革的根本出路是建立现代企业制度，核心的问题是实行所有权与经营权分离；政府的公共管理职能与国家所有权职能分离。为此我们面临两个必须要解决好的问题：一是国有产权委托代理的有效性；二是公司治理的有效性。

投资者是公司的主宰，公司治理的有效性取决于股东为维护自己权益而参与公司治理的热情和行为方式。因此，就上述两个方面而言，国有产权委托代理的有效性对公司健康运行更具有基础意义。

1993年党的十四届三中全会在提出以所有权与经营权分离为特征的现

---

[*] 本文是作者2001年4月23日撰写的一篇文章，曾收入《国企改革：过关》（陈清泰著，中国经济出版社，2003）。

代企业制度的同时,即要求"按照政府的社会经济管理职能和国有资产管理职能分开的原则,积极探索国有资产管理和经营的合理形式和途径"。党的十五大进一步明确"对国有大中型企业实行规范的公司制改革"后,即提出"建立有效的国有资产管理、监督和运营机制"。十五届四中全会总结实践经验,为未来国有资产管理设计了一个体制框架,即"国家所有、分级管理、授权经营、分工监督"。就是"国务院代表国家统一行使国有资产所有权,中央和地方政府分级管理国有资产,授权大型企业、企业集团和控股公司经营国有资产","从体制上、机制上加强对国有企业的监督"。

对于同一个问题,在党的重要会议和文件上一再重复提及的事例并不多。之所以在国有资产管理问题上这么做,是因为国有产权的委托代理是中国社会主义市场经济体制最重要的一项制度建设。

由于种种原因,国有资产管理体制改革的任务至今尚未完成。

二 委托代理的两种形式

未来的国有资产管理体制,实际上就是国家所有权委托代理体制。这一制度设计要解决的最重要的问题是政资分开、权责明晰;这一制度设计成败的关键,是委托代理的效率和有效性。委托代理的有效性与委托代理的链条长短有相关性。政府专司国家所有权的部门直接持有国有公司的股权、行使股东权利,可以把委托代理的链条缩得最短,但面对数以万计国有企业,政府机构直接充当出资人是不具可行性的。

中国国有资产规模庞大,在国民经济中占比很高,涉及行业十分广泛,企业数量众多。即便中央、省市"分级管理",如果由政府国家所有权行使机构直接行使所有权,也会因为管理幅度过宽而鞭长莫及,实践证明,此时国家所有权往往会被架空。因此,1993年中央就提出设立"控股公司"代理行使国家所有权的问题。与此相呼应,同年12月颁布的《中华人民共和国公司法》(本文以下简称《公司法》)又从法律规定上明确了"国家授权投资的机构"的概念。此后国务院和一些省市先后分别对部分大型企业或企业集团进行了"授权"试点。在试点基础上,1999年十五届四中全会进一步提出"授权大型企业、企业集团和控股公司经营国有资产"。

由此看来，国有产权的制度设计要兼顾两个方面，一是缩短委托代理链条，二是有效率的、可承受的管理幅度。比较可行的做法是将国有股权的行使分作两类，一类是由政府国家所有权行使机构直接持股、直接行使国家所有权；另一类是由政府国家所有权行使机构委托"国家授权投资的机构"代理行使国家股东权利。从数量上看，后者是多数，前者为少数。但直接持股企业对国家安全和经济发展的重要性这方面来看，则比前者更为显要。

对于政府国家所有权行使机构直接持股的问题，重要的是国家所有权行使机构与其他股东处于完全平等地位，对持股的企业不再有政府行政权力，只能依《公司法》行事。

在另一种情况下，"国家授权投资的机构"的"授权经营"是难以避免的一个"多余环节"。由此带来的好处是被持股的原国有企业从财产关系上与政府割断了联系，这些企业原拥有的国有产权已经转变为投资机构的"法人股份"，有利于从体制上实现政企分开。带来的问题是，增加一层委托代理关系后，国家所有权委托代理的有效性如何保障。

三 "授权经营"的制度设计

在国有产权委托代理这一体制设计中，"授权经营"是一个非常重要的环节，对于大多数原国家投资和拥有股份的企业来说，它们是政府注资设立的国有法人"老板"，是政府出资人与企业之间的中介，是建立新体制的纽带和核心。

授权经营机构，对上，受国家所有权行使机构的信托独立运营国有资本，在资本运营中争取保值增值，接受国家所有权行使机构监督，并对其负责；对下，在拥有股份的企业中是排他性的国有法人股东，独立行使股东权利，承担股东责任。这样，从国家看，每一部分经营性国有资本都有持股机构负责经营管理，对国家承担资产经营责任；对企业而言，每一部分股份，包括原国有股份都有唯一的、排他性的持股机构统一行使所有权。通过这样的改制，对这部分国有企业解决了两个问题，一是由于有"授权投资的机构"的介入，使原国有制性质的股权转变为"国有法人股权"，有利于实现政企分开，塑造独立的市场主体；二是"授权投资的机构"是法人股东，没有公共职能，目标集中于所有者权益最大化；对所持股份拥有排他性的股东权利，集中统一地行使股权；加之可追溯国有产权责任的体制和机制，这些都有利于产生正常的股东行为，形成有效的公司治理机制。

目前，对"授权投资的机构"和"授权经营"还没有法律法规的界定，根据试点实践的探索，我们可以建立这样的一些概念。

（1）政府通过国家所有权行使机构将边界清楚的国有资本注入授权经营机构，信托授权经营机构运营。这里特别要注意的是委托代理的财产边界必须十分清楚，这是授、托双方权责发生的基础。

（2）授权经营机构按授权经营协议，或机构章程，对受托经营的国有资本，拥有占有、使用、处分和收益权。就是说，政府出资并拥有授权经营机构，而授权经营机构对所持股份则拥有完全的股权。

（3）"授权经营机构"是政府单独出资设立的、运营国有资本的国有独资公司。按政府批准的章程公司化运作，受政府所有权行使机构监管，是特殊企业法人。"授权经营机构"难以完全按《公司法》进行调节，有专门的立法进行界定。

（4）授权经营机构没有政府权力，与其全资、持股和参股企业不再有"行政隶属关系"，是股东与公司的关系，仅此而已。"国有法人股东"只能按《公司法》行事，没有超越《公司法》的权利。

（5）国家所有权行使机构每年与授权经营机构签订"业绩合同"。国家是特殊投资者，除资本增值外，为了国家安全、经济持续发展，在民间投资不准进入或不愿进入的某些行业和领域，往往需要通过国有投资实现特定目标。此时，政府应通过国家所有权行使机构与授权投资机构签订能体现国家所有者意志的业绩合同。在实现国家特定目标中，正常情况下出现的亏损应得到政府的补偿或批准特殊账务处理。

（6）业绩合同要经合同双方充分协商后确认。合同一旦签订，对双方都有完全的约束力，在合同规定范围内授权经营机构全权独立经营运作授权的国有资本，政府部门无权超越业绩合同进行干预。如果在合同期限内，政府意图有变化或授权经营机构执行业绩合同中出现异常，须经合同双方协商修改合同。确保授权投资机构不受干预地把目标集中于实现业绩合同。

这是提高国有资产委托代理有效性的重要条件。

（7）国家所有权行使机构通过法定程序监管授权经营机构。除批准章程，决定其设立、变更、终止等事项外，日常的监管主要有三个渠道：一是决定授权经营机构董事、董事长任免；二是确认年度经营目标，即与其签订可反映政府意志的年度业绩合同；三是以年度目标为准聘请专业机构进行审计，由国家派出的监事会进行考核评价，并由此决定董事和董事长的薪酬和去留。

由此可以看出，授权经营机构是在国家直接监管下，进入市场专门经营国有资本的独立机构。政府意志和特殊要求应充分反映在年度业绩合同之中，并监督授权经营机构实现，而不应在事前没有约定的情况下以随意性的日常干预来体现政府意志。

四 授权经营机构的设立和运作

上海、深圳等城市在设立授权经营机构方面进行了有益的探索，积累了实践经验。它们通过设立国有控股公司作为国有资本持股机构，使每一部分国有股权都有了具体的、明确的、统一的、排他性的国有资本出资人（机构），行使所有者权能，落实国有资本管理、监督和运营责任，初步形成了可以追溯资产经营责任的体系。通过监管机构对它们的严格监管，使它们对持股企业成为"真老板"。

授权经营机构可分为两类：有核心企业和核心业务的国有集团公司（混合控股公司），如中石油、中石化集团公司；专司国有资本投资运营的国有独资公司。授权经营机构可以由特大型集团公司或政府专业部门（如轻工局、纺织局）转制，也可以新设。目前有争议的是将原政府机构改制为控股公司是否可行。从一些地方实践情况看，某些将来被撤销的政府机构在体制转轨时期是可用资源，但要用好这一资源必须小心地做好体制设计。例如将工业局改制为行业控股公司时，要给它设定明确目标：以产权为纽带重组持股企业；推进公司制改制；解决行业内历史遗留问题等，限期实现。完成如上任务即对控股公司自身进行第二次重组，淡化行业色彩，转变为纯投资控股公司。

建立符合市场经济体制的国有资产管理、监督、运行机制是国有企业改革的重大问题，它涉及传统体制诸多方面，必须做周密的体制设计，由政府主导，协调各方力量共同努力，总结各地经验，制定相关法律法规，积极稳妥地推进。

实现国企改革脱困三年目标的长远意义[*]

（2001 年 5 月 22 日）

三年目标的实现实际上取得了两大成果。一是国有企业经营状况明显好转；二是在建立新机制上打开了局面，有了良好的开端。而后者是三年改革和脱困更带有本质意义的成就。但是，这些成果要能成为不需政府干预，可以通过市场自动运行的机制还远不成熟，还有大量工作要做。如果在建立新机制上就此停步，必然是行百里者半九十，将来不得不走回头路。因此，在三年成就的基础上必须继续努力，深化改革，创造配套条件，完善法规，规范运作，大力推进新机制的建立，绝不能认为三年任务完成了就可以偃旗息鼓，企业就不再重组、职工就不再流动、丧失竞争力的企业就不再退出市场了。三年脱困期间，对企业重组、企业退出、职工下岗分流是当作特殊重大问题，由政府主持以个案方式逐个处理的，这种方式是不能持久的。

在党中央、国务院的领导下，经过各级政府和部门、国有企业和广大职工的艰苦努力，国有企业改革脱困三年目标已顺利实现。认真总结实现三年目标的巨大成就，对继续深化改革具有重大意义。

一 三年改革脱困提出的背景

进入 20 世纪 90 年代中期，企业外部环境发生了巨大变化。其中对企业影响最深的有三方面。

---

[*] 本文是作者为《中国经济时报》撰写的文章，发表于 2001 年 5 月 22 日《中国经济时报》权威论坛栏目。

第一，1994年开始的以财政、税收为主线的改革，使国家宏观管理由计划体制转向市场经济体制。随之进行的金融、外汇、外贸等体制改革，以及随着国家控制价格的放开而形成的价格机制的转变，使得社会主义市场经济管理体制的构架初步形成。面对这一体制巨变的形势，长期依附于旧体制的国有企业一时难以适应。

第二，伴随生产能力的持续增长，居民消费结构升级，市场上的供需关系发生了历史性逆转。长期卖方市场转向供需平衡或供过于求，出现了结构性生产能力过剩。市场对企业的制约明显增强，长期低水平重复建设、技术开发投入不足和产品结构、产业结构不合理的矛盾逐渐爆发。

第三，随着体制转轨和对外开放的深化、关税总水平的降低，中国市场进一步国际化的格局已经形成。世界最强的跨国公司纷纷进入中国市场，使中国企业即便在国内市场上也要面对世界最强对手的竞争。企业国际竞争力不足的矛盾凸显。

长期以来，国有企业就是在计划体制、卖方市场、高关税保护下生存和发展的。面对如上三方面历史性巨大变化，绝大多数国有企业缺乏准备和应变能力。当这些变化到来的时候，企业之间只能在相对狭窄的领域进行低水平恶性竞争。此时，结构调整已势在必行。但由于体制、政策的制约，技术更新、产业结构升级、企业重组的高潮未能及时形成。从弱势企业开始，库存产品积压，不能及时支付利息，银行停止贷款，工厂停工半停工，大量职工下岗、不能及时领到工资，大量退休职工不能按时领到退休金……长期积累于国有企业的深层次矛盾不断爆发。至1997年，全国工业企业连续三年利润下降、亏损上升，部分产业出现全行业亏损，下岗职工累计约千万。此时，国有企业的问题已经成为社会关注的焦点和影响经济发展、社会稳定重要因素。江泽民同志多次指出，国有企业改革进入了关键时期、攻坚阶段。

针对这一严峻形势，1997年9月，党的十五大提出"力争到本世纪末大多数国有大中型骨干企业初步建立现代企业制度，经营状况明显改善"。在十五届一中全会上，江泽民同志进一步确认了三年改革与脱困的目标。

二 三年脱困目标基本实现

经过全党全国共同努力，到 2000 年，国有企业改革和脱困的三年目标已顺利实现。

1. 国有企业经营状况明显好转

去年国有及国有控股工业企业盈亏相抵后赢利 2392 亿元，为 1997 年的 2.9 倍。

2. 国有经济结构得到改善

以纺织行业为突破口，调整结构，发展新的增长点，淘汰落后生产能力。国家重点监测的 14 个亏损行业，有 12 个扭亏为盈。

3. 分流了富余人员

以"再就业服务中心"为过渡形式，积极推进社会保障体制建设，促进职工下岗再就业。三年国有企业下岗分流富余职工约 2100 万人。

4. 企业结构得到调整

一批丧失竞争力的企业逐步退出市场。1997 年底国有大中型亏损企业 6599 户，通过兼并、联合和破产注销约 2000 户。

5. 资产负债结构得到改善

三年间约有 300 家国有企业在境内上市、22 家境外上市，共筹集资本金超过 4000 亿元；国家在约 600 户企业中实行债权转股权，总额约 4000 亿元。国有企业总体负债率下降。

6. 企业技术状况改善

国家贴息约 200 亿元支持重点国有企业贷款技术改造，加上企业自筹资金，三年共完成技术改造投资约 10000 亿元。

7. 企业制度创新取得进展

国家重点监管的大型国有企业约 80% 进行了公司制改制，初步建立了现代企业制度。

这些成绩的取得来之不易，具有十分重要的意义。它不仅促使中国经济出现了良好的发展势头，加强了国民经济持续发展的基础，更重要的是进一步坚定了搞好国有企业的信心。

三 着眼培育和建立新机制

三年改革和脱困的成绩不可低估,但毕竟是阶段性成果。谁也不会认为,国企改革到此已大功告成。今后,宏观经济形势会不断变化,由于各个企业所在行业、基础条件、治理机制和经营水平的差异,企业有起有落、有生有死是不可避免的。企业重组、兼并、破产,职工下岗再上岗也在所难免。在市场竞争中,胜利者不断扩张和发展,失利者被兼并或退出市场,这是经济具有活力的重要表现,也是经济运行效率提高的必要条件。我们要增强国有经济的活力,"活"就在于国有资产的可流动性和劳动力的可流动性。当国有资本通过企业的重组能不断地流向回报率更高的部门、每个劳动者能不断流动到最能发挥自己才能的岗位,这时,国有资本的保值增值就有了保证,整个经济运行的效率就会提高。虽然通过市场配置资本和劳动力遇到了很多旧体制遗留的难以克服的障碍,但十分可贵的是,经过三年大力度改革和脱困过程,在机制创新上有了重要突破。如果我们在总结三年工作时不能充分认识和肯定这一点,并为确立和巩固这种新机制继续努力的话,那么我们三年工作的成绩将会损失一半,而且可能是更重要的一半。

四 珍惜和完善改革脱困形成的新机制

国有企业三年改革和脱困更具本质意义、能长期发挥作用的新机制,至少有以下几个方面值得特别重视。

(一) 国有企业退出市场的机制初步形成,渠道开始打通

在过去的三年,结束了国有企业有生无死的历史。对那些丧失竞争力的企业,政府宁肯采取措施帮助因此而失业的职工,也不再注资"挽救"没有希望的企业。政府鼓励通过企业的兼并重组重新配置生产要素。大家越来越清楚地看到,那些丧失竞争力的企业被兼并是一种新生,而企业破产也是生产要素重新配置的一种极端形式。没有企业的破产,就没有真正

意义的自负盈亏，真正的政企分开，也就没有真正的市场经济。三年中2000多户企业被兼并、破产的实践积累了十分宝贵的经验，也逐渐取得了职工和公众的认同，为修改《中华人民共和国企业破产法》、建立企业退出市场的机制和通道奠定了基础。

（二）国有企业职工流动机制初步形成

三年中有2000多万职工下岗，大部分已再就业。这次劳动力结构大规模调整不仅减轻了企业负担，而且也是国有经济结构调整、企业重组的必要条件。千万国有职工大转移，对破除"进了工厂门，就是国家的人"的传统观念，具有跨时代的重要意义。大量职工下岗分流，极大地促进了职工养老和职工下岗、失业基本生活保障体制建设。很多城市的经验表明，只要社会保障机制健全，国有企业职工通过劳动力市场流动，不仅必要而且可能。

（三）国有企业职工逐步由"企业人"，转变为"社会人"

企业办社会、职工以企业为"家"，特别是远离城市的大型企业，职工生老病死依托的唯一支柱就是企业。企业办社会不仅增加了经济负担，而且使企业不能将目标集中于追求经济效益，与其他竞争对手相比处于劣势地位；职工离开企业找不到任何社会依托，职工离不开企业，企业也辞不了职工，企业和职工不能实现双向选择，各得其所、提高效率。三年中，采取多种形式逐年从企业中分离出大量的学校、医院、幼儿园等社会机构，由地方政府承接，加之社会保障的社会化管理逐步到位，政企错位的状况逐步得到改善。企业将目标集中于提高经济效益，承担起保障就业岗位和增加税收的职能；政府用纳税人的钱承担起社会管理和公共服务的职能，从而实现政府和企业间的社会化分工，职工的社会依托由企业转向社会，由"企业人"变为"社会人"。

（四）国有企业由依赖政府注资，转而走向资本市场

在激烈的市场竞争中，政府用纳税人的钱支持竞争行业的某一企业，无异于是对其竞争对手的歧视。三年中，政府已改变给个别企业吃"偏

饭"、用特殊政策扶持的办法。除规范的债转股外，对竞争性企业已经断绝了财政注资。有前景企业的融资渠道已逐步转向境内或境外资本市场、信贷市场，或通过多种途径从境内外引入新的投资者。企业对政府注资或以政府指令强制银行贷款的期望逐步弱化或消失。

从长远看，以追求更高投资回报为目标，对资本结构不断优化、企业结构动态重组、劳动力结构适时调整，并不是90年代独有的特点，而是适应市场竞争、保持国有经济活力的需要。经济增长有周期，行业发展有兴衰，企业经营有成败。市场经济的活力就在于持续动态调整和配置生产要素。绝不能认为三年任务完成了就可以偃旗息鼓，企业就不再重组，职工就不再流动，丧失竞争力的企业就不再退出市场了。三年脱困期间，对企业重组、企业退出、职工下岗分流是当作特殊重大问题，由政府主持以个案方式逐个处理的，这种方式是不能持久的。

三年目标的实现实际上取得了两大成果。一是国有企业经营状况明显好转；二是在建立新机制上打开了局面，有了良好的开端。而后者是三年改革和脱困更带有本质意义的成就。

但是，这些成果要能成为不需政府干预、可以通过市场自动运行的机制还远不成熟，还有大量工作要做。如果在建立新机制上就此停步，必然是行百里者半九十，将来不得不走回头路。因此，在三年成就的基础上必须继续努力，深化改革，创造配套条件，完善法规，规范运作，大力推进新机制的建立。从某种意义上说，新机制的建立是长期保持国有经济良好状态，不断增强国有经济实力的基本保障。

关于深化国有企业改革的几个问题[*]

（2001年6月28日）

很多企业的同志提出，在国有企业改革脱困三年目标基本实现之后，进一步深化改革应该做什么？我想至少有这样几个问题值得认真研究。第一，如何巩固和发展三年改革脱困的成果。这是摆在我们面前的一项更艰巨的任务。第二，要抓紧建立符合市场经济的国有资产管理监督和运营体制。随着改革的深化，这个问题的紧迫性越来越突出。第三，如何以提高企业竞争力为目标，改善公司治理结构。这是在国有企业改制后，接下来要解决的一个重要问题。第四，垄断性行业的改革、改组问题。现在，一些垄断行业的状况已经非常不适应经济和社会发展的需要了，改革改组势在必行。第五，关于经营者的薪酬激励问题。这实际上是一个人才战略问题。由于时间关系，今天我想就前面三个问题谈一点意见。

一 巩固和发展三年改革脱困成果

20世纪90年代中期由于企业外部环境发生急剧变化，东北等老工业基地国有企业状况随之迅速恶化。为较快扭转这一情况，1997年党的十五大提出在东北等老工业基地实施国企改革三年脱困计划。

90年代中期，企业环境有三个大的变化。这些变化影响到各类企业。但是和旧体制关联最密切的国有企业，特别是东北等老工业基地的国有企业受到的影响最大。

---

[*] 本文是作者2001年6月28日在中共中央党校所作专题报告的记录整理稿。本文也是作者2002年2月4日在中国海洋石油集团公司干部大会上做报告的主要内容，报告的主题是"国有企业改革脱困三年目标实现后，进一步深化企业改革的工作不能停顿"。

第一个变化就是国家的宏观管理由计划体制逐渐转向市场体制。这个转变不是抽象的,它是通过一项一项政策措施而实现的,而每项政策措施的出台都对国有企业影响重大。比如,1994年开始的财政体制改革,结束了承包制,结束了"一厂一策"的政策;税制改革停止了税收减免;价格逐步放开,企业之间、行业之间的比较优势发生了急剧的变化;金融体制改革,银行开始商业化,企业的第一感受就是它嫌贫爱富;汇率并轨,使企业要直接经受汇率的风险,等等。面对宏观环境的剧烈变化,很多企业一时难以适应。

第二个变化就是供需关系发生了变化。由长期的短缺经济、供不应求转向卖方市场、供需平衡或者供过于求。长期在短期经济条件下生存的国有企业一时难以适应,虽然大家嘴上说的是生产一代,研发一代,预研一代,但是现在生产产品一旦销售困难,没有替代产品;现行的经营方案一旦受阻,没有第二套方案,整个企业进入恶性循环。首先产品销售不出去,库存增加,效益下降,三角债上升,银行停止贷款,企业无法周转,再接下来就出现停工、半停工,发不出工资。而一旦进入这个循环,靠自身的力量想再翻身就变得十分困难。在供过于求的情况下,企业之间恶性竞争,平均利润率大幅度下降,企业亏损增加。到1998年,国有企业已经连续三年利润下降,亏损面已经达到40%,有的地方甚至达到了60%。在企业生产能力大量闲置的同时,职工下岗。到1997年底,国有企业累计下岗的职工过千万。企业状况恶化,使得"企业办社会"已无法维持。在企业失去市场青睐时,用传统方式挽救国有企业已经无济于事。

第三个大的变化就是中国市场进一步对外开放的格局形成。随着进口产品关税总水平快速大幅度下降,国内市场逐步放开了。如果说改革开放初期进入大陆市场的主要是港澳台中小企业的话,90年代中期之后进入大陆市场就是那些巨型的跨国公司。这些跨国公司进入中国市场不是为了短期收益,而是战略性的长期经营策略,其来势对我们影响非常大,使得国有企业即便在国内也难以躲避国际最强对手的竞争。也就是说,要再想找一个能够避开国际最强对手的"避风港"基本上已经不复存在。

此时,企业长期积累的深层次矛盾暴露了。到1997年,国有企业的状况已经引起全国的普遍关注,并且直接影响到国民经济的持续增长和社会稳定。

针对这一严峻形势，1997年9月，党的十五大提出"力争到本世纪末大多数国有大中型骨干企业初步建立现代企业制度，经营状况明显改善"。在十五届一中全会上，江泽民同志进一步明确了三年改革与脱困的目标。

经过全党全国共同努力，国有企业改革和脱困的三年目标已顺利实现。其标志可以归纳为七条。

第一，国有企业的经营状况明显好转。国有工业企业的利润2000年上升到2392亿元，比1998年增长3.55倍。

第二，国有经济的结构得到了改善。以纺织行业为突破口，包括煤炭、制糖等行业进行大规模调整结构，淘汰落后生产能力，培育新的增长点。国家监控的14个亏损行业有12个有了好转。

第三，下岗分流再就业情况得到改善。以"再就业服务中心"为过渡形式，三年之内大约分流下岗的职工2100万人。这是历史性的、巨大的成绩。

第四，企业结构得到了改善。1998年至2000年共核销银行坏账约1500亿元，通过兼并破产使2300户丧失竞争力的国有企业退出了市场。

第五，企业的资产负债结构得到改善。三年间有三百多家国有企业在境内境外上市，其中22家在境外上市，共筹集资金大约4500亿元；在六百家企业实行债权转股权，债转股的总规模达到4500亿元左右，使得国有企业负债结构明显得到改善。

第六，企业的技术状况得到了改善。三年期间国家贴息200亿元支持企业贷款技术改造，加上企业自筹资金和贷款，共完成的技术改造总投入超过10000亿元[①]。

第七，企业制度创新取得了进展。国家重点监管的国有大中型企业大多数进行了公司制改制，初步建立起现代企业制度。

这些成绩来之不易，它不仅促使中国经济出现了良好的发展势头，增强了国民经济持续稳定发展的基础，更重要的是进一步坚定了搞好国有企业的信心，走出了搞好国有企业的路子。

三年国企改革脱困的成绩不可低估，但是它毕竟是阶段性的，谁也不

---

① "七条"里的数据应是国家经济贸易委员会的数据。

会认为到此国有企业改革就已经大功告成。今后，宏观经济环境还会变化，企业所在的行业还会有起伏，企业的经营状况也会有差异，因此，企业有生有死是不可避免的，职工有进有出也是必然的。因此，增强国有企业的活力，"活"就在于国有资产要能流动，"活"就在于劳动力结构可以动态调整。如果国有资本能够通过企业的重组不断地流向效率更高的部门，每个劳动者能够不断地流动到最能够发挥自己才能的岗位，这个时候国有资本保值增值就没有问题，整个经济运行的效率就必然会提高。虽然通过市场配置资本和劳动力仍然还有很多旧体制遗留的难以克服的障碍，但十分可贵的是，三年大力度改革和脱困过程，在机制创新上有了重要突破。我认为，如果我们在总结三年工作时不能充分认识和肯定这一点，并为确立和巩固这种新机制继续努力的话，那么我们三年工作的成绩将会损失一半，而且可能是更重要的一半。

三年改革脱困中更具有本质意义、能长期发挥作用的一些新机制的萌芽是什么呢？我想至少有四个方面。

第一，国有企业退出市场的机制初步形成，渠道开始打通。在过去的三年，结束了国有企业有生无死的历史，对那些已经丧失竞争力的企业，政府"宁肯采取措施帮助因此而失业的职工，也不再注资去挽救那些没有希望的企业"，这是一个重大的转变。政府转而鼓励企业通过兼并、重组，重新配置生产要素。大家越来越清楚地看到，那些丧失竞争力的企业被兼并实际上是一种新生，而企业破产也是生产要素重新配置的一种极端形式。严格地讲，没有企业破产，就没有真正意义的自负盈亏，就没有真正意义的政企分开，也就没有真正意义的市场经济。三年近2000户企业被兼并、破产的实践积累了十分宝贵的经验，也逐渐取得了职工和社会公众的认同，这就为进一步修改《中华人民共和国企业破产法》，建立企业市场退出机制奠定了一个非常重要的基础。

第二，国有职工流动机制初步形成。这次劳动力结构大规模调整，不仅减轻企业负担，而且也是国有经济结构调整、企业重组得以实现的必要的条件。也就是说，没有劳动力结构的调整，经济结构、企业结构的调整是不可能的。这次上千万职工的大转移，对破除那种"进了工厂的门，就是国家的人"的传统观念具有划时代的重要意义。大量职工下岗分流，极大地促进职工养老、社会保障体系的建设。很多城市的经验表明,只要社会保障机制健全,国有企业职工通过劳动力市场流动不仅可能,而且必要。

第三,国有企业职工逐步由"企业人"变为"社会人"。长期以来企业办社会、职工以企业为家,职工的生老病死唯一的依托就是企业。企业办社会不仅增加企业的经济负担,而且使企业不能把目标集中到追求经济效益,和其他竞争对手相比这就处在一种劣势的地位。职工离开企业找不到任何的社会依托,职工就离不开企业,反过来,企业也就辞不掉职工,企业和职工不能实现双向选择、各得其所、提高效益。在三年改革脱困中,采取多种方式,从企业逐年大量分离学校、幼儿园、医院等社会机构,转而由地方政府接过去,再加上这几年社会保障的社会化管理程度不断提高,这就使得政企职能错位的状况得到了改善。企业可以把目标集中于经济效益,从而增加就业岗位,增加税收。政府用纳税人的钱来承担社会公共服务的职能,从而实现政府和企业之间的社会分工,这就使得职工的社会依托由企业转向社会,也就是职工由"企业人"逐渐变为"社会人"。

第四,国有企业由依赖政府注资转而走向资本市场。在激烈的市场竞争中,政府用纳税人的钱支持竞争性行业的某一个企业无异于是对其竞争对手的一种歧视。三年改革脱困中,政府已经改变了给企业吃"偏饭"的做法,除了进行规范的债转股之外,对竞争行业已经断绝了财政注资。有发展前景的企业融资渠道逐渐转向境内境外的资本市场和信贷市场,通过多种途径,从境内境外引入新的投资者。经过这几年就使得企业对政府注资或者以政府的指令强制银行提供贷款的期望逐步弱化,有的已经消失。

从长远来看,这些新机制的建立是至关重要的。我想,90年代中期,企业有生有死,职工有进有出,我们是作为一种特殊问题,用特殊的办法,由政府直接主持以个案方式进行处理,是不能持久的。但是,企业有生有死,职工有进有出,并不是90年代中期独有的状态,而是市场竞争中长期存在的现象,也是经济富有活力的重要表现。因此,如何能够把这一些新的机制逐渐完善,使它能够通过市场过程自然进行,我想这就是我们进一步深化改革的重要的任务。

可以这样认为,三年目标的实现,我们取得了两大成果。第一,就是国有企业的经营状况明显好转。第二,在建立新机制上打开了局面,有了良好的开端。而后者是三年改革脱困更带有本质意义的成就。但是，这些成果要能够成为不需要政府干预，可以通过市场自动运行的机制，还很不成熟，还有大量的工作要做。如果在建立新机制上就此停步，必然是行百里者半九十，将来还得走回头路。因此，在三年成就的基础上，必须继续努力，深化改革，创造配套条件，完善法规，规范运作，大力推进新机制的建立。从某种意义上说，新机制的建立是国有经济保持持续良好状态，国有经济实力不断增强的基本保障。

二 建立符合市场经济的国有资产管理、监督、运营体制

为适应国有经济结构调整和企业制度创新的需要，我们要抓紧建立符合市场经济的国有资产管理、监督、运营体制。

随着改革的深化，特别是在十四届三中全会提出建立现代企业制度，大家在制度建设上下了很大的功夫。如果回顾一下这些年国有企业改革的历程，我们可以清楚地看出一条逻辑主线。

国有企业的改革始终是围绕着政府、企业和市场三者之间的关系而展开的。

政府和企业的关系又集中于政企能不能分开，如何分开？

政企分开的核心是所有权和经营权能不能分离，怎么分离？

两权分离的要害在于能不能建立规范的法人治理结构，在两权分离的情况下保障国家所有者权益。

公司法人治理结构能不能规范运作，关键又在于是否能建立一套有效的国有资产管理、监督、运营机制，政府通过出资人代表行使所有者职能，并且使所有者真正到位，在企业内形成来自所有者的动力机制和约束机制。

由此可以看出，国有资产管理体制的改革是深化国有企业改革的一个关键。

由于国有资产管理体制问题牵扯的面很广，涉及很深层次的问题，所以1993年中央提出了"产权清晰"之后，一直还没有一个正式的文件来说明怎样清晰。但是，随着改革的深化，现在解决这个问题已经变得非常紧迫了。

（一）关于改革国有资产管理体制的现实紧迫性

在市场体制下，所谓企业，就是投资者为了赢利而出资组成的经营机构。来自所有者获取最高利润的追求，就是企业发展的动力；而来自所有者避免风险的谨慎，就是企业的自我约束。对于企业来说，所有者是主宰。因此，只有所有者到位，并为获得更高的投资回报而认真行使权能，企业才会有正常的经营行为。如果所有者不积极参与公司治理，他的权益被侵蚀就在所难免。可以说，扭转企业内部人控制、矫正企业非正常行为的根本性措施就是所有者（代表）进入企业并且到位。

进入市场的企业是多个利害相关者矛盾的交会点，但是每个利害相关者的利益取向不尽相同。比如，经营者是利害相关者，他追求的是控制资产规模的最大化；职工是利害相关者，他们期望的是工作岗位的稳定和工资福利的增长；债权人是利害相关者，他们期望的是按时得到利息和按时还本；客户是利害相关者，他们对企业的要求是信守合同和提供质优价廉的产品和服务；政府是利害相关者，他们追求的是增加就业岗位和增加税收。只有所有者最关心企业的利润和投资回报。现在的情况是，围绕企业的各个利害相关者都有明确的人格化的代表来维护自己一方的权益，唯独国家所有者一方在企业内缺位，因此国家所有者权益被侵蚀几乎是无法避免的。最近江总书记、朱总理多次讲到了这方面的问题，国家经贸委为此也专门写了文章。有的企业在重组中采取各种方式来转移国有资产，挖国有企业的墙角，造成国有资产流失；有的人在企业进行股份制改制中，提出一些歪理，如说"拨改贷后由贷款而新增的资产，还本付息之后的资产应归属于本企业，在进行股份制改制的时候可以量化给个人"；有的经营者自己给自己定工资、分股份，成了"穷庙富方丈"等。之所以出现这些现象，重要的原因在于企业内所有者缺位。

随着改革的深化，现在国有企业改革发展的每一项大的措施，几乎都涉及产权，在大规模涉及产权变动的时候，如果所有者缺位，就要冒巨大的风险。当前，涉及产权变动的改革已经在越来越广的范围展开。

第一，国有经济有进有退的战略性调整已经陆续进行，"十五"期间结构调整是主线。大规模的结构调整，涉及较大规模的产权变动。第二，国有企业的战略性重组在越来越广的范围内进行，使得国有部门之间，国有部门和非国有部门之间的产权交易的规模越来越大。第三，大规模的债权转股权正在进行，这本质上也是产权的变动。第四，国有企业公司制改制陆续推进，股权多元化是产权变动。第五，部分丧失竞争力的企业等待退出市场，也是产权变动。第六，越来越多的企业股票上市，国有股减持已经开始，如此等等。每项变革的本质都是产权的变动，都是通过产权交易而进行的结构调整和重组。

从本质上讲，产权交易重组是所有者为了获得更高投资回报而采取的主动措施；是国家所有者发现投资布局达不到社会平均利润率或者不能实现国家所有者意志的主动行为。显然，有权决定产权变动的唯一主体就是所有者。但是，产权变动牵扯多方面的利害关系。每一方在产权变动的过程中，或明或暗，用合法的手段甚至用非法手段来极力维护和扩大自己一方的权益。在当前广泛涉及产权变动的情况下，如果在企业内所有者缺位的问题不能及早地解决，就会冒很大的风险。这个时候，政府在企业之外再多的干预也不能从根本上解决问题。产权变动必须由所有者决策，并且在所有者的严密监督之下进行，才能保障所有者意志得以实现、权益不受侵犯。

（二）关于国有资产管理的体制设计

国有资产管理体制怎样建立？这是各地和企业仍在探索的问题。党的十五大明确提出了要建立国有资产管理、监督、运营体制的任务，十五届四中全会为未来的国有资产管理体制设计了一个体制框架。这个体制框架概括为四句话："国家所有，分级管理，授权经营，分工监督"。

未来的国有资产管理体制主要解决四个问题。

（1）落实国有资产经营责任。

国家把投资和拥有的股份分别授权给若干国有法人持股机构，使他们成为国有出资人代表。持股机构独立经营国有资本，他对持有的股权是唯一的、排他性的国有出资人机构，统一行使所有者职能，对国家承担保值增值的责任，以此形成一个可以追溯产权责任的体制和机制，来落实国有资产经营责任。从上面往下看，每一部分国有资本都要有一个授权机构经营，并且对国家负责，而且可以追究责任。

（2）要使所有者的权能到位。

企业要通过公司制改制建立法人治理结构，国有出资人（机构）向投资和拥有股权的企业派出股东代表，参加股东会或者派出董事组成董事会，表达所有者意志。通过这样一套制度安排使企业内所有者到位。

（3）政府的社会管理职能和国有资本经营职能分开。

对国家投资和拥有股份的企业，由出资人代表机构而不是政府部门自身行使所有者权能，使得政府和原来的国有企业从财产关系上割断了联系，原来企业的国有资本不再是国有资本，而变成持股机构的国有法人资本，这就从本质上解决了政企分开的问题。政府对持股机构通过一套制度安排来进行直接监管，不再用传统的"隶属关系"的管理方式，也不干预持股机构的具体事务。

（4）建立公司法人财产制度和所有者的有限责任制度。

公司拥有并独立运作法人财产，对股东负责。所谓法人财产就是包括投资者投资和借贷形成的公司总资产。持股机构拥有股权，独立运作股权，依《公司法》对持股企业行使权能。企业要以全部法人财产承担债务责任，而投资者以投入资本为限承担有限责任，这是实现两权分离的基础。

（三）关于授权经营和授权经营机构

建立国有资产管理体制框架的核心问题是"授权经营"。授权经营机构，是政府和国有企业之间的一个中介体。从国家的角度来看，每一部分经营性国有资本都由持股机构负责经营管理，对国家承担资产经营责任；而对企业而言，每一部分国有法人股都有唯一的、排他性的、统一的国有持股机构来行使所有者的权能。虽然至今还没有一部法规来对授权经营和授权经营机构进行界定，但我想至少有这样几个概念是非常重要的。

（1）授权经营机构是特殊企业法人，是由政府单独出资设立的国有资本经营机构。它要按照政府批准的章程比照公司运作，对国家承担责任，直接受政府的监管。不能完全按《中华人民共和国公司法》（本文以下简称《公司法》）规范。

（2）授权经营机构要按照授权经营协议或者章程，对受托经营的国有资本拥有占有、使用、处分和收益权。

（3）政府要把边界清楚的国有资本委托给授权经营机构经营。这里面重要的是财产边界必须清楚。比如，国家已对部分大型集团公司进行了资产授权，但是在授权的文件中，资产的边界是不清楚的。国家授权给集团公司到底是多少财产，财产构成是什么？没有明确界定，其中可能非经营性资产都包括在里面。如果财产边界不清，将来无法考核。

（4）授权经营机构没有政府职能，它对那些全资、控股和参股的企业，也不再有行政隶属关系，而变为股东和公司的关系。它以国有法人股东的身份，按照《公司法》行使出资人的权利承担相应责任。

（5）授权经营机构独立经营运作授权的国有资本，以实现经营协议和资产保值增值为目标。

（6）政府通过一定的程序直接监管授权经营机构。政府直接监管，要避免过去的行政隶属关系和事事审批的传统做法，除批准章程，决定设立、变更和终止等事项外，日常的监管主要有三个渠道。一是由政府决定授权经营机构的董事、董事长任免，也就是管人；二是要确认年度经营目标。也就是说政府每年要和授权经营机构签订一个业绩合同，这个业绩合同要充分表达国家所有者的意志，有什么特殊的要求（包括某些非经济性的要求），都要写到业绩合同当中；三是以年度目标为准，聘请专业的机构进行审计，并由国家派出的监事会进行考核、评价。在年度业绩合同范围之内，政府不干预授权经营机构；超出这一范畴，授权经营机构必须向政府报告。双方权责分明。

由此可以看出，授权经营机构是在国家直接监管下，专门经营国有资本的独立机构。政府是特殊的所有者，对国有资本的投入往往有特殊要求，政府意志和特殊要求应该反映在年度业绩合同之中，并且监督授权经营机构来实现，但是不要在没有事先约定的情况下，随意干预授权经营机构的经营活动。否则，授权经营机构将无所适从，出现的劣迹也将无人负责。

（四）关于授权经营机构的设立和运作

各个地方和企业对授权经营和授权经营机构做了大量的探索，积累了一些可贵的实践经验。

（1）上海和深圳通过设立国有持股机构，使每一部分国有股权有了明确、具体、统一的、排他性的国有出资人（机构）来行使所有者职能，这就落实国有资本管理、监督、运营的责任，初步形成了可以追溯资产经营者责任的体制和机制。政府通过对它们的严格监管，迫使它们成为持股企业的真老板。

（2）授权经营机构正常运作的一个必要条件，就是对持股企业进行公司制改制。改制之后才能改变行政隶属关系，建立股东和企业的关系。

（3）授权经营机构可以分为两类，一类有核心业务有核心企业的集团公司，例如中石油、中石化。还有一类没有核心业务的国有独资控股公司，就是纯控股公司。这两类都有可行性。

（4）授权经营机构可以有多个生长点。如由特大型集团公司改制和新设的生长点等。其中把原来的政府部门改制为控股公司的做法是有争议的。从一些地方实践看，某些将来会被撤销的政府机构在体制转轨时期是一种可利用的资源，但是要防止出现"婆婆加老板"，这也是企业最担心的。因此，对这种转制必须要悉心地做好体制设计。例如由工业局转制为控股公司，要给它设定明确的短期目标。一般来说有三个：一是对持股的企业进行重组。比如上海纺织控股公司等，对行业最熟悉，对企业最熟悉，对人员最熟悉，对市场最熟悉，发挥这方面的作用，由它重组下面的企业；二是推进公司制改造。在企业重组中，实现股权多元化，改制为公司；三是解决历史遗留问题，特别是人员的流动问题。三个目标限期实现，比如三年、四年。在完成上述目标之后，要对这一类控股公司进行第二次重组，淡化它的行业色彩，淡化行政隶属关系的痕迹，逐渐使它转为国有资本的纯控股机构。

由于当前深化改革很多重要的问题都涉及产权，因此我认为建立符合市场经济的国有资产管理、监督、运营体制问题必须要提到日程上来。由于这个问题很敏感，涉及我们的基本制度，所以中央非常慎重。十五届四中全会《中共中央关于国有企业改革和发展若干重大问题的决定》（本文以下简称《决定》）已经明确，在"国家所有，分级管理，授权经营，分工监督"的框架下，允许和鼓励地方试验。各地应按中央精神积极而慎重地探索，切不可乱刮风。

三　法人治理结构是企业竞争力的基本要素

所谓法人治理结构的本质就是要妥善处理由于所有权和经营权相分离而产生的信托代理的关系。也就是说，所有者投资设立了经营机构，但是所有者并不直接参与经营，把投资的财产信托给董事会来替他经营；董事会对法人事项做出决策，但是它不直接管理，而是聘请职业经理替它实现公司的目标。这样就出现了一系列的委托代理关系，所有者把财产信托给了董事会，董事会做出决策，又委托经理去执行。经理执行的结果如何体现所有者意志，保障所有者的权益，这就必须有一个科学的体制设计做保障，这套制度安排就是公司法人治理结构。

公司法人治理结构是一个有国家法律保障的，制度严谨的分权制衡体制。它所形成的一套有效的委托代理关系，可以保障投资者的最终的控制权，可以维系公司各个利害相关者之间的平衡，使所有权和经营权的分离成为可能。反之，如果所有者权益得不到保障，所有者必然干预，所有权和经营权不可能分离，对国家投资的企业而言，就是政企不分。因此，法人治理结构是企业制度创新的一个核心问题。

（一）公司是国有企业走向市场的一种最佳的企业制度

通过公司制改制可以突破国有企业改革、走向市场的诸多的体制障碍；可以实现政企分开，为国有企业健康发展提供一个良好的制度保障。国有企业通过公司制改制至少可以得到四个好处。

（1）公司是迅速大规模聚集资本和实现重组的有效组织形式。那些经营状况良好的公司，是个人投资者和机构投资者追逐的对象。在一般竞争行业，国家不可能对所投资和拥有股份的企业再做资本金的注入，资本市场将成为企业融资的主渠道。公司制是投资者进入和退出最便捷规范的企业制度，也是企业进入资本市场广泛融资和实现企业重组最便捷的组织形式。2000年联通公司在境外股票上市，经过一年多的准备，一次上市成功，筹资67亿美元，大约500亿元人民币，就是最好的例证。可以说，公司制度是状况良好的企业大规模聚集资本、求得快速发展的最好形式。

（2）公司制改制有利于建立适应市场的竞争机制。国有企业转换经营机制并不是靠任何个人的愿望就能实现的，必须以企业制度为载体。通过公司制改制可以引入包括非国有股东在内的多元股东，改变股权结构，构建公司法人治理结构，使政府以股东的方式行使所有权，实现政企分开，使公司把目标集中于经济效益。另外也可以建立对股东和公司利益相关者负责的组织体制和决策、执行、监督体制，使所有者、经营者和职工的合法权益得到保障，和相互制衡的体制。

（3）公司制是投资者进行有效监督的体制框架。公司的董事任免和重大问题必须由股东会通过，董事会做出经营决策，聘用并监督经理运营。根据公司法的规定，还可以由股东代表和适当比例的职工代表组成监事会，对公司董事和经理进行监督；上市公司必须按照《中华人民共和国证券法》执行规范的信息披露，增加公司的透明度；股价的涨落是股东对公司的实时评价。对企业的监督我们已经想尽各种办法：如党组织保证监督，职工代表大会民主监督，主管部门监督，组织人事部门监督，国家审计监督，党的纪检部门监督，向企业派财务总监，派稽察特派员和监事会，过去还有财税物价大检查的监督，等等，进行了多种监督形式的探索。现在看来，对大多数企业而言，公司制可能是所有者对企业进行监督的规范、有效形式。

（4）公司制可以达到较高的经营管理水平。一个无可争议的事实，是投资者并不是各个行业最高明的经营者。投资者出资按照《公司法》组建经营机构，把财产信托给可信赖、有决策能力的董事组成董事会经营。董事会以科学民主的方式集体决策，并且以经营管理才干为标准，来选择职业经营管理者。董事会给经营者制定明确、唯一的效益目标，并激励和监督其执行。这样就使投资者、经营者和管理者各展所长，各得其所，使公司经营管理达到较高的水平。

国有企业要想通过公司制改制得到这些好处，公司治理结构就必须科学、规范。

现在很多国有企业改制的公司，包括一些上市公司，公司法人治理结构不够规范，侵犯了股东的利益，特别是小股东的利益。例如，有的政府部门既向控股企业派董事、董事长，还要直接任免总经理、副总经理，打乱了公司内部控制权的分配规则，搞乱了内部的权责关系，结果是出现劣迹无人负责。有些企业董事长、经理一人兼，使董事会监督经理的功能失灵。有的董事会成员与经理层高度重合，董事会被经理班子控制，董事会代表股东的作用就失效。有的对董事会集体决策个人负责的议事规则不以为然，重要的问题还是个人说了算，民主、科学的决策机制没有形成。有的把公司的分权制衡体制看成是"董事会领导下的经理负责制"，未经董事会授权，董事长到处以法人代表、一把手自居，事事领导经理。有的企业股票上市圈到了钱之后就忘记了招股说明书，随意投资处置。有的信息披露不真实、不规范，甚至做虚假披露，有意误导。有的国有股占大头，经营者仍然看政府的脸色行事，以为只要把主管部门糊弄住，自己就可以稳坐江山，如此等等。

种种被扭曲的公司法人治理结构，使国有企业的体制、机制并未超出旧体制的范畴，这种"改制"也未能产生健全的市场行为。尽管法人治理结构不规范的首要受害者是股东，包括国有股东，但国有大股东不规范的行为往往是造成这种扭曲的原因。

（二）健全的法人治理是取得投资者信赖的基石

随着市场化程度的提高，以营利为目的的投资，由政府配置逐渐转向由市场配置。国家通过政策调控资本市场和信贷市场，机构投资者和个人投资者大量地通过资本市场选择项目，选择业主，自主投资自担风险，这种方式正逐步成为商业性投资的主渠道。机构和个人投资者们无意对投资的企业发号施令去直接干预，他们希望通过资本市场和公司建立联系，希望公司建立规范的法人治理结构来保持自己对公司的最终控制权。也就是说，政府投资者往往希望直接干预或通过审批，体现政府意志。而资本市场上的投资者，他们希望通过一套有法律保障的信托代理关系，聘请经营管理专家来管理公司，在所有权和经营权分离的情况下来实现自己的合法权益最大化。对于资本市场的投资者，他们不得不承受由于经营失误而造成的损失，但他们绝不接受由于法人治理结构扭曲或暗箱操作而带来的风险。可以说，一个富有前景的企业，建立规范的公司法人治理结构是取得投资者信赖的基石，是走向资本市场的通行证。但是，由于我们缺乏股东文化和公司治理文化的积淀，再加上传统管理国有企业模式还有比较深的影响，对国有企业包括上市后的公司，国家从外部直接干预过多和在企业之内所有者缺位，两者并存。一般来说，外部直接干预过多，往往是企业内所有者不到位的一个重要的原因。现在的情况是，有发展前景的企业需要不断充实资本金实现迅速发展，而那些机构投资者和个人投资者们则迫切地期盼寻找良好的投资项目。这两者能否有效结合，一是看资本市场是否健康有序，二是看公司法人治理结构是否规范有效。一些企业的领导对规范公司法人治理结构有畏难情绪，提出要搞有自己特色的法人治理结构，企图在基本不触动旧体制情况下建立起新的机制。企业转制是一系列"破"与"立"的过程，对于法人治理的基本原则，我们要强调的不是特色，而是规范。如果一个企业的法人治理结构极其特殊，特殊到别人无法认同的时候，这个企业就等于自绝于资本市场和新的投资者。这一点对有意进入资本市场的企业来说是非常重要的。

（三）改善公司治理结构的目标是保护股东的权利

随着中国企业进入资本市场步伐的加快，改善公司治理结构已经成为十分紧迫的问题。一些上市公司，由于法人治理结构的缺陷已经损害了股东权益，伤害了投资者的积极性。公司法人治理结构的规范，不仅是中国所关心的问题，实际上是一个世界性的问题。经济全球化的进程，使资本在全球大规模流动。那些跨国投资者并不直接干预企业，他们关注的是所投资的公司能否有一种科学、可信赖的体制安排来保证所有者权益。因此，在1997年经济合作与发展组织（OECD）部长级会议上，针对这一趋势研究并提出要制定公司法人治理指导原则，希望各个国家向统一的指导原则逐步靠拢。经过一年多的努力，1999年5月《OECD公司治理原则》正式通过。这个治理原则有五个要点。

一是公司治理结构应该保护股东利益。

二是公司治理结构框架应该保护所有股东，包括小股东和非国有股东，使之受到平等待遇。

三是公司治理结构框架应该能够协调公司利害相关者之间的合法权益。

四是公司治理结构框架应该保障及时准确地披露公司的任何重大问题，增加透明度。

五是公司治理结构框架应该确保董事会对公司的战略指导和对管理人员的有效监督，并确保董事会对股东负责。

这些基本的原则概括了世界优秀企业公司治理的共同特点。它的要害就是法人治理结构必须保护公司和股东的利益，特别是小股东的利益。尽管有效的公司治理结构在各个国家、各个公司没有绝对统一的模式，但是这些基本原则却得到了投资者和利益相关者的广泛认同，具有普遍的适用性。

这些指导原则与我国《公司法》是基本一致的，在国有企业陆续进入资本市场的情况下，经过这一提炼，使我们对改善我国企业法人治理结构的目标和要点更加清晰，即公司和股东价值最大化。

（四）改善公司治理的重要的途径是改善股权结构

既然公司治理的目标是维护股东权益，改善公司治理的动力应该来自股东，如果股东没有为维护自己的权利积极参与公司治理的热情，那么内部人往往更乐于为维持自己的控制权而保持现状。

目前，在国有资产管理监督运营体制还不健全的情况下，对国有企业改制过来的公司而言，国有股东如何真正到位又不越位，这是改善公司治理的关键。国有股东是特殊股东，因为政府所追求的不只是个别企业的利润，政府更关注的是社会目标，因此，政府机构很难成为以追求经济效益为目标的合格股东。实践经验证明，国有企业改制为国有独资公司对企业经营机制转换意义不大。而且近几年，大家也越来越发现，国有股份一股独大也有很多的弊端。

国有独资公司和国有股份一股独大的主要弊端有几个方面。

（1）难以做到政企分开，政府往往把这一改制后的企业仍当作行使政府职能的工具，直接干预和指挥，小股东权益被侵犯；

（2）经营者往往以政府主管的好恶为准，看国家大股东脸色行事，其他股东的监督失效，企业不能把目标集中于经济效益，创造良好业绩；

（3）国有股东管理众多控股企业，鞭长莫及，其他股东又较少有发言权，所有者权能难以到位，为内部人控制提供了条件；

（4）不利于放大国有资本的功能，扩大国有资本的辐射作用，发挥国有经济对其他所有制经济的引导、带动作用；

（5）在国家不再新增资本投资的情况下，有良好前景企业的发展将受到制约。

因此，十五届四中全会《决定》提出，"除极少数必须由国家垄断经营的企业外，要积极发展多元投资主体的公司"，促进混合所有制经济发展。这是中央确定的国有企业改制的一项重要指导原则。

总结全国经验，对那些身居重要行业、关键领域的企业，国家控制力有的要由国有独资企业来实现，更多的则要"探索通过国家控股和参股来实现"；在一般行业，根据具体情况，从有利于机制转换、有利于企业发展出发，股权结构可有多种选择。十五届四中全会要求"重要的企业由国家控股"，就是说一般企业国有可以控股、也可以不控股。

如何实现股权多元化，当前可有多种选择。

（1）充分利用当前国有经济战略性调整和国有企业战略性重组和企业联合、兼并的机会，以产权为纽带实现股权多元化；

（2）具备条件的企业可以在境内、境外资本市场股票上市；

（3）具备条件的企业，可与债权人协议将债权转为股权，引进新的投资者；

（4）中小企业在所有者和职工自愿的情况下，可进行股份合作制或职工持股的改制；

（5）引进国内外投资者，实行合资嫁接；

（6）部分国有股转让（减持），改善股权结构；

（7）国有持股机构通过股权交换，实行交叉持股。

（五）改善公司法人治理的实践经验

建立规范的法人治理结构不是单靠企业自愿就可以完全做到的，它涉及很多体制方面的问题。从各地实践经验看，建立规范的法人治理结构有这样几点是重要的。

（1）有合理的股权结构。比如华源公司，它的股权结构比较分散，虽然23个股东多数为国有，但最大的股东持股8.8%，因此，原来纺织部组建公司的政府背景已经淡化，行政隶属关系的色彩也逐渐消失，股东之间的制衡使公司将目标集中于公司价值，所有权与经营权相分离。

（2）国有股权必须要由集中统一的、排他性的出资人机构行使。一个公司可以有多个国有股东，但每份国有股权必须由集中统一的、排他性的出资人机构行使所有权，绝不能多头管理。管理大师德鲁克说："如果一个奴隶有三个主人，他就变成了自由人。"就是说，经营者很容易利用多部门信息不对称、观点不一致的矛盾，从中周旋，最终架空所有者，达到自己的目的。

（3）改善董事会的结构。保持董事和董事会的独立性对规范公司法人治理有重要作用。从实践来看，一是外部董事占适当的比例是保持董事会独立性的必要条件。最近证监会提出，外部董事要占三分之一。二是要重视独立董事的特殊作用。从控制和监督关联交易、增加公司透明度、对公司的财务监督和业绩评价等方面维护股东权益，特别是小股东权益中，独立董事有特殊的作用。三是经理、董事长原则上分设为好。董事会的重大责任是监督经理，如果董事长兼任经理，董事会怎样监督经理？当然这不是绝对的，要因人而异。总之，董事会结构如果不合理，法人治理结构的有效性就会被大幅度削弱。

（4）健全董事会的体制。最近引起大家注意的是两个委员会的设立问题。一个是审计委员会，审计委员会主要由独立董事或者外部董事组成，并由该委员会审核公司财务体制，监督财务运营状况。另一个是薪酬委员会，也主要由外部董事或者独立董事来承担，负责高层管理人员的业绩评估，并就薪酬水平提出建议。两个委员会都有较强的独立性，一个承担监督职能，一个要发挥激励作用，以此形成公司良好运行的体制保障。

（5）规范议事规则，健全议事程序。董事会实行的是集体决策个人负责体制，对重大问题，每位董事独立发表意见并经本人签字，记录在案，其用意是使每一个董事独立地对股东承担起责任。我们很容易把"集体决策，集体负责"体制引入公司治理，这是不对的。董事会一旦出现重大决策失误，股东可以追溯董事的个人责任，必要的时候还可能被告上法庭。用这样一套机制，促使每个董事都独立地对股东承担责任。

（六）完善规范公司法人治理结构的配套条件

规范的公司治理结构并不是靠公司自身努力就能做到的，需要政府、企业和中介机构共同努力，营造完善的配套环境。

（1）完善相关法规。着重解决：①改善董事会结构，明确有关外部董事、独立董事的规定；②强化董事义务；③改变董事长即法人代表的概念和规定；④限制绝对控股股东的权力，等等。

（2）建立和完善国有资产管理、监督、运营体制。政府授权资产经营机构持有国家股权，国有持股机构应成为依照《公司法》进行投资、追求商业目标的机构；使企业中每一部分国有资本都有集中统一的、排他性的出资人机构持有，并集中行使股东权利。

（3）发展机构投资者，改善公司的股权结构。将国有公司分为两类，一类是必须由国家垄断经营的公司，由国家立法成为特殊企业法人，完成社会目标、兼顾经济目标；另一类是在竞争性行业、按市场规则运营的公司。逐步开放投资基金的设立，承接第二类公司部分减持的国有股份，改变多数公司国有股份一股独大的状况。

（4）健全资本市场的监管。加强对上市公司信息披露、关联交易等的监管，增加公司的透明度，发挥资本市场对公司治理和业绩的客观评价和强有力的监督、约束作用。

（5）发展经理人才市场。使公司可以通过市场选聘经理人才，为管理新秀脱颖而出创造条件。同时，以经理人员市场价值的起落形成对经理人的客观评价和激励与约束，促使其勤勉、诚信地为公司工作。以经理人才的市场价格决定经理人才的薪酬。

（6）发展中介服务机构。规范的会计师事务所、审计师事务所、律师事务所以及管理咨询机构、行业协会、行业学会等中介机构，可以为企业和股东提供良好的服务，起到客观、公正地评价、监督、咨询、沟通作用。

法人治理结构是公司制的核心[*]

(2001年7月4日)

在现代企业制度试点中,一些企业,包括其"主管部门"关注的是上市融资,而对建立有效的公司治理结构却重视不够。1999年党的十五届四中全会《中共中央关于国有企业改革和发展若干重大问题的决定》(本文以下简称《决定》)再次指出,"公司制是现代企业制度的一种有效组织形式。公司法人治理结构是公司制的核心"。这个提示很及时。

以党的十五届四中全会的召开为标志,国有企业改革进入了结构调整和制度创新的新阶段。

关于企业制度创新,十五届四中全会《决定》指出:"公司制是现代企业制度的一种有效组织形式。公司法人治理结构是公司制的核心。"在社会普遍对国有企业进行公司制改制基本认同的基础上,如何正确理解和建立规范的公司法人治理结构,就成为国有企业深化改革、转换机制的重大问题。

一 法人治理结构是医治国有企业体制弊端的一剂良药

我国国有企业的改革,始终围绕着企业、政府、市场之间的关系而进行。

企业与政府的关系集中于政企是否分开,如何分开;政企分开的核心

---

[*] 本文是作者2001年7月4日写的文章,拟就如何正确理解和建立规范、有效的公司法人治理结构与读者进一步讨论,希望引起重视。

是所有权与经营权能否分离，如何分离；所有权与经营权分离的关键，是能否建立规范的公司法人治理结构，保障投资者的权益，这是国有企业改革克服传统体制弊端所要解决的主要问题。

在转向市场体制过程中，国有企业总体情况不理想，其原因不仅仅是企业管理问题，更重要的是存在体制弊端，企业治理机制不健全。实际情况表明，传统政企关系和企业治理机制存在着严重的制度缺陷，它不能在市场条件下产生健全的政府行为和企业行为。

在推进改革的过程中，我们经常感到困惑的是：如果所有权与经营权不分离，政府作为社会管理者直接经营国有企业，市场经济体制无法建立；如果所有权与经营权相分离，如何防止经营者渎职或滥用权力、保障国家所有者权益？

长期以来，国有企业按《全民所有制工业企业法》（本文以下简称《企业法》）设立和运行，企业资产是国家财产的一部分，企业并无资本金的概念。涉及企业经营的重要事项都要由政府主持决策，同时，国家或国家通过国有银行对企业的债务承担着连带责任。面对多变的市场和众多的国有企业，政府已鞭长莫及。为使企业有市场活力，政府就倾向于下放经营权。由于所有权与经营权混为一谈，在向企业下放经营权的同时，往往将所有权一并下放，为企业内部人控制一切提供了条件，当发现企业失控时，政府又倾向于上收权力。在上收所有权的同时，往往又将经营权一并上收，将企业管死。改革20年，我们已经沿着这一轨迹几度徘徊。这一难题困扰着政府也困扰着企业，使国有企业改革处于两难的境地。

在传统企业制度框架内，在向企业放权的同时，为防止失控、改善和加强对经营者的监督，政府和企业通过多种途径进行了大量探索，我们曾寄希望于企业党组织发挥"保证监督"作用，但党组织负责人与经理往往因"哥俩好"，考虑问题的角度和利益关系基本一致，而很难发挥作用；国家多次强调加强职工代表大会的民主监督，这在涉及职工利益的有关问题上起到了积极作用，但对经营决策的核心业务，职工往往难以深度参与；政府一次次加强对企业重大经营、投资项目的审批，但由于信息严重不对称，"蒙混过关"往往并非难事；国家曾通过"财税价大检查"加强财经纪律约束，但往往以检查组与企业讨价还价，交一笔钱而了事；政府一再要求主管部门加强监管，但往往由于主管部门与企业各种关系过于密切而失灵；国家也曾派审计监察部门或党的纪检部门介入监督，这对企业有很大的威慑力，但能认真稽查的只是少数，大多由于内部人控制的严密和信息渠道不畅，只有经理更迭时才能发现一个个大漏洞。

1993年，党的十四届三中全会在确定社会主义市场经济体制改革目标之后，改变了"放权让利"的做法，提出了一个新的思路，即通过企业制度创新稳妥地实现所有权与经营权分离。

公司制度恰恰提供了一种科学、可行的所有权与经营权分离的制度安排，将其移植到国有企业，可以较好地解决长期困扰我们的政府与企业——所有权与经营权关系问题。

向公司制度的转变，将使国家所有者退居到股东地位，以股东方式依《中华人民共和国公司法》（本文以下简称《公司法》）行使权利。由此形成了所有者拥有股权，即对企业重要人事、重大决策和收益分配的决定权，或称最终控制权；企业拥有法人财产权，即对股东和公司负责的企业法人财产的经营权，或称对法人财产的管理权、控制权。所有权与经营权相分离，分别由股东和企业法人两个主体独立运作。企业以全部法人财产对债务承担责任，包括国家在内的所有者只以投入企业的资本为限承担有限责任。这样，既使企业中的国有资本仍保持国家最终所有，又使企业从股东和市场两方面获得激励和制衡，并做到自负盈亏。

由此，公有制、国有企业与市场经济能否有效结合的制度难题可以基本解决，符合社会主义市场经济体制要求的政府、企业和市场的关系可以理顺和确立。正如十五届四中全会《决定》所指出，"公司制是现代企业制度的一种有效组织形式"。

二 法人治理结构一旦被扭曲，就不能实现公司制改制的初衷

公司法人治理结构的本质是妥善处理由于所有权与经营权分离而产生的信托、代理关系，即股东与信托人—董事会之间的关系；董事会与代理人—经理之间的关系。包括董事会如何忠诚于股东并勤勉尽职，董事会如何有效激励和监督经理，以及如何平衡公司各相关者利益关系的问题。

股东推选能代表自己利益的、值得信赖的、有能力的代表，组成公司的最高经营决策机构——董事会。作为最高决策机构，董事会受股东委托，承担诚信、受托的责任。董事不同于经理，他们不是为获取工资而受雇佣的人员，他们是以得到股东和社会信任为责任和荣誉的人。不在公司就职的董事，为保证尽职的需要，可以收取"车马费"，但不在公司领取"工资"，以示董事始终站在股东一边，与股东并不是雇佣关系。董事会受托管理公司，决定公司法人事项，成为公司法定代表，全权负责公司的经营管理，拥有法人财产的支配权和经理人员的任免权。如果股东发现董事玩忽职守或未尽到诚信责任，可以要求赔偿和到法院起诉。董事会以经营管理水平和创新能力为标准选聘经理。经理作为执行董事会决策的代理人，在董事会授权范围内对公司事务独立行使管理权和代理权，扮演"首席执行官"的角色。董事会代表股东利益对经理的经营管理和尽职尽责情况进行有效激励与监督；必要时还可依《公司法》设立由股东代表和适当比例职工代表组成的监事会，对公司财务、董事和经理执行公务的情况进行监督。这样，所有者、经营者、管理者就在公司制度安排下，依照法律制度和公司章程的规范分责分权，权责分明，建立起易于评价和追溯的责任体制。

可以看出，公司制是一个有国家法律保障的、制度严谨的分权—制衡体系，它所形成的一套有效的委托代理关系可以维系公司各利益相关者之间的平衡，使所有权与经营权分离成为可能。

在国有企业改革与发展中，有一批企业克服体制障碍，通过规范的公司制改制或股票上市，建立了比较规范的公司法人治理结构，形成了科学的决策体制和激励、约束机制，促进了经营机制转换，提高了市场竞争力。但是，不少企业翻牌为公司后，法人治理结构被严重扭曲，穿新鞋走老路，没有超越旧体制。企业的领导体制、决策过程依旧，管理制度、管理方法依旧，经营机制、政企关系依旧。有的尽管已成为上市公司，但企业状况并无起色。究其原因，重要的一点是公司法人治理结构被严重扭曲。例如，有的政府部门既向企业派董事、董事长，还要管理经理、副经理，打乱了公司控制权的配置规则，搞乱了公司内部的权责关系，使公司的经营劣迹无人负责；

有的企业董事长、经理一人兼，董事会不能有效监督经理，在避免企业"领导班子"内部矛盾的同时失去了制衡；

有的董事会成员与经理、副经理高度重合，虽然避免了"两张皮"的问题，却使董事会被经理班子控制，董事代表股东利益的作用失效，董事会形同虚设，为企业内部人控制一切敞开方便之门；

有的董事会对集体决策、个人负责的议事规则不以为然，重大问题还是个人说了算，民主、科学的决策机制没有形成，各位董事对股东的信托责任没有落实；

有的把公司分权—制衡体制看成"董事会领导下的经理负责制"，未经董事会授权，董事长处处以"法人代表"和"一把手"自居，要事事"领导"总经理，扰乱了公司的责任体制，使企业经营管理效率降低；

有的国有独资企业有董事长而没有董事会；

有的国有企业股票上市，在"圈"到钱后随意投资或处置，早把股东和招股说明书抛到脑后，并不想通过资本市场改善股权结构，转换经营机制；

有的公司对投资者信息披露不真实、不规范，千方百计逃避社会监督，无意对股东负责；

有的公司国有股份占大头，经营者仍看政府脸色行事，他们认为只要把政府主管部门糊弄住，自己就可稳坐江山，小股东利益得不到保障。一些上市公司面对股价的涨落仍我行我素、不理不睬，资本市场对它的约束作用无效，等等。

这些被严重扭曲的治理结构，使企业的体制、机制和运转方式并未超出旧体制的范畴，是旧体制和机制在新形势下的再现和复归。这种"改制"不仅不能产生健全的市场行为，而且已经直接影响到企业的业绩和投资者的信心。法人治理结构被扭曲的首要受害者就是公司和包括国家在内的全体股东，这已经威胁到国有企业能否顺利走向市场，国有企业改革能否成功。因此，党的十五届四中全会《决定》指出，"公司法人治理结构是公司制的核心"。为实现建立现代企业制度的初衷，政府与企业必须共同努力，在这个"核心"问题上下功夫。如果这个核心问题处理好了，建立现代企业制度的目标才能实现。

三 法人治理结构是公司核心竞争力的基本要素

通过公司制改制，可以突破国有企业深化改革、走向市场的体制障碍，为国有经济的健康发展提供一个良好的制度保障。

第一，公司是可以迅速、大规模聚集资本的有效组织形式。经营管理状况良好的公司，是个人投资者和法人投资机构追逐的对象。在一般竞争性行业，国家不可能对投资和拥有股份的企业再有资本金注入，资本市场将成为企业融资的主渠道。公司制是投资者进入和退出最便捷、规范的企业制度，也是企业进入资本市场广泛融资和实现重组最便捷的组织形式。

第二，公司制改制有利于建立适应市场竞争的经营机制。国有企业经营机制转换，并不是仅凭个人主观愿望就能实现的，必须以企业制度为载体。通过公司制改制，可以引入包括非国有股东在内的多元股东组成权力机构、决策机构、执行机构和监督机构，建立对股东及公司利益相关者负责的组织体制、决策机制和执行、监督体系。形成所有者、经营者、管理者和职工的合法权益能够得到保障、过分要求能够得到制衡的激励和约束机制。

第三，公司制提供了投资者有效监督的体制框架。根据《公司法》规定，可由股东代表和适当比例职工代表组成监事会，对公司、董事、经理进行监督。对上市公司，必须按《中华人民共和国证券法》执行规范的信息披露制度，增加公司运作的透明度。公司必须按规定将涉及经营和投资的重大事项及时、真实地向公众披露，接受投资者和社会大众的监督。公司股票价格的涨落，随时反映着投资者对公司前景信心的变化，是股民对经营者信任程度的投票。如果股价一路下跌，公司将面临被其他公司收购，董事会和经理就面临被撤换的危险。由此形成对经营者的监督和约束，促使公司以投资回报率和股东价值最大化为追求目标，搞好经营管理。

第四，公司制企业可以达到较高的经营管理水平。投资者并不就是各行各业高明的经营者。为获取更好的收益，投资者们出资，按《公司法》和公司章程组织起来，将财产信托给可以信赖的、有决策能力的董事会经营管理，投资者拥有最终控制权，但不直接参与经营；董事会以股东利益为目标,以科学、民主方式集体决策,以经营管理才干为标准选聘高水平的职业经营管理者;董事会为经理人员制定明确、唯一的效益目标,并激励和监督其执行。这样,投资者、经营者和管理者各展所长,各得其所,可以使公司达到较高的经营管理水平。

国有企业通过公司制改制要获得这些好处,它的公司法人治理结构就必须科学和规范。

公司制度的建立和健全是一个十分艰难的过程,它牵涉旧体制的诸多方面,就改革的深度而言,远不是放权让利所能相比的。有的人从自己的理解出发,有的人受各种关系和背景的制约,总希望在不触及旧体制和利益格局的情况下,实现企业制度创新,建立起新的法人治理结构。这实际是不可能的。制度创新就是一系列"破"和"立"的过程,如果把旧体制各种扭曲的做法都包装进公司体制并视其为合理合法,那么国有企业改革就会走上弯路。

有人认为,我们自己的企业,想怎么管就可以怎么管,纯属自家的事。这完全是误解。在转向市场经济后,企业作为市场主体,是众多利益相关者利害关系的交会点,这里包括政府、各个股东、债权人、经理人员和广大职工、顾客。如何调动各个利益相关者的积极作用,维护各相关者的合法权益并在他们之间取得平衡,绝不是任何随意性所能做到的。只有依照法律规范和一系列合同(包括章程)建立稳定、可信的制度框架,才能构成各利益相关者可信赖的基石。这就是企业的市场形象和市场竞争力的要素。面对进入世界贸易组织给企业提供的良好机遇,这一点将体现得更加突出。

中国加入世界贸易组织,在较大程度上为中国企业走向世界、开展国际化经营扫除了贸易壁垒的障碍,中国企业有可能更充分地利用国际市场和国际资本,也可以和各国企业互惠互利地发展各种策略合作和战略联盟,迅速壮大自己,但国际投资者比"特殊优惠"更看重的是政策的稳定性和完善的法制环境。按国际通行准则建立良好、规范的公司法人治理结构,是投资者和合作者树立信心的基础。

面对加入WTO,我国任何一个状况良好的企业都有可能在国内国际更广泛的投资者中源源不断地筹措到长期资金,求得迅速发展。但必要条件是要有规范的法人治理结构。也就是说，企业要想从全球资本市场上获得充分的资本支撑，它的治理结构就必须是可以信赖的，能得到国内外投资者的理解，并使投资者的合法权益有可靠的制度保障。治理结构可以代表企业的市场形象，良好的治理结构有助于提高资本市场对企业的信心，从而有可能获得较低成本的融资，获得稳定的资金来源。

因此，一个进入市场的企业能不能得到迅速发展，在很大程度上取决于其治理结构是否有效。如果企业的治理结构极其特殊，特殊到别人无法理解的程度，那么不仅损害了自己的市场形象，也等于自绝于投资者和资本市场。

四 规范的法人治理结构需要遵循的基本原则

在世界经济全球化迅速发展的背景下，国际间企业的联合、重组、投资的范围和规模越来越大。1998年，由西方发达国家组成的经济合作与发展组织（OECD）理事会召开部长级会议，提议OECD与各国政府和有关国际组织共同制定一套公司治理结构的标准和准则。经过专门委员会一年的工作，在总结市场经济国家的经验、重点分析所有权与经营权分离所导致的公司治理问题的基础上，于1999年5月通过了《OECD公司治理原则》。这一公司治理的基本原则有以下几条。

（1）治理结构框架应保护股东权利；

（2）治理结构框架应确保所有股东，包括小股东和非国有股东受到平等待遇。如果他们的权利受到损害，他们有机会得到有效补偿；

（3）公司治理框架应确认利益相关者的合法权利，并且鼓励公司和利害相关者在创造效益和工作机会以及为保持企业良好财务状况而积极地进行合作；

（4）治理结构框架应保证及时准确地披露与公司有关的任何重大问题，包括财务状况、经营状况、所有权状况和公司治理状况的信息；

（5）治理结构框架应确保董事会对公司的战略性指导和对管理人员的有效监督，并确保董事会对公司和股东负责。

这些基本原则总结了状况良好的公司治理所必备的共同要素。尽管好的公司治理结构没有统一的模式,各国也有自己的特殊情况,但如上原则是得到国际社会普遍认同的。

OECD的这些原则与我国《公司法》是基本一致的,经过这一提炼,使我们对建立法人治理结构时必须掌握的要点更加清晰。我国国有企业公司制改制正在进行之中,改制就是对企业的领导体制、组织制度、治理机制的重大调整。非国有经济的迅速成长,加入WTO的形势对国有企业进行规范的公司制改制提出更加紧迫的要求,但是如果迁就旧体制,使改制企业的法人治理结构被扭曲,那么将来为此还要付出更大的代价。

五 深化改革,克服规范公司治理结构的障碍

中央提出建立现代企业制度已6年有余,改制为公司的企业有几万户,上市公司已有千户,但在建立规范的公司法人治理结构方面,还需做出巨大努力。有些公司在法人治理上的人为因素和随意性,已严重损害了包括国有股权在内的股东的利益,损害了公司相关者利益,损害了公司的市场形象。

改制企业和政府主管部门也力图规范公司治理结构,但遇到了巨大的障碍。实践证明,国有企业改革牵动传统体制的诸多方面,除配套推进改革之外,很难有实质性突破。

当前,要在党的十五届四中全会《决定》精神的指导下,不失时机地深化改革,克服规范公司治理结构的障碍。

第一,克服政企不分带来的障碍。政府对国有企业的直接干预和国有股东权能不到位并存,是公司法人治理机制不规范的重要原因。国家是特殊的股东,如果国家股东的行为不端正,就没有哪种力量能对企业进行制约。政府代表国家进入市场直接行使股东权利是不适宜的。从某种意义上说,按照"国家所有,分级管理,授权经营,分工监督"的原则建立和规范国有资产的运营、管理和监督体制是规范公司法人治理结构的一个关键。政府作为社会管理者,面对各类企业一视同仁;政府作为国家所有者,要通过"出资人代表"而不是自己直接出面行使股东权能。出资人代表是受国家所有者委托经营国有资本的投资控股机构,以提高国有经济对股民经

济的控制力和国有资本权益最大化为目标运营国有资本，属于特殊企业法人，投资控股机构与投资和持股的企业依《公司法》是股东和公司之间的关系，不存在所谓的"行政隶属关系"，投资控股机构除行使股东权利外不再有任何行政管理职能，绝不能成为"婆婆加老板"。

国家持股机构运营国有资本，主要做两件事：一是对授权经营的国有资本实现重组和优化配置，即通过有进有退的国有资本的重组，使国有资本向需国家控制或效益更高的领域集中，使国有资本发挥更大作用并保值增值；使有前景的企业得到迅速发展，丧失竞争力的企业平稳退出市场。二是对投资和持股的企业行使股东权利。主要是选派股东代表或董事，并通过他们影响所属企业对经理的聘用、重大决策和公司的收益分配。

第二，推进股权多元化，为公司法人治理结构的规范运作创造基本条件。实践证明，国有企业改制为国有独资公司，从机制转换角度看并不理想。政府主要追求社会目标，唯一的由政府代表的国有股东往往把社会目标强加到企业头上，要么要企业自办医院、学校，负责职工养老，安排冗员，替政府承担社会保障职能；要么对企业经营决策直接干预，指挥企业投资或进入、退出哪个市场；或把困难企业甩给优势企业，搞"拉郎配"等。这说明，以政府为背景的国有股东很难成为以经济效益为目标的合格股东，国有独资公司难以建立规范的法人治理结构并规范运作。因此，通过股权结构设置防止和矫正国有股东的非正常行为，把企业目标集中于追求经济效益，是国有企业公司制改制要遵循的重要原则。一般来说，引入多元股东，包括另外的国有股东，特别是非国有股东，有利于所有者职能到位，形成规范的公司治理结构；有多元股东的制衡，易于实现政企分开，使企业目标集中于追求经济效益。

党的十五届四中全会《决定》总结了国有企业公司制改制的经验，提出"除极少数必须由国家垄断经营的企业外，要积极发展多元投资主体的公司"。为使公司治理更加有效，一个国有股东的股权比例不宜过大。"一股独大"，往往使经营者只看这一大股东的脸色行事，如果这一国有股东行为不端，企业就会偏离追求经济效益的目标，公司、小股东和公司利益相关者的利益就难以保障。为此，《决定》强调，要发展混合所有制经济，"重要的由国家控股"，也就是说，对一般企业也不一定由国有股东控股。

第三，克服"内部人控制"造成的障碍。为增强企业活力，国有企业改革首先从"减税让利""减政放权"开始，认为只要有了"自主权"，又有了"自主钱"，企业自然就可以走向市场，求得发展。与此同时长期维持企业办社会体制，政府通过国有企业对职工及家属承担就业、上学、医疗、养老等社会依托责任。这就使"纯洁"的国有企业发生了变化，国有企业成为融合了地方政府、主管部门、企业经理和企业职工利益的、被改造了的国有企业，例如，政府审批制增加了审批者的权力，并不能使所有者职能到位。由于个案审批难以避免随意性，审批者批准或不批准的责任与所造成的后果严重不对称，审批往往难以避免某些个人的私下交易。企业内所有者缺位，在缺乏有效监督的情况下，厂长（经理）负责制使决策和执行混为一谈，很容易变成个人说了算。经理和职工的工资并不能真正反映他们的真实收入，企业通过办社会进行或明或暗的补贴，使职工得到额外的实惠……实际上围绕国有企业编织了一个个错综复杂的利益网，内部人控制了一切。改革一旦触及这一利益格局，就会遇到来自各个方面强大的阻力和难以克服的各种现实问题。

实行公司制，要改变"一元化"领导体制，科学地配置公司的控制权，确保分权——制衡的有效性，这是克服内部人控制的有效措施。要使所有者（代表）进入企业组成最高权利机构，保持对公司的最终控制权；董事会成员与经理人员不能过分重合，以确保董事会以公司和股东利益为取向主持公司的经营和决策；大型公司还应有外部董事或独立董事，以确保公司、小股东和利益相关者的权益；董事长与经理不能一人兼，以确保董事会对经理人员的有效监督。国有独资公司依法设立外派监事会，如此等等。这种规范的公司治理机制使公司体制中没有不受约束的人，从而保证所有者对公司的最终控制。

第四，积极探索符合公司体制的人事管理制度。如何科学地配置公司控制权，是涉及公司怎样承担风险的问题。

企业的盈亏直接或间接都由所有者承担，可以说所有者是公司第一利害相关者，因此他（它）要对企业有最终控制权，最重要的体现就是股东直接掌握经营班子（董事会）的选择，公司合并、分立等重大产权变动，年度财务决算，收益分配等权力。董事会受股东信托，以公司和股东利益最大化为原则，负责公司的经营决策、选择公司的经营管理者（经理）、监督公司经营管理者执行董事会的决议，董事会成员凭借自己的业务能力和社会信誉充当衔接股东与公司的枢纽。公司经理按董事会的授权受托经营管理公司业务、执行董事会决议，他有权提名自己的助手和部门经理，并组织公司高效运转。在这一体制中，股东对董事会工作是否满意，不在于是否要代替董事会对公司经营进行决策；董事会对经理的经营管理是否满意，也不在于是否要代替经理去指手画脚，最重要的表态就是决定他们的奖惩和去留。

由此看来，公司控制权的合理配置是公司灵活经营和防范风险的关键。公司控制权的核心是对人的控制权，也就是说层次分明的人事管理权是公司控制权合理配置的核心。股东会、董事会、经理和监事会之间的制衡体制，最终是通过对人的控制而实现的。理顺公司人事管理是建立规范的法人治理结构的一个关键。

十五届四中全会《决定》指出，要"积极探索适应现代企业制度要求的选人用人新机制，把组织考核推荐和引入市场机制、公开向社会招聘结合起来，把党管干部原则和董事会依法选择经营管理者以及经营管理者依法行使用人权结合起来"。在推进国有企业公司制改制过程中，政府和各股东要促进形成规范的公司法人治理机制，积极探索按《公司法》行使各自的权利，不应超越《公司法》干预公司的人事管理。

在"中国上市公司的现代企业制度建设——公司治理大会"晚餐会上的演讲[*]

(2001年9月10日)

一

通过股票上市对国有企业进行改革,必须明确无误地确定两个目标:一是使确有良好前景的企业有机会募集资本金,实现更快的发展,并使投资者受益;二是通过股权多元化,改变政企关系,建立和规范公司法人治理结构,转换经营机制。遗憾的是,政府部门、控股股东和上市公司在大多数情况下更重视资金筹措,较少关注机制转换,很多公司的问题恰恰就是从这里开始的。

公司治理制度安排的核心,是解决所有权与经营权分离情况下保证所有者最终控制权的问题。因此,规范公司治理的动力来自股东。如果股东没有为维护自己权益而积极参与公司治理的热情,那么内部人则更希望为保持自己的控制权而维持现状;但是,如果控股股东由于公司治理结构被扭曲而可以得到非分的好处,那么控股股东就没有完善公司治理的积极性,中小股东的权益也就无法保证。

值得注意的是,为使公司能成功改制上市又不更多地触动内部人的利益,也为了减少政府的麻烦,大多将原企业核心业务与有效资产重组上市,自己带着存续部分成为上市部分的国有控股机构。这种做法越来

---

[*] 2001年9月9日至10日,由中国证券监督管理委员会主办,世界银行、经济合作与发展组织(OECD)、亚洲开发银行协办的"中国上市公司的现代企业制度建设——公司治理大会"在北京举行。本文是作者在晚餐会上以"通过改善国有控股公司与上市公司关系,改善公司治理"为题的演讲的整理稿。

在"中国上市公司的现代企业制度建设——公司治理大会"晚餐会上的演讲

越多,几乎变成了一种普遍的"模式"。但从最近几年实践效果来看,目前这种"模式"很难使所有者职能到位,也很难产生正常的股东行为。

现行控股公司的矛盾在于它有多重目标,一方面背起了原企业余留人员和非核心资产,另一方面还控制着唯一的上市公司。为解决存续部分的困难,这个国有母体可支配的资源往往就是上市公司。一般的做法是,在包装上市时,把包袱留在控股公司,上市成功后再转嫁给上市公司。因此,多数国有母体与上市公司两部分形分实合,无论在管理者兼职、业务关联、公共设施交叉、关联交易上,甚至在财务、资金等方面都保留着许许多多不明不白的关系。特别是国有母体与上市公司多个领导人的兼职,造成控股股东和上市公司都失去了独立性,内部人身跨两边,控制公司变得更加灵活和方便,手段更加多样、渠道更加宽阔,也使高管人员成了"双面人",要实现的目标变得模糊了。当他们坐在上市公司董事长和经理的位置时,就要做出最大努力,争取上市公司创造良好业绩,实现公司和股东权益最大化;当他们站在国有母体的立场考虑问题时,又企图通过兼职的方便施用控股权和关联交易,向上市公司转嫁负担,使存续部分的经济状况得以改善。在现实情况下,由于来自内部人的压力更加具体和现实,控股公司往往不惜牺牲前者而保全后者。因此,这样的控股公司很难成为以上市公司效益最大化为目标的股东。如果有政府背景的国有控股股东行为不端正,几乎没有什么力量能够控制它。

大公司改制中实行一分为二,将核心资产(优良资产)和主持核心业务的骨干人员独立出去,通过上市引入新的投资者,完全按新体制和新机制运行;将公司遗留部分,包括一时处理不了的体制问题,历史遗留问题,放在控股公司。应该说,这是一种从旧体制中迅速解放出具有发展前景的核心业务,同时又承认历史,稳妥处理遗留问题的现实途径。

问题的关键在于,经过一分为二的改造后,对控股公司如何定位?如果要控股公司一方面负责具体处理非核心资产、妥善安置职工和处理不良债务,另一方面又是资产上市后的控股股东,实践证明,这会产生诸多负面效果。

二

改善上市公司治理结构必须研究的一个重要问题，就是如何使国有控股股东有正常的股东行为并与上市公司建立正常关系，使其对持股企业的目标集中于股东权益最大化，并使所有者权能既到位又不越位。

目前，由国有企业改制上市的公司，国有股东有一些共同的特点。

（1）国有法人股占绝对控股地位，而且股权不流动。

（2）国有控股公司与上市公司原本是一家企业，主业资产上市后剩下的"存续部分"留在控股公司，上市公司与控股母体或明或暗地保留了多通道的相互关联，这里包括人员、机构、业务、资产、财务、设施等。

（3）除追求投资回报之外，国有控股公司还要直接处理存续部分的诸多棘手问题，因此国有控股机构追求的目标是多元化的。

近期股市披露的问题说明，政府—控股公司—上市公司之间存在许多异常的关系，产生了不好的效果。

（1）政府给控股公司设置了相互矛盾的目标，实行强干预、软约束，使很多控股公司并未成为"真老板"，国有资产委托代理的有效性不高。

（2）在控股公司与上市公司有多渠道关联的情况下，国有控股公司除分得红利之外，还倾向通过其他更灵活的渠道和手段，暗箱操作从上市公司得到好处。这些特殊好处透明度极低，不仅可以为控股公司解决存续部分的问题提供支持，甚至内部人也可以分享。因此，从利害关系上讲，控股股东并不希望人员、资金、财务"三分开"。

（3）国有控股股东处于绝对控制地位，还有政府背景，违规操作败露后可以找出很多理由为自己辩护，风险成本较低；国有法人股权目前不参与流动，没有公司控制权转移的威胁。因此，上市公司经理人往往要看国有股东脸色行事，或与控股股东联手操作，为控股股东和内部人谋利益服务。

（4）国有企业改制上市较早并占多数，其中一些没有做出好样子，使一些不好的做法蔓延。

在"中国上市公司的现代企业制度建设——公司治理大会"晚餐会上的演讲

三

从目前情况看,仅由证监会出面要求控股公司与上市公司实行人、财、物"三分开"还不足以解决问题。端正控股股东行为,重要的一点是使控股股东对投资的企业只设定一个目标,就是更高的投资回报。为此,必须解决控股股东追求目标多元化的问题,其中最重要的问题是控股股东与存续部分的关系如何处理。

从实践经验看,应该考虑以下几个措施。

(1) 提高国有股权委托代理的有效性。政府要对授权的控股公司实行"少干预、硬约束"的政策,使国有持股机构成为"真老板",并有正当的股东行为。

政府对授权经营机构即控股公司的监管,要一改传统隶属关系的管理方式,主要运用好三个手段。

第一,管好人。政府向授权经营机构派出董事,包括外部独立董事组成董事会,但不要再管经理。

第二,建立业绩合同制度。政府每年审查控股公司的年度经营目标,并与控股公司签订业绩合同,政府的特殊要求可以反映在业绩合同之中,但在合同之内的经营事项,政府不再干预,控股公司年度运作中超出合同的重大事项必须及时报告。

第三,严格审计监督。以年度目标为准,聘请专业机构进行审计,并由国家派出的监事会对审计结果进行考核、评价。

(2) 通过国有持股机构之间的换股,使一家上市公司的国有股由多家持有,通过包括国有股东在内的股东间的制衡,矫正某些股东的非正常行为。

(3) 改善上市公司董事会成员结构,控股股东可以推荐人员出任外部董事,但绝对不准在上市公司兼任高管人员。

鉴于目前离开控股公司谁也没有能力解决存续问题的现状,可以考虑的方案是这两种。

①从控股公司中将存续部分分离出来,交由一个或几个托管公司处理,

使上市公司与存续部分各自独立。

②控股公司与托管公司签订委托协议，委托托管公司主要做三件事。

第一，存续业务和资产的重组。第二，原国有职工的分流与安置。第三，不良债务的处理。

国有控股股东行为正常化，对建立良好的公司治理将起到积极作用。

在"中国企业经营者激励与约束机制
——股票期权激励制度研讨会"上的讲话[*]

(2001 年 9 月 14 日)

　　经营管理者是一个特殊的社会阶层。这一特殊阶层的总体水平和成熟程度影响国家的经济实力。对他们聪明才智的调动和非正常行为的制约关系投资者的回报。但是,对他们的有效激励和约束绝不是工资水平高低这样一个简单的问题。激励制度的本质是人事制度。在现代公司制度中所有权与经营权相分离,如何通过一套有效的激励制度使经理人的目标与公司和所有者的目标趋于一致,这是形成良好公司治理的一个关键。为此,国务院发展研究中心与中国证监会共同设立了一个股票期权激励机制的研究课题。

对经营者的有效激励和约束,是深化企业改革必须解决的一个重要问题。在这方面虽经多年的探索,至今仍是一个没有解决的问题。

随着改革的深化,企业间的竞争逐步由产品层次的竞争发展到技术和管理的竞争,进而发展到人才层次的竞争。从很多方面看,人才层次的竞争正在国际化,而且有愈演愈烈之势。

实践经验表明,对经营者的激励与约束,既是人才竞争的重要工具,也是端正经营者行为的重要手段,已经引起全国上下的普遍关注。

---

[*] 2001 年 9 月 14 日,国务院发展研究中心召开"中国企业经营者激励与约束机制——股票期权激励制度研讨会"。本文是作者在研讨会上以"建立与社会主义市场经济相适应的经营者激励制度"为题讲话的记录整理稿。

一　有效的经营者激励制度是公司法人治理的一项基本要素

公司治理最重要的特征是所有权与经营权分离。即投资者投资，将资产信托给董事会经营，董事会对公司法人事项做出决策后将公司经营管理权委托给经理。在所有者不参与具体经营活动的情况下，经过一系列委托代理后如何保障公司和所有者权益？由此可知，在公司治理中，所有者控制权的行使和经营者的有效激励和约束是两个关键性制度安排。

行使控制权最重要的手段是经理人员的升迁和去留。对经营者激励的要点在于使经营者尽职和努力的追求与公司价值和投资者利益相一致。事实上，尽管所有者可以选择多种形式监督来体现自己的最终控制权，但由于经营者追求的目标与所有者追求的目标事实上存在差异，加之公司外部人与内部人信息严重不对称，"完善的监督"成本是非常昂贵的，甚至是不可能的。此时，如何通过一套有效的激励制度使经理人的目标与公司所有者的目标趋于一致，就成为公司治理有效性的一个关键节点。

公司治理中的分权制衡机制是通过对人的制衡来实现的。所谓对人的制衡，除了上一级决定下一级人员职位升降和去留之外，重要的是聘用者决定被聘用者的薪酬，所有者最终控制高级管理层的薪酬结构和水平。激励是公司人才战略的一项核心内容，是公司战略中一项重要的制度安排。

在规范的公司治理结构中，董事会设薪酬委员会，其成员主要由公司外部独立董事组成。根据公司业绩、个人贡献，并参考同类可比公司的水平，在专业咨询机构建议下，薪酬委员会制定最高管理层薪酬方案，提交董事会审议通过。高管人员股票期权或持股计划还需股东会通过。提高高管人员薪酬结构中长期激励部分的比重越来越引起投资者重视，目的是以此促使高管人员行为目标长期化，与公司和股东利益相一致。对高管人员的激励制度，是公司管理中非常重要的内容，是法人治理结构的重要组成部分。在这套制度安排下，由董事会聘任并激励高管人员，股东最终控制其薪酬水平。

聘用者决定被聘用者的薪酬，所有者最终控制高级管理层的薪酬结构和水平，这本来是件不言自明的事，但在体制转轨的今天却成了一个问题。

即由于国家所有者不到位，许多国有企业经理人只能自己确定自己薪酬。尽管多数国有企业经理能严格要求自己，但慷国家之慨、中饱私囊的事也时有发生。对经营者薪酬激励，绝不是用传统的、简单的工资水平的高低可以衡量的。在体制转轨中要澄清一些概念。

（1）谁是薪酬激励的主体，谁是被激励的对象？自己"激励"自己，是体制转轨时期由于所有者缺位而出现的不正常现象。

（2）激励的目标是什么？工资是对员工工作、劳务消耗的一种补偿，是维持简单再生产的概念。激励则是以薪酬方式鼓励员工努力实现公司目标。

（3）激励的手段和工具是什么？不同的激励手段和工具可以产生不同的效果。激励的手段和工具也需要不断创新。针对岗位不同，在公司发挥的作用不同，应选择不同的激励工具和激励水平。

二　人事制度决定激励制度

激励制度的本质是劳动人事制度。改革开放以来我们总想在企业领导人员行政任用制度基本不变的情况下，找出一套超越于行政管理方式的经营者激励制度。我们采取过加大奖励、功效挂钩和承包制等多种方式，这些措施有一些效果但没有根本解决问题。除经营者"凭良心"为党工作外，未能形成一种良性激励机制，使经营者竭尽全力为所有者创造业绩，而又不侵犯股东权益。

经理人和劳动者一样都是特殊生产要素，在社会生产中是一种必须的要素投入。人力资源有两种配置方式：计划体制和市场机制。

计划体制是一种行政任用制度，即政府主管机构通过选拔、考核将人员分配、安置于不同企业的高级管理岗位。此时，政府与企业经营者是信托关系，经营者受到三重激励：一是职位晋升的激励，这里有企业内的职务晋升，更有比照政府公务员级别的晋升，而后者具有社会普遍认同性，也显得更加珍贵；二是货币性报酬即工资激励，由政府比照同级公务员并参考职工平均工资确定；三是职务消费和福利，如交通、住房、通信、保险，甚至签单。

市场机制则是聘用双方的一种市场选择。用方（即投资者，或董事会）综合考虑诚信、才智、管理能力和工资成本等因素，通过中介机构，在市场中选择最适宜的经营者；应聘者则综合考虑本人爱好、发挥才能的机会和薪酬水平等因素，选择最适宜的企业和岗位。此时，聘用双方建立合同关系，对高管人员激励主要有三：一是聘用者的信赖；二是经营资产规模的大小和所在行业、企业的发展前景；三是薪酬水平。这是参考经理人市场价格由聘用双方谈判以合同方式确定的。

显然，两种不同的用人制度体现了两种不同的出发点和价值观，相应也匹配有不同的激励工具。

三 政府主导型经营者激励制度面临挑战

在企业走向市场中，经营者进出企业由政府安排的人事制度和经营者薪酬比照政府公务员级别设计的模式遇到了挑战。

（一）政府对被任用者做出了过多的承诺

企业高管人员与政府公务员由同一机构任用，具有相应公务员级别。工资收入与技术人员和职工并无大的差别。在平均主义盛行的情况下，"行政级别"就是社会认同的主要标志，也就显得特别珍贵。这是过去对企业领导者最重要的激励形式。在政府任用经营者过程中，政府与经营者之间并没有简单、明确的合同关系。在经营者接受较低工资情况下，包含了政府对经营者一种含义并不十分清晰的承诺。不管能力大小、业绩如何，一旦到了任用岗位，只要个人不犯大错误，干好干坏一个样，几乎不存在淘汰出局的威胁。这就是人们说的"铁交椅"。这种没有正常筛选、淘汰的制度，使企业高管人员随市场竞争需要而更迭变得十分困难，成为提高企业竞争力难以克服的巨大障碍。

（二）企业领导者地位的不确定性

以红头文件任命的方式来确定企业领导者，遇到的另一个问题是被任命者身份和地位的不确定性。首先，他是公务员，还是企业家？前者追求的是社会公共目标，后者追求的是个别企业效益最大化。这是价值观完全不同的两类岗位。其次，他是国家所有者代表，或者其自身就是经营者？在所有权与经营权分离之后，经营者追求的目标并不必然就是所有者的目标。最后，他是小社会管理者，还是企业的领导者？前者是对职工和社区居民负责，后者则要排除各种与主业和经营无关的事务，降低成本，两者目标完全不同。

正是由于企业领导者身份和地位的不确定性，长期以来，国有企业实际存在所有者缺位的问题。相应地，经理人员既缺乏有效激励又缺乏有效监督的情况长期并存。随着传统体制逐渐破除，利益主体多元化，一些企业的经理人出现了许多非正常行为：或看政府脸色行事，或讨好职工，未把目标集中于经济效益；为取得好业绩考评，过分追求近期业绩（政绩），损害长期发展；在名义工资很低的情况下，公款高消费，挥霍浪费；自定工资，"自我激励"；贪污、腐化，出现"59岁现象"；只求平稳，不求进取，工作平庸；转移、侵吞国有资产；等等。

（三）用市场化激励方式遇到了困难

在向市场体制转轨中，以个人能力为基础取得社会认同和获取合法收益的途径大大拓宽了。行政任用的企业领导者有与企业职务相应的"行政级别"，却没有与企业高管人员相应的薪酬。加上三资企业和民营企业的示范作用，"行政级别"的吸引力实际上在减弱。可是在政府宣布企业经营者不再有行政级别时，一些企业领导者对带有"通用价值"的行政级别、官本位仍有所留恋。不少经营者产生失落感，甚至出现"动力真空"，使经营者跳槽和"59岁现象"带有一定普遍性。更有甚者，趁所有者缺位，利用手中权力疯狂侵吞企业财产。

在取消"官本位"激励后，国家所有者倾向于用市场化方式激励经营者。但行政任用的高管人员要采用市场化激励方式遇到了难以克服的矛盾。这不仅由于他们没有经历在人才市场中竞争上岗的过程，难以确定个人的市场价值，而且靠一纸红头文件就要获取较高薪酬，与同一行政机构任命的政府人员薪酬水平难以平衡，社会难以认同、职工难以接受、政府部门也感到矛盾重重。

在名义工资很低的情况下，职务消费和福利的口子是敞开着的。从交通、电信，至住房、保险，甚至签单。一些"穷庙富方丈"企业的问题大多表现在这里。这种消费和福利不少是暗箱操作，透明度极低，又缺乏稳定性，尽管企业为此已经支付不少成本，但真正的激励作用十分有限。

四 建立"薪酬包"概念，注重对高管人员长期激励

在"放权让利"和承包的阶段，很多人认为，对经理人的激励与约束就是对他们"奖得眼红，罚得心痛"，刺激他们追求短期业绩。长期以来，又把经理人工资与公务员工资类比，干好干坏差不多。在市场经济中，在两权分离情况下，所有者控制经营者的重要手段是对他们的激励和约束。实际上，经理人的薪酬远不是用"多发钱""奖勤罚懒"或以某一级别政府干部工资类比就能解决的问题。实际情况要比这复杂得多。

就本质而言，经理人薪酬的目的性在于将经理人的努力与公司价值和企业的发展前景紧密联系起来；经理人薪酬的艺术性在于以一定的薪酬水平促使经理人尽最大努力为股东创造更高的回报；经理人薪酬的科学性在于给那些最能干的经理人以"金手铐"，给那些相形见绌的人以警示信号。

因此，经理人的薪酬不同于传统概念的"工资"，它是多种形式酬劳的一种组合，是包含不同结构内容的"薪酬包"，其中每一项内容对应不同的激励效果。一般讲，"薪酬包"的主要内容如下。

（1）基薪。即经营者的基本收入，保证与其身份相适应的基本生活。只要雇用这一经理人，就应按时向其支付基薪。

（2）短期激励。如月度或季度奖金。意在鼓励当期努力工作，一般对经理人作用不大，主要用于激励那些通过当期努力就会给公司制造效益的人，例如生产经营第一线的员工。

（3）年度激励。鼓励公司中、高级经理人员，努力实现公司年度经营目标，是在年度考评基础上的奖励。主要表现形式有年薪，也有奖金，或年底双月工资等。

（4）长期激励。鼓励对公司中长期发展产生影响的高层经理人员和业

在"中国企业经营者激励与约束机制——股票期权激励制度研讨会"上的讲话

务骨干,使他们为公司的中长期的价值提升和投资回报而从长计议,持续努力。美国等市场经济国家普遍采用了股票期权的形式,也有公司采用赠予股份等形式。

(5)福利计划。适用于各层次员工,目的在于提高公司员工的向心力和归属感。如在公司绩效提高基础上为员工提供培训,支付补充医疗、养老保险、带薪休假等。

一般来讲,不同岗位、不同类别人员"薪酬包"的结构和水平不同,是针对不同岗位人员,以提高公司价值和创造公司前景为目标,最大限度地调动积极性而设计的。"薪酬包"的内容、结构和水平应根据需要动态调整。高管人员与公司长期发展关联性最强,为避免他们的短期行为,使他们的努力与股东追求的公司长期发展和提高投资回报相一致,在他们的薪酬组合中强化长期激励的成分非常重要。在美国,大公司高管人员薪酬中长期激励的比重大多超过50%。实践证明这一做法有较好的效果。

五 积极探索实行股票期权激励制度

股票期权制度是近代很多国外大公司实践证明效果较好的一种长期激励工具,十五届四中全会已提出可以试行,各地、各企业也表现出很高的积极性。但对股票期权制度如何正确理解、正确使用,使用这一工具必须创造哪些制度环境等,还必须从理论、政策和法规各层面认真研究,稳步推进。千万不能把一个可能产生良好作用的制度或方法在实践中扭曲,造成负面的后果,最终加以否定。

股票期权激励是指股东以约定的价格、数量,允许被授予者在约定的时间购买本公司股票的权利。购买后可在协议的延迟时间后向市场转让。如果约定购买时股票的市场价高于约定价,被授予者可获得股票增值收益;当转让时市场价又高于购买价,被授予者又可获得第二笔收益。相反,如果约定购买时市场价低于约定价,则被授予者不会购买,此项收益就为零。国外特别是美国一些大公司将这项制度用于高管人员取得了较好的效果。主要表现在这几点。

（1）由于股票市场价值的基本面可以反映公司价值和发展前景，经营者为获取股票期权增值收益的努力与公司和股东利益高度一致；

（2）在包括被授予者们的努力下，如果股票增值，股东普遍受益，股东愿意拿出增加收益中的一部分奖励被授予者，被授予者出资购买公司股票并与投资者一起分享股票增值中的一部分。这种激励并不完全出自公司成本，对公司现金流没有影响。

（3）这种制度激励被授予者努力为公司创造价值，但股票期权激励的收益并不在当期。为获得这份可能出现的高收益，就得为公司尽心尽力地长期工作下去。这是公司招揽人才、留住人才的"金手铐"。

（4）股价升降直接影响股票增值收益，因此，被授予者更重视公司股价涨落，这就使资本市场对公司的评价和监督作用在公司内得到强化。

（5）被授予者分享的是包括自己努力在内，而使股东获益的一部分，原则上没有侵蚀过去的成果。这种形式的激励可以做的力度较大，又易于得到职工和社会的认同。

引进长期激励因素有利于克服经营者短期行为，这对中国企业来说是非常需要的。但实行这一薪酬制度需要一定的配套条件。

（6）有效的公司治理。必须明确的一个基本问题是激励的主体是所有者。有效激励的基础是所有者（代表）进入企业并到位，主要由外部或独立董事组成薪酬委员会、审计委员会，激励并不断评价、监督经营者。

（7）实行股票期权激励的方案应由股东会批准。要防止出现在所有者缺位或所有者被架空之后，公司内部人"自我激励"现象的发生。

（8）经营者的聘免应以经营管理能力、尽职敬业态度和对股东诚信为准，通过市场进行。以行政方式上岗的经营者施用市场化激励方式会带来一系列不良后果。

（9）股票市场中个股股价能大体反映本公司业绩和前景时股票期权激励才有正面作用。如果个股股价被炒作而不能反映公司基本面时，那么股票期权激励作用就会失效。

（10）实行股票期权制度必须有相应的法律法规作支撑。目前实行这一制度涉及《中华人民共和国公司法》、《中华人民共和国个人所得税法》《企业会计制度》、国家外汇管理等方面需进行必要的修改或调整。

在"中国企业经营者激励与约束机制——股票期权激励制度研讨会"上的讲话

现在很多地方政府、投资者和企业越来越认识到对经营者长期激励的重要,但由于现有条件的限制,股票期权激励制度必须限定在试点的范围。首先对有较好公司治理基础的上市公司,特别是在境外上市公司中试点,为将来更多公司采用这种激励制度创造必要的法制和社会环境。

培育信用体系，夯实市场体制基础*

（2001年11月13日）

20年来，在大步推进改革开放，实现了经济持续稳定发展的同时，我们却缺乏对"市场经济是信用经济"的充分认识；在不断改善能源、电信、交通等硬件基础设施的同时，却忽视了社会信誉和信用体系的"软件基础设施"的建设；在推进政企分开，各种所有制经济共同发展，使企业走向市场的同时，却忽视了市场信用主体的培育。社会信用、社会道德水平与我们的体制转轨进程和经济发展水平极不相称，已经成为影响改革进程和经济持续发展的重大障碍。

随着改革的深化，财政对竞争性行业企业的投资已经终止。企业求得发展的融资渠道必须转向资本市场和货币市场。目前，这两个市场的资金比较充裕，加入世贸组织还可以使国内、国际这两个市场相互联通，具有更充足的实力。但企业能否受到市场的青睐，则要看自身的前景和企业的信誉。从这个意义上说，培育可信赖的信用主体，建立信用体系，是建立市场经济的一项基础工程，是当务之急。

在政企不分的体制下，企业和银行的关系、企业与企业的关系直接、间接地体现为企业与政府的关系。此时政府是唯一的信用主体，企业处于从属地位，并没有什么"信用"可言。在向市场经济转轨后，这种缺乏信誉基础的经济关系遇到了尖锐的挑战。首先是三角债迅速上升，接着是银行"收息率"迅速下降，企业与银行、企业与企业的纠纷不断，经济交往中的道德风险急剧上升，致使信贷市场不敢放贷，资本市场起起落落。

近年来，一些国有企业在通过政府指令而获得贷款之路不畅之后，就

---

* 2001年11月13日，"2001中国担保论坛"在上海举行，本届论坛主题是"信用、风险、创新、发展"。本文是作者在论坛上讲话稿。

转而希望通过机构担保而获得资金；一些政府部门在强制银行安排贷款遇到困难之后，就想通过指挥担保基金继续推行政府项目；而一些银行分支机构在上级压力下急于转移风险，并未着意通过提高商业化水平而独立承担项目评估等责任。政府、银行、企业都不自觉地企图在已经改变了的条件下维系过去的方式，而对建立社会信用体系还没表现出应有的热情。

党中央、国务院下大力气整顿和规范市场经济秩序、优化市场环境、制止社会信誉水平持续下降。这些努力是积极的、必要的，但效果不大。市场上假冒伪劣猖獗，合同得不到履约，经理人缺乏诚信，逃废债务等现象时有发生；伪装上市圈钱、虚假披露欺骗股东、中介机构制造假信息，以及行贿受贿、偷税漏税等，形形色色、五花八门的失信行为还在蔓延。这些失信行为严重损害了消费者权益，打击了投资者的信心，坑害了正当经营者的利益，也使债权人蒙受巨大损失。

带来的结果，一方面，驱使各市场主体更注重"现得利"，行为更短期化；另一方面，由于随时提防上当受骗，使市场交易成本普遍上升，社会经济运行效率下降；经济社会运行总成本的提高，直接威胁着我国市场体制的建设和经济持续增长。面对入世的挑战，丧失信誉将导致国家竞争力的降低。

提高社会道德水平、建立社会信用体系、培育市场信用主体，已具有十足的紧迫性。但要建立这一体系，必须要有政府、市场主体和中介组织持续的共同努力。

1. 加速政府职能转变，改革政府行政方式

信用的基础是信誉，信誉水平又取决于预期。信誉机制的建立需要有相对稳定的政策环境，政策环境越不确定，人们越追求短期利益。政府方面政出多门、政策多变，以内部"红头文件"行政方式指导经济，没有透明度；执行法律法规的随意性，对微观经济活动过多的干预，以及过度依赖个案审批的行政方式等，都会使市场主体面对诸多不确定因素和不透明、不可预见的市场环境。当市场主体无法判断未来可能发生什么事的时候，就导致预期的短期化、行为的短期化，最终将使信誉机制失灵。也就是说，由于随时准备应变，不讲信用，捞一把算一把，比为追求长远利益而注重信誉要实际得多。

在体制转轨过程中，变是必然的，但政策的相对稳定是必要的，对微观经济减少直接干预是可以做到的，增加政策法规透明度势在必行。要以入世为契机加速政府改革，要使政府职能的重点由对微观经济的直接干预转移到创造一个有效率的市场体制上来，建立透明、稳定、可预见的市场环境。

2. 强化产权保护，改善公司治理，使所有者到位

信用表现在产权主体之间。信誉是产权主体对社会的一种承诺。企业之间的竞争，最终是信誉和品牌的竞争，而品牌又是由信誉凝聚而成。一个企业失去了信誉也就失去了客户信任，也就等于自绝于资本市场和信贷市场，从而失去了所有未来发展的可能。明晰的产权是追求长远利益的动力，追求长远利益的人才会更加讲求信誉。一般来讲，在正常情况下，市场主体通过"信用中介"参与交易过程会降低交易成本，因此，信誉是一种资源，诚信是产权主体维护自己权益的正常行为。

现在，我们周围所出现的许多问题都与产权主体不到位相关。私人产权明晰，但产权保护程度不足，短期行为屡屡发生；集体产权非常模糊，国有产权归属清楚，但具体产权责任不清，企业内所有者缺位，使一些经营者热衷于短期行为，不讲信誉的事不时发生。

只有强化产权保护，使所有者到位，并使各产权主体为维护自己长远利益而恪守信誉，才能建立起社会信誉机制。

3. 没有法律保护就无信誉可言

信誉和法律是维护市场秩序的基本工具，彼此之间又相互联系。

信誉似乎属道德范畴，但没有法律的保障信誉机制是不能普遍和持久地维持下去的。就是说，如果没有一套严格的法律，使不守信誉的个人和企业因此而付出高额成本，那么道德沦丧必然蔓延。法律是不可能穷尽的，面对纷繁的市场活动，如果社会没有信誉文化的基础，大小交易事都要以制定符合法律的、详尽完备的合同约束双方，那交易成本谁也无法接受。但是，法律作为维护信誉的底线，作用不可低估。严格的法律、严明的法律制裁可以使人们更讲信誉，有利于形成讲信誉的机制。

4. 发挥中介机构的信息传递作用

制假造假、坑蒙拐骗之所以能一时成功，都来源于信息不对称。与交

易相关的方面及时准确的信息传递，对建立信用制度至关重要。

中介机构的主要功能是为市场主体及时提供准确的信息，中介机构的成熟是市场成熟和壮大中非常重要的一环。中介机构发挥作用的前提是它必须是一个独立的、公正的、承担无限责任的机构。目前，有一些假冒的会计师、审计师，在建立社会信誉体系中不仅没起到好的作用，反而帮助某些企业主发布虚构信息欺骗公众，对假冒伪劣、欺诈行为起了煽风点火、推波助澜的作用，实在可鄙。中介机构唯一的资产是它自身的信誉。中国的资信业是一个有待发展、有良好前景的行业，但只有那些能取信于市场的机构才会有广阔的发展前景。

在还不规范的市场条件下，信用担保机构夹在政府、企业和银行之间，同时承担着经营风险和道德风险。不改善社会信誉和社会道德状况，单凭信用担保机构自身的努力，解决不了社会信用的基本问题。信用担保企业发起推进建立社会信用体系，是从自身业务出发提出的创意，但它的意义却远远超出了信用担保的范畴，对当前推进改革、经济发展和应对加入世贸组织后的新形势都具有十分重大的意义。

希望担保企业认真贯彻总理指示，在建设中国信用文化事业中发挥带头和先锋作用，希望政府部门、企业及中介机构共同努力"建设中国信用文化事业"。

关于建立符合市场经济要求的国有资产管理体制问题[*]

（2001年11月15日）

建立符合市场经济的国有资产管理体制，是建立现代企业制度，实现政企分开、所有权经营权分离的一个基础条件。国有资产管理是一个敏感的问题，中央采取了审慎的态度。1997年党的十五大提出"建立国有资产管理、监督、运营体制"；1999年党的十五届四中全会《中共中央关于国有企业改革和发展若干重大问题的决定》（本文以下简称《决定》）提出"国家所有、分级管理、授权经营、分工监督"的指导原则。但至此还没有具体实施的条件。

江泽民同志在党的十五大报告中提出了"建立有效的国有资产管理、监督和运营机制"的任务。面对改革开放的深化，完成这一历史性任务的条件已逐渐成熟，也有十分现实的紧迫性。抓住时机推进这项工作，将对改革和发展全局发挥重要作用。

一 国有资产管理体制是影响改革全局的一个关键

市场机制发挥作用的基础是存在众多的独立的市场主体，它们既是独立的产权主体，又是独立的决策主体和利益主体。通过这些市场主体在市场中的独立运作和竞争，使资源配置不断优化。在传统国有资产管理体制下，国有资产归国家统一所有，全国是一个不可拆分的产权主体、决策主

---

[*] 2001年11月15日，中央领导同志为准备党的十六大政治报告，在中南海怀仁堂召开座谈会。本文是作者在座谈会上的发言。

体和利益主体（马克思把它看作"全社会的大工厂"，列宁则把它叫作"国家辛迪加"）。这种体制从本质上与市场体制是对立的，因此市场机制不能发挥作用。

在党的十四大确定建立社会主义市场经济体制的改革目标之后，摆在我们党面前的一个必须回答的严肃问题，就是国有制经济与市场体制能否结合、如何结合。如果找不到可以结合的途径，那么我们将面临严峻的选择：要么为坚持国有制经济而退回到计划体制，要么就得为坚持运用市场机制而实行私有化。

因此，能否通过一套国有资产管理的体制安排，既保持企业国有资本最终为国家所有，又能构造出千万个独立的市场主体，成为国有经济与市场体制能否相容的关键。这是既能坚持国有制经济，又能发挥市场机制作用的关键，是社会主义市场经济能否确立的一个大问题。

党的十四届三中全会提出了一个新的思路：通过改革国有资产管理方式和企业制度创新，寻求国有制与市场经济结合的有效途径。现代企业制度与传统企业制度的一个基本区别是所有权与经营权分离。正是利用这种两权分离的特性，使得我们既可以保持原国有企业的资本最终国家所有，又能构造千万个独立的市场主体，从而实现国有制与市场经济的有效结合。因此，"建立现代企业制度是国有企业改革的方向"。但是在两权分离情况下，所有者可能要承担因经营者失职、能力不足或谋求私利等原因造成的损失。为此，必须进行两方面的制度建设。

一方面，要通过一系列制度安排保障所有者的监督权和最终控制权，同时设置恰当的激励机制，使经理人员的行为目标与所有者利益一致。这就是说，要建立有效的公司法人治理结构。

另一方面，更为重要的是要设计一套国家所有权的委托代理关系，提高委托代理的有效性，降低委托代理成本。也就是说，要建立有效的国有资产管理、监督、运营体制。

公司法人治理问题，在党的十五届四中全会后引起了企业和社会的普遍关注，但公司治理的有效性取决于股权结构和股东行为。也就是说，只有在引进多元股东，使国家股东有合理的股东行为并能发挥积极作用的情况下，公司治理才能以股东利益为取向。从这个意义上讲，在体制转轨阶段，国有资产委托代理的有效性更具有本质意义。现在出现的很多问题恰恰是国有资产委托代理机制不健全的表现。

当前，建立和完善符合市场经济要求的国有资产管理、监督、运营体制已具有十分的紧迫性：

（1）国有经济有进有退的战略性调整已陆续展开；

（2）国有企业战略性重组使国有部门之间、国有部门与非国有部门之间的产权交易规模越来越大；

（3）大规模债权转股权正在进行；

（4）国有企业公司制改制陆续展开，建立法人治理结构要求所有者到位；

（5）部分丧失竞争力的企业等待退出市场；

（6）越来越多的公司股票上市；

（7）国有股份全流动已经提上日程；

（8）入世后，按WTO原则必须重新构造政府与国有企业的关系。

如上，企业结构调整、制度创新每个动作的本质都涉及产权变动和所有权的行使。此时，如果国有资产管理体制仍然不顺、产权责任仍然不清、所有者仍然缺位，其结果要么资产大规模流失在所难免，要么坐失发展的机遇。

二　国有资产管理体制框架

党的十五届四中全会明确了"国家所有，分级管理，授权经营，分工监督"的国有资产管理体制框架。

1. 国有资产管理体制的改革应主要解决五个问题

（1）落实国有资产经营责任。形成对每一部分经营性国有资产均可追溯产权责任的体制和机制；

（2）所有者权能到位。所有者（代表）进入企业，并在企业内行使所有者权能。

（3）政府的公共管理职能部门与监管国有资本经营职能的机构分开。

（4）确立公司法人财产制度和所有者有限责任制度。

(5) 实现所有权与经营权分离。

2. 符合市场经济要求的经营性国有资产管理的体制框架应分为三个层次

第一个层次是政府层次。核心问题是把行使公共职能的政府部门与行使国家所有者权能的部门分开，使各自有明确的行政目标和准确的功能定位。

行使公共管理职能的政府部门面对全社会各个经济主体，公平地对待各种所有制企业，创造公平有效的市场环境。设立专司国有股权行使机构（可以有不同的名称，如新加坡叫"董事咨询和任命委员会"。以下称股权行使机构），作为市场中多元投资主体的一方，代表国家所有者在国有企业或国有控股公司中行使出资人的权能。股权行使机构对同级政府负责并报告工作。

第二个层次是国家控股公司和"授权经营的机构"（《中华人民共和国公司法》称"授权投资的机构"），要解决的核心问题是两个层面的所有权与经营权分离。由政府股权行使机构直接持股的部门分为两类：一类是国家控股公司，除极特殊行业的企业外，要实行投资主体多元化，组成有限责任公司或股份有限公司；另一类是"授权经营的机构"，这是政府股权行使机构将国有资本分别注入组建的专司国有资本经营的控股公司。国家控股公司和授权经营机构均应建立公司法人治理结构。政府股权行使机构和国家控股公司、授权投资机构实行所有权与经营权分离。授权经营机构对持股企业依《中华人民共和国公司法》（本文以下简称《公司法》）行使股东权利和承担股东义务，实行另一层面的所有权与经营权分离，政府股权行使机构不越过授权经营机构对其持股企业行使权力。

第三个层次是公司制企业。国有企业按《公司法》进行公司制转制。除国家控股公司外的原国有资本转为授权经营机构的国有法人股份，如果授权经营机构占有控股地位，改制后的公司仍有国有制性质，但从财产权上隔断了与政府的直接联系。

通过这一系列制度安排，可以实现政资分开、所有权经营权分开。通过两个分开使带有国有制性质的公司成为独立的法人实体和市场竞争主体。但是，实现两个分开的基础条件，是公司治理结构的有效性和国有产权委托代理的有效性。

三　需要澄清和进一步研究的问题

1. 分级管理与分级所有

中央和地方政府有各自独立的财权。应当明确承认，哪一级别的财政投入的资本和所形成的所有者权益就属于哪一级政府的资产，一般情况下不能平调，这是"产权清晰"的原有之意。过去国营和地方国营的区分就反映了这一现实。

现阶段，名义上国家统一所有，实质上分级所有的这种模糊的产权制度，已经造成了许多弊端。明确经营性资产的分级所有，从某种意义上只是对现实已经存在的通过行政隶属关系体现的所有者控制权的一种承认，但有利于落实产权责任。如果要改"分级管理"为"分级所有"，则必须审慎处理历史过程中不断上收、下放的那些企业的产权归属。

2. 在建立新体制过程中解决老职工社保欠账问题

国有企业老职工由过去的"企业保障"转制为社会保障，必须向社保基金支付一笔费用。在建立国有资产新体制时应将一部分国有产权划转为社保基金所有。这样做有两个好处：一是恢复了历史本来面目，有利于解决体制转轨时期国家对社保基金的欠账；二是社保基金始终存在支付压力，对持股企业有可能成为追求投资收益最大化的积极股东，有利于提高公司治理的有效性。

3. 不能因"所有制"与"所有权"概念混淆致使行使所有权的主体混乱

"所有制"是指生产资料占有的社会属性，而"所有权"则是所有权人（包括自然人和法人）依法对自己财产享有占有、使用、收益和处分的权利。前者是政治经济学的概念，如国有制、集体所有制、私有制等，后者则是所有权人的财产权利，是法律概念。两者不能混淆。《企业财务通则》规定，企业"资本金按照投资主体分为国家资本金、法人资本金"。就是说，从所有权角度可以有两类国有制企业，一类是拥有国家资本金的企业，一般政府是出资人；另一类是由国有独资或控股的企业法人投资建立的企业，它属国家所有制性质，但所有权人不是政府，而是公司法人。企业的每一份投资只能有唯一的出资人享受所有者权利，承担出资人责任，不能"一物二主"。因此，不能认为所有制性质属国有的企业，政府都要行使所有权，都可以直接干预。政府作为出资人的企业，政府可以通过股权行使机构直接行使所有者权利；国有法人投资和拥有股份的国有性质的企业，则应由国有法人行使所有者权利，政府不应也无权直接干预。现在政府部门对凡具有国有制性质的企业，包括由国有法人投资的企业进行直接干预是没有法律依据的，已经造成了不好的后果。这是设计未来国有资产管理体制必须建立的一个基本概念。

4. 国有出资人的权利必须由统一的机构集中行使

对国家直接监管的企业由数个部门多头行使国家出资人权利的机制已经造成诸多弊端。由于信息不对称，为经营者利用部门之间矛盾实现内部人控制创造了条件。对于政府作为出资人的国有制企业，要由政府股权行使机构，统一行使国家出资人权能，包括管资产与管人相一致。国家所有者意志通过政府股权行使机构集中体现。政府股权行使机构权力到位，宜于责任到位。以此形成国有产权责任体制，提高国有资本委托代理的有效性。对于法人持股的国有制企业，依《公司法》由国有持股机构对持有股份的企业排他性地行使出资人权利，并承担相应责任，政府不再干预。做到"产权清晰，权责明确"。

5. 政府股权行使机构应规制化地监管授权经营机构

授权经营机构是特殊法人，面对市场化的环境，政府股权行使机构不能再用"行政隶属关系"的方式行使出资人权利和监管授权经营机构，应通过一套科学的制度安排实现所有权与经营权分离。一般来讲，为体现国家股东控制权，主要管好四件大事。

(1) 授权经营机构的设立和章程以及授权经营机构的变更、分立、注销；

(2) 任免董事长和董事（可包括内部董事和外部独立董事）；

(3) 与授权经营机构签订年度（或几年）的业绩合同，在合同中集中体现国家所有者意志；

(4) 以业绩合同为准，由监事会主持进行年度审计、考核和评价。

公司章程和业绩合同是政府通过股权行使机构与授权经营机构间建立的受法律保护的，明确、可预见的稳定关系。在章程和合同范围之内，授权经营机构独立运作，股权行使机构不再事事干预。超出章程和合同范围的重大事项公司要向股权行使机构报告；国家对授权经营机构有新的要求要通过修改合同或章程加以反映。在年度审计、考评中，如发现违反章程和合同的重大问题，应更换董事，而不是由政府替董事会对公司事务做出决定。

6. 对国家授权经营机构应分两类管理

按党的十五届四中全会《决定》精神，一类是国家必须控制的行业和领域，特别是提供公共产品、国家管制性领域的授权经营机构，它们的目标是以最低的成本、最好的质量满足社会的需要。政府给它们特许经营权，但必须控制其产品和服务的质量及价格。为此，政府公共管理部门要与它们签订明确、详细的合同，规定必须达到的成果和目标，并接受政府和公众的监督。其中部分提供公共产品的机构，由于受政府服务要求和价格控制等自身不可抗拒因素影响，预算无法平衡。此时，该缴的税费应该照缴，而必须由政府预算补贴部分则通过核算和谈判确定。做到"亲父子，明算账"。在这里，政府公共管理部门与授权经营机构建立的是需方与供方的关系，并不因此打乱政府监管部门与授权经营机构的产权关系。另一类是竞争性行业的企业，政府不应再给它们设定非经济目标，国有资本完全按市场化原则运作，以权益最大化为目标，有进有退，与民营投资并无两样。但是，在投资主体多元化的情况下，国有资本是稀缺资源，应向国家有需要而民间资本不准进入或不愿进入的领域集中，发挥民间投资不可替代的作用。

7. 企业党组织的定位和作用

进入市场的企业与传统国有企业的一个重要区别，在于围绕企业已经形成多元化利益主体；企业已成为多方利害相关者矛盾的焦点。不仅各股东之间有利益差异，而且经理、职工、债权人、社区、顾客都有不同的利益取向。发挥企业党组织作用的重点是保证、监督党和国家方针政策在本企业的贯彻执行；协调不同利益主体之间的关系，并将它们凝聚在一起实现企业目标，这是我们的一大优势。此时，企业党组织如果深陷公司事务，在发生矛盾时，党组织则难以以公正的面目和立场协调各方；如果党组织负责人又是不同利益主体的一方，在发生矛盾时，他就很难给自己一个明确的定位，很难发挥影响全局的政治核心作用。在一定规模以上的企业设专职党组织负责人，超脱于各方，便于统领和协调全局、团结各方。如果党委成员分布于各方，而党委负责人保持独立性，可能对发挥企业党组织政治核心作用更为有利。

8. 强化对法人产权、私人产权的法律保护

经济主体市场活动的基础是产权；经济主体市场活动的动力和约束力也来自产权。只有对产权稳固的法律保护才能使各产权主体产生正常的市场行为。只要坚持社会主义市场经济体制，我们就必须承认多元产权主体的长期存在。我国经济体制转轨伴随的是产权体制改革的过程。总体上讲，我国体制转轨滞后于经济发展水平；产权体制改革滞后于体制转轨过程。一方面我们已经承认国有产权、法人产权、私人产权、外商产权长期合法存在；另一方面不仅在产业政策、市场准入等方面存在所有制歧视，而且在产权保护上存在缺陷，在产权保护的立法程度上也有差别。对不同产权实行不同的法律保护程度，会使部分产权主体有后顾之忧，这不仅表现在对私人产权保护程度不够，而且国有法人产权受政府随意干预，甚至无偿"划拨"的事也时有发生。政府的越权干预使行使国有法人财产权利的主体不稳定、不确定；产权保护程度不到位的结果是产权主体缺乏安全感，行为短期化、过度投机和不讲信誉，甚至资产转移。失去明晰、高效、稳定的产权机制，会严重损害经济增长和市场秩序的基础。在人民民主专政的前提下给法人产权、私人产权和外商产权以国有产权同等程度的法律保护无伤国体，却对明晰国有产权责任，促进多种所有制经济发展产生重要影响。

在"第三届上海国际工业博览会论坛
——跨国公司的培育与发展专题报告会"
上的演讲*

(2001年11月24日)

2001年11月23日至27日,第三届上海国际工业博览会论坛在上海新国际博览中心举行,论坛的专题报告包括:中国互联网经济发展趋势、跨国公司的培育与发展、中西部地区联动发展、入世后的机遇与挑战、风险投资与科技成果产业化等专题报告会。

从国家安全和支撑国民经济发展的角度出发,政府始终关注在重要行业、关键领域培育大型企业和企业集团。受传统体制的影响,一些政府部门和企业总想绕过市场竞争的筛选,通过集中政府手段重点扶持,产生具有竞争力的大企业。事实证明,这一做法并不成功。随着市场作用的强化,政府关心和培育大型企业的方法和手段必须调整。

我国正在经历工业化的重要时期。当前,在那些规模经济性十分明显的行业培育一批大型企业,形成合理的大中小企业群体结构,是实现经济稳定增长,提高产业竞争力的重要而迫切的任务。

一 中国需要具有国际竞争力的大企业和企业集团

经济全球化的重要表现是商品、服务、生产要素和信息流动的规模不断扩大、形式更加多样。以跨国公司为主体,以全球为版图优化配置资源,

---

* 本文是作者2001年11月24日在"第三届上海国际工业博览会论坛——跨国公司培育与发展专题报告会"上,以"培育大企业必须坚持正确方针"为题所做的主题演讲。

在"第三届上海国际工业博览会论坛
——跨国公司的培育与发展专题报告会"上的演讲

在各国之间开展生产分工，表现出极强的经济活力和市场竞争力。

跨国经营，是生产力达到更高水平后要求分工深化、规模扩张的一种表现。跨国公司的形成与公司母国的经济水平和经济总量密切相关。我国经济20年的持续增长，孕育了跨国公司成长的基因。为提高综合国力，培育和发展一批大型企业和企业集团，进而成长为跨国公司，是当前推进我国工业化进程而实施的一项重大战略。

在计划经济体制下，通过国家投资形成了今天产业布局的基础；改革开放，激发了地方政府发展经济的冲动，也增强了区域分割、相互攀比、自成体系的倾向；对外贸易保护扭曲了市场信号，对企业产生了误导；加之产品短缺的刺激，企业热衷于在原有水平上扩大能力。在这一过程中，我们的经济总量得到了较快发展，但结构优化的问题却被忽视，尤其在转向买方市场之后，结构性矛盾突出地暴露出来了，其中重要的表现是大企业不强，小企业不活，企业之间缺乏协作互补机制，没有形成合理的企业群体结构。如企业组织结构松散，"大而全""小而全"，专业化分工、社会化协作的生产组织方式没有形成；产业集中度低，大多数企业达不到经济规模；技术开发能力弱，市场营销水平低等，这些已成为阻碍经济发展、影响企业竞争力提高的重大问题。

为克服企业组织的结构性弊端，在那些规模经济性特别明显的重要行业、关键领域需要培育和发展一批优强的大型企业和企业集团。它们的作用有三方面。

（1）它们是国民经济重要行业、关键领域的支柱。能源、交通、通信、基础原材料、军工、重要加工业等是关系国家安全和经济命脉的基础产业，是国民经济健康发展的基础。在这些领域，规模经济的特征特别明显，并且还有投资规模大、建设周期长、社会效益显著而投资回收周期长的特点。是一般企业难以进入的领域，必须有一批优质的、实力强大的大型企业和企业集团作为支撑力量。

（2）它们是结构优化、产业升级和企业重组的主体。短缺经济和传统体制造就了大大小小的"全能型"企业组织结构，相应地层次低、组织程度差、技术进步缓慢。这些"全能型"企业体态庞大、工艺齐全、产品自制率很高，但各环节几乎都达不到经济规模，处于投入不足状态。这种生产组织方式，一方面使得大企业生产链条过长，技术进步缓慢，产品开发周期长，市场应变能力差，造成低效率、低效益；另一方面也阻断了中小企业向专业化生产和社会化服务方向发展的通道，迫使大量中小企业低水平重复投资，企图与大企业分割市场；加之行业封闭、地区分割，这种自成体系的生产组织格局已极大地削弱了企业市场竞争力。我们必须立足现代信息技术基础，通过生产组织方式转变和企业结构调整重建专业化生产、社会化协作，形成大中小型企业互补的企业群体结构。此时，需要一批大型优质企业发挥龙头作用，重组企业结构。

（3）它们是参与国际竞争的代表队。中国经济要立足于世界经济之林，就必须在主动参与国际分工的同时，在那些重要产业、关键领域，通过优质资源的大规模聚集和优化组合，着力培育和发挥中国产业的比较优势，进而成为国际产业重组的主体。这就需要形成达到规模生产、规模经营和相应技术实力的若干具有国际竞争力的企业集团。

二　市场竞争是优强企业成长的必经之路

受计划思维模式的影响，人们总希望越过市场竞争的筛选，由政府指定某些企业为培养对象，集中国家资源、集中政策优惠，通过强有力的干预和重点扶持，培养出具有竞争力的大型企业。

按照这一政策思路，政府对外采取贸易保护政策，挡住国外企业对中国市场的侵蚀；对内采取严格的市场准入限制，使有效资源集中于政府指定的少数企业，以增强实力，期待日后开放市场时，已经有一批具有竞争力的企业能与国外企业抗衡。如果说在改革开放之初这一政策曾发挥过积极作用的话，那么进入90年代，培育企业竞争力的目标并未实现。

通过贸易和投资壁垒挡住国外企业，通过不恰当的市场准入政策限制民间投资进入的措施产生了事与愿违的效果。

（1）市场信号扭曲，误导了企业。过度的贸易保护政策不仅扭曲了市场需求，而且扭曲了成本和价格，使国内企业产品质量较低、成本与国际水平相比仍有利可图，抑制了企业管理创新、技术创新的欲望。

（2）企业失去了国际竞争锻炼的机会，使企业对政府保护产生了依赖性。过度的产业保护隔离了企业与国际市场的联系，遇到强大的竞争对手时，总期望寻求政府的保护，缺乏提高竞争力的勇气和动力。

（3）企业保护造成的高成本、低效率最终转嫁给其他企业，提高了社会总成本，最终削弱了企业和国家竞争力。

实践证明，优强大企业只能在市场竞争中成长。市场竞争是优强大企业成长的必经之路，市场竞争对优强大企业的成长有无可替代的作用。

一是筛选发现作用。市场给各个企业的机会是平等的，但成长为优强企业受多重因素影响，不是靠政府钦定或业主的愿望就能做到的。只有经过市场无情筛选脱颖而出的企业，才是更有希望的企业。

二是竞争力学习和培养的作用。市场是个大学校，竞争会激发人的聪明才智和创新力。竞争力只能在市场竞争的磨炼中产生；竞争力属于那些在市场竞争中善于总结自己和他人成功经验、失败教训的企业。

三是市场潜力的发掘和利用。

经济全球化意味着竞争对手的全球化。在我国，尽管在国家管制行业一些企业规模已经不小，甚至达到了"世界级"，但就竞争力而言，与世界优秀企业相比仍有很大差距。在现行体制下政府有能力把企业"做大"，但无论是拔苗助长还是在温室中培养，都不可能把企业"做强"；投身竞争中可能失败，但真正优强大企业只能在竞争中产生。

三 培育和发展大型企业集团必须坚持正确的方针

培育和发展一批优强的大型企业和企业集团，并不意味着企业集团越多越好、越大越好，关键是要形成有效率的大型、中型和小型企业优势互补的群体结构。在政府职能转变没有完全到位的情况下，在推进大企业建设上特别要注意坚持正确的方针。

（1）发展大型企业和企业集团要以提高经济效益为目标，要在企业重组、机制转换上做文章。我国大企业与跨国公司的差别远不是体量的大小，更大的差距在效率、结构、创新力和竞争力。发展大企业绝不是将国有企业资产"合并同类项"，而要以强化核心业务为目标，对参加重组企业的可控制资源进行重新组合，聚集有效资源，重组生产结构，调整业务流程，分离非核心业务，剥离社会服务机构，分流富余人员，并由此创造新的生产力，形成新的生长点，创造倍增效益。

（2）企业是重组的主体。世界级大企业无一不是在竞争中兼并联合发展起来的。近年国内市场竞争导致的企业两极分化为企业重组注入了动力，但企业重组的主体是企业，必须由企业根据参与市场竞争的需要，根据企业经营和发展战略来决定企业重组方案，确定调整、扩张的幅度和进度，确定需要并进的业务和资产，确定要剥离、分立的子企业和要退出的行业。绝不能根据政府意愿去拼凑和组合。对于国有企业来说，不排除在特殊情况下政府的干预，但政府主要的职责是政策引导和创造必要的外部环境。一般来讲，政府行政性资产划拨有很多弊端，主体企业没有支付兼并成本就拥有了企业或股权，就没有收回成本的压力；被兼并企业没有得到实际好处就归属他人，也无意诚心拿出自己的资源参与重组，"十个集团九个空，还有一个不成功"就是明显的例证。同样，政府急于求成地"拉郎配"或向优势企业"甩包袱"，都会把好企业拖垮，最终的结果事与愿违。

（3）企业集团的组建不仅是为了做大，主要目的是要做强，关键在于培植优强企业的内涵。必须有一个统一的认识就是，进入世界500强不是目标，而是结果。成为跨国公司是结果，不是目的。因为在现行体制下，政府主宰国有企业，拼凑、合并国有企业易如反掌，但大并不等于强，"拼盘"形成的年销售收入并不能反映企业的竞争实力。代表大型优强企业实力的是高人一筹的发展战略、科学的组织制度、优秀人才的聚集、持续创新的机制，以及由此而形成的高超的技术开发水平和知名品牌与市场营销能力。也就是说，在市场竞争中要有自己的知识产权、知名品牌和专有技术，有强大的销售服务体系和市场份额。而这些必须以制度创新、技术创新和管理创新为基础，并不是靠拼凑资产规模就能见效的。

（4）有效的公司治理是企业核心竞争力的基本要素。优质大企业的成长主要靠两个因素：一个是杰出的企业家，一个是好的企业制度。一个企业的负责人的更迭可能会带来风险；好的企业制度相对具有稳定性。现代大企业与现代融资方式密不可分，资本市场的投资者并不打算事事干预企业经营，但他们的权益必须有制度保障；他们可以承受市场经营的风险，但他们绝不承受因暗箱操作而造成的损失。因此，公司治理结构的规范、透明、有效是投资者信赖的基石。如果一个企业的公司治理十分特殊，特殊到别人无法理解的程度，那就等于自绝于资本市场。我国缺乏公司治理的文化积淀，国有产权责任不到位，加上人事安排上的缺陷，很多企业改制后公司治理缺乏有效性。当前，按OECD发布的公司治理指引的指导原则，做到国有出资人到位、改善董事会组成、形成公司内部的激励与制衡机制，提高公司治理有效性，增强企业竞争力的基础。

（5）要克服大企业组织松散的弊端。在企业组织体制设计上要根据企业规模、产业特点，以提高整体竞争力为目标，慎重选择总公司—分公司、母公司—子公司、公司—事业部制组织形式。20世纪后半叶多数国际大公司纷纷采取事业部制的经验值得我们注意。从我国大企业组织建设的实践看，大型实体性公司采用多级法人制往往会导致自成体系，分散财力，分流投资决策权力，阻碍集中配置资源，最终会削弱公司的市场应变力，削弱公司整体竞争力。另外，公司的研发体制、财务体制、采购和销售体制的设计对公司整体实力具有特殊重要性。公司总部对资金集中调度、配置的能力和水平，决定着公司的效率和应变能力。过多的分支机构、过多设立银行账户，层层设立小金库无异于自杀政策。

（6）防范重组的风险。重组必须紧紧围绕强化主业、培育核心竞争力这条主线。妥善处理专业化与多元化的关系至关重要。尽管多角经营也是一种战略，但贸然进入不熟悉的领域，无边际的多角经营，都会增加经营风险。扩张要保持合理的资产负债结构，考虑人力资源的支持的能力。兼并、收购、扩张是一种战略，紧缩、分立、甩掉不具前景的分支机构也是一种战略。目前，对状况良好的大型企业和企业集团确实存在低成本扩张的机遇，而且极具诱惑力。但是必须看到，拼凑不等于大，大了也不等于强。一味的扩张，过速的膨胀，要冒巨大的风险。对一些大型企业，当前以提高核心竞争力为目标，扩张与分立手段并用，改善经营结构、调整负债结构可能更加现实。

四　大型企业成长中的政府作用

从国家经济发展和经济安全出发，在规模经济性特别明显的行业，政府一直致力于大规模聚集有效资源，培育有国际竞争力的大型企业。但是随着经济体制转轨，政府关心大型企业的政策重点正在改变。即由对资源配置的直接干预、由针对个别的企业实施倾斜政策，转向鼓励企业在参与国际分工、投身国际竞争中提高竞争力，转向在提供良好的公共产品和服务的同时，创造一个有效率的市场环境。加入世界贸易组织就是这一政策调整的重要标志。

经济全球化深刻改变着世界经济格局。以跨国公司为载体，资金、技术、人才等经济资源全球大规模流动，造就着一个无可争辩的事实：一国的经济利益不仅仅体现为基于本国资本的"民族企业"，而且也体现为有境外资本参与的"本土企业"。国家之间的竞争，越来越取决于一国有效吸引并充分利用全球资源的能力，取决于能否培养出更多的在全球富有竞争力的企业。相应地，为维护国家经济利益的政策重点向由设置贸易和投资壁垒转而进一步开放市场，努力创造有效率的市场环境，实行在开放中提高本国经济竞争力的战略。一方面，促使本国企业参与国际分工，在竞争中提高竞争力；另一方面，致力于改善投资环境，从全球吸引更多的资金、技术、人才流向本国，增强国家竞争力。

在入世过渡期，逐步降低关税保护程度，同时要加速经济体制改革，进一步调整政府、市场和企业的关系。当前，除保证社会稳定，努力保持总供给与总需求基本平衡外，政府应着力创造市场环境，为优势企业迅速发展创造条件；为竞争失败的企业退出市场开辟通道。

（1）明晰国有产权，规范产权制度，改变政企不分的状态，形成来自产权所有者的动力和约束机制；

（2）拆除市场分割，净化市场环境，完善市场法规，给企业以公正平等的机会，给企业以稳定的市场预期；

（3）发展和规范市场中介服务，在企业与政府、企业与企业之间发挥沟通、服务、监督、自律、公证等功能；

（4）放宽市场准入限制，除涉及公共利益的环节外，大量减少行政审批；除个别特殊行业外，各种所有制企业拥有平等的市场准入和参与竞争的权利；

（5）从税收、统计、人事等方面消除跨地区、跨行业、跨部门、跨所有者企业联合重组的障碍；

（6）深化银行体制改革，改善企业融资条件；规范资本市场，发挥融资、监督、企业重组的作用；

（7）改善公共管理和公共服务，健全社会保障体制，解除国有企业的社会负担，发展劳动力市场，为企业人员流动创造条件；

（8）进一步开辟企业退出通道，使丧失竞争力的企业可以平稳退出市场。

改善公司治理的目标和途径[*]

（2001 年 12 月 1 日）

进入 21 世纪，一些具备条件的企业纷纷选择通过股票上市的途径实现企业制度转型。上市必须实现企业制度转型和经营机制转换。其中建立有效的公司治理还需要一个重要的环境。

一些企业和政府部门看到改善公司治理的困难就想绕道而行，提出"建立有中国特色的公司治理结构"，就是企图绕过"破"与"立"的艰难抉择而确立"新机制"。这使许多企业在改制中错过时机，没有取得好的效果。改善公司治理是中国目前微观经济领域最重要的制度建设。改善公司治理的目标是保护股东权益；改善公司治理的途径是体制和制度创新。

一 公司治理的有效性在于保护股东权益

随着市场化程度的提高，以营利为目的的投资，由政府配置逐渐转向由市场配置。国家通过政策调控资本市场和信贷市场，机构投资者和个人投资者们大量地通过资本市场选择项目，选择业主，自主投资自担风险，这种方式正逐步成为商业性投资的主渠道。机构和个人投资者们无意对投资的企业直接干预，他们希望通过资本市场和公司建立联系；希望公司建立规范有效的法人治理结构，以保持自己对公司的最终控制权。也就是说，政府投资者往往希望直接干预或通过审批，体现政府意志；而资本市场上的投资者，他们希望通过一套有法律保障的信托代理关系，聘请经营管理

---

[*] 2001 年 12 月 1 日，首届"中国上市公司百强高峰论坛"在上海举行，经叔平（全国政协第九届副主席、中华全国工商业联合会原主席）等出席。本文是作者在论坛上的演讲稿。

专家来管理公司，在所有权和经营权分离的情况下来实现自己的合法权益最大化。对于资本市场的投资者，他们不得不承担由于经营失误而造成的损失，但他们绝不接受由于法人治理结构扭曲或暗箱操作而带来的风险。可以说，一个富有前景的企业，建立规范的公司法人治理结构是取得投资者信赖的基石，是走向资本市场的通行证。但是，由于我们缺乏股东文化和公司治理文化的积淀，再加上传统的管理国有企业模式还有比较深的影响，对国有企业包括上市后的公司，国家从外部直接干预过多和在企业之内所有者缺位，两者并存。现在的情况是，有发展前景的企业需要不断充实资本金实现迅速发展，而那些机构投资者和个人投资者们则迫切地期盼寻找良好的投资项目。这两者能否有效结合，一是看资本市场是否健康有序，二是看公司法人治理结构是否规范有效。一些企业的领导对规范公司法人治理结构有畏难情绪，提出要搞"有自己特色的法人治理结构"，企图在基本不触动旧体制情况下建立起新的机制。企业转制是一系列"破"与"立"的过程，对于法人治理的基本原则，我们强调的不是特色，而是规范。如果一个企业的法人治理结构极其特殊，特殊到别人无法认同的时候，这个企业就等于自绝于资本市场和新的投资者。这一点对已经或有意进入资本市场的企业来说是非常重要的。

改善公司治理结构的目标是保护股东的权利。

一些上市公司，由于法人治理结构的缺陷已经损害了股东权益，伤害了投资者的积极性。随着中国企业进入资本市场步伐的加快，提高公司治理有效性已经成为十分紧迫的问题。公司法人治理结构的规范，不仅是中国所关心的问题，实际上是一个世界性的问题。经济全球化的进程，使资本在全球大规模流动。那些跨国投资者并不直接干预企业，他们关注的是所投资的公司能否有一种科学、可信赖的体制安排来保证所有者权益。因此，在1997年经济合作与发展组织（OECD）部长级会议上，针对这一趋势研究提出要制定公司法人治理指导原则，希望各个国家向统一的指导原则逐步靠拢。经过一年多的努力，1999年5月《OECD公司治理原则》正式通过。这个治理原则有五个要点。

一是公司治理结构应该保护股东利益。

二是公司治理结构框架应该保护所有股东，包括小股东和非国有股东，使之享受平等待遇。

三是公司治理结构框架应该能够协调公司利害相关者之间的合法权益。

四是公司治理结构框架应该保障及时准确地披露公司的任何重大问题，增加透明度。

五是公司治理结构框架应该确保董事会对公司的战略指导和对管理人员的有效监督，并确保董事会对股东负责。

这些基本的原则概括了世界优秀企业公司治理的共同特点。它的要害就是法人治理结构必须保护公司和股东的利益，特别是小股东的利益。尽管有效的公司治理结构在各个国家各个公司没有绝对统一的模式，但是这些基本原则却得到了投资者和利益相关者的广泛认同，具有普遍的适用性。

这些指导原则与《中华人民共和国公司法》（本文以下简称《公司法》）是基本一致的，在国有企业陆续进入资本市场的情况下，经过这一提炼，使我们对改善我国企业法人治理结构的目标和要点更加清晰，即公司和股东价值最大化。

二 改善公司治理的现实途径

建立规范的法人治理结构涉及很多企业外的体制性问题，不是单靠企业自愿就可以完全做到的。从各地实践经验看，建立规范的法人治理结构有这样几点是重要的。

（一）有合理的股权结构

国家是特殊股东，国有股份一股独大已被实践证明有诸多弊端。党的十五届四中全会提出，除极少数必须由国家垄断经营的企业外，要积极发展多元投资主体的公司，重要的由国家控股。通过多种形式改变国有股份一股独大状况，使股东之间产生制衡，有利于提高公司治理有效性；易于将目标集中于公司价值最大化，使各股东权益得到保障。

（二）国有股权必须由集中统一的、排他性的出资人机构行使

一个公司可以有多个国有股东，但每份国有股权必须由集中统一的、

排他性的出资人机构行使所有权,绝不能多头管理。管理大师德鲁克说:"如果一个奴隶有三个主人,他就变成了自由人。"就是说,经营者很容易利用多部门信息不对称、观点不一致的矛盾,从中周旋,最终架空所有者,达到自己的目的。

(三)改善董事会结构

保持董事和董事会的独立性,对公司治理的有效性有重要作用。从实践来看,一是外部董事占适当的比例是保持董事会独立性的必要条件。最近证监会提出,外部董事要占三分之一。二是要重视独立董事的特殊作用。从控制和监督关联交易、增加公司透明度、对公司的财务监督和业绩评价等方面维护股东权益,特别是小股东权益中,独立董事有特殊的作用。三是经理、董事长原则上要分设。董事会的重要责任是监督经理,如果董事长兼任经理,董事会怎样有效监督经理?总之,董事会结构如果不合理,法人治理结构的有效性就会被大幅度削弱。

(四)健全董事会的体制

最近引起大家注意的是两个委员会的设立问题。一个是审计委员会,主要由独立董事或者外部董事组成,并由该委员会审核公司财务体制,监督财务运营状况。另一个是薪酬委员会,也主要由外部董事或者独立董事来承担,负责高层管理人员的业绩评估,并就薪酬水平提出建议。两个委员会都要有独立工作,一个承担监督职能,一个要发挥激励作用,以此形成公司良好运行的体制保障。

(五)规范议事规则,健全议事程序

董事会实行的是"集体决策个人负责"的体制。对重大问题,每位董事独立发表意见并经本人签字,记录在案。其用意是使每一个董事独立地对股东承担起责任。我们很容易把"集体决策,集体负责"体制引入公司治理,这是不对的。董事会一旦出现重大决策失误,股东可以追溯董事的个人责任,必要的时候还可能被告上法庭。用这样一套机制,促使每个董事都独立地对股东承担责任。

（六）完善规范公司法人治理结构的配套条件

规范公司治理结构除公司自身努力外需要政府、中介机构共同努力，营造配套条件。

一是完善相关法规。

着重解决：①改善董事会结构，明确有关外部董事、独立董事的规定；②强化董事个人义务；③改变董事长即法人代表的概念和规定；④限制绝对控股股东的权力，等等。

二是建立和完善国有资产管理、监督、运营体制。政府授权资产经营机构持有国家股权，国有持股机构应成为依照《公司法》进行投资，追求商业目标的机构；使企业中每一部分国有资本都由集中统一的、排他性的出资人机构持有，并集中行使股东权利。

三是发展机构投资者，改善公司的股权结构。将国有公司分为两类，一类是必须由国家垄断经营的公司，由国家立法成为特殊企业法人，承担社会目标、兼顾经济目标；另一类是在竞争性行业，按市场规则运营的公司。逐步开放投资基金的设立，承接第二类公司部分减持的国有股，改变多数公司国有股一股独大的状况。

四是健全资本市场的监管。加强对上市公司信息披露、关联交易等的监管，增加公司的透明度，发挥资本市场对公司治理和经营业绩的客观评价和强有力的监督、约束作用。

五是发展经理人才市场。使公司可以通过市场选聘经理人才，为管理新秀脱颖而出创造条件。同时，以经理人员市场价值的起落形成对经理人的客观评价和激励与约束，促使其勤勉、诚信地为公司工作。以经理人才的市场价格决定经理人才的薪酬。

六是发展中介服务机构。规范的会计师事务所、审计师事务所、律师事务所以及管理咨询机构、行业协会、学会等中介机构，可以为企业和股东提供良好的服务，起到客观、公正地评价、监督、咨询、沟通作用。

加强企业制度研究与学科建设*

(2002年1月19日)

2002年1月19日至20日，由中国社会科学院工业经济研究所、中国企业管理研究会、首都经济贸易大学联合发起的"第二届企业管理研究与学科建设论坛"在京举行，论坛主题是"加入WTO对企业管理、企业管理教育的挑战"。来自25所大学及科研院所的70多位专家学者参加了研讨，全国人大常委会副委员长、国家自然科学基金委员会管理学部主任成思危出席开幕式并讲话。

经济体制改革的中心环节是国有企业改革，国有企业改革的核心是企业制度创新。而企业制度建设的滞后成了国有企业改革的瓶颈。但国有企业制度的变革并非靠企业自己的努力就能实现的。国有企业要建立适应市场经济的企业制度，成为独立的法人实体和独立的市场竞争主体，并形成有效的治理结构，涉及许多深层次理论与实践问题、体制与政策问题。培育公司治理文化要从教育入手，加强企业制度研究和学科建设具有重要的现实意义。

今天，我很荣幸能和各院校从事工商管理教育的教授们坐在一起，讨论企业管理的教育与学科建设问题。

从大概念的企业管理出发，当前在企业管理的教育中，如何把企业制度建设纳入企业管理研究和学科建设范畴，是一个重要问题，必须提到一定高度。在中国，企业制度创新正处于关键时期，企业制度建设滞后已成为深化企业改革的瓶颈。这不仅因为重塑市场主体是中国社会主义市场经济体制建设最重要的基础，是当前企业走向市场和实现发展需要解决的最

---

* 本文是作者2002年1月19日在"第二届企业管理研究与学科建设论坛"上讲话的提纲。

重要的问题，而且在企业制度创新的理论指导、学科建设上也没有过关。正是由于在企业制度的理论和实践中还有很多问题似是而非，没有讲清楚，常常弄得政府、企业不知所措，因此，带来了企业管理体制上的混乱，而且长期难以解决，也使改革的道路显得更加漫长和曲折。

中国进行企业改革已有20多年，实际上这20多年的改革始终围绕着政府、企业、市场三者之间的关系展开。关键的问题是所有权、经营权能不能分开、如何分开。而所有权与经营权分开的基础正是企业制度的创新。

从20多年企业改革的实践来看，为使企业成为市场主体，我们先是简政放权，后来搞承包等，几乎所有的办法我们都想到了，也试过了，但效果并不理想。最后中央确定，要使国有企业适应市场机制，并成为独立的竞争主体，还是要从制度创新入手，"药方"就是"建立现代企业制度"。这个问题是在1993年提出来的，提出之后一直还有争论。我记得当时中央讨论都通过了，一些高层人士问我们：建立现代企业制度就能解决中国企业的问题吗？改成公司国有企业就搞好了？这说明大家在概念上还不是很清楚。党的十五大明确提出建立现代企业制度就是对大中型企业进行规范的公司制改革后，这个问题才进一步明确。

中央提出建立现代企业制度，具有十分重大的理论意义和现实意义。中国既要坚持国有经济占一定比重，又要搞市场经济，这在过去的理论上是无法解决的。过去的理论认为：要搞公有制，就必定实行计划经济；要搞市场经济，就必须私有化，二者必居其一。现在，我们既要保留国有经济的较大份额，又要让市场机制发挥作用，必须解决的问题是所有权和经营权分开，重新塑造独立的市场主体。如果所有权与经营权不能分开，庞大的国有经济由政府一个主体来经营、运作，那么，通过竞争提高资源配置效率的作用就不能发挥。所以，在党的十四届三中全会文件里有一句非常重要的话，即"公有制为主体的现代企业制度是社会主义市场经济的基础"。没有这个基础，就不能构造千万个独立的竞争主体，就不能建立市场经济。可以认为，这是我们党为建立社会主义市场经济体制而做出的重大决策，是社会主义市场经济理论的一大突破。但是，此后在这一理论的深化方面进展缓慢。尽管大家都相信中央，承认"建立现代企业制度是国有企业改革的方向"，但在实践中面对政策和认识上诸多含糊不清的问题，很多人对企业制度创新这一重大问题时而迟疑、时而摇摆。经过几年的实践探索，党的十五大再次重申了企业制度创新的深刻意义。如果说，此时对这一问题大家基本取得了认同的话，接下来最重要的问题就是如何建立规范、有效的公司治理结构。然而，这方面的问题还远没有解决。

当前，至少有这样一些问题需要澄清。

（1）作为公共管理者的政府与作为国家所有者的政府，各自如何定位，各自以何种方式行使职能？怎样构造排他性的、集中统一的国有出资人（机构），并形成可追溯产权责任的体制，提高国有产权委托代理的有效性？

（2）公司的股权结构对公司治理会产生什么影响？为什么国有股一股独大的公司会出现那么多问题？

（3）控股股东不恰当的直接干预能否维护自己的合法权益，股东维护自己权益的有效手段是什么？

（4）控股股东与公司是什么关系？以何种方式行使股东权利？为什么控股股东也应注意保护小股东权益？如果侵犯小股东权益，对公司和控股股东会带来什么利弊？

（5）公司控制权的配置是通过人事控制权配置体现的，如果打乱了公司的人事控制权的配置规则，对公司的有效运作和责任体制有何影响？

（6）股东会、董事会的规范运作，对维护股东权益、提高公司价值会产生什么作用？

（7）如何理解公司制的"分权分责制衡体制"与传统国有企业"一元化领导体制"的差异？董事会、董事长、经理应是什么关系？运作中如何掌握？

（8）为什么必须保持董事会和董事的独立性？董事会对公司的战略指导和对公司经理人员有效监督的意义何在？怎样落实每位董事对股东的独立责任？

（9）如何防止公司内部人控制？董事会成员与经理、副经理相互兼任的利弊如何？董事长兼任经理的理由是防止"扯皮"，但董事会监督经理的作用如何发挥？

（10）提高公司透明度，对所有股东及时、准确、公平地披露与公司有关的任何重大问题，包括财务状况、经营状况和公司治理状况的信息，对维护股东权益、提高公司市场价值有何作用？

还有一些同志把传统国有企业"领导班子""一把手""党委（董事会）领导下的经理负责制"等概念简单地移植到公司制企业；把管理国有企业领导人员选聘、行政级别、工资奖金的办法硬套到公司制企业，这就扭曲了公司运行机制。

这些问题说明，我们还缺乏公司治理的理念和文化。怎么解决？只能加强企业制度的学科建设，加强理论指导，从工商管理教育和培训做起。希望各院校为此做出贡献。

因此，现在对公司治理的研究，加强公司治理有关问题的培训和教育是非常重要的。这是当前深化企业改革，迎接入世挑战十分现实、绕不过去、非常紧迫的问题，也是改善中国股市状况的一项重要的基础工作。

在座的都是企业管理教育方面的教授、专家，希望大家共同努力，加强对公司治理的研究，加强公司治理方面的教育工作，为提高中国公司质量做出贡献。

在"国有股减持方案专家评议会"上的讲话[*]

（2002年1月21日）

党的十五届四中全会通过的《中共中央关于国有企业改革和发展若干重大问题的决定》提出："采取多种措施筹集社会保障资金""包括变现部分国有资产"。2001年中国证监会制定方案准备实施时，社会上反应强烈，提出了很多不同意见。国务院领导责成国务院发展研究中心组织专家进行研讨论证。

今天，国务院发展研究中心组织"国有股减持方案专家评议会"，我首先向各位做两点汇报。

一 公开征集国有股减持方案的基本情况

2001年10月22日，中国证监会宣布，经报告国务院，决定暂停执行《减持国有股筹集社会保障资金管理暂行办法》第五条关于"国家拥有股份的股份有限公司向公共投资者首次发行和增发股票时，均应按融资额的10%出售国有股"的规定。

2001年11月13日，中国证监会规划发展委员会在证监会互联网站公开向社会各界征集国有股减持方案。社会各界积极献计献策，截至2001年12月3日，先后收集到各类建议4100多件。这些意见和建议显示大家对我国资本市场的深度关切和深刻见解，借鉴国际经验，结合我国实际情况，

---

[*] 本文是作者与中国证监会副主席高西庆主持专家评议会时形成的意见，2002年1月21日在国务院发展研究中心组织召开的"国有股减持方案专家评议会"上，以"集中社会智慧争取多方共赢稳步推进国有股减持工作"为题做了发言。

提出改进方案和政策建议，十分宝贵。

对于征集到的大量建议，中国证监会规划委员会同有关证券研究机构进行了初步的汇总和整理，将社会各界所提的各类建议初步归纳为七大类方案，即配售类方案、股权调整类方案、开辟第二市场类方案、预设未来流通权类方案、权证类方案、基金类方案及其他类方案等。

2001年12月18日，中国证监会规划委员会在证监会网站公布了初步的汇总结果，并欢迎社会各界对国有股减持问题继续献计献策。截至2001年12月31日，针对初步汇总的方案，又收到251份建议。

对七大类国有股减持方案，绝大部分表示支持，也有个别表示反对，其中部分提出了新的建议方案和一些相关的配套措施。

从公开征集的各类意见和建议的情况来看，对国有股减持问题，可以归纳为四点共识。一是普遍希望国有股减持应体现社会公平的原则，兼顾当事各方利益，争取多方共赢。二是绝大多数建议和方案都对国有股减持的目的予以肯定，认为国有股减持要体现有利于证券市场的长远发展和保持稳定的原则，最大限度地减少对证券市场价格波动的影响，给证券市场一个稳定的发展空间。这对建立社会保障体系、实施国有经济的战略性改组将起到积极的作用，为中国证券市场的发展奠定坚实的基础。三是普遍希望实现新上市公司股份全部流通，消除扭曲，从而不再扩大现有非流通股的存量，不再增加新的"历史遗留问题"。四是大家认为要正视当前因国有股、法人股不能流通而形成的流通股价格。在考虑国有股减持方案时，应照顾各方面的利益，保护投资者合法权益，对投资者的损失给予合理的度量和适当的补偿。在确定国有股的减持价格时，要注重运用市场化的运作机制，充分发挥市场参与各方特别是中介机构的力量，使国有股以较好价格进行减持，使较好的公司定价在净资产之上。

二 关于国有股减持方案的几点考虑

为进一步搞好公开征集国有股减持方案的工作，在中国证监会规划委员会指导下，八个证券研究机构，对公开征集的七大类方案进行了初步的评议，主要是对各类方案可能产生的影响及其可行性进行了分析，包括定性的分析和定量的初步测算，同时对各类方案提出了相应的改进和配套措施。各研究机构将这些方案提请专家评议，目的在于进一步听取大家的意见，进一步完善这些方案。

下面，我提出几点初步考虑，供大家参考。

（一）关于初步的评议意见

由八个研究机构向大家汇报的对国有股减持方案的介绍及对该方案的初步评议意见，是对公开征集社会各界建议方案进行适当归纳和完善，因而不代表这些研究机构的观点，也不代表证券监管机构的观点。

（二）关于国有股减持方案的实施

国有股减持是一项探索性的工作，也是一项长期的任务，要在维护证券市场持续稳定发展、争取多方共赢的前提下进行，要充分考虑证券市场的承受能力。从征集到的方案来看，这也是社会各界的共识。国有股减持作为市场运作的行为，应当多样化，在实践中不断完善和创新。这次征集的各个方案，部分还只是框架性或思路性的，还不是最终的操作性方案。每一种方案都可以供有关决策部门或市场参与者进行选择，具体的操作方案还需要从具体企业的实际情况出发，由减持单位和参与的中介机构，特别是财务顾问加以再创造或再设计。并且，社会各界还可以根据实际的需要，提出更有效的方案，只要符合股东的利益和社会的利益，遵循证券市场的"三公"原则和有关的监管法规和规则，都是可以为市场所接受的。

（三）关于国有股的减持与流通

需要指出的是，国有股的减持与非流通股进入流通并非一码事，解决上市公司非流通股的流通性问题，使新上市公司的股份不再继续沿袭部分流通与部分不流通并存的惯性，这是我国证券市场当前的重要任务，也是证券市场长期持续健康发展的必要保障。从发达国家通行的惯例看，任何股份具有了流通性，并非一定要减持或出售，股份的转让或出售既要遵循《中华人民共和国公司法》《中华人民共和国证券法》以及一系列的法律和规则，也要经过股东单位及其决策管理部门的慎重决策。证券市场的稳定和发展，关键在于上市公司的质量，在于国民经济整体素质和增长状况，在于市场的监管效率。广大投资者要善于分析和掌握公司的基本面，分析和了解宏观经济的走势，树立理性的投资观念。

（四）关于证券监管机构的定位

中国证监会是以证券市场的组织者和监管者身份搭建一个平台，使包括国有股东和其他股东在内的证券市场的参与者在平台上运作。作为证券市场的监管者，中国证监会致力于为国有股及其他股份的减持或流通创造更好的市场环境和条件。在各种国有股减持方案的实施过程中，注重市场的稳定和可持续发展，维持股东的平等，保护投资者的合法利益。作为监管者，中国证监会要始终把保护中小投资者作为重中之重。

总而言之，我们相信群众的智慧，能够用动态的眼光来看问题。减持国有股筹集社会保障资金应当会有积极稳妥的办法，通过资本市场的规范实现"多赢"也是可能的。证券市场发展了，伴随着资源配置的优化和经济的增长，将在更大的范围实现"多赢"。通过市场的发展能使资源配置优化或改进，就能促进经济有效发展，并给各类市场参与者带来机会。

在"中国—西班牙国企改革研讨会"上的演讲*

（2002年5月10日）

2002年5月10日，中欧国际工商学院在上海举办"中国—西班牙国企改革研讨会"，来自西班牙的前政府官员及企业家、学者介绍了该国的国企改革情况，并与中方与会专家学者进行了研讨。

中国加入WTO后，与传统体制关联最为密切的国有企业遇到了巨大的挑战。到目前为止，国有及国有控股企业占用工业总资产约50%、工业贷款约70%，而创造的工业产值不足40%。这种资源配置状况影响了国民经济运行质量，进一步深化国有企业改革已具有十分的紧迫性。

进一步深化改革必定触及传统体制的深层次问题。例如，国有产权管理，政企关系，高管人员任免，经营者激励，企业与职工关系和企业政策性负担等。而解决这类问题的资源往往并不在企业内。因此，若想不触动传统体制、离开政府改革，单纯就国有企业进行改革已很难取得实质性进展。

为此，必须把经济体制转轨、政府改革和国企改革作为一个整体，配套推进。在加入WTO背景下，政府对国有经济的政策重点必须明确无误地由对国有企业的政策扶持和直接干预，转向创造基本条件，推进深化企业改革。其中以下几点是至关重要的。

---

* 本文是作者以"改善政策环境，深化企业改革"为题，在研讨会上的演讲。

一 提高国有产权委托代理的有效性，构建国有生产要素流动的体制基础

受体制性约束，国有生产要素基本不具有流动性或只具有低流动性，这就使市场配置生产要素的功能大打折扣。要使国民经济具有持续的活力，就必须使占全社会很高比例的国有生产要素流动起来。但是，通过流动实现经济资源优化配置的必要条件，是来自产权的动力和健全的约束机制。为此，我们必须解决一个始终绕不过的体制性难题：建立责权清晰、有效的国家所有权委托代理体制。

模糊的国有资产管理体制，使人们很难弄清楚，每一份国有产权谁是负责任的、集中统一的所有者（代表）？在企业外由政府部门分兵把口行使所有权的做法不能解决企业内所有者缺位带来的种种弊端。在这种体制下国有产权流动几乎无异于流失。

随着多种所有制经济的迅速发展，非国有部门在那些放松管制的行业和领域表现出了很强的竞争力。国有经济进行有进有退战略性调整的压力不断增加，与此同时，涉及产权变动的改革和调整的范围也越来越广。例如以下几点。

（1）国有经济有进有退的战略性调整已陆续展开，国有产权重组和交易的规模越来越大；

（2）大规模债权转股权正在进行，部分丧失竞争力的企业等待退出市场；

（3）国有企业公司制改制的范围在扩大，股权结构变动越来越频繁；

（4）越来越多的公司股票上市，国有股全流通已经提上日程。

从本质上讲，产权交易重组是所有者为了获得更高投资回报而采取的主动措施。显然，有权决定产权变动的唯一主体就是所有者。当前，经济结构调整、企业制度创新每个动作的本质都涉及产权流动和所有权的行使。此时，如果国有资产管理体制仍然不顺、产权责任仍然不清、所有者仍然缺位，其结果：要么是国有产权不参与市场流动，那么国有资产就会在低效中消耗或在无效中消失；要么在所有者缺位情况下流动，那么我们就要

冒巨大的风险，资产流失就在所难免。当前，建立符合市场经济的国有资产管理、监督、运营机制，形成国有资本市场化流动的体制基础，无论对保持国民经济持续发展，还是为国有经济注入市场活力，都具有十分的紧迫性。

党的十五届四中全会明确了"国家所有，分级管理，授权经营，分工监督"的国有资产管理体制框架。按照这一思路，国有资产管理体制的改革应主要解决四个问题。

（1）落实国有资产经营责任。形成对每一部分经营性国有资产均可追溯产权责任的体制和机制。

（2）所有者权能到位。所有者（代表）进入企业，并在企业内行使所有者权能。

（3）政府的公共管理部门与国家所有权行使机构分开。

（4）实现所有权与经营权分离，确立公司法人财产制度和所有者有限责任制度。

符合市场经济要求的经营性国有资产管理的体制框架可以设想为三个层次。

第一层次是政府。要解决的核心问题是将行使公共职能的政府部门与行使国家所有权的机构分开，使各自有明确的行政目标和准确的功能定位。

第二层次是国家所有权行使机构下设国家控股公司和"授权经营的机构"（《中华人民共和国公司法》称"授权投资的机构"）。要解决的核心问题是两个层面的所有权与经营权分离。即国家所有权行使机构，与国家控股公司、授权投资机构实行所有权与经营权分离；国家控股公司、授权经营机构与持股的实体企业实行另一层面的所有权与经营权分离。

第三层次是公司制企业。国有企业改制为公司，国家所有权转化为国有资本，即国有股权。受国家所有权机构委托由国家控股公司或授权投资机构持有。以此建立国家所有权行使机构——国家控股公司或"授权经营的机构"——实体公司三个层次的国有产权的委托代理关系。一方面使国家所有制由体现为国有企业，转向体现为国有资本；另一方面，建立起可追溯国有产权责任的体制和机制，为国有资本在市场中流动创造体制条件。

二　改善市场环境，在竞争中提高竞争力

受计划思维模式的影响，为支持国有企业发展人们总想避开市场的筛选，由政府钦定"有发展前途"的企业，集中优惠政策、集中经济资源，重点扶持。

按照这一政策思路，长期以来政府对外采取贸易保护政策，挡住国外企业对中国市场的进入；对内实行严格的市场准入政策，限制民间投资进入，使有效资源集中于政府指定的少数国有企业，期待日后开放市场时就有一批具有竞争力的大型企业和企业集团。这种政府强力保护和重点扶持的做法未能实现培育企业竞争力的目标，却产生了许多不容忽视的负面效应。

（1）过度的贸易保护政策不仅扭曲了市场需求，而且扭曲了国内成本和价格。扭曲的市场信号给企业造成了错觉，误导了企业。

（2）隔离了企业与市场竞争格局的联系。失去了国际竞争锻炼的机会，使企业对政府的保护产生了依赖。温室中培育不出核心竞争力。

（3）过度保护造成的高成本、低效率最终转嫁给消费者和其他企业，削弱了企业和国家竞争力。

加入WTO后，仍有人把过渡期简单地理解为"保护期"，主张充分利用这一时期，通过政府的强力干预，加大力度，实行最后一把保护。

实践证明，市场竞争对企业的成长有无可替代的作用。在我国，尽管在国家管制行业中的一些企业规模已经不小，甚至在"块头上"达到了"世界级"，但就竞争力而言，与世界优秀企业仍有很大差距。一个重要原因是没有经历充分市场竞争的过程。在现行体制下政府有能力把企业"做大"，但无论是拔苗助长还是在温室中护养，离开市场竞争都不可能把企业"做强"；投身竞争可能失败，但真正优、强、大企业却只能在竞争中产生。就是说，我们不能只要结果，不要过程。

要使企业在市场中不断接受竞争的洗礼，经历优胜劣汰的筛选，政府就必须创造良好的市场环境。

加入WTO对建立规范有效的市场环境有无可比拟的作用。尽管改革开

放后中国在市场体制建设上取得了长足的进步,但时至今日统一的国内市场、有效运行的市场体制尚待完善。目前主要问题有这几点:

(1) 地区分割,行业壁垒,市场往往被肢解;

(2) 对不同所有制企业实行不同政策,所有制歧视相当普遍;

(3) 政府对微观经济活动过多地干预,使企业失去了独立性;

(4) 对产权的法律保护存在缺陷,部分产权主体行为短期化、过度投机和不讲信用;

(5) 一些法律法规不统一,司法公正性时而受到质疑。

有缺陷的市场体制扭曲了竞争,保护了落后,使通过市场优化配置资源的作用打了折扣。从培育和维护有效率的市场环境的角度看,当前政府发挥作用的重点应放在如下一些方面。

(1) 改进宏观调控,进一步完善财税、金融、外汇管理体制,主要以经济和法律手段而不是行政手段干预实施宏观调控,维护国家经济安全。

(2) 健全市场规制,以法律制度界定和保护产权,保障产品和生产要素的流通,打破地方和部门的行政性垄断或限制,建立和维护统一、开放和公平竞争的市场,为市场进入者创造有信用的、可预期的、公平竞争的环境。

(3) 加快国有经济布局的战略性调整,明确、分解和规范政府作为公共管理者和国有资产所有者两种职能,政府退出对企业经营活动的直接干预。

(4) 加强基础设施建设,完善公共服务,注重教育和人力资本投入,改进收入分配和社会保障,为弱势群体提供必要援助。

(5) 加强经济与社会可持续发展的协调职能,正确处理人口、资源、环境和经济发展的关系。

三 健全社会保障体制,开辟市场退出通道

长期以来政府关注的重点是为企业发展创造条件,而较少考虑为竞争失败的企业开辟市场退出通道。90年代中期以来,经济和体制环境发生急剧变化,企业有生有死的局面迅速形成。竞争失败的企业不能及时退出市

场使问题和矛盾不断积累,这已经成为影响经济发展和社会稳定的重要问题。

企业退出市场最大的障碍是"国有职工"无着落。长期以来,我们没有健全的社会保障体制,国有企业承担着国有职工生活保障的责任,由此带来了一系列问题。

(1)职工实际享受的是"企业保障",职工离不开企业,企业辞不掉职工,企业和职工的结合不能自主选择。

(2)企业承担大量的社会职能,持续负担着额外的、数额不小的、又难以计量的政策性成本。

(3)企业目标多重性,削弱了经营者的利润动机,财务约束软化,对企业业绩难以准确考核。

(4)劳动力结构的刚性化,也使资本流动重组和企业结构调整、市场退出变得难上加难。

由于缺乏社会保障的依托,国有职工不能流动,企业一旦进入低效运行,不能通过调整劳动力结构和企业重组改变状况。即使企业完全丧失竞争力,也不能通过破产退出市场。此时,政府为保留国有职工的"社会依托",通过财政或国有银行不断地向谁都知道没有希望的企业输血。这一做法不能改变国有部门的低效率,却维持了占总数30%~50%的国有企业长期亏损的局面。为此国家支付了巨大的成本,带来的结果却是经济资源配置的低效率、银行坏账的不断增长和财政隐性负担的不断积累。

国有职工的不可流动性已经成为国有企业深化改革、结构调整中遇到的最大困难。人员的可流动性涉及一系列体制建设,必须在已有基础上加紧进行。

(1)完善社会保障体制建设,职工养老、医疗和失业保障实行社会化管理。

(2)将企业"办社会"机构陆续从企业转出,或独立,或交政府统筹调整和管理。

(3)实行职工福利货币化,推进住房制度改革。

(4)健全劳动力市场,发展就业中介服务,提供再就业培训。

四　改善公司治理结构，提高公司治理的有效性

中国加入 WTO 后对产业和企业的挑战，从根本上说，是产业和企业竞争力的问题。企业竞争力的一个最重要的基础软件就是有效的公司治理。

90 年代后期，很多国有企业陆续改制为公司制企业，有越来越多的国有企业经改制后上市。但建立有效的公司治理结构的问题却没有引起足够的重视。至今，很多公司，包括为数不少的上市公司的治理结构都存在不同程度的缺陷。

（1）国有产权委托代理体制不清晰，政府强干预和企业内所有者缺位并存，给带有一定普遍性的内部人控制提供了机会。

（2）国有产权委托代理的低效率，加上一股独大的国有股东行为扭曲，使上市公司丧失了商业利益的独立性。有的成为大股东在资本市场上圈钱的工具，小股东权益无法保证。

（3）政府在公司之外的干预，加上控股股东与上市公司高层人员交叉任职，造成两个后果：一是董事会缺乏独立性；二是公司目标变得模糊。

（4）公司透明度普遍较低，信息披露的真实性、及时性经常受到投资者质疑。

（5）公司薪酬制度的欠缺，使公司高管人员既缺乏有效监督，也缺乏有效激励。

（6）上市公司的大部分股票"非流通"，不参与市场交易，没有通过资本市场实现公司控制权转移的威胁，影响了股票市场对公司管理层发挥有效的监督作用。

改善公司治理的要害是保护股东权益，改善公司治理的动力来自股东。如果股东没有为维护自己权益而积极参与公司治理的积极性，那么内部人则更乐于维持自己对公司的控制；如果控股股东可以通过关联交易、高管人员交叉任职等手段控制公司，并通过非正常渠道获取利益，那么控股股东就会有意扭曲公司治理。对于一些公司而言，扭曲公司治理的动机和力量始终存在。因此通过有效的国有产权委托代理体制使国家所有权人对持股企业成为"真老板"而不是"假老板"，使其产生正常的股东行为，而

不是非正常行为,这是改善公司治理的关键。就是说在建立市场经济体制过程中,我们不仅要重塑市场竞争主体,还要面对重塑"国企老板"的任务。

随着市场化程度的提高,以营利为目的的投资,由政府分配逐渐转向由市场配置。国家通过政策调控资本市场,机构投资者和个人投资者大量地通过资本市场选择项目,选择业主,自担风险。这将成为商业性投资的主渠道。但机构和个人投资者包括国际投资机构均无意对投资的企业发号施令或直接干预,它们希望通过资本市场和公司建立联系,希望通过规范有效的公司治理结构来保持自己对公司的最终控制权,在所有权和经营权分离的情况下实现自己合法权益最大化。因此,资本市场的投资者十分看重的是公司治理的有效性。一般而言,它们不得不承受由于经营失误而造成的损失,但它们绝不接受由于公司治理结构扭曲或暗箱操作而带来的风险。

一些有前景的公司,一方面迫切要求在境内、境外资本市场获得融资支持;另一方面,对建立有效的公司治理却有畏难情绪,企图在基本不触动旧体制的情况下建立新的机制,缺乏改善公司治理的热情和执着的努力。有的控股股东倾向于人为地扭曲公司治理,通过地下管道从上市公司抽血。有的企业则留恋内部人控制,对公司治理不以为然,认为只要把钱拿到手,还是我说了算。结果,即便公司勉强上市,只能以较高的成本融得一些资金;有的公司上市则成了"一锤子买卖"。

改善公司治理的资源并不全在企业之内,因此必须以政府为主导,监管机构、投资者和中介机构共同、持续努力才能取得实质性进展。

(1) 提高国家所有权委托代理的有效性,使国有持股机构把目标集中于所投资公司的经济效益,产生正常的股东行为。

(2) 改善股权结构,改变国有股一股独大状况。

(3) 控股股东与上市公司高管人员要分开,保持控股股东和上市公司各自独立性。

(4) 董事会成员与经理人员原则上应分开,外部董事、独立董事应占更多比例,保持董事会的独立性并能有效监督经理。

(5) 改善信息披露,增加公司透明度。

（6）改进高管人员薪酬制度，具备条件的可以实行股票期权制度，使高管人员努力的方向与股东利益相一致。

中国正处于经济快速增长阶段和工业化的过程，只有源源不断地将社会资金转化为生产发展资金才能保持经济稳定增长，而公司治理在这一转化中处于核心地位，起着关键作用。无论从经济持续增长、国际资本的利用，还是提高企业竞争力出发，中国必须加快公司治理觉醒的过程，使维护股东权益，包括小股东必须受到公正待遇成为社会普遍共识和主导倾向，为社会资金、基金、国际资本顺利地、源源不断地流向资本市场开辟通道。这是中国经济持续、稳定增长最重要的基础之一。从这个意义上说，公司治理的水平决定经济增长状况。

在"第二届公共政策与管理国际研讨会"开幕式上的主题讲话[*]

（2002年5月14日至16日）

2002年5月14日至16日，清华大学公共管理学院和哈佛大学肯尼迪政府学院、美国希拉丘斯大学麦克斯韦尔公民与公共事务学院联合举办"第二届公共政策与管理国际研讨会"。

这次会议是清华大学公共管理学院和哈佛大学肯尼迪政府学院、希拉丘斯大学麦克斯韦尔公民与公共事务学院联合举办的一次研讨会，我们希望通过这样一次研讨，在借鉴和学习国际经验的基础上，积极推进中国的公共管理和政府改革。今天，我想就中国在体制转轨和经济全球化背景下的政府改革，谈一些看法，与大家一起讨论。

我们正处于体制转轨和经济全球化的重要历史时期，要抓住历史性机遇，迎头赶上，我们必须解决的一个关键性的问题，这就是深化政府改革。

我今天的发言分为三个方面：第一，体制转轨对政府改革提出的要求；第二，经济全球化对政府改革形成的压力；第三，必须进一步深化政府改革。

一　体制转轨要求政府改革

20多年来的改革开放过程，同时也是政府改革的过程。正是我们不断地、主动地改革政府机构，转变政府职能，改变那些不适应经济发展的体

---

[*] 本文是作者以清华大学公共管理学院院长身份，以"体制转轨和经济全球化背景下中国的政府改革"为题，在研讨会开幕式上的主题讲话。

制障碍，调整生产关系，才为经济持续稳定快速增长和各项事业的不断发展创造了条件。

在中国由计划经济体制向市场经济转变中，我们清楚地看到，经济资源的配置主体和配置方式决定着经济体制的性质，而"政府—市场—企业"三者之间的关系，则是界定政府经济管理职能的基础。

20多年来，为了适应经济体制转轨的需要，政府改革不断深化，政府职能发生了多方面的积极变化。这种变化主要体现在六个方面。

（1）以间接手段为主的宏观调控体系框架初步建立，基本形成了计划、金融、财政相互配合的调控体系。

（2）培育、规范、监管市场体系取得了一定的进展，市场配置资源的基础性作用日益明显。

（3）政府直接管理国有企业的方式有了一定程度的改变，政府各部门正逐步解除与直属企业的行政隶属关系，不再直接干预企业。

（4）在管理涉外经济方面逐步向国际惯例靠拢，初步形成了符合国际通行规则的外贸、外汇运行机制。

（5）政府促进经济和社会协调发展的职能有所加强，政府制定和实施了可持续发展战略和科教兴国战略，并加强了社会保障体系的建设。

（6）政府自身的改革取得了一定的进展，确立了"依法治国、依法行政"的基本方略，转变职能、精简机构、减少行政人员的改革也取得了一定的进展。

20多年来，中国各级政府的职能转变确实取得了不同程度的进展。但是，存在的问题仍然是多方面的和错综复杂的。从总体上看，目前的状况是：政府自身的改革仍然落后于经济体制转轨的进程；政府职能转变的力度还小于机构改革的力度。在政府与企业、政府与市场、政府与社会自主治理的关系上，还有一些深层次的矛盾没有很好地解决。这主要表现在如下六个方面。

第一，政府对微观经济，特别是国有企业的直接干预依然过多，有效的国有资产管理体制尚未形成。

第二，投融资管理体制改革滞后，政府仍然把直接干预微观经济活动作为宏观调控的一种手段。

第三,规范、监管市场秩序的力度不够。规范市场秩序的法律仍然不健全;执法不严、地方保护主义和部门分割不断变化手法,阻碍全国统一市场的形成。

第四,一些政府部门出现非公共机构化的倾向,公共服务职能弱化。

第五,中央和地方的责权利关系尚待理顺。行政性的集权—分权—收权的框框还没有根本性突破,按照市场经济规律合理划分中央和地方经济职能、责任和权利的框架还不清晰。

第六,依法行政的统一性和透明度不高,人治大于法治的现象在许多地方不时出现,严重损害司法独立性和司法公正的问题时有发生。

这些问题和矛盾表明,深化改革仍是经济持续稳定增长的重要路径,体制转轨要求政府改革进一步加快步伐和加大力度。这是当前阶段政府改革所面临的一个非常重要的背景。

二 政府改革是适应经济全球化的一个关键

政府改革的第二个背景或者推动力,来自经济全球化。政府创造与维护市场环境的能力和水平,直接影响着国家在国际经济分工中的地位和对全球资源利用的程度。加入世界贸易组织是中国进一步参与经济全球化的一个极为重要的步骤。

1. 经济全球化使国家经济利益的含义发生了变化

经济全球化的本质是经济资源跨国流动的阻力不断降低,使以全球为版图配置经济资源成为可能。资金、人才、技术等经济资源的大规模跨国流动,几乎使各国经济都史无前例地卷入大规模的国际分工之中。一方面,通过国际贸易快速增长,国际分工的量迅速增加;另一方面,国际分工的模式也出现了重要的变化。以往,各国从自己的比较优势出发,用具有比较优势的产业的商品,交换比较劣势产业的商品,是国家间的分工。随着国际交往成本的降低,国际分工进一步表现为产业内的分工,也就是一个产业的上下游产品分布在不同国家和地区生产,使最终产品已难以准确认定它是哪国的产品。随着国际分工进一步深化,跨国公司自身将产业链的不同环节分别布局在不同的国家,把越来越多的国家纳入一个跨国公司的全球生产与服务网络之中。这种跨国分工变化几乎将各个国家卷入其中，极其深刻地影响着各国的经济发展。

国际分工格局的演进对各国经济发展正产生极其深刻的影响。发达国家在经济技术上处于优势地位，在国际分工中占据了高端位置，是主要获益者。但是由于不同国家、不同地区发展阶段不同、自然禀赋不同，任何一个国家和地区都不可能有全方位的比较优势。我们必须努力发掘和培育本国的比较优势，在国际分工中争取一个有利地位，才能在经济全球化中获益。

在较少跨国投资情况下，一国经济发展可利用的就是本国资源，本国企业就是"民族企业"，民族企业的发展壮大，把外国产品以高关税挡在国门之外，就体现了国家经济利益。跨国公司大量出现后，不仅在全球采购、加工与销售，而且进行全球投资、全球融资。随着所有权的国际化，跨国公司的国籍特征日益弱化。尽管在关系经济命脉和国家安全的领域，保持国家独立性是完全必要的，同时投资输出国和输入国之间也存在利益冲突，但跨国公司进入一国投资，越来越深地融入东道国的整体经济之中，成为东道国的"公民"，对东道国的经济增长、就业、税收而言，这些跨国公司和"民族企业"几乎并无两样。这就使国家经济利益的含义发生了变化。此时，一个日益明显的基本事实是，一国的国家经济利益不再是仅体现为基于本国资本的传统"民族企业"，而是体现为有境外资本参与其中，存在于"本土"的合资和独资企业。

2. 加入世界贸易组织促使国家发展战略做重大调整

中国加入世界贸易组织是中国政府迎接经济全球化的主动措施和重大战略。这一措施的重要意义，在于进一步锁定了市场经济的改革取向和向世界承诺进一步开放市场；这一重大战略的基本内涵，在于国家发展战略的重大转变。

过去为实现经济发展，以政府为主体，主要依赖本国企业、本国资源，力求建立一个完整并自求平衡的经济体系；过去为维护国家经济利益，主要依靠设置各种贸易和投资壁垒，保护国内市场不受外来竞争者侵蚀；同时支持本国企业发展，支持它们进入国外市场。以加入WTO为标志，国家的发展战略进一步转向开放市场、引入竞争、参与国际分工，在充分利用本国资源的同时,争取利用国际资源,在开放中提高国际竞争力。相应地,维护国家经济利益的手段也由过去的以贸易和投资壁垒为主,逐步转变为以改善投资环境、消除所有制歧视、降低交易成本、吸引国际投资、参与国际分工和增强"本土"各种类型企业的竞争力为主。

显而易见,经济全球化背景下国家经济利益的含义与维护经济利益方式的变化,使国家竞争力的高低不仅表现在本国的自然禀赋、现实经济实力,更重要的是吸引国际资本、人才、技术的能力和水平。决定对国际经济资源利用程度的是国家的市场环境。

发展经济的稀缺资源,如资金、人才、技术等在经济全球化背景下极富流动性。巨额经济资源在哪里落户,哪里的经济就会有更快的发展,因此,这些资源持有者有广阔的选择余地。一般来说,不是哪个国家和地区选择它们,往往是它们选择落户的国家或地区。

经济资源按照商业原则流动的性质,使脱胎计划体制的中国在加入WTO后既有机遇,同时也面临挑战。

机遇,在于进一步锁定了我国市场化改革的取向,以开放促进改革的局面进一步形成,在开放中使我们不仅可以调动本国资源,也可以进一步利用国际经济资源争取更快的发展;挑战,则在于如果我们不能尽快摆脱旧体制的羁绊,经济体制转轨之后,市场机制长期不完善,那么不仅难以吸引国际经济资源,而且本国资源也可能外流。因此,无论是为了提高本国资源配置效率,还是为了获取更多的全球经济资源,创造和维护一个有效率的市场,营造一个良好的公共环境比政府对微观经济的直接干预以及实施产业政策更为重要,更具有本质意义。一个简单的道理就是,经济发展必需的资本、人才、技术等资源在哪里落户并非依政府指令就能做到,它们几乎受到各国各地的欢迎,那么它们为什么不在别处而在中国落户,除了自然条件之外,最重要的是看这里是否有适合发展的环境。从这个意义上说,各国之间的竞争是市场有效性的竞争,是公共环境水平的竞争。而能创造和维护有效市场机制和良好公共环境的是政府。因此,"入世"是政府"入世",是政府对自身行为要更加符合市场机制的一种承诺。世贸组织的章程和条款的基础绝不是限制企业的竞争和发展,而是为企业创造更加开放、平等、规制的环境。因此,从长远看,"入世"后企业的市场环境会进一步改善,而近期对政府的管理体制和行为方式的挑战则最为突出。

三 要获得经济全球化的好处,必须深化以市场为取向的政府改革

强调市场的作用,并不否认政府的作用。但是政府应该将自己的主要注意力、发挥作用的基本点明确无误地放到创造有效率的市场环境上来。从这个意义上讲,政府的有效性很大程度上要通过市场的有效性来体现。

现阶段中国政府不仅有维护市场的责任,而且要主导培育市场,但在培育市场、推进工业化、促进经济发展中,政府与市场、政府与企业、政府与社会自主治理的关系必须调整。重要的并不是政府作用的多和少,而是政府作用的定位和发挥作用的范围的合理性。

为在开放中增强国际竞争力,政府作用和政策重点必须转变,这一转变包括以下几点:

(1)政府作用由直接配置资源转向宏观调控,着力培育一个有效率的市场;

(2)政策重点由依靠本国资源、保护本国市场和企业,转向开放市场,争取利用国内国际两个市场、两种资源;

(3)贸易政策由着重壁垒转向参与国际贸易规则的制定,利用国际贸易争端解决机制保护自己;

(4)工业化进程由力图以本国资本建设完整的工业体系并自求平衡,转向抓好关系国家安全的重要产业,发挥国际比较优势,在国际重新分工中争取有利的地位;

(5)注重提高国家竞争力,由单纯依靠本国企业竞争力转向创造良好的市场环境,提高对各类经济资源的吸引力。

与发达国家相比,我们的经济、技术还比较落后;与成熟市场国家相比,我们还有繁重的经济体制转轨的任务。从培育和维护有效市场环境的角度,当前政府发挥作用的重点应放在如下一些方面。

(1)改进宏观调控职能,进一步完善财税、金融、外汇管理体制,主

要以经济和法律手段而不是行政直接干预的手段实施宏观调控,制定经济社会发展规划,增强对国际竞争环境的应变能力,维护国家经济安全。

(2) 健全市场规制职能,以法律制度界定和保护产权,保障产品和生产要素的流通,打破地方和部门的行政性垄断或限制,建立和维护统一、开放和公平竞争的市场秩序,为市场进入者创造有基本可信的、可预期的、公平竞争秩序。

(3) 加快国有经济布局的战略性调整,完善与新体制适应的国有资产管理体制,明确、分解和规范政府作为公共管理者和国有资产所有者的两种职能,政府退出对国有企业经营活动的直接行政干预。

(4) 完善公共服务职能,促进基础建设,注重教育和人力资本的投入,推动技术创新和传播,加强信息服务。

(5) 改进收入分配和社会保障,逐步建立和完善覆盖全社会的高效率的社会保障制度,通过有效的税收和转移支付制度,调节国民收入分配,促进社会公正和谐。

(6) 增强社会冲突管理职能,加强政府和社会不同利益群体的沟通和交流,为弱势群体提供必要援助,形成多渠道、多层次的社会利益协调机制,促进社会稳定和全面进步。

(7) 加强经济与社会可持续发展的协调职能,正确处理人口、资源、环境和经济发展的关系,用经济、行政和法律手段保护和合理开发自然资源,治理环境污染,保持生态平衡,降低经济发展的社会成本。

政府改革的难点,在于推进改革的主题恰恰是改革的对象。为实现我国第三步战略目标,抓住机遇加快步伐,我们必须过好政府改革这一关。

《中国的公司治理与企业改革》序言[*]

（2002年5月26日）

随着跨国公司投资总量迅速增长，大型公司主宰经济的局面逐步形成，公司治理成为全球关注的企业制度建设的重要课题。中国缺乏公司制度的洗礼，缺乏公司治理文化的熏陶。几十年政企不分、所有权经营权混为一谈的传统国有企业制度，使很多人产生了错觉，包括政府部门在内的一些投资者更相信直接干预的力量，不太相信良好的公司治理可以保护股东利益。因此，在中国，一方面包括国家投资者在内的投资者对一些企业内部人控制、暗箱操作叫苦不迭，另一方面又总有一种外部力量企图人为地扭曲公司治理，为个别股东谋利益。公司治理被扭曲的受害者是股东，首先受害的是小股东，受害最大的是大股东。

世界银行对发展中国家的支援，一方面提供优惠的资金支持，另一方面还进行大量针对本地的经济研究，在此基础之上借鉴国际经验，提供政策导向咨询。而后者更具有基础性意义。

世界银行专家与中国研究人员合作，用了大约两年时间，以"中国的公司治理与企业改革：建立现代市场制度"为题，进行了广泛的、深入的调查研究，并完成了这份研究报告。

公司治理这一选题，抓住了中国微观经济的要害，这一问题的延伸又涉及政府职能、金融体制、社会保障制度、民间投资者等广泛领域。报告围绕企业制度建设，给人们清晰的整体概念和解决问题的思路与途径。

尽管在中国可以找到很多关于公司治理的论文，但基于如此深入的实

---

[*] 2002年5月，世界银行组织编写的《中国的公司治理与企业改革：建立现代市场制度》（斯道延·坦尼夫、张春霖、路·白瑞福特著），中国财政经济出版社出版。本文是作者以《加速公司治理觉醒的过程》为题，为此书所写的序言。

地调查，又充分吸取国际经验，全面评价中国目前的公司治理状况，并提出中肯的建设性意见的报告，还是十分可贵的。仔细研究这一报告，进一步认识公司治理问题的重要性，选准切入点，持之以恒地深化改革，就会大大促进中国市场经济微观基础的建设。而这恰恰是中国体制转轨中必须解决的最重要的问题。

为了改变中国企业特别是国有企业的低效率，这部报告提出了多项建议。这些建议涉及政策和法律框架、执行程序和改善公司治理实践的制度建设等诸多方面。深入研究这些建议，可以非常清楚地看到，这里有一个绕不过去的基本问题，就是在保留一定国有成分的情况下，如果要建立市场经济体制并使公司治理有效的话，就必须妥善处理政府—国家所有权人—公司之间的关系。

改革开放20多年始终困扰政府与企业至今仍未解决的问题，就是政府与企业的关系。我们始终在"是实行国家所有权委托代理，还是政府直接干预"中徘徊。当发现直接管理企业有碍政府公正行使职能、企业又缺乏活力时，就倾向实行委托代理，如实行过的承包制、厂长（经理）负责制等。但是，在"国有企业"框架下，实行委托代理缺乏制度基础。承包者或厂长、经理们的努力并不必然反映国家所有权利益。实践证明，在所有者缺位情况下，一旦委托，往往就失去了制衡。当发现企业失控或出现诸多非正常行为时，政府部门又倾向直接干预，如由政府部门直接选择经营者和通过名目繁多的"审批"来体现政府（部门）意志。

尽管我们一直在寻求通过建立委托代理关系来实现政企分开的途径，但由于传统国有企业制度的局限性，在实践中却陷入了企业经营权在政府与企业之间"收"与"放"不断拉锯的局面。在这个过程中，国家所有权的委托代理体制并未建立，政企分开没有实质性进展。

1992年，中国共产党第十四次代表大会明确了中国经济体制改革的方向是建立社会主义市场经济体制。"保留一定的国有制成分，实行市场经济"是最重要的内涵之一。这样，我们就面临一个制度性难题，即公有制、国有经济与市场体制如何有效结合；在保持公有制、国有资本情况下，如何塑造千万个各自独立的市场主体。

1993年，党的十四届三中全会放弃了简政放权、减税让利的政策，提出了一个全新的思路,即通过改革国有资产管理体制和企业制度创新来寻求国有经济与市场体制融合的有效途径。全会通过的《中共中央关于建立社会主义市场经济体制若干问题的决定》明确提出,建立现代企业制度是国有企业改革的方向,在新的企业制度中实行所有权和经营权分离。这是向建立社会主义市场经济体制迈出的具有决定性意义的一步。为此,必须解决四个方面的问题。

(1) 政府从拥有国有企业,转变为控股重要企业和持有国有资本,并使其具有流动性。由于部分国有企业状况不佳和紧紧依附于国有企业的职工没有着落,实现这一转变显得十分困难,至今尚未完成。

(2) 国有资本在行业领域中的布局要做有进有退的调整。国有资本由覆盖各个行业领域,向涉及国家安全、关系国家经济命脉的领域集中,向非国有投资难以进入或不愿进入的领域集中。

(3) 建立明晰的国家所有权的委托代理体制,使政府的公共管理职能与国家所有权职能分开,并保证委托代理关系的有效性。

(4) 实行国家所有权与经营权分离,使包括拥有国有投资的企业成为独立的市场主体。

至此,可以说国有企业改革的基本思路已经十分清楚。

1994年,在我参与现代企业制度试点工作时就发现,问题远不是这么简单。如果说改革开放初期的政策性调整几乎可以使各类人员受益的话,那么当今体制性转变则会涉及多方面权力和利益关系的调整。包括要削弱一些政府部门的干预权、内部人控制将受到制度性制约、结构调整涉及部分人员的下岗等。表面看,各地各部门和企业对进行试点都非常积极,但一旦进入方案制定、操作的实质性过程,各种矛盾就逐渐暴露。人们总希望绕过对传统体制的冲击,努力在新制度中保留自己既得的权利。经历十几年艰辛探索,我们终于找准了国有企业改革的方向——建立现代企业制度。但是,由于扭曲新制度的动机和力量始终存在,不能不使人担心的是,因为我们自己——或理解上的偏差、或暂时利益的冲突去人为地扭曲公司治理机制,从而产生不良后果,最终否定这一改革方向。

正如世界银行发表的《中国的公司治理与企业改革》研究报告中所述及的,建立现代企业制度的核心问题是政府公共职能与国家所有权职能分开、国家所有权与经营权分开。为实现这"两个分开",我们必须建立有效的国有产权委托代理体制。

回顾 20 年国有企业改革的历程,可以清晰地看出一条逻辑主线:

国有企业的改革始终是围绕着政府、企业和市场三者之间的关系而展开的;政府和企业的关系又集中于政企能不能分开,如何分开?政企分开的核心是所有权和经营权能不能分离,怎么分离?两权分离的要害在于能不能建立有效的公司治理结构,在两权分离的情况下保障国家所有者权益;公司治理的有效性在于国家所有权委托代理的有效性。

由此可以看出,公司治理的核心是维护股东权益,改善公司治理的动力来自股东。如果股东没有为维护自己权益而积极参与公司治理的积极性,那么内部人则更乐于维持自己对公司的控制;如果控股股东可以通过关联交易、高管人员交叉任职等手段控制公司,并通过非正常渠道获取利益,那么控股股东就会有意扭曲公司治理。因此,通过有效的国有产权委托代理体制,使国家所有权人对持股企业成为"真老板"而不是"假老板",使其产生正常的股东行为,而不是非正常行为,这是改善公司治理的关键。就是说在建立市场经济体制过程中,我们不仅要重塑市场竞争主体,还面对重塑"国有老板"的任务。

建立符合市场经济运行机制的国家所有权管理体制,就要实行"两个分开",建立相互关联的两个层面的产权委托代理关系:即政府把国有产权委托给国家所有权行使机构经营,政府公共管理职能与国家所有权职能分开;国家所有权行使机构对投资和拥有股份的公司依《中华人民共和国公司法》行使股东权利,实行所有权与经营权分开。其中建立有效的国有产权的委托代理体制是深化国有企业改革的关键,建立有效的公司治理是企业制度建设的核心。

目前,第一层面的委托代理只有一个框架式的规定,即"国家所有,分级管理,授权经营,分工监督"。谁是集中统一的国家所有权行使机构,还比较含糊。多个政府部门分兵把口各自行使部分国家所有权的状况还没有改变。尽管经认可的"授权经营机构"已有多家,但明晰的责权关系尚未确立。政府部门对授权经营机构多头干预、控股股东非正常行为和公司内部人控制三种现象并存。包括部分上市公司在内,财务软约束、业绩不良带有一定的普遍性。目前,在国有企业改制、重组、结构调整、上市公司表现、债权转股权等方面出现的各种各样的问题,都与模糊的产权管理体制、责权不清的产权委托代理关系有关。

在国家和国有股权行使机构(如授权经营机构)之间责权不清的委托代理,使得股权行使机构对投资和拥有股份的公司还不是"真老板",甚至不断产生非正常行为。就是说,第一层面委托代理的低效率在公司层面的委托代理中被放大了。这一点在上市公司身上表现得最为明显。

为使公司成功改制上市又不改变与政府的关系,也不更多地触动内部人的利益,大多将原国有企业改变为"控股公司"(亦称"存续公司"或"集团公司"),经政府授权作为上市公司的国有股东,处于绝对控股地位。这种做法一再被复制,几乎变成了一种普遍的"模式"。

现行控股公司的问题是它有多重目标。这个控股股东一方面背起了原企业余留人员和非核心资产,另一方面还以绝对控制权控制着上市公司。为解决存续部分的困难,国有母体可支配的资源往往就是上市公司。一般的做法是,在包装上市时,把包袱留在控股公司,上市成功后就倾向于转嫁给上市公司。因此,多数国有母体与上市公司两部分形分实合,无论在管理者兼职、业务关联、公共设施交叉方面,还是在财务、资金等方面都保留着许许多多不明不白的关系。特别是国有母体与上市公司高管人员交叉任职,使控股股东和上市公司都失去了独立性。内部人身跨两边,控制公司、内部交易变得更加灵活和方便,渠道更加宽阔,也使高管人员成了"双面人",他们代表哪一方利益、要实现什么目标变得模糊不清。当他们坐在上市公司董事长和经理的位置时,就要做出最大努力,争取让上市公司创造良好业绩,实现公司和股东权益最大化;当他们站在国有母体的立场考虑问题时,又企图通过兼职的方便实施控股权和关联交易,向上市公司转嫁负担,使存续部分的经济状况得以改善。在现实情况下,由于来自内部人的压力更加具体和现实,控股公司往往不惜牺牲上市公司利益来改善存续母体的状况。因此,从本质上讲,控股股东并不愿意形成有效的公司治理,而宁愿扭曲公司治理,通过地下管道从上市公司抽血。此时,少数股东和债权人处于信息弱势和无奈的地位。

正如这部世行报告所指出的,改善公司治理的紧迫性并不是国家投资和拥有股份的企业所独有的问题。在一些中小企业改制中，国有资本逐渐退出，但这并不意味着企业就自然地转变了经营机制；一些民营企业改制为股份制公司，并不意味着就自然会产生有效的治理结构。在非国有股份制公司，如何妥善处理股东与公司、大股东与少数股东、公司与债权人等关系，形成各方积极合作又相互制衡的局面？从总体上说，这还是一个有待解决的问题。所有者对投资的企业失去控制或控制不当而造成公司失败的事例并不少见。

随着市场化程度的提高，以营利为目的的投资，由政府配置逐渐转向由市场配置。国家通过政策调控资本市场，机构投资者和个人投资者多是通过资本市场选择项目、选择业主、自担风险。这将成为商业性投资的主渠道。那些有前景的产业和公司可以通过资本市场源源不断地获得资金支持，发展壮大。但机构和个人投资者们无意对投资的企业发号施令或直接干预，它们希望通过资本市场和公司建立联系，希望通过规范有效的公司治理结构来保持自己对公司的最终控制权，在所有权和经营权分离的情况下实现自己的合法权益最大化。因此，资本市场的投资者十分看重公司治理的有效性。一般而言，它们不得不承受由于经营失误而造成的损失，但它们绝不接受由于公司治理结构扭曲或暗箱操作而带来的风险。可以说，一个富有前景的企业，有效的公司治理、对股东的诚信是取得投资者信赖的基石，是企业竞争力的基本要素。

现在的情况是，有发展前景的企业需要不断充实资本金，获得迅速发展；而那些机构投资者和个人投资者则四处寻找良好的投资项目。这两者能否有效结合，一是看资本市场是否健康有序，二是看公司法人治理结构是否规范有效。现在的问题是，一些有前景的公司一方面迫切要求在境内、境外资本市场获得融资支持，另一方面，对建立有效的公司治理却有畏难情绪，企图在基本不触动旧体制的情况下建立新的机制，缺乏改善公司治理的热情和执着的努力。有的企业则留恋内部人控制，对公司治理不以为然，认为只要把钱拿到手，还是自己说了算。结果，即便公司勉强上市，只能以较高的成本融得一些资金，有的公司上市则成了"一锤子买卖"。

中国加入 WTO 后对产业和企业的挑战，从根本上说，是产业和企业竞争力的问题。国际竞争力的一个最重要的基础软件就是有效的公司治理。

那些具有国际竞争力大公司发展的模式就是融资—发展—再融资—再发展。国际资本市场看好中国市场，也看好中国的企业。相较于优惠政策，国际投资者更看重的是市场环境的优劣，是政府政策的稳定性和透明度，是所投资的公司能否有一种科学、可信赖的体制安排来保证所有者权益。如果一个公司的治理结构极其特殊，特殊到别人无法认同的时候，这个企业就等于自绝于资本市场和新的投资者，公司的前景也会就此终了。

世行报告给我们的启示是，中国要加快公司治理觉醒的过程，使维护股东权益，包括小股东必须受到公正待遇，成为社会普遍共识和主导倾向，为社会资金、基金甚至国际资本顺利地、源源不断地流向生产发展开辟通道。这是中国经济持续、稳定增长最重要的基础之一。

针对目前中国公司治理的问题，世行报告提出了多项建议。包括加强市场力量和监管能力，建立可信的失败威胁；改进股权结构，培育机构投资者；加强银行和债权人在公司治理中的作用；改进政府所有权代理体制，减低代理成本；增加公司透明度，使董事会对股东更负责任；赋予股东权利，有效保护少数股东利益；加强职工在公司治理中的作用；培育经理人市场和诚信的社会中介机构等。

公司治理涉及如此宽泛的领域，说明公司是市场中诸多相关者利害关系的交会点。因此，改善公司治理不是靠企业自身努力就能做到的，需要以政府为主导，投资者、监管者、社会中介和经理人持续的共同努力，逐步建立公司治理文化。

我相信本报告的出版会令中国政府、投资者、银行、公司、中介机构等各有关方面提高对公司治理的认识，明了改善公司治理的紧迫性大有裨益；并从中获得改善公司治理的一些启示。这是世界银行对中国企业改革的一大贡献。

在中共中央党校"国有重要骨干企业领导干部进修班"上的专题报告[*]

(2002年7月8日)

加入WTO对与传统体制关联最为密切的国有企业是巨大的挑战。兑现加入WTO承诺与中国改革的目标有高度的一致性,从这个意义上说,加入WTO将有力地促进国有企业改革。在这一背景下,2002年7月,中央党校举办了"国有重要骨干企业领导干部进修班"。

在加入WTO后,与传统体制关联最为密切的国有企业遇到了巨大的挑战。到目前为止,国有及国有控股企业占用工业总资产约50%、工业贷款约70%,而创造的工业产值不足40%。国有企业的效率影响着国民经济运行质量;处于垄断地位、提供公共产品的国有企业竞争力影响着国家竞争力。进一步深化国有企业改革已具有十足的紧迫性。

目前,简政放权、减税让利等政策性调整所能释放的能量已经用尽,企业改革必须寻找新的动力。兑现加入WTO的承诺与中国改革的目标有高度的一致性,从这个意义上说,加入WTO将有力地促进国有企业改革。目前,进一步改革必须触及传统体制的深层次问题。例如,国有产权管理,政企关系,高管人员任免,经营者激励,企业与职工关系和企业政策性负担等。而解决这类问题的资源往往并不在企业之内。因此,若想不触动传统体制、利益格局,离开政府改革,单纯就国有企业进行改革已很难取得实质性进展。正如江泽民同志所说,国企改革进入了"攻坚阶段"。其特点是必须把体制转轨、政府改革和国企改革作为一个整体,配套推进。

---

[*] 2002年7月8日,本文作者以"深化国有企业改革的几个问题"为题,在进修班上所做的专题报告。

在中共中央党校"国有重要骨干企业领导干部进修班"上的专题报告

一 加入 WTO 与国家发展战略

经过15年坚持不懈的努力,去年12月11日中国加入了世界贸易组织。从根本上说,这是中国应对经济全球化机遇和挑战的重大决策。就挑战而言,目前最为直接和突出的是对国家发展战略和政府管理体制的挑战。

1. 中国是经济全球化进程中的获益者

过去20多年间,中国实行对外开放政策,经济从封闭走向开放,并逐步扩大开放的广度和深度,成为经济全球化进程的主动参与者。世界银行认为中国是经济全球化进程中少数几个最大的赢家之一。中国的国际贸易规模在过去22年里扩大了约22倍,世界排名从开放之初的第32位上升到目前的第7位,年均利用外商直接投资从80年代初的不到20亿美元,上升到现在的400亿美元左右,从1993年以来一直是仅次于美国的世界第二大外商投资流入国,如今累计吸引外国直接投资已超过4000亿美元。中国经济的国际化程度大大提高,2001年中国对外贸易依存度为44%。中国通过积极参与国际分工和合作,吸收外国投资与扩大国际贸易,有力地促进了国内产业结构升级,许多产业融入了国际分工,创造了大量新的就业机会,提高了国民经济运行效率,增强了综合国力。

在获得现实经济利益的同时,以开放促改革的局面逐渐形成。在改革开放之初,为了克服经济体制与国际规则不接轨的历史现实,在经济特区、开发区等局部地区率先实行与国际接轨的体制和政策。这种局部突破的策略显示了极强的经济活力,不仅有效地促进了吸引外资的力度,迅速扩大了国际贸易,经济增长强劲,更重要的是使全国人民看到了市场的力量和改革的前景,为全国的改革开放起到了示范作用,成为全国人民向往和效仿的榜样,形成了近20年推动中国改革和经济增长的一个原动力。

2. 经济全球化使国家经济利益的含义发生了变化

经济全球化的本质是经济资源跨国流动的阻力不断降低,使以全球为版图配置经济资源成为可能。例如,物流、信息流的成本迅速降低。现在世界商品运输成本只占其价值的2%;1930年纽约打电话到伦敦每3分钟要330美元,现在要1美元,预计2010年只要3美分。资金、人才、技术等经济资源的大规模跨国流动，几乎使各国经济都被卷入史无前例的大规模国际分工之中（到现在，跨国投资已超过3.5万亿美元）。一方面，通过国际贸易快速增长，使国际分工的量迅速增长（1980年以来，世界贸易年均增长5.6%，约超过世界年均GDP 2个百分点）。另一方面，国际分工的模式也出现了重要变化。以往各国从其比较优势出发，用具有比较优势产业的商品，交换比较劣势产业的商品，是国家间的分工。随着国际交往成本的降低，国际分工进一步表现为产业内的分工，即一个产业的上下游产品分布于不同国家或地区生产，使一个最终产品已难以准确认定它是哪国的产品。随着经济全球化的日益加深，国际分工进一步深化，跨国公司自身将产业链的不同环节分别布局在不同的国家，把越来越多国家的某些生产经济环节纳入该跨国公司的全球生产与服务网络之中。

国际分工格局的演进对各国经济发展正产生极其深刻的影响。只有在这一国际分工格局中争取到有利地位，才能在经济全球化中获益。

在较少跨国投资的情况下，一国经济发展可利用的就是本国资源，本土的企业就是"民族企业"，民族企业的发展壮大、国内市场不受国外企业侵蚀，就体现了本国经济利益；为维护国家经济利益，主要依靠设置各种贸易和投资壁垒，保护国内市场不受外来竞争者侵蚀。跨国公司大量出现后，它们不仅在全球采购、加工与销售，而且进行全球投资、全球融资。随着所有权的国际化，跨国公司的国籍特征有所淡化。尽管在关系经济命脉和国家安全的领域，保持国家经济独立性是完全必要的，同时投资输出国与输入国之间也存在利益冲突，但跨国公司进入一国投资，越来越深地融入东道国的整体经济之中，成为东道国的"公民"。在那些竞争性产业，来自国际的投资对东道国的经济增长、就业、税收而言，和"民族企业"几乎并无两样。这就使国家经济利益的含义发生了重要变化。此时，一个日益明显的基本事实是，一个国家的经济利益不再仅仅体现为基于本国资本投资的传统"民族企业"，还体现为有境外资本参与其中、存在于"本土"的合资和独资企业。要获得这些好处，就必须由壁垒转向开放。

改革开放后，受巨大市场的吸引，在贸易壁垒仍较严重的情况下，外商为进入中国宁愿接受各种特殊限制，以投资替代贸易。那时，这种做法对某些产品几乎是唯一的选择，以此绕过关税和非关税壁垒的障碍，就地生产、就地销售。汽车就是典型的事例。"入世"后，贸易和投资壁垒进一步减弱，此时外商进入中国市场可以根据比较效益原则，有两种选择，即投资或贸易。如果投资环境良好，诸多跨国公司有可能利用中国的有利条件，将中国作为其全球生产布局的一部分，"中国生产、全球销售"，进而使中国发展成为全球制造业基地。如果投资环境不理想或比相似的国家差，则外商可以贸易替代投资，在周边国家设厂生产，使产品以贸易方式进入中国。显然，外资的不同选择对我国经济利益的影响差异很大。

3. 经济全球化背景下的国家发展战略

面对巨额经济资源的跨国流动，国家经济利益的含义拓宽了，维护经济利益的方式改变了。哪个国家能培育和发挥自己的比较优势，并能吸引更多的国际经济资源，就会在国际分工中占据主动地位，就能更多地分享经济全球化的利益。从这个意义上说，经济全球化不仅使企业的竞争全球化，而且也把各个国家推上了同一舞台，开展竞争。国家之间的竞争，一个重要方面就是获取国际经济资源的较量。此时，国家竞争力的高低不仅表现在本国的自然禀赋的优劣、现实经济实力的高低，同样重要的是也代表了吸引国际资本、人才、技术的能力和水平。

中国为什么要加入WTO？有人认为主要目的无非就是想扩大净出口，并以此拉动中国经济增长。我认为这种理解是肤浅和片面的。诚然，中国加入WTO后要争取的一个结果是，具有竞争优势的产品特别是劳动密集型产品的出口随之增加。但是，对于正处在体制转型和改革开放攻坚阶段的中国经济而言，一些阻碍经济长期增长的深层次矛盾是不会因为出口增加就能彻底解决的，否则，人民币贬值可能比加入WTO要来得更简单和直接。

从根本上说，加入WTO是中国为了更好地分享经济全球化带来的好处，主动做出的重大战略选择，目的是进一步推动市场化改革，通过更深层次的对外开放来解决中国经济长期存在的体制性问题和结构性矛盾，提高经济运行整体效率。这表明在经济全球化的历史潮流下，中国在国际分工体系中的国家发展战略进行了重大调整。以往那种主要靠贸易与投资壁垒等保护性手段来为国内企业创造生存空间的做法已经过去。在更加开放和更具进取性的全球化发展战略下，中国加入WTO的政策目标，是进一步由贸易和投资壁垒转向开放市场、引入竞争、参与国际分工，在充分利用本国资源的同时，争取更多地利用国际资源；加入WTO的战略意图，是通过更深层次的对外开放来推进解决中国经济长期存在的体制性和结构性矛盾，进一步获得体制转轨和结构升级带来的经济增长动力，从而在开放和改革中提高国家竞争力。这一政策目标和战略意图集中地体现在三个方面。

一是营造更加良好的国际经济环境，为更多更好地利用国际经济资源，加快中国的改革和发展创造有利的外部条件。

二是积极参与国际经贸规则的制定，并利用国际贸易争端解决机制来维护国家正当利益。

三是通过借鉴国际经验和通行做法，促进政府职能转变和社会主义市场经济体制的建设，提高经济运行的总体效率。

今后，为实现加入WTO的战略意图，我们必须在深化改革和结构调整两个方面取得实质性进展。

4. 关于中国加入WTO后的应对战略

在WTO带来的机遇与挑战面前，任何盲目乐观和消极应付都会带来严重的后果。但"入世"后政策重点应当明确无误地转向推进实现战略意图。尽管面对短期出现的问题必须引起我们高度关注，并及时采取趋利避害的有力措施，但原则上讲"入世"后面临的许许多多问题只有在争取实现战略意图过程中才能找到可持续的出路。看到"入世"后的短期困难就放弃战略考虑，转而想恢复传统的政府干预或强化产业保护的做法是不可取的。因为如果我们不能实现战略意图，即使"自我保护"做得再好，只不过是保留了现状，即落后的体制和结构。而这绝不是我们所期望的结果。

WTO原则总体上与我国改革方向具有一致性。兑现承诺遇到的困难大多是中国改革绕不过去的问题，实行WTO原则将为中国改革和调整注入动力。因此，加入WTO后我们更应采取一种"进取性战略"。相对被动的"防御性应对战略"而言，"进取性战略"的政策目标明确指向实现战略意图，强调在加入WTO的更加开放的条件下，加快国内的调整和改革，创造有效率的市场环境，提供更加充裕的公共产品和服务，培育和发挥比较优势，吸引更多的国际经济资源，提高国家的综合竞争能力。

实施"进取性战略"，首先是各级政府要努力推进自身的改革。在体

在中共中央党校"国有重要骨干企业领导干部进修班"上的专题报告

制转轨过程中,政府始终处于特殊而关键的位置。必须进一步放弃传统的计划思维模式,政府发挥作用的基本点要从对资源配置的直接干预,转向使市场起作用,通过市场力量提高本国资源配置效率;通过创造良好市场环境吸引国际经济资源。如果我们不能在这方面不断取得进展,那么我们不仅不能更多地吸引国际经济资源,而且本国的资源也会外流。从这个意义上说,中国"入世"首先也是最难的环节就是"政府入世"。加入WTO意味着中国政府正通过引入外部规则与制度来规范和约束自身的职能范围和行为方式。

实施"进取性战略"的落脚点是产业和企业的国际竞争力。如果说加入WTO对中国产业而言是有利有弊的话,那么可以肯定的是,那些政府保护程度低、市场竞争充分和具有竞争优势的产业将从"入世"中受益;而那些政府保护程度高、竞争不充分或处于竞争弱势的产业将会受到强烈冲击。从总体上看,中国有自己的比较优势,但比较优势毕竟不等于竞争优势。能否转化为现实的竞争优势,还取决于中国产业和企业在开放和竞争中改革与调整的有效性。中国产业和企业为提高国际竞争力还有很长的路要走。第一,必须要塑造"合格的市场主体",即脱离了政府干预的、产权清晰的、独立的法人实体。而市场主体的成长壮大不应该是政府选择的产物,应该是市场竞争的结果。第二,必须为所有市场主体创造公平的市场竞争环境,特别要为民营资本提供平等的竞争平台和市场机会,让优势企业在竞争中脱颖而出。第三,必须要加紧结构调整,让经济资源能通过市场不断地向具有或潜在具有竞争优势的产业聚集。

5. 要正确理解和利用好"过渡期"

对于"过渡期"的理解问题,是涉及过渡期政策的指导思想问题。把过渡期理解成"保护期"和"应对"对外承诺的做法,都过于消极了。"过渡期"应当是在兑现"入世"承诺的过程中加速体制转轨和政府改革的缓冲期,是在减缓外部冲击的同时,不断加强自身竞争力的过程。中国在分享加入WTO带来的利益的同时,必然要承担一定的风险。这些风险应当也只能在充分利用WTO提供的机遇过程中逐步化解。从这个意义上讲,过渡期不是保护期,而是国家和产业竞争力的培育期。在这期间,如果我们不能在制度创新和结构调整上有所突破,我们就不能更多地分享经济全球化的利益。

因此,今后3~5年的过渡期是至关重要的。在这段时间,中国政府和产业界有很多工作要做。

一是加快政府改革,政府职能转向创造和维护一个有效率的市场;健全宏观调控体系,创造良好的宏观经济环境;改善基础设施,组织和提供充分的公共产品和服务,维护公平有序的市场竞争秩序。

二是加快企业制度建设,提高公司治理的有效性,培育富有活力的市场竞争主体。

三是推进全球化背景下的产业调整和企业重组,培育和发挥比较优势。一方面要根除那些限制生产要素存量流动与重组的制度性障碍,打破地方和部门保护主义;另一方面还要为各类投资主体提供公平的市场准入机会,通过资产流动不断优化产业和企业结构。鼓励企业积极参与国际产业分工;政府要不断完善投资环境以吸引更多的跨国直接投资;在促进产业升级的同时,主动地有选择地接受发达国家产业转移,努力把中国建成世界制造业基地。

四是理解和利用加入WTO的有利条件,提高国际化经营水平。政府要鼓励中国优势企业实施"走出去"战略,在国际市场上寻找发展空间和机遇,通过对外投资与合作,带动相关产品出口、短缺产品进口,扩大利用国际资源的能力。

二 调整国有企业与政府的关系,消化和解决旧体制遗留问题

应对加入世界贸易组织的挑战,概括地说,政府方面就是创造和维护市场环境的问题;企业方面就是提高国际竞争力问题。但在体制转轨没有到位的今天,问题远比这复杂得多。

世界贸易组织的协议和规则主要是约束政府非市场化行为、推动政府为各类企业创造公平、公正、透明的市场环境。很明显,加入WTO后,政府关心和支持国有企业的政策立足点必须调整,要由在企业外部直接干预,转向创造基本条件,使国有企业成为独立的、具有和其他竞争对手平等地位的市场主体。就是说,政府对国有企业继续给予特殊优惠,必将受到

在中共中央党校"国有重要骨干企业领导干部进修班"上的专题报告

WTO规则的约束，但国家所有权到位又不越位则是必须的。旧体制遗留的社会负担使国有企业处境艰难，政府有责任和企业一道妥善解决。企业的独立性和平等地位是国有企业走向市场所必需的，但离开政府靠企业自身又无法做到的。

国有企业三年改革脱困中，在解决旧体制遗留问题方面取得了积极进展，出现了一些新机制的萌芽，主要包括这几点：

（1）构建企业退出市场的机制和退出通道；

（2）构建国有职工流动机制，建立社会保障体制和劳动力市场；

（3）改变企业"办社会"的状况，使国有企业职工由"企业人"转变为"社会人"；

（4）国有企业由依赖政府注资，转而走向资本市场。

这些新机制尽管还处于萌芽状态，但十分可贵。资本结构不断优化、企业结构动态重组、劳动力结构适时调整是适应市场竞争、保持国有经济活力的需要；经济增长有周期，行业发展有兴衰，企业经营有成败。因此，企业的竞争力就在于持续动态调整和配置生产要素。劳动力结构的刚性化，是制约国有企业活力最重要的因素之一。三年脱困期间，将企业重组、企业退出、职工下岗分流作为特殊重大问题，由政府主持、以个案方式逐个处理的，这种方式是不能持久的。

要使这些新机制的萌芽成为无需政府干预、可以通过市场自动运行的机制还远不成熟，在三年成就的基础上必须以政府为主，企业积极配合，创造配套条件，完善法规，强化中介力量，大力推进新机制的建立。从某种意义上说，新机制的建立将从根本上改变国有企业的状况，这比政府给国有企业任何优惠政策都更为重要，也是离开政府仅靠企业自身努力所做不到的。

我们越来越清楚地看到，由政府与企业一道解决企业冗员、企业"办社会"等弊端，是消化旧体制遗留问题，是国有企业取得平等地位的当务之急。因此，在要建立的新机制中，如何妥善解决国有企业职工养老、医疗、失业等社会保障问题，使他们的社会依托由依赖企业转向社会，从而使国有职工成为社会人；建立职工通过劳动力市场的可流动机制，这是使国有企业具有和其他竞争对手平等地位必须解决的关键性问题，也是国有企业结构优化、转换经营机制、提高竞争力遇到的最困难的一个问题。解决这个问题的职责、能力和资源并不在于企业，而在于政府。因此，在加入WTO后，政府为关心国有企业、创造良好市场环境必须对此做出最大的努力。

社会保障制度不健全给企业改革和发展带来了一系列问题：

（1）职工实际享受的不是"社会保障"，是"企业保障"，职工离不开企业，企业辞不掉职工，企业和职工的结合不能自主选择；

（2）企业承担大量的社会职能，持续负担着额外的、数额不小、难以计量的政策性成本，无力与其他企业平等竞争；

（3）企业目标的多重性削弱了经营者的利润动机，财务约束软化，对企业业绩难以准确考核；

（4）劳动力结构的刚性化也使资本流动重组和企业市场退出变得难上加难。

企业一旦进入低效运行，不仅不能通过劳动力数量的增减迅速得到喘息的机会，而且很难通过资产重组和结构调整改变状况，使企业在低效或亏损的陷阱中越陷越深，矛盾和问题不断积累。即使这个企业完全丧失竞争力，也不能通过破产退出市场。此时，政府为保留企业职工的就业岗位和"社会依托"，通过财政或国有银行不断地向谁都知道没有希望的企业输血。这一做法不能改变国有部门的低效率，却维持了占总数30%~50%的国有企业长期亏损的局面。而为此支付的社会成本是经济资源配置的低效率、银行坏账的迅速增长和财政隐性负债的不断积累。

我们必须努力创造条件，使企业可以按生产经营需要决定用人数量和结构，提高市场应变能力；员工可以按自己的专长和意愿选择岗位，最大限度地发挥人力资源的效率。人员的可流动性涉及一系列体制建设，必须在已有基础上加紧进行。

（1）完善社会保障体制建设，职工养老、医疗和失业保障实行社会化管理；

（2）将企业"办社会"机构陆续从企业转出，或独立，或交政府统筹调整和管理；

（3）实行职工福利货币化，推进住房制度改革；

（4）健全劳动力市场，发展就业中介服务，提供再就业培训。

三 建立符合市场经济的国有资产管理体制

江泽民同志在党的十五大报告中进一步提出了"建立有效的国有资产管理、监督和运营机制"的任务，这是使国有企业成为独立的市场主体的必要条件。面对改革的深化，解决这一历史性任务的条件逐渐成熟，也有十分的现实紧迫性。抓住时机推进这项改革，将对国有企业和经济发展全局发挥重要作用。

1. 国有资产管理体制改革是影响改革全局的一个关键

市场机制发挥作用的基础是有千万个各自独立的市场主体，它们是独立的产权主体、决策主体、利益主体。它们在市场中独立运作，不断优化配置资源。在传统国有资产管理体制下，企业国有资产国家统一所有，国家是国有资产唯一的主体：唯一的决策主体、唯一的利益主体，因此市场机制不能发挥作用。

在党的十四大确定建立社会主义市场经济体制的改革目标之后，摆在我们党面前必须回答的一个严肃问题是：公有制、国有经济与市场体制能否结合、如何结合？如果找不到可结合的途径，那么我们将面临严峻的选择。要么为坚持公有制、国有经济，退回到计划体制；要么坚持运用市场机制，就得实行私有化。

因此，能否通过一套国有资产管理体制安排，既保持企业国有资本最终国家所有，又构造千万个独立的市场主体，就成了国有经济与市场体制能否相容的关键，是既坚持公有制、国有经济，又发挥市场机制作用的核心，是社会主义市场经济能否确立的一个大问题。

十四届三中全会提出了一个新的思路：通过改革国有资产管理方式和企业制度创新，寻求公有制与市场体制结合的有效途径。并确认"以公有制为主体的现代企业制度是社会主义市场经济体制的基础"。

现代企业制度与传统企业制度的一个基本区别是所有权与经营权分离。正是利用这种两权分离的特性使我们既可以把原国有企业的资本保持最终的国家所有，又能构造千万个独立的市场主体，从而实现公有制、国有经济与市场经济的有效结合。但是在两权分离情况下,所有者可能要承担因经营者失职、能力不足或谋求私利等原因造成的资产损失。要降低委托代理成本,必须进行两方面的制度建设。

一方面,通过一系列制度安排保障所有者的监督权和最终控制权,设置恰当的激励机制和监督机制,使经理人员的行为目标与所有者利益一致。这就是建立有效的公司法人治理结构。

另一方面,更为重要的是要设计一套国家所有权的委托代理关系,提高委托代理的有效性,降低委托代理成本,这就是有效的国有资产管理、监督、运营体制。

公司法人治理问题,在党的十五届四中全会后引起了企业和社会的关注,但公司治理的有效性取决于股东行为,也就是只有在股东为维护自己权益而积极参与的情况下,公司治理才能以股东利益为取向发挥作用。从这个意义上讲,在体制转轨阶段国有资本委托代理的有效性更具有本质意义。现在出现的很多问题恰恰是国有资本委托代理机制不健全的表现。

当前,建立和完善符合市场经济的国有资产管理、监督、运营体制已具有十足的紧迫性:

(1) 国有经济有进有退的战略性调整已陆续展开;

(2) 国有企业战略性重组使国有部门之间、国有部门与非国有部门之间的产权交易规模越来越大;

(3) 大规模债权转股权正在进行;

(4) 国有企业公司制改制陆续展开,多种所有制产权大规模交叉的局面已经形成;

(5) 部分丧失竞争力的企业等待退出市场;

(6) 越来越多的企业股票上市,国有股流动已经提上日程。

上述企业结构调整、制度创新的底层都涉及产权的变动和所有权行使,此时如果国有资产管理体制不顺、产权责任不清、所有者缺位,要么资产流失在所难免,要么坐失发展的机遇。

2. 关于未来国有资产管理体制框架

党的十五届四中全会明确了"国家所有,分级管理,授权经营,分工监督"的国有资产管理体制框架。按照这一国有资产管理体制改革思路，改革方案应主要解决四个问题。

（1）落实国有资产经营责任。形成对每一部分国有资本可追溯产权责任的体制和机制。

（2）所有者权能到位。所有者（代表）进入企业，并在企业内行使所有者权能。

（3）政府的社会管理职能部门与监管国有资本经营职能的机构分开。

（4）实现所有权与经营权分离，确立公司法人财产制度和所有者有限责任制度。

符合市场经济的经营性国有资产管理的体制框架应分为三个层次。

第一个是政府层次。核心问题是将行使公共职能的政府部门与行使国家所有权的部门分开，使各自有明确的行政目标和准确的功能定位。行使公共管理职能的政府部门面对全社会各个经济主体，公平地对待各种所有制企业，创造公平有效的市场环境。设立专司国有所有权行使机构（可以有不同的名称，如新加坡财政部设立的"董事咨询和任命委员会"），以下称政府股权行使机构，作为市场中多元投资主体的一方，代表国家所有者在国有企业或国有控股公司中行使出资人的权能。股权行使机构对同级政府负责并报告工作。

第二个层次是国家控股公司和"授权经营的机构"（《中华人民共和国公司法》称"授权投资的机构"）。要解决的核心问题是两个层面的所有权与经营权分离。政府股权行使机构直接持股的部门分为两类：一类是国家控股公司，另一类是"授权经营的机构"。这是政府股权行使机构将国有资本分别注入按《中华人民共和国公司法》（本文以下简称《公司法》）组建的专司国有资本经营的控股公司。国家控股公司和授权经营机构均应建立公司法人治理结构。股权行使机构和国家控股公司、授权投资机构实行所有权与经营权分离。国家控股公司和授权经营机构对持股企业依《公司法》行使股东权和承担股东义务，实行另一层面的所有权与经营权分离。政府股权行使机构不越权对实体公司企业行使权利。

第三个层次是公司制企业。国有企业按《公司法》进行公司制转制。原国有资本转为授权经营机构的国有法人股份。如果授权经营机构占有控股地位，改制后的公司仍有国有制性质，但从财产权上隔断了与政府的直接联系。

通过这一系列制度安排，可以实现政府公共管理职能与行使国家股东权力职能的分立，使行使国家股东权力的机构与持股的公司实现所有权与经营权的分离。这样，既落实了国有产权责任，建立起可追溯国有产权责任的体制和机制，又可以实现政企分开、所有权与经营权分开，使带有国家投资和拥有股份的公司成为独立的法人实体和市场竞争主体。

四　改善公司治理是现代企业制度建设的核心

法人治理结构的本质就是妥善处理由于所有权和经营权分离而产生的信托代理关系。也就是说，所有者投资设立了经营机构，但是所有者并不直接参与经营，把投资的财产信托给董事会来替他经营；董事会对法人事项做出决策，但是他不直接管理，而是聘请职业经理替他实现公司的目标。经过这一系列的委托代理关系，如何保障所有者的权益？这就必须有一个科学的体制设计做保障，这套制度安排就是公司法人治理结构。

公司法人治理结构是一个有国家法律保障的、制度严谨的分权制衡体制。它所形成的一套有效的委托代理关系，可以保障投资者的最终控制权，可以维系公司各个利害相关者之间的平衡，使所有权和经营权的分离成为可能。可以说，法人治理结构是企业制度创新的一个核心问题。

随着市场化程度的提高，以营利为目的的投资，由政府安排逐渐转向由市场配置。国家通过政策调控资本市场和信贷市场，机构投资者和个人投资者主要是通过资本市场选择项目，选择业主，自主投资，自担风险，这种方式正逐步成为商业性投资的主渠道。机构和个人投资者无意对投资的企业发号施令、直接干预，它们通过资本市场和公司建立联系，要求公司建立规范的法人治理结构来保持自己对公司的最终控制权。也就是说，政府投资者往往希望直接干预或通过审批体现政府意志，而资本市场上的投资者，他们希望通过一套有法律保障的信托代理关系，聘请经营管理专家来管理公司，在所有权和经营权分离的情况下来实现自己合法权益最大化。资本市场上的投资者，不得不承受由于经营失误而造成的损失，但他们绝不接受由于法人治理结构扭曲或暗箱操作而带来的风险。

现在的情况是,有发展前景的企业需要不断充实资本金,实现迅速发展,而那些机构投资者和个人投资者则四处寻找良好的投资项目。这两者能否有效结合,一是看资本市场是否健康有序,二是看公司法人治理结构是否规范有效。可以说,一个富有前景的企业,有效的公司治理、对股东的诚信是取得投资者信赖的基石,是企业竞争力的基本要素。

中国正处于经济快速增长阶段和工业化的过程。只有源源不断地将社会资金转化为生产发展的资本才能保持经济稳定增长,而公司治理在这一转化中处于核心地位、起着关键作用。从这个意义上说,公司治理的有效性关系经济发展全局,公司治理的水平决定经济增长。

目前,国有企业改制为公司的数量已经不少,但距建立有效的公司治理我们还有很长的路要走。可以说,目前公司治理是微观经济领域最重要的制度建设。建立有效公司治理的重要意义在于以下四个方面。

(1) 公司治理的有效性关系国企改革的成败。良好的公司治理可以保障投资者权益。这是所有权与经营权可以分离的制度基础。如果因公司治理的缺陷,投资者的权益得不到保证,机构投资者、外资和个人投资者将会"用脚投票",远离公司。而政府股东由于退出的障碍,就会处于两难的地步。如果不加干预,坐看国有资产流失,有失责任;如果以强化行政干预的方式来维护所有权,那就退回到所有权与经营权不分、政企不分的原点,招致改革失败。

(2) 公司治理水平影响经济增长。有投资能力的机构和个人并不一定就是创办企业的好手。只有源源不断地将机构和个人资金通过资本市场流入企业,转化为生产发展资金才能保持经济增长,而公司治理在这一转化中处于核心地位、起着关键作用。从这个意义上说,公司治理的有效性关系经济发展全局,公司治理水平影响经济增长。

(3) 公司治理是企业竞争力最重要的基础软件。世界上办得成功的大公司几乎都经历了同一个过程:发展—融资—再发展—再融资。能沿着这条道路走下去的基本条件就是取得投资者的信赖。现在的情况是,有发展前景的企业需要不断充实资本金,获得发展的机会;而那些机构投资和个人投资者则四处寻找良好的投资项目和可信赖的业主。这两者能否有效结合,一是看资本市场是否健康有序,二是看公司法人治理是否规范有效。可以说,一个富有前景的企业,有效的公司治理、对股东的诚信是取得投资者信赖的基石,是走向资本市场的通行证,是企业竞争力的基本要素。据麦肯锡企业顾问公司2000年的调查,对同等赢利水平的公司,投资者愿为治理机制良好的公司股票多支付20%以上的溢价;在亚洲金融危机后,投资者在评估亚洲投资潜力时,认为董事会行为质量比财务问题更重要或同等重要的占75%。

由于存在体制和结构性的缺陷,在利益驱动下国有企业改制为公司后,人为地扭曲公司治理的动机和力量始终存在。这主要表现在以下几点。

(1)国有股权委托代理体制尚未建立,模糊的股权管理体制、责权不清的产权代理关系,使国家投资和拥有股份的公司没有集中统一的"国有老板"。失去了所有权的激励和约束,内部人往往会产生偏离所有者权益的行为。

(2)在一股独大的情况下,"存续公司"里控股股东与上市公司高层人员交叉任职,由此造成两个后果:一是董事会有失独立性,二是公司目标变得模糊。

(3)政府主要承担社会职能,在它直接充当所有者时,往往利用行政权力把控制的公司当作行使社会职能的工具,使上市公司丧失了商业利益的独立性,小股东的权益无法保证。

(4)政府在企业外的直接干预,包括超越《公司法》对人事安排的干预,很容易打乱公司治理机制,使公司权利机构、决策机构、执行机构之间的分权—制衡体制遭到破坏。

(5)在资本市场上国有股、法人股不流通,没有公司控制权转移的威胁,经营者只要能讨好大股东,就敢于更大胆违规运作,致使人为地扭曲公司治理的力量始终存在。

在中国,从改革方向上很多人都承认必须实行所有权与经营权分离,但有些人却不太相信公司治理的作用,缺乏推进建立有效公司治理的热情。这里有认识和理解方面的原因,也受体制性局限和利益驱动的影响,有的人更相信所有者在企业外的强力干预,有的则企图从扭曲的公司治理中获得短期非法的好处。这就造成一些国有企业改制为公司甚至已经上市,公司治理被扭曲的现象仍然存在。

在中共中央党校"国有重要骨干企业领导干部进修班"上的专题报告

从政府人员到投资者，到公司董事、经理，要从根本上认识公司治理是现代市场经济"必不可少的制度安排"，加快"公司治理觉醒"的过程。这是当前中国微观经济体制建设中的一个最重要的课题。

当前，我们不妨以最通俗的方式理解公司治理：公司治理是所有权与经营权分离情况下保障股东权益最好的制度安排；只有好的公司治理才能保障公司和股东、包括国家股东的利益；良好的公司治理会减少投资者风险、增加股东回报、提高公司的市场价值；良好的公司治理会降低融资成本，是有前景的企业持续壮大的基础条件；公司治理是社会资金流向公司的阀门，公司治理的水平影响公司的发展；扭曲公司治理的受害者是股东：首先受害的是小股东，最大的受害者是大股东。

因此，我提出以下几点建议。

1. 改善公司治理结构的目标是保护股东的权利

随着中国企业进入资本市场步伐的加快，改善公司治理结构已经成为十分紧迫的问题。一些上市公司由于法人治理结构的缺陷已经损害了股东权益，伤害了投资者的积极性。公司法人治理结构的规范，不仅是中国投资者所关心的问题，实际上是一个世界性的问题。经济全球化的进程，使资本在全球大规模流动。跨国投资者并不直接干预投资的企业，他们关注的是所投资的公司能否有一种科学、可信赖的体制安排来保证所有者权益。因此，在1997年经济合作与发展组织（OECD）部长级会议上，针对这一趋势研究并提出要制定公司法人治理指导原则，希望各个国家向统一的指导原则逐步靠拢。经过一年多的努力，1999年5月《OECD公司治理原则》正式通过。这个治理原则有五个要点：

一是公司治理结构应该保护股东利益；

二是公司治理结构框架应该保护所有股东，包括小股东和非国有股东，使之得到平等待遇；

三是公司治理结构框架应该能够协调公司利害相关者之间的合法权益；

四是公司治理结构框架应该保障及时准确地披露公司的任何重大问题，增加透明度；

五是公司治理结构框架应该确保董事会对公司的战略指导和对管理人员的有效监督，并确保董事会对股东负责。

这些基本的原则概括了世界优秀企业公司治理的共同特点，它的核心就是法人治理结构必须保护公司和股东的利益，特别是小股东的利益。尽管有效的公司治理结构在各个国家、各个公司没有绝对统一的模式，但是这些基本原则却得到了投资者和利益相关者的广泛认同，具有普遍的适用性。

这些指导原则与我国《公司法》高度一致。在国有企业陆续进入资本市场的情况下，经过OECD的提炼，使我们对改善我国企业法人治理结构的目标和要点更加清晰，即公司和股东价值最大化。

2. 改善公司治理的重要途径是改善股权结构

既然公司治理的目标是维护股东权益，改善公司治理的动力应该来自股东，如果股东没有为维护自己的权利积极参与公司治理的热情，那么内部人往往更乐于为维持自己的控制权而保持现状。

目前，在国有资产管理监督运营体制还不健全的情况下，对国有企业改制过来的公司而言，国有股东如何真正到位又不越位，这是改善公司治理的关键。国有股东是特殊股东，因为政府所追求的不只是个别企业的利润，政府更关注的是社会目标，因此，政府机构很难成为以追求经济效益为目标的合格股东。实践经验证明，国有企业改制为国有独资公司对企业经营机制转换意义不大。而且近几年，大家也越来越发现，国有股一股独大也有很多的弊端。

（1）难以做到政企分开，政府往往把改制后的企业仍当作行使政府职能的工具，直接干预和指挥，小股东权益被侵犯；

（2）经营者往往以政府主管的好恶为准，看国家大股东脸色行事，其他股东的监督失效，企业不能把目标集中于经济效益，创造良好业绩；

（3）国有股东管理众多控股企业，鞭长莫及，其他股东又较少有发言权，所有者权能难以到位，为内部人控制提供了条件；

（4）不利于放大国有资本的功能，扩大国有资本的辐射作用，发挥国有经济对其他所有制经济的引导、带动作用；

（5）在国家不再新增资本投资的情况下，有良好前景的企业其发展将受到制约。

因此,四中全会《决定》① 提出,"除极少数必须由国家垄断经营的企业外,要积极发展多元投资主体的公司",促进混合所有制经济发展。这是中央确定的国有企业改制的一项重要指导原则。

3. 改善公司治理,培育公司治理文化需要政府人员、投资者、经营者、中介机构、新闻媒体的共识和共同努力

由于公司治理涉及如此宽泛的领域,所以改善公司治理仅靠企业自身或个别股东的努力难以奏效。要以政府为主导,采取包括加强市场力量和监管能力,建立公司控制权转移机制;改进股权结构,培育机构投资者;加强银行和债权人在公司治理中的作用;改进政府所有权代理体制;增强公司透明度,保障股东的知情权;保证董事会对经理的监督,使董事会对股东更负责任;赋予少数股东权力,有效保护小股东利益;加强职工在公司治理中的作用;培育经理人市场和诚信的社会中介机构等综合措施,才能取得效果。

中国要加快公司治理觉醒的过程,使维护股东权益,包括小股东必须受到公正待遇,已经成为社会普遍共识和主导倾向;为社会资金、基金甚至国际资本顺利地、源源不断地流向生产发展开辟通道。这是中国企业壮大成熟、中国经济持续稳定增长最重要的基础之一。

---

① 即1999年9月中共十五届四中全会审议并通过的《中共中央关于国有企业改革和发展若干重大问题的决定》。——编者注

在"社会信用建设与中国诚信发展座谈会"上的讲话*

(2002年9月18日)

2002年9月18日,"社会信用建设与中国诚信发展专家座谈会"在北京亮马河大厦召开。陈清泰、董辅礽、高尚全、赵海宽、白大华、保育钧、冯并、凌则提等有关部委领导同志和全国政协委员出席。

在20多年的经济快速增长中,我们注重了硬件基础设施的建设,但是对于信用这个软件基础设施的建设,没有引起足够的重视。现在我们正在饱尝它的苦果。中国人历来以诚信为本,并非天生不讲信用。当前的许多现象,是伴随经济体制转轨出现的信用体制转轨中产生的问题。在政企不分的情况下,企业与企业、企业与银行、企业与职工之间的关系都直接或间接体现为与政府的关系,并不独立的企业实际上并不是信用主体,也就没有信用可言。一般讲,信用是产权主体追求长远利益的行为准则,在确立企业独立地位、私人产权不可侵犯的情况下,企业和个人才能成为信用主体。

很多人包括有些政府人员片面地理解"发展是硬道理"这句话,以为搞假冒伪劣、走私贩私也是所谓的发展,这是绝对错误的,因为这种发展是不能持久的。实践证明,一个地区如果失去了信用基础,将会给其经济社会发展带来灾难性的后果。尽管个别地方、个别企业可能由于制假贩假、逃废债务、合同违约、侵犯知识产权、偷税漏税、行贿受贿、虚假披露等给自己带来一时好处,但整个国家、地区和企业要为失信行为付出巨大的代价。正是基于这种情况,在加入WTO的背景下,政府特别关注如何强化

---

* 本文是作者在座谈会上以"信用体制面临转轨"为题讲话的摘要。

在"社会信用建设与中国诚信发展座谈会"上的讲话

诚信的问题,这个问题已经成为全社会关注的一个重点问题。

在经济体制转轨的同时,我国信用体制也面临着转轨。在传统体制下,信用资源由政府独家掌握,政府是唯一的信用主体,加上政企不分,企业之间、企业和银行之间,甚至企业和职工之间的关系,直接或间接都体现为与政府的关系,企业、银行等并不是独立的主体,自身没有什么"信用"可言。随着市场化程度的提高,利益主体多元化了,资信的主体正在发生变化,政府、企业和个人正在成为独立的主体,每一个独立的主体都要有自己的信用。这是一个重大的转变,要经历一个痛苦的过程,在这个过程中需要政府、企业、社会中介共同做出持续的努力。

如何进一步培育中国的信用体系?

第一,要转变政府职能,改革政府的行政方式。信用的基础是一种长期预期,而长期的预期产生在政府的行政方式中。如果不时地出现政出多门、政策多变,行政审批带有随意性,甚至有法不依、司法不公的现象,就会使市场主体面对众多不确定因素和不透明、不可预见的环境。当市场主体无法判断未来可能发生什么事情的时候,将使其预期短期化和行为短期化,这就必然使信用减弱。中国社会信用体系的建设,很重要的就是政府要创造一个良好的市场环境,给市场主体一个长期的预期,使它们能够在一个透明的、可预见的环境下生存、发展,从事经济活动,这是建立社会信用体制的制度保障。

第二,强化产权保护。把多种所有制经济共同发展作为长期政策,关键的一点是完善对产权的法律保护。在市场经济活动中,明晰、稳定的产权是追求长远利益的动力,而只有追求长远利益的主体才会讲信用;只有产权明晰,所有者到位,企业才会为追求长远利益而恪守信用、为维护自己权益而去惩罚欺骗行为。正常条件下,为降低交易成本,产权主体愿意通过信用中介参与交易。由此看出,信用是一种资源。诚信是产权主体维护自己权益的一种正常行为。而我们周围发生的很多问题,大多和产权不清晰或产权主体不到位,以及由此而产生的非正常行为相关。

第三,加强相关法制建设。信用、信誉,既是法律的概念,又是道德的范畴。道德是非常重要的,如果完全没有道德,即便法律制定得再详尽,社会信用体系也无法建立。但是如果没有相应的法律规范,使守信者得到保护，使失信者付出高昂代价，那么道德沦丧必然蔓延。当前，要进一步完善有关信用、信誉方面的法制建设，特别在信用的信息征集、评估、披露、使用，以及由此而涉及的企业秘密、知识产权、个人隐私等方面，必须要有明确的法律规定才能建立起可靠的信用体系。

第四，发挥中介机构信息传递的作用。制假贩假、坑蒙拐骗之所以能成功，主要根源就是信息的不对称。交易双方及时、准确的信息传递是社会中介组织可以发挥作用的基础。信用中介最宝贵的财富是自身的信誉，一些信用中介参与失信行为引起了全社会的不满。信用中介发挥作用的前提条件是它的独立性、公正性和由此而取得的社会认同。

国有股减持所引起的思考[*]

（2002 年 9 月 23 日）

2001 年 6 月 12 日，国务院发布《减持国有股筹集社会保障资金管理暂行办法》。2002 年 6 月 24 日，国务院决定，除企业海外发行上市外，对国内上市公司停止执行《减持国有股筹集社会保障资金管理暂行办法》中关于利用证券市场减持国有股的规定。基于市场的强烈反应和市场的总体形势，国务院这一政策出台又停止执行。这件事情似乎已经过去了。但全社会围绕中国证券市场有序发展而展开的大讨论却意义深远。在 2001 年 6 月至 2002 年 6 月的一年间，作者参加并主持了四次座谈会。在仔细倾听与会者的讨论、辩论中受到了启发。

2001 年 6 月国务院发布了关于国有股减持的办法，市场随即做出了强烈反映。与这一时期证券监管加强、打击大股东违规操纵力度加大和基金黑幕、坐庄黑幕陆续被揭露的影响交织在一起，股市急剧下挫。一时间民众对国有股减持议论纷纷。

针对这种形势，受国务院委托，2001 年 9 月 11 日、9 月 21 日和 10 月 23 日，国务院发展研究中心联合证监会邀请政府有关部门和专家、学者、券商等先后三次召开座谈会，就国有股减持补充社会保障基金的理论、政策、操作程序和改进方案进行讨论，请有关部门直接听取意见和建议。

在此基础上，2001 年 11 月 13 日证监会在互联网上向公众公开征询国有股减持的意见和改进方案。股民、投资机构和券商以高度的热情发表意见，提出建议。在短短一个月内收到建议和修改方案 4100 多份。在请专业机构对众多修改方案进行梳理之后，于 2002 年 1 月 21 日我们又召开了第

---

[*] 本文是作者在 2001～2002 年间四次座谈会过程中思考的一些问题，成稿于 2002 年 9 月 23 日。

四次座谈会。

每次座谈会都做到了畅所欲言,对问题的讨论一次比一次深入,从第一次会上的抱怨、抨击、争论,逐步转向理智、研讨和提出对策建议。通过各方面多次深入沟通,对政府部门了解实情、进行政策和理论思考起了重要的参考作用。

我参加并主持了这几次座谈会。在仔细倾听与会者的讨论、辩论中我受到了启发。尽管考虑到市场的总体形势,国务院于2002年6月决定停止实行国有股减持办法,但在这一政策出台又停止的始末,全社会围绕中国证券市场有序发展而展开的大讨论却意义深远。

在这一过程中,我思考了一些问题。

一 证券市场的健康发展对企业和国家经济增长有特殊重要的意义

改革开放后国民收入分配格局发生了变化,实行"拨改贷"后财政资金逐渐减少直至取消了向竞争性企业的注资。到20世纪末,一方面,企业过分依赖信贷资金的弊端日益显现,有前景企业的发展迫切需要引入新的投资者,充实资本金;另一方面,居民和机构闲置的资金要寻找投资的机会,保险产业迅速积累的资金需要寻求增值的出路。此时,社会资金能否顺利而有序地转化为有诚信、有前景企业的资本金就成为关系企业发展和国家经济增长至关重要的因素。在资金转化为资本的过程中,尽管政府应鼓励有关机构提供更多品种的投资工具,但其中处于关键地位、起核心作用的就是证券市场。从这个意义上说,健康有序的证券市场是企业迅速、大规模聚集资金实现快速发展的支柱,是国家经济稳定增长的重要基础,它直接影响社会稳定和国家经济发展的全局。

二 上市公司股票分为流通股与非流通股已产生诸多弊端

由于历史原因,证券市场保护投资者的能力被弱化,优化资本资源配置的许多功能无法发挥。

（1）公司价值被扭曲。在市场条件下，价格在流动中产生。如果占有很大比例的国有股、法人股法定地不能在证券市场上流通，那么以可流动部分的价格作依据就不能真实反映公司的价值。中国股市上持续过高的市盈率，显然对公司的价值是高估了，而这一高估是以占半数以上的股票不能在股市流通为条件的。股市上每一个公司的股票都有两种价格，即流通股市场交易价和非流通股协议交易价。差距很大的两种价格使人们无法判定公司的真实价值。这一现象在这次国有股减持风波中充分显现。双重价格使投资者无所适从，扭曲的价格会误导投资，这是中国证券市场上很多矛盾和问题的重要根源。

（2）限制了证券市场配置资本和实现企业购并重组功能。证券市场的主要作用就是为以投资回报为目标的资金流动提供一个平台，通过在这个平台上的流动，动态地优化配置资金资源。资金的流量和流向对企业会产生激励和约束，也会促进企业的购并重组。现在的中国股市，大部分股票不能流通，使得状况良好的公司不能通过证券市场上的购并实现扩张；处于不良状况的上市公司也难以通过证券市场上的重组改变处境。这就增加了投资者的风险。

（3）鼓励了投机，弱化了投资。进入证券市场的投资者以股市上的价格进行交易，同时他们并不认为这一价格能反映公司价值。他们深知有不可流通股大股东坐庄，自己对投资的公司并无实际控制力。这就强化了以短期获利为目标的投机动机。另外，过高的股票价格与公司价值背离，战略投资者望而却步。而投机者可以不顾公司股票中的不流通部分，只要能炒动一个公司可流通的那一块就可以得到好处。这种投机心理甚至驱使一些上市公司背弃招股说明书的承诺，将从股票市场融得的资金很大部分又通过各种渠道回流到股市去炒作、坐庄。

（4）难以建立有效的公司治理。大比例的股票不能在股市流通，使得通过证券市场改变股权结构，直至导致控制权转移的功能不能发挥作用。失去了控制权转移的威胁，也就弱化了证券市场对公司高管人员的监督效能。公司实际控制权掌握在不可流通的法人股东手中，股票的双重价格和他手中股票的不可流通性，使控股股东总有一种通过扭曲公司治理而获得好处的动力。由于一股独大的法人股东可以稳居控股地位，他们就更敢于通过与上市公司交叉任职、对高管人员的直接控制，或联手操作、关联交易等方式转移利益。公司治理被扭曲，小股东的权益得不到保障。

（5）国有经济通过证券市场进行有进有退调整目标无法实现。国有企业的股权上市时不能转让，使得企业上市都采取"扩股"的方式，再加上上市后国有股存量还不能在证券市场上流通，结果就是国有经济在原有结构下的平面式的扩展，"只进不退"。国有股权不能流通使优化国有资本布局、调整国有经济结构的任务不能在股市上进行。

三　国有股减持具有重大意义

党的十五届四中全会提出"适当减持部分国有股，所得资金由国家用于国有企业改革和发展"。国有股减持政策的提出是国有企业改革中的一项重大突破，具有重要的现实意义。

首先，有利于国有经济的战略性调整。国有资本是特殊的稀缺资源，应该发挥民营投资不可替代的作用。1997年党的十五大江泽民同志的报告中就明确提出，要"逐步消除所有制结构不合理对生产力的羁绊""继续调整和完善所有制结构"。十五届四中全会又提出国有经济要进行"有进有退""有所为有所不为"的调整。国企以增资扩股的方式上市，由于国有部分仍占控股地位，实际上是进一步扩大了国有及国有控股的部分，是"只进不退"，并未实现"有进有退"，不能起到改善所有制结构、调整国有经济布局和改组国有企业的作用。国有股减持是国有经济战略性调整的必要手段。

其次，减持国有股获得的资金用于补充社保基金具有重大意义。在国有企业必须独立走向市场、投身竞争、优胜劣汰的时候，遇到的最棘手的问题就是"死债活人"。死债就是资产质量不高情况下的高负债。"活人"就是企业中存在大量生老病死依附于国有企业的冗员。如果说在传统体制下基于国有企业以政府为靠山"有生无死"，职工依托国有企业还有可能的话，那么在企业成为市场优胜劣汰对象的时候，职工依托于一个并不稳定存在的主体，其心理的恐慌是可想而知的，由此带来的社会不稳定就难以避免。出路在于建立和完善社会保障体制，使国有职工由"企业保障"转变为"社会保障",由"企业人"转变为"社会人"。面对众多的退休职工和中老年职工,最大的问题是他们应有的社会保障资金在哪里?

改革开放以来,国企的所有者权益连年以两位数高增长,与此同时国有职工的社保欠账却不断积累。实际上国家所有者权益迅速增长的一个来源就是本应作为职工养老、医疗、失业等社保基金的投入。如果这一投入有良好的效益,那么问题还不会如此突出。当职工要转变身份,向国企"结账"时发现,企业并没有为他们积累社保基金,本应作为基金的资金或被滥用,或被投入低效项目无法回收,使国企职工的社保欠账成为国家的一个沉重负担,引起全社会的关注。

部分国有股通过股票市场变现补充社保基金,这是解决社保基金缺口可行的、最重要的途径。实际上,国有企业资产存量中,有一部分就是员工社保基金形成的。今天的"国有股减持"不过是恢复其本来面目,在政策和理论上不应该存在障碍。

不少股民担心,中国如此庞大的社保缺口一旦都由股市变现补充必然形成纷纷抛售的局面,后果不堪设想。这一理解实有偏颇。偿还社保欠账首先是个账目调整问题,即相当比例的国有产权应当划归社保基金持有,但绝不是立即全部变现。相反,社保基金作为机构投资者承担着通过股权运作实现增值的责任。社保基金的现金有时需要补充,但大都来自股票市场上的分红。

由此可以看出,通过减持国有股补充社保基金有两个好处:第一,这是解决历史欠账唯一的出路,将为社会稳定筑起一道安全网;第二,这是中国机构投资者的一个重要生长点,是改变国有股一股独大、改善股权结构的重大措施。

四 国有股减持和命题转换

前后历时一年的大讨论,最终归结的问题已经不是初始的命题。国家从解决社保基金年度缺口出发,提出了国有股减持变现的办法,随着问题讨论的深入,越来越多人关注的重点却转向了中国股市非流通股转为全流通这一关系全局的重大问题。

一个基本的考虑就是要使中国股票市场健康发展，真正发挥应有的作用，无论从理论到实践都证明将股票分为可流通和不可流通是不行的。实行全流通这是中国证券市场建设必须解决的最重要的问题之一。问题解决得越晚，积累的问题越多，越难解决，为此支付的成本越高。面对历史形成的现实，我们必须选择时机，下决心闯过"全流通"这一关。减持这一问题提出后，连同其他因素的影响股市市值在一年中缩水 1/3。如果全社会付出如此巨大的代价只解决 10% 国有股存量变现不变现，老问题继续存在，新上市的问题继续积累，那么这绝不是政策选择的上策。

另外，在股票市场上同股同权原本是天经地义的，流通股与非流通股之分确实是极度不合理的。更重要的是这种"双轨制"严重扭曲了资本市场、大大削弱了资本市场应有的功能，而这恰恰是现阶段经济发展最需要的。

国有股减持所引发的讨论不是学者专家在象牙塔内的作秀，而是千万个机构和个人投资者、政府人员、社会中介机构之间涉及利益关系的极为认真和热烈的大辩论。从部分国有股减持筹集社保基金为起点，逐步转向提出并讨论非流通股全流通的问题，这就使讨论进入了一个正确的命题，这是十分可贵的。与会人员尽管在如何实现全流通的技术层面有不少分歧，但对中国股市必须择机闯过全流通这一关却有较高的共识，而且大家判断机构投资者和股民也有所准备。这种以事实为前提的方案之争，可以说是未来实施股票全流通的一次大演习。

五 必须寻求多方共赢的方案

非流通转流通，流通盘子加大，必将招致股价下跌。许多股民都把非流通股看作"圈在笼子里的老虎""披着羊皮的狼""悬在头上的剑"。实行全流通将砍断流通股高价位的支柱，必然涉及众多相关主体利益格局的变化，必须十分慎重地对待，政策选择的目标应当设定为"多方共赢"。其中有这样几个问题必须考虑：

（1）国有股与法人股公平对待，一次性实现非流通股全流通；

（2）国有股转为社保基金的部分应该在恢复流通性之前划转，记入个人账户，进行投资组合管理；

（3）在定价等重要问题上兼顾各方利益，但更要关注二级市场中小股东的利益；

（4）以市场化方式定价，但要兼顾各方利益，如果全流通的市场价低于原二级市场价，流通股应得到必要的补偿；市场价过低，国有股和法人股股东可以自设底价不予出让；

（5）转为全流通的股票应设定锁定期，并制定回流方案，陆续在股市上释放；

（6）改革的全过程应坚持市场化原则、透明公平原则、保护中小股东利益原则，鉴定全流通过程是否成功的标志是：近期平稳过渡，长期稳步发展；

（7）转为全流通的办法、政策、原则、程序必须十分明确，但具体方案可以有多种形式，为公司和投资者根据实际情况发挥创造性留有空间；

（8）这是涉及千万股东参与、利害攸关的根治中国股市"体制病"的重大改革，因此决策过程、办法规则、实施方案都必须高度透明，吸引投资者参与，接受利害相关者监督。

六　实行全流通中的政府角色

就国有股减持而言，政府是出让股权的一方，但政府又要主持制定非流通股转为全流通的政策和价格，这是引起投资机构和股民非议的一个重要原因。在这过程中政府再次遇到了既当裁判员又当运动员的尴尬。

从原则上讲，国有资本是特殊的资本资源，政府是特殊的股东。国有资本和国有股东追求的不仅是资产的增值和回报，更不是与民争利，政府更重要的使命是支撑国民经济把总量做得最大。政府作为公共管理者可以通过增加的税收和就业这一特殊"资本回收渠道"获得效益。

国有股和法人股基本都是国有成分，因此全流通就成了政府股东与中小股东之间的交易。但政府与中小投资者的权利、实力悬殊；而且双方信息高度不对称，因此在实行全流通过程中明确政府的角色定位就非常重要。

重要的问题是将作为公共管理者的政府与作为行使国家所有权的部门必须严格区分开来，使各自有明确的职能定位，以体现公平公正。

（1）政府应对非流通股转为全流通中的重要原则做出决定；

（2）证券监督部门组织制定市场可以接受的办法、规则，公之于众，其中包括有关信息披露的规则、转流通股的锁定期、价格确定方式、监督程序等；

（3）财政部门代表国家所有者对国有股权进入流通涉及的各种问题做安排。

七　为实现全流通创造配套条件

实现全流通需要一系列配套条件，配套条件不具备的情况下勉强推进会造成严重后果。

（1）建立政企分开、权责明确的国有资产管理体制。尽管可以将一部分国有股权划入社保基金，但仍有很大一部分为国家持有。国有股权应在流动中不断优化结构，实行有进有退的调整，增加国有经济的活力。但谁是国有产权结构调整的主体？按什么原则、以何种机制和程序进行决策？谁有权决定国有股权的卖出、买进和流向、数量？变现的资金谁有权收回和派上用场？谁进行监督？必须从体制和制度上都加以明确。股票在股市内的买进卖出都可以视为"有进有退"调整的范畴，如果运作得好，对公司、股东和股市都会带来好处。但是，如果全流通后获得流通权的股东，特别是大股东一个劲地无序地抛售，变成一场套现离场的运动，那就会带来灾难性后果。因此，在无人负责或多头管理下国有股权是不能进入"全流通"的。必须按政企分开、权责明确的原则重建国有资产管理体制，使每一部分国有股权都有一个机构统一行使股东权利，并对国家承担责任。

（2）股市资金的总体平衡。股市资金会有流出，但必须有资金流入，基本平衡。随着流动盘子的加大，必须积极培育机构投资者。例如有步骤地开放设立基金，社保基金准许入市，要研究以何种方式允许外资进入，以及金融机构混业经营等问题。

（3）证券监管能力和防范风险。要为全流通制定详尽的办法、规则和纪律并监督执行，要根据市场承受能力控制全流通的进程。

（4）社保基金入市应有序运作。应做出规定，除社保基金当期支付需要补充的现金流外，在一定时期内基金接受的股份只能在证券市场内运作，对离市部分要做出限定。这对股票市场的资金平衡和稳定信心十分必要。

（5）新发行股票实行全流通。新股发行从方案制定、公告、路演、定价都以全流通为前提，包括对发起股东所持股票入市流通可以设定锁定期等都必须清晰地向社会公告，给投资者以明确的预期。

在公共管理高级培训班结业典礼上的讲话[*]

（2002 年 9 月 29 日）

经中组部和教育部批准，由国务院发展研究中心、清华大学公共管理学院和美国哈佛大学肯尼迪政府学院三方合作，从 2002 年起每年举办一期公共管理高级培训班。培训班的学员来自中央部门的司局级和省、自治区、直辖市的地厅级领导干部，也有部分省部级领导干部参加。首期公共管理高级培训班学员共有 51 人。培训班分在北京和美国两个阶段的学习。2002 年 5 月 12 日，培训班在清华大学开班；2002 年 9 月 29 日，培训班完成在美国阶段的学习后回国。

首先，我代表国务院发展研究中心欢迎公共管理高级培训班全体学员从美国学成归来，并祝贺本期培训班获得圆满成功！

在中央组织部、教育部、外交部和国家外国专家局等部门的关心支持下，在主办三方国务院发展研究中心、哈佛大学肯尼迪政府学院和清华大学公共管理学院的共同努力下，公共管理高级培训班经过北京和美国两个阶段的学习，已经顺利完成全部学习任务，完全达到了预期目的。

面对经济全球化和加入世贸组织带来的机遇与挑战，培养各类领导人才，提高我国政府管理人员的公共管理水平，是在日益激烈的国际竞争中把握主动的基本条件，是提高国家竞争力的关键环节。回顾这次培训过程，的确有一些特点。

（1）国内多部门合作。培训班由国务院发展研究中心发起，联合了清华大学公共管理学院共同进行。中共中央组织部批准了项目计划并负责在全国范围内招生，培训全程指导，保证了项目的顺利实施。教育部、国家

---

[*] 本文是 2002 年作者在培训班结业典礼上的致辞。

外国专家局、外交部等部委也以多种方式参与了项目的设计和实施。培训一开始就是在高起点、高水平上运行。

（2）中外合作办学。哈佛大学肯尼迪政府学院作为合作伙伴具有雄厚的师资力量。参加两阶段教学的哈佛大学教授共有31人，专业背景广泛，国际经验丰富，形成了豪华的教学阵容。

（3）分段教学，渐进提高，效果较好。北京阶段的培训，使学员增加了公共管理基础知识，了解了国家的政策方向和改革与发展所面临的主要问题，熟悉了外方教学方法，英语水平也有所提高。美国阶段的培训，教学时间高度密集，教学内容十分丰富。他们说，没有国内学习做基础，就不会有全局眼光，出国学习也不会有的放矢，批判吸收；而如果没有出国学习，也就没有国际比较和对外国政府管理的体验。

（4）案例教学、系统讲授和讲座相结合的教学方法。本次培训，对基础知识和形势政策采取讲授和讲座形式，使学员在短时间内对问题全貌和中外教授研究的成果和要点有所了解。另一个重要特点是学员们学习了近60个案例、涉及几十个国家，涵盖了领导艺术、全球化影响、公共物品提供方式、外国投资、公共管理中的道德规范等多方面。在案例教学中，教员要求学员拓展思路，并强调没有设定的对或错的既定答案。学员们普遍反映这种参与式的案例教学方式对于他们开阔眼界和提高实际能力起到了重要的作用，而国内的各种培训还较少采用这种教学方式。

（5）理论观点与分析工具并重。本次培训使学员了解了西方国家在公共管理领域研究的最新成果，如各国政府在公共管理方面的改革，如何在公共服务方面提高效率，如何平衡公平与效率之间关系，中央与地方公共管理关系，政府与私人企业在提供公共产品方面的分工合作等问题。与此同时学员还学习了管理决策、公共财政、投资分析等课程，掌握了相关的分析工具和框架。学员们反映所学课程非常实用，与他们的实际工作联系紧密。

（6）实地考察与课堂学习结合。通过实地参观，学员对各级政府职能分工有所了解，增加了对美国政治与社会的理解。学员普遍反映内容丰富，接触的层次高，收获大。

在整个培训过程中，全体学员非常珍惜这次重要的学习机会，带着使命感、责任感投入学习，表现出强烈的求知欲望、热情的参与度、勤奋的学风、开放的心态。学员们善于结合中国情况和本人岗位思考问题并提出问题，给外国教授留下了深刻印象，一些教授表示，从中国学员的提问和讨论中，受到很多启发，丰富了授课特别是案例教学的内容。可以说，学员们的这些优秀表现展示了中国公务员的新形象。学员们普遍反映，参加这个培训班，机会难得，收获很大。主要有以下几个方面。

（1）增强了学员对公共管理改革必要性的认识。为了在全球化的竞争中争取有利的位置，各国政府都积极推进政府管理体制的改革，作为中国政府官员更应有紧迫感。

（2）中国的政府管理可以借鉴国际经验。虽然各国政治制度、文化历史背景不同，但是各国政府官员在处理这些问题时的思路、做法和经验教训可以借鉴。如经济增长问题、社会信用问题、人口老龄化问题、环境保护问题、贫困问题、就业问题、电子政务问题等。

（3）公共产品提供的方式可以是多种形式。中央政府要向地方政府下放权力，政府可以与企业界和非营利组织合作，在提供充裕的公共产品和良好服务的同时，节约开支、提高效率。

（4）公共政策的制定方式和执行方式有多种选择。如决策时需考虑"价值""能力"和"支持"等多因素，在执行决策时应考虑在说服与强制之间多种组合。

（5）公共政策的分析要全面考虑经济与社会等多方面因素，通过货币流向的分析可以较为准确地把握收益与受损各方情况。

中外合作举办公共管理高级培训班，组织成批量中国公务员到国外著名大学进行公共政策方面的系统学习，在我们的公务员培训工作中具有开创性。现在，首期培训班胜利结束，可以说，这是一次十分有意义的尝试，也是一次成功的尝试。这种中外合作的干部培训方式的成功，将有助于进一步拓展公务员培训新途径、提高公务员培训的效果。

中国正在更加广泛和深入地介入经济全球化进程。全球化背景下的竞争，不仅是企业的竞争，更是政府的竞争。中国加入世界贸易组织之后，政府的管理体制和行为方式面临的挑战最为直接和突出，提高政府的公共管理水平，是适应这种挑战的重大课题。中央决定加强全国干部的教育培训，就是加强国家竞争力的重要部署。我们希望，这次培训班在这个方面所做的探索将会对提高公共管理水平有所贡献。希望同志们返回工作岗位以后，能将培训班期间的点滴所学，转化为实际工作中的赫赫业绩；希望同志们积极传播学到的新理念、新思路、新方法，和更多的人分享你们的学习成果；希望同志们与国务院发展研究中心等主办单位加强联系，帮助我们更好地开展各方面工作。

现在，请允许我代表国务院发展研究中心，向支持指导这次培训班的中央组织部、教育部、外交部和国家外国专家局表示感谢！向合作举办这次培训班的哈佛大学肯尼迪政府学院和清华大学公共管理学院表示感谢！向为培训班提供美国阶段资助的安利公司表示感谢！向培训班的全体工作人员和所有为这个培训班做出贡献的朋友表示感谢！

伴随企业改革的是制度创新[*]

（2002年10月8日）

企业是社会经济的微观单元。从某种意义上说，国有企业改革是制度模式的变革，而国有企业的制度模式从属于经济体制。改革开放20多年，中国经济体制改革走过了三个阶段，国有企业的制度模式也经历了三次变革。

中国集团公司促进会集中很大力量收集整理了"国有企业改革政策演进大事记"，这是很有意义的一件事。

中国的改革是史无前例的。回顾20年国企改革政策演进的历程，不仅使我们清晰地看出为推进国有企业改革，党、政府和企业执着地探索、不断地实践、顽强地奋进的足迹，激发我们持续地努力，完成这一改革大业，而且也使我们看出国有企业改革的思路由模糊到清晰的艰难过程。

对过去理解的越深，对未来的推进越有把握。我想这就是编写"大事记"的意义所在。

企业是社会经济的微观基础，企业改革是经济体制改革的中心环节。但是，企业改革的取向、企业改革的进程又从属于经济体制改革的目标和经济体制改革的深度。

企业改革说到底是伴随经济体制变革而进行的企业制度创新的过程。

中国经济体制改革的重要内涵是经济资源配置机制的转变。即经济资源的配置方式是计划还是市场；经济资源配置的主体是政府还是市场参与者。从这个意义上说，改革开放20多年，中国经济体制改革大体经历了三个阶段，与各个阶段的改革目标相适应，国有企业的企业制度也在不断

---

[*] 本文是2002年11月作者为《国有企业改革政策演变》（中国集团公司促进会编，中国财政经济出版社2003年1月出版）所作的序言。

演进。

1978年党的十一届三中全会至1984年，城市经济仍是计划经济体制的延续期。此时：

经济运行方面，对国有企业而言，基本上维持着生产计划由国家统一下达；生产资料由国家统一调拨；产品由国家统一分配；价格由国家统一制定；财政由国家统收统支的刚性计划经济模式；

企业制度方面，基本上还保持着国有国营式的国有企业模式；

企业领导体制方面，党政机构任命企业领导人，有与党政干部对应的行政级别，实行党委领导下的厂长负责制；

企业与国家的关系方面，企业是国家计划的基础单位，为鼓励企业完成和超额完成计划，国家通过向企业简政放权增强企业活力，通过减税让利增强企业自我发展能力。

1984年党的十二届三中全会提出有计划商品经济的改革目标，以城市为重点的经济体制改革启动。此时：

经济运行方面，经济资源的分配是"计划经济为主，市场调节为辅"的计划与市场的双轨制；

企业制度方面，1988年颁布和实行《全民所有制工业企业法》（本文以下简称《企业法》），规定全民所有制企业是社会主义商品生产者和经营单位，所有权与经营权分离，相对于国有国营的国有企业这是重大突破；但在财产关系上，企业只拥有"国家授予其经营管理的财产"，却没有以资本金为基础的法人财产，企业还不能成为独立的法人实体；

企业领导体制方面，企业领导人由党政机构任命，有相应的行政级别，实行厂长（经理）负责制，党委保证监督；

企业与政府的关系方面，企业隶属于政府部门，优先的责任是完成国家指令性计划，1992年推行《全民所有制工业企业转换经营机制条例》，企业经营权在政府与企业间重新分配；经济关系上继续实行经营承包责任制，在完成国家计划之外企业有了经营自主权。

1992年党的十四大后进入了建立社会主义市场经济体制时期，此时：

经济运行方面，政府逐步转向宏观调控、社会管理、提供公共产品和服务，使"市场在资源配置中发挥基础性作用"；

企业制度方面,"以公有制为主体的现代企业制度是社会主义市场经济的基础",大中型企业实行以"产权清晰,权责明确,政企分开,管理科学"为特征的公司制度;

企业领导制度方面,建立股东会、董事会、经理人之间分权分责的制衡机制,形成有效的公司治理;

企业与政府的关系方面,实行政企分开,所有权与经营权分离,国家所有者退居到股东地位;企业拥有法人财产权,凭此独立承担经济与法律责任、"自负盈亏",是独立的市场主体;包括国家在内的投资者对企业债务承担有限责任。

中国要建立的社会主义市场经济体制,其中重要的内涵是在国民经济中保留一定的国有经济成分,同时充分发挥市场机制的作用。为此必须解决的一个难点问题就是公有制、国有企业与市场经济如何相容。20年来,国有企业改革的过程,某种意义上是探索企业制度创新的过程。实践证明,简政放权等政策性调整无法解决这一难题。《企业法》受经济体制改革不到位的局限,提出了企业成为商品生产者和经营者的问题,但没有确立企业资本金制度,因此未能解决政企不分、所有权与经营权不分、国家承担无限责任的状况,企业不能成为独立的市场主体。只有在确立社会主义市场经济改革目标之后,才能提出建立现代企业制度的问题。现代企业制度是公有制、国有企业与市场经济结合制度基础。就是说,通过有法律保障的企业制度变革,使企业拥有资本金和法人财产权,实现"产权清晰,权责明确,政企分开,管理科学"。做到所有权与经营权分离,重新确立政府、企业、市场之间的关系,既保持国有资本的最终国家所有,又使企业成为独立的法人实体和市场竞争主体,实现公有制、国有经济与市场经济的有效结合。

关于改革国有资产管理体制的汇报提纲*

(2002 年 11 月 19 日)

一 为"保留国有制成分,实行市场经济",必须解决四个方面问题

(1) 政府从拥有国有企业,转变为持有国有资本和控股重要企业,并使国有资本具有流动性。

(2) 国有资本在行业领域中的布局要做有进有退的调整。国有资本由覆盖各个行业领域,向涉及国家安全、关系国家经济命脉的领域集中,向非国有投资难以进入或不愿进入的领域集中。

(3) 建立明晰的国家所有权的委托代理体制,使政府的公共管理职能与国家所有权职能分开,并保证委托代理关系的有效性。

(4) 实行国家所有权与企业经营权分离,使包括拥有国有投资的企业成为独立的市场主体,自主经营、自负盈亏。

二 国有企业改革绕不过国有产权的委托代理体制的改革

回顾 20 年国有企业改革的历程,可以清晰地看出一条逻辑主线:

(1) 国有企业的改革始终围绕着政府、企业和市场三者之间的关系而展开;

(2) 政府和企业的关系又集中于政企能不能分开,如何分开?

(3) 政企分开的核心是所有权和经营权能不能分离,怎么分离?

---

* 本文是作者 2002 年 11 月 19 日起草的汇报提纲稿。

（4）两权分离的要害在于能不能建立有效的公司治理结构，在两权分离的情况下保障国家所有者权益；

（5）公司治理的有效性在于国家所有权委托代理的有效性。

三　当前，建立和完善国有资产管理、监督、运营体制已具有十分的紧迫性

（1）国有经济有进有退的战略性调整已陆续展开；

（2）国有企业战略性重组使国有部门之间、国有部门与非国有部门之间的产权交易规模越来越大；

（3）大规模债权转股权正在进行；

（4）国有企业公司制改制陆续展开，建立法人治理结构要求所有者到位；

（5）部分丧失竞争力的企业等待退出市场；

（6）越来越多的公司股票上市；

（7）国有股全流通已经提上日程；

（8）"入世"后，按WTO原则必须重新构造政府与国有企业的关系。

如上等等，企业结构调整、制度创新每个动作的底层都涉及产权变动和所有权的行使。此时，如果国有资产管理体制仍然不顺、产权责任仍然不清、所有者仍然缺位，其结果要么资产流失在所难免，要么坐失企业发展的机遇。

四　国有资产管理体制的改革应主要解决四个问题

（1）落实国有资产经营责任。形成对每一部分经营性国有资产均可追溯产权责任的体制和机制。

（2）政府的公共管理职能部门与监管国有资本经营职能的机构分开。

（3）所有者权能到位。所有者（代表）进入企业，并在企业内行使所有者权能。

（4）实现所有权与经营权分离。确立公司法人财产制度和所有者有限

责任制度。

五 实行两个层面的委托代理，两个分开

建立符合市场经济的国家所有权管理体制，就要建立相互关联的两个层面的产权委托代理，实行"两个分开"。

——政府把国有产权委托给国家所有权行使机构经营，政府公共管理职能与国家所有权职能分开；

——国家所有权行使机构对投资和拥有股份的公司依《中华人民共和国公司法》（本文以下简称《公司法》）行使股东权利，实行所有权与经营权分开。

其中，建立有效的国有产权的委托代理体制是深化国有企业改革的关键，建立有效的公司治理是企业制度建设的核心。

六 经营性国有资产管理的体制框架应分为三个层次

第一个是政府层次。核心问题是将行使公共职能的政府部门与行使国家所有权职能的部门分开，使各自有明确的行政目标和准确的功能定位。

行使公共管理职能的政府部门面对全社会各个经济主体，公平地对待各种所有制企业，创造公平有效的市场环境。设立专司国有股权行使机构（可以有不同的名称，如新加坡财政部设立的"董事咨询和任命委员会"），以下称股权行使机构，作为市场中多元投资主体的一方，代表国家所有者在国有企业或国有控股公司中行使出资人的权能。股权行使机构对同级政府负责并报告工作。

第二个层次是政府股权行使机构直接持股的国家控股公司和"授权经营的机构"（《公司法》称"授权投资的机构"），要解决的核心问题是两个层面的所有权与经营权分离。

股权行使机构直接持股的部门分为两类：一类是国家控股公司，另一类是"授权经营的机构"，这是政府股权行使机构将国有资本分别注入组建的专司国有资本经营的控股公司。国家控股公司和授权经营机构均应按

《公司法》注册，建立公司法人治理结构。

股权行使机构与国家控股公司、授权投资机构实行所有权与经营权分离。授权经营机构与持股企业实行另一层面的所有权与经营权分离，依《公司法》行使股东权和承担股东义务，政府股权行使机构不越权干预实体企业。

第三个层次是公司制企业。国有企业按《公司法》进行公司制转制。除国家控股公司外的原国有资本转为授权经营机构的国有法人股份，如果授权经营机构占有控股地位，改制后的公司仍有国有制性质，但从财产权上隔断了与政府的直接联系。

这一系列制度安排的目的是，实现政府公共管理职能与国有股权行使职能的分离，使国有股权行使机构与持股的公司实现所有权与经营权的分离。这样，既可落实国有产权责任，建立起可追溯国有产权责任的体制和机制，又可以实现政企分开，使带有国有制性质的公司成为独立的法人实体和市场竞争主体。但是，实现政企分开、所有权与经营权分开的基础条件，是公司治理结构的有效性和国有产权委托代理的有效性。

七　需要澄清和进一步研究的问题

1. 分级管理与分级所有

中央和地方政府有各自独立的财权。应当明确承认，哪一级财政投入的资本和所形成的所有者权益就属于哪一级政府的资产，一般情况下不能平调，这是"产权清晰"的原有之意。过去国营和地方国营的区分就反映了这一现实。

现阶段，名义上国家统一所有、实质上分级所有的这种模糊的产权制度，已经造成了许多弊端。明确经营性资产的分级所有，从某种意义上只是对现实已经存在的通过行政隶属关系体现的所有者控制权的一种承认，但有利于落实产权责任。如果要改"分级管理"为"分级所有"，则必须审慎处理历史过程中不断上收、下放的那些企业的产权归属。

2. 在建立新体制过程中解决老职工社保欠账问题

国有企业老职工由过去的"企业保障"转制为"社会保障"，必须向社保基金支付一笔费用。老职工应有的社保积累已由国家用作再投入，因此国有资产存量中有一部分是由国有职工社保基金形成的。在建立国有资产新体制时应将一部分国有产权划转为社保基金所有。这样做有两个好处，一是恢复了历史本来面目，有利于解决体制转轨时期国家对社保基金的欠账；二是社保基金始终存在支付压力，对持股企业有可能成为追求投资收益最大化的积极股东，有利于提高公司治理的有效性。

3. 不能因"所有制"与"所有权"概念混淆致使行使所有权的主体混乱

"所有制"是指生产资料占有的社会属性，而"所有权"则是所有权人（包括自然人和法人）依法对自己财产享有占有、使用、收益和处分的权利。前者是政治经济学的概念，如国有制、集体所有制、私有制等，后者则是所有权人的财产权利，是法律概念。两者不能混淆。《企业财务通则》规定，企业"资本金按照投资主体分为国家资本金、法人资本金"。就是说，从所有权角度来说可以有两类国有制企业，一类是拥有国家资本金的企业，一般政府是出资人；另一类是由国有独资或控股的企业法人投资建立的企业，它属国家所有制性质，但所有权人不是政府，而是公司法人。企业的每一份投资只能有唯一的出资人享受所有者权利，承担出资人责任，不能"一物二主"。因此，不能认为所有制性质属国有的企业，政府都要行使所有权，都可以直接干预。政府作为出资人的企业，政府可以通过股权行使机构直接行使所有者权利；国有法人投资和拥有股份的国有性质的企业，则应由国有法人行使所有者权利，政府不应也无权直接干预。这是设计未来国有资产管理体制必须建立的一个基本概念。

4. 国有出资人的权能必须由统一的机构集中行使

国家直接监管的企业由数个部门多头行使国家出资人权利的机制已经造成诸多弊端。由于信息不对称，为经营者利用部门之间矛盾实现内部人控制创造了条件。对于政府作为出资人的国有制企业，要由政府股权行使机构，统一行使国家出资人权能，包括管资产与管人相一致。国家所有者意志通过政府股权行使机构集中体现，政府股权行使机构权力到位，宜于责任到位，以此形成国有产权责任体制，提高国有资本委托代理的有效性。对于法人持股的国有制企业，依《公司法》由国有持股机构对持有股份的企业排他性地行使出资人权利，并承担相应责任，政府不再干预。做到

"产权清晰,权责明确"。

5. 政府股权行使机构应规制化地监管授权经营机构

授权经营机构是特殊法人,面对市场化的环境,政府股权行使机构不能再用"行政隶属关系"的方式行使出资人权利和监管授权经营机构,应通过一套科学的制度安排实现所有权与经营权分离。一般讲,为体现国家股东控制权,主要管好四件大事:

(1) 授权经营机构的设立和章程以及授权经营机构的变更、分立、注销;

(2) 任免董事长和董事(可包括内部董事和外部独立董事);

(3) 与授权经营机构签订年度(或几年)的业绩合同,在合同中集中体现国家所有者意志;

(4) 以业绩合同为准,由监事会主持进行年度审计、考核和评价。

公司章程和业绩合同是政府通过股权行使机构与授权经营机构间建立的受法律保护的、明确可预见的稳定关系。在章程和合同范围之内,授权经营机构独立运作,股权行使机构不再事事干预。超出章程和合同范围的重大事项公司要向股权行使机构报告,国家对授权经营机构有新的要求要通过修改合同或章程加以反映。在年度审计、考评中,如发现违反章程和合同的重大问题,应更换董事,而不是由政府替董事会对公司事务做出决定。

6. 对国家授权经营机构应分两类管理

按党的十五届四中全会《中共中央关于国有企业改革和发展若干重大问题的决定》精神,一类是国家必须控制的行业和领域,特别是提供公共产品、国家管制性领域的授权经营机构,它们的目标是以最低的成本、最好的质量满足社会的需要。政府给它们特许经营权,但必须控制其产品和服务的质量及价格。为此,政府公共管理部门要与它们签订明确、详细的合同,规定必须达到的成果和目标,并接受政府和公众的监督。其中部分提供公共产品的机构,由于受政府服务要求和价格控制等自身不可抗拒因素影响,预算无法平衡。此时,该缴的税费应该照缴,而必须由政府预算补贴部分则通过核算和谈判确定,做到"亲父子明算账"。在这里,政府公共管理部门与授权经营机构建立的是需方与供方的关系,并不因此打乱政府监管部门与授权经营机构的产权关系。还有一部分为竞争性行业的企业，政府不应再给它们设定非经济目标，国有资本完全按市场化原则运作，以权益最大化为目标，有进有退，与民营投资并无两样。在投资主体多元化的情况下，国有资本是稀缺资源，应向国家有需要而民间资本不准进入或不愿进入的领域集中，发挥民间投资不可替代的作用。

7. 企业党组织的定位和作用

进入市场的企业与传统国有企业的一个重要区别，在于围绕企业已经形成多元化利益主体，企业已成为多方利害相关者矛盾的焦点。不仅各股东之间有利益差异，而且经理、职工、债权人、社区、顾客都有不同的利益取向。发挥企业党组织作用的重点是保证、监督党和国家方针政策在本企业的贯彻执行，协调不同利益主体之间的关系，并将它们凝聚在一起实现企业目标，这是我们的一大优势。此时，企业党组织如果深陷于公司事务，在发生矛盾时，党组织则难以以公正的面目和立场协调各方；如果党组织负责人又是不同利益主体的一方，在发生矛盾时，他就很难给自己一个明确的定位，很难发挥影响全局的政治核心作用。在一定规模以上的企业设专职党组织负责人，超脱于各方，便于统领和协调全局、团结各方。如果党委成员分布于各方，而党委负责人保持独立性，可能对发挥企业党组织政治核心作用更为有利。

8. 强化对法人产权、私人产权的法律保护

经济主体市场活动的基础是产权，经济主体市场活动的动力和约束力也来自产权。只有对产权稳固的法律保护才能使各产权主体产生正常的市场行为。只要坚持社会主义市场经济体制，我们就必须承认多元产权主体的长期存在。我国经济体制转轨伴随的是产权体制改革的过程。总体上讲，我国体制转轨滞后于经济发展水平，产权体制改革滞后于体制转轨过程。一方面，我们已经承认国有产权、法人产权、私人产权、外商产权长期合法存在；另一方面，不仅在产业政策、市场准入等方面存在所有制歧视，而且在产权保护上存在缺陷，在产权保护的立法程度上也有差别。对不同产权实行不同的法律保护程度，会使部分产权主体有后顾之忧，这不仅表现在对私人产权保护程度不够，而且国有法人产权受政府随意干预，甚至无偿"划拨"的事也时有发生。政府的越权干预使行使国有法人财产权利

的主体不稳定、不确定；产权保护程度不到位的结果使产权主体缺乏安全感，行为短期化、过度投机和不讲信誉，甚至资产转移。失去明晰、高效、稳定的产权机制，会严重损害经济增长和市场秩序的基础。在人民民主专政的前提下给法人产权、私人产权和外商产权以国有产权同等程度的法律保护无伤国体，却对明晰国有产权责任和促进多种所有制经济发展产生重要影响。

9. 在法律规制下推进国有资产管理体制改革问题

"中央政府和地方政府分别代表国家履行出资人职责，享有所有者权益，权利、义务和责任相统一，管资产和管人、管事相结合"，这是国有产权委托代理的制度的重大突破，关系全局，影响重大，必须有明确的法律规范，稳健推进。如：

在已有基础上，结合中央规定和各地经验修改国有资产法，在条件具备时出台；

中央、地方履行出资人职责，享有所有者权益的财产边界必须明确界定；

中央、地方履行出资人职责的权利义务必须有法律界定；

对中央、地方履行出资人的资产收益、变现程序和变现收入必须做出规定。

中国"入世"战略与用好"过渡期"[*]

(2002年11月23日)

经过多年谈判，2001年12月中国正式加入世界贸易组织，成为该组织第143个成员。这对正在向社会主义市场经济体制转型的中国来说，是一个非常强大的推动力。2002年11月国务院发展研究中心与世界银行驻华代表处联合举办了中国入世研讨会。

一　中国加入WTO的战略意义

过去20多年间，中国实行对外开放政策，经济从封闭走向开放，并逐步扩大开放的广度和深度，很多生产经营环节进入国际分工体系，成为经济全球化进程的主动参与者，也分享了经济全球化的利益。

随着经济全球化的进展，经济资源跨国流动的阻力不断降低，使以全球为版图配置经济资源成为可能。资金、人才、技术等经济资源的大规模跨国流动，几乎使各国经济都被卷入史无前例的国际分工之中。国际分工格局的演进对各国经济发展正产生极其深刻的影响。

在较少跨国投资的情况下，一国经济发展可利用的就是本国资源，本土的企业就是"民族企业"，民族企业的发展壮大、国内市场不受国外企业侵蚀，就体现了国家经济利益。跨国公司大量出现后，为了实现全球生产，不仅在全球采购、加工与销售，而且进行全球投资、全球融资。随着所有权的国际化，跨国公司的国籍特征有所淡化。尽管在关系经济命脉和国家安全的领域，保持国家经济独立性是完全必要的，同时投资输出国与输入

---

[*] 本文是作者在中国入世研讨会上的主旨讲话。

国之间也存在利益冲突，但跨国公司进入一国投资，越来越深地融入东道国的整体经济之中，成为东道国的"公民"。在那些竞争性产业，来自国际的投资对东道国的经济增长、就业、税收而言，和"民族企业"几乎并无两样。这就使国家经济利益的含义发生了重要变化。全球化后，一个日益明显的基本事实是，一个国家的经济利益如税收、就业、经济增长等，不再仅仅体现为基于本国资本投资的传统"民族企业"，还体现为有境外资本参与其中、存在于本土的合资和独资企业。

面对巨额经济资源的跨国流动，国家经济利益的含义拓宽了，维护经济利益的方式改变了。哪个国家能培育和发挥自己的比较优势，并能吸引更多的国际经济资源，就会在国际分工中占据主动地位，就能更多地分享经济全球化的利益。此时，国家竞争力的高低不仅表现在本国的自然禀赋、现实经济实力，同样重要的是吸引国际资本、人才、技术的能力和水平；国家之间的竞争，表面看是获取国际经济资源的竞争，进一步看则是市场有效性的竞争。显然，在这一背景下，中国执着地争取加入WTO是有战略考虑的。我想我们的战略意图集中地体现在三个方面：

一是按照"入世"要求时间表营造良好的市场经济环境，一方面为了更多更好地吸引和利用国际经济资源，另一方面促进我国经济体制改革的进程；

二是有权参与国际经贸规则的制定，并利用国际贸易争端解决机制来维护国家正当利益；

三是通过借鉴国际经验和通行做法，促进政府职能转变和社会主义市场经济体制的建设，提高经济运行的总体效率。

这是进一步由贸易和投资壁垒转向开放市场、引入竞争、参与国际分工，在充分利用本国资源的同时，争取更多地利用国际资源。这一战略意图的深刻内涵，是通过更深层次的对外开放来推进解决中国经济长期存在的体制性和结构性矛盾，进一步获得体制转轨和结构升级带来的经济增长动力，从而在开放和改革中提高国家竞争力。

为实现加入WTO的战略意图，我们必须在深化改革和结构调整两个方面取得实质性进展。而经济资源按商业原则流动的性质，要求政府努力的重点是提供良好的公共产品和服务、建立和维护一个有效率的市场。

二 中国加入 WTO 后的应对战略

在 WTO 带来的机遇与挑战面前，任何盲目乐观和消极应对都会带来严重的后果。但"入世"后政策重点应当转向推进实现战略意图。尽管面对短期出现的问题必须引起我们高度关注，并及时采取趋利避害的有力措施，但原则上讲"入世"后面对的许许多多问题只有在争取实现战略意图过程中才能找到可持续的出路。看到"入世"后的短期困难就放弃战略考虑，转而想恢复传统的政府干预或强化产业保护的做法是不可取的。否则，即使"自我保护"做得再好，只不过是保留了一个现状，即落后的体制和结构，而这绝不是我们所期望的结果。

因此，我们应采取一种"进取性战略"。相对于被动的"防御性应对"而言，"进取性战略"强调的是加快国内调整和改革，创造有效率的市场环境，将国内需求不断增长的优势、劳动力等生产要素低成本的优势、有一定技术含量的以加工组装为重点的制造业优势、通过学习先进经验而具备的"后发优势"等转化为现实的竞争优势，从而在经济全球化进程中争取自身收益的最大化。

"进取性战略"首先要求中国各级政府通过自身的职能转换和调整改革，努力创造一个有效率的市场环境。虽然几经改革，脱胎于计划体制下政府管理的体制和机制仍无法适应现代市场经济的需要。政府对微观经济过多的干预和地方、部门的保护主义，不仅严重地阻碍了政府自身的改革，而且也限制了全国统一市场的形成，最终影响到中国市场化改革的进程和总体经济效率的提高。因此有人认为，中国"入世"首先也是最难的环节就是"政府入世"。以开放促改革是我们成功的经验。

中国加入 WTO，通过引入一整套外部规则、制度来规范和约束政府的职能范围和行为模式，将有力地促进政府改革。中国改革开放的实践表明，在相同的外部条件下，经济发展最快的地区一定是那些政府干预经济较少、服务较好而行为规范最透明的地区。

"进取性战略"的落脚点最终还是要归结到产业国际竞争力强弱这个问题上，如果说加入 WTO 对中国经济而言是有利有弊的话，那么可以肯定的是，那些政府保护程度低、市场竞争充分和具有比较优势的产业将从"入世"中受益，而那些政府保护程度高、竞争不充分或处于竞争弱势的产业将受到强烈冲击。长期来看，决定竞争优势的关键因素还在于中国能否充分发挥出比较优势。巨大而迅速成长的国内市场、生产要素的低成本、相对较好的基础设施、相对完整且有一定技术含量的制造业体系等，使得我们在国际分工链条中发展大规模、低成本、较高技术含量和附加价值的产业，占据了有利位置。但是，比较优势毕竟不等于竞争优势。能否将比较优势转化为现实的竞争优势，还取决于中国产业界在开放与竞争环境下改革与调整的有效性。

中国产业提高竞争力还有很长的路要走。首先，必须塑造出合格的市场主体，就是那些脱离了政府行政干预和保护的、产权清晰的独立法人实体。优势的企业不是政府选择和培育的产物，而是市场竞争的结果。其次，政府必须为所有市场主体创造一个公平的市场竞争环境，特别是为民营资本提供一个平等的竞争平台和市场机会，让优势企业在竞争中脱颖而出。最后，必须加紧结构调整，让经济资源不断而有序地向比较优势明显的、具有潜在竞争优势的产业聚集，并为竞争失败的企业退出市场开辟通道。

三 正确理解和用好"过渡期"

经过艰苦的谈判，世贸组织在一些重要领域为我们保留了期限不等的过渡期。对于"过渡期"的理解问题，实际上是过渡期政策的指导思想问题。从根本上讲，"过渡期"就是我们兑现"入世"要求的缓冲期。我们必须有效利用缓冲期，加速体制转轨和政府改革，就是利用减缓的时间增强适应国际竞争规则的能力。中国在分享加入WTO带来利益的同时，必然要承担一定的风险，而这些风险应当也只能在充分利用WTO提供的机遇中逐步化解。从这个意义上讲，过渡期不是保护期，而是产业竞争力的培育期。对中国而言，今后3~5年的过渡期是至关重要的。在这段时间里，中国政府和产业界还有很多工作要做。

一是转变政府职能，完善社会主义市场经济体制。政府在深化改革过程中，要不断健全宏观调控体系，完善市场经济法规，充实基础设施和公共产品服务，维护公平有序的市场竞争秩序。

二是加快经济结构调整和企业的重组改造，培育富有活力的竞争主体。一方面要根除那些限制生产要素存量流动与重组的制度性障碍，打破地方和部门保护主义；另一方面还要为各类投资主体提供公平的市场准入机会，让企业在激烈的竞争中提高自身竞争力。

三是充分发挥比较优势，积极参与国际产业分工与重组。政府要不断完善投资环境以吸引更多的跨国直接投资，主动有选择地接受发达国家产业转移，促进产业升级，把中国建成世界制造业基地。

四是充分利用加入 WTO 的有利条件，鼓励中国优势企业实施"走出去"战略，在国际市场上寻找发展空间和机遇；通过对外投资与合作，带动相关产品、生产设备和技术的出口，扩大利用国际资源的能力。

四　建立有效的公司治理

中国加入 WTO 后对产业和企业的挑战，从根本上说是产业和企业竞争力的问题。国际竞争力的一个最重要的基础软件就是有效的公司治理。

随着市场化程度的提高，以营利为目的的投资，由政府分配逐渐转向由市场配置。国家通过政策调控资本市场，机构投资者和个人投资者主要通过资本市场选择项目，选择业主，自担风险。这将成为商业性投资的主渠道。但机构和个人投资者、包括国际投资机构均无意对投资的企业发号施令或直接干预，它们希望通过资本市场和公司建立联系，希望通过规范有效的公司治理结构来保持自己对公司的最终控制权，在所有权和经营权分离的情况下实现权益最大化。因此，资本市场的投资者十分看重公司治理的有效性。一般而言，它们不得不承受由于经营失误而造成的损失，但它们绝不接受由于公司治理结构扭曲或暗箱操作而带来的风险。

现在的情况是，有发展前景的企业需要不断充实资本金，获得迅速发展，而那些机构投资者和个人投资者则四处寻找良好的投资项目。这两者能否有效结合，一是看资本市场是否健康有序，二是看公司法人治理结构是否规范有效。可以说，一个富有前景的企业，有效的公司治理、对股东的诚信是取得投资者信赖的基石，它会持续地获得资本市场的支持，是企业竞争力的基本要素。

中国正处于经济快速增长阶段和工业化的过程。只有源源不断地将社会资金转化为生产发展资金才能保持经济稳定增长,而公司治理在这一转化中处于核心地位,起着关键作用。从这个意义上说,公司治理的有效性关系经济发展全局,公司治理的水平决定经济增长。

世行在研讨会上发表报告的是一篇很好的报告。它抓住了中国微观经济的要害,就公司治理问题进行了广泛调查和深入研究。报告给我们的启示是,无论从经济持续增长、国际资本的利用,还是提高企业竞争力出发,中国必须加快公司治理觉醒的过程,使维护股东权益,包括小股东必须受到公正待遇,成为社会普遍共识和主导倾向,为社会资金、基金、国际资本顺利地、源源不断地流向生产发展开辟通道。这是中国经济持续、稳定增长最重要的基础之一。

针对目前中国公司治理的问题,世界银行的报告提出了多项建议。建议表明,公司治理涉及宽泛的领域,是市场中诸多相关者利害关系的交会点。因此,改善公司治理不是靠企业自身努力就能做到的,需要以政府为主导,投资者、监管者、社会中介和经理人持续地共同努力,逐步建立公司治理文化。

各位来宾,加入 WTO 是中国为适应经济全球化而做出的重大战略选择。要获得经济全球化的好处,就必须加速政府改革,实施进取性战略,改善市场环境,改善公司治理,重塑市场主体。我相信,本次研讨会一定会对中国的改革和发展产生积极影响。

谢谢大家。

国有资产管理体制改革的突破*

(2002 年 11 月 25 日)

党的十六大立足于已有基础,对国有资产管理体制改革有重大突破,把这项酝酿了十年的改革推进到了可实施阶段,成为十六大推进国有企业改革新的亮点。建立符合市场经济的国有资产管理体制是一项影响全局的重大改革,推进这项改革实行先中央后地方、先立法后行动是完全必要的。但这一切的基础是对十六大报告有关表述的深入理解。

记者: 江泽民同志在党的十六大报告中指出,继续调整国有经济的布局和结构,改革国有资产管理体制,是深化经济体制改革的重大任务。请您谈谈它的深刻意义?

陈清泰: 调整国有经济的布局和结构,改革国有资产管理体制,两者间有很强的关联性。13 年来,随着我国的经济体制改革不断深化,推进国有企业改革面临两大任务,一是结构调整,二是制度创新。当前在这两方面任何大的举措都涉及国有产权的管理和变动,此时,如何克服所有者缺位已显得日益紧迫。可以说,改革走到今天,国有资产管理体制改革已经是绕不过去的重大问题。江泽民同志在报告中说这是深化经济体制改革的重大任务,说明我们已经充分认识到了改革国有资产管理体制的重要性和紧迫性。

记者: 如何理解江泽民同志报告中提出的"在坚持国家所有的前提下""中央政府和地方政府分别代表国家履行出资人职责"?建立国有资产

---

* 本文发表在 2002 年 11 月 25 日的《人民日报》(第十版),是作者在十六大后接受《人民日报》记者李建兴的采访,谈了自己学习十六大的感受和见解。

管理机构的意义何在？

陈清泰：新的国有资产管理体制首要的一条是国有资产坚持国家所有，这是建立未来国有资产管理体制的前提。我理解，这其中的含义尽管不排除在必要时国家有权统一配置国有资产，但现实更重要的意义则在于各级政府对国有资产的管理、运营、监督都必须严格执行国家统一的法律法规。

谁来代表国家履行出资人职责对落实产权责任非常重要，是国有产权委托代理有效性的核心问题。中央政府和地方政府分别代表国家履行出资人职责。这就界定了各级政府的产权责任，不仅结束了"分级管理"还是"分级所有"的争论，而且有助于强化产权约束，克服所有者缺位。

中央政府和省、市（地）地方政府分别建立专司国有资产管理的机构。政府公共管理部门与行使国家所有权部门分离，使各自有明确的定位和目标，有助于从根本上改善政府、市场与企业的关系，形成政企分开的基础。

记者：怎样理解中央政府和地方政府分别代表国家履行出资人职责？

陈清泰：国有资产管理的体制设计，说到底，是国有产权委托代理的有效性问题。一个机构管理幅度过宽，就鞭长莫及；若管理机构层次过多，会降低管理有效性。目前，国有企业约有18万户，分布在全国各地，从委托代理有效性出发，由中央和地方分别代表国家履行出资人职责，就是说，关系国民经济命脉和国家安全的大型国有企业、基础设施和重要资源性企业等，由中央政府代表国家履行出资人职责，其他国有资产由地方政府代表国家履行出资人职责，比较切合实际。

记者：为什么把管资产和管人、管事相结合明确提出来？

陈清泰：目前的国有资产管理体制，是由多个部门分兵把口分别行使国家所有权。一方面多部门的低效率，大大限制了企业的活力；另一方面，部门有权无责，又为企业内部人控制留下了缺口，最终是所有者缺位。"管资产与管人、管事相结合"的含义，是国家所有权行使机构对国家投资和拥有股份的企业集中统一、排他性地行使所有权。对国家而言，就是明确产权责任主体，建立可追溯产权责任的体制和机制，使所有者到位；对企业而言，改变了上边"五龙治水"、下边无所适从的局面，有利于增强企业的活力。

"管资产和管人、管事相结合",是不是意味着国有资产管理机构把目前各部门相关的权力和相应的机构拼凑到一个部门集中行使?绝对不是。国有资产管理机构是适应建立现代企业制度要求的国家所有权行使机构,对多元投资主体的公司而言,必须依照《中华人民共和国公司法》(本文以下简称《公司法》)以股东方式行使权利。

记者:今后,政府将以什么形式履行出资人职责?如何实现所有权和经营权分离?

陈清泰:所有权和经营权分离,是新体制下国有资产管理机构与企业关系的核心问题。实现所有权与经营权分离,最重要的体现就是政府国有资产管理机构对国家投资和拥有股份的企业不再有"行政隶属关系",而是"履行出资人职责"。对国有资产管理机构而言,就是只能依照《公司法》以股东的方式行使权利,不能既是"老板",又当"婆婆"。即便是大股东,也没有超越《公司法》干预企业的权利。对企业而言,要进行公司制改制,建立有效的公司治理结构,健全股东会和董事会,使所有者到位,在所有者不直接参与生产经营活动的情况下保障投资者的权益。对于国有独资公司,国有资产管理机构也应通过法定程序体现国家所有者意志,而不应随意干预。

关于改革国有资产管理体制的几点思考[*]

(2002年12月1日)

改革国有资产管理体制是深化国有企业改革，推进国有经济结构调整和企业制度创新的根本性措施。加强和改善国有资产管理体制是社会主义市场经济体制的一项极为重要的制度建设，对于改善政府管理、发展壮大国有经济、增强国有企业活力和实现国有资产保值增值都具有十分重要的意义。

一　现行国有资产管理体制的主要弊端

（1）企业国有资产笼统为国家所有，国务院代表行使所有权。但是在中央和地方，政府部门与部门之间产、权、责不清，缺乏责任约束，国有资产实质仍处于无人负责状态。

（2）许多政府部门既承担公共管理职能，又承担部分国家所有权职能，政企职责不分。这使政府部门很难给自己准确定位，既妨碍了政府正常行使公共权力，又往往将国有企业作为行使公共职能的工具，让企业承担社会职能，造成政企职责错位。

（3）政府部门在企业之外以行政方式多头干预，使所有权与经营权混为一谈，这就造成两个结果，一是行政干预的"越位"，抑制了企业市场活力，致使国有资产运作低效率；二是企业内所有者"缺位"，弱化了产权约束，所有者权益往往被侵蚀。

---

[*] 本文是2002年12月1日作者报送中央财经领导小组办公室领导同志（曾培炎）的汇报提纲。

二 改革国有资产管理体制的任务

党的十六大再次强调"发展壮大国有经济""国有经济控制国民经济命脉"。为此，从国有资产管理角度必须解决四个方面的问题：

（1）落实国有资本的管理、监督和经营责任，形成对每一部分经营性国有资产可追溯产权责任的体制和机制；

（2）国有资本在行业领域中的布局和企业结构要进行有进有退的调整。政府从管理庞大的国有企业群，转变为直接控股重要企业和持有国有资本。国有资本由覆盖各行业、各领域，向国家必须控制的行业领域集中，提高国有经济控制力；

（3）政府行使国家所有权的机构与公共管理职能部门分开，受政府委托集中统一行使国家所有权，建立责权明晰的国家所有权委托代理体制，行使公共权力的部门不再承担出资人职能；

（4）实行国家所有权与企业经营权分离，出资人机构代表国家履行出资人职责，拥有股权，出资人以股东方式行使权利；企业拥有法人财产权，成为独立的市场主体，自主经营，自负盈亏。出资人不越权干预。

概括地讲，改革国有资产管理体制的任务，是使国家投资和拥有股份的企业成为自主经营、自负盈亏独立的法人实体和市场主体，以实现政府意志和国有资本保值增值为目标，通过设立国家所有权行使机构，建立有效的国有产权委托代理体制，实现政企分开，所有权与经营权分离。

三 建立适应市场经济的国有资产管理体制

国有资产管理是涉及国有制实现形式，国有资产的管理、运营、监督和公司治理等多方面相互关联又相互制约的体制和机制，绝不是各级政府设立一个专门机构就可以解决的问题。国有资产管理主要涉及四个方面。

1. 国有资产的公共管理

如国有资产的立法，国有资产的界定、统计、稽核、评估和纠纷协调等。这属于国有资产的公共管理职能，应由公共管理部门管理，形成全国上下的管理系统。

2. 国家所有权的委托代理

国家统一所有，中央和地方政府分别代表国家履行出资人职责，中央和地方政府设立专司国有资产管理的部门——出资人机构。出资人机构直接持股重要企业，对部分大型企业和企业集团进行"授权经营"。

3. 国有企业的公司制改制和公司治理

公司层面要建立有效的治理结构。出资人机构以股东方式行使所有权；企业拥有法人财产权，自主经营。在所有权与经营权分离情况下保障所有者权益。

4. 对国有资本运营的监督

政府授权有关部门对出资人机构进行审计监督；出资人机构对授权经营的机构进行审计监督。

四 提高国家所有权委托代理有效性

实行政企分开、所有权与经营权分离，国家所有权通过一定的委托代理关系才能进入企业。最简洁的委托代理关系如图：

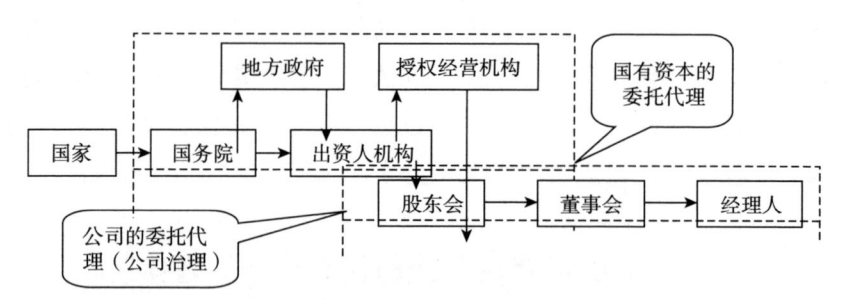

```
国家 → 国务院 → 出资人机构 → 股东会 → 董事会 → 经理人
              ↗ 地方政府
              ↗ 授权经营机构
```
（国有资本的委托代理）
（公司的委托代理（公司治理））

国有资产管理体制是否成功，最重要的是国有产权委托代理的有效性，即经过一系列委托代理后国家所有者权益能否得到保障。决定委托代理有效性主要取决于三个因素。

一是委托代理体制设计的合理性。一个机构管理的幅度过宽就鞭长莫及，如果委托代理的层次过多、链条过长就会降低效率。因此要在管理幅度和管理层次设置上做科学的选择。

二是对委托代理各环节监督的有效性。

三是公司治理的有效性。

五 关于国有资产管理机构

在要建立的国有资产管理体制中，缺位的是"代表国家履行出资人职责"的机构。按党的十六大要求设立国有资产管理机构，是建立国有资产管理体制的一个关键环节。

1. 出资人机构的职能定位

国有资产管理机构是受同级政府委托，代表国家履行出资人职责的专职机构——出资人机构。政府把边界清楚的国有资本委托给出资人机构管理，出资人机构对委托管理的国有资本拥有占有、使用、处分、收益的权利，对所属企业拥有股权，即按《中华人民共和国公司法》（本文以下简称《公司法》）以股东方式集中、统一、排他性地行使出资人的权利。承担所辖企业改革和重组、优化国有资本布局和垄断性企业的改革重组责任。出资人机构对同级政府负责，实现政府意志，承担国有资产保值增值责任，接受政府的审计监督。

设立这个机构可以落实产权责任，做到产权清晰、权责明确。从政府角度看，它是行使出资人职能的政府部门；对企业而言，它是行使国家所有权的"老板"。就产权关系而言，它是政府与企业之间的"界面"。

2. 出资人机构与企业的关系

出资人机构与投资和拥有股份的企业是出资人与公司的关系，不是"行政隶属关系"。"出资人"与"行政隶属关系"的本质区别在于实现了政企分开和所有权经营权分离。

出资人机构行使"出资人职责"，这是指投资者依《公司法》拥有股东权利和承担股东义务，不干预企业的生产经营。出资人按投入企业的资本拥有股权，享受所有者权益，即资产收益、重大决策和选择经营者的权利；企业拥有包括国有出资人在内的投资者投资和借贷形成的法人财产权，以全部法人财产自主经营、自负盈亏，对投资者承担资产保值增值的责任；企业的利润和资产增值归出资人所有，在企业破产清盘时出资人只以投入企业的资本额为限承担有限责任。

因此,出资人机构不是原政府各部门管理国有企业的机构和职能的简单合并。由对企业的行政管理转为履行出资人职责,出资人机构的职能和行使职能的方式、手段都必须有重大转变。

3. 国有资产管理有两种形态

国有资本是政府掌握的特殊稀缺资源,国有资产管理机构是特殊的出资人机构。出资人机构管理国有资本要承担两方面责任:一是在支撑国民经济增长、保障国家安全方面实施政府意图;二是提高国有资本运作效率,实现保值增值。

(1) 对特殊公司的管理。关系国家安全、经济命脉的特殊行业和提供重要公共产品的重要企业,如电网、电信、军工、石油和大型基础设施等领域的重要企业,政府投资的目的不仅是资产的增值,更重要的是承担公共责任,保持国家的控制力。为贯彻政府意图,对这类关键少数企业,出资人机构应直接持股、控股或独资经营,进行企业形态的管理和监控。

(2) 对普通公司的管理。在一般竞争性行业,以投资回报最大化和国有资本的保值增值为目标,优化资本结构,进行有进有退的调整,由"管企业",逐步转换为"管资本"。即实行资本形态的管理。

划分两类形态管理,是使各自有明确的目标,可使用相应的管理手段,提高运行效率,便于准确地考核。

出资人机构应编制经营性国有资本预算。经政府批准后实施,以分得的红利作为增量,带动存量的结构调整。

4. 对国有独资公司和授权经营机构的监管

出资人机构对国有独资公司和授权经营机构不能以"婆婆加老板"的形式管理,也应实行两权分离。主要通过四个方面进行监管:

(1) 拟定或批准公司、授权经营机构的章程,决定它们的设立、分立、合并、清算等事宜;

(2) 选择经营者,并决定薪酬;

(3) 签订业绩合同,就政府意志、企业目标、年度预算、利润分配、投资计划等事项出资人机构与独资公司和授权经营机构签订一年或几年的业绩合同;在合同范围内自主经营,出资人机构不再干预,超出业绩合同的重要事项要报出资人机构批准，或修改合同；

（4）出资人机构派出监事会，以业绩合同为准进行审计监督和业绩评估。监督结果报出资人机构，决定经营者奖惩、去留。

五 国有企业进行公司制改制，建立有效公司治理结构

公司是实现两权分离最有效的企业制度，公司治理是在所有权与经营权分离情况下保障所有者权益必要的制度安排。党的十五届四中全会指出，"公司是现代企业制度的一种有效形式，公司法人治理结构是公司制的核心"。

公司治理处于国有资产委托代理整个链条的末端，是国有资产管理有效性的基础。

目前，国有企业改制为公司的数量已经不少，但通过建立有效公司治理来维护股东权益的问题还没有引起足够的重视，距建立有效公司治理还有很大距离。或由于控股股东行为不端正，或由于企业内部人控制，在很多企业始终存在扭曲公司治理的动机和力量。实践证明，扭曲公司治理首先受害的是小股东，受害最大的是大股东。

改善公司治理的目的是保护股东权益，但并不是靠公司自身努力就能做到的。这里涉及十分宽泛的领域，包括股权结构、国有出资人权力的行使、法制条件、机构投资者、市场监管、信息披露、经理人市场等，需要政府、投资者、经营者、中介机构、新闻传媒的共识和共同努力。

健全社会保障制度是一项紧迫任务[*]

（2002年12月9日）

不断完善社会保障制度是解放生产力的战略性措施，是社会稳定的基础，是市场体制下政府的重要责任。近年来政府为此倾注了大量精力，取得了巨大成果，保证了上千万国有职工大转移的平稳进行，保证了在较大力度体制转轨的情况下社会基本稳定。伴随经济体制转轨，几千万国有职工由"企业保障"转向"社会保障"，无论对新的保障体制建设还是转轨成本都是巨大的挑战。中国从批判"人口论"到"只生一个好"，使我们未来将面临比任何国家都更加严峻的人口老龄化的压力。如何选择和建立与国情相适应的可持续的社保体制，仍是一个需要不断探索的重大问题。2002年12月9日，《中国社会保障》杂志社和中国人民大学劳动人事学院共同举行"首届中国社会保障论坛"，陈清泰、范宝俊（民政部党组副书记、常务副部长，第十届全国政协常委、提案委员会副主任，中华慈善总会会长）、王建伦（劳动保障部副部长，中国社会保险学会会长）等做主题演讲。

我们处于经济高速增长的时期，又处于工业化和城市化的重要阶段。无论为了经济发展还是社会稳定，都迫切需要良好社会保障体制的支撑。

一 完善社会保障制度的紧迫性和保障体制的转轨

社会保障是市场经济体制的一项基础工程。尽管90年代以来政府对此已经高度关注，并进行了大量卓有成效的工作，但到目前，社会保障仍是

---

[*] 本文是作者的演讲稿。

市场经济体制建设的一个瓶颈。

（1）社会主义市场经济体制的重要内涵是使市场在资源配置上起基础性作用。其中人力资源的市场化配置对市场活力、社会效率和国家竞争力至关重要。如果人力资源这个最重要的经济要素不能通过市场进行配置，那么我们的市场经济就是有缺陷的体制，它的效率就会大打折扣。但是，在我们这样一个人口众多的发展中国家，人力资源的流动涉及诸多体制和制度建设。其中最重要的就是社会保障制度的建设和完善。

（2）提高国有企业竞争力的重要措施，就是对国有经济实施战略性调整。但所有制结构、产业结构和企业结构调整必须与劳动力结构调整相伴而行。以企业或单位为主体的保障方式，是"企业保障""单位保障"而不是"社会保障"。在这种制度下职工离不开企业，企业也辞不掉职工。这种被社会责任关系固化了的劳动力结构，使国有职工不具有流动性，这已经成为捆死国有企业的桎梏。面对"入世"，再给国有企业吃偏饭必然受到WTO规则的制约，但使国有企业摆脱"办社会"之苦则是政府责无旁贷的。

（3）中国正处于快速工业化阶段，进入城市的大量劳动力离开了"土地保障"，如果没有新的基本的社会保障接替，将埋下社会稳定的隐患。

（4）从批判"人口论"到"只生一个好"，造成了中国特殊的人口结构。在未来20~30年我们将迎来人口老龄化的"阶跃"，没有可持续的社会保障体制，我们将面临巨大的风险。

（5）在可遇见的未来，中国有无限劳动力供给和复杂多样的就业形式，同时，城市将持续保持较高的失业率，必须有符合国情的失业保险形式，才能保持社会的稳定。

（6）完善社会保障制度也是实现社会稳定与公平的需要。所有人在生命周期的最后一段都会丧失劳动能力，很多人还会面临疾病、失业或其他个人风险，单纯依靠个人或家庭很难解决。通过社会保障，形成制度化的互助手段，防范并化解个人面临的风险，维持社会稳定；利用社会保障制度本身的再分配职能，调节收入分配，体现社会公平，是政府不可推卸的责任。

改革开放以来，我国的经济体制已经发生了深刻变革。

（1）在所有制结构方面，非公有制经济获得了迅速发展，城市非公单位就业人员已经超过国有单位，而且这一趋势还会进一步发展，城市就业人口总量还会持续增加；

（2）政企职能错位的状况不断得到纠正，企业制度、企业目标以及企业组织管理模式都在发生变化；

（3）劳动就业制度面临进一步改革，"计划就业""终身就业"体制已被打破，代之以劳动力自由流动为标志，以劳动力供需双方根据各自需要自主择业、自主用工的市场化的就业体制。

随着经济体制转变，传统保障制度的存在基础已经消失，保障体制面临转轨。必须由对国有和集体职工的保障，转向对各类就业人员的保障；由"企业保障"或"单位保障"转向社会保障，使它承担起社会安全网和调节社会分配，体现社会公平的作用。

当前，无论从社会稳定、深化改革还是社会公平的需要，完善社会保障制度建设已经具有十足的紧迫性。

二 必须建立符合国情的社会保障制度

社会保障制度是关系经济发展与社会稳定的基础性制度。由于社会保障制度是涉及范围极其广泛、影响十分深远的重大制度建设，尽管在这方面改革已经进行了十多年，但就总体而言我们还处于一边建设、一边探索的阶段。一些地区的试点也还有待深化和总结。

社会保障的基本目标模式选择必须十分慎重。在基本目标模式选择问题上，以下因素需要认真考虑。

第一，中国是一个人口众多的发展中国家，经济发展水平较低，只能是适当水平的基本保障，确保大多数人的养老安全。

第二，社会保障制度应包含有利于经济增长的激励机制，包括鼓励公民努力工作以及调整国民经济积累结构等。

第三，必须考虑制度上的稳定性和可持续性。如在养老问题上，基于不得不实施的计划生育政策，未来 20~30 年，中国养老保障制度必须能够承受老龄化压力。在就业问题上，基于劳动力巨大的供给压力、技术进步加速等因素，如何根据较长时间高失业率的现实完善失业保障制度并保持其可持续性，也值得认真对待。

第四，中国正处于快速工业化及城市化阶段，大量农村劳动力将逐步进入城市，进入二、三产业，所以，社会保障制度尤其是以城镇为基础的各种社会保险制度必须能够适应这种趋势，具有体制上的开放性和持续性。

第五，社会保障制度同时也是操作性很强的具体工作，要考虑到实施环境、保障水平、管理水平、管理能力等问题，各种具体制度都应符合实际，尽可能便于管理和操作。

第六，社会保障制度体系中的不同保障项目之间、社会保障制度与其他领域的政策之间应相互协调，互相促进。

以上六项，在社会保障制度改革和发展方面，特别是在各个具体项目的目标模式选择上，应当给予重视。

概括起来，我们要建立的社会保障制度应有以下几个特点。

首先是广覆盖。各种保障项目都应覆盖其该覆盖的全部人群。比如，以就业人口为保障对象的社会保险，就应覆盖各种类型的就业者；最低生活保障制度就应覆盖全社会所有成员。

其次是低水平。根据国情，中国社会保障的性质只能定位在较低水平的"基本保障"上。

再次是社会化。一方面要彻底解决过去形成的单位保障问题，实现社会化，同时，统筹层次也应逐步提高，避免地区间差别过大，追求更加充分的社会共济。

最后是可持续。社会保障制度是长期制度，不是单纯为了解决短期矛盾，所以制度本身特别是财务方面必须能够可持续。

当然还可以总结出其他一些特征，但我想主要就是：低水平、广覆盖、社会化和可持续。

三 对近些年社会保障制度改革的回顾与反思

近年来，社会保障制度改革受到高度重视，有关改革正一步步向前推进。概括地讲，这些年对社会保障制度的改革大致分为两类：一类是以已经出现困难的群体为对象,建立保障制度;另一类是以劳动者为对象、以防范未来风险为目标的保险制度。

这些年社会保障制度建设的成就是非常突出的。其中,最低生活保障制度从无到有,发展迅速,目前在城镇已经基本做到应保尽保,可以说是非常成功的制度建设,对于保障人民基本生活,对于推进国有企业改革都发挥了非常积极的作用。

应当认识到,我国的社会保障制度建设并不是在白纸上勾画蓝图,受传统保障制度的惯性和既得利益格局的牵制,新体制设计和政策选择有极大难度。虽然说十多年的改革有很大成就,但也存在不少需要研究和反思的问题。特别是几个主要的社会保险制度。

现行城镇职工基本养老制度还是在一个不太广的范围内(主要涵盖国有和集体职工)实施,退休年龄较低,替代率较高,依靠较高缴费率,以现收现付办法支撑的制度。这一制度不仅不能支持广覆盖和人口老龄化的需要,而且过高的缴费率和不合理的统账比例,近期使一些地方已逐渐陷入了不良循环:即高缴费率使劳动力成本上升,投资环境恶化;统账比例失调,投保热情不高,制约了覆盖面扩大,逃避缴费的比率上升,支付能力进一步减弱。

现行的失业保障制度是仿照发达国家失业保险体制加上对特殊人群(下岗职工)的特殊保障制度,在特殊时期,针对特殊问题的处理起了很好的作用,但面对未来较长时期的高失业率,一旦扩大覆盖面,难以避免财务危机。

现行城镇职工基本医疗保险制度是一个在较小范围内实施、依靠高缴费率支撑并且是提供费用保障(而非医疗条件保障)的制度。由于以参保能力决定参加与否,受益面受到局限,无法保证更多人口的基本医疗。由于医疗费用受到医、患、药商等多方侵蚀,收支矛盾不断加剧。

按照广覆盖、低水平、社会化、可持续的原则,总结社保体制改革和建设的经验,进一步厘清思路具有重要意义。

1. 关于社保体制建设的基本目标

社会保障制度建设难以避免目标的多重性。要达到的社会目标是满足公民和大多数人的基本需要;要达到的经济目标是收支方面的可持续性和对经济增长的激励作用；要达到的政治目标是不同人群利益关系的平衡及其可持续性。

上述不同目标并非都具有一致性，许多情况下又是相矛盾的。因此在体制和政策设计时，必须在多目标中进行取舍和平衡，过分注重某一方面，失去均衡，必然出现失误。

2. 国际经验与中国国情必须结合

尽管认真吸取国际经验是少走弯路的重要措施，但就世界各国的社会保障制度而言，并没有一种理想的通用模式，在某国最获成功的制度往往是最具该国个性的制度。可以说这就是各国社保制度设计最重要的经验。中国的基本国情是人口多、经济不发达、二元结构、正处于急剧城市化和老龄化时期，与发达国家有很大的差异性，借鉴国际经验，学思路、学方法、学手段非常重要，但成功的关键还在于结合国情进行再创造。

3. 政府与市场的关系

市场不能完全实现社会保障的制度目标，对社会稳定和发展承担最终责任的政府必须承担社会保障责任。但政府不是万能的，也存在失灵，因此良好的社会保障制度需要以政府为主导，与市场力量配合和协调，实现政府责任与市场力量的合理分工。凡是市场能做好的应尽量交由市场去做，政府管得过多，不仅效率低，压力大，而且会缩小政府的回旋余地，加大政府的政治风险。

4. 体制设计和政策制定过程

社会保障制度设计牵动全社会，受到多方面利益关系的制衡，是深受社会、政治、经济诸多参数影响的体系。设计和制定社会保障体制，一方面要有科学合理的程序，广泛听取专家意见，广泛吸收居民参与，要形成各群体的利益表达和协商机制；另一方面，在一定范围内进行多方案试点，形成必要的试错和纠错机制。

5. 旧体制遗留与新体制建设的关系

在模式选择方面，新体制建设一定要考虑长远，确保其能够实现广覆盖、可持续并能为改革和发展提供支持。如果旧体制本身已经被证明有重大缺陷，不适应长期发展目标，就应考虑重建。但新体制建设必须与旧体制遗留问题分开。旧体制遗留的问题实际是政府的欠账，它不会因建立新体制而消失。这些年改革中非常值得反思的一个做法就是，试图完全用新体制、新人消化旧体制遗留的责任，这一点在城镇养老保险改革中非常突出。新旧体制混流的结果是，所确定的转轨目标难以顺利实现。

表面看来，政府对老职工的社会保障欠账（主要是养老欠账）数额巨大。换句话说，就是体制转轨的成本很高。但实践中，对旧体制遗留责任的处理并不需要在短时期内全部完成，而可以将其分摊在未来几十年内逐步消化。只要有充分的准备，合理的计划安排，多渠道筹资，问题并不十分可怕。

出资人机构如何行使所有权[*]

(2002年12月12日)

党的十六大提出"设立国有资产管理机构",受同级政府委托"代表国家履行出资人职责"。这不仅是理论层面,而且是操作层面的重大突破。但是,出资人机构如何行使所有权,却是十分重要的技术细节。在行使所有权技术操作上的重大失误甚至会造成全盘皆输的结局。现在已经出现的情况是,一些人担心"管资产与管人、管事相结合",是否会出现"婆婆加老板",重新把企业管死,退回到改革的原点;也有人担心,为防止成为"婆婆",是否会继续容忍在许多企业实际存在的内部人控制局面,所有者继续缺位。出资人机构如何行使所有权,这是关系改革后所有者能否"到位"又"不越位"的重要问题,必须认真地研究,审慎地对待。

国有资产管理体制改革的重要内容,是设立专司国有资产管理机构,受政府委托代表国家履行出资人职责。在这种情况下,我们必须注意两种倾向:一是防止企业内所有者继续缺位,所有者权益被侵蚀;二是防止出现"婆婆加老板",把企业管死。国有资产管理的关键是必须实行所有权与经营权分离,而这与出资人机构如何行使所有权密切相关。

一 所有者到位又"不越位"

设立出资人机构,管资产与管人、管事相结合,集中统一行使所有权,这是为克服所有者缺位迈出的关键一步。但从制度和机制上必须解

---

[*] 本文是作者2002年12月12日在中央有关部门召开的"国有资产管理体制改革"座谈会上的发言。

决的重要问题,是怎样实行所有权与经营权分离,使所有者"到位"又"不越位"。

所有权到位,就是出资人机构为行使所有权该管的人和事要管好,成为"真老板",强化来自所有者的激励和约束。这是维护所有者权益必须要做到的。

所有权不越位,就是出资人机构只当"老板"不当"婆婆",不干预企业的经营管理。这是增强公司活力和提高公司运行效率所必需的。

做到"到位"又"不越位",就必须实行所有权与经营权分离。具体地说,就是将投资的企业改制为公司,建立有效的公司治理,出资人机构按《中华人民共和国公司法》(本文以下简称为《公司法》)以股东的方式行使权利。

二 明晰公司的分权制衡机制

公司权利分为所有权、经营权、管理权和监督权。我国《公司法》对四项职权各有明确界定,并分别由股东会、董事会、经理和监事会行使,建立有法律保障的制衡关系,形成有效的公司治理结构。

所有权 出资人行使所有权,就是保持对公司的最终控制地位。这是维护所有者权益所必须的。出资人的所有权体现为《公司法》赋予股东会的职权:

(1) 决定公司的经营方针和投资计划;

(2) 选举和更换董事,决定有关董事的报酬事项;

(3) 选举和更换由股东代表出任的监事,决定有关监事的报酬事项;

(4) 审议批准董事会的报告;

(5) 审议批准监事会的报告;

(6) 审议批准公司的年度财务预算方案、决算方案;

(7) 审议批准公司的利润分配方案和弥补亏损方案;

(8) 对公司增加或者减少注册资本做出决议;

(9) 对发行公司债券做出决议;

(10) 对公司合并、分立、解散和清算等事项做出决议;

（11）修改公司章程。

经营权 董事会受股东会信托，是公司的经营决策机构。《公司法》赋予董事会的经营权是：

（1）负责召集股东会，并向股东会报告工作；

（2）执行股东会的决议；

（3）决定公司的经营计划和投资方案；

（4）制订公司的年度财务预算方案、决算方案；

（5）制订公司的利润分配方案和弥补亏损方案；

（6）制订公司增加或者减少注册资本方案；

（7）拟订公司合并、分立、变更公司形式、解散的方案；

（8）决定公司内部管理机构的设置；

（9）聘任或者解聘公司经理（总经理），根据经理的提名，聘任或者解聘公司副经理、财务负责人，决定其报酬事项；

（10）制定公司的基本管理制度。

管理权 经理执行董事会决议，主持公司日常经营管理，是公司的经营管理者，《公司法》赋予经理的职权是：

（1）主持公司的生产经营管理工作，组织实施董事会决议；

（2）组织实施公司年度经营计划和投资方案；

（3）拟订公司内部管理机构设置方案；

（4）拟订公司的基本管理制度；

（5）制定公司的具体规章；

（6）提请聘任或者解聘公司副经理、财务负责人；

（7）聘任或解聘除应由董事会聘任或者解聘以外的负责管理人员；

（8）公司章程和董事会授予的其他职权。

监督权 监事会代表股东对公司进行监督，《公司法》赋予监事会的监督权是：

（1）检查公司财务；

（2）对董事、经理执行公司职务时违反法律、法规或者公司章程的行为进行监督；

（3）当董事和经理的行为损害公司的利益时，要求董事和经理予以纠正；

（4）提议召开临时股东会；

（5）公司章程规定的其他职权。

在公司治理中既要防止所有权侵犯经营权、管理权，也要防止经营权、管理权架空所有权，排斥监督权。只有公司的所有者、经营者、管理者、监督者恪尽职守，又"不越位"，才能形成良好的运行机制，既保障所有者的最终控制权，又使企业富有活力。

三 出资人机构对国有独资公司和授权经营机构的监管

授权经营机构类属国有独资公司。国有独资公司的董事会、经理、监事会职权如上所述，但不设股东会。

出资人机构承担监管责任，主要通过四个渠道进行监管：

（1）拟定或批准独资公司、授权经营机构的章程，决定它们的设立、分立、合并、清算等事宜；

（2）选择经营者——董事会成员，并决定其薪酬；

（3）签订业绩合同。这是出资人机构对国有独资公司和授权经营机构业务监管的重要手段。业绩合同的内容就是出资人机构必须行使所有权的内容：

①公司年度经营目标和财务预算方案、决算方案；

②公司利润分配和弥补亏损方案；

③重大投资、购并计划；

④增减资本金、发行公司债券计划和对外担保；

⑤政府对公司的特殊要求等。

在合同范围内自主经营，出资人机构不再干预；合同双方有超出业绩合同的重要事项应协议修改合同；

（4）出资人机构派出监事会，以业绩合同为准进行审计监督和业绩评估。监督结果报出资人机构，决定经营者的奖惩、去留。

国有企业改革：形势和重点[*]

（2002 年 12 月 26 日）

一 企业面临的形势

中国经济正处于体制转轨、结构调整和增长方式转变的重要时期。在世纪更迭之际，中国经济体制改革和经济增长不断取得新的进展，而国有企业面临的形势却变得更加严峻。其中对国有企业影响最大的有三个方面。

一是随着市场化程度的提高，除垄断行业外，国有企业的不可替代地位已不复存在。市场准入的逐步放开，不仅使大量的外资成为中国市场的进入者，而且民营企业大举进入更多领域，国有资本独占各个行业和领域并受到政府保护的局面已经消失。绝大多数国有企业面临强大的竞争压力。

二是政府职能的重点转向创造公平竞争的市场环境，政府与国有企业的关系正面临新的挑战。为实现建立社会主义市场经济体制的目标，政府改变了对不同所有制企业采取不同政策的做法，对丧失竞争力的国有企业政府已经不能再用传统的方式和手段进行挽救，旧体制沉积于国有企业的大量问题成为最难处理的问题。

三是加入 WTO 使中国对外开放进入了新阶段，在我们可以更多地利用国际经济资源加快发展的同时，也使企业竞争进一步国际化。在那些国际化程度高的产业中，长期达不到国际平均水平的企业，在国内也将难以立足。

形势发展的结果是市场机制、优胜劣汰作用强化，企业两极分化加剧。

---

[*] 本文是作者 2002 年 12 月 26 日在上海经济形势报告会上的演讲稿，亦是 2002 年 8 月 26 日应甘肃省人民政府之邀，在"2002 友好合作与甘肃发展论坛"上讲话的主要内容。

在销售收入、利润、品牌效应向一部分企业集中的同时，相当一批企业陷入困境。

目前，国有工业企业占用近一半工业资产、约 2/3 的工业贷款，只创造了约 1/3 的工业产值。一方面，尽管有许多不可比因素，但这种过低的资源配置效率如不改变，必将影响国家经济增长潜力的发挥；另一方面，国有企业在支撑经济发展的重要行业中处于垄断地位，这些企业的效率直接影响国家竞争力。在加入WTO后，民营经济、境外资本大举进入众多领域，搞好国有企业的传统政策手段已经失效。深化国有企业改革已经具有十足的紧迫性，给国有企业改革留下的时间已经不多了。

江泽民同志多次深刻指出，国有企业改革已经到了"关键时期""攻坚阶段"。

"关键时期"，是指如果对进一步深化改革涉及的深层次问题不能有新的突破，国有企业的状况就不能有根本性改变，将极大地影响经济增长和社会稳定；"攻坚阶段"，是指对诸如国有资产管理体制改革、国有经济布局的战略性调整、企业制度创新和建立有效公司治理、垄断企业的改革改组、解脱企业的社会职能、形成职工流动机制、建立企业市场退出机制等深层次问题必须一个一个地加以解决。

概括地讲，国有企业改革和发展主要涉及两大问题：制度创新和结构调整。党的十四大、十五大以新的思路推进国有企业改革一步步深入，实现了重大突破；十六大进一步把国有资产管理体制改革推进到实施阶段，为解决国家投资和拥有股份的企业所有者"到位"又"不越位"这一基础性问题铺平了道路。

到现在，可以说，在理论和政策层面深化国有企业改革的主要问题都已经基本解决。但是，如何平稳操作、顺利过渡，我们还面临严峻的挑战。现在我们所进行的改革是涉及传统体制最深层次的改革，是涉及几千万职工和家属、众多政府部门和政府人员的权力、利益关系的调整，是牵动全社会的变革。此时，在政策层面还有大量问题有待解决，如果在一些重要技术细节上发生大的失误，就有可能造成全盘皆输的结局。从这个意义上说，国有企业改革正在"过关"。

在这一大背景下，政府对企业改革的思路正在进行重大调整。

（1）由着重搞好国有经济、国有企业，转向以公有制为主体、多种所有制经济共同发展，充分利用国内国际两种资源，着力把经济总量做大。

（2）由着眼于搞好一户户国有企业，转向抓大放小，从战略上调整国有经济布局，使国有资本向国家必须控制的领域集中，政府重点关注关系国家经济命脉的关键少数。

（3）由以减税让利作为搞好企业的主要手段，转向为各种所有制企业创造市场环境、提供公共产品、提高政府效率，使优势企业的壮大发展有空间，竞争失败的企业退出市场有通道。

（4）由政府通过直接干预搞好国有企业，转向推进企业制度创新，实行所有权与经营权分离，政企分开，大力发展股份制和混合所有制企业，建立有效的公司法人治理结构。

在今后一段相当长的时期，经济全球化和加入WTO后中国政府职能转变、政策调整带来的影响是企业外部环境中最重要的因素，对这一因素的理解、利用将直接影响企业的经营业绩和发展前景。

到今年12月，中国加入WTO一年了。外经贸部石广生部长总结这一年情况时说："在国际经济不景气的情况下，中国外经贸发展最好；作为世贸组织新成员，中国表现最好。"这就是"入世"一年来中国以进取性战略取得的成果，也是对"入世"利与弊争论的阶段性小结。

2002年，全球经济预计增长2.8%，中国可望达到8%。1~10月中国进出口总额5002亿美元，同比增长19.7%，全年可突破6000亿美元，在世界排名将由第6位上升为第5位。1~10月实际利用外资同比增长20%，全年可超过500亿美元，有可能第一次成为全球吸收外商直接投资最多的国家。

中国改革开放20年的经历和加入WTO一年的成果表明，中国是经济全球化的受益者。

加入世贸组织第一年，以开放促改革的力度明显加大，政府改革取得积极进展。

（1）政府职能定位进一步调整，由管制型政府逐步向服务型政府转变。行政审批制度改革取得进展，国务院各部委共清理各种审批项目4159项，第一批即取消了约40%。政府注意力逐步转向创造市场环境、维护市场秩序、提供公共产品和服务、提高政府行政效率。

（2）加强法制建设，推进了市场体制建设。全面清理了与WTO规则有关的法律法规。国务院各部委共清理了法规2300件，其中废止830件，修订325件。结合推行电子政务，法规的公开性、透明度大大提高，有利于给市场主体以稳定的预期。

（3）市场开放度扩大。今年调低了300个税目的关税，关税总水平由15.3%降到12%，进一步开放了市场准入的范围和服务贸易领域。

（4）垄断行业的改革改组步伐加快。民航、电信的重组基本完成，电力改革方案已经出台，铁路改革方案正加紧拟订。

加入WTO标志着中国在国际分工中的国家发展战略进行了重大调整。在有较少跨国投资的情况下，一国经济发展可利用的就是本国资源，本土的企业就是"民族企业"，民族企业的发展壮大、国内市场不受国外企业不合并竞争，就体现了本国经济利益；为维护国家经济利益，主要依靠设置各种贸易和投资壁垒，保护国内市场不受外来竞争者不合并竞争。跨国公司大量出现后，它们不仅在全球采购、加工与销售，而且进行全球投资、全球融资。随着所有权的国际化，跨国公司的国籍特征有所淡化。尽管在关系经济命脉和国家安全的领域，保持国家经济独立性是完全必要的，同时投资输出国与输入国之间也存在利益冲突，但跨国公司进入一国投资，越来越深地融入东道国的整体经济之中，成为东道国的"企业公民"。在那些竞争性产业，来自国际的投资对东道国的经济增长、就业、税收而言，和"民族企业"几乎并无两样。这就使国家经济利益的含义发生了重大变化。此时，一个日益明显的基本事实是，一个国家的经济利益不再仅仅体现为基于本国资本投资的传统"民族企业"，还会体现为有境外资本参与其中、存在于"本土"的合资和独资企业。要获得这些好处，国家发展战略就必须调整。由仅依靠本国资源、民族企业求得发展，转向在充分利用本国资源的同时，争取更多地利用国际经济资源，加快发展；维护国家经济利益的手段，由利用贸易和非贸易壁垒保护国内市场，转向扩大开放，降低壁垒，创造良好市场环境，参与国际分工。

改革开放后，在贸易壁垒仍较严重的情况下，外商为进入中国市场宁愿接受各种特殊限制，以投资替代贸易，其目的是绕过关税和非关税壁垒的障碍，就地生产、就地销售。汽车就是典型的事例。"入世"后，贸易和投资壁垒一步步减弱，此时外商进入中国市场可以有两种选择。如果投资环境良好，诸多跨国公司有可能利用中国的有利条件，将中国作为其全球生产布局的一部分，"中国生产，全球销售"，进而促进中国发展成为全球制造业基地。如果投资环境不理想或比相似的国家差，则外商可以贸易替代投资，在周边国家设厂生产，让产品以贸易方式进入中国，使中国成为它们推销产品的市场。显然，外资的不同选择对我国的经济利益有很大差异。

一般地讲，跨国流动着的巨额资本、技术、人才落户在哪里，就会促进哪里的就业、税收和经济增长，它们几乎受到各国各地的欢迎。哪个国家能培育和发挥自己的比较优势，并能吸引更多的国际经济资源，就会在国际分工中占据主动地位，就能更多地分享经济全球化的利益。但是，经济资源是按商业原则流动的，政府意志很难影响它们的决定。能决定它们去留的是看哪里有良好的市场环境，而能创造市场环境的不是别人，恰恰是政府。从这个意义上说，经济全球化不仅使企业的竞争全球化，而且也把各个国家的政府推上了竞争的舞台。国家之间的竞争，表面看是获取国际经济资源的较量，进一步看是市场有效性和市场环境的竞争，是提供公共产品的能力和水平的竞争，深层次看则是政府职能、作用和效率的竞争。也就是说，当今国家竞争力的高低不仅表现在本国的自然禀赋的优劣、现实经济实力的高低，同样重要的是政府通过改善市场环境吸引国际资本、人才、技术的能力和水平。

从根本上说，加入WTO是中国为了更多地分享经济全球化带来的好处而主动做出的战略选择。中国加入WTO的政策目标，是进一步由贸易和投资壁垒转向开放市场、引入竞争、参与国际分工，在充分利用本国资源的同时，争取更多地利用国际资源；加入WTO的战略意图，是通过更深层次的对外开放来推进解决中国经济长期存在的体制性和结构性矛盾，进一步获得体制转轨和结构升级带来的经济增长动力，从而在开放和改革中提高国家竞争力。这一政策目标和战略意图集中地体现在三个方面：

一是营造更加良好的国际经济环境，为更多更好地利用国际经济资源，加快中国的改革和发展创造有利的外部条件；

二是积极参与国际经贸规则的制定,并利用国际贸易争端解决机制来维护国家正当利益;

三是通过借鉴国际经验和通行做法,促进政府职能转变和社会主义市场经济体制的建设,提高经济运行的总体效率。

为实现加入 WTO 的战略意图,我们必须在深化改革和结构调整两个方面取得实质性进展。

二 深化国有企业改革的重点

国有企业改革是一项艰巨而紧迫的任务,进一步改革必须在一些重点、难点问题上有所突破。

(一)对国有资本进行有进有退的调整

国有资本是特殊的资源,它的重要作用是保障国家安全和支撑国民经济的持续增长。为此,国有经济应保持必要的数量,但更重要的是国有资本分布的优化和质量的提高。因此要从战略上调整国有资本布局,改变国有经济分布过宽、涉足领域过多、整体素质不高的状况。对广大中小企业,要以地方为主采取改组、联合、兼并、承包经营和股份合作制、出售等更加灵活的方式进一步放开搞活。对国有大型企业而言,在民间资本可以进入并愿意进入的行业和领域,引入新的投资者,发展股份制,财政资本就没有必要再投入。国家安全和发展所必须而民间投资不愿进入或不能进入的行业和领域是国有资本进入的主要领域。国有资本要在那些关系国家安全和经济命脉的重要行业和关键领域保持控制力,要向涉及国家安全的行业、自然垄断的行业、提供重要公共产品的行业以及支柱产业和高新技术产业中的骨干企业集中,发挥民间投资不可替代的作用,使国有资本与民间投资有一个大体的分工。这就是党的十六大所说,"各种所有制经济完全可以在市场竞争中发挥各自的优势,相互促进,共同发展"。

(二)改革国有资本的管理、监督、运营体制

进一步提出改革国有资产管理体制,是党的十六大推进国有企业改革

的一个亮点。市场体制与国有经济结合的基本途径是企业的所有权与经营权分离，政府的公共管理职能与国家所有权职能分开。这就产生了一个国有产权委托代理和监督的问题。因此，建立符合市场经济的国有资产管理、监督、运行机制就是建立社会主义市场经济体制的一项基本任务。

国家投资和拥有股份的企业走向市场的基础条件是包括国家在内的所有权必须到位。政府在企业外过多的干预不能克服企业内所有者缺位带来的一系列弊端。现行的政企不分的国家所有权管理体制、责权不清的国家所有权委托代理关系是国有企业机制不活、国有资本运作效率低，甚至国有资本流失的重要原因。

当前，国有企业结构调整和深化改革的任何大措施几乎都涉及产权变动。举例如下。

①国有经济有进有退的战略性调整已陆续展开，国有产权重组和交易的规模越来越大；

②债权转股权大规模进行，部分丧失竞争力的企业等待退出市场；

③国有企业公司制改制的范围逐渐扩大，股权结构变动日益频繁；

④越来越多的公司股票上市，非流通股全流通问题已经引起人们的关注。

在国有产权变动频频发生的今天，其他产权所有者是明晰的，并为维护自己权益而竭尽全力，此时国家所有权继续不到位就有巨大的风险，不仅有效的公司治理难以建立，而且国有资产流失几乎不可避免。

现在，建立符合市场经济的国有资产管理体制具有十足的紧迫性。建立国有资产管理体制应注意解决四个问题：

（1）落实国有资本的管理、监督和经营责任，形成对每一部分经营性国有资产可追溯产权责任的体制和机制；

（2）国有资本在行业领域中的布局和企业结构要进行有进有退的调整。政府从拥有国有企业，转变为控股重要企业和持有国有资本；国有资本由覆盖各行业、各领域，向涉及国家安全、关系国家经济命脉、国家必须控制的行业领域集中，提高国有经济控制力；

（3）建立明晰的国家所有权委托代理体制，使政府的公共管理职能部门与行使国家所有权的机构分开，使各自有明确的职能定位，保证委托代理的有效性；

（4）实行国家所有权与企业经营权分离，所有者到位，使包括国家投资和拥有股份的企业成为独立的市场主体，自主经营，自负盈亏。

概括地讲，改革国有资产管理体制的任务是以使国家投资和拥有股份的企业成为自主经营、自负盈亏独立的法人实体和市场主体，并以国有资本保值增值为目标，通过建立有效的国有产权委托代理体制，实现政企分开，所有权与经营权分离。

党的十六大报告短短一段表述，把建立符合市场经济的国有资产管理体制的主要问题都说清楚了。

（1）国有资产管理体制必须坚持国家所有。这是建立新体制的前提。重要的并不在于国家再统一调度全国的国有资产，而是各级政府对国有资产的管理、监督和运营必须遵循国家统一的法律法规。

（2）中央和地方政府分别代表国家履行出资人职责，这就界定了三级政府的产权责任。

（3）设立专司国有资产管理机构，受同级政府委托代表国家履行出资人职责；政府行使公共权力的部门与行使国家所有权的部门分开，各自有明确的定位和行政目标，这就从组织上实现了政资分开，体制上实现了政企分开。

（4）"管资产与管人、管事相结合"，由出资人机构集中、统一、排他性地行使所有权，这就构造了明确的产权主体。

（5）履行出资人职能的部门，是企业的出资人，实行所有权与经营权分离。出资人依《中华人民共和国公司法》以股东的方式行使权利。

（6）调整国有经济布局与建立国有资产管理体制必须结合进行，履行出资人职能的部门控股关系国家安全和经济命脉的少数重要企业，对其他企业以资产保值增值为目标进行有进有退的调整。

（7）要发挥中央和地方两个积极性，但在操作上要先中央后地方、先立法后行动。

设立专司国有资产管理机构，受政府委托代表国家履行出资人职责。这是党的十六大在建立国有资产管理体制方面做出的重要决定。在这种情况下，我们必须注意两种倾向：一是防止企业内所有者继续缺位，所有者权益被侵蚀；二是防止出现"婆婆加老板"，把企业管死。国有资产管理的关键是必须实行所有权与经营权分离，而这与出资人机构如何行使所有权密切相关。

（三）健全社会保障体制，给国有企业以平等竞争的地位

中国面临巨大的就业压力，但有较好基本素质、数量上无限供给的廉价劳动力，又是中国的一大优势。目前各国大公司纷纷投资中国的一个重要原因，就是抢先分享这一优势。《日本时代》杂志的一篇文章说："一个公司能否在这个新世界兴旺起来，要取决于它能否利用中国的优势来增强自身的竞争力。""竞争并不像报纸头条暗示的那样，是美中或日中之间的战争，它是市场上的竞赛。胜利者将是那些能充分结合中国的竞争力来击败其本土对手的公司。"外国公司和民营企业在利用中国廉价劳动力优势方面，可以说达到了淋漓尽致的地步，使它们的竞争力得到了极大的提高。一方面给它们创造了丰厚的利润，另一方面也为世界提供了无与伦比的大量廉价商品，同时也为我们创造了大量的就业岗位和税收。

现在的情况是，一方面是外国公司和民营企业充分利用中国人力资源迅速提高自身竞争力，另一方面是国有企业不仅不能分享中国人力资源优势，反而被人员问题拖累陷入困境。实践越来越证明，这是影响国有企业发展的桎梏。劳动力结构不调整，不仅没有效率可言，而且在企业遇到困难和风险时，不能以劳动力结构重组为前提调整企业的经营结构、组织结构和资本结构，从而获得新的发展动力，相反使企业的结构性矛盾不断积累。这一状况如果不能尽快改变，即便目前状况尚好的企业其前景也令人担忧。因此，在国有企业走向市场时，政府再给它们吃偏饭是不必要的，但为它们创造平等竞争条件则是无法推卸的责任。

要下决心做持续的努力，使国有企业轻装上阵，创造利润、创造就业岗位、创造税收，政府用企业税收承担社会职能。因此，改变国有职工生老病死、妻儿老小依托国有企业的状况，使职工由"企业人"转变为"社会人"，使企业可以根据生产经营的需要决定用人的数量和结构，使职工可以根据自己的特长和爱好选择就业岗位。

在实现国有企业三年改革脱困目标的过程中，在建立国有企业退出市场的机制和通道、构建国有职工流动机制、改变企业"办社会"状况等方面取得了积极进展,为建立企业有生有死、职工能进能退的新机制奠定了重要的基础,但那是有政府主持、以个案方式逐个处理的,是不能持久的。要使这些新机制的萌芽成为不需要政府干预、可以通过市场自动运行的机制,就必须以政府为主、企业积极配合,创造条件,完善法律法规,强化中介服务力量,大力推进建立新机制。

消化和解决旧体制的遗留问题是国有企业取得平等竞争地位的当务之急,其中最重要的是建立、健全社会保障体制,它是市场经济的基础工程,是社会稳定的屏障,是企业富有活力的基础条件。

建立社会保障体制是一项难度极大的社会工程,其中一个难点是历史欠账。用国有资产存量变现补充社保基金政策的出台为解决这一问题开辟了道路。我们必须认真制定可持续的方案,以政府为主导,由政府、企业、社会中介做持续的共同努力。

(四) 建立有效的公司治理机制

在市场经济中政府主要负责公共管理,组织、提供公共产品,承担社会责任,因此它很难成为以个别企业的赢利为目标的"合格股东"。实践证明,国有企业改制为国有独资公司,没有什么意义。国有企业转换经营机制的重要途径是"大力发展股份制",引入新的投资者。正如党的十五届四中全会《中共中央关于国有企业改革和发展若干重大问题的决定》所指出的,"要通过规范上市、中外合资和相互参股等形式,改为股份制企业","重要的由国家控股"。

在企业改制中必须下大力气建立有效的公司治理结构。公司治理结构是妥善处理由于所有权和经营权分离而产生的信托代理关系的制度安排,它是一个有国家法律保障的、制度严谨的分权制衡体制。它所形成的一套有效的委托代理关系,可以保障投资者最终的控制权,可以维系公司各个利害相关者之间的平衡,使所有权和经营权的分离成为可能。因此,有效的公司法人治理结构是公司制的核心。

目前国有企业改制为公司的数量已经不少,但距建立有效的公司治理我们还有很长的路要走。可以说,目前公司治理是微观经济领域最重要的制度建设。建立有效公司治理的重要意义有如下几点。

(1) 公司治理的有效性关系国企改革的成败。良好的公司治理可以保障投资者权益。这是所有权与经营权可以分离的制度基础。如果因公司治理的缺陷，投资者的权益得不到保证，机构投资者、外资和个人投资者将会"用脚投票"，远离公司。而政府股东由于退出的障碍，就会处于两难的境地。如果不加干预，坐看国有资产流失，有失责任；如果以强化行政干预的方式来维护所有权，那就退回到所有权与经营权不分、政企不分的原点，使改革招致失败。

(2) 公司治理水平影响经济增长。有投资能力的机构和个人并不一定就是创办企业的好手。只有源源不断地将机构和个人资金通过资本市场流入企业，转化为生产发展资金才能保持经济增长，而公司治理在这一转化中处于核心地位、起着关键作用。从这个意义上说，公司治理的有效性关系经济发展全局，公司治理水平影响经济增长。

(3) 公司治理是企业竞争力最重要的基础软件。世界上办得成功的大公司几乎都经历了同一个过程，发展—融资—再发展—再融资。能沿着这条道路走下去的基本条件就是取得投资者的信赖。现在的情况是，有发展前景的企业需要不断充实资本金，获得发展的机会，而那些机构投资和个人投资者则四处寻找良好的投资项目和可信赖的业主。这两者能否有效结合，一是看资本市场是否健康有序，二是看公司法人治理是否规范有效。可以说，一个富有前景的企业，有效的公司治理、对股东的诚信是取得投资者信赖的基石，是走向资本市场的通行证，是企业竞争力的基本要素。据麦肯锡企业顾问公司2000年调查，对同等赢利水平的公司，投资者愿为治理机制良好的公司股票多支付20%以上的溢价；在亚洲金融危机后，投资者在评估亚洲投资潜力时，认为董事会行为质量比财务问题更重要或同等重要的占75%。

从政府人员到投资者，到公司董事、经理，要从根本上认识公司治理是现代市场经济"必不可少的制度安排"，加快公司治理觉醒的过程。这是当前中国微观经济体制建设中的一个最重要的课题。当前我们要着重理解的是：

(1) 改善公司治理结构的目标是保护股东的权利；

（2）改善公司治理的重要途径是改善股权结构；

（3）完善公司治理法规，培育公司治理文化需要政府、投资者、经营者、中介机构、新闻媒体的共识和共同努力。

中国要加快公司治理觉醒的过程，使维护股东权益，包括小股东必须受到公正待遇，成为社会普遍共识和主导倾向，为社会资金、基金甚至国际资本顺利地、源源不断地流向生产发展开辟通道。这是中国企业壮大成熟、中国经济持续、稳定增长最重要的基础之一。

（五）建立健全企业退出机制

企业的市场退出是结构调整和优化产业布局不可或缺的手段。改革开放以来社会关注的重点是通过"放权"激发企业活力；通过政策优惠增强企业扩张能力；对即使丧失竞争力的企业也由政府出面采取包括强制国有银行提供贷款等方式进行挽救，较少有人关注企业结构优化和建立市场退出机制的问题。

政企不分的体制使沉积于国有企业的"死债""活人"几乎都有政府背景；国有企业有生无死，使矛盾和问题不断积累。现在通过破产重组要解决的不仅有当期的问题，而且有十年或十五年前的问题。因此，建立破产机制遇到了巨大的困难。企业破产机制迟迟不能建立造成了不良的直接结果：

一是低效、无效资源难以重新配置，不断错过企业重组的机会，浪费了经济增长潜力；

二是竞争失败的企业不能及时被重组或退出市场，使矛盾和问题不断积累，已经成为社会稳定的巨大隐患；

三是没有对业绩不佳企业的惩处威胁和对债权人的保护，使滥用有效资产的行为蔓延，诚信和信用体系失去了制度基础，加大了社会风险，特别是银行风险。

90年代中期国有企业破产带有试点的性质，是按1986年颁布的《破产法》实施的，但对纳入"计划"的破产又采取了特殊政策，即企业破产财产不仅优先补足所有职工工资，而且优先用于支付由此而失业职工的"安置费"。这一政策的基础是国有企业不仅资本金是国家投入，而且主要债权人是国有银行，本质上是在国有企业破产时以牺牲国有银行的利益来补偿对国有职工的欠账。这一做法某种意义上讲是国家通过"左口袋"与"右口袋"间的平衡来摆平国有企业、国有银行和国有职工间的关系，而其他债权人则连带受损。这一做法有损保护债权人利益的原则，是不能普遍推广的。

中国的市场经济体制要健康运行，必须建立良好的破产制度。正如世界银行2001年"中国国有企业破产研究"的报告中所指出的，良好的破产制度与现代会计制度、现代审计制度和良好的公司治理都是当前中国企业制度建设中最重要的课题。

国有企业改革牵动全局。深化国有企业改革的资源并不全在企业之内，需要政府、企业、投资机构、银行和中介机构的共识和共同努力。

在"国有资产管理体制改革研讨会"上的开场讲话[*]

(2003年1月14日)

> 进入新世纪,现代企业制度试点范围扩大,一个绕不过去的问题就是如何做到"产权清晰"。国有企业转制为公司,企业"国有资产"转化成"国有股权"。谁是有资格的持股机构、国有资本的老板,已经成为制约改革的一个重要问题。2003年1月14日,世界银行与国务院发展研究中心共同召开"国有资产管理体制改革研讨会",会上世界银行发布了《改革国有资产管理:从国际经验看中国》的政策分析报告。

首先,我要十分感谢世界银行应国务院发展研究中心企业研究所的要求就中国改革国有资产管理体制进行专题研究。世界银行提出的《改革国有资产管理:从国际经验看中国》的政策分析报告,借鉴国际经验深入探讨了中国国有资产管理的诸多重要问题,对正在推进的国有资产管理体制改革有重要的参考价值。

1993年提出建立现代企业制度后,国有资产管理体制改革的问题始终是人们关注的焦点。由于这是一项涉及社会主义市场经济体制最深刻的改革,党中央、国务院始终采取非常慎重的态度。经过十年的实践探索,直到党的十六大才将国有资产管理体制改革推进到可实施阶段。

国有资产管理体制改革涉及理论政策和操作层面的许多问题,在哪个方面的重大问题处理不当,都会造成极为严重的后果。邀请国内外专家学者深入研讨,提出政策建议,将对成功地推进改革有重要意义。

---

[*] 本文是作者在研讨会上的开场讲话。

在"国有资产管理体制改革研讨会"上的开场讲话

十六大对国有资产管理体制改革的重要原则做出了规定,这是中国经济体制改革新的突破,是国有企业改革新的亮点。但在具体操作层面还有大量问题需要研究。如:

国有资产管理体制改革要解决哪些问题?

我们要建立的是国有资产管理体制还是一个机构?如果说是一套体制加机制,那么它的内涵是什么?

履行出资人职能的部门属于什么性质的机构?这个机构的设立需要哪些条件?它与投资的企业是什么关系?它与政府和政府部门是什么关系?

履行出资人职责的部门如何行使所有权?如何保证所有者到位又不越位?

改革国有资产管理体制与建立有效公司治理是什么关系?股权多元化有什么利弊?如何实现股权多元化?

国有产权的委托代理体制如何设计?怎样提高国有产权委托代理的有效性?

对承担公共目标的国有企业与以营利为目标的国有企业的监管方式是否有区别,如何区别?

改革国有资产管理体制与抓大放小、有进有退的调整之间是什么关系?等等。

希望与会专家畅所欲言,发表意见和建议,为中国建立符合市场经济的国有资产管理体制献计献策。

在全国政协十届一次会议经济大组会议上的发言[*]

（2003年3月4日）

我想就十六大后进一步深化国有企业改革的重点讲一点意见。

三年国有企业改革脱困工作取得了巨大成果，扭转了90年代中期企业状况持续下滑的局面。但是到目前为止，国有企业约占用工业总资产的一半，占工业贷款的2/3，却只创造了1/3的工业产值。这说明国有企业改革仍是中国经济持续发展绕不过去的一个问题。江泽民同志关于国有企业改革处于"关键时期，攻坚阶段"的判断还没有过时，进一步深化国有企业改革有几点是值得重视的。

一　对国有资本进行有进有退的调整

国有资本的特殊作用是保障国家安全和支撑国民经济的增长。为此，国有经济应保持必要的数量，但更重要的是国有资本分布的优化和质量的提高。党的十五大和十五届四中全会都提出要从战略上调整国有资本布局，改变国有经济分布过宽、整体素质不高的状况。要以国有资产管理体制改革为契机，积极稳妥地推进结构调整。对广大中小企业，要以地方为主采取更加灵活的方式放开、放活，使它们能独立地走向市场。对于大型国有企业，在民间资本可以进入并愿意进入的行业和领域要引入新的投资者，发展股份制。国有资本要向涉及国家安全的行业、自然垄断的行业、提供

---

[*] 2003年3月4日，全国政协十届一次会议经济大组会议，温家宝等中央领导同志出席。本文是作者围绕改革国有资产管理体制、健全社会保障体制、建立有效的公司治理、健全企业破产机制等问题，以"进一步深化国有企业改革的几个问题"为题所做的发言。

重要公共产品的行业以及支柱产业和高新技术产业中的骨干企业集中，使国有经济控制国民经济命脉，发挥民间投资不可替代的作用。

二　改革国有资本的管理、监督、运营体制

建立有效的国有资产管理体制是社会主义市场经济体制的一项基础性的制度建设。党的十六大提出了国有资产管理体制改革指导原则，把这项改革推进到了可实施阶段。

1. **改革国有资产管理体制应注意解决四个问题**

（1）建立明晰的国家所有权委托代理关系，落实国有资本的管理、监督和经营责任，形成对每一部分经营性国有资产可追溯产权责任的体制和机制；

（2）政府从管理庞大的国有企业群，转变为直接控股重要企业和运营国有资本；

（3）设立国有资产管理机构，使其与公共管理职能部门分开，受政府委托集中统一行使国家所有权；

（4）实行所有权与企业经营权分离，国有资产管理机构履行出资人职责，拥有股权，以股东方式行使权利；企业拥有法人财产权，是独立的市场主体，自主经营，自负盈亏。出资人不越权干预。

2. **建立国有资产管理体制的难点**

（1）面对如此宽泛、庞大的国有企业群，即便中央和省、市三级政府分别管理，也非常困难。十六大把"调整国有经济布局和结构"与"改革国有资产管理体制"统筹考虑是十分重要的，但完成这一轮调整要有一个过程。

（2）缺乏良好的公司治理基础。在所有者长期缺位的情况下，在企业内外实际上存在着一股人为扭曲公司治理的力量。这一情况如果不能改变，国有资产管理体制改革难以成功。

（3）新设立的出资人机构如何正确行使所有权，做到出资人既到位又不越位，这是很难掌握的关键技术细节。

（4）缺乏懂得和熟悉资本监管的人才。

3. **国有资产管理体制改革的风险**

（1）政府机构不再干预后，如果国家所有权继续不到位，这就为企业

内部人控制留出了空间，资产和效益的流失在所难免；

（2）在实行"管资产与管人、管事相结合"的情况下，如果出资人机构不转为"管资本"，而继续沿袭隶属关系式的行政干预，成为"婆婆加老板"，那么就会把企业管死，退回到改革原点；

（3）国有资产管理机构如何履行出资人职责。如果出资人机构的权力掌握不当或缺乏监督，比如出现争先"一卖了之"或对经营者半买半送等情况，很快就可能把用于解决或部分解决对职工历史欠账和银行不良债务的资源耗尽，那就会造成严重的社会后果。

由于这是一项牵动全局又十分复杂的改革，因此先中央、后地方，先立法、后行动是完全必要的。

三　健全社会保障体制，给国有企业以平等竞争的地位

国有企业走向市场遇到的一个最棘手的问题就是承担了大量的社会保障职能，职工"以企业为家"，形成了一种"大锅饭"体制。

现在的情况是，一方面是外国公司和民营企业充分利用中国人力资源优势迅速提高自身竞争力；另一方面是国有企业不仅不能分享中国人力资源优势，反而被冗员问题拖累而陷入困境。这一状况如果不能尽快改变，即便目前状况尚好的企业其前景也令人担忧。

国企三年改革脱困中，在建立国有职工流动机制、改变企业"办社会"状况等方面取得了积极进展。但那是由政府主持、以个案方式处理，是不能持久的。要使这些成为不需要政府干预、可以通过市场自动运行的机制，最重要的是建立、健全社会保障体制。为此，必须以政府为主导，由政府、企业、社会中介做持续的共同努力。

四　建立有效的公司治理机制

有效的公司治理可以保障投资者的最终控制权，是所有权和经营权分离的前提，是未来国有资产管理体制的微观制度基础。因此，党的十五届四中全会指出，有效的公司法人治理结构是公司制的核心。

扭曲公司治理首先受害的是小股东，最大的受害者是大股东，因此改善公司治理的目标是保护股东的权利。

改善公司治理靠企业自身努力并不能完全奏效，必须进一步完善法规，并需要政府、监管部门、国有资产监管机构、机构和个人投资者、经理人市场、中介机构和新闻媒体的共同努力。

五　建立健全企业破产机制

改革开放以来，政府和社会关注的重点是通过"放权"激发企业活力，通过政策优惠增强企业扩张能力，较少关注企业结构优化和建立市场退出机制的问题。

由于企业市场退出的困难，使国有企业"死债""活人"的矛盾不断积累，已经成为影响国有经济效率和社会稳定的重要问题。

企业创业环境重要，企业退出市场的环境同样重要。破产机制是及时化解矛盾的机制。市场经济体制要健康运行，必须建立良好的破产制度。良好的破产制度与现代会计制度、现代审计制度和良好的公司治理都是企业健康发展必须解决的最重要的问题。

《财经》专访：国资委的定位*

（2003年3月12日）

  2003年的全国人大、全国政协"两会"恰逢政府换届。在政府机构改革中，大家特别关注的是新设立的"国务院国有资产监督管理委员会"，即国资委的相关问题。

《财经》：政府机构改革的方案已在十届人大通过。即将成立的国资委将成为中国专司国有资产监督管理的机构。我们很想听听您作为一位研究国有资产管理模式改革多年的资深专家对此改革的看法。

陈清泰：国有资产管理体制改革的任务，是要建立一套符合市场经济的国有资产管理体制和机制，实现"政资分开"，所有权与经营权分离；使公有制、国有经济范畴的企业成为独立的市场主体，从而实现公有制、国有经济与市场体制的结合。因此，国有资产管理体制改革是涉及国有资产的管理、监督、运营和国家投资企业的公司治理等多方面相互关联又相互制约的体制和机制，绝不是各级政府设立一个专门机构就可以解决的问题。在概念上，建立一个机构和建立一套体制和机制是完全不同的两回事。建立国有资产管理体制和机制，我想至少包括四个方面。（1）国有资产的公共管理职能。如国有资产的立法、国有产权的界定、会计制度、统计、稽核、评估和纠纷仲裁等，都属于国有资产的公共管理职能，应由公共管理部门管理，形成全国上下统一的管理系统。（2）国家所有权的委托代理体制。国家统一所有，中央和地方政府分别代表国家履行出资人职责；中央和地方政府设立专司国有资产管理的部门——出资人机构；出资人机构按国家统一法律法规直接持股重要企业，对部分大型企业和企业集团进行

---

* 本文是2003年3月12日《财经》杂志就设立国资委的相关问题对作者的专访。

"授权经营"。(3)国有企业的公司制改制和公司治理。在公司制度安排下,国家所有者由通过政府部门的行政干预"管"企业,转变为委托出资人机构以股东方式"履行出资人职责";通过建立有效的公司治理结构,使包括国家出资人在内的所有者通过股东会或产权交易市场保持对企业的最终控制权;企业拥有法人财产权,自主经营,自负盈亏,成为独立的法人实体,以此实现在所有权与经营权分离情况下保障国家所有者权益。(4)对国有资本运营的监督。政府授权有关部门如财政部、审计署,对出资人机构进行审计监督;出资人机构对国有独资企业、授权经营的机构进行审计监督。由此看来,一些人以为国有资产管理体制改革只是建立一个机构,这种看法是不全面的。

在要建立的体系中,国资委是新机构,处于重要位置。国资委受政府委托代表国家"履行出资人职责",应该做到的是所有者(代表)进入企业,既到位,又不越位。这里有一个技术性的难点,就是国资委如何履行出资人职责。很多人担心现在国资委的权力如此集中,会不会变成"老板加婆婆"。就是说,如果新的国有资产管理机构错误地理解"管资产与管人、管事相结合",继续沿袭并强化"行政隶属关系"式的管理模式和手段,以对企业进行强干预和"严格"审批来"管企业",结果必然是把企业管死,改革就会退回到政企不分、所有权与经营权不分的原点。在中国大家熟悉以行政干预的方式管企业,不熟悉以股东方式行使所有权。放下最熟悉的、拿起最不熟悉的有极大的难度。

这个问题还有另外一个方面,就是所有者应该到位。为维护所有权、依照《中华人民共和国公司法》(本文以下简称《公司法》)行使股东权利必须"管"的人和事,出资人机构必须尽职尽责地"管"好,否则就是失职。前一阶段国企改革中出现的一些问题就包括所有者没有到位。在一些企业,由于所有者缺位不断出现侵犯所有者权益的行为,政府企图通过在企业外的行政干预来维护国家所有者的权利,但是政府在企业外再多的干预并没有克服企业内部所有者缺位带来的问题,致使企业"内部人控制"带有一定的普遍性。

《财经》:怎样才叫"所有者到位"?

陈清泰:十六大提出"管资产与管人、管事相结合",这是克服国家所有权多头管理、无人负责、克服企业内所有者缺位迈出的关键性一步。但是对这句话的理解非常重要。我认为这里所指的"管人管事"是指"管资产"必须管的那些人和事，而不是过去为"管企业"而漫无边际的行政干预。就是说，出资人机构为维护股东权益必须要管的人和事一定要管好，尽职尽责，但管理方式则必须按照《公司法》。反过来说，出资人机构没有权力超越《公司法》去管人管事。"所有者到位"就是要把股东的权力行使好。股东的权力是什么？《公司法》对此有十分明确的界定，那就是股东会的权利。比如《公司法》赋予股东大会决定公司的经营方针和投资计划的权力，选举和更换董事并决定其报酬；审议批准公司的年度财务预算方案、决算方案；审议批准公司的利润分配方案和对公司增加或者减少注册资本；对公司合并、分立、解散和清算等事项做出决议等权力。但所有权不能干预董事会的经营权和经理的经营管理权。

所以我想，国资委的设立至少解决了三个问题。一是这个机构明确无误的定位是"履行出资人职责"，绝不是"管理国有企业"的职责。就是说管理的对象是"资本"，不是"企业"，实现所有权与经营权分离。二是政府行使国家所有权的部门与行使公共权力的部门分开，各自有明确的定位和行政目标，这就从组织上实现了"政资分开"，体制上实现了政企分开。三是出资人机构"管资产与管人、管事相结合"，就是作为企业国有资本出资人，按《公司法》该管的人和事，集中、统一地行使所有权，形成责权明晰的可追溯责任的产权主体，对企业而言，这就构造了排他性地行使国家所有权的"老板"。

因此，"管资产与管人、管事相结合"中的"管"，绝不是传统意义上政府在企业之外进行的行政干预或行政审批式的管。出资人机构要"管"的内容是履行出资人职责该"管"的内容，"管"的方式是出资人履行职责的方式。所有权到位，就是出资人机构为行使所有权该管的人和事要管好、管到位，成为"真老板"，强化来自所有者的激励和约束，这是维护所有者权益必须要做到的。所有权不越位，就是出资人机构只当"老板"不当"婆婆"，只行使股东权力，不干预企业的经营权、管理权，这是增强公司活力和提高公司运行效率所必须的。

《财经》：改革之后，所有者代表的职责与改革前有何区别？

陈清泰：国有资产管理体制改革的结果，就是由过去政府部门直接管理庞大的国有企业群，逐渐转变为出资人机构控股重要企业（比如石油、电信、电力等），参股一般企业，进行资本运作。就是说，出资人机构体现政府意志，控股重要行业、关键领域重要企业；在一般竞争性行业，出资人机构并不偏爱某家企业，而看重投资收益。对亏损企业通过兼并重组、破产关闭、产权交易等多种形式不断进行有进有退的调整，使国有资本向国家安全、经济发展有需要而民营资本不能进入或不愿进入的行业和领域集中，缩小管理幅度，提高国有资本运作效率，发挥民间投资不可替代的作用。

《财经》：那么将来中央将要控制的企业大约有多少家呢？

陈清泰：中央将来控制的企业肯定是少数，但是"关键的少数"。"关键的少数"是指关系国家安全、经济命脉的重要骨干企业。这少数企业随着时间的推移在行业、产业分布上也会有所调整。一般而言，中央控制的是关系国家全局的重点企业；省市国资部门也会控制一部分对本区域社会、经济有重大影响的企业，如重要公共服务部门、重大基础设施企业等。

国有企业的行政隶属关系从新中国成立以来已经历了多次的上收下放过程，现在要把这30多万亿国有资产根据"谁投资，谁所有"的原则在中央和地方、地方和地方间重新划分清楚将非常困难。党的十六大提出在国家统一所有的前提下，中央、省、市三级政府分别代表国家履行出资人职责，这是一个现实可行的好方案。我理解"国家统一所有"最重要的含义有两个：一是国有资产管理、监督和运营的法律法规必须由国家制定，全国统一实行；二是在极特殊情况下，不排除国家统一调度国有资产的可能性。平时国有资产的管理、监督、运营和收益等所有者权利则由三级政府分别行使。

至于现在的企业哪些国有资产属中央，哪些属地方，不要把它想得过于复杂，实际上哪些资产属于谁都是十分清楚的，企业向中央政府还是向地方政府缴纳所得税就是一个证据。各个政府出资人机构所管资产的范围，我想就是按现有格局，极个别的做一些调整就可以了。这并不是一个很复杂的问题，不会出现全国上下重新瓜分国有资产的情况。

《财经》：改革之后，国资委选择大型国有企业的董事的方式和标准与以前"党管干部"选择企业领导人将有何区别？

陈清泰： 改革之后，那些超级大企业的高管仍将由党的系统选任，其他大部分企业高管人员将由追求国有资本回报、承担国有资产监管责任的出资人机构选任。因此，评聘标准会与党政干部有所区别，就是在基本政治素质符合要求的情况下，更多地考虑他们的经营管理能力和决策能力。现阶段"党管干部"模式还是必不可少的，但是管理的形式会不断改进。出资人机构应按照《公司法》规定的范围和方式行使人事权。

目前，缺乏懂得和熟悉资本运营和监管的人才是国有资产管理碰到的突出难题。出资人机构的功能和性质实际上相当于国家控股公司或国家资产管理公司。出资人机构成功地运作，需要有高水平的资本运营、企业评价、财务监管等专业人员；为使投资和控股公司正常运转，需要派出合格的董事、称职的监管人员。这些都是当前稀缺的人力资源。

《财经》： 国资委不应该有公共职能，将来规范国有资产管理的法律法规的，它是否会是起草和制定者呢？起草法律法规就属于公共职能，与出资人职能就有冲突。

陈清泰： 它不可能是法律法规的最后制定者，这需要由人大或政府来完成，但是由于它对情况比较熟悉，授权或委托它来起草，我想这是可能的。国有资产管理向新体制转变不可能毕其功于一役，有一个前后衔接的问题。不能只考虑合理性，不考虑可行性。初期的国资委在出资人职能外加入某些公共管理职能是难以避免的。这次确定的国资委职能、管理模式在一些方面可能还带有探索性、过渡性，需要通过实践不断检验和完善。

《财经》： 国资委如何才能不变成"婆婆加老板"？在人们的料想中，国资委集管人、管事、管资产等几项大权于一身，一定会是一个强势机构。

陈清泰： 国资委如何才能只当"老板"，不当"婆婆"，我想最重要的是要立法，实现所有权与经营权分离。人大通过的政府机构改革方案明确提出，国资委要"依据《公司法》等法律法规履行出资人职责"，这是非常重要的。公司权力可以划分为所有权、经营权、管理权和监督权四类。《公司法》对四项职权各有明确界定，并分别由股东会、董事会、经理和监事会行使，以建立有法律保障的制衡关系，形成有效的公司治理结构。所有权由出资人行使，就是保持股东对公司最终控制地位必须行使的权力。

这是维护所有者权益所必需的。出资人的所有权体现为《公司法》赋予股东会的权利：股东会选聘董事，组成公司经营决策机构——董事会，由他来行使经营权。管理权则由董事会选聘的经理掌握。董事会对公司重要事项做出决策后，交由经理主持公司的日常经营管理。监督权由监事会代表股东行使。这都是《公司法》做出的明确规定。

在公司治理中既要防止所有权侵犯经营权、管理权，也要防止经营权、管理权架空所有权、排斥监督权。只有公司的所有者、经营者、管理者、监督者恪尽职守，又不越位，才能形成良好的运行机制，既保障所有者的最终控制权，又使企业富有活力。

《财经》：有的专家学者担心，地方得到了十六大对国有资产履行出资人职责的尚方宝剑会大肆变卖或瓜分国有资产，实际上很多企业已经是"内部人控制"了。

陈清泰：所以现在提出"先中央，后地方"，"先立法，后行动"。新的法规会比较具体，比如说国资委承担什么责任，如何行使权力，与政府和部门的关系，与企业的关系等，都会有比较明确的界定。有了法规，地方国资委才好成立和运作。事实上，在十六大报告之前，地方对国有企业重组、改制、转让等一直就没有停止，不能笼统地说卖都不对，问题是如何卖，谁有权决定价格，谁有权决定卖。设立国资委，落实了产权责任，通过制定法规有了规矩，我相信国有资产在流动中流失的状况一定会有好转。

当然，出资人机构的权力如何行使，确实是一个值得注意的问题。如果出资人机构的权力掌握不当或缺乏监督，如果出现争相"一卖了之"，或对经营者半买半送等情况，很快就会将可能用于解决或部分解决职工历史欠账和银行不良债务的资源耗尽，那就会造成严重的社会后果。当然，出资人机构设立了，出现"一卖了之"、半买半送的情况也便于追究责任。

《财经》：强势国资委是否会妨碍或延缓国有经济布局的战略性调整呢？

陈清泰：我想不会。国有资本布局的调整是所有者为获得更高投资回报而主动采取的措施。因此，结构调整的主体是所有者，动力来自追求投资回报。以前管理国有资产的职能非常分散，很多政府部门都可以对国有企业说三道四，但都缺乏追求资产增值的动力，也没有人对国有资产的增值负责。现在有了这样一个机构，就有了国有资产保值增值的责任主体。国资委对同级政府负责并受到同级政府监督。重要的是政府不要给国资委设立过多的目标，政府要使国资委明确无误地将精力集中于国有资产保值增值，并且监督它实现这一目标。

国有资产管理体制改革[*]

(2003年3月23日)

2003年3月23～24日,由国务院发展研究中心主办、中国发展研究基金会承办的"中国发展高层论坛2003年会"在北京钓鱼台国宾馆举行。本届年会主题是"全面建设小康社会的中国"。参加这次论坛的有外国著名企业家、学者和国际组织代表,也有中国政府有关部门的高级官员、企业家和学者。温家宝总理会见了出席论坛的外方人士。吴仪副总理、亚洲开发银行行长千野忠男出席开幕式并致辞。作者主持论坛开幕式,国务院发展研究中心主任王梦奎做主题发言。会议围绕主题深入讨论了九个专题。

建立符合市场经济的国有资产管理体制,是社会主义市场经济的基础性体制建设。从中央到地方几经探索,直到去年党的十六大提出了国有资产管理体制改革的指导原则,才把这项改革推进到了可实施阶段。

一 现行国有资产管理体制的主要弊端

(1) 企业国有资产笼统为国家所有,国务院代表行使所有权,但是在中央和地方、政府部门与部门之间产权责任不清,缺乏责任约束,国有资产实质处于无人负责状态。

(2) 许多政府部门既承担公共管理职能,又承担部分国家所有权职能,由于政资职责混淆,致使政企不分,既妨碍了政府正常行使公共权力,又使企业的目标变得模糊不清。

---

* 本文是作者2003年3月23日在论坛第六单元的专题演讲。

（3）政府部门在企业之外以行政方式多头干预，造成了两个结果：一是行政干预的"越位"，抑制了企业市场活力，致使国有资产运作低效率；二是企业内所有者"缺位"，弱化了产权约束，所有者权益往往被侵蚀。

二 改革国有资产管理体制应注意解决四个问题

（1）落实国有资产的管理、监督和经营责任，形成对每一部分经营性国有资产可追溯产权责任的体制和机制。

（2）国有资本在行业领域中的布局和企业结构要进行有进有退的调整。政府从管理庞大的国有企业群，转变为直接控股重要企业和运营国有资本；国有资本由覆盖各行业、各领域，向国家必须控制的行业领域集中，提高国有经济控制力。

（3）政府行使国家所有权的机构与公共管理职能部门分开，受政府委托集中统一行使国家所有权。建立责权明晰的国家所有权委托代理体制，行使公共权力的部门不再承担出资人职能。

（4）通过国有企业的公司制改制，实行所有权与企业经营权分离，国有资产管理机构履行出资人职责，承担有限责任；企业拥有法人财产权，是独立的市场主体，自主经营，自负盈亏。

三 适应市场经济的国有资产管理体制

国有资产管理是涉及国有制实现形式以及国有资产的管理、运营、监督和公司治理等多方面相互关联的体制和机制，绝不是各级政府设立一个专门机构就可以解决的问题。国有资产管理主要涉及四个方面。

1. 国有资产的公共管理

如国有资产的立法，国有产权的界定、会计制度、统计、稽核、评估和纠纷协调等。这属于国有资产的公共管理职能，应由公共管理部门管理，形成全国上下的管理系统。

2. 国家所有权的委托代理

国家统一所有，中央和地方三级政府分别代表国家履行出资人职责；

中央和地方政府设立专司国有资产管理的部门——出资人机构；出资人机构直接持股重要企业，运营国有资本。

3. 国有企业的公司制改制和公司治理

企业在国家所有权委托代理的末端，必须建立有效的公司治理，在所有权与经营权分离情况下保障国家所有者权益。

4. 对国有资本运营的监督

政府授权有关部门如财政部、审计署，对出资人机构进行审计监督；出资人机构对授权运营的国有资本进行监督。

四 关于国有出资人机构

出资人机构是受同级政府委托专职代表国家履行出资人职责的部门。它对受托监管的国有资本依照《中华人民共和国公司法》（本文以下简称《公司法》）拥有占有、使用、处分、收益的权利；实行所有权与经营权分离，承担有限责任；推进所监管企业的改革，优化国有资本布局；承担垄断性企业的改革重组责任。出资人机构就资产安全和对同级政府负责，接受政府的审计监督。

设立履行出资人职责的专职机构解决了三个问题：

一是这个机构明确的定位是"履行出资人职责"，而不是"管理国有企业"的职责，这就有利于从"管企业"向"运营资本"转变；

二是政府行使国家所有权的部门与行使公共权力的部门分开，各自有明确的定位和行政目标，这就从组织上实现了政资分开，体制上实现了政企分开；

三是出资人机构"管资产与管人、管事相结合"，对政府而言，构建了责权明晰的产权主体，有利于形成可追溯产权责任的机制；对企业而言，构造了集中、统一、排他性地行使所有权的"国有老板"。

因此，出资人机构不是原政府各部门管理国有企业的机构、职能和管理手段的简单合并，是由对企业的行政管理转为履行出资人职责，出资人机构的职能和行使职能的方式、手段都必须有重大转变。

五 建立国有资产管理机构要与国有资本有进有退的调整结合

国有资产管理的重要问题是国有产权委托代理的有效性。面对目前尚存的约 18 万户国有企业，三级政府的出资人机构是无法管理的。但是，如果通过多层资产管理公司监管，那么，就会因为委托代理链条过长而无法保障国家所有者权益。提高委托代理有效性，要与优化国有资本布局结合，使国有资本向涉及国家必须控制的重要行业和关键领域集中，减少国有资本覆盖企业的数量。

六 国有资产监管有两种形态

出资人机构监管国有资本要承担两方面责任：一是在支撑国民经济增长、保障国家安全方面实现政府的政策目标；二是提高国有资本运作效率，实现保值增值。

（1）对特殊公司。关系国家安全、经济命脉的特殊行业和提供重要公共产品的重要企业，如电网、电信、军工、石油和大型基础设施等领域的重要企业，政府投资的目的不仅是资产的增值，更重要的是承担公共责任，保持国家的控制力。为实现政策目标，对这类关键少数企业，出资人机构应直接持股、控股或独资经营，进行企业形态的监管。

（2）对普通公司。在一般竞争性行业，以投资的安全、回报最大化和国有资本的增值为目标，优化资本结构，进行有进有退的调整，由"管企业"，逐步转换为"运营资本"。

划分两类形态管理是使各自有明确的目标，可使用相应的管理手段和评价体系，提高运行效率，便于准确地考核。

出资人机构应编制国有资本经营预算，经政府批准后实施。

七 出资人机构如何行使所有权

出资人机构如何行使所有权这是一个关键的技术细节。在这里我们必须注意两种倾向：一是防止企业内所有者继续缺位，所有者权益被侵蚀；二是防止出现"老板加婆婆"，把企业管死。关键是从制度和机制上对以股东方式"履行出资人职责"和依照行政隶属关系"管企业"做出本质区分。

首先，所有权必须到位。就是出资人机构为行使所有权该管的人和事要管好、管到位，成为"真老板"，强化来自所有者的激励和约束。这是维护所有者权益必须要做到的。

其次，所有权不越位。就是出资人机构只当"老板"不当"婆婆"。不干预企业的经营管理。这是增强公司活力和提高公司运行效率所必需的。

做到"到位"又"不越位"，就必须实行所有权与经营权分离。具体地说，就是严格区分公司的所有权、经营权、管理权和监督权，出资人机构按《公司法》认真行使股东权利，但也只以股东的方式行使股东权利。

八　建立国有资产管理体制的难点

（1）面对如此宽泛、庞大的国有企业群，即便中央和省、市三级政府分别管理，也非常困难。十六大要求"调整国有经济布局和结构"与"改革国有资产管理体制"统筹考虑，这十分重要。但完成这一轮调整要有一个过程。

（2）缺乏良好的公司治理基础。在所有者长期缺位的情况下，在企业内外实际上存在着一股人为扭曲公司治理的力量。这一情况如果不能改变，国有资产管理体制改革难以成功。

（3）新设立的出资人机构如何正确行使所有权，做到出资人既"到位"又"不越位"，这是很难掌握的关键技术细节。

（4）缺乏懂得和熟悉资本运营和监管的人才。

九　国有资产管理体制改革的风险

（1）政府机构不再干预后，如果国家所有权继续不到位，这就为企业内部人控制留出了空间，资产和效益的流失在所难免。

（2）在实行"管资产与管人、管事相结合"的情况下，如果出资人机构不转变为"管资本"，而继续沿袭隶属关系式的行政干预，成为"老板加婆婆"，那么就会把企业管死，退回到改革原点。

（3）国有资产管理机构如何履行出资人职责。如果出资人机构的权力掌握不当或缺乏监督，比如出现争先"一卖了之"，或对经营者半买半送等情况，很快就会把可能用于解决或部分解决对职工历史欠账和银行不良债务的资源耗尽，那就会造成严重的社会后果。

由于这是一项牵动全局又十分复杂的改革，因此先中央、后地方，先立法、后行动是完全必要的。

公司治理与资本市场融资*

(2003年4月6日)

20世纪90年代,在推进现代企业制度试点时遇到的第一个问题就是国有企业找不到谁是自己的国有股东。在这种情况下,一些试点企业就通过政府的"授权经营",将自己改称为"集团公司",即"授权经营机构"。将其下的核心业务重组上市,使自己成为一股独大的国有股东。改制后的不良资产和历史包袱都留在了集团公司,但解决历史问题的资源都进入了上市公司。因此集团公司总有一种倾向,希望通过与上市公司高管的交叉任职、规模很大的关联交易和财务往来,从上市公司得到好处,来解决存续的那些问题。这就形成了"旧体制控制新体制"的局面,公司治理结构被严重扭曲。这种现象日益严重,进入新世纪后引起了资本市场的广泛关注。

法人治理结构的本质就是要妥善处理由于所有权和经营权分离而产生的信托代理关系。也就是说,所有者投资设立了经营机构,但是他并不直接参与经营。所有者把投资的财产信托给董事会来经营;董事会对法人事项做出决策,但是董事会不直接管理,而是聘请职业经理替他实现公司的目标。这样就出现了一系列的委托代理关系,所有者把财产信托给了董事会,董事会做出决策,又委托经理去执行。经理执行的结果如何体现所有者意志、保障所有者的权益,这就必须有一个科学的制度设计做保障,这套制度安排就是公司法人治理结构。

公司法人治理结构是一个有国家法律保障的、制度严谨的分权制衡体制。它所形成的一套有效的委托代理关系,可以保障投资者的最终控制权,

---

* 本文是作者2003年4月6日对公司治理改革中存在的问题所做的分析和提出的建议。

可以维系公司各个利害相关者之间的平衡，使所有权和经营权的分离成为可能。因此，法人治理结构是企业制度创新的一个核心问题。

随着社会分配格局的演进和市场化程度的提高，投资主体多元化的局面迅速形成，机构投资者和个人投资者大量涌现，它们与政府投资行为完全不同，它们是通过资本市场选择项目，选择业主，自主投资，自担风险。这种方式正逐步成为营利性投资的主渠道。一般而言，机构和个人投资者们无意直接干预公司，它们大多通过资本市场和公司建立联系，对公司建立规范、有效的公司治理有强烈的驱动力，以此保持对公司的最终控制权，保障股东权益。

90年代后期，很多国有企业陆续改制为公司制企业，有越来越多的国有企业经改制后上市。但建立有效的公司治理结构的问题却没有引起足够的重视。至今，包括已经上市的公司建立有效公司治理的条件还存在不同程度的缺陷：

（1）国有产权委托代理体制不清晰，政府强干预和企业内所有者缺位并存，内部人控制带有一定的普遍性；

（2）国有产权委托代理的低效率，加上一股独大的国有股东行为扭曲，使上市公司丧失了商业利益的独立性，有的成为大股东在资本市场上圈钱的工具，小股东权益无法保证；

（3）政府在公司之外的干预，加上控股股东与上市公司高层人员交叉任职，造成两个后果：一是董事会缺乏独立性，二是公司目标变得模糊；

（4）公司透明度普遍较低，信息披露的真实性、及时性经常受到投资者质疑；

（5）公司薪酬制度存在欠缺，使公司高管人员既缺乏有效监督，也缺乏有效激励；

（6）上市公司的大部分股票不参与市场交易，没有通过资本市场实现公司控制权转移的威胁，影响了股票市场对公司管理层有效的监督作用。

改善公司治理的要害是保护股东权益，改善公司治理的动力来自股东。如果股东没有为维护自己权益而积极参与公司治理的积极性，那么内部人则更乐于维持自己对公司的控制；如果控股股东可以通过关联交易、高管人员交叉任职等手段控制公司，并通过非正常渠道获取利益，那么控股股东就会有意扭曲公司治理，如果公司内部人能与控股股东达成交易，那么通过扭曲公司治理，使内部人获益的渠道就会存在。因此，通过有效的国有产权委托代理体制使国家所有权人成为持股企业的"真老板"而不是"假老板"；使其产生正常的股东行为，而不是非正常行为，这是改善公司治理的关键。就是说在建立市场经济体制过程中，我们不仅要重塑市场竞争主体，还面对重塑"国有老板"的任务。

中国正处于经济快速增长阶段和工业化的过程，只有源源不断地将社会资金转化为生产发展资金，才能保持经济稳定增长。而公司治理在这一转化中处于核心地位，起着关键作用。从这个意义上说，公司治理的有效性关系经济发展全局，公司治理的水平决定经济增长水平。

目前国有企业改制为公司的数量已经不少，但距建立有效的公司治理还有很长的路要走。可以说，目前公司治理是微观经济领域最重要的制度建设。

建立有效的公司治理意义重大。

（1）公司治理的有效性关系国企改革的成败。良好的公司治理可以保障投资者权益。这是所有权与经营权可以分离的制度基础。如果因公司治理的缺陷，投资者的权益得不到保证，机构投资者、外资和个人投资者将会"用脚投票"，远离公司。而政府股东由于退出的障碍，就会处于两难的地步。如果不加干预，坐看国有资产流失，有失责任；如果以强化行政干预的方式来维护所有权，那就退回到所有权与经营权不分、政企不分的原点，使改革招致失败。

（2）公司治理水平影响经济增长。有投资能力的机构和个人并不一定就是创办企业的好手。只有源源不断地将机构和个人资金通过资本市场流入企业，转化为生产发展资金才能保持经济增长，而公司治理在这一转化中处于核心地位、起着关键作用。从这个意义上说，公司治理的有效性关系经济发展全局，公司治理水平影响经济增长。

（3）公司治理是企业竞争力最重要的基础软件。世界上办得成功的大公司几乎都经历了同一个过程，发展—融资—再发展—再融资。能沿着这条道路走下去的基本条件就是取得投资者的信赖。现在的情况是，有发展前景的企业需要不断充实资本金，获得发展的机会；而那些机构投资和个人投资者则四处寻找良好的投资项目和可信赖的业主,这两者能否有效结合,一是看资本市场是否健康有序,二是看公司法人治理是否规范有效。可以说,一个富有前景的企业,有效的公司治理、对股东的诚信是取得投资者信赖的基石,是走向资本市场的通行证,是企业竞争力的基本要素。据麦肯锡企业顾问公司2000年调查,对同等赢利水平的公司,投资者愿为治理机制良好的公司股票多支付20%以上的溢价;在亚洲金融危机后,投资者在评估亚洲投资潜力时,认为董事会行为质量比财务问题更重要和同等重要的占75%。

90年代后期,很多国有企业陆续改制为公司制企业,有越来越多的国有企业经改制后上市。但建立有效的公司治理结构的问题却没有引起足够的重视。由于存在体制和结构性的缺陷,在利益驱动下国有企业改制为公司后,人为地扭曲公司治理的动机和力量始终存在,这主要表现在以下几个方面。

(1) 国有股权委托代理体制尚未建立,模糊的股权管理体制、责权不清的产权代理关系,使国家投资和拥有股份的公司没有集中统一的"国有老板"。失去了所有权的激励和约束,内部人往往会产生偏离所有者权益的行为。

(2) 在一股独大的情况下,"存续公司"作为控股股东与上市公司高层人员交叉任职,由此造成两个后果:一是董事会有失独立性,二是公司目标变得模糊。

(3) 政府主要承担社会职能,在它直接充当所有者时,往往利用行政权力把控制的公司当作行使社会职能的工具,使上市公司丧失了商业利益的独立性,小股东的权益无法保证。

(4) 政府在企业外的直接干预,包括超越《中华人民共和国公司法》(本文以下简称《公司法》)对人事安排的干预,很容易打乱公司治理机制,使公司权利机构、决策机构、执行机构之间的分权制衡体制遭到破坏。

(5) 在资本市场上国有股、法人股不流通,没有公司控制权转移的威胁,经营者只要能讨好大股东,就敢于更大胆违规运作,致使人为地扭曲公司治理的力量始终存在。

(6) 上市公司的大部分股票不参与市场交易,没有通过资本市场实现公司控制权转移的威胁,影响了股票市场对公司管理层监督作用的有效性。

改善公司治理的要害是保护股东权益，改善公司治理的动力来自股东。如果股东没有为维护自己权益而积极参与公司治理的积极性，那么内部人则更乐于维持自己对公司的控制；如果控股股东可以通过关联交易、高管人员交叉任职等手段控制公司，并通过非正常渠道获取利益，那么控股股东就会有意扭曲公司治理。对于一些公司而言，扭曲公司治理的动机和力量始终存在，因此通过有效的国有股权委托代理体制使国家所有权人成为持股企业的"真老板"而不是"假老板"；使其产生正常的股东行为，而不是非正常行为，这是改善公司治理的关键。就是说在建立市场经济体制过程中，我们不仅要重塑市场竞争主体，还面对重塑"国有老板"的任务。

在中国，从改革方向上很多人都承认必须实行所有权与经营权分离，但有些人却不太相信公司治理的作用，缺乏推进建立有效公司治理的热情。这里有认识和理解方面的原因，也受到体制性局限和利益的驱动，有的人更相信所有者在企业外的强力干预，有的则企图从扭曲的公司治理中获得短期非分的好处。这就造成虽然一些国有企业改制为公司甚至已经上市，但公司治理被扭曲的现象仍然存在。

从政府人员到投资者，到公司董事、经理，要从根本上认识公司治理是现代市场经济"必不可少的制度安排"，要加快公司治理觉醒的过程。这是当前中国微观经济体制建设中的一个最重要的课题。

当前，我们不妨以最通俗的方式来理解公司治理：

（1）公司治理是所有权与经营权分离情况下保障股东权益最好的制度安排；

（2）只有好的公司治理才能保障公司和股东、包括国家股东的利益；

（3）良好的公司治理会减少投资者风险、增加股东回报、提高公司的市场价值；

（4）公司治理是社会资金流向公司的阀门，公司治理的水平影响经济增长；扭曲公司治理的受害者是股东：首先受害的是小股东，最大的受害者是大股东。

如何改善公司治理呢？

1. 改善公司治理结构的目标是保护股东的权利

随着中国企业进入资本市场步伐的加快，改善公司治理结构已经成为十分紧迫的问题。一些上市公司由于法人治理结构的缺陷，已经损害了股东利益，伤害了投资者的积极性。公司法人治理结构的规范，不仅是中国投资者所关心的问题，实际上也是一个世界性的问题。经济全球化的进程，使资本在全球大规模流动。跨国投资者并不直接干预投资的企业，他们关注的是所投资的公司能否有一种科学的、可信赖的体制安排来保证所有者权益。因此，在1997年经济合作与发展组织（OECD）部长级会议上，针对这一趋势研究并提出要制定公司法人治理指导原则，希望各个国家向统一的指导原则逐步靠拢。经过一年多的努力，1999年5月《OECD公司治理原则》正式通过。这个治理原则有五个要点：

一是公司治理结构应该保护股东利益；

二是公司治理结构框架应该保护所有股东，包括小股东和非国有股东，使之受到平等待遇；

三是公司治理结构框架应该能够协调公司利害相关者之间的合法权益；

四是公司治理结构框架应该保障及时准确地披露公司的任何重大问题，增加透明度；

五是公司治理结构框架应该确保董事会对公司的战略指导和对管理人员的有效监督，并确保董事会对股东负责。

这些基本的原则概括了世界优秀企业公司治理的共同特点。它的要害就是法人治理结构必须保护公司和股东的利益，特别是小股东的利益。尽管有效的公司治理结构在各个国家各个公司没有绝对统一的模式，但是这些基本原则得到了投资者和利益相关者的广泛认同，具有普遍的适用性。

这些指导原则与我国《公司法》是基本一致的，在国有企业陆续进入资本市场的情况下，经过这一提炼，使我们对改善我国企业法人治理结构的目标和要点更加清晰，即公司和股东价值最大化。

2. 改善公司治理的重要的途径是改善股权结构

既然公司治理的目标是维护股东权益，改善公司治理的动力应该来自股东，如果股东没有为维护自己的权利积极参与公司治理的热情，那么内部人往往更乐于为维持自己的控制权而保持现状。

目前，在国有资产管理监督运营体制还不健全的情况下，对国有企业改制过来的公司而言，国有股东如何真正到位又不越位，这是改善公司治理的关键。国有股东是特殊股东，因为政府所追求的不只是个别企业的利润，政府更关注的是社会目标，因此，政府机构很难成为以追求经济效益为目标的合格股东。实践经验证明，国有企业改制为国有独资公司对企业经营机制转换意义不大。而且，大家也越来越发现，国有股一股独大也有以下很多的弊端。

（1）难以做到政企分开，政府往往把这一改制后的企业仍当作行使政府职能的工具，直接干预和指挥，小股东权益被侵犯；

（2）经营者往往以政府主管的好恶为准，看国家大股东脸色行事，其他股东的监督失效，企业不能把目标集中于经济效益，无法创造良好业绩；

（3）国有股东管理众多控股企业，鞭长莫及，其他股东又较少有发言权，所有者权能难以到位，为内部人控制提供了条件；

（4）在国家不再新增资本投资的情况下，有良好前景企业的发展将受到制约。

因此，十五届四中全会《中共中央关于国有企业改革和发展若干重大问题的决定》提出，"除极少数必须由国家垄断经营的企业外，要积极发展多元投资主体的公司"，促进混合所有制经济发展。这是中央确定的国有企业改制的一项重要指导原则。

3. 改善公司治理，培育公司治理文化，这需要政府人员、投资者、经营者、中介机构、新闻媒体的共识和共同努力

由于公司治理涉及如此宽泛的领域，所以改善公司治理仅靠企业自身或个别股东的努力难以奏效。要以政府为主导，采取包括加强市场力量和监管能力，建立公司控制权转移机制；改进股权结构，培育机构投资者；加强银行和债权人在公司治理中的作用；改进政府所有权代理体制；增加公司透明度，保障股东的知情权；保证董事会对经理的监督，使董事会对股东更负责任；赋予少数股东权利，有效保护小股东利益；加强职工在公司治理中的作用；培育经理人市场和诚信的社会中介机构等。综合施策，才能取得效果。

中国要加快公司治理觉醒的过程，使维护股东权益，包括小股东必须受到公正待遇，成为社会普遍共识和主导倾向，为社会资金、基金甚至国际资本顺利地、源源不断地流向生产发展开辟通道。这是中国企业壮大成熟，中国经济持续稳定增长最重要的基础之一。

对《企业国有资产监督管理暂行条例》（修改稿）的几点意见

（2003年4月30日）

《企业国有资产监督管理暂行条例》（本文以下简称《条例》）的重要任务是规范出资人机构如何"履行出资人职责"，由过去政府用行政隶属关系的方式"管企业"，转变为出资人机构依《中华人民共和国公司法》（本文以下简称《公司法》）在公司治理框架下"履行出资人职责"。这是一次有巨大难度的转变。这里要注意防止两方面的倾向，即企业内所有者继续不到位和出现"老板加婆婆"的状况。但这个界限在《条例》中如何把握，有很大难度。

要使《条例》一次就制定得非常理想是不可能的。考虑到现实，此次的《条例》必然有一定的"过渡"性。但我想我们应尽量给以后的改革留出空间。

为此，我仔细研究了《条例》修改稿，提出几点意见，供进一步修改参考。

一　"监管"不能准确表达"出资人职责"

国资委按党的十六大要求是受同级政府委托，代表国家"履行出资人职责"的机构。《条例》第六条把"履行出资人职责"的机构认定为"国有资产监督管理机构"，进而指出它的职责是"对企业国有资产进行监督管理"。这样，拥有国家投资的企业就成了被"监管企业"。接下来"监管机构"就进行"企业负责人管理""企业重大事项管理""企业国有资产管理"等。目前，在旧体制影响还很难排除的情况下，千万不能经过这样一番逻辑演绎，由出资人机构行使股东权利，回归为"管企业"。

党的十五大提出建立国有资产"管理、监督、运营"体制。《条例》把履行出资人职责机构的职能限定在"监管"，容易使其退回到行政化管理的老路，另一方面"出资人职责"也难以真正到位。

国有出资人职责概括地讲主要有：

（1）通过在特殊领域的投资或对特殊领域重要企业的监管，实现政府的政策目标；

（2）通过对国有资本的运营，优化国有资本结构，提高投资回报（实现保值增值）；

（3）不断改善资产负债结构，保障国有资本安全；

（4）通过积极参与及改善投资和拥有股份企业的公司治理，维护合法权益。

为避免出现"管企业"的印象，建议把"国有资产监督管理机构"调整为"履行出资人职责的机构（出资人机构）"；第三、四、五章的题目"企业负责人管理""企业重大事项管理""企业国有资产管理"调整为"履行选择经营者权力""履行重大决策权力""国有资本管理"。

二 关于"所监管企业"

按《条例》所监管企业有四类，即按《全民所有制工业企业法》（本文以下简称《企业法》）的国有（独资）企业、国有独资公司、国有控股公司和国有参股公司。这四类企业的法律依据不同，企业目标不同（如部分重要行业、关键领域的重要企业实质承担着政策目标），出资人机构行使权力方式不同，监管实现的目标也不同。混在一起增加了《条例》起草的困难。适合于国有企业和国有独资公司的条文，对其他类公司就侵犯了其他股权的权益；适合于有政策目标企业的描述，对其他类企业就不合适。

实际上，可能将"所监管企业"用另一种方式分作两类，更有好处。

（1）特殊公司：即在某些特殊领域必须保持国家控制力的重要企业，它们有的重点是实现政府的政策目标，有的政策目标、经济目标并重，大多为国有独资或国有控股的企业。

（2）一般公司：以投资回报为目标，进行有进有退的调整，由过去的管企业转为运营国有资本。

对这两类企业分别设定目标、指标体系、运作方式可能更加清晰、更好操作。

三 关于出资人机构如何行使所有权

按《公司法》，企业内不仅有所有者的位置（股东会和股东公司的代理人董事会），而且他们还拥有对公司的最终控制权（即"用手投票"权和"用脚投票"权）。因此，国家所有者也应当必须认真行使《公司法》赋予股东的权力，但必须在《公司法》和公司治理框架之内行使。出资人机构在派出股东代表参加股东会行使表决权之前，可以就有关重大问题在内部进行深入研究，多方论证，但出资人机构不应再在企业之外，绕过公司治理框架行使所有权。这方面在十六、十八、二十、二十一、二十四、三十一、三十二、四十一等条中都有表现。

四 关于出资人（监管）机构的责任和义务（十二条）

这方面的条例建议修改为：

（1）通过执行国有资本经营预算，优化配置国有资本，提高国有资本投资回报；保证政府必须控制的重要行业关键领域的国有及国有控股企业不断壮大；

（2）会同财政部门制定财务会计制度，以资产收益和现金收入处理不良债务，补充职工的社会保障基金；

（3）监督国有及国有控股企业财务报告的真实性；汇总国有及国有控股企业资产负债表，编制监管资产的资产负债总表，不断监控和改善资产负债结构，保持国有资本的安全性；

（4）推进国有企业进行公司制改制，通过完善公司治理结构保障国有资本的权益；

（5）国有资产监管机构向本级政府报告监管工作、监管资产状况和其他重大事项，必要时应向公众披露；

（6）国有资产监管部门接受同级财政和审计部门的监督。

五 履行出资人职责必不可少的补充内容

（1）资产负债表：出资人机构首要的任务是掌握"监管企业"真实的资产负债表，这是掌握资产状况最重要、最基础的资料。政府监督出资人机构运行情况，最重要的是看它合并的资产负债表。

（2）国有资本经营预算：出资人机构为使国有资本优化结构、调整布局，消化不良债务，补充社保基金等，必须进行国有资本的运营。收取投资回报，进行股权交易。出资人机构负责编制预算，报财政部门与公共预算、社保预算平衡，报政府（人大）批准后，出资人机构负责执行。

（3）对监管部门的监督：监管部门原则上讲是一个执行机构，是国有资本运营、监督的部门，应当接受政府或政府委托的财政、审计部门的监督。

深化国有资产管理体制改革的几个问题*

(2003年5月9日)

建立符合市场经济的国有资产管理体制,是经济体制改革的重大任务,是深化国有企业改革、推进国有经济结构调整和企业制度创新的根本性措施,是社会主义市场经济体制的一项基础性制度建设。它对于改善政府管理、建立有效的公司治理、增强企业活力,实现国有资产保值增值都具有十分重要的意义。国有资产管理体制改革牵动全局,有极大的难度。1993年中央就提出了"产权清晰"的任务,虽然从中央到地方几经探索,但直到2002年,党的十六大系统地提出国有资产管理体制改革的指导原则后,才把这项改革推进到了可实施阶段。

一 现行国有资产管理体制的主要弊端

(1)企业国有资产笼统为国家所有,国务院代表行使所有权,但是在中央和地方、政府部门与部门之间产权责任不清,缺乏责任约束,国有资产实质处于无人负责状态。

(2)许多政府部门既承担公共管理职能,又承担部分国家所有权职能,政企(资)职责不分。这使政府部门很难给自己准确定位,既妨碍了政府正常行使公共权力,又将国有企业作为行使公共职能的工具,让企业承担社会职能,造成政企职责错位。

(3)政府部门在企业之外以行政方式多头干预,不是经营国有资本,而是管理国有企业。这种所有权与经营权混为一谈的管理,造成了两个结果:一是行政干预的"越位",抑制了企业市场活力,致使国有资产运作低效率;

---

* 本文刊载于《管理世界》2003年第6期。

二是企业内所有者"缺位",弱化了产权约束,所有者权益往往被侵蚀。

二　改革国有资产管理体制应主要解决四个问题

（1）落实国有资本的管理、监督和经营责任。国家由管企业转向管资本。建立责权明晰的国家所有权委托代理体制,形成对每一部分经营性国有资产可追溯产权责任的体制和机制。

（2）国有经济布局和企业结构要进行有进有退的调整。政府从直接管理庞大的国有企业群,转变为控股重要企业和持有股份。国有资本由覆盖各行业、各领域,向国家必须控制的行业领域集中,减少国有资本涉足企业的数量。

（3）政府设出资人机构,与公共管理职能部门分开,受政府委托集中统一行使国家所有权。行使公共权力的部门不再承担出资人职能,形成政企（资）分开的体制基础。

（4）实行国家所有权与企业经营权分离。出资人机构受国家委托拥有股权,依《中华人民共和国公司法》（本文以下简称《公司法》）以股东方式行使出资人权利、履行出资人职责;企业拥有法人财产权,在公司治理框架下自主经营、自负盈亏,成为独立的市场主体,出资人机构不越权干预。

概括地讲,改革国有资产管理体制的任务,是使国家由管企业逐步转向运营资本;政府设立出资人机构,集中统一地行使所有权,实现政企（资）分开,所有权与经营权分离;出资人机构对投资和拥有股份的企业拥有股权,按《公司法》以股东的方式行使权利、承担责任;包括国家投资和拥有股份的企业在公司治理框架下自主经营、自负盈亏,成为独立的法人实体和市场主体;出资人机构以实现政府政策目标和国有资本保值增值对国家承担责任。

三　建立适应市场经济的国有资产管理体制

国有资产管理是涉及国有制实现形式,国有资产的管理、运营、监督和公司治理等多方面相互关联又相互制约的体制和机制。改革国有资产管理体制，绝不是各级政府设立一个专门机构就可以解决的问题。国有资产管理主要涉及四个方面。

1. 国有资产的公共管理

如国有资产的立法，国有产权的界定、会计制度、统计、稽核、评估，国有资本经营预算的确定和对国有资本运营的监督等。这属于国有资产的公共管理职能，应由公共管理部门管理，形成全国上下的管理系统。

2. 国家所有权的委托代理

在政企分离、所有权与经营权分离情况下，"国家"行使所有权必须经过一系列的委托代理。按目前的管理体制，委托代理的链条是国家统一所有，中央和地方政府分别代表国家履行出资人职责；中央和地方政府设立专司国有资产管理的部门——出资人机构；出资人机构控股重要企业，对部分大型企业和企业集团进行"授权经营"。在这一体系中，核心的问题是委托代理的有效性。

3. 国有企业的公司制改制与"两权分离"

国有企业进行公司制改制。改制后，企业的国有资产转化为国有资本，即国有股权。出资人机构拥有和管理的对象由"国有企业"转化为"国有股权"。按《公司法》实现所有权和经营权分离，建立有效的公司治理结构。由通过政府部门的行政干预"管"企业，转变为出资人机构受托以股东方式"履行出资人职责"；包括国家出资人在内的所有者通过股东会保持对企业的最终控制权；企业拥有法人财产权，自主经营、自负盈亏，成为独立的法人。以此实现在所有权与经营权分离情况下保障国家所有者权益。

4. 对国有资本运营的监督

政府授权有关部门如财政部、审计署，对出资人机构进行审计监督；出资人机构对授权经营的机构进行审计监督。

四 关于国有出资人机构

在要建立的国有资产管理体制中，缺位的是"代表国家履行出资人职责"的机构。按党的十六大要求设立国有资产管理机构，是建立国有资产管理体制的一个关键环节。

中央政府和省、市（地）政府分别设立的国有资产管理机构是受同级政府委托，是代表国家履行出资人职责的专职机构——出资人机构。这个机构的设立解决了三个问题：

一是有明确的"履行出资人职责"定位，不是"管理国有企业"的职责，这就有利于从管企业向管资本转变，实现所有权与经营权分离；

二是政府行使国家所有权的部门与行使公共权力的部门分开，各自有明确的定位和行政目标，这就从组织上实现了政资分开，体制上实现了政企分开；

三是出资人机构"管资产与管人、管事相结合"。对政府而言，出资人机构集中、统一地行使所有权，形成责权明晰的可追溯产权责任的主体；对企业而言，这就构造了排他性地行使国家所有权的"老板"。

出资人机构对受托运营国有资本，拥有占有、使用、处分、收益的权利；以产权为纽带，承担投资企业的改革和重组、优化国有资本布局和垄断性企业的改革重组责任。出资人机构对同级政府负责：实现政府政策目标，承担国有资产保值增值责任，接受政府的审计监督。

因此，出资人机构不是原政府各部门管理国有企业的机构、职能和管理手段的简单合并。由对企业的行政管理转为履行出资人职责，出资人机构的职能和行使职能的方式、手段都必须有重大转变。

国有出资人职责概括地讲主要有：

（1）通过执行国有资本经营预算，优化配置国有资本，保证在某些重要行业关键领域国有及国有控股企业的控制地位，实现政府的政策目标；

（2）通过对国有资本的运营，优化国有资本布局和结构，提高投资回报（实现保值增值）；

（3）推进投资的企业进行公司制改制，通过完善公司治理结构保障国有资本的权益；

（4）会同财政部门制定财务会计制度，以资产收益和现金收入处理不良债务，改善资产负债结构，补充职工的社会保障基金；

（5）监督国有及国有控股企业财务报告的真实性；汇总国有及国有控股企业资产负债表，编制监管资产的资产负债总表，不断监控和改善资产负债结构，保持国有资本的安全性；

（6）通过积极参与投资和拥有股份企业的公司治理，维护自身合法权益；

（7）国有资产监管机构向本级政府报告监管工作、监管资产状况和其他重大事项，必要时应向公众披露；

（8）接受同级财政和审计部门的监督。

五　建立国有资产管理机构要与抓大放小、国有经济有进有退的调整结合

改革国有资产管理体制，必须与继续调整国有经济的布局和结构放在一起考虑。国有资产管理最重要的是国有产权委托代理有效性的问题。目前尚存国有企业约18万户，由过去从中央到地方成上千个政府部门分别管理，现在集中于约300个国有资产管理机构"履行出资人职责"，会出现一系列问题。如果一个机构涉足的企业过多，就鞭长莫及；如果层层委托代理，就没有效率。提高委托代理有效性，就要优化国有资本布局。应坚持抓大放小的方针，专注关键的少数，减少国有资本涉足企业的数量。

六　出资人机构如何行使所有权

为坚持政企分开、所有权与经营权分离的原则，出资人机构如何行使所有权是关键的技术细节。要害是必须从制度和机制上严格区分以股东方式"履行出资人职责"和依照行政隶属关系"管企业"的本质性差异。

在这里我们必须注意两种倾向：一是防止企业内所有者继续缺位，所有者权益被侵蚀；二是防止出现"婆婆加老板"，把企业管死。

1. 所有者到位又不越位

设立出资人机构，"管资产与管人、管事相结合"，集中统一行使所有权，这是为克服所有者缺位迈出的关键一步。"管资产与管人、管事相结合"中的"管"，绝不是传统意义上政府在企业之外进行的行政干预或行政审批式的管。出资人机构要"管"的内容是履行出资人职责该"管"的内容，"管"的方式是出资人履行股东权利的方式。

所有权到位，就是出资人机构为行使所有权该管的人和事要理直气壮地管好、管到位，成为"真老板"，强化来自所有者的激励和约束。这是维护所有者权益必须要做到的。

所有权不越位，就是出资人机构只当"老板"不当"婆婆"。只行使股东权利，绝不干预企业的经营权、管理权。这是增强公司活力和提高公司运行效率所必须的。

2. 建立明晰的公司分权制衡机制

公司权利分为所有权、经营权、管理权和监督权。我国《公司法》对四项职权各有明确界定，并分别由股东会、董事会、经理和监事会行使。这是建立有法律保障的分权制衡关系，形成有效的公司治理结构的基础。

所有权 出资人行使所有权，就是保持对公司的最终控制地位。这是维护所有者权益所必须的。出资人的所有权体现为《公司法》赋予股东会的权力。

经营权 股东会选聘董事，组成公司经营决策机构——董事会。依《公司法》董事会拥有公司的经营权。

管理权 董事会选聘经理作为公司的经营管理者，董事会对公司重要事项做出决策后，交由经理主持公司的日常经营管理。经理依《公司法》享有经营管理权。

监督权 监事会代表股东对公司进行监督，《公司法》赋予监事会监督权。

在公司治理中既要防止所有权侵犯经营权、管理权，也要防止经营权、管理权架空所有权，排斥监督权。只有公司的所有者、经营者、管理者、监督者恪尽职守，又不越位，才能形成良好的运行机制，既保障所有者的最终控制权，又使企业富有活力。

七 国有企业有两种类型，国有资产管理有两种形态

在进行国有资产管理时，可以把国有企业分作两类：一类是在某些特殊行业承担或部分承担公共责任的特殊企业，要保持"国有经济控制国民经济命脉"；另一类是竞争性企业，以营利为目标，实现资产保值增值。为

此，出资人机构管理和运营国有资本要承担两方面责任：一是在支撑国民经济增长、保障国家安全方面实现政策目标；二是提高国有资本运作效率，实现保值增值。与此相对应，国有资产管理应当有两种形态。

（1）对特殊公司的监控。极少数关系经济命脉、国家安全、提供重要公共产品和服务以及天然垄断行业的重要企业，如电网、电信、军工、石油和大型基础设施等领域的重要企业属特殊公司，它们是政府进行公共管理、实现公共目标的重要资源。政府投资的目的不仅是资产的增值，更重要的是承担公共责任，保持国家的控制力。这类企业数量有限，但关系重大。为贯彻政府意图，对这类企业出资人机构应直接持股、控股或独资经营，国有资本不能轻易撤出，保持对这类企业的控制力。即进行企业形态的监控。

（2）对普通公司的运营。在一般竞争性行业，出资人机构并不依恋特定的企业，而是以投资回报最大化和国有资本的保值增值为目标，不断优化资本布局，进行有进有退的调整。由"管企业"逐步转换为"运营资本"。显然，国家投资和拥有股份的企业大多数属于这一类。

划分两类形态管理是为了使各自有明确的目标，可以使用相应的管理手段和评价体系，便于准确地考核，提高监管效率。

八 出资人机构对特殊公司和授权经营机构的监管

特殊公司和授权经营机构都类属于国有独资公司，应按《公司法》设立董事会、经理、监事会，但不设股东会。尽管对它们的监管有某些特殊性，但绝不能离开公司治理框架，退回到政企不分、所有权经营权不分的老路。

出资人机构承担监管责任，可以通过四个渠道进行：

（1）拟定或批准独资公司、授权经营机构的章程，决定它们的设立、分立、合并、清算等事宜；

（2）选择经营者——董事会成员，并决定其薪酬和去留；

（3）签订业绩合同，这是出资人机构对国有独资公司和授权经营机构业务监管的重要手段，就政府意志、企业目标、年度预算、利润分配、投资计划等事项出资人机构与独资公司和授权经营机构签订一年或几年的业绩合同，形成硬约束，在合同范围内公司自主经营，出资人机构不再干预；合同双方有超出业绩合同的重要事项，应协议修改合同；

（4）出资人机构派出监事会，以业绩合同为准进行审计监督和业绩评估，监督结果报出资人机构，决定经营者的奖惩、去留。

九　建立国有资产管理体制的难点

建立符合市场经济的国有资产管理体制是重大的体制创新，涉及多方利害关系的调整，我们必须克服许多困难才能实现初衷。主要有以下难点。

（1）面对庞大的国有企业群，鞭长莫及，即便中央和地市三级政府分别管理，将约18万户企业的国有股权分散给各个国有资产管理机构，每个机构也要面对500~1000户企业。这样宽泛的管理幅度几乎不可能管好。党的十六大把"调整国有经济布局和结构"与"改革国有资产管理体制"统筹考虑是十分重要的。但"抓大放小"，要积极稳妥进行，不能一放了之。

（2）缺乏良好的公司治理基础。新的国有资产管理体制是建立在所有权与经营权分离基础上的资产管理，因此，保障国家所有者权益的基础是有效的公司治理。但是中国缺乏公司治理文化。目前的情况是，一方面国家所有权委托代理关系不清，激励不足，约束软化，内部人控制带有一定的普遍性；另一方面，有政府背景的一股独大普遍存在，大股东行为不端正、小股东无能为力。因此，实际上存在着一股人为扭曲公司治理的力量。这一情况如果不能改变，国有资产管理体制改革难以成功。

（3）新设立的出资人机构如何正确行使所有权。市场经济中，在所有权经营权分离条件下，股东可以通过两种方式行使权利，即在股东会上行使表决权——"用手投票"和在产权交易市场的股权交易——"用脚投票"。目前，出资人机构"用脚投票"的条件并不完全具备。在"用脚投票"不成、"用手投票"又不适应的情况下，行政干预再度出现的可能性极大。况且大家熟悉了以行政干预的方式"管企业"，不熟悉以股东方式行使所有权。放下最熟悉的拿起最不熟悉的是有极大难度的。

（4）缺乏懂得和熟悉资本监管的人才。出资人机构的功能和性质实际上相当于国家控股公司或国家资产管理公司。出资人机构成功运作需要有高水平的资本运营、企业评价、财务监管等专业人员；为使投资和控股的公司有良好的公司治理，需要派出合格的股东代表、有能力的董事、称职的监管人员。这些稀缺的人力资源的来源、选聘方式等都是亟待解决的问题。

十　国有资产管理体制改革的风险

国有资产管理体制改革牵动全局，推进改革必须注意防范风险。

（1）政府机构不再干预后，如果国家所有权继续不到位，这就为企业内部人控制留出了更大的空间，资产和效益的流失在所难免。

（2）在实行"管资产与管人、管事相结合"的情况下，如果出资人机构不转变为"管资本"，而继续沿袭隶属关系式的行政干预，成为"老板加婆婆"，那么就会把企业管死，退回到改革原点。

（3）在新的管理体制下，中央政府和地方政府分别履行出资人职责，享有权利，承担责任。在明确了产权责任后，如果地方政府为了保护所监管企业的利益而强化区域分割、市场保护，就会为全国统一市场的形成进一步设置障碍。

（4）国有资产管理机构如何行使产权责任。如果出资人机构的权力掌握不当或缺乏监督，比如结构调整中出现争先"一卖了之"，或对经营者半买半送等情况，很快就会把可能全部或部分用于解决职工历史欠账和银行不良债务的资源耗尽，就会进一步增加财政、特别是中央财政负担。

（5）避免新形势下的政企不分。在政府部门不直接干预企业后，国资管理机构不能成为党委、政府部门对企业行使公共管理职能的"二传手"，不能把政府必须承担的某些公共职能和过去政府管企业的做法通过国资管理机构这个"漏斗"灌到企业，形成新的政企错位，使出资人机构和企业的目标变得模糊不清。

国有资产管理体制是一项牵动全局又十分复杂的改革，认真弄清改革的目标，所要建立的体制和机制，先立法、再试点、后行动，是改革取得成功所必须的。

创造自主品牌比形成开发能力更难*

（2003 年 5 月 14 日）

种瓜得瓜，种豆得豆

记者： 现在大的汽车跨国公司都进入了中国市场，并且争相扩大生产能力，中国是不是一定会从做"世界汽车工厂"中受益？

陈清泰： 历史上世界制造中心的转移，都伴随有技术上的突破，没有技术的突破，要成为世界工厂在过去是不可能的。在今天经济全球化的条件下，即使有这种可能，经济效益也不会好，因为增值最多的部分掌握在别人手里，你只不过是卖苦力。借助当前世界工业结构调整，一些产业向中国转移的机会，推动中国产品走向世界，把它作为一个起点，是非常有利的形势，但如果把它作为终极模式，一味复制别人的产品，不能由此发展出自己的技术和品牌，那么这只能是昙花一现的"无根产业"。

记者： 为什么自主开发、自有品牌会成为中国汽车对外开放、快速发展中的一块"短板"？

陈清泰： 在经济快速增长阶段，整个社会很容易浮躁，追求速度，急功近利，耐不下心来做扎实的技术性工作，包括技术开发、品牌创建等。一些企业有点经济实力后，不愿意投入到技术开发上，喜欢投向生产能力的扩张。一些行业的恶性竞争，就是这样造成的。生产能力的投入相对比较简单，不过是既有一切的复制。投入到品牌建设上，获得的是更高的附加值，将增强企业竞争力。企业投入是"种瓜得瓜，种豆得豆"，现在中国企业真正在技术开发上的投入，远远落后了。技术上没有投入，怎么可

---

* 本文是作者接受《经济日报》记者程远的采访稿。

能有自己独特的技术、独特的产品？

记者：中国汽车能开发出自主知识产权的产品吗？

陈清泰：技术开发是一个积累的过程。我是搞技术出身，70年代闭关锁国时期，二汽成立了比较完整的技术开发部门，聚集了2000多位技术人员，从产品设计实验，到工艺、材料、检测，后来计算机也上来了，又建了汽车道路试验场，依靠自己力量开发出多种越野车和卡车，在中越反击战中被誉为"英雄车"。从全国看，红旗、东风、北京212，当年都是在没有外国人参与的情况下做出来的，如果按这个路子走下去，再利用经济全球化的条件，学习借鉴国外技术，我们的自主开发能力会不断加强。韩国的现代车就是如此。

记者：为什么现在我们反而干不了了，或者说不干了？

陈清泰：对外开放之初，国家引进技术3000项，使中国各种技术水平上了一个大台阶，企业尝到了甜头，然后第二次引进，接着第三次引进，最后由原来的自主开发转成技术依赖，什么不行就去引进，再后来只要是外国有的就引进。这就被误导了。

记者：为什么会出现这样的误导？

陈清泰：对这样的误导，我是亲身经历了的，也感到很无奈。如果我坚持自主开发，竞争对手不这么干，肯定他比我跑得快。别人全盘引进的轿车项目上了，我们如果再从头做起，搞自主开发，至少要落后10年、20年。企业毕竟是个经济组织，要赚钱赢利。这就是现实。

模式不同导致结果不同

记者：这么说来，没有自主开发能力，是企业一味追求短期利益的结果了？

陈清泰：如果只是个别企业不倾向技术投入，可能是企业自己的决策问题，那么多的企业在技术开发上都投入不足，就要考虑政策导向问题。我们知道汽车产品开发，一种是正向过程，一种是逆向过程。正向过程是从产品设计到试验，最后到生产销售，几千种零件全部做出来，开始出第一辆车。这个过程是漫长的，投入是巨大的，整个过程中只有投入，没有收益。而引进产品是逆向过程，没有掌握技术，没有自己的零部件，有一个空壳厂房就可以SKD①组装车,销了车就有现金流,就可以滚动起来。没有多少投入,很快就有收益,有了收益再把总装厂建好,然后建油漆、建焊装线,再考虑重要零部件,如发动机等,若干年以后再考虑要不要自己搞技术开发。两种过程,企业的风险不一样,经济效益不一样,企业怎么过日子当然就不一样了。这种逆向过程一旦出现,就会产生连锁反应,有更多的企业走上这条路。

记者: 这么说,是引进合资必然导致的结果了?

陈清泰: 问题绝不是初始的技术引进不对,而在于后来的消化、吸收、创新没有走下去,只是停留在引进、引进、再引进。我们有没有可能在政策把握上,既能利用国外技术,又能使自己的技术能力不断提高,找到一个结合办法,是值得回顾研究的问题。

记者: 中国汽车从来没有说过不要自主开发,想学韩国没学成,不想学巴西反倒和巴西差不多了。

陈清泰: 这和汽车产业的整个政策设计有关。我们缺乏一个中长期的构思,在未来若干年,我们想从汽车产业中获得什么,目标如何设定,实现这个目标有哪些步骤、措施,政策体系没有一个整体框架。很长时期以来,汽车一直处于争论中,且在总体目标含糊不清的情况下,政府热衷于认真而不厌其细地一个项目一个项目审批。这种只见树木不见森林的做法导致了现在的结果。

记者: 大家心里想的都是自主发展,最后却变成了人家的附属。

陈清泰: 汽车是一个典型的国际化产品,自主开发与引进技术并不是对立的,在改革开放之前,国内是一个孤立的市场板块,此时我们引进、消化国外技术,加强自主开发,尽管开发的汽车质量、档次、水平比国外差一点,但是别人进不来,市场还可以接受。这样就给企业留出一段时间,改进产品、提高技术开发水平。随着市场规模不断地扩大,自己开发出的产品大体和国际上相近的时候,再逐渐放开市场,这时候中国企业的技术竞争力就可能保持和再提高。

---

① SKD即半散装件,指在国际汽车贸易中,整车出口国的汽车公司把成品拆散,以半成品或零部件的方式出口,最后由进口国厂商在所在国组装成整车进行销售。——编者注

记者：我们过去不正是高关税、进口配额，保护得很厉害吗？

陈清泰：失误在对国内汽车厂家没有放开，不仅对民营资产的进入卡得死死的，像一汽、二汽这样的骨干汽车厂，开发新车型的权力都没有。按说在市场边境没有打开前，先放开国内汽车厂，让它们充分竞争，放手发展，水平上来了，再把边境打开。内部放开比对国外开放慢了两拍，所以我们的市场保护措施没有发挥作用，保护失效。

大国应该要有知名品牌

记者：这些年老百姓对汽车工业抱怨很多，高保护、高价格，最后还没本事。

陈清泰：我们要很好地反思一下汽车产业政策。中国汽车工业今天取得的成绩，是市场竞争的结果，现在存在的很多问题，也应该通过市场竞争来解决，而不是靠行政手段一个个整治。政府要管影响公众利益的重大问题，至于企业要不要投资，开发什么车型，什么规模，我看没有必要管。现在汽车市场的竞争并不充分，去年有一家汽车厂，卖了6万辆车，销售收入90多亿元，就赚了20多亿元。过高的利润，势必引导大家都去投资生产制造。市场进一步放开，竞争充分了，平均利润下降到和其他产业大体相当，状况就会正常一些。

记者：在经济全球化背景下，我们汽车工业还有必要搞自主开发吗？

陈清泰：汽车是全球最大的制造业。作为一个大国，要有知名品牌。而自主品牌的基础是自主的核心技术和知识产权，从国家的角度考虑，这是非常重要的。今天我们汽车制造业已经达到了一定的水平，强化自主开发，不仅从国家利益考虑应该这样做，企业的积极性也在提高，即便是合资企业，也会有积极性，因为中国的汽车市场规模很大。海尔、用友等企业自主开发的投入就比较大，国际竞争力不断提高。飞利浦也愿意把开发技术向中国转移，摩托罗拉在中国建立了技术中心，通用电器也把一些医疗设备的技术开发向中国转移，这说明外资企业在中国要提高竞争力，不仅要利用我们的廉价劳动力资源，而且还要利用白领的智力资源。有的跨国公司宁肯减少母国的白领岗位，也愿意向中国转移，这个趋势是非常可喜的，说明中国现在不仅有加工制造优势，而且有进行技术开发的优势。但是外资企业利用中国技术人员研发的成果并不属于中国人。

记者：那么，中国汽车工业搞自主开发，创造自主知识产权的品牌还是有希望的？

陈清泰：从大的方面看，中国制造业的规模在扩大，没有一定的市场规模搞技术开发，在经济上是划不来的。现在不仅汽车整体规模上来了，相关工业的能力也上来了，零部件、配套服务都上来了，产业集聚效应有了，支撑技术开发的条件具备了。不像过去我们在二汽，请客吃饭要从养猪种菜开始，因为没有基础，现在条件完全不一样了。

记者：条件具备了，是不是企业就会自觉地去搞自主开发？

陈清泰：这时候政府政策引导是非常重要的，去年企业的经济效益进一步提高，应该保持冷静的头脑，把更多的钱投入到技术开发上，而不是一味扩大产能。创造一个品牌很不容易，企业要有技术和资金投入，国家也应该有政策支持，两个层面的工作都需要做。要形成一种机制，企业有更强的动力增加技术和品牌投入，而不仅仅是喊口号。

记者：中国汽车工业经过了闭门造车，引进、再引进两个阶段后，现在面临第三次转折，在对外开放的条件下，如何搞自主开发？

陈清泰：不能认为自主开发就是闭门开发，在经济全球化的背景下，自主知识产权可以是自己创造的，也可以是买来的。经济全球化，分工越来越细，不需要事必躬亲，有的是把别人的优势组合到自己的身上，就成为自己的优势。自主开发，可从中国市场适应性开发起步，比较现实。比如将适合于外资母国的车型改制为更加适合于中国的车型，这是可以做到的。这种开发，中国技术人员可以参加进去，在这个过程中学习提高，到一定的时候，就可以从某一个平台上开发中国型的轿车。

对有前景的企业要支持

记者：有人说政府很器重三大企业，三大企业却都"傍"了"洋大款"，反而是小企业哈飞、奇瑞在搞开发，这是为什么？

陈清泰：是市场选择的结果。经过一段时间之后，可能会发生些变化，一种可能是现在搞自主开发的企业，一旦有条件引进，也去引进了，也走到其他企业的路上去了。也有可能继续保持自己的品牌,有自己的客户群,有它的细分市场,保留自己的特色。这还需要再看看发展。

记者:"三大"汽车企业会怎样发展呢?

陈清泰:"三大"企业规模可能继续扩大,在将来的市场分割中,各自独占一块。先从中国市场的适应性产品改进开始,进一步搞中国化的车身,再参与平台的开发。这种开发和传统意义上的产品开发有很大差别,是国际化分工中的一部分。在国际合作的过程中,能保留一些中国原有的品牌,应该说企业是做了努力的。比如东风和日产合作,保留了东风卡车的品牌,但将来出口,国外能不能接受这个品牌是一个令人担忧的问题。希望跨国公司造就几个中国品牌,难度很大。

记者:自主开发我们还有希望的,但创立自主的品牌就有问题了。

陈清泰:也不能说没有可能性,比如说海尔,它就闯出来了,从这里看到一个希望。过去谁知道有索尼?二战以后它呼呼就起来了,但这要有策划、有投入。创建一个牌子,需要做持续多年的努力,没有投入是不行的,但只有投入,没有良好的策划也是无效的。

记者:耿昭杰同志和我谈的是品牌问题,实际上是在讲自主开发。自主开发和品牌是一个同质的问题,但又不是一个完全雷同的概念。

陈清泰:自主品牌并不一定完全要自主开发,两者是可以分割的。技术开发是积累的问题,某些开发能力还可以买,但品牌是文化,买了别人的品牌,你只是成了股东,很难取得文化上的认同。从这个意义上来讲,品牌更加重要。

记者:您是讲品牌比自主开发更重要吗?

陈清泰:自主品牌与自主研发是相互关联的。因为自主品牌的底层是自主的技术。但从一定意义上说,创一个品牌比形成技术开发能力更难。现在大家都很关注汽车,但品牌问题并非只表现在汽车上。中国是个服装大国,但是有什么知名的服装品牌?还有家电、电信产品等。品牌不是短时间能形成的,要让用户认可相当困难,对一些有前景的企业,要支持它们持续地去做工作。

记者:随着世界经济一体化,特别是中国制造业的规模越来越大,跨国公司会把技术开发环节和部门转移到中国来,也自然导致中国自主开发能力的提高？

陈清泰：如果我们的政策稳定，跨国公司会推进这样的转移。白领岗位也会保持向中国转移的趋势。技术开发能力的重要载体是人，在这一过程中，会培养出大量有较高能力的人员，随着人员的流动，使整个国家自主开发能力提高。因此，我们要支持跨国公司在中国设立研发机构。

上海、江苏两地国有企业改革与国有资产管理体制改革情况调研报告[*]

（2003年6月16日）

2003年5月27日《企业国有资产监督管理暂行条例》公布后不久，作者和全国政协经济委员会的几位同志，就国有企业改革与国有资产管理体制改革情况，赴上海、江苏进行了调研。

国务院国资委的成立，国务院《企业国有资产监督管理暂行条例》（本文以下简称《条例》）的出台，标志着我国国有资产管理体制改革进入了新的阶段。根据党的十六大精神，地方两级政府也要相应建立新的国有资产监管机构。那么，地方政府和国有企业学习和贯彻《条例》的情况如何？各地对构建地方国有资产监管体系有何考虑？在新的国有资产管理体制下如何推进国有经济改革？带着这些问题，我和全国政协经济委员会的几位同志近日赴上海、江苏进行了调研。调研期间，分别举行了上海、江苏两地国有企业座谈会和上海市有关部门座谈会，并实地考察了上海宝山钢铁公司。

两地的地方政府和国有企业的同志普遍认为，国资委的成立和《条例》的出台，是落实党的十六大关于改革国有资产管理体制精神的具体体现，大家对此衷心拥护。与会同志对《条例》的内容都做了较深的研究，并给予积极评价。我们了解到，上海、江苏两地在地方国有资产管理体制改革方面已探索悟出了一套思路。我们也注意到，由于中央国资委成立不久，《条例》也刚刚出台，多数企业仍处于等待和观望状态。有些同志对国资委成立后，能否真正履行好国有资产出资人职责、实现国有资产保值增值目标表示一定的担忧。两地企业还集中反映了一些当前困扰国有企业改革与发展的具体问题。

---

[*] 本文是2003年6月16日作者向国务院有关领导同志报送的调研报告。

上海、江苏两地国有企业改革与国有资产管理体制改革情况调研报告

一 两地根据《条例》进行的积极探索

近年来,在国有资产"统一所有,分级管理"的体制下,各地根据自身实际,深入研究,大胆创新,积极寻求地方国有资产管理的有效途径。上海、江苏两地在这方面先行探索,积累了不少经验。《条例》出台后,两地根据国有资产管理"统一所有,分级代表"的新体制,及时调整方案,迅速形成了各具特色的改革思路。

上海市自1993年开始地方国有资产管理体制的改革探索,至今已有10年历史。《条例》出台后,上海及时调整思路,形成了既符合新的国有资产监督管理体制要求,又充分体现本地特点的改革方略。总的看,上海的国有资产监管架构仍属三层模式:国资办—资产经营公司—国有企业。其特点是:将构建新的国有资产监管体系与国有经济布局的战略性调整相结合;将落实出资人制度与国有企业的规范化改制相结合。在建立和完善国有资产监管体系的同时,构筑国有资产调整运作平台和社会环境支撑平台;形成国有资本流得动、政府调得动、能与社会资本联动的"三动"机制。与此同时,做强做大一批企业集团,真正放开搞活一批中小企业,盘活变现一批资产,解决一批历史遗留问题。

江苏省也很早就对地方国有资产管理体制改革进行了一些有益探索。《条例》出台后,江苏迅速设计出自己的改革思路。其国有资产监管架构也属三层模式。比较起来,江苏的改革思路设计中有一个显著特点:强调省级国有资产监管机构"管人"的权力。即拟将现有的国资办调整为国有资产监督管理领导小组,由省长任组长,省里各厅局及省委组织部门任小组成员单位,从而将所有涉及对国有资产出资人代表及国有企业负责人考核、任命的权力都集中到领导小组。这样,通过"权威"的省级国有资产监管机构,可以有力地监管和调控国有资产的运营。

二 在实践探索中的思考与担忧

在当地党委和政府领导下,两地正在认真学习和贯彻十六大精神和

《条例》的要求，加紧筹划和构建符合本地实际的国有资产监管体系。但同时，一些同志对新的国有资产监管体制能否确保国有资产保值增值，思想上存在一定的疑虑和担忧。

一是担心国有资产授权的"模糊性"影响实际运作。在座谈中有的同志认为，《条例》把国资委定为国有资产的出资人。对于政府来说，国资委是代理人；对于国有企业来说，国资委是委托人。国资委的这种双重身份使得其委托代理关系相当复杂和模糊。以前进行产权改革时强调国有资产的"人格化"管理，现在这样在机构之间层层授权，似乎又回到原来的集体负责了，弄不好又可能出现集体负责、无人负责的状况。

二是担心在实际操作中可能会形成"老板加婆婆"的局面。按国有资产管理体制改革的新体制架构，国有资产管理由过去的"分而治之"转为"统而治之"，并且把"管资产和管人、管事"集于一体，具有明显的"集权化"特点。参加座谈会的部分企业代表认为，管理的集中也创造了部门"专权"，使管理机构更具有"老板加婆婆"的条件。权力垄断如果不加以有效控制，极易产生新的干预行为，有可能导致更深程度的政企不分，极易把企业管死。

三是担心出资人制度能否真正落实。有些同志在座谈中谈到，出资人能否到位，能否完全站在股东的地位和角度上监管，这不仅取决于对出资人的规范和约束，更重要的是，应建立在国有企业规范化改制的基础上，要满足诸如政企分开、产权多元化、法人治理结构完整有效、形成有效的监督与激励机制等要求。但现实中，仍存在着部分国有企业公司制改革名不副实、国有股"一股独大"，一些大型国有企业仍没有进行规范化改制，已改制企业的董事会仍由政府任命，党委会、董事会和经理层几套班子高度重合等问题。因此，受这些现实条件的制约，要真正落实出资人制度存在很大难度。

四是担心如果"三管"定位可能会带来一些新的问题。根据《条例》的设计，国有资产管理分为三个层次，即管理层、经营层和企业层。那么，"管资产和管人、管事相结合"究竟管什么，怎么管？定位在哪一层次？这是与会的许多同志都很关心的问题。如果定位不准，就会增加"管"的难度，也难以"三管"相结合。一些企业同志建议，"管资产"主要是管住国有资产的支配权;"管人"主要是管出资者代表而不是管经营者,经营者身份应当市场化而不能是任命;"管事"主要就是管住企业发展方向,将其他权力真正交给企业。

五是担心非经营性国有资产流失。在讨论中,两地政府部门和国有企业的同志都提出,由于《条例》只适应于国有及国有控股企业、国有参股企业中的国有资产的监督管理,因此,对金融机构的国有资产、行政事业性国有资产以及资源性国有资产等非经营性国有资产的监管,缺乏具体的法律法规依据。非经营性国有资产在整个国有资产中占很大比例,如果不加强管理,很容易造成这部分国有资产的严重流失。两地的同志表示,尽管《条例》没有涉及这部分国有资产,他们在改革思路中已有考虑,要一如既往地管下去。

三 当前困扰国有企业改革与发展的主要问题

调研期间,许多国有企业的同志认为,国有企业改革二十多年来取得了很大成绩,总体方向是积极向上的。但改革实践中也的确长期存在一些问题。构建新的国有资产监督管理体制,必将引发新一轮的国有企业改革。国有企业领导普遍对新一轮改革充满希望,认为这将是一次更彻底、更规范、根本性的改革。他们表示要积极投入到这场改革中去。但与此同时,大家在座谈讨论中也集中反映了一些现阶段困扰国有企业改革与发展的具体问题。

一是企业改制的成本靠企业自身难以消化。国有企业进行公司化改制和转换经营机制,首先遇到的就是减员增效、富余人员如何安置、改制成本如何筹措的问题。由于以前我国社会保障体系长期缺位,由此形成的国有企业职工社会保障历史欠账规模很大。调研中许多企业反映,现实情况是国有企业改制成本完全由企业自己消化,当地政府财政并不负担。如上海宝钢这样的特大型国有企业也感到,老企业的改制成本全由自身消化负担太重。南京、苏州一些企业反映,当地政府要求国有企业改制必须做到"四个到位"(其中就包括改革成本要筹措到位才能进行改制)或资产、债务和人员"三联动",要求企业必须先从净资产中留足职工的保险基金

（每人3万多元）后才能改制。与会企业同志呼吁，国有企业是国家的，国有企业中的老职工为国家建设和国有资产的积累出过力、流过汗，政府应当责无旁贷地负担国有企业改制的成本，而不能仅靠国有企业自己来消化。

二是国有企业的劳动用工、分配制度亟待改革。一些企业反映，由于国有企业劳动用工、分配机制不灵活，国有企业在市场竞争中处于非常不利的地位。长期以来，由于体制原因，国有企业人员流动困难，没有形成有效的人才聘用和竞争激励机制，致使富余人员出不去，企业急需的人才进不来。而且，由于民营企业机制灵活，采用各种手段从国有企业挖技术、挖人才，使得国有企业原有的技术优势、人才优势逐渐丧失。随着民营企业的不断壮大，目前国有企业的规模优势也将难以保持。与会企业呼吁，在劳动用工、工资分配制度方面应给予国有企业以更大的自主权。这些问题解决不好，国有企业难以进行重组改造，难以与民营企业竞争。

三是投融资体制改革滞后已严重制约企业的发展。在座谈讨论中，多数企业对投融资体制改革滞后严重制约了企业发展的问题反应十分强烈。与会同志谈到，民营企业投资项目由自己决定，而国有企业投资自主权受到很大限制。国家发改委明文规定，国有企业自筹资金投资限额以上项目仍要报批。像上海宝钢、上海久事集团这样的大型国有企业，投资自主权仍限于内资5000万元人民币、外资3000万美元的范围，超过此限额的投资项目必须上报国家发改委审批。上海宝钢的同志反映，去年宝钢和海尔同时看准一个投资项目，当宝钢层层报批时，海尔已经动工修建了；等宝钢好不容易批下来，海尔早已经竣工投产了。国有企业投资项目审批程序烦琐，审批时间长，使国有企业屡屡丧失市场良机。大家建议，发改委应管好规划，凡是政府不投入的或不享受国家政策优惠的投资项目，应由国有企业自主决策。国有企业投资应尽快实行登记备案制。

四是企业负责人任命制与契约化管理形成严重冲突。国有企业规范化改制后，形成内部相互制衡的法人治理结构，实行的是契约化管理。而长期以来，政府对国有企业负责人直接任命，不管有无经营管理企业的能力，一纸任命委派下来，对国有企业的规范运作形成很大冲击。与会企业同志反映，国有企业成了政府一些官员的"出路"。而且，被任命的企业负责人相互论级别，将行政体系内的风气和做法带入本应契约化管理的企业，使国有企业的经营管理难以规范进行。上海久事集团反映，现在企业中党委会、董事会和经理班子人员高度重合，三个"一把手"都是正局级，都是由市委、市政府一纸任命而来，到底谁管谁？政府一方面讲国有企业人员不论行政级别，另一方面又不断地任命国有企业干部。国有企业负责人任命制与契约化管理本质上是冲突的，必须改变当前这种状况。

四　几点建议

通过调研我们感到，各地正在进行根据《条例》构建本地国有资产监管体系的有益探索，但亟待中央国资委的具体指导。地方政府和国有企业的同志对《条例》的评价是积极的，但思想上也存在一些担忧。国有企业参与改革的热情很高，却被一些具体困难长期困扰。因此，为了搞好国有资产监督管理体制的构建工作，继续推进国有经济改革，特提出以下建议。

1. 应尽快出台《条例》实施细则

构建新的国有资产监督管理体制是一项全新的事业，涉及内容十分庞杂。《条例》只是对经营性国有资产的监管进行了规范，而且由于具体情况千差万别，只能用很原则的语言来描述，因而可操作性是有限的。国务院应在深入调查研究的基础上，尽快出台可操作性强的《条例》实施细则，将各地鲜活的实践经验包容进去，使《条例》的涵盖范围更加广泛。同时，应针对地方政府和国有企业的同志思想上存在的模糊认识和担忧，加大《条例》的宣传力度。

2. 国资委必须依法行使职能

《条例》对国资委的定位很明确，而且要求其"管资产与管人、管事相结合"，权利、义务和责任相统一。这是国资委履行职能的法律基础。由于带有"集权化"的特征，人们最担心国资委会变成"老板加婆婆"，因此，必须要有一整套具体的制度规则来约束和规范国资委的行为，使其严格按照《中华人民共和国公司法》和《条例》的规定行使自己的职能。凡是出资人该管的一定要管好，属于国有企业的权力，国资委也不要去干预。国资委只能在公司法人治理结构的框架内行使国有股东出资人的职能。

3. 继续推进国有企业公司制改革和国有经济布局调整

国务院国资委成立后,应积极推进国有企业公司制改革。使监管的对象由"国有企业"转化为国有资本,即国有股权,为落实出资人制度奠定基础,为有效地调整国有经济布局创造条件。

4. 继续深入做好各项配套改革

国有资产管理体制改革是一场体制革命,涉及深层次的、根本性的利益调整。因此,必须搞好各项配套改革,否则,即使建立起新的国有资产监管体系,也难以有效运转。

一是要大力推进国有企业的产权多元化改革。只有在产权多元化基础上,才有可能真正实现政企分开,才能有效解决国有股"一股独大"的问题,也才谈得上建立规范的公司法人治理结构。

二是要建立、健全国有企业的公司治理结构。企业实质上是一种契约制度。好的公司治理结构能保证在企业内部构建起所有者与经营者之间的相互制衡关系。没有建立规范的公司治理结构的国有企业要加快建立,已经建立的要健全机构,有效发挥作用。

三是要切实做好国有企业下岗职工的社会保障工作。这是国有企业转换机制、增强活力和市场竞争力的重要保证。各地政府应加快建立社会保障体系,妥善解决国有企业职工社会保障的历史欠账问题,政府应接过"办社会"职责,切实减轻国有企业的负担,为国有企业参与市场竞争创造良好的外部环境。

四是要加快投融资体制改革,使企业成为投资主体。政府有关部门要根据社会主义市场经济的新形势,切实转变观念和职能,以国有资产管理体制改革为契机,认真梳理和改革相关的职能和行政审批制度,使国有企业真正拥有更多的投资自主权。

5. 支持地方根据《条例》进行有特色的试点工作

当前,各地都在根据十六大精神和《条例》的具体要求,加紧筹划和构建地方国有资产监管体系。国务院国资委应在明确划分中央与地方国有资产管理边界的基础上,充分发挥地方两级政府的积极性。由于各地情况差别较大,国有资产比重、已有的管理运营模式也不尽相同,中央很难用一套统一的规范要求各地,而只能在要求保证国有资产保值增值的前提下,充分尊重并大力支持各地根据《条例》要求和本地实际开展的试点工作。国资委应加强对地方建立两级国有资产监管机构的指导，在试点的基础上不断健全和规范，尽快建立起国有资产三级监管体系。

6. 切实解决好国有企业改革与发展中的具体困难

随着建立新的国有资产监管体系，新一轮的国有企业改革实际上已经开始。要想使国有企业在新一轮改革中不断"强身健体"、发展壮大，政府必须帮助其解决好当前影响改革与发展的一些外部环境问题。比如，加快推进国有企业的规范公司制改制，帮助企业摆脱"办社会"之苦，给国有企业在劳动用工、收入分配方面以更多的自主权，简化投融资行政审批制度，积极推进其他相关配套改革等，使国有企业真正能够轻装上阵，参与市场竞争。

国资部门成立后的国企改革*

（2003年6月18日）

在上海市国资改革十周年之际，恰逢《企业国有资产监督管理暂行条例》颁布，中共上海市委组织部、上海市委党校举办"深入学习'三个代表'重要思想，贯彻国资监管条例，推动上海国资改革"系列报告会，邀请作者做了第一场报告。

国资委的成立不仅是国有资产管理体制改革的重大步骤，而且对建立社会主义市场经济体制、搞好国有企业具有十分重大的意义，但不能认为到此国有企业的改革已经大功告成。这表明国企改革进入了一个新阶段。这个新阶段的突出标志是，全权履行出资人职责的国资委将作为责任主体，更加有力地推进国有企业的改革转制和国有经济的战略性调整。

中国改革发展20多年，体制转轨取得了突破性进展，工业化进入中期阶段，为国有企业改革发展和提高企业竞争力创造了良好的条件，主要表现在以下几点。

（1）中国未来较长时期仍处于高速发展阶段。持续增长的经济环境为企业提供了较多的发展机会。

（2）经过20年的改革开放，社会主义市场经济体制初步建立，法制环境逐步改善，市场作用明显增强，初步形成了企业发展良好的体制环境和政策环境。

（3）世界人口最多的潜在市场逐步变为现实市场。在多变的国际经济格局中，中国经济增长以内需为主，有较大的回旋余地。

---

* 本文是作者2003年6月18日在上海报告会上的讲话全文，《上海国资》2003年第7、8期全文刊载。

（4）与一般发展中国家相比，我们有较强的生产技术基础，较完善的产业综合配套能力，培育了一批有经验的技术、管理人才。珠江三角洲、长江三角洲已初步形成了世界级产业集聚区，表现出极强的国际吸引力。

（5）中国既有廉价高技术人力资源，又有相对素质较好、数量上无限供给、价格低廉的劳动力大军，为企业低成本生产、大规模开展研发创造了有利条件。

（6）交通、能源、电信等基础设施不断完善，可以适应企业发展的需要。

（7）政治稳定、社会稳定，政策具有连贯性，政府服务相对较好。

良好的产业发展环境和提高企业竞争力有利的条件，是中国改革开放创造的辉煌成果。有利的发展环境可以造就有竞争力的企业。我们可喜地看到，宝钢、中国电信、联想、海尔、华为、中海油、中石化等一批中国企业实现了超常规发展。但是在经济全球化背景下，中国发展的有利条件并不由中国企业独享。

近年来跨国公司迫不及待地大举进入中国，中国正成为国际产业转移的目的地。它们不仅投资生产，而且组织研发、设立采购中心和区域总部，目的是抢先利用中国的发展优势。"到中国去，分享中国改革发展的成果！"已经成为一种世界潮流。

外资企业进入中国之初，就在利用中国优势壮大自己方面有周密的准备。几年后，绝大多数企业不仅获得了丰厚的投资回报，而且确实由于在中国业务的发展大大提高了它们的国际竞争力。

现在的问题是，中国的企业，特别是国有企业能不能分享、能在多大程度上分享中国改革开放的伟大成果，我们还面临严峻的挑战。目前，在绝大多数的行业和领域国有企业不可替代的地位已经消失，留给国有企业改革的时间已经不多了。阻碍国有企业更多地分享我们自己国家改革发展优势的因素是多方面的，但从总体上讲，如果国有经济不能在结构调整和机制转换两个方面取得突破性进展，国有企业就不能更多地分享我们自己国家改革发展的伟大成果。因此，我们必须对深化工业企业改革有足够的紧迫感。

面对经济全球化大背景，政府关心国有经济的方式必须改变。政府真正关心国有经济发展,就必须在给国有企业注入新机制、创造公平竞争环境上下功夫。国有企业转换机制、调整结构必须解决,而仅靠企业自身又做不到的,一是建立符合市场经济国有资产管理体制,使所有者到位又不越位;二是解除国有企业的历史负担,给它们以平等竞争地位;三是建立有效的公司治理结构。

一　深化国有资产管理体制改革的几个问题

建立符合市场经济的国有资产管理体制,是经济体制改革的重大任务,是深化国有企业改革、推进国有经济结构调整和企业制度创新的根本性措施,是社会主义市场经济体制的一项基础性制度建设。它对于改善政府管理、建立有效的公司治理、增强企业活力,实现国有资产保值增值都具有十分重要的意义。国有资产管理体制改革牵动全局,有极大的难度。1993年中央就提出了"产权清晰"的任务,虽然从中央到地方几经探索,但直到2002年党的十六大系统地提出国有资产管理体制改革的指导原则,才把这项改革推进到了可实施阶段。

(一) 传统国有资产管理体制的主要弊端

(1) 企业国有资产笼统为国家所有,国务院代表行使所有权,但是在中央和地方、政府部门与部门之间产权责任不清,缺乏责任约束,国有资产实质处于无人负责状态。

(2) 许多政府部门既承担公共管理职能,又承担部分国家所有权职能,政企(资)职责不分。这使政府部门很难给自己准确定位,既妨碍了政府正常行使公共权力又将国有企业作为行使公共职能的工具,让企业承担社会职能,造成政企职责错位。

(3) 政府部门在企业之外以行政方式多头干预,不是经营国有资本,而是管理国有企业。这种所有权与经营权混为一谈的管理,造成了两个结果:一是行政干预的"越位",抑制了企业市场活力,致使国有资产运作效率低;二是企业内所有者"缺位",弱化了产权约束,所有者权益往往被侵蚀。

（二）改革国有资产管理体制应主要解决四个问题

（1）落实国有资本的管理、监督和经营责任。国家由管企业转向管资本。建立责权明晰的国家所有权委托代理体制，形成对每一部分经营性国有资产可追溯产权责任的体制和机制。

（2）国有经济布局和企业结构要进行有进有退的调整。政府从直接管理庞大的国有企业群，转变为控股重要企业和运营国有资本。国有资本由覆盖各行业、各领域向国家必须控制的行业领域集中，减少国有资本涉足企业的数量。

（3）政府设出资人机构，与公共管理职能部门分开，受政府委托集中统一行使国家所有权。行使公共权力的部门不再承担出资人职能，形成政企（资）分开的体制基础。

（4）实行国家所有权与企业经营权分离。出资人机构受国家委托拥有股权，依《中华人民共和国公司法》（本文以下简称《公司法》）以股东方式行使出资人权利、履行出资人职责；企业拥有法人财产权，在公司治理框架下自主经营、自负盈亏，成为独立的市场主体。出资人机构不越权干预。

概括地讲，改革国有资产管理体制的任务，是使国家由管企业逐步转向运营资本；政府设立出资人机构，集中统一地行使所有权，实现政企（资）分开，所有权与经营权分离；出资人机构对投资和拥有股份的企业拥有股权，按《公司法》以股东的方式行使权利、承担责任；包括国家投资和拥有股份的企业在公司治理框架下自主经营、自负盈亏，成为独立的法人实体和市场主体；出资人机构以实现政府政策目标和国有资本保值增值对国家承担责任。

（三）设立国有出资人机构，集中统一行使所有权

设立专门机构履行出资人职责，集中统一行使所有权，专职履行出资人职责，是国有资产管理体制的重大转变。由此引起国有资产管理体制的变化主要表现在以下几个方面。

（1）责权明晰、可追溯责任的国有产权责任主体的设立，使国家投资和拥有股份的企业有了排他性行使所有权的国有"老板"，使政府部门以行政方式"管企业"转变为特设机构以出资人身份运营资本。就是说，在前后两种体制下国有资产的管理主体和管理对象都发生了变化。

（2）由国有资本固守投资的企业转变为出资人机构控股重要企业和以投资回报为目标，运作国有资本。增强国有资本流动性，实现保值增值。

（3）由注重行政审批和企业外的监管，转变为使所有者到位，克服内部人控制的弊端，着重建设有效的公司治理结构，形成内部化的财务硬约束机制。

（4）对国家投资和拥有股份的企业出资人机构拥有股权，对公司的债务承担有限责任；公司拥有出资人投资和借贷形成的法人财产权，以全部法人财产对债务承担责任。出资人机构自主运营股权，公司独立运作法人财产，在公司治理框架下实现所有权与经营权分离。

（5）出资人机构集中统一行使所有权，可以改变"五龙治水"的状况，落实国有产权责任。

对"管资产与管人、管事相结合"和集中统一行使所有权，各方面还有一些看法。有的担心，有的有疑虑，有的认为还有争论。但是从保证国有资本的效率和安全出发，这绝对是必须的。一般而言，产权的运作效率决定于排他性。只有所有者（代表，以下同）有权决定财产的使用，独占在使用时所产生的效益，并承担所发生的全部成本时，效益和成本才能构成对所有者的激励和约束，才能对财产所有者的预期和决策产生完全的、直接的影响。只有这样，所有者才能认真对待以"货币选票"来评估的财产使用的市场效果，也才有动力将财产投入最有市场前景的用途。如果部分效益或者部分成本不能影响所有者，即排他性不彻底，例如财产的使用由他人决定，所创造的效益可以被别人无偿占有，或滥用财产的成本有人给"买单"时，正如国有资产"五龙治水"的状况，效益和成本信号扭曲了，由此而产生的激励作用也会被扭曲，所有者就会产生非正常行为。例如现在的某些国有企业。

因此，出资人机构不是原政府各部门管理国有企业的机构、职能和管理手段的简单合并。由对企业的行政管理转为履行出资人职责，出资人机构的职能和行使职能的方式、手段都必须有重大转变。

国有出资人职责概括地讲主要有以下几点。

（1）通过执行国有资本经营预算，优化配置国有资本，保证在某些重要行业关键领域国有及国有控股企业的控制地位，提高国有资本投资回报。

（2）推进投资的企业进行公司制改制，建立有效的公司治理，形成内部化的财务预算硬约束机制，保障国有资本的权益。

所有权到位是形成有效公司治理最重要的条件。企业的激励和约束本质上都来自投资者，因为投资者享受的是"剩余索取权"，即在政府收缴了税收、银行获得了利息、职工领取了工资后的"剩余"才属于投资者。税收是法定的，利息和工资已由市场和合同确定，因此，除税收按比例有所变动外，利息与工资原则上与企业经营状况无关。企业的销售收入、成本甚至投资等风险影响的就是"剩余"。在完成如上扣除之后，如果"剩余"是正数，那就是利润；如果是负数，那就是亏损。因此，投资者为获取更多剩余的冲动就是企业的动力；投资者防范风险的谨慎，就是企业的约束。

（3）会同财政部门制定财务会计制度，以资产收益和现金收入处理不良债务，补充职工的社会保障基金。

（4）监督国有及国有控股企业财务报告的真实性；汇总国有及国有控股企业资产负债表，编制监管资产的资产负债总表，不断监控和改善资产负债结构，保持国有资本的安全性。

（5）国有资产监管机构向本级政府报告监管工作、监管资产状况和其他重大事项，必要时应向公众披露。

（6）国有资产监管部门接受同级财政和审计部门的监督。

（四）建立国有资产管理机构要与抓大放小、国有经济有进有退的调整结合

改革国有资产管理体制，必须与继续调整国有经济的布局和结构放在一起考虑。国有资产管理最重要的是国有产权委托代理有效性的问题。目前尚存国有企业约18万户，一方面布局分散，与国有资本的特殊功能不一致，另一方面管理幅度过宽，即便由从中央到省市、地三级约300个国有资产管理机构"履行出资人职责"，也会鞭长莫及，如果层层委托代理，就没有效率。提高委托代理有效性，就要优化国有资本布局，坚持抓大放小的方针，专注关键的少数，减少国有资本涉足企业的数量。国有资本的

流动是国家所有者为实现自己意志和获取不低于社会平均投资回报率的主动行为，因此必须在国家所有者直接操作和监督下进行，否则国有资本流失就不可避免。目前出现的国有资产流失的各种现象，从本质上都与此有关。国资委作为一个负责任的机构，主持国有经济布局的优化调整，为国有资本的有序流动而又不流失创造了重要的前提条件。

（五）关于委托代理两层次和三层次问题

在政企分开、所有权与经营权分离情况下，"国家"行使所有权必须经过一系列的委托代理，这是不可避免的。按目前的管理体制，委托代理的链条是国家统一所有，中央和地方政府分别代表国家履行出资人职责；中央和地方政府设立专司国有资产管理的部门——出资人机构，受托行使出资人职责；出资人机构控股重要企业，设立独资控股公司，或国有资产经营公司，或对部分大型企业和企业集团进行"授权经营"，由它们控股或持股下一层企业。

以政府为起点，委托代理是两层次还是三层次，存在不同看法。也就是控股公司这个层次是否必需。实际上，面对数量庞大的国有企业群，我们处于两难的选择。如果一个机构管理的幅度过宽，就鞭长莫及；如果委托代理的层次过多，就会降低效率。

提高委托代理的有效性的出路在于减少国有资本覆盖企业的数量，在此基础上科学地进行管理幅度和管理层次的选择才是有意义的。从实践的角度看，国资部门直接持股关键少数重要企业，通过控股公司控股和持股数量众多的其他企业，即两层次和三层次结合，可能是较为合理的选择。

（六）出资人机构如何行使所有权

为坚持政企分开、所有权与经营权分离的原则，出资人机构如何行使所有权是关键的技术细节。要害是必须从制度和机制上严格区分以股东方式"履行出资人职责"和依照行政隶属关系"管企业"的本质性差异。

在这里我们必须注意两种倾向：一是防止企业内所有者继续缺位，所有者权益被侵蚀；二是防止出现"婆婆加老板"，把企业管死。

1. 所有者到位又不越位

设立出资人机构,"管资产与管人、管事相结合",集中统一行使所有权,这是为克服所有者缺位迈出的关键一步。"管资产与管人、管事相结合"中的"管",绝不是传统意义上政府在企业之外进行的行政干预或行政审批式的管。出资人机构要"管"的内容是履行出资人职责该"管"的内容,"管"的方式是出资人履行股东权利的方式。

所有权到位,就是出资人机构为行使所有权该管的人和事要理直气壮地管好、管到位,成为"真老板",强化来自所有者的激励和约束。这是维护所有者权益必须要做到的。

所有权不越位,就是出资人机构只当"老板"不当"婆婆",只行使股东权利,绝不干预企业的经营权、管理权。这是增强公司活力和提高公司运行效率所必须的。

2. 建立明晰的公司分权制衡机制

公司权利分为所有权、经营权、管理权和监督权。我国《公司法》对四项职权各有明确的条文界定,并分别由股东会、董事会、经理和监事会行使。这是建立有法律保障的分权制衡关系,形成有效的公司治理结构的基础。

所有权 出资人行使所有权,就是保持对公司的最终控制地位。这是维护所有者权益所必须的。出资人的所有权体现为《公司法》赋予股东会的权利。

经营权 股东会选聘董事,组成公司经营决策机构——董事会。依《公司法》董事会拥有公司的经营权。

管理权 董事会选聘经理作为公司的经营管理者,董事会对公司重要事项做出决策后,交由经理主持公司的日常经营管理。经理依《公司法》享有经营管理权。

监督权 监事会代表股东对公司进行监督,《公司法》赋予监事会监督权。

出资人机构行使所有权到位又不越位的标志,就是认真负责地行使《公司法》赋予股东的权利,既要防止经营权、管理权架空所有权,排斥监督权,又要防止所有权侵犯经营权、管理权。只有公司的所有者、经营者、管理者、监督者恪尽职守，又不越位，才能形成良好的运行机制，既保障所有者的最终控制权，又使企业富有活力。

（七）国有企业有两种类型，国有资产管理有两种形态

在进行国有资产管理时，可以把国有企业分作两类：一类是在某些特殊行业承担或部分承担公共责任的特殊企业，要保持"国有经济控制国民经济命脉"；另一类是竞争性企业，以营利为目标，实现资产保值增值。为此，出资人机构管理和运营国有资本要承担两方面责任：一是在支撑国民经济增长、保障国家安全方面实现政策目标；二是提高国有资本运作效率，实现保值增值。与此相对应，国有资产管理应当有两种形态。

（1）对特殊公司的监控。极少数关系经济命脉、国家安全、提供重要公共产品和服务以及天然垄断行业的重要企业。如电网、电信、军工、石油和大型基础设施等领域的重要企业属特殊公司，它们是政府进行公共管理、实现公共目标的重要资源。政府投资的目的不仅是资产的增值，更重要的是承担公共责任，保持国家的控制力。这类企业数量有限，但关系重大。为贯彻政府意图，对这类企业出资人机构应直接持股、控股或独资经营，国有资本不能轻易撤出，保持对这类企业的控制力，即进行企业形态的监控。

（2）对普通公司的运营。在一般竞争性行业，出资人机构并不依赖特定的企业，而是以投资回报最大化和国有资本的保值增值为目标，不断优化资本布局，进行有进有退的调整。由"管企业"逐步转换为"运营资本"。显然，国家投资和拥有股份的企业大多数属于这一类。

划分两类形态管理，是为了使各自有明确的目标，可以使用相应的管理手段和评价体系，便于准确地考核，提高监管效率。

（八）出资人机构对特殊公司、控股公司和授权经营机构的监管

特殊公司、控股公司和授权经营机构都类属于国有独资公司，应按《公司法》设立董事会、经理、监事会，但不设股东会。尽管对它们的监管有某些特殊性，但绝不能离开公司治理框架，退回到政企不分、所有权经营权不分的老路。

出资人机构承担监管责任,可以通过以下四个渠道进行。

(1) 拟定或批准独资公司、授权经营机构的章程,决定它们的设立、分立、合并、清算等事宜。

(2) 选择经营者——董事会成员,并决定其薪酬。

(3) 签订业绩合同。这是出资人机构对国有独资公司和授权经营机构业务监管的重要手段。就政府意志、企业目标、年度预算、利润分配、投资计划等事项出资人机构与独资公司和授权经营机构签订一年或几年的业绩合同,形成硬约束。

业绩合同的内容就是出资人机构体现政府意志,必须行使所有权的内容:

①公司年度经营目标和财务预算方案、决算方案;

②公司利润分配和弥补亏损方案;

③重大投资、购并计划;

④增减资本金、发行公司债券计划和对外担保;

⑤政府对公司的特殊要求等。

在合同范围内公司自主经营,出资人机构不再干预;合同双方有超出业绩合同的重要事项,应协议修改合同。

(4) 出资人机构派出监事会,以业绩合同为准进行审计监督和业绩评估。监督结果报出资人机构,决定经营者的奖惩、去留。

(九) 建立国有资产管理体制的难点

建立符合市场经济的国有资产管理体制是重大的体制创新,涉及多方利害关系的调整,我们必须克服许多困难才能实现初衷。主要有以下几个难点。

(1) 面对庞大的国有企业群,鞭长莫及,即便中央和地市三级政府分别管理,将约18万户企业的国有股权分散给各个国有资产管理机构,每个机构也要面对500~1000户企业。这样宽泛的管理幅度几乎不可能管好。党的十六大把"调整国有经济布局和结构"与"改革国有资产管理体制"统筹考虑是十分重要的。但"抓大放小",减少国有资本覆盖企业的数量,并不是短期就能做到的。

(2) 缺乏良好的公司治理基础。新的国有资产管理体制是建立在所有权与经营权分离基础上的资产管理,因此,保障国家所有者权益的基础是有效的公司治理。但是中国缺乏公司治理文化。目前的情况是,一方面国家所有权委托代理关系不清,激励不足,约束软化,内部人控制带有一定的普遍性;另一方面,有政府背景的一股独大普遍存在,大股东行为不端正、小股东无能为力。因此实际上存在着一股人为扭曲公司治理的力量。这一情况如果不能改变,国有资产管理体制改革难以成功。

(3) 新设立的出资人机构如何正确行使所有权。市场经济中,在所有权经营权分离条件下,股东可以通过两种方式行使权利,即在股东会上行使表决权——"用手投票",和在产权交易市场的股权交易——"用脚投票"。目前,出资人机构"用脚投票"的条件并不完全具备。在"用脚投票"不成、"用手投票"又难以解决问题的情况下,行政干预再度出现的可能性极大。况且大家熟悉了以行政干预的方式"管企业",不熟悉以股东方式行使所有权。放下最熟悉的拿起最不熟悉的是有极大的难度的。

(4) 缺乏懂得和熟悉资本监管的人才。出资人机构的功能和性质实际上相当于国家控股公司或国家资产管理公司。出资人机构成功的运作需要有高水平的资本运营、企业评价、财务监管等专业人员。为使投资和控股的公司有良好的公司治理,需要派出合格的股东代表、有能力的董事、称职的监管人员。这些稀缺的人力资源的来源、选聘方式等都是没有解决的问题。

(十) 国有资产管理体制改革的风险

国有资产管理体制改革牵动全局,推进改革必须注意防范风险。

(1) 政府机构不再干预后,如果国家所有权继续不到位,这就为企业内部人控制留出了更大的空间,资产和效益的流失在所难免。

(2) 在实行"管资产与管人、管事相结合"的情况下,如果出资人机构不转变为"管资本",而继续沿袭隶属关系式的行政干预,成为"老板加婆婆",那么就会把企业管死,退回到改革原点。

(3) 在新的管理体制下,中央政府和地方政府分别履行出资人职责,享有权利,承担责任。在明确了产权责任后,如果地方政府为了保护所监管企业的利益而强化区域分割、市场保护,就会为全国统一市场的形成进一步设置障碍。

（4）国有资产管理机构如何行使产权责任。如果出资人机构的权力掌握不当或缺乏监督，比如出现争先"一卖了之"，或对经营者半买半送等情况，很快就会把可能全部或部分用于解决对职工历史欠账和银行不良债务的资源耗尽，那么就会进一步增加财政、特别是中央财政负担，增加财政风险。

（5）避免新形势下的政企不分。在政府部门不直接干预企业后，国资管理机构不能成为党委、政府、对企业行使公共管理职能的二传手。不能把政府必须承担的某些公共职能、过去政府管企业的某些做法通过国资管理机构这个"漏斗"灌到企业，形成新的政企错位，使出资人机构和企业的目标变得模糊不清。

（6）国资委"履行出资人职责"要与投融资管理体制改革配套进行。政府部门对国有企业大量的行政审批，特别是对投资项目的审批，某种意义上讲是在企业内所有者缺位情况下，国家所有者为防范风险和强化预算约束而采取的一种特殊措施。实践证明这并不是一套科学有效的办法，出资人机构建立后的重要责任是使投资企业的出资人（代表）到位，建立有效的公司治理，形成企业内部化的预算硬约束，真正承担起盈亏的风险，实现企业财务约束机制的转变。相应地，政府行政审批的功能就必须由代表出资人的把关，转变为为维护公共利益而进行的审查。如果原行政审批一套不变，国资委管事、管资产的一套再加上去，一个当"婆婆"，一个当"老板"，那就非把企业管死不可。这也是企业最为担心的事。

国有资产管理体制是一项牵动全局又十分复杂的改革，认真弄清改革的目标，所要建立的体制和机制，先立法、后行动，是改革取得成功所必须的。

二　消化历史遗留问题，为国有企业创造公平竞争环境

改革实践一再告诉我们，无论国有经济布局如何调整，丧失竞争力的企业退出市场，还是企业经营机制转换，降低成本，提高效率，都涉及国有职工能上能下、能进能出的流动性。职工的流动性涉及职工就业机制、

工资水平的形成机制，涉及劳动总成本和职工敬业精神，是影响企业竞争力的一个基本因素，是释放国有企业活力必须解决的约束条件。

目前在中国实际存在两种劳动用工制度，即未经彻底改造的计划用工制度和市场化双向选择的劳动力配置方式。后者所创造的效率使前者望尘莫及。我们越来越清楚地看到，由政府与企业一道解决企业冗员、"办社会"等弊端，是消化旧体制遗留问题，使国有企业取得平等地位的当务之急。因此，在要建立的新机制中，如何妥善解决国有企业职工养老、医疗、失业等社会保障问题，使它们的社会依托由依赖企业转向社会，从而使国有职工成为社会人；建立职工通过劳动力市场的可流动机制，这是使国有企业具有和其他竞争对手平等地位必须解决的关键性问题，也是国有企业结构优化、转换经营机制、提高竞争力遇到的最困难的一个问题。解决这个问题的职责、能力和资源并不在企业，而在政府。因此，在加入 WTO 后，政府为关心国有企业、创造良好市场环境必须对此做出最大的努力。

社会保障制度不健全给企业改革和发展带来了一系列问题：

（1）职工实际享受的是"企业保障"，职工离不开企业，企业辞不掉职工，企业和职工的结合不能自主选择；

（2）企业承担大量的社会职能，持续负担着额外的、数额不小、又难以计量的政策性成本；

（3）企业目标多重性，削弱了经营者的利润动机，财务约束软化，对企业业绩难以准确考核；

（4）劳动力结构的刚性化，也使资本流动重组和企业市场退出变得难而又难。

劳动力结构的刚性化使企业重组变得十分困难。企业一旦进入低效运行，不仅不能通过劳动力数量的增减迅速得到喘息的机会，而且很难通过资产重组和结构调整改变状况，使企业在低效或亏损的陷阱中越陷越深，矛盾和问题不断积累。即使这个企业完全丧失竞争力，也不能通过破产机制退出市场。此时，政府为保留企业职工的就业岗位和"社会依托"，通过财政或国有银行不断地向谁都知道没有希望的企业输血。这一做法不能改变国有部门的低效率，却维持了占总数 30%～50% 的国有企业长期亏损的局面。而为此支付的社会成本是经济资源配置的低效率、银行坏账的迅速增长和财政隐性负债的不断积累。

中国面临巨大的就业压力,但有较好基本素质、数量上无限供给的廉价劳动力,又是中国的一大优势。目前各国大公司纷纷投资中国的一个重要原因,就是抢先分享这一优势。《日本时代》杂志的一篇文章说指出,一个公司能否在这个新世界兴旺起来,要取决于它能否利用中国的优势来增强自身的竞争力。竞争并不像报纸头条暗示的那样,是美中或日中之间的战争,它是市场上的竞赛。胜利者将是那些能充分结合中国的竞争力来击败其本土对手的公司。外国公司和民营企业在利用中国廉价劳动力优势方面,可以说达到了淋漓尽致的地步,使它们的竞争力得到了极大的提高。一方面给它们创造了丰厚的利润,另一方面也为世界提供了无与伦比的大量廉价商品,同时也为我们创造了大量的就业岗位和税收。

现在的情况是,一方面外国公司和民营企业充分利用中国人力资源迅速提高自身竞争力,另一方面国有企业不仅不能分享中国人力资源优势,反而被人员问题拖累陷入困境。实践越来越证明,这是影响国有企业发展的桎梏。劳动力结构不可调整,不仅没有效率可言,而且在企业遇到困难和风险时,不能以劳动力结构重组为前提调整企业的经营结构、组织结构和资本结构,从而获得新的发展动力,相反使企业的结构性矛盾不断积累。这一状况如果不能尽快改变,即便目前状况尚好的企业其前景也令人担忧。

消化和解决旧体制遗留问题是国有企业取得平等地位的当务之急。现在,政府再给国有企业特殊优惠,必然遇到WTO规则的制约,但给企业创造平等竞争地位,则是政府责无旁贷、任何人无话可说的。国有企业三年改革脱困中在解决旧体制遗留问题方面取得了积极进展,这正是在为增强国有企业活力,使它们取得与其他企业平等竞争地位构建基础。这个基础主要包括:

(1) 构建企业退出市场的机制和退出通道;

(2) 构建国有职工流动机制;

(3) 改变企业"办社会"的状况,使国有企业职工逐步由"企业人",转变为"社会人";

(4) 国有企业由依赖政府注资,转而走向资本市场。

企业作为市场主体,以追求更高投资回报为目标,对资本结构不断优化、企业结构动态重组、劳动力结构适时调整是适应市场竞争、保持国有经济活力的需要。经济增长有周期，行业发展有兴衰，企业经营有成败。企业的竞争力就在于持续动态调整和配置生产要素。但是，三年脱困期间，对企业重组、企业退出、职工下岗分流是当作特殊重大问题，由政府主持以个案方式逐个处理的，这方式是不能持久的。

要使这些新机制的萌芽成为不需政府干预、可以通过市场自动运行的机制还远不成熟，在三年成就的基础上必须以政府为主、企业积极配合，创造配套条件，完善法规，强化中介力量，大力推进新机制的建立。从某种意义上说，新机制的建立将从根本上改变国有企业的状况，是政府给国有企业任何优惠政策所做不到的。要以政府为主导，由政府、企业、社会中介做持续的共同努力。这里既包括分离企业"办社会"的职能和机构，改变国有职工身份，建立劳动合同关系，培育劳动力市场等；也包括完善法律法规、强化中介服务。其中最重要的是建立健全养老、医疗、失业为主的社会保障体制，它是市场经济的基础工程，是社会稳定的屏障，是企业富有活力的基础条件，是消化和解决旧体制的遗留问题使国有企业取得平等竞争地位的当务之急。

三 有效的公司治理是现代企业制度建设的核心

公司是国资委履行出资人职责的微观制度基础。一个大型现代化生产经营组织涉及多个不同的利益主体，在市场竞争中要承担巨大的风险，它的经营、管理和控制都属高度专业化的领域。因而投资者愿意把投入的资源委托给精心选择的、有专门知识和技能的人来经营管理。在进行这种委托时，投资者必须在两个方面进行权衡：即专业经营管理所带来的预期收益和由于利益不一致而产生的委托成本和投入资源可能被浪费的风险。为保障投资者利益，需要采取法律、合同和酌情处置权等形式，建立投资者对该组织的最终控制机制。这就是实行所有权与经营权分离的实质和建立有效公司治理机制的必要性。国资委运营国有资本的重要特点是所有权与经营权分离，而公司是实现两权分离最有效的制度安排。现代公司制度与传统国有企业制度相比至少有以下四个优点：

（1）公司是迅速聚集资本最有效的财产组织形式；

（2）公司可以引入包括非国有的多家股东，有利于公司将目标集中于经济效益；

（3）公司提供了投资者有效监督的体制框架，在所有权与经营权分离情况下保障投资者权益；

（4）公司制度可以实现投资者、经营者和管理者动态最佳组合，有较好的纠错机制，有可能创造良好业绩和"百年老店"。

所有这些优点都是传统国有企业制度所无法相比的。新设国资委履行出资人职责有两个基础条件，即政企分开和所有权经营权分离。前者由于国资委是特设机构，没有行政权力，已从组织上做了安排；而后者则必须依靠适合的组织体制——公司制度才能实现。

国有企业通过公司制改制会发生一系列本质的变化。

（1）由于企业法律依据的改变，企业的债务责任关系变了。在所有权与经营权不分的情况下，所有者必须对企业的债务承担无限连带责任；实行所有权与经营权分离后，所有者对公司的债务只以投入企业的资本为限，承担有限责任。

（2）改制后的企业才能成为真正独立的市场主体。由《全民所有制工业企业法》（本文以下简称《企业法》）的国有企业改制为按《公司法》设立的公司，其中一个重要差别是所有者从企业之外进入了企业。按《企业法》，在企业内没有所有者的位置，企业的重要决策由所有者在企业之外进行。因此，企业就无所谓"自主经营"，而承担盈亏后果的是所有者，由于企业内所有者缺位，因此它也不能"自负盈亏"。

（3）所有权与经营权分离，使所有者直接干预企业的权力消失了，但却获得了"用脚投票"的自由度；公司获得了自主经营法人财产的权力，但是以所有者（代表）进入企业，强化对经营管理的监督为条件。

（4）企业的激励约束机制变了。《企业法》下的国有企业是把所有权与经营权混杂在一起，在企业经理与政府部门之间进行分割，这就反复出现了"管死—放乱"的循环。在公司制度下，所有者、经营者、管理者建立起分权、分责、制衡关系，可以形成有效的激励约束机制。

公司制度发挥作用、不被滥用的重要基础是建立有效的公司治理结构，用以妥善处理由于所有权和经营权相分离而产生的信托代理关系。也就是说，所有者投资设立了经营机构，但是所有者并不直接参与经营，把投资的财产信托给董事会来替他经营；董事会对法人事项做出决策，但是它不直接管理，而是聘请职业经理替它实现公司的目标。这样就出现了一系列的委托代理关系，所有者把财产信托给了董事会，董事会做出决策，又委托经理去执行，经理执行的结果如何体现所有者意志，保障所有者的权益。这就必须有一套科学的体制设计做保障，这套制度安排就是公司法人治理结构。

公司法人治理结构是一个有国家法律保障的、制度严谨的分权制衡体制。它所形成的一套有效的委托代理关系，可以保障投资者的最终控制权，可以维系公司各个利害相关者之间的平衡，使所有权和经营权的分离成为可能。反之，如果所有者权益得不到保障，所有者必然干预，所有权和经营权不可能分离，对国家投资的企业而言，就是政企不分。因此，法人治理结构是企业制度创新的一个核心问题。

随着市场化程度的提高，以营利为目的的投资，由政府安排逐渐转向由市场配置。国家通过政策调控资本市场和信贷市场，机构投资者和个人投资者大量地通过资本市场选择项目，选择业主，自主投资自担风险，这种方式正逐步成为商业性投资的主渠道。机构和个人投资者们无意对投资的企业发号施令、直接干预，它们通过资本市场和公司建立联系，要求公司建立规范的法人治理结构来保持自己对公司的最终控制权。也就是说，政府投资者往往希望直接干预或通过审批体现政府意志，而资本市场上的投资者，它们希望通过一套有法律保障的信托代理关系，聘请经营管理专家来管理公司，在所有权和经营权分离的情况下来实现自己合法权益最大化。资本市场上的投资者，不得不承受由于经营失误而造成的损失，但它们绝不接受由于法人治理结构扭曲或暗箱操作而带来的风险。

现在的情况是，有发展前景的企业需要不断充实资本金，获得迅速发展，而那些机构投资者和个人投资者则四处寻找良好的投资项目。这两者能否有效结合，一是看资本市场是否健康有序，二是看公司法人治理结构是否规范有效。可以说，一个富有前景的企业，有效的公司治理、对股东的诚信是取得投资者信赖的基石，是企业竞争力的基本要素。

中国正处于经济快速增长阶段和工业化的过程。只有源源不断地将社会资金转化为生产发展资金才能保持经济稳定增长,而公司治理在这一转化中处于核心地位、起着关键作用。从这个意义上说,公司治理的有效性关系经济发展全局,公司治理的水平决定经济增长。

目前国有企业改制为公司的数量已经不少,但距建立有效的公司治理我们还有很长的路要走。可以说,目前公司治理是微观经济领域最重要的制度建设。建立有效的公司治理意义重大。

(1) 公司治理的有效性关系国企改革的成败。良好的公司治理可以保障投资者权益。这是所有权与经营权可以分离的制度基础。如果因公司治理的缺陷,投资者的权益得不到保证,机构投资者、外资和个人投资者将会"用脚投票",远离公司。而政府股东由于退出的障碍,就会处于两难的地步。如果不加干预,坐看国有资产流失,有失责任;如果以强化行政干预的方式来维护所有权,那就退回到所有权与经营权不分、政企不分原点,使改革招致失败。

(2) 公司治理水平影响经济增长。有投资能力的机构和个人并不一定就是创办企业的好手。只有源源不断地将机构和个人资金通过资本市场流入企业,转化为生产发展资金才能保持经济增长,而公司治理在这一转化中处于核心地位、起着关键作用。从这个意义上说,公司治理的有效性关系经济发展全局,公司治理水平影响经济增长。

(3) 公司治理是企业竞争力最重要的基础软件。世界上办得成功的大公司几乎都经历了同一个过程,发展—融资—再发展—再融资。能沿着这条道路走下去的基本条件就是取得投资者的信赖。现在的情况是,有发展前景的企业需要不断充实资本金,获得发展的机会;而那些机构投资和个人投资者则四处寻找良好的投资项目和可信赖的业主。这两者能否有效结合,一是看资本市场是否健康有序,二是看公司法人治理是否规范有效。可以说,一个富有前景的企业,有效的公司治理、对股东的诚信是取得投资者信赖的基石,是走向资本市场的通行证,是企业竞争力的基本要素。据麦肯锡企业顾问公司2000年调查,对同等赢利水平的公司,投资者愿为治理机制良好的公司股票多支付20%以上的溢价;在亚洲金融危机后,投资者在评估亚洲投资潜力时,认为董事会行为质量比财务问题更重要和同等重要的占 75%。

由于存在体制和结构性的缺陷，在利益驱动下国有企业改制为公司后，人为地扭曲公司治理的动机和力量始终存在。这主要表现在以下几点。

（1）国有股权委托代理体制尚不健全，模糊的股权管理体制、责权不清的产权代理关系，使国家投资和拥有股份的公司没有集中统一的"国有老板"。在各个部门热衷于行政干预的同时，却没有哪个机构愿意下功夫推进建立有效的公司治理，失去了所有权的激励和约束，内部人往往会产生偏离所有者权益的行为。

（2）在一股独大情况下，"存续公司"作为控股股东与上市公司高管人员大幅度交叉任职、关联交易频频发生。由此造成两个后果：一是董事会有失独立性，二是公司目标变得模糊。

（3）政府主要承担社会职能，在它直接充当所有者时，往往利用行政权力把控制的公司当作行使社会职能的工具，使上市公司丧失了商业利益的独立性，小股东的权益无法保证。

（4）政府在企业外的直接干预，包括超越《公司法》对人事安排的干预，很容易打乱公司治理机制，使公司权利机构、决策机构、执行机构之间的分权制衡体制遭到破坏。

（5）在资本市场上国有股、法人股不流通，没有公司控制权转移的威胁，经营者只要能讨好大股东，就敢于更大胆违规运作，致使人为地扭曲公司治理的力量始终存在。

建立有效公司治理的核心是国家所有权到位的问题，而扭曲公司治理的最大因素是国有股东行为不端正的问题。国资委的成立为解决这一问题创造了条件。应竭尽全力做到的是，通过有效的公司治理形成内部化的财务预算硬约束机制。这比在企业之外干预和审批更具有本质意义。

在中国，从改革方向上，很多人都承认必须实行所有权与经营权分离，但有些人却不太相信公司治理的作用，缺乏推进建立有效公司治理的热情。这里有认识和理解方面的原因，也受到体制性局限和利益驱动，有的人更相信所有者在企业外的强力干预，有的则企图从扭曲的公司治理中获得短期非分的好处。这就造成虽然一些国有企业改制为公司甚至已经上市，但公司治理被扭曲的现象仍然存在。

从政府人员到投资者，到公司董事、经理，要从根本上认识公司治理是现代市场经济"必不可少的制度安排"，加快公司治理觉醒的过程。这是当前中国微观经济体制建设中的一个最重要的课题。

当前，我们不妨以最通俗的方式理解公司治理：

（1）公司治理是所有权与经营权分离情况下保障股东权益最好的制度安排；

（2）只有好的公司治理才能保障公司和股东，包括国家股东的利益；

（3）良好的公司治理会减少投资者风险、增加股东回报、提高公司的市场价值；

（4）良好的公司治理会降低融资成本，是有前景的企业持续壮大的基础条件；

（5）公司治理是社会资金流向公司的阀门，公司治理的水平影响经济增长；

（6）扭曲公司治理的受害者是股东：首先受害的是小股东，最大的受害者是大股东。

改制的企业和政府主管部门也力图规范公司治理结构，但遇到了巨大的障碍。实践证明，国有企业改革牵动传统体制的诸多方面，除配套地推进改革之外，否则很难有实质性突破。

当前，要在党的十六大精神指导下，在新的国有资产管理体制建立时，不失时机地深化改革，克服建立有效规范的公司治理结构的障碍。

第一，克服政企不分带来的障碍。政府对国有企业的直接干预和国有股东权能不到位并存，是公司法人治理机制不规范的重要原因。国家是特殊的股东，如果国家股东的行为不端正，没有哪种力量能对它进行制约。因此，政府代表国家进入市场直接行使股东权利是不适宜的。

党是政治组织，政府承担社会职责，而企业以效益为目标，追求投资回报。因此，董事会与党组织和政府的社会定位、追求目标、达到目标的手段、激励约束机制等完全不同。其中一个大的差别是企业的目标明确而单一，这有利于促使经营者把精力集中于为股东和公司创造最大的价值。党政机关则承担政治、经济、安全与社会多重目标，与个别企业和股东的追求并不完全一致，很难为个别公司及其股东利益竭尽全力。而且党政机关的决策机制、责任机制和风险机制与董事会都有本质差别。其中重要的一点是每位董事必须独立地对自己的行为负责，在某种情况下依《公司法》要对股东承担赔偿责任。因此，忽视董事和董事会的独立性、忽视经理人行使职权的独立性，以党政部门取代或"指导"董事会、干预经理人，将使经营管理者无所适从。结果将使企业的目标变得模糊，财务软约束，出现的劣迹无人负责。

第二，推进股权多元化，为公司法人治理结构的规范运作创造基本条件。实践证明，国有企业改制为国有独资公司，从机制转换角度看并不理想。

国有独资公司和国有股一股独大的主要弊端是：

（1）难以做到政企分开，政府往往把这一改制后的企业仍当作行使政府职能的工具，直接干预和指挥，小股东权益被侵犯；

（2）经营者往往以政府主管的好恶为准，看国家大股东脸色行事，其他股东的监督失效，企业不能把目标集中于经济效益，创造良好业绩；

（3）国有股东管理众多控股企业，鞭长莫及，其他股东又较少有发言权，所有者权能难以到位，为内部人控制提供了条件；

（4）不利于放大国有资本的功能，扩大国有资本的辐射作用，发挥国有经济对其他所有制经济的引导、带动作用；

（5）在国家不再新增资本投资的情况下，有良好前景企业的发展将受到制约。

通过股权结构设置防止和矫正国有股东的非正常行为，把企业目标集中于追求经济效益，是国有企业公司制改制要遵循的重要原则。一般来说，引入多元股东，包括另外的国有股东，特别是非国有股东，有利于所有者职能到位，形成规范的公司治理结构；有多元股东的制衡，易于实现政企分开，使企业目标集中于追求经济效益。

党的十五届四中全会《决定》总结了国有企业公司制改制的经验，提出"除极少数必须由国家垄断经营的企业外，要积极发展多元投资主体的公司"。为使公司治理更加有效，一个国有股东的股权比例不宜过大。"一股独大"，往往使经营者只看这一大股东的脸色行事，如果这一国有股东行为不端，企业就会偏离追求经济效益的目标，公司、小股东和公司利益相关者的利益就难以保障。为此,《决定》强调,要发展混合所有制经济,"重要的由国家控股",也就是说,对一般企业国有股东也不一定控股。

第三,克服"内部人控制"造成的障碍。为增强企业活力,国有企业改革首先从"减税让利""减政放权"开始,认为只要有了"自主权",又有了"自主钱",企业自然就可以走向市场,求得发展。与此同时长期维持企业"办社会"体制,政府通过国有企业对职工及家属承担就业、上学、医疗、养老等社会依托责任。这就使"纯洁"的国有企业发生了变化,国有企业成为融合了地方政府、主管部门、企业经理和企业职工利益的、被改造了的国有企业。例如,政府审批制增加了审批者的权力,并不能使所有者职能到位。由于个案审批难以避免随意性,审批者批准或不批准的责任与所造成的后果严重不对称,审批往往难以避免某些个人的私下交易。企业内所有者缺位,在缺乏有效监督情况下,厂长(经理)负责制使决策和执行混为一谈,很容易变成个人说了算。经理和职工的工资并不能真正反映他们的真实收入,"公务消费"有极大的空间,企业通过"办社会"进行或明或暗的补贴,使职工得到额外的实惠……实际上围绕国有企业编织了一个个错综复杂的利益网,内部人控制了一切。改革一旦触及这一利益格局,就会遇到来自各个方面强大的阻力和难以克服的各种现实问题。

实行公司制,要改变"一元化"领导体制,科学地配置公司的控制权,确保分权、分责、制衡的有效性,这是克服内部人控制的有效措施。要使所有者(代表)进入企业,组成最高权力机构,保持对公司的最终控制权;董事会成员与经理人员不能过分重合,以确保董事会以公司和股东利益为取向主持公司的经营和决策;大型公司还应有外部董事或独立董事,以确保公司、小股东和利益相关者的权益;董事长与经理不能一人兼,以确保董事会对经理人员的有效监督。国有独资公司依法设立外派监事会。如此等等。这种规范的公司治理机制使公司体制中没有不受约束的人,从而保证所有者对公司的最终控制。

第四,积极探索符合公司体制的人事管理制度。如何科学地配置公司控制权是涉及公司怎样承担风险的问题。

国有企业进行公司制改制目的是通过所有者到位,建立有效的公司治理结构，形成内部化的财务预算硬约束机制。为此，尽管是张三还是李四做董事或经理很重要，但合理地配置公司控制权，形成科学的制衡关系，建立有效的责任体系和纠错机制才更具有本质意义。因此，公司的人事管理体制必须与建立有效公司治理的目标相一致。

企业的盈亏直接或间接都由所有者承担，所有者是公司第一利害相关者，因此他要对企业有最终控制权。最重要的体现就是股东直接掌握经营班子（董事会）的选择，公司合并、分立等重大产权变动，年度财务决算，收益分配等权力。董事会受股东信托，以公司和股东利益最大化为原则，负责公司的经营决策、选择公司的经营管理者（经理）、监督公司经营管理者执行董事会的决议，董事会成员凭借自己的业务能力和社会信誉充当衔接股东与公司的纽带。因此，在公司治理中董事会处于核心地位，股东会必须尊重董事会的独立性。公司经理按董事会的授权受托经营管理公司业务、执行董事会决议，他有权提名自己的助手和部门经理，并组织公司高效运转。在这一体制中，股东对董事会工作是否满意，不在于是否要代替董事会对公司经营进行决策；董事会对经理的经营管理是否满意，也不在于是否要代替经理去指手画脚，最重要的表态就是决定他们的奖惩和去留。

由此看来，公司控制权的合理配置是公司灵活经营和防范风险的关键。公司控制权的核心是对人的控制权，也就是说层次分明的人事管理权是公司控制权合理配置的核心。股东会、董事会、经理和监事会之间的制衡体制，最终是通过对人的控制而实现的。理顺公司人事管理是建立规范的法人治理结构的一个关键。

党的十五届四中全会《决定》指出，要"积极探索适应现代企业制度要求的选人用人新机制，把组织考核推荐和引入市场机制、公开向社会招聘结合起来，把党管干部原则和董事会依法选择经营管理者以及经营管理者依法行使用人权结合起来"。在推进国有企业公司制改制过程中，政府和各股东要促进形成规范的公司法人治理机制，积极探索按《公司法》行使各自的权利，不应超越《公司法》干预公司的人事管理。

由于公司治理涉及如此宽泛的领域，所以改善公司治理仅靠企业自身或个别股东的努力难以奏效。改善公司治理，培育公司治理文化需要政府部门、证券监督部门、机构和个人投资者、董事、经理人、社会中介、新闻传媒等的共同努力,具体有以下措施:加强市场力量和监管能力,建立公司控制权转移机制;改进股权结构,培育机构投资者;加强银行和债权人在公司治理中的作用;改进政府所有权代理体制;增加公司透明度,保障股东的知情权;保证董事会对经理的监督,使董事会对股东更负责任;赋予少数股东权力,有效保护小股东利益;加强职工在公司治理中的作用;培育经理人市场和诚信的社会中介机构等,综合实施才能取得效果。

建立有效公司治理的几个问题[*]

（2003 年 7 月 18 日）

一　国有产权的委托代理关系

国家是特殊的出资人，国有资本必须通过两个层次的委托代理关系履行出资人职责，即国有产权的委托代理和公司治理中的委托代理。最简单的委托代理关系是：国家—政府—国资委—控股公司或授权经营机构—公司股东会—董事会—经理人。

新的国有资产管理体制能否成功，关键的环节是国有产权委托代理的有效性，即经过多级传递，到委托代理的末端能在多大程度上保障国家所有者的权益。决定委托代理有效性主要取决于三个因素。一是委托代理的体制设计。面对庞大的国有企业群，一个机构管理的幅度过宽就鞭长莫及，如果委托代理的层次过多就会降低效率。因此，在改善国有资本布局的基础上，要在管理幅度和管理层次设置上做科学的选择。二是对委托代理各环节监督的有效性。三是在企业里公司治理的有效性。

二　国有资本运作的效率取决于产权管理的"排他性"

出资人机构"管资产与管人、管事相结合"，集中统一行使所有权，从保证国有资本的效率和安全出发，这绝对是必须的。一般而言，产权的运作效率决定于产权管理的排他性。只有所有者，即出资人机构有权决定

---

[*] 本文是作者于 2003 年 7 月 18 日就国有企业改革和国有资产体制改革中建立有效公司治理的几个问题报送中央领导同志的一份报告。

财产的使用、独占在使用中所产生的效益,并承担所发生的全部成本时,效益和成本才能准确评价出资人机构的业绩并构成对出资人机构的激励和约束;才能对出资人机构的预期和决策产生完全、直接的影响。只有这样,出资人机构才能认真对待以"货币选票"来评估的财产使用的市场效果,也才有动力将财产投入最有市场前景的用途,最大限度地实现资产保值增值。如果部分效益或者部分成本不能影响出资人机构,即"排他性"不彻底,例如财产的使用由其他部门决定,所创造的效益可以被其他机构截流,或滥用财产的成本有人给"买单"时,正如国有资产"五龙治水"的状况,效益和成本信号就被扭曲了,政府对出资人机构资本运作效率难以评价。财务责任的软约束,使出资人机构对持股的企业很难成为"真老板"。由于所有权虚置,国有资本运作低效和国有资产流失在所难免。就如现在的某些国有企业。

三 出资人机构的双重职责和履行出资人职责的两种形式

出资人机构管理和运营国有资本要承担两方面责任:一是在支撑国民经济增长、保障国家安全方面实现政策目标;二是提高国有资本运作效率,实现保值增值。与此相对应,在进行国有资产管理时,应把国有企业分作两类:一类是在某些特殊行业承担或部分承担公共责任的特殊企业,要保持"国有经济控制国民经济命脉";另一类是竞争性企业,以营利为目标,实现资产保值增值。为此,国有资产管理应当有两种形态。

(1) 对特殊公司的监控。极少数关系经济命脉、国家安全、提供重要公共产品和服务以及天然垄断行业的重要企业,如电网、电信、军工、石油和大型基础设施等领域的重要企业属特殊公司。政府投资的目的不仅是资产的增值,更重要的是承担公共责任,保持对国家的控制力。这类企业数量有限,但关系重大。对这类企业也可引入其他股东投资,实现股权多元化,或设立"金股",改善公司治理,但国资委应直接持股、控股,国有资本不能轻易撤出,国资委对其进行企业形态的监控,保持对这类企业的控制力。

(2) 对普通公司的运营。在一般竞争性行业,出资人机构并不依赖特定的企业，而是以投资回报最大化和国有资本的保值增值为目标，不断优化资本布局，进行有进有退的调整。由"管企业"转换为"运营资本"。

划分两类形态管理是为了使各自有明确的目标，可以使用相应的管理手段和评价体系，便于准确地考核，提高监管效率。

四 现代公司的所有权经营权分离机制

公司制度是国资委履行出资人职责的微观制度基础。大型现代化公司处于竞争的旋涡，涉及多元利益主体、复杂的利益关系，它的经营、管理和风险控制都属高度专业化的领域。一般而言，有投资能力的人和机构不一定是创办企业的高手，因而投资者愿意把投入的资本委托给有专门知识和技能、诚实并勤勉的人来运营。在进行这种委托时，投资者必须在两个方面，即专业经营管理所增加的预期收益和由于利益不一致而产生的委托成本之间进行权衡。为保障投资者利益，需要采取法律、合同和授予酌情处置权等形式，建立投资者对该组织的最终控制机制。这就是实行所有权与经营权分离的实质。

五 关于公司治理结构

狭义而言，公司治理可以看作是企业内部界定和调节股东和经营层、管理层关系的一套规则和机构，主要是股东大会、董事会、经理的权能定位以及界定它们相互关系的一套运行规则。

按《全民所有制工业企业法》，在国企内没有所有者的位置，政府部门在企业之外分兵把口行使所有权；按《中华人民共和国公司法》（本文以下简称《公司法》），所有者以股东的身份进入企业，通过股东会行使所有权。因此，它与传统国有企业的一元化领导体制完全不同，现代的公司治理是在所有权到位的情况下，实行的是股东大会、董事会、经理之间分权、分责、制衡机制。

一般来说，公司权利可以分成所有权、经营权、管理权和监督权。《公司法》对四项权能和按层级的制衡关系各有明确界定，并分别由股东会、董事会、经理和监事会行使。这是建立有法律保障的分权、分责、制衡关系，形成有效的公司治理结构的基础。

所有权 公司内所有者组成最高权力机构股东大会，行使所有权，保持对公司的最终控制地位。《公司法》赋予股东会对公司的最终控制权力。

经营权 股东会选聘董事，组成公司经营决策机构——董事会。依《公司法》董事会对全体股东负责，拥有公司的经营决策权。

管理权 董事会选聘经理作为公司的经营管理者，董事会对公司经营战略做出决策后，交由经理主持公司的日常经营管理工作。经理依《公司法》享有经营管理权。

监督权 监事会代表股东对公司进行监督，《公司法》赋予监事会监督权。

在公司治理中既要防止所有权侵犯经营权、管理权，也要防止经营权、管理权架空所有权，排斥监督权。只有公司的所有者、经营者、管理者、监督者恪尽职守，又不越位，才能形成良好的运行机制，使企业富有活力。其中所有者负责而恰当地行使最终控制权是良好公司治理的基础。

六　改善公司治理应注意的四个问题

1. 所有权到位，是形成有效公司治理最重要的条件

目前很多企业的公司治理被扭曲的重要原因，要么是所有权不到位，内部人控制；要么是一股独大的国有股东行为不端正。原则上讲，企业的激励和约束本质上的动力都来自所有者，因为所有者享受的是"剩余索取权"，即在政府收缴了税、银行拿走了利息、职工领取了工资后的"剩余"才属于投资者。在完成如上扣除之后，如果"剩余"是正数，那就是利润；如果是负数，那就是亏损。作为"剩余索取者"，所有者承担盈亏的后果，因而具有监督其他参与者和做出有效决策的积极性。所有者为获取更多"剩余"的热情就是企业的动力，防范风险的谨慎就是企业的约束。所有权到位是公司治理的灵魂，离开了所有者的激励和约束，很难避免管理层的非正常行为，所有者的权益就无法保证。

2. 董事会是公司治理的核心机构

经理层和股东的利益实际上不可能完全一致,在信息不对称、股东直接监控困难的情况下,公司的经理们就有可能为追求自身利益而牺牲股东和公司的利益。因此,股东并不把公司经营权交给经理,而是将公司委托给有决策和监督能力,勤勉、诚信的董事组成董事会经营。董事会受投资者信托,主要职责是确保公司的长远利益,最重要的职能是任命和更换公司最高管理层、做出战略决策、监督管理层的工作、评估经理的绩效并决定其薪酬和去留。董事会还必须对企业的经营符合各项法律法规,包括要对财务报告的真实性、合规性等负责,在公司治理中处于核心地位。为此要优化董事会(不能全是内部人)构成,认真实行"集体决策个人负责"的决策机制,强调董事会的独立性,强化董事的个人责任。

3. 公司的目标必须集中于投资回报

公司治理的要义是保护投资者利益。给企业设置非经营性目标,一方面使经营者无所适从,另一方面也给经营者的随心所欲留出了空间。结果是财务约束软化和对经营业绩无法准确考核。这是国有企业低效率的一个重要原因。政府的目标是多元的,但是,除极少数特殊公司外,不能通过出资人机构把政府的多元目标转嫁给国家投资和拥有股份的公司。公司目标集中于投资回报,才能建立财务预算硬约束,才能准确评价公司的经营业绩。即便承担某些政策目标的特殊公司,也必须把政策目标和为此而支付的成本设定清楚,强化预算硬约束。

4. 建立具有纠错功能的选人用人机制

现代公司的分权、分责、制衡关系,主要是各层级通过对人的控制来实现的。《公司法》中股东会、董事会和经理间有关人事权力的分配,是建立在责任分配和形成有效制衡关系基础上的。由于人事权力与各自履行的职责和承担的责任相对称,因此他们具有选择和监督相关人员强烈的责任心,把权力交给他们是有效的。有责任的约束,不会滥用权力。如果公司人事权力的分配规则乱了,那么公司的责任和制衡关系就会被打乱,就会导致内部约束机制软化、高管人员非正常行为上升、经营劣迹无人负责。因此,尽管对公司具体领导人员的管理十分重要,但维护一个有效的公司治理,形成具有及时纠错功能的人事管理机制,更有利于公司创造良好业绩，降低风险。如果大股东不恰当地干预企业人事管理，尽管是为维护股东利益，但是一旦由此影响甚至破坏了公司的分权、分责、制衡关系，那么必然招致内部化的激励约束机制失效，结果将事与愿违，得不偿失。

七　公司的约束机制

改善公司治理有多种工具，尽管每一种工具各自还不能完全保证资源有效利用，但多种作用结合就可以形成一个有效的框架。

如果经理不能有效地经营管理，董事会就会采取行动改变局面，直至更换经理；如果董事会行动迟缓或不力，股东就会施加积极影响，直至重组董事会；如果董事会、股东都无力回天，从而企业业绩继续下滑，公司的市场价值就会降低，就会成为收购者的潜在目标。公司一旦被收购，不仅所有者惨遭损失，而且董事和经理将失去岗位、身价贬值。如果这些机制都不能改变局面，而亏损又不断侵蚀所有者权益，"有限责任"可能对股权持有者产生负面激励，威胁固定受益者的利益。此时固定受益者如债权人，就有动力走到前台，破产机制就会发挥作用，以此改变所有者，改变董事会，重新配置资源。

公司治理是现代企业制度的核心，改善公司治理不仅需要公司董事、经理们的努力，而且需要不断完善法规，需要政府、国有出资人机构、其他投资者、资本市场、经理人市场、中介机构、新闻媒体等的持续共同努力。

有效的公司治理是现代企业制度建设的核心[*]

（2003 年 9 月 15 日）

党的十四届三中全会提出建立现代企业制度以来，从中央到地方进行了大量的探索，取得了宝贵经验，改革在不断深入。党的十五届四中全会指出，"公司制是现代企业制度的一种有效形式。公司法人治理结构是公司制的核心"。十六届三中全会进一步提出了完善公司法人治理结构的任务，要按照现代企业制度的要求，规范股东会、董事会、监事会、经营管理者的责权，形成决策机构、监督机构和经营管理者之间的制衡机制。企业党组织发挥政治核心作用，并适应公司法人治理结构的要求，改进发挥作用的方式。认真贯彻《中共中央关于完善社会主义市场经济体制若干问题的决定》要求，正确认识和完善公司治理结构，对国有企业转换经营机制具有决定意义。可以认为，有效的公司治理结构是当前微观经济领域最重要的制度建设。

一 公司制是实现两权分离最有效的制度安排

所有权经营权分离是当代大型经营机构普遍采用的运营方式。国有资本管理、监管和运营的微观制度基础是所有权与经营权分离。为什么要实行"两权分离"？一个大型现代化生产经营组织涉及多个不同的利益主体和极其复杂的利害关系，在市场中要面对巨大的竞争压力和经营风险。因此，它的经营决策、管理运营和监督控制都属高度专业化的领域。一般而言，投资者并不就是高明的经营管理者，他们的特长是选择项目、选择业主。因此，投资者投入资源组建公司后宁愿委托给精心选择的、诚信的并

---

[*] 作者在参与十六届三中全会文件起草时，于 2003 年 9 月 15 日为文件起草组提供的参考材料。

有专门知识和技能的经营管理者来管理。在进行委托管理时，投资者必须在专业经营管理者经营所带来的预期收益和由于所有者和专业经营者之间利益不一致而产生的委托代理成本及风险两个方面进行权衡。为保障投资者利益，需要采取法律、合同和酌情处置权等形式，既使经营管理者充分发挥才能，为股东创造价值，又要构建投资者对公司的最终控制机制。这就是实行所有权与经营权分离的实质和建立有效公司治理机制的必要性。

现代公司制度与传统国有企业制度相比至少有四个优点：

（1）公司是迅速聚集社会资本、发挥国有资本引导和辐射作用最有效的财产组织形式；

（2）公司可以引入包括非国有的多家股东，形成混合所有制企业，有利于公司将目标集中于经济效益；

（3）公司提供了投资者有效监督的体制框架，在所有权与经营权分离情况下保障投资者权益；

（4）公司制度可以使投资者、经营者和管理者各自发挥所长，实现动态最佳组合，有可能创造良好业绩和"百年老店"。

所有这些优点都是传统国有企业制度所无法相比的。国际经验表明，到目前为止，公司是实现两权分离最有效的制度安排。

二 实行公司制的目的是使国有企业实现质的飞跃

必须充分认识国有企业进行公司制改制是一个脱胎换骨的过程，重在转换机制。

（1）改变企业的债务责任关系。传统国有企业与公司设立的法律依据不同，前者在所有权与经营权不分的情况下，所有者实际上对企业的债务必须承担无限连带责任；后者实行所有权与经营权分离，所有者对公司的债务只以投入企业的资本为限，承担有限责任。

（2）使企业成为真正独立的市场主体。按《全民所有制工业企业法》，在企业内没有所有者的位置，所有者在企业之外进行干预和决策，因此，企业就无所谓"自主经营"；而承担盈亏后果的是所有者，由于企业内所有者缺位，因此它也不能"自负盈亏"。国有企业改制为公司后，所有者进入企业行使权能、承担责任，使企业成为独立、完整形态的市场主体。

（3）实行所有权与经营权分离。改制后所有者直接干预企业的权力消失了，但获得了"用脚投票"的自由度；公司获得了自主经营法人财产的权力，但这是以所有者（代表）进入企业、强化对经营管理的监督为条件。

（4）改变企业的激励—约束机制。在公司制度下，跳出了政府部门在企业之外"一管就死，一放就乱"的怪圈，所有者、经营者、管理者在企业内建立分权、分责、制衡关系，可以形成有效的激励—约束机制。

三　公司制度发挥作用的基础是建立有效的公司治理结构

公司治理是用以处理由于所有权和经营权相分离而产生的信托代理关系的制度安排。也就是说，所有者投资设立经营机构，但并不直接参与经营，把投入的财产信托给董事会；董事会对经营战略做出决策，但是不直接管理，而是聘请职业经理人实现公司的目标。这样就出现了一系列的委托代理关系。经理人运营的结果能否体现所有者意志、保障所有者的权益，这就必须有一套科学的体制框架做保障，这套制度安排就是公司法人治理结构。

公司法人治理结构是一个有国家法律保障、公司章程和合同约束、制度严谨的分权、分责、制衡体制。它所形成的一套有效的委托代理关系，可以保障投资者的最终控制权，可以维系公司各个利害相关者之间的平衡；有效的公司治理可以为投资者激励和监督经营管理者提供体制框架，为经营管理者施展才能提供舞台。公司治理是公司制度发挥作用的基础，是现代企业制度建设中最重要的问题。

例如，公司制度具有强大的融资功能，但投资者只有在确认自己的利益能够得到保护的情况下才会向企业投资。因此，企业在资本市场上为获得融资而进行的竞争，实际上是公司治理水平的竞争。健全的公司治理会得到投资者的信赖，可以比较容易地以较低的成本融得较多的资金，从而获得更好的发展机会；公司治理不良的公司，得不到投资者的信任，难以筹集资金，或筹资成本较高，或能筹集的资金数额较少，也就限制了它的发展空间。因此，只有良好的公司治理，才能实现公司的良性发展。

四 现代公司的分权制衡机制

公司与传统国有企业的运行机制完全不同。传统国有企业所有者在企业之外决策，企业设立统一的"领导班子"，强调"一元化领导"，决策机制是"厂长（经理）负责制"；在公司制度下所有者进入企业，实行分责、分权、制衡体制。决策机制是股东大会的一股一票，少数服从多数，是董事会的集体决策个人负责。

一般来说，公司权利可以分成所有权、经营权、管理权和监督权。《中华人民共和国公司法》（本文以下简称《公司法》）对四项权能和按层级的制衡关系各有明确界定，并分别由股东会、董事会、经理和监事会行使。

公司所有者组成最高权力机构股东大会，行使所有权，保持对公司的最终控制地位并全权决定董事的选聘、激励和去留。

董事会对全体股东负责，每位董事对自己的行为独立承担责任。董事会拥有公司的经营决策权，包括选聘、监督经理和决定经理的薪酬、去留。

经理作为公司的经营管理者，在董事会的战略决策和授权范围内独立主持公司的日常经营管理工作。经理依《公司法》享有经营管理权。

监事会代表股东对公司进行监督，《公司法》赋予监事会监督权。

职工是公司的生产经营的主体，他们的积极性、参与和创新精神对公司的成功具有重大作用。依照《公司法》，公司职工民主选举的代表进入董事会、监事会，参与公司的经营决策和监督，这是现代企业制度下职工民主管理的一种法定有效形式。

在公司治理中既要防止所有权侵犯经营权、管理权，也要防止经营权、管理权架空所有权，排斥监督权。股东对董事会不满意时，甚至可以更换董事会，但不应该也没有必要替董事会做决策。同样，董事会对经理不满意，甚至可以更换更适合的人，但没有必要替经理指挥生产管理。只有公司的所有者、经营者、管理者、监督者恪尽职守，又不越位，才能形成良好的运行机制，使企业富有活力。其中所有者负责而恰当地行使最终控制权是良好公司治理的基础。

为建立有效的公司治理，就要科学地配置公司的控制权，确保分权、分责、制衡的有效性。要保证股东大会的最终控制权，保证董事会独立决策权，保证经理自主经营管理的权力。董事会成员与经理人员不能过分重合，以确保董事会不被经理层所控制，能以公司和股东利益为取向主持公司的经营和决策；大型公司还应有外部董事和独立董事，以维护小股东和利益相关者的权益；董事长与经理不要一人兼，以确保董事会对经理的有效监督。职工代表依《公司法》进入董事会、监事会，使职工以法定的形式参与公司的决策和监督；对涉及职工经济利益的决策要建立公司与工会的平等协商机制，维护职工合法权益。国有独资公司依法设立外派监事会。如此等等，确保在公司治理机制中没有不受约束的人，从而保证公司的有效运转。

因此，笼统地提"公司领导班子""董事会领导下的经理负责制""公司一把手""董事长领导总经理"等都是不确切的，很容易打乱分责、分权、制衡机制，把新旧两种企业制度混淆。

五　建立有效公司治理结构的意义

目前公司治理是微观经济领域最重要的制度建设。建立有效公司治理的重要意义有以下几方面。

（1）公司治理的有效性关系国企改革的成败。良好的公司治理可以保障投资者权益。这是所有权与经营权可以分离的制度基础。如果因公司治理的缺陷，投资者的权益得不到保证，机构投资者、外资和个人投资者将"用脚投票"，远离公司。而政府股东由于退出的障碍，就会处于两难的地步。如果不加干预，坐看国有资产流失，有失责任；如果以强化行政干预的方式来维护所有权，那就退回到所有权与经营权不分、政企不分的原点，使改革招致失败。

（2）公司治理水平影响经济增长。国家经济持续稳定增长的一个重要条件，是投资机构和个人资金通过资本市场源源不断地流入企业，转化为生产发展资金，而公司治理在这一转化中处于核心地位、起着关键作用。公司治理还与金融体系的安全直接相关。例如，上市公司的治理结构存在严重缺欠，投资者利益得不到保障，这时投资者就不能投资于公司的基本赢利能力，只能转向投机炒作，结果市场投机成分增加，泡沫成分增加。泡沫一旦破裂，往往会导致金融危机。亚洲金融危机本质上是一场公司治理危机。从这个意义上说，公司治理的有效性关系经济发展全局，公司治理水平影响经济增长、影响金融安全。

(3) 公司治理是企业竞争力最重要的基础软件。世界上办得成功的大公司几乎都经历了同一个过程，发展—融资—再发展—再融资。能沿着这条道路走下去的基本条件就是取得投资者的信赖。现在的情况是，有发展前景的企业需要不断充实资本金，获得发展的机会；而那些机构投资和个人投资者则四处寻找良好的投资项目和可信赖的业主。这两者能否有效结合，一是看资本市场是否健康有序，二是看公司法人治理是否规范有效。可以说，一个富有前景的企业，有效的公司治理、对股东的诚信是取得投资者信赖的基石，是走向资本市场的通行证，是企业竞争力的基本要素。据麦肯锡企业顾问公司2000年对亚洲的调查，对同等赢利水平的公司，投资者愿为治理机制良好的公司股票多支付20%以上的溢价；在亚洲金融危机后，投资者在评估亚洲投资潜力时，认为董事会行为质量比财务问题更重要和同等重要的占75%。

六　始终存在人为扭曲公司治理的力量

在中国，从改革方向上大家都承认必须实行所有权与经营权分离，但有些人却不太相信公司治理的作用，缺乏推进建立有效公司治理的热情。这里有认识和理解方面的原因，也有的人受体制性局限和利益驱动，更相信所有者在企业外的强力干预，还有人则企图从扭曲的公司治理中获得短期非分的好处。这就造成公司治理被扭曲的现象仍带有一定的普遍性，主要表现在以下几方面。

(1) 国有股权委托代理体制尚不健全。模糊的股权管理体制、责权不清的产权代理关系，使国家投资和拥有股份的公司没有集中统一的"国有老板"，行政干预较多，下功夫推进建立有效的公司治理结构动力不足。失去了所有权的激励和约束，内部人往往会产生偏离所有者权益的行为。

(2) 国有企业改制上市后，"存续公司"解决存续问题的资源进入上市公司，作为控股股东，它总有一种通过与上市公司高管人员交叉任职、关联交易等手段从上市公司获得特殊好处的倾向。由此造成的不良后果有：一是董事会有失独立性，二是公司目标变得模糊，三是严重的情况下上市公司被掏空。

（3）政府主要承担社会职能，在它直接充当所有者时，往往利用行政权力把控制的公司当作行使社会职能的工具，如限制冗员的分流、要企业继续自办"小社会"、通过"拉郎配"向状况尚好的企业甩包袱等。政企职能错位使公司丧失了商业利益的独立性，小股东的权益无法保证。

（4）政府在企业外的直接干预，包括超越《公司法》对人事安排的干预，很容易打乱公司治理机制，使公司权利机构、决策机构、执行机构之间的分权制衡体制遭到破坏。

（5）在资本市场上国有股、法人股不流通，没有公司控制权转移的威胁，经营者只要能讨好大股东，就敢于更大胆违规运作，导致人为地扭曲公司治理的倾向。

七　克服建立有效规范公司治理结构的障碍

当前，要在党的十六大精神和十六届三中全会《决定》指导下，在新的国有资产管理体制建立时，不失时机地深化改革，克服建立有效规范公司治理结构的障碍。

（1）克服政企不分带来的障碍。党是政治组织、政府承担社会职责，而企业以效益为目标，追求投资回报。公司只有目标明确而单一，才有利于经营者把精力集中于为股东和公司创造最大的价值。董事会的决策机制和董事个人的风险机制都要求每位董事必须独立地对自己的行为负责，在某种情况下依《公司法》董事还要对股东承担赔偿责任。因此，忽视董事和董事会的独立性、忽视经理人行使职权的独立性，以党政部门取代或"指导"董事会、干预经理人，将使经营管理者无所适从。结果将使企业的目标变得模糊，财务软约束，出现的劣迹无人负责。

（2）推进股权多元化。实践证明，国有企业改制为国有独资公司或国有股"一股独大"，从机制转换角度看并不理想。党的十六届三中全会

《决定》总结了国有企业公司制改制的经验，提出要"使股份制为基础的混合所有制经济成为公有制的主要实现形式"，党的十五届四中全会提出"重要的由国家控股"。也就是说，国有企业不仅要改制为"混合所有制"公司，而且对一般企业国有可以控股，也可以不控股。

实践证明，通过调整股权结构防止和矫正国有股东的非正常行为，把企业目标集中于追求经济效益，是国有企业改制要遵循的重要原则。一般来说，引入多元股东，包括另外的国有股东、特别是非国有股东，有利于所有者权能到位，形成规范的公司治理结构。有多元股东的制衡，易于实现政企分开，使企业目标集中于追求经济效益。

（3）克服"内部人控制"造成的障碍。所有者缺位、企业"办社会"、职工"以厂为家"的体制，已经使"纯洁"的国有企业成为融合了地方政府、主管部门、企业经理和企业职工利益的、被改造了的国有企业。例如，不规范的行政审批往往难以避免私下交易。在缺乏有效监督情况下，厂长（经理）负责制使决策和执行混为一谈，往往是个人说了算。经理和职工工资并不反映真实收入，"公务消费"有很大的空间，通过自办小社会对职工进行或明或暗的补贴。经理人员为维护自己的控制地位，往往使企业购并变得非常困难……实际上围绕国有企业编织了一个个错综复杂的利益网，内部人处于控制地位。改革一旦触及这一利益格局，就会遇到来自各个方面强大的阻力和难以克服的各种现实问题。

八　改善公司治理应注意几个问题

（1）所有权到位，是形成有效公司治理最重要的条件。企业的公司治理被扭曲几乎都与国家所有权行使有关：要么是所有权不到位，内部人控制；要么是一股独大的国有股东行为不端正。原则上讲，企业的激励和约束本质上都来自所有者，因为所有者享受的是"剩余索取权"，即在政府收了税、银行拿走了利息、职工领取了工资后的"剩余"才属于投资者。在完成如上扣除之后，如果"剩余"是正数，那就是利润；如果是负数，那就是亏损。作为"剩余索取者"，所有者承担公司决策和运营的最终后果，因此具有监督公司其他参与者和做出有效决策的积极性。所有者为获取更多"剩余"的热情就是企业的动力;防范风险的谨慎,就是企业的约束。因此,所有权到位是公司治理的灵魂。离开了所有者的激励和约束,很难避免公司其他参与者的非正常行为,所有者自身的权益就无法保证。

(2)董事会是公司治理的核心机构。经理层对公司具有实际控制力,但他并不是股东,或只持有少量股份。经理层和股东的利益实际上不可能完全一致,在信息不对称、股东直接监控困难的情况下,公司的经理们就有可能为追求自身利益而牺牲股东和公司的利益。因此,股东并不把公司经营权直接交给经理,而是将公司委托给有决策和监督能力、勤勉、诚信的董事组成董事会经营。董事会受投资者信托,主要职责是确保公司的长远利益,最重要的职能是任命和更换公司最高管理层、做出战略决策、监督管理层的工作、评估经理的绩效并决定其薪酬和去留。董事会还必须确保企业的经营符合各项法律法规,包括要对财务报告的真实性、合规性等负责。董事会在公司治理中处于核心地位。为此要优化董事会结构,包括设立外部董事、独立董事;设立以外部、独立董事为主组成的审计委员会、提名委员会、薪酬委员会等;要认真实行董事会"集体决策个人负责"的决策机制,强调董事会的独立性,强化董事的个人责任。

(3)公司的目标必须集中于投资回报。公司治理的要义是保护投资者利益。给企业设置非经营性目标,一方面使经营者无所适从,另一方面也给经营者的随心所欲留出了更大的空间,结果是财务约束软化和对经营业绩无法准确考核。这是国有企业低效率的一个重要原因。政府的目标是多元的,但是,除极少数特殊公司外,不能通过出资人机构把政府的多元目标转嫁给国家投资和拥有股份的企业。公司目标集中于投资回报,才能建立财务预算硬约束,才能准确评价公司的经营业绩。即便承担某些政策目标的特殊公司,也必须把政策目标和为此而支付的成本设定清楚,强化预算硬约束。

(4)建立具有纠错功能的选人用人机制。现代公司的分责、分权、制衡关系,主要是各层级通过对人的控制来实现的。《公司法》中股东会、董事会和经理间有关人事权力的分配,完全对应于责任的分担,是建立有效制衡关系基础。由于人事权力与各自承担的责任和履行的职责相对称,致使他们具有选择和监督相关人员所必需的责任心,不会滥用权力;有责任的强约束,他们会及时发现选人用人中的问题并及时纠正。因此,把权力交给他们是有效的。如果公司人事权力的分配规则乱了，那么公司的责任和制衡关系就会被打乱，就会导致内部约束机制软化、高管人员非正常行为上升、经营劣迹无人负责。因此，尽管对公司具体领导人员的管理十分重要，但维护一个有效的公司治理，形成具有及时纠错功能的人事管理机制，更有利于公司创造良好业绩，降低风险。如果大股东不恰当地干预企业人事管理，尽管是为维护股东利益，但是一旦由此影响甚至破坏了公司的分权、分责、制衡关系，那么必然招致内部化的激励约束机制失效，结果将事与愿违，得不偿失。

为此，要积极探索适应公司制度法律要求的选人用人新机制。组织考核与引入市场机制、公开向社会招聘结合；党管干部原则与依照《公司法》股东会选聘董事、董事会选择经营管理者以及经营者行使用人权的规定相一致。

（5）提高公司透明度，强化信息披露。在两权分离情况下，投资者是借助公司信息进行决策的。因此，公司运行状况透明度高低，决定着有关利益主体尤其是少数股东可以在多大程度上保护自己的利益。董事会是代表股东利益管理公司的核心机构，也是保护小股东利益的主要依托。一般而言，董事会更有能力理解和评估公司的财务和运行状况，因此董事会依法平等地对各个股东诚实的信息披露尤其重要。

九　公司的约束机制

改善公司治理有多种工具，尽管每一种工具各自还不能完全保证公司资源有效利用，但多种作用结合就可以形成一个有效的制约框架。

如果经理不能有效地经营管理，董事会就会采取行动改变局面，直至更换经理。如果董事会行动迟缓或不力，股东就会施加积极影响，直至重组董事会。如果董事会、股东都无力回天，从而企业业绩继续下滑，公司的市场价值就会降低，当价格低于价值时，就会成为其他投资机构的收购目标。公司一旦被收购，不仅所有者惨遭损失，董事和经理也将失去岗位、身价贬值。如果这些机制都不能改变局面，亏损就会不断侵蚀所有者权益，当公司所有者权益接近于零的时候，"有限责任"就可能使股权持有者产生非正常行为，从而威胁利害相关者特别是债权人的利益。此时利害相关者如债权人，就有动力走到前台，破产机制就会发挥作用，以此改变所有者、改变董事会，公司资源重新配置。

贯彻党的十六大精神和执行十六届三中全会《决定》，在企业转制方面我们应竭尽全力做到的是，通过有效的公司治理形成内部化的财务预算硬约束机制。这比在企业之外的政府干预和审批更具有本质意义。国资委的成立为深化企业改革、建立有效公司治理创造了条件。但是，改善公司治理不是靠企业自身努力就能做到的，需要公司董事、经理们的努力，需要不断完善法规，需要政府、国有出资人机构、其他投资者、资本市场、经理人市场、中介机构、新闻媒体等的持续共同努力。

推进垄断行业的改革和重组*

（2003 年 11 月 5 日）

改革开放后，一部分竞争性行业很快破除了国有经济的垄断，民营经济、外资企业纷纷进入，市场竞争的格局很快形成。在那些长期短缺的产品和行业，哪个先放开，引入竞争，哪个就取得长足发展，改变了供需关系。一改过去计划体制下哪个产品短缺，计划就加强控制哪个产品，它就变得更短缺，就更需加强控制的恶性循环。这已成 20 年来我国产业和经济发展带有规律性的现象。我们正是从这一变化中认识到，市场竞争是产业和国民经济发展的强大动力。

垄断行业大多在公共服务和公共产品领域，对经济发展和社会生活起着重要支撑作用。长期以来，这些行业的能力短缺掩盖了存在的矛盾。改革开放以来，它们始终处于政府重点保护和扶植之下，总体上处于改革焦点之外，是企业改革基本没有触动的一个堡垒。

随着经济全球化迅速发展，提高国家和企业国际竞争力已经成为十分紧迫的问题。垄断行业的低效率、高成本最终都要转嫁到企业和社会。在强制企业和社会接受垄断部门质次价高产品和服务的同时，高价格的公共产品提高了社会成本，低质量的服务降低了社会效率；网络等先进公共产品和服务普及减缓，阻碍了社会进步的进程，最终将影响企业和国家的国际竞争力。

现在，垄断行业能力不足的制约得到了缓解，但产品和服务的价格、质量不能满足需求的矛盾上升，面对入世后垄断行业市场逐步开放的压力，中国垄断行业到了不改革和重组就影响全局的地步。

---

* 本文是作者、刘世锦、冯飞、石耀东、杨建龙、钱平凡、李佐军、梁仰椿、张文魁等组成的"我国垄断行业的改革与重组"课题组，于 2003 年 11 月 5 日完成的课题报告的摘要。

1. 行业垄断的弊端

(1) 低效率，高成本。由于没有被淘汰的压力，可以稳获垄断收入，因而财务约束软化，缺乏通过管理创新、技术创新提高效率、降低成本的动力。如"还本付息"电价、电话高额"初装费"等造成过高的基建投入。而过高的电信、机票价格可以长期维持人浮于事。

(2) 抵制资源合理配置。利用垄断地位，维护自己的垄断利益。如推行"政企分开，省为实体"的电力体制改革试点中，有的省网为保护自己电厂发电，竟拒绝清洁、廉价的水电上网。

(3) 抵制新的竞争者进入。如为不让经国务院认证的公司进入电信行业，公然以电信行业就是"天然垄断，政企不分"为由进行抵制。

(4) 服务质量难以提高。由于不愁没人光顾，缺乏改善服务的动力。如民航制定垄断价格、电信服务质量不高，面对顾客的询问指责无动于衷。

(5) 政府监管成本高。垄断行业独此一家，没有对比，政府对它的评价缺乏参照物。由于信息严重不对称，明知用户的不满，垄断行业仍可以我行我素。政府往往也无计可施。

中国的垄断都是在能源、通信等基础产业和基础服务业的国有企业，国家掌握着定价权。当发展到一定程度再靠政府投资无法满足需求、成为瓶颈时，垄断企业开始引进社会资金。此时国家的价格管制也开始松动。由此带来了两个结果：国家垄断体制动摇，企业垄断势力增强。

2. 推进垄断行业改革的几个问题

(1) 改变政企不分的体制。中国垄断产业基本上实行的是政企不分的垄断体制。一个机构既是行业管理者，又是行业经营者，两个功能合二为一。垄断性行政权力与垄断性经济利益结合，导致了极强的垄断势力，是典型的行政性垄断。改革就要实行政企分开，把行业行政权力交给政府。

(2) 打破垂直一体化垄断。垄断行业内可以分为可竞争部分（如电话）和自然垄断部分（如电网）。如果自然垄断部门又掌握一部分竞争性资源，尽管可竞争部分引进了若干竞争者，但垄断部门则可以凭借自然垄断部分的权利，使竞争对手处于绝对劣势地位。因此，改革必须把自然垄断部分与可竞争部分分离，使可竞争部分各个竞争者受到公平待遇。

(3) 建立强有力的监管体制。政府要从公共利益出发，加强对垄断部门的监管。首先，针对特定垄断行业立法，给某些部门特许经营的权力，但它们必须对提供的产品和服务做出承诺，通过立法规定垄断产品和服务的质量和价格形成机制；其次，对可竞争部分制定准入规则和维护竞争的规则；最后，政府委托中介机构对垄断部门进行审计，增加透明度，接受用户监督。

控制投资应有新思路*

(2004年3月7日)

进入新世纪,在生产能力结构性过剩情况下,出现了新一轮投资热,政府采取更加严厉的政策控制投资。降低"投资热"是必要的,但控制"投资热"的办法不应是一般性地限制投资,应采用多种政策工具,把新一轮投资引向有利于改善我国的产业结构、提升各个产业水平并使新的投资项目达到当前国际平均水平。这就可以将当前困扰我们的问题转化为促进发展的积极因素。

2003年以来,部分行业投资超常规增长,如钢铁投资增长96.6%、电解铝92.9%、水泥121.9%,投资结构不尽合理,已经引起广泛关注。遏制部分行业和地区低水平过度投资,防止经济大起大落,是政府保持经济健康发展的重要责任。

中国正进入重化工业发展阶段,投资规模扩大有其必然性;有旺盛的市场需求和较高投资回报的拉动,钢铁、水泥、汽车等部分行业吸引了更多的投资,这也完全符合市场经济的规律。这些并不应成为令人担心的事情。值得认真研究的是,在这些符合规律的行为中是否掺杂了一些扭曲规律的因素?至少有四个问题值得重视。

(1)一些投资项目背后有深刻的政府背景;

(2)政府缺乏科学、严格的投资进入标准;

(3)部分投资主体特别是国有投资主体产权约束尚不到位;

(4)部分金融机构放贷缺乏责任约束。

---

* 本文是作者2004年3月7日在全国政协十届二次会议小组讨论会上的发言节选,发表在《财经》杂志2004年第6期,标题为编者所加。

控制投资应有新思路

现在的情况是，政府从维护宏观经济稳定出发，要遏制一些行业过度的、结构又不尽合理的投资。但传统的项目审批为主的控制手段一方面缺乏有效性，另一方面也与今年将要推进的投资体制改革的方向相背离，使政府部门处于两难的地位。

企业有投资权，但必要条件是自负盈亏；政府有管理权，但必须采用对宏观产生影响的工具。按照温家宝总理政府工作报告提出的"谁投资、谁决策、谁收益、谁承担风险"的原则，在这一轮遏制一些行业过度投资的过程中，建立政企分开、财务硬约束、自负盈亏的投资融资机制具有长远的、本质的意义。

政府除应用金融、财政、税收等手段对社会供需总量进行调控外，即便放弃了传统的经济性行政审批，对具体项目还有多种符合市场经济的工具可以应用。

（1）无论是中央还是地方，政府资金绝不进入竞争性行业。对竞争性行业，不仅政府不再投资，也绝不通过土地使用、减免税费、强制银行贷款等方式鼓动企业投资，或以其他方式给企业施加压力。

（2）发布相关信息。为企业提供更全面、可靠的信息，为投资者决策提供参考。

（3）制定和修订、提升产品、能耗、环保、卫生、安全等的国家标准，公平市场准入，规范新投资的进入门槛。

（4）强化市场主体建设。民间投资天然具有强产权约束的性质。要深化国有资产管理体制改革，使所有权到位，强化产权约束，使国家投资和拥有股份的企业真正成为自主决策、自负盈亏的独立市场主体。

（5）银行要实行独立审贷、自担风险。各级政府都不要给银行施加压力，不干预银行正常放贷行为。

（6）消除所有制歧视，给各类企业公平进入的权利，但设立资源消耗、环保、安全等社会性管制的进入门槛。

（7）启用价格、税费等经济性调节手段。

目前，我们面对两种情况：一方面拥有大量生产能力，但水平落后；另一方面有大量资金愿意投入。如果这一轮投资仅局限于原有水平的能力扩张，产业结构就会进一步恶化，将给今后的发展带来很大的灾难。相反，如果能把这一轮投资热情引导成产品换代、技术更新、产业结构升级的过程,那么对中国的工业化、现代化将是巨大的推动。后者是我们必须努力争取的,也是贯彻政府工作报告,要"把各方面加快发展的积极性保护好、引导好、发挥好"所必须做的。

例如,与国际水平相比,我国火电供电煤耗高出 22.5%,大中型钢铁企业吨钢可比能耗高 21%,水泥综合能耗高 45%,机动车百公里油耗比欧洲高 20%、比日本高 25%、比美国高 10%,单位建筑面积采暖能耗相当于气候相近发达国家的 2~3 倍等。面对社会积极投资的热情,如果不是一般性的限制,而是公平市场准入,并通过制定和修订严格的国家标准,规范新投资的进入门槛,并严格监督执行,使新一轮投资都能成为达到当前国际平均水平的生产能力和优质资产,这就为将来淘汰落后生产能力做了铺垫,当前困扰我们的问题就可以转化为促进发展的积极因素。

面对油、电等供应趋紧的形势,动用价格杠杆的可能性值得研究。与资源环境的约束条件相比,中国在油、电等稀缺资源的使用上不仅效率过低,而且有奢侈的成分。改革开放后的 20 年,中国以能源消耗增长一倍实现了国内生产总值翻两番的业绩。20 年长周期电力弹性系数保持在 0.81,近年则急剧上升,2001 年达到 1.2,2002 年达到 1.46,去年,以一次能源增长 11% 支持了 9.1% 的 GDP 增长,高达 1.67。扩大供应能力是重要的,但这受到资源环境的刚性制约。如果不能在节约和合理消费方面取得成绩,中国经济就不能持续发展。

传统的越是紧缺国家控制得越紧的办法,违背市场规律,往往产生逆调控的效果。对用户来说,没有价格信号的提醒,就没有节省稀缺资源的动力。比如中国燃油市场价几乎全世界最低,只有美国可以相比。去年轿车销售中,油耗较高的四轮驱动休闲运动车却增长最快,这不能不说与燃油价格的误导有关。对供应方来说,没有价格的刺激,就缺乏对短缺产品增加供应和增加投资的积极性,比如电煤和焦炭形成了明显的对比。

未来翻两番所消耗的资源之多,绝不是前 20 年翻两番所能相比的。资源消耗往往又与损害环境密切相关。尽管像煤、电、油这样重要物品以及运输价格调整牵动面极广,必须慎重对待,但无论是为了解决现实问题,或者是为了通过价格传递建设节约型社会的强烈信号,都是绝对必要的。

在2004年"中国发展高层论坛"上的总结讲话[*]

(2004年3月22日)

2004年3月21日,"中国发展高层论坛"2004年年会在北京钓鱼台国宾馆召开。本年度论坛的主题是"中国的全面、协调、可持续发展"。国务院副总理曾培炎出席开幕式并致辞。来自世界各地的知名学者、著名企业家及中国高层官员共100余人,围绕"中国的全面、协调、可持续发展"这个主题进行研讨。中国发展高层论坛是国务院发展研究中心2003年发起设立,每年"两会"后在北京召开。

在与会者共同努力下,我们举办了一次成功的论坛。与会的中外专家、企业家都认为"中国的全面、协调、可持续发展"这一选题好,切中要害,是关系中国进一步发展全局的重要内容。不仅是中国关注的大事,也是世界关注的大事。

半天的预备会分析了中国目前的经济形势。在一天半的论坛上,曾培炎副总理发表了讲话,就中国经济增长方式转变、资源合理利用、国内市场与国际市场协调发展、公共卫生体系建设、银行体系建设等问题,政府官员、企业家和专家学者进行了广泛深入的对话和研讨。

除了预备会、论坛会之外,论坛还以多种形式给与会者提供了交流和对话的机会,包括招待会、顾问会、午餐会、早餐会和茶歇等。大家感觉会议很紧张,但也很丰满。

由于会议内容十分丰富,许多发言还需深入消化,现在很难对会议做

---

[*] 本文是作者2004年3月22日在该论坛上的总结发言,题目是"关系中国进一步发展全局的重要命题"。

出结论，各位的发言材料会后我们将会归纳整理，供有关方面研究和参考。我在这里只能就我的理解对会议研讨做粗略的归纳、梳理。

1. 中国处于一个重要发展期

以人均 GDP 达到 1000 美元为标志，就总体水平而言，我们已经越过了解决温饱的发展阶段，逐步进入了以提高生活质量为主要目标的新的发展时期。按世界银行的分类，我们走出了低收入国家行列。从国际经验看，向中等收入国家迈进对各个国家都是极为重要的历史时期。这期间消费结构升级，工业化进程加快，城市化速度上升，人口大量转移，国土面貌日新月异，社会财富迅速增加。这是一个经济结构、社会结构急剧变动，具有持续的、巨大的增长潜力的时期。我们所处的这一时期又与相对和平的国际环境和经济全球化及国际产业结构转移相耦合，形成了经济发展极为有利的条件。这就是中央所说的"重要战略机遇期"。

之所以说这是一个极为重要的时期，一是经济、社会转型，提供了经济持续增长的强大动力；二是经济、社会和环境的不均衡，使各种矛盾不断暴露；三是这一时期也是消耗资源最多、人与自然较量最为严重的时期。就是说这一时期既充满机会，也充满矛盾。党和政府以怎样的理念、选择什么样的发展模式来驾驭这一至关重要的经济社会发展期，对国家的发展历程具有关键意义。

2. 发展的不均衡性到了相当的程度

目前，中国城乡发展的不均衡、区域发展的不均衡、收入分配的不均衡、经济社会发展的不均衡、人与资源环境的不均衡已经到了相当的程度。其中贫富差距是不均衡中最重要的因素。无论是沿海与内陆日益扩大的收入差距，还是农民与其他人口收入日渐拉大的差距，都是必须关注的首要问题。

如果城乡统算，中国的基尼系数可能已经超过了 0.4，城乡居民收入实际差距已经达到 5∶1～6∶1。这说明在某些方面社会的不均衡已经到了可承受的边缘，成为制约发展的主要因素。如果沿着如此差距不断扩大的趋势继续，即便国内生产总值提得再高，社会也不一定稳定，广大人民也不一定能享受幸福，甚至还会遭受自然力量的报复，最终使发展中断。

经济增长要使每个人受益，重点是改善贫困人口的状况。在我们进入一个重要发展阶段和全面建设小康社会开始的时候,确立以人为本,全面、协调、可持续的发展是解决我国经济社会诸多矛盾的基本途径,对实现全面建设小康社会具有决定意义,是通过发展真正使广大人民群众受益的基本保障。

3. 更新发展理念,实现科学发展

在为温饱和生存而奋斗的时候强调全面、协调发展是没有太多意义的;但在今天,再不讲究科学发展,提高人民大众生活质量的目标就不能实现。消极地说,传统的、不惜代价解决温饱的那种发展模式,在使全国人民基本生活保障水平不断提高的同时,也制造了经济社会越来越多的不均衡,积累了越来越多的矛盾;高增长、低效率的运行模式,使资源环境的制约越来越严重,难以持续发展。积极地讲,在解决了温饱之后,人们的需求升级了。发展初期那种不顾一切、"有水快流"的发展模式已经不能满足今天的要求。今天有必要也有条件提出实现以人为本,经济、社会、环境全面、协调、可持续发展的要求。

科学发展观的一个重要内涵是引入了"以人为本"的理念。这就进一步明确了"发展是硬道理""发展是第一要务"绝不只是经济的范畴,更不能以GDP取代一切。惠及人民大众的发展,必须包含经济发展、社会发展、民主政治、依法治国、机会平等和生态环境的改善等,真正满足人民大众不断增长的物质文明、精神文明和政治文明的需要。实际上,我们已着手解决的三农问题、西部大开发、老工业基地振兴、退耕还林、再就业工程、科教兴国、公共卫生体制建设等问题,以及科学民主决策、依法行政、建设法治国家等,都体现了政府不仅关注GDP增长,而且更加关注经济与社会、人和环境的协调发展。把这种统筹协调发展的理念上升为科学发展观,具有重要意义。以此统一政府、企业和大众的思想,具有很强的针对性和现实性,有利于克服急功近利、顾此失彼,可以使我们更加自觉地推进科学的发展。

全国"企业家活动日"福州座谈会上的讲话[*]

(2004年3月25日)

2004年3月24日,全国"企业家活动日"在福州举行,中国企业联合会、中国企业家协会授予53位企业家"全国优秀创业企业家"称号。这次全国"企业家活动日"恰逢福建省55位厂长、经理呼吁"松绑"放权大会20周年纪念日、中国企业联合会成立25周年和全国企业家活动日创办10周年。20年前,福建省55位国有企业厂长、经理为冲破旧的管理体制束缚,争取企业自主权,以非凡的勇气和胆识,联名给时任中共福建省委书记的项南写了一封《请给我们"松绑"》的呼吁信,得到了项南和福建省有关部门的高度重视和有力支持,在全国引起强烈反响。这是中国企业改革史上企业经营者第一次集体向政府要权,第一次主动向计划经济的桎梏挑战。25年来,中国企业联合会紧紧围绕为企业和企业家服务这一宗旨,较好地发挥"维权、自律、服务"功能和桥梁纽带作用。

硅谷不是计划造出来的,硅谷的成功在于企业家的积极性和创造性得到充分的发挥。能做到这一点,要靠一套宽松的创新体制、分散的决策过程。因此,一个区域的发展资金固然重要,但更重要的是能充分发挥人们创造力的体制和文化。从这个意义上说,创业和创新精神是硅谷成功的精髓。

政府该做的是大胆实施一系列有利于调动企业家创业精神和积极性的政策,营造可以容纳创新精神的体制环境,成为企业家创业的天堂,使众

---

[*] 本文是作者应邀出席全国"企业家活动日"于2004年3月25日与企业家座谈时的讲话,题目是"民营企业的发展与企业家精神"。

多企业能在这一地区生根、成长。这才是区域经济崛起的希望。

企业家的创业精神和创业行动是推动市场经济发展的重要动力。试图以政府力量取代企业家创造力的做法都会制约市场经济的发展。中国人并不缺乏创新和创业精神，但传统体制和观念压制了人们的聪明才智和创新精神。问题的关键是在改革开放的条件下，如何创造更适宜的环境，激发和释放他们的创业精神。

在一个地区，能聚集较多创新、创业者，并使他们创新创业的意愿转化为科技创新行动和创新的企业，需要政府的规制、政策、服务的支撑。随着民营企业发展的政策环境、市场环境、社会舆论不断改善，那些创新、创业的民营企业要走向成熟，就必须要努力提高自身的素质。当前最主要的任务有以下几点。

（1）明晰产权归属是企业成功的基础。产权是创业的动力，模糊的产权关系会带来一系列后遗症。随着社会舆论的进步，民营企业要告别过去那种必须用"红帽子"掩盖的产权关系，创业之初就要明确产权归属，形成来自产权的激励和约束。市场中运作的企业有多个利益相关者，但投资者是企业追求长远发展、避免市场风险的主宰。"苏南模式"和"温州模式"的重要差异就在这里。

（2）选择适宜的企业制度并加以规范。"制度"是企业的基础设施。要根据不同发展阶段、不同规模、不同性质的民营企业，选择不同的财产组合形式，选择适宜的企业制度，如独资企业、合伙企业、有限责任公司、股份有限公司等有法律依据的企业制度。以法定的制度和约定的规则，在所有者、经营者、劳动者和债权人之间建立规范而且透明的权利和责任关系，使各方合法权益受到保护，过分要求受到制衡。一方面可充分调动各相关者的积极性，另一方面可以减少内耗和内部摩擦，保证企业的持续和正常运转。

（3）坚持创新，保持创新的锐气。创新是企业前进的发动机。民营企业较少有传统体制的局限和历史包袱的束缚，具有机制灵活、富于创新的天性。持续的技术创新、管理创新和制度创新，是民营企业特别是民营中小企业克服弱势，在市场竞争中取胜的法宝。创新停止了，企业的生命就将结束。创新与高新技术有联系，但又有区别。良好的创意更有商业价值。

我们必须理解，厂房设备投入获得的是生产能力的提高和产品质量的改善，而技术开发投入获得的是技术更新和产品换代以及产品与附加值的提高。人无我有的产品会创造丰厚的回报。民营企业初创时期的模仿跟进方式要适时转向创造自己的核心技术、拳头产品、知名品牌和有效的管理及营销能力。

（4）突出主业，培育核心竞争力。丰富多彩的市场处处充满机会，但一个企业并非进入哪个市场都能赢利。民营企业立足于市场的基础就是要扬长避短，有的企业在竞争中发展为大型企业，如美国的微软、思科，中国的海尔、华为；有的则在有限的业务范围内做精、做专、做高，成为"小型巨人"。关键是不断培育自己的核心竞争力，即持续开发独特产品的能力、持续发明专有技术的能力和持续创造先进营销手段的能力。做到"人无我有，人有我优，人优我专"。在市场竞争中总有自己的"杀手锏"，企业才能持续发展。

东京大田是日本著名的中小企业聚集区，在全盛时期有9000家中小企业。在经济长期不景气中经过严酷竞争，优胜劣汰，目前还剩下5000家左右。一位叫熊仓的小企业家说，能在严酷竞争中不倒的中小企业有三种类型：一是产品占有率名列前茅，具有"第一性"；二是产品独一无二，具有"唯一性"；三是属于新崛起行业，具有"先驱性"。

（5）实行科学管理。管理就是经营者通过对企业各类资源和各项活动的计划、组织、指挥、协调和控制，不断优化自己可控制的人、财、物等有效资源，充分利用市场经济允许的手段，最大限度地创造效益。管理水平决定企业有效资源利用的水平，即决定企业的竞争力。管理的要害在于科学和有效。民营企业要逐步由家长式管理转向科学管理，用先进手段实现科学管理。家族式企业并不等于必须实行家长式管理。因为创业者并不一定就是最佳的管理者。企业规模很小时优秀的管理者并不一定能管好大型企业。本田公司的创业者本田把公司的经营管理交给职业经理人并长期合作，成为佳话。思科公司创始人在公司发展到相当规模后，急流勇退，"创业者打天下，职业经理人治天下"，使思科公司再现辉煌，持续发展。当前，民营企业特别要注意加强对人力资源的管理、财务管理、质量管理和市场管理。不下决心建立良好的管理基础，企业就不可能获得持续的发展。

（6）提高企业家素质。创业者和管理者要在市场这所大学校里不断提高自己综合素质，努力使自己成为有创业精神的企业家。企业家是特殊的人才。他要有对市场的敏感，有决策的艺术，有吸引人才的魅力，有诚信的品格，有推进工作的刚毅。企业家在追求企业长远发展过程中所遭遇的困难之大，所经受的挑战之严峻，能承受的心理和人格压力之沉重，所要求的动力之持久和强大，远不是一般人所能比拟的。那些有了成绩就自傲、遇到困难就气馁的人成不了企业家。市场是培育企业家的大学校，民营企业家要在市场竞争中不断锤炼自己。

（7）建立信誉，追求持续发展。企业良好的信誉会招财进宝。民营企业走向成熟就要面对社会，以诚信相待；就要树立自己的社会形象，重信誉、守合同。民营企业要下决心创造和培育自己的品牌，抛弃那些造假冒牌、蒙骗欺诈等短视行为，追求持续的发展和效益。

企业之间的竞争，最终是信誉和品牌的竞争，而品牌又是由信誉凝聚而成。一个企业失去了信誉也就失去了客户，也就等于自绝于资本市场、信贷市场和商品市场，从而失去了所有未来发展的可能。信誉是企业对社会、对市场、对客户的承诺。承诺的可信度要接受利害相关者的评判，要接受时间的考验。经历了时间积累而取得广泛认同后，诚信就会变成企业的财富。被认可的品牌会招揽更多的客户，良好的商誉会拓宽融资渠道，言必信、行必果会降低融资成本。

企业面临的形势与改革[*]

(2004 年 3 月 30 日)

一 我们正进入重要战略机遇期

按照世界银行分类标准,人均 GDP 少于 650 美元为低收入国家,人均 GDP650~2555 美元为中等收入国家。2003 年,我国人均 GDP 已经达到 1000 美元。就总体水平而言,我们已经越过了解决温饱的发展阶段,逐步进入了以提高生活质量为主要目标的新的发展时期。从国际经验看,走出低收入国家行列向中等收入国家迈进,对各个国家而言都是一个极为重要的历史时期。在这期间消费结构升级,工业化进程加快,城市化速度上升,人口大量转移,国土面貌日新月异,社会财富迅速增加。可以说,这是一个经济结构、社会结构急剧变动,具有持续的、巨大的增长潜力的时期。我们所处的这一时期又与相对和平的国际环境和经济全球化及国际产业结构转移相耦合,形成了对经济发展极为有利的条件。这就是中央所指出的"重要战略机遇期"。这一重要时期的特点表现如下。

(一) 消费结构升级

我国就总体而言,已由解决温饱和基本生活需要为主的消费转向以提高生活质量为主的消费。城市居民由 80 年代百元级消费到 90 年代初千元级消费,发展到近年以住房、汽车、教育、信息、旅游等为代表的万元和 10 万元级消费。13 亿人口从城市到农村、从东部到西部不同层次的消费结构升级,创造了规模巨大的市场需求。进入大额消费后,消费结构稳定周

---

[*] 本文是作者 2004 年 3 月 30 日在中央党校讲课的讲稿。

期长,将形成以内需为主、持续拉动经济增长的态势,构成中国经济未来一个较长时期保持较高增长速度的基础。

(二) 产业结构升级,进入重化工业阶段

消费结构升级拉动产业结构大幅度调整和升级。进入新世纪,房地产、汽车、电信等产业快速增长。2003年汽车销售444.4万辆,与上年相比,增长36.7%,其中轿车增长85%;2003年全国房地产开发投资1.01万亿元,与上年相比,增长29.7%,商品房销售额7671亿元,增长34.1%,其中个人购置比重高达92.5%;移动电话增长50.1%、微型计算机增长119%。在这些带头产业的拉动下,钢材产量2.41亿吨,增长25.3%,集成电路增长54%,其他如建材、机械、化工、有色金属以及能源等都实现了快速增长。重工业增长快于轻工业,重工业在工业中所占比重上升到60%以上。这一切都标志着中国已经进入工业化中期,即重化工业快速增长阶段。重化工业具有附加值高、投资规模大、建设周期长、需求潜力大、产业链条长、中间产品比重高、产业带动力强等特点,因此,工业化中期往往是经济增长速度快、投资规模扩大、货币需求增加、生产需求旺盛的时期。

(三) 中国经济更深刻地参与到国际分工之中

随着中国投资软硬环境的改善、产业配套能力和水平的提高、劳动力资源优势进一步发挥、潜在市场进一步显现,跨国公司生产、研发在全球的布局向有利于我国的方向调整。跨国公司向中国产业转移的步伐加快、规模扩大、产业层次提高。去年,我国进出口总额达到8512亿美元,比上年增长37.1%,对外依存度达到60%。中国已经成为重要的世界制造工厂之一,珠江三角洲、长江三角洲已经成为具有世界影响力的产业集聚区。在利用国外资源方面,2003年进口石油9112万吨,占国内消费量的34%;进口铁矿石1.4亿吨,占国内用量的50%。在2002年实际利用外资超过500亿美元后,2003年实际利用外资达到535亿美元。

(四) 民营经济迅速发展

民营企业个体实力增强,已有能力进军一些重要行业,如钢铁、汽车、

装备制造和一些关键领域,如基础设施和公用事业等。2003年,集体和个体企业的投资增长22.9%,比上一年提高了6.3个百分点;进出口额增长83.1%。

(五) 城市化进程加快

消费结构升级和工业化进程加快,促进了第三产业发展,加快了城市化进程。1978年,我国农业增加值占GDP的比重已降低到28.1%,但农村人口却占82.1%,1978~2000年,我国城市化水平由17.9%上升至39.1%,大约平均每年增加1个百分点。就是这样,仍比世界平均水平低10个百分点,与发达国家相差约20个百分点。工业化引发农业人口转移既符合发展规律也是推动经济增长的重要力量。现在流动打工的近亿农民,其中一部分就是城市化的后备军。工业化进程加快,也会使城市化进程加速。在中国,城市化每提高一个百分点就意味着有1300万农村人口转为城市居民,相应地将拉动住房、基础设施、医院、学校、公共服务、公用事业等的发展。

二 可持续发展和企业的责任

(一) 中国处于一个重要发展期

向中等收入国家迈进,是一个重要发展时期。之所以这样说,一是因为经济、社会转型提供了经济持续增长的强大动力,二是因为经济、社会和环境的不均衡使各种矛盾不断暴露;三是因为这一时期也是消耗资源最多、人与自然较量最为严重的时期。就是说这一时期既充满机会,也充满矛盾。党和政府以怎样的理念、选择什么样的发展模式来驾驭这一至关重要的经济社会发展期,对国家的发展历程具有关键意义。

(二) 发展的不均衡性到了相当的程度

目前,中国城乡发展的不均衡、区域发展的不均衡、收入分配的不均衡、经济社会发展的不均衡、人与资源环境的不均衡已经到了相当严重的程度。其中贫富差距是所有不均衡中最重要的因素。无论是沿海与内陆日益扩大的收入差距，还是农民与其他人口收入日渐拉大的差距，都是必须关注的首要问题。

如果城乡统算，中国的基尼系数可能已经超过0.4，城乡居民收入实际差距已经达到5∶1至6∶1。这说明在某些方面社会的不均衡已经到了可承受的边缘，成为制约发展的主要因素。如果差距不断扩大的趋势进一步延续，即便国内生产总值提高得再多，社会也不一定稳定，广大人民百姓也不一定能享受幸福，甚至还会遭受自然力量的报复，最终使发展中断。

经济增长要使每个人受益，重点是改善贫困人口的状况。在我们进入一个重要发展阶段和全面建设小康社会开始的时候，确立以人为本，全面、协调、可持续的发展，是解决我国经济社会诸多矛盾的基本途径，对实现全面建设小康社会具有决定意义，是通过发展真正使广大人民群众受益的基本保障。

（三）更新发展理念，实现科学发展

在为温饱和生存而奋斗的时候强调全面、协调发展是没有太多意义的；但在今天，再不讲究科学发展，提高人民大众生活质量的目标就不能实现。消极地说，传统的、不惜代价解决温饱的那种发展模式，在使全国人民基本生活保障水平不断提高的同时，也制造了经济社会越来越多的不均衡，积累了越来越多的矛盾；高增长、低效率的运行模式，使资源环境的制约越来越严重，难以持续发展。积极地讲，在解决了温饱之后，人们的需求升级了。发展初期那种不顾一切、"有水快流"的发展模式已经不能满足今天的要求。今天有必要也有条件提出实现"以人为本"，经济、社会、环境全面、协调、可持续发展的要求。

科学发展观的一个重要内涵是引入了"以人为本"的理念。这就进一步明确了"发展是硬道理""发展是第一要务"绝不只是经济的范畴，更不能以GDP取代一切。惠及人民大众的发展，必须包含经济发展、社会发展、民主政治、依法治国、机会平等和生态环境的改善等，真正满足人民大众不断增长的物质文明、精神文明和政治文明的需要。实际上，我们已着手解决的三农问题、西部大开发、老工业基地振兴、退耕还林、再就业

工程、科教兴国、公共卫生体制建设等问题，以及科学民主决策、依法行政、建设法治国家等，都体现了政府不仅关注 GDP 增长，更加关注经济与社会、人和环境的协调发展。把这种统筹协调发展的理念上升为科学发展观，具有重要意义。以此统一政府、企业和大众的思想，具有很强的针对性和现实性，有利于克服急功近利、顾此失彼的问题，可以使我们更加自觉地推进科学的发展。

（四）转变经济增长方式

现在，传统的不惜代价的高投入、高消耗、高污染、不协调、低效率的增长方式已经难以为继，但要真正转向低投入、高产出、低消耗、少排放、可持续的经济增长是极大的挑战。这里有认识问题，有体制问题，也有技术能力问题。科学的发展如果不能作为一项基本国策，下大力气转变经济增长方式，那么没有什么力量能抵御传统发展模式的惯性。

结构调整是实现均衡发展的一个关键因素。新技术，特别是信息技术为均衡发展起到能动作用。发展循环经济具有重要意义。要提倡合理消费，利用各种市场工具抑制过度消费和资源浪费、建设节约型社会。

（五）资源与环境的挑战

中国进入了工业化中期和城市化迅速发展的时期。从发达国家的经历看，这是消耗资源最多、对环境影响最大的时期。其中能源的结构、消耗量又是最重要的因素。

13 亿人实现工业化、现代化，资源环境是巨大的制约因素。过去约占世界人口 15% 的少数国家，以当期世界资源消耗量的 50%～60% 为代价，实现了现代化，成为发达国家。中国有 13 亿人口，超过目前世界发达国家人口的总和。以长期占用全球当期资源消耗量的绝大部分为前提，实现工业化和现代化，会遇到很大的困难。我们只能寻求消耗较少资源，以对环境影响较小的代价实现工业化、现代化和使人民大众获得较高生活质量的道路。为此，我们必须在技术创新和体制创新的基础上，努力吸收各国科技成果和成功经验，在节约资源、寻求替代资源、环境保护等方面取得重大突破。

（六）提高经济增长质量

国内生产总值是一个重要的经济指标，但 GDP 并不等于财富。财富是存量的概念，它代表现在和将来可分享的福利。在过度追求速度的意识驱动下，政府对微观经济的干预、国有企业粗放的发展模式，使中国过去发展中所创造的财富，远不如 GDP 增长得多；如果把资源浪费和土地、空气、自然遭到破坏的成本计算在内，所创造的财富要大打折扣。这一方面使人民可分享的"蛋糕"比预计的小了许多，另一方面，中国经济增长的资金来源过多地依赖银行贷款，增长质量不高的风险很大部分转移到了银行，使银行积累了系统性风险，大大消耗了金融支持经济增长的能力，成为持续发展的一个制约因素。

（七）关注社会进步

有专家提醒，目前中国正处于公共卫生威胁的最前线。给每个公民提供良好和平等的卫生保健服务是所有国家面临的一个重要挑战，建议我们可以对其他国家的医疗卫生制度进行研究，避免犯下其他国家犯过的代价昂贵的错误。公共卫生只是社会发展的一个侧面。以人为本的发展，是不断满足人们日益提高的对物质文明、精神文明和政治文明要求的发展。发展有财富积累问题，还有财富分配问题。分配的状况又会反作用于财富的积累和社会稳定。使人民大众分享经济增长成果的重要条件是增加就业。均衡发展还要给居民受教育的机会，实现社会公正、安全、机会平等和社会保障等。

（八）深化政府改革

实现以人为本，全面、协调、可持续发展，更多地体现在社会效益、长期效益和环境效益上，完全靠市场和市场主体的自发力量是很难做到的。实现科学的发展，涉及体制改革和机制转换、增长方式转变、走新型工业化道路、实施科教兴国战略、建设节约型社会、提高对外开放水平、强化法制保障等。因此，走科学发展道路的主导力量是政府，但政府发挥作用的范围和作用的方式必须改变。也就是说，经济、社会和环境的发展要均衡，政府作用与市场作用也要均衡。尽管市场经济成功的根基是市场，但政府在实现全面、协调发展中仍负有特殊责任，发挥关键作用，特别是在体制转轨时期更加明显。要转变政府职能，科学民主决策，依法行政，着力培育和建立有效率的市场。要加快政企分开，进一步把不该由政府管的事交给企业、社会组织和中介机构，政府在继续搞好经济调节、市场监管的同时，更加注重履行社会管理和公共服务职能，以更多的精力关注经济、社会和人与环境的协调发展，发挥市场和市场主体不可替代的作用。

（九）企业责任

企业在实现可持续发展中扮演着十分重要的角色，必须承担企业公民的责任。企业在创造经济增长的同时，往往也是直接和间接浪费资源、损害环境的责任人。2003年，中国GDP达到了1.4万亿美元，约占世界GDP总量的4%。但我们消耗了世界石油的7.4%、钢材的27%、水泥的40%、氧化铝的25%。中国创造单位GDP消耗的资源比世界平均水平高出几倍，如钢材消耗是5.6倍，铜是4.8倍，铝是4.9倍。2003年中国二氧化硫排放量居世界第一位，二氧化碳排放量仅次于美国，居世界第二位。与此相对应，20世纪后期世界经济增长半数以上来自科技创新，而我们所占的比重却相对较小。当然，这与我国的发展阶段相关。但我们必须明白，这种粗放型发展的道路是不可持续的，勉强走下去也会受到自然力量的报复，不可能造福于大众。

实现可持续发展的主导力量是政府，但改变经济增长模式的主体则是企业。主要靠资源和劳动力投入的粗放发展方式已经走到尽头，企业要尽快转向主要依靠科技进步和提高劳动生产率实现增长转型。

三 企业发展的有利时期和严峻的挑战

世界银行的一份报告指出，中国是经济全球化中少数几个最大的赢家之一。加入WTO是中国为争取更多地分享经济全球化利益而主动实施的重大战略决策。这表明国家在国际分工中的战略进行了重大调整，即由通过设置关税和非关税壁垒将竞争对手拒于国门之外,立足国内积累、扶持本国企业、维护国家经济利益,转向开放市场、减少壁垒、引入竞争、主动参与国际分工,以本国企业为支撑,同时争取更多利用国际资源加快经济发展。

中国改革发展20多年,已经进入了工业化中期,具备了产业和企业发展极为有利的条件。主要表现如下。

(1) 新一轮以开放促改革的局面已经形成,市场作用明显增强。通过改革将进一步突破发展瓶颈,克服体制性障碍,加速市场化转轨进程。与此同时,国有企业与政府的关系面临调整,优胜劣汰进一步强化,旧体制遗留问题突显。

(2) 世界最多人口的潜在市场逐步变为现实市场,使中国进入了新一轮高速发展阶段。持续增长的经济发展环境为企业提供了较多的发展机会,在多变的国际经济格局中,中国经济增长以内需为主,有较大的回旋余地。

(3) 以国际分工为背景的结构调整进一步深化。与一般发展中国家相比,我们有较强的生产技术基础、较完善的基础设施和产业综合配套能力。既有廉价高技术人力资源,又有相对素质较高、数量上无限供给、价格低廉的劳动力大军。这些比较优势正在吸引外资的进入和产业转移。这将有力地推动中国产业和企业以国际分工为背景的结构优化和企业重组,带来经济增长的新动力。

(4) 政府关注的重点要转向完善基础设施,创造有效的市场环境,促进企业公平竞争。保障交通、能源、电信等基础设施不断完善,市场准入进一步放开,在投融资、税收、土地使用和对外贸易等方面进一步消除所有制歧视,提高市场环境的法制化程度、透明度和可预见性。

(5) 企业国际经营环境进一步改善。中国企业可以享受WTO成员国企业的同等权益。政府可以通过参与制定国际贸易规则维护中国企业的利益,企业可以利用国际贸易争端解决机制保护自己;与此同时,外资企业进入中国市场已拥有法定权利,国内市场竞争进一步国际化。在那些国际化程度高的产业,弱势企业面临严峻挑战;而在传统体制下政府保护程度越高的产业和企业受到的冲击越大。

这些有利条件为造就企业竞争力奠定了好的基础。哪个企业能更充分认识和利用这一基础和条件，它就能获得更多的发展机会。

近年来跨国公司迫不及待地大举进入中国，它们不仅投资生产，而且组织研发、设立采购中心和区域总部，目的是抢先利用中国的发展优势。"到中国去，分享中国改革发展的成果！"已经成为一种世界潮流。《日本时代》杂志的一篇文章说，"一个公司能否在这个新世界兴旺起来，要取决于它能否利用中国的优势来增强自身的竞争力"。"竞争的胜利者将是那些能充分结合中国的竞争力击败自己对手的公司"。

外资企业进入中国之初，就在利用中国优势壮大自己方面有周密的准备。几年后，绝大多数企业不仅获得了丰厚的投资回报，而且确实由于在中国业务的发展大大提高了它们的国际竞争力。

良好的产业发展环境和提高企业竞争力有利的条件，是中国改革开放创造的辉煌成果。有利的发展环境可以造就有竞争力的企业。但是在经济全球化背景下，中国发展的有利条件并不由中国企业独享。令人担忧的是中国的企业能不能分享、能在多大程度上分享这些有利条件，在这方面我们确实面临严峻的挑战。

例如，中国面临巨大的就业压力，但有较高基本素质、数量上无限供给的廉价劳动力，又是中国的一大优势。目前各国大公司纷纷投资中国的一个重要原因，就是抢先分享这一优势。现在的情况是，一方面是外国公司和民营企业充分利用中国人力资源优势迅速提高自身竞争力；另一方面是很多中国企业不仅不能分享中国人力资源优势，反而被员工问题拖累，使相当一些企业陷入困境。很多企业在遇到困难和风险时，不能以劳动力结构重组为前提调整企业的经营结构、组织结构和资本结构，从而获得新的发展动力，相反使企业的结构性矛盾不断积累，陷入恶性循环的怪圈。这一状况如果不能尽快改变，即便目前状况尚好的企业其前景也令人担忧。在国有企业走向市场时，政府再给它们吃偏饭是不必要的，但为它们创造平等竞争条件，包括建立职工可流动机制，政府有无法推卸的责任。

中国是世界上最具发展潜力的地区之一。但是，在经济全球化的激烈竞争中，中国企业能否充分利用改革发展的优势提高竞争力，还是一个需要下大功夫才能解决的重大课题。阻碍中国企业更多地分享我们自己国家改革发展优势的因素是多方面的，但从总体而言，加速结构调整、转换经营机制是提高企业竞争力绕不过去、必须解决的基础性问题，如果我们不能在结构调整和机制转换两个方面取得突破性进展，中国企业就不能更多地分享我们自己国家改革发展的伟大成果。

在企业家培养计划启动会上的讲话[*]

(2004年5月28日)

为致力于培养具有全球化视野及国际竞争力的创新型企业领导者,国务院发展研究中心企业研究所与美国斯坦福大学科学与工程系联合举办了"中国企业新领袖培养计划"。

我代表国务院发展研究中心热烈祝贺"中国企业新领袖培养计划"正式实施。发展中心非常重视这项由企业研究所与斯坦福大学科学与工程系联合举办的培养计划。这是因为我们越来越意识到,在国家实施人才强国战略中,培育一批高水平的有战略思维能力、有世界眼光和决策驾驭能力的企业领军人物,是中国培育具有国际竞争力企业的一个关键,对提高国家竞争力具有基础性作用。改革开放和经济全球化为企业家施展才能创造了前所未有的机会,而千变万化的市场和某些不确定的环境因素对企业家成长又是巨大的挑战。在培训启动的时候,我想讲几点意见与大家共勉。

一 我们正进入重要战略机遇期

据世界银行分类,我国已经走出低收入国家行列,向中等收入国家迈进,从国际经验看,这对各个国家都是一个极为重要的历史时期。在这期间,消费结构升级,工业化进程加快,城市化速度上升,人口大量迁移,国土面貌日新月异,社会财富迅速增加,可以说,这是一个经济结构、社会结构急剧变动,又具有持续的、巨大增长潜力的时期。我们所处的这一时期又与相对和平的国际环境和经济全球化及国际产业结构转移相耦合,

---

[*] 本文是作者2004年5月28日在企业家培养计划启动会上的讲话。

形成了中央所指出的"重要战略机遇期"。这一重要时期的特点主要表现在以下几个方面。

（1）消费结构升级。就总体而言，我们正由解决温饱和基本生活需要为主的消费，转向以提高生活质量为主的消费。13亿人口从城市到农村、从东部到中、西部不同层次的消费结构升级，创造了规模巨大的市场需求。进入大额消费后，消费结构升级的链条长、周期长。在多变的国际经济环境下，我们以内需为主，可以构成一个较长时期保持经济以较高速度持续、稳定增长的基础。

（2）产业结构升级。进入新世纪，许多迹象表明中国已经进入工业化中期，即重化工业快速增长阶段。重化工业具有附加值高、投资规模大、建设周期长、需求潜力大、产业链条长、中间产品比重高、产业带动力强等特点。因此，工业化中期往往是经济增长速度快、投资规模扩大、生产需求旺盛的时期。

（3）中国经济更深刻地参与到国际分工之中。随着中国投资软硬环境的改善，比较优势进一步显现，使跨国公司生产、研发在全球的布局向有利于我国的方面调整。同时，中国在利用国外资源加快发展方面，达到了新的水平。

（4）民营经济迅速发展。个体实力增强，已有能力进军一些重要行业，如钢铁、汽车、装备制造和关键领域，如基础设施和公用事业等。

（5）城市化进程加快。至2003年底中国城市人口占39.1%，比同等发展程度的国家低了约20个百分点。近年，城市化率大约平均每年增加1个百分点，这就意味着每年有1300万农村人口转为城市居民，相应的在住房、基础设施、医院、学校、公共服务、公用事业等方面形成了一个巨大的市场需求。

与此同时，我们也面临诸多矛盾和动态不确定性。城市与农村、东部与中西部差距不断扩大，区域经济发展的不均衡已经达到了可承受的边缘，不同人群收入水平差距过大，经济发展与社会发展的不平衡面临调整，经济发展与资源环境的矛盾日渐突出。在中国，市场化改革还在进行，体制转轨尚未完成，政府改革落后于形势发展，国有企业和金融机构改革尚处于攻坚阶段，经济和企业结构调整任务繁重，落后的经济增长方式急待转变。在经济全球化中，技术在企业竞争力中的地位上升，品牌、知识产权成为控制市场的主要力量,服务业逐渐成为全球经济竞争的主战场。发达国家处于优势地位,在跨国公司对技术和市场的控制下,后发展企业迎头赶上遇到巨大困难。再加上地缘政治的多变性,贸易保护主义抬头,使我们面临许多动态不确定因素。

中国企业发展面临前所未有的机会,也面临巨大的挑战。

二 可持续发展和企业的责任

中国具有巨大的持续经济增长的潜力,这几乎在国内外没有大的争议,问题是目前这种以大量消耗资源、损害环境为代价,又制造了大量经济与社会不均衡的发展模式是否可持续。中央及时提出树立和落实科学发展观,推进全面、协调、可持续发展,具有十分重要的现实针对性。

企业在实现可持续发展中扮演着特别重要的角色,必须承担企业公民的责任。企业在创造经济增长的同时,往往也是直接和间接浪费资源、损害环境的责任单位。去年,中国 GDP 达到了 1.4 万亿美元,约占世界 GDP 总量的 4%。但我们消耗了世界石油的 7.4%、钢材的 27%、水泥的 40%,创造单位 GDP 中国消耗的资源比世界平均水平高出几倍。与此相对应,20 世纪后期世界经济增长半数以上来自科技创新,而我们所占的比例却相对较小。沿着如此轨迹,以大量消耗资源、损害环境为代价的外延式粗放型发展,是不可持续的。勉强走下去也会受到自然力量的报复,不能造福于民。

实现可持续发展的主导力量是政府,但改变经济增长模式的主体则是企业。中国经历了 20 多年超高速增长,长期依赖的以大量资源、资金、劳动力投入的增长方式已经走到了尽头,转向以技术进步和提高劳动生产率实现经济增长已势在必行。全面、协调、可持续发展所要求的提高经济增长质量、转变经济增长方式、走新型工业化道路、发展循环经济、开发绿色产品、推进绿色生产、建设节约型社会等,已经有很强的现实紧迫性。

三 企业发展的有利时期和严峻挑战

加入 WTO 是中国为争取更多分享经济全球化利益而主动实施的重大战

略,这表明国家在国际分工中的战略进行了重大调整,即由通过设置关税和非关税壁垒将竞争对手拒之于国门之外,立足国内积累、扶持本国企业,维护国家经济利益,转向开放市场,引入竞争,主动参与国际分工,以本国企业为支撑,同时争取更多利用国际资源加快发展。

中国改革发展20多年,具备了产业和企业发展极为有利的条件,为造就企业竞争力奠定了良好的基础。哪个企业能更充分认识和利用这一基础和条件,它就能获得更多的发展机会。

但是在经济全球化背景下,中国发展的有利条件并不由中国企业独享。令人担忧的是中国的企业能不能分享、能在多大程度上分享这些有利条件。在这方面我们确实面临严峻的挑战。

近年来跨国公司迫不及待地大举进入中国,它们不仅投资生产,而且组织研发、设立采购中心和区域总部,目的是抢先利用中国的发展优势。几年后,绝大多数企业不仅获得了丰厚的投资回报,而且确实由于在中国业务的发展大大提高了它们的国际竞争力。有人感慨地说,"一个公司能否在这个新世界兴旺起来,要取决于它能否利用中国的优势来增强自身的竞争力,竞争的胜利者将是那些能充分结合中国的竞争力击败自己对手的公司"。

但是中国企业,包括国有企业和民营企业,在利用本国优势方面往往处于劣势地位,很多国有企业被员工问题拖累,陷入困境;不少民营企业受市场准入的限制,发展受阻。

阻碍中国企业更多地分享发展优势的因素是改革还不到位。但就企业自身而言,加速结构调整、转换经营机制是提高企业竞争力绕不过去、必须解决的基础性问题。如果企业不能在结构调整和机制转换两个方面取得突破,即便市场化改革取得进展,中国企业也难更多地分享自己国家改革发展的伟大成果。

四 培育和弘扬企业家精神

几乎在各个国家,人们都以崇敬的眼光看待企业家。因为企业家的水平决定企业的水平,企业的总体水平决定国家的竞争力。我们高兴地看到,中国企业家在市场竞争的大潮中迅速成长,这是国家的希望。

在这里我想提醒的一点是，企业家要为建设诚信社会做出贡献。目前的信用缺失，使我们每年要支付大约相当于国内生产总值5%以上的成本。从来不给企业、学校题词的朱镕基同志在清华会计学院慷慨写下"不做假账"四个大字。失信行为已经成为社会的灾难，使我们创造的财富大大缩水，付出了太多的代价。企业家要走向成熟，就必须牢牢树立诚信意识。要看到企业之间的竞争，最终是信誉和品牌的竞争，而品牌又是由信誉凝聚而成。一个企业失去了信誉也就失去了客户，就等于自绝于资本市场、信贷市场和商品市场，从而失去了所有未来发展的可能。信誉是企业对社会、对市场、对客户的承诺。承诺的可信度要接受利害相关者的评判，要接受时间的考验。经历了时间积累而取得广泛认同后，诚信就会变成企业的财富。被认可的品牌会招揽更多的客户，良好的商誉会拓宽融资渠道，言必信、行必果，会降低融资成本。

人们崇敬企业家，有三重意义。一是激励企业家自强不息，发扬企业家精神，创造财富、创造就业岗位，惠及人民大众，做好的"企业公民"，承担应有的社会责任。二是在创造经济增长和经济活力、增强国家经济实力和竞争力中，企业家处于特别重要的位置，发挥着特别重要的作用。全社会应尊重企业家，理解企业家，支持他们走向成功。三是督促政府创造良好市场环境，为企业家脱颖而出和施展才能铺平道路。

我相信，辉煌的时代会造就优秀的企业家。我们必须深刻地理解，企业家是特殊的稀缺人才。他要有对市场的敏感，有创新的意识，有决策的艺术，有吸引人才的魅力，有诚信的品格，有推进工作的刚毅。企业家在追求企业长远发展过程中所要求的创新能力和水平，所经受的挑战之严峻，所遭遇的困难之大，能承受的心理和人格压力之沉重，所要求的动力之持久和强大，远不是一般人所能比拟的。那些有了成绩就自傲、遇到困难就气馁的人成不了企业家。市场是培育企业家的大学校，企业家要在市场竞争中不断锤炼自己，走向成熟。

经济全球化与政府作用[*]

(2004年8月6日)

一 政府改革是适应经济全球化的关键

在过去20多年间,中国实行对外开放政策,经济从封闭走向开放,并逐步扩大开放的广度和深度,进一步融入国际分工体系,成为经济全球化进程的主动参与者。世界银行的一份报告认为,中国是经济全球化进程中少数几个最大的赢家之一。

在经济全球化背景下,资金、人才、技术等经济资源大规模跨国流动,几乎使各国经济都被卷入史无前例的大规模的国际分工之中。在这一背景下,跨国的产业转移、结构调整和企业重组力度空前增加。哪个国家和地区在新的经济分工中能发挥比较优势、占据有利地位,就能更多分享经济全球化的利益。

中国加入世贸组织是中国政府迎接经济全球化的主动措施和重大战略。这一措施的重要意义,在于进一步锁定了市场经济的改革取向和向世界承诺进一步开放市场;这一重大战略的基本内涵,在于国家发展战略的重大转变。

实际上,经济全球化使国家经济利益的含义悄然发生了变化。过去,在较少跨国投资情况下,一国经济可利用的就是本国资源,民族企业发展壮大,国内市场不受国外企业不公平竞争,就体现了国家经济利益。跨国公司大量出现后,它们不仅在全球采购、加工与销售,而且进行全球投资、全球融资。随着所有权的国际化,跨国公司的"国籍"特征有所淡化。尽

---

[*] 本文是作者2004年8月6日在《IT经理世界》杂志社举办的"2004 IT经理世界年会"上的讲话。

管在关系经济命脉和国家安全的领域,保持国家经济独立性是完全必要的;投资输出国与输入国之间也存在利益冲突,但跨国公司一旦进入一国投资,就越来越深地融入东道国的整体经济之中,成为东道国的"企业公民"。在那些竞争性产业,来自国际的投资对东道国的经济增长、就业、税收而言,其作用和"民族企业"几乎并无两样。此时,一个日益明显的基本事实是,一国的国家经济利益不再仅体现为基于本国资本的传统"民族企业",而且也体现为有境外资本参与其中、存在于"本土"的合资和独资企业。

以加入WTO为标志,国家发展战略进行了重大调整。过去为实现经济增长,以政府为主体,主要依赖本国企业、本国资源,力求建立一个完整并自求平衡的经济体系;过去为维护国家经济利益,依靠设置各类贸易与投资壁垒,保护国内市场不受外来竞争者侵蚀,同时支持本国企业发展,占领国外市场。现在,为充分利用全球经济资源加快发展,维护国家经济利益的手段转变为进一步开放市场,改善投资环境,充分利用国际产业结构转型和调整的机会,发挥中国大市场和廉价劳动力优势,积极吸引国际投资,主动参与国际分工,在开放中增强国家竞争力。

在经济全球化背景下,资源禀赋并不是形成某个产业的必要条件,较完善的基础设施、政府的效率、稳定透明的政策、产业配套条件等更为关键。特别是政府政策及其效率所形成的软环境,是降低交易成本,充分发挥区域比较优势的重要条件。经济全球化使资金、人才、技术等稀缺资源的流动空间不断扩大、流动自由度增加、流动速度提高。这些经济资源几乎受到各个国家和地区的欢迎,它们在哪里落户,哪里就会实现就业、税收和经济的增长。因此,这些资源持有者有广阔的选择余地。一般来说,现在已经不是哪个国家或地区选择它们,往往是它们选择落户的地区和国家。不断提高吸引国际资本、人才、技术的能力和水平的关键在于创造一个能让市场机制充分发挥作用,从而充分发挥区域比较优势的体制环境。从这个意义上说,政府的有效性,很大程度上要通过市场的有效性来体现。好的市场环境不仅可以提高本国资源的效率,而且可以吸引国际经济资源;如果环境不好,不仅不能吸引境外资源,而且本地资源也会外流,区域经济竞争力的一个综合反映,就是由市场环境决定的吸引国际经济资源的能力，而创造市场环境的责任主要在政府。可以说，经济全球化的大潮使我们面临着多方面的挑战，其中政府管理体制和行政方式面临的挑战最为直接和突出。

大家知道，企业只能在政府提供的法制框架和社会环境下发展，但是它们可以在不同地区间进行选择。投资者对投资地域的选择，实际上是对不同地区政府的选择。各国、各地区之间的竞争从表层看，是争取经济资源的竞争；进一步看，是市场有效性的竞争、是公共环境水平的竞争；深层次看，则决定于政府的职能定位和政府效率。从这个意义上说，深化政府改革是适应经济全球化、更多分享经济全球化成果的一个关键。

因此，要能充分分享经济全球化带来的机遇，减少可能引发的风险，就必须以加快建立市场经济体制为取向进一步推进政府改革。

（1）政府作用由直接配置资源转向着力培育和维护一个有效率的市场，承担起经济调节、市场监管、社会管理、公共服务的职能；

（2）政策重点由依靠本地资源、保护本地市场和企业，转向进一步融入国际市场，公平对待各类投资主体，争取更多利用国内国际两个市场、两种资源；

（3）工业化进程由力图以本地资本建设完整的工业体系并自求平衡，转向发挥比较优势，参与产业分工，并在这一分工中争取有利的地位；

（4）由重视本地企业竞争力转向提高区域经济竞争力，提高政府政策的透明度、稳定性和可预见性，提高政府效率；

（5）政府要花大力气改善基础设施，提高产业支撑能力，完善包括社会保障在内的公共服务，发展各类公共组织，发展要素市场，优化产业配套环境。

二　政企分开和政府与企业权能的界限

形成内在经济增长机制的关键在政府，难点是如何妥善处理政府、市场、企业之间的关系。在社会主义市场经济体制下，政府提供政策法制框架，进行经济调节、市场监督、社会管理、公共服务；企业自主决策、自担风险，以效益为目标创造经济增长；社会中介组织在政府与企业、企业与企业间提供信息、沟通、自律、公证等服务。三者各自就位，相互协调、互动才能形成区域经济的内在增长机制。

实践证明，试图以政府力量取代企业创造力的做法都会制约市场经济的发展。中国人并不缺乏创新和创业精神，但政企不分的体制和观念压抑了企业家们的聪明才智和创新精神。

政府和企业是现代社会两类最有力量的组织。划清政府与企业的财产界限和权能边界至关重要。企业的行为必须受法律法规的约束，但政府必须承认并尊重在法律规定范围内企业的所有权利，确保企业的法人财产权利和独立的市场地位。只要依法经营，企业"内部性"的事务不是政府直接干预的领域。企业行为中的那些"外部性"影响，即靠企业自身有可能影响公共利益的领域，如不可再生资源的使用、环境保护、生命安全等是政府必须从公共利益出发，利用经济、法律、技术法规和标准等政策工具进行切实干预的领域。现在的问题是，政府管了许多企业"内部性"的事，对企业"外部性"影响又未很好地承担起责任。

因此，需要政府调控的是市场作用涵盖不到的领域，如总供给与总需求、社会保障、城乡和区域平衡等；需要政府监管的是市场失灵的领域，如公共产品、公用事业、劳动关系等；需要政府干预的是有内部效益但会损害公众利益的领域，如资源、环境、土地等；需要政府投入的是外部效益大于内部效益的领域，如基础教育、公共卫生、基础设施等。

就是说，政府在宏观调控、市场监管中应发挥主导作用，但并不意味着政府有必要代替市场主体决定进入哪个市场、决策投资什么项目或指挥银行贷款。政府对企业更大的影响力是它设计的体制框架和政策环境，而不是介入竞争过程。

温家宝总理在今年政府工作报告中指出"要加快政企分开，进一步把不该由政府管的事交给企业、社会组织和中介机构，更大程度上发挥市场在资源配置中的基础作用"。这段话讲得十分中肯。

在现代市场经济中，政府是社会管理者，追求公共目标，但政府对企业的影响无处不在。即使在政企分开的情况下，政府仍有足够的力量和工具影响企业的行为，因为再大的企业也只能在政府制定的法律和政策的框架内活动，例如，政府的税收和会计准则，利率、汇率和外汇政策，关税和进出口政策；环保和安全法规，专利、卫生和技术监督政策；市场监督和资本市场监管规则，反垄断和竞争政策；市场准入和工商注册，社保和劳保法规及政府采购和土地使用等政策。还有司法、执法机构对法律、法规可信度的承诺，对失信者的惩处等，都极其深刻地影响着股东的市场战略、投资决策、董事会的经营决策，以及企业的产品和技术开发方向等各个方面。但是，这种市场化的行政方式却与政企不分式的行政干预有本质的区别。

转变政府职能、深化政府改革是形成内在经济增长机制的关键。要清晰地界定政府、企业、市场之间的关系，由"无限政府"转变为"有限政府"，由"权力政府"转变为"服务政府"，由自由裁量的治理体制转变为基于法制规则的治理机制，由闭门操作的治理方式转变为公开、公正、公平和透明的管理方式。

三 培育有效率的市场，创造有竞争力的投资环境

有效率的市场会持续激发创业文化和创新精神，由此构成区域经济腾飞的翅膀。

投资环境不仅决定所吸引的投资，而且决定这些投资的产出效率，从而决定该地区的就业水平和经济增长的可持续性。就是说，流向任何特定地区资金的数量和质量，总是与投资者对该地区投资回报的预期和风险性相联系。只要没有特殊障碍，资本总是流向投资回报更高、风险较小的地区。

经济全球化的潮流和国内市场化程度的提高，不仅使跨国公司的资本流动性增加，而且使国内资本的流动也更趋活跃。构成区域投资环境的因素是多方面的，如市场进入和退出的自由程度，劳动力市场的灵活性，诚信环境，金融安全和融资成本，与国际市场对接的程度，民营经济的发展程度，企业对政府和办事机构的非正常支付，司法公正和司法效率，政府监管的规制性、稳定性和透明度，政府的服务能力和行政效率等。这些细节方面的一项项差异，就导致了地区投资环境的巨大差异，这些因素往往就决定了投资者的资金投向和去留的选择。

中国各个城市处于国家同一法律、制度框架和宏观环境之中，但各城市投资环境的差异却非常之大。落后地区与发达地区的差距表面看是本地经济缺乏活力，实质上是市场环境存在缺陷，既吸引外部资源的能力弱，又不利于本地企业提高生产率。要下决心改变这一状况，下大功夫改善区域的软硬环境。

另外，给不同类型企业轮番吃偏饭的政策，绝不是好的投资环境。因为对个别企业的特殊优惠，就是对其他企业的特殊歧视；今天得到特殊优惠，明天就可能受到特殊歧视。政策的不稳定性和不可预见性会使投资者却步。好的市场环境绝不排斥竞争。相反保持较强的竞争力度是使当地产业和企业保持不停顿的改善和创新、培育在新兴领域获得成功的能力。有效的竞争政策可以充分发挥企业家创业精神，营造鼓励创新、宽容失败的环境，从而吸引众多企业和创业者在这里生根、成长，使本地成为技术创新的乐园、企业家创业的天堂，这是区域经济崛起的希望。

四 可持续发展和政府的责任

树立和落实科学发展观，实现以人为本，全面、协调发展，这是关系中国发展全局的重大命题。把以人为本，全面、协调发展作为建设小康社会的指导思想，是我们的发展观上的一次飞跃。在全面建设小康社会的起点提出，具有十分重要意义。

以人均 GDP 达到 1000 美元为标志，我们正进入一个极为重要的发展时期。这期间消费结构升级，工业化进程加快，城市化速度上升，人口大量转移，国土面貌日新月异，社会财富迅速增加。这是一个经济结构、社会结构急剧变动，具有持续的、巨大的增长潜力的时期。

之所以说这是一个极为重要的时期，一是因为经济、社会转型，提供了经济持续增长的强大动力；二是因为经济、社会和环境的不均衡，使各种矛盾不断暴露；三是因为这一时期也是消耗资源最多、人与自然较量最为严重的时期。就是说这一时期既充满机会，也充满矛盾。党和政府以怎样的理念、选择什么样的发展模式来驾驭这一至关重要的经济社会发展期，将对国家的发展历程产生重要影响。

目前，中国城乡发展的不均衡、区域发展的不均衡、收入分配的不均衡、经济社会发展的不均衡、人与资源环境的不均衡已经到相当严重的程度。其中人与资源环境不均衡和贫富差距是不均衡最重要的影响因素。无论对资源的过度利用，还是几乎无约束的废弃物排放；无论是沿海与内陆日益扩大的收入差距，还是农民与其他人口收入日渐拉大的差距，都是必须关注的首要问题。

科学、合理的发展必须引入"以人为本"的理念，必须明确"发展是硬道理""发展是第一要务"，绝不只是经济的范畴，更不能以GDP取代一切。惠及人民大众的发展，必须包含经济发展、社会发展、民主政治、依法治国、机会平等和生态环境的改善等，真正满足人民大众不断增长的物质文明、精神文明和政治文明的需要。

现在，传统的不惜代价的那种高投入、高消耗、高污染、不协调、低效率的增长方式已经无以为继。要真正转向低投入、高产出、低消耗、少排放、可持续的经济增长却是极大的挑战。这里有认识问题，有体制问题，也有技术能力问题。科学的发展如果不能作为一项基本国策，下大力气转变经济增长方式，没有什么力量能抵御传统发展模式的惯性。

中国进入了工业化中期和城市化迅速发展的时期。从发达国家的经历看，这是消耗资源最多、对环境影响最大的时期。

13亿人实现工业化、现代化，资源环境是巨大的制约因素。过去约占世界人口15%的少数国家，以当期世界资源消耗量的50%~60%为代价，实现了现代化，成为发达国家。中国有13亿人口，超过目前世界发达国家人口的总和。以长期占用全球当期资源消耗量的绝大部分为前提实现工业化和现代化，是绝对不可能的。

改革开放后，我国经济保持了10%左右的超高速增长。但那是基于大量的土地、资金、劳动力投入的粗放式增长，是不可持续的。

但综观很多国家的发展，粗放式经济增长是经济起飞必然经历的一个过程。现在我国这个过程行将过去，正在进入工业化中期。粗放型经济的弊端和带来的各种矛盾充分暴露，转变经济增长方式已势在必行。也就是要由主要依靠资源投入的增长，转向主要依靠技术进步和提高劳动生产率实现经济增长，这是一种消耗资源较少、对环境影响较小的经济增长。技术进步无止境、劳动生产率提高无止境,这种模式可持续。

面对经济发展阶段的升级,中央及时提出"以人为本,全面、协调、可持续发展"、促进经济增长动力转型,是非常重要的。但是全面、协调发展更多地体现在社会效益、长期效益和环境效益,完全靠市场和企业的自发力量是很难做到的。实现科学的发展,涉及体制改革和机制转换、增长方式转变、走新型工业化道路、实施科教兴国战略、建设节约型社会、提高对外开放水平、强化法制保障等,离开了政府的主导作用是很难进行的。

政府在实现全面、协调发展中负有特殊责任,应发挥关键作用,特别在体制转轨时期更加重要。针对政府职能的弱项,温总理指出,各级政府应进一步把不该由政府管的事交给企业、社会组织和中介机构,在继续搞好经济调节、市场监管的同时,要更加注重履行社会管理和公共职能。政府应按照这一原则,甩掉那些不该管的事,认真承担起社会管理和公共服务的责任,保障经济、社会、资源环境的协调发展。这是任何社会组织不能替代的政府的社会管理责任。

在中央汇金投资有限责任公司干部培训会上的报告*

（2004 年 8 月 31 日）

进入新世纪，中央几大国有银行纷纷上市。2003 年 12 月，中央汇金投资有限责任公司设立。目的是由其作为国有资本的受托机构，持有上市银行的国有股权，行使股东权利，承担监管责任。2004 年 8 月 31 日，中央汇金投资有限责任公司举办干部培训报告会。

中国经济体制改革追求的是既保持公有制、国有经济，又使市场机制在资源配置中发挥基础性作用。国有企业改革要回答的基本问题，是计划体制下形成的国有经济和国有企业能不能与市场经济体制相结合，如何结合。

经过 20 多年的执着探索，国有企业改革取得了很大进展。加入 WTO 后，中国市场化的进程明显加快。目前，在绝大多数的行业和领域国有企业不可替代的地位已经消失，留给国有企业改革的时间已经不多了。因此，我们必须对深化国有企业改革有足够的紧迫感。

目前，在城市，国有经济比重曾高达 80%，国有企业改革涉及全国 70% 以上经营性资产的布局调整和制度性变革；涉及 7000 多万国有职工的身份转换和就业、社会保障制度转型；需要有大量配套改革和社会基础设施做支撑。国有企业既是改革的对象，又是创造经济增长、保障就业和社会稳定的主导力量；而国有银行同样处于国家金融的支柱地位，又是改革和调整的对象。因此，国有企业改革牵动全局，有极大的难度，不可能一蹴而就，必须做持续的努力。

---

* 本文是作者应邀以"国企改革中的制度创新"为题在培训会上的讲稿。

当前，深化国企改革主要涉及五大问题：一是国有经济布局要做战略性调整，有进有退、有所为有所不为；二是建立符合市场经济国有资产管理体制，使所有权到位又不越位；三是解除国有企业的历史负担，给它们以平等竞争地位；四是进行公司制改制，建立有效的公司治理结构；五是垄断行业的改组、改革。其中有许多带有制度创新的性质。我想就这方面涉及的三个问题讲一点意见。

一 以公有制为主体的现代企业制度是社会主义市场经济体制的基础

党的十四大确定了建立社会主义市场经济体制的改革目标。使市场在资源配置上发挥基础性作用，至少必须具备三个条件。

首先是建立社会主义统一市场，为企业开辟竞争的平台。除商品市场外，还要建立各类要素市场，特别是劳动力市场、金融市场、房地产市场、产权市场、信息市场等。

其次是形成市场经济的管理体制和法律体系，即市场竞争规则和监管体系。包括适应市场经济的财政体制、税收体制、金融体制、投资体制、宏观调控体制等和与之相配套的市场法规，包括规范市场主体的法律法规、规范市场行为的法律法规和维护市场秩序的法律法规，以及规范宏观调控方面的法律法规。

最后是塑造独立的市场主体。包括国有成分的成千上万个各类企业应当分别成为独立的产权主体、决策主体、运营主体和独立承担盈亏后果的利益主体。

在形成市场竞争体制必然涉及的三个方面中，最大的难点是市场主体建设。代表社会主义市场经济特点的一个重要方面，就是公有制经济的主体地位和国有经济的主导作用。社会主义市场经济要取得成功，重要的在于找到公有制、国有经济与市场经济结合的有效途径。国有经济的所有者是唯一的，即国家。在传统国有资产管理体制和企业制度下，在唯一所有者最终控制下不可能构造出千万个独立的市场主体；国有经济占统治地位的情况下，不能通过市场竞争配置资源。因此，国有经济对应的就是计划经济，只有私有制才能实行市场经济。这种传统理论认识不是没有道理的。

改革开放以来，在基本不触动原有体制的情况下，以简政放权、减税让利为主要形式的政策性调整迅速展开。通过一次次的下放权力，政府与企业的关系进行了多次调整。实行厂长（经理）负责制、普遍实行的经营承包责任制，直至颁布《全民所有制工业企业法》，实施《全民所有制工业企业转换经营机制条例》。当时大家都认为，企业不仅有了自主权，还有了"自主钱"，理应能走向市场、成为合格的市场主体。但是，实际效果并不理想。政企不分、所有权与经营权不分的情况下政府在企业外的干预和企业内部人控制的现象并存。

1992年十四大提出了建立社会主义市场经济体制的改革目标，使中国的经济体制改革走上了制度创新的新阶段。在此基础上，十四届三中全会勾画了中国市场化改革的蓝图，提出通过制度创新，实现公有制、国有经济与市场经济体制有效结合的新思路。十四届三中全会通过的《中共中央关于建立社会主义市场经济体制若干问题的决定》指出，现代企业制度是公有制与市场经济结合的有效财产组织形式，"以公有制为主体的现代企业制度是社会主义市场经济体制的基础""建立现代企业制度是国有企业改革的方向"。这就从理论上解决了既坚持社会主义公有制，又发挥市场机制作用的历史性难题，使国有企业改革进入了实质性阶段。

所谓现代企业制度，就是以"产权清晰，权责明确，政企分开，管理科学"为特征，适应社会化大生产和现代市场经济的企业财产组织制度、经营管理制度。其核心是利用公司的制度安排，建立企业法人财产制度、有限责任制度和建立有效治理结构，从企业制度上实行政企分开，所有权与经营权分离；使企业既可以保留国有成分，又成为独立的市场主体。通过企业制度创新实现公有制与市场经济的有效结合，这是我们党在建设社会主义市场经济中历史性的伟大突破。"以公有制为主体的现代企业制度是社会主义市场经济体制的基础"就是说，没有国有企业制度改革的成功，社会主义市场经济体制就建立不起来。

如果我们以确立社会主义市场经济的改革目标为界限，把国有企业改革分为前后两个阶段的话，那么前一阶段主要是在传统体制框架下，以简政放权、减税让利为主的政策性调整；后一阶段的改革主要是国有经济布局调整和企业制度创新。在改革阶段的转换中,我们党对国有企业改革的指导思想进行了重大调整,主要表现在以下几个方面。

(1) 由着重搞好国有经济、国有企业,转向以公有制为主体,国有经济发挥主导作用,多种所有制经济共同发展,国家的着力点是把经济总量做大。

(2) 由着眼于搞好一户户国有企业,转向注重国有资本分布的优化。通过抓大放小,从战略上调整国有经济布局,对国有企业实行战略性改组,使国有资本向国家必须控制的领域集中,国家重点关注关系国家经济命脉的关键少数。

(3) 由以轮番的政策优惠作为搞好企业的主要手段,转向为各种所有制企业创造公平的市场环境,建立人员和资本可流动机制,使优势企业发展有广阔的空间,竞争失败的企业退出市场有顺畅的通道。

(4) 由政府通过直接干预搞好国有企业,转向建立有效的国有产权委托代理体制和机制,推进企业投资主体多元化,实行政企分开、所有权与经营权分离,建立有效公司治理。

二 关于国有资产管理体制改革的几个问题

建立有效的国有产权委托代理体制是国有经济适应市场经济的核心问题,是深化国有企业改革的一个关键。国有产权问题涉及国家基本经济制度,国有资产管理体制改革牵动全局,有极大的难度。1993年中央就提出了"产权清晰"的任务,虽然从中央到地方几经探索,直到去年党的十六大系统地提出国有资产管理体制改革的指导原则后,才把这项改革推进到了可实施阶段。

(一) 改革国有资产管理体制主要解决四个问题

(1) 落实国有资本的管理、监督和运营责任。国家由管企业转向管资本。建立责权明晰的国家所有权委托代理体制,形成对每一部分经营性国有资产可追溯产权责任的体制和机制。

(2) 国有经济布局和企业结构要进行有进有退的调整。政府从直接管理庞大的国有企业群，转变为控股重要企业和运营国有资本。国有资本由覆盖各行业、各领域，向国家必须控制的行业领域集中，减少国有资本涉足领域。

（3）政府设立出资人机构（或称履行出资人职责的机构），与公共管理职能部门分开，受政府委托集中统一行使国家所有权。在政府层面实行"政资分开"，为政企分开创造条件。

（4）实行国家所有权与企业经营权分离。出资人机构受国家委托拥有股权，依《中华人民共和国公司法》（本文以下简称《公司法》）以股东方式行使出资人权利、履行出资人责任；企业拥有法人财产权，在公司治理框架下自主经营、自负盈亏，成为独立的市场主体。出资人机构不越权干预。

（二）国有出资人机构，集中统一行使所有权

按十六大要求，中央、省、地三级政府特设立机构分别代表国家履行出资人职责。这一决策在落实产权责任方面解决了三个重要问题。

（1）落实了各级政府间的产权责任。即由 1992 年暂行条例的"企业国有资产国家所有，国务院代表国家行使所有权"，发展到 1999 年中共十五届四中全会的"国家所有，分级管理"。2002 年十六大进一步提出，在坚持国家所有的前提下，划清财产边界，中央政府和地方政府分别代表国家履行出资人职责，享有所有者权利，权利、义务和责任相统一。

（2）出资人机构集中统一行使所有权，从体制上改变政府部门多头管理、分兵把口行使所有权的状况。这是国有资产管理体制的重大转变，对提高国有产权效率将发挥重要作用。一般而言，产权的运作效率决定于产权管理的排他性。只有所有者，即出资人机构（以下同）有权决定财产的使用、独占在使用时所产生的效益并承担所发生的全部成本时，效益和成本才能准确评价出资人机构的业绩并构成对出资人机构的激励和约束，才能对出资人机构的预期和决策产生完全、直接的影响。只有这样，出资人机构才能认真对待以"货币选票"来评估财产的使用效果，也才有动力将财产投入到最有市场前景的领域，最大限度地实现资产保值增值。如果多头管理，"排他性"不彻底，例如财产的使用由其他部门决定，所创造的效益可以被其他机构截流，或滥用财产的成本有人给"买单"时，正如国

有资产"五龙治水"的状况，效益和成本信号就被扭曲了，政府对出资人机构资本运作效率就难以评价。财务责任的软约束，使出资人机构很难成为"真老板"。由于所有权虚置，国有资本运作低效和国有资产流失在所难免。就如现在的某些国有企业。

（3）出资人机构专职行使国家所有权，与行使公共权利的部门分开，使政府部门掌握的公共权利能公平、公正地对待各类市场主体，承担起经济调节、市场监管、社会管理、公共服务等公共职能。这是建立亲市场经济政府所必须的。

因此，出资人机构不是原政府各部门管理国有企业的机构、职能和管理手段的简单合并。由对企业的行政管理转为履行出资人职责，出资人机构的职能和行使职能的方式、手段都必须有重大转变。

（三）国有出资人主要职责

国有出资人职责概括地讲主要有以下几点。

（1）通过执行国有资本经营预算，优化配置国有资本，保证在某些重要行业关键领域国有及国有控股企业的控制地位；同时提高国有资本投资回报。

（2）推进投资的企业进行公司制改制，建立有效的公司治理，形成内部化的财务预算硬约束机制，保障国有资本的权益。

（3）会同财政部门制定财务会计制度，以资产收益和现金收入处理不良债务，补充职工的社会保障基金。

（4）监督国有及国有控股企业财务报告的真实性；汇总国有及国有控股企业资产负债表，编制监管资产的资产负债总表，不断监控和改善资产负债结构，保持国有资本的安全性。

（5）国有资产监管机构向本级政府报告监管工作、监管资产状况和其他重大事项，条件成熟时应向公众披露。

（6）国有资产监管部门接受同级财政和审计部门的监督。

（四）出资人机构如何行使所有权

出资人机构如何行使所有权是关键的技术细节。要害是必须从制度和机制上严格区分以股东方式"履行出资人职责"和依照行政隶属关系"管企业"的本质性差异。

在这里我们必须注意两种倾向：一是防止企业内所有者继续缺位，所有者权益被侵蚀；二是防止出现"婆婆加老板"，把企业管死。

设立出资人机构，"管资产与管人、管事相结合"，集中统一行使所有权，这是为克服所有者缺位迈出的关键一步。"管资产与管人、管事相结合"中的"管"，绝不是传统意义上政府在企业之外进行的行政干预或行政审批式的管。出资人机构要"管"的内容是履行出资人职责该"管"的内容，"管"的方式是出资人履行股东权利的方式。

所有权到位，就是出资人机构为行使所有权该管的人和事，例如《公司法》中股东大会按规定要管的人和事，要理直气壮地管好、管到位，成为"真老板"，强化来自所有者的激励和约束。这是维护所有者权益必须要做到的。

所有权不越位，就是出资人机构只当"老板"不当"婆婆"。只行使股东权利，绝不干预企业的经营权、管理权。这是增强公司活力和提高公司运行效率所必须的。

实际上，《公司法》把公司权利划分为所有权、经营权和管理权。这三项权利分别由股东会、董事会和经理行使，而且有十分明确的条文界定。在国有出资人机构与公司关系尚难弄清的时候，以《公司法》来界定是一个可行的办法。

在公司治理中既要防止所有权侵犯经营权、管理权，也要防止经营权、管理权架空所有权，排斥监督权。只有公司的所有者、经营者、管理者、监督者恪尽职守，又不越位，才能形成良好的运行机制，既保障所有者的最终控制权，又使企业富有活力。

（五）国有企业有两种类型，国有资产管理有两种形态

在进行国有资产管理时，可以把国有企业分作两类：一类是在某些特殊行业承担或部分承担政策目标的特殊企业，要保持"国有经济控制国民经济命脉"；另一类是竞争性行业的企业，以营利为目标，实现资产保值增值。为此，出资人机构管理和运营国有资本要承担两方面责任：一方面是在支撑国民经济增长、保障国家安全方面实现政策目标；另一方面是提高国有资本运作效率,实现保值增值。与此相对应,国有资产管理应当有两种形态。

(1) 对特殊公司的监控。极少数关系经济命脉、国家安全、提供重要公共产品和服务以及天然垄断行业的重要企业,如金融、电网、电信、军工、石油和大型基础设施等领域的重要企业属特殊公司,它们是政府进行公共管理、实现公共目标的重要资源。政府投资的目的不仅是资产的增值,更重要的是承担公共责任,保持国家的控制力。这类企业数量有限,但关系重大。为贯彻政府意图,对这类企业出资人机构应直接持股、控股或独资经营,国有资本不能轻易撤出,保持对这类企业的控制力,即进行企业形态的监控。

(2) 对普通公司的运营。在一般竞争性行业,出资人机构并不依赖特定的企业,而是以投资回报最大化和国有资本的保值增值为目标,不断优化资本布局,进行有进有退的调整。由"管企业"转换为"运营资本"。显然,国家投资和拥有股份的企业大多数属于这一类。

划分两类管理形态是为了使各自有明确的目标,可以使用相应的管理手段和评价体系,便于准确地考核,提高监管效率。

(六) 建立国有资产管理体制的难点

(1) 面对庞大的国有企业群,鞭长莫及。
(2) 缺乏良好的公司治理基础。
(3) 新设立的出资人机构如何正确行使所有权。
(4) 缺乏懂得和熟悉资本运作和监管的人才。

三 有效的公司治理是现代企业制度建设的核心

企业制度创新必然要削弱政府部门的干预权,内部人控制将受到制度性约束;结构调整涉及部门权利、高管人员的"位子"和部分人员的岗位等。面对现实,人们总希望绕过这些冲击,在新制度中保留自己即得的权利。因此,扭曲新制度的动机和阻碍结构优化的力量始终存在。

公司制度是国有经济的主要实现形式。有效的公司治理结构是公司制的核心、是当前在微观领域最重要的制度建设。

(一) 公司是实现两权分离最有效的制度安排

两权分离是当代大型经营机构普遍采用的运营方式。国资委运营国有资本的微观制度基础是所有权与经营权分离。为什么要实行"两权分离"？一个大型现代化生产经营组织涉及多个不同的利益主体，它的决策、经营、管理和控制都属高度专业化的领域，在市场竞争中要承受巨大的风险。因而投资者愿意投入资源组建公司，委托给精心选择、有专门知识和技能的人来经营管理。在进行这种委托时，投资者必须在两个方面进行权衡：专业经营管理所带来的预期收益和由于利益不完全一致而产生的风险。为保障投资者利益，需要以法律、合同和酌情处置权等形式，保持投资者对公司的最终控制权。这就是实行所有权与经营权分离的实质和建立有效公司治理机制的必要性。国际经验表明，到目前为止，公司是实现两权分离最有效的制度安排。

现代公司制度与传统国有企业制度相比至少有四个优点：

（1）公司是迅速聚集资本最有效的财产组织形式；

（2）公司可以引入包括非国有的多家股东，有利于弥补国有产权委托代理的低效率，使公司将目标集中于经济效益；

（3）公司提供了投资者有效监督的治理框架，如果运作得当，在所有权与经营权分离情况下可以保障投资者权益；

（4）公司制度可以实现投资者、经营者和管理者动态最佳组合，有较好的纠错机制，有可能创造良好业绩和"百年老店"。

所有这些优点都是传统国有企业制度无法相比的。新设国资委履行出资人职责有两个基础条件，即政企分开和所有权经营权分离。前者由于国资委是"特设机构"，没有行政权力，已从组织上做了安排；而后者则必须依靠适合的企业制度——公司制度才能实现。

(二) 公司制度发挥作用的基础是建立有效的公司治理结构

公司治理是用以处理由于所有权和经营权相分离而产生的信托代理关系的制度安排。也就是说，所有者投资设立了经营机构，但是所有者并不直接参与经营，把投资的财产信托给董事会来替他经营；董事会对法人事项做出决策，但是他不直接管理，而是聘请职业经理替他实现公司的目标。这样就出现了一系列的委托代理，所有者把财产信托给了董事会，董事会做出决策，又委托经理去经营管理，经理执行的结果如何体现所有者意志、保障所有者的权益，就必须有一套科学的体制设计做保障，这套制度安排就是公司法人治理结构。

公司法人治理结构是一个有国家法律保障的、制度严谨的"分权、分责、制衡"的体制。它所形成的一套有效的委托代理关系，可以保障投资者的最终控制权，可以维系公司各个利害相关者之间的平衡，使所有权和经营权的分离成为可能。可以认为，有效的公司治理是所有权与经营权分离的前提条件，是公司制度发挥作用的基础，是企业制度创新的核心问题。

随着市场化程度的提高，投资主体多元化的趋势还会迅速发展。政府投资者往往希望直接干预或通过审批来体现政府意志；而机构和个人投资者则希望通过一套有法律保障的信托代理关系，聘请经营管理专家来管理公司，在所有权和经营权分离的情况下来实现自己合法权益最大化。资本市场上的投资者，不得不承受由于经营失误而造成的损失，但他们绝不接受由于法人治理结构扭曲或暗箱操作而带来的风险。只有良好的公司治理，才能实现公司的良性发展。

（三）现代公司的分权制衡机制

公司与传统国有企业的运行机制完全不同。传统国有企业所有者在企业之外决策，企业设立统一的"领导班子"，强调"一元化领导"，决策机制是"厂长（经理）负责制"；在公司制度下所有者进入企业，实行分权、分责、制衡体制。决策机制在股东大会是一股一票，少数服从多数；在董事会是集体决策、个人负责。

一般来说，公司权利可以分成所有权、经营权、管理权和监督权。《公司法》对四项权能和按层级的制衡关系各有明确界定，并分别由股东会、董事会、经理和监事会行使。

公司所有者组成最高权力机构股东大会，行使所有权，保持对公司的最终控制地位并全权决定董事的选聘、激励和去留；

董事会对全体股东负责，每位董事对自己的行为独立承担责任。董事会拥有公司的经营决策权，包括选聘、监督经理和决定经理的薪酬。

经理作为公司的经营管理者，在董事会的战略决策和授权范围内独立主持公司的日常经营管理工作。经理依《公司法》享有经营管理权。

监事会代表股东对公司进行监督，《公司法》赋予监事会监督权。

在公司治理中既要防止所有权侵犯经营权、管理权，也要防止经营权、管理权架空所有权，排斥监督权。股东对董事会不满意时，甚至可以更换董事会，但不应该也没有必要替董事会做经营决策。同样，董事会对经理不满意，甚至可以更换更适合的人选，但没有必要替经理指挥生产管理。只有公司的所有者、经营者、管理者、监督者恪尽职守，又不越位，才能形成良好的运行机制，使公司富有活力。其中所有者负责而恰当地行使最终控制权是良好公司治理的基础。

为建立有效的公司治理，就要科学地配置公司的控制权，确保分权、分责、制衡的有效性。要保证股东大会的最终控制权；董事会成员与经理人员不能过多重合，以确保董事会以公司和股东利益为取向主持公司的经营和决策；大型公司还应有外部董事或独立董事，以确保公司、小股东和利益相关者的权益；董事长与经理不能一人兼，以确保董事会对经理人员的有效监督；国有独资公司依法设立外派监事会；如此等等。这种规范的公司治理机制，使公司体制中每一个层级都有响应的权利，都有响应责任的约束。从而既保证所有者对公司的最终控制，又使公司能有效运转。

因此，公司治理机制与一元化领导体制存在本质差别。在公司制度下笼统地提"公司领导班子""董事会领导下的经理负责制""公司一把手""董事长领导总经理"等是不确切的，董事长以法人代表自居，在没得到董事会授权情况下到处表态是不妥当的，很容易把新旧两种制度混淆。

（四）建立有效公司治理的改革意义

目前公司治理是微观经济领域最重要的制度建设。建立有效公司治理具有重要的改革意义。

（1）公司治理的有效性关系国企改革的成败。良好的公司治理可以保障投资者权益。这是所有权与经营权可以分离的制度基础。如果因公司治理的缺陷,投资者的权益得不到保证,机构投资者、外资和个人投资者将会"用脚投票",远离公司。而政府股东由于退出的障碍,就会处于两难的地步。如果不加干预,坐看国有资产流失,有失责任;如果以强化行政干预的方式来维护所有权,那就退回到所有权与经营权不分、政企不分原点,使改革招致失败。

(2) 公司治理水平影响经济增长。有投资能力的机构和个人并不一定就是创办企业的好手。只有源源不断地将机构和个人资金通过资本市场流入企业,转化为生产发展资金才能保持经济增长,而公司治理在这一转化中处于核心地位、起着关键作用。公司治理还与金融体系的安全直接相关。例如,上市公司的治理结构存在严重缺陷,投资者利益得不到保障,这时投资者就会降低甚至丧失投资意愿,或转向投机炒作。投机成分增加带来泡沫成分增加。泡沫一旦破裂,往往会导致金融危机。亚洲金融危机本质上是一场公司治理危机。从这个意义上说,公司治理的有效性关系经济发展全局,公司治理水平影响经济增长、影响金融安全。

(3) 公司治理是企业竞争力最重要的基础软件。世界上办得成功的大公司几乎都经历了同一个过程,发展—融资—再发展—再融资。能沿着这条道路走下去的基本条件就是取得投资者的信赖。现在的情况是,有发展前景的企业需要不断充实资本金,获得发展的机会;而那些机构投资和个人投资者则四处寻找良好的投资项目和可信赖的业主。这两者能否有效结合,一是看资本市场是否健康有序,二是看公司法人治理是否规范有效。可以说,一个富有前景的企业,有效的公司治理、对股东的诚信是取得投资者信赖的基石,是走向资本市场的通行证,是企业竞争力的基本要素。据麦肯锡企业顾问公司2000年调查,对同等赢利水平的公司,投资者愿为治理机制良好的公司股票多支付20%以上的溢价;在亚洲金融危机后,投资者在评估亚洲投资潜力时,认为董事会行为质量比财务问题更重要和同等重要的占75%。

(五) 始终存在人为扭曲公司治理的力量

在中国,从改革方向上很多人都承认必须实行所有权与经营权分离,但有些人却不太相信公司治理的作用,缺乏推进建立有效公司治理的热情。

这里有认识和理解方面的原因，也受到体制性局限和利益驱动，有的人更相信所有者在企业外的强力干预，有的则企图从扭曲的公司治理中获得短期非分的好处。这就造成一些国有企业虽然改制为公司甚至已经上市，但公司治理被扭曲的现象仍然存在。

有的企业是董事长、经理一人兼，在避免"领导班子"内部矛盾的同时，却失去了制衡；有的政府部门既派入董事、董事长，还要管理经理、副经理，认为对企业领导人员管得越多越安全，打乱了公司内权利和责任的分配关系；有的董事会成员与经理人员高度重合，使董事会监督经理的作用失效，为内部人控制敞开了方便之门；有的对董事会集体决策、个人负责的议事规则不以为然，有效的信托责任制度仍未形成；有的政府部门仍用管"国有企业"的办法管理公司，对董事会合法决策的事，还要政府审批；有的认为国有独资是最高级形式，争相改制为国有独资公司等。这些做法都违反了《公司法》，也违背了建立现代企业制度的初衷。我们切不可因人为地扭曲公司法人治理结构而达不到转换机制的目标，最终否定了现代企业制度。扭曲的现象有多种表现：

（1）国有股权委托代理体制尚不健全，模糊的股权管理体制、责权不清的产权代理关系，使国家投资和拥有股份的公司没有集中统一的"国有老板"。在各个部门热衷于行政干预的同时，却没有哪个机构愿意下功夫推进建立有效的公司治理，失去了所有权的激励和约束，内部人往往会产生偏离所有者权益的行为；

（2）国有企业改制上市后，"存续公司"解决存续问题资源进入上市公司，作为控股股东，它总有一种通过与上市公司高管人员交叉任职、关联交易等手段从上市公司获得特殊好处的倾向。由此造成了两个后果：一是董事会有失独立性，二是公司目标变得模糊；

（3）政府主要承担社会职能，在它直接充当所有者时，往往利用行政权力把控制的公司当作行使社会职能的工具，使上市公司丧失了商业利益的独立性，小股东的权益无法保证；

（4）政府在企业外的直接干预，包括超越《公司法》对人事安排的干预，很容易打乱公司治理机制，使公司权利机构、决策机构、执行机构之间的分权制衡体制遭到破坏；

（5）在资本市场上国有股、法人股不流通，没有公司控制权转移的威胁，经营者只要能讨好大股东，就敢于更大胆违规运作，导致人为地扭曲公司治理的倾向。

（六）改善公司治理应注意的几个问题

（1）改善公司治理的目标。1999年5月经济合作与发展组织通过了《OECD公司治理原则》，使其具有公司治理标准和指导方针的作用：

一是公司治理框架应保护股东权利；

二是公司治理结构应保护所有股东，包括小股东和非国有股东应受到平等待遇。如果他们的权利受到损害，他们应有机会得到补偿；

三是公司治理应确认利害相关者的合法权利，并且鼓励公司和利益相关者在创造效益和保持企业良好财务状况而积极合作；

四是治理结构框架应保证及时准确地披露与公司有关的任何重大问题，包括财务状况、经营状况、所有权状况和公司治理状况的信息；

五是治理结构框架应确保董事会对公司的战略性指导和对管理人员的有效监督，董事会对公司和股东负责。

（2）所有权到位是形成有效公司治理最重要的条件。目前很多企业的公司治理被扭曲的重要原因，要么是所有权不到位，内部人控制；要么是一股独大的国有股东行为不端正。原则上讲，企业的激励和约束本质上都来自所有者，因为所有者享受的是"剩余索取权"，即在政府收缴了税、银行拿走了利息、职工领取了工资后的"剩余"才属于投资者。在完成如上扣除之后，如果"剩余"是正数，那就是利润；如果是负数，那就是亏损。作为"剩余索取者"，所有者承担盈亏的后果，因而具有监督其他参与者和做出有效决策的积极性。所有者为获取更多"剩余"的热情就是企业的动力；防范风险的谨慎就是企业的约束。所有权到位是公司治理的灵魂，离开了所有者的激励和约束，很难避免管理层的非正常行为，所有者的权益就无法保证。

（3）董事会是公司治理的核心机构。经理层和股东的利益实际上不可能完全一致，在信息不对称、股东直接监控困难的情况下，公司的经理们就有可能为追求自身利益而牺牲股东和公司的利益。因此，股东并不把公司经营权交给经理，而是将公司委托给有决策和监督能力，勤勉、诚信的董事组成董事会经营。董事会受投资者信托，主要职责是确保公司的长远利益，最重要的职能是任命和更换公司最高管理层、做出战略决策、监督管理层的工作、评估经理的绩效并决定其薪酬。董事会还必须确保企业的经营符合各项法律法规，包括要对财务报告的真实性、合规性等负责，在公司治理中处于核心地位。为此要优化董事会（不能全由内部人）构成，认真实行"集体决策、个人负责"的决策机制，强调董事会的独立性，强化董事的个人责任。

（4）公司的目标必须集中于投资回报。公司治理的要义是保护投资者利益。给公司设置非经营性目标，一方面使经营者无所适从，另一方面也给经营者的随心所欲留出了更大的空间。结果是财务约束软化和对经营业绩无法准确考核。这是国有企业低效率的一个重要原因。政府的目标是多元的，但是，除极少数特殊公司外，不能通过出资人机构把政府的多元目标转嫁给国家投资和拥有股份的企业。公司目标集中于投资回报，才能建立财务预算硬约束，才能准确评价公司的经营业绩。即便承担某些政策目标的特殊公司，也必须把政策目标和为此而支付的成本设定清楚，强化预算硬约束。

（5）建立与责任相对称的选人用人机制。现代公司的分权、分责、制衡关系，主要是各层级通过对人的控制来实现的。《公司法》中股东会、董事会和经理间有关人事权力的分配，是建立在责任分配和形成有效制衡关系基础上的。由于人事权力与各自履行的职责和承担的责任相对称，因此他们具有选择和监督相关人员强烈的责任心，把权利交给他们是有效的。有责任的约束，不会滥用权利。如果公司人事权利的分配规则乱了，那么公司的责任和制衡关系就会被打乱，就会导致内部约束机制软化、高管人员非正常行为上升、经营劣迹无人负责。因此，尽管对公司具体领导人员的管理十分重要，但维护一个有效的公司治理，形成具有及时纠错功能的人事管理机制，更有利于公司创造良好业绩，降低风险。如果大股东不恰当地干预企业人事管理，尽管是为维护股东利益，但是一旦由此影响甚至破坏了公司的分权、分责、制衡关系，那么必然招致内部化的激励约束机制失效，结果将事与愿违，得不偿失。

(七) 公司的约束机制

改善公司治理有多种工具，尽管每一种工具各自还不能完全保证资源有效利用，但多种作用结合就可以形成一个有效的框架。

如果经理不能有效地经营管理，董事会就会采取行动改变局面，直至更换经理；如果董事会行动迟缓或不力，股东就会施加积极影响，直至重组董事会；如果董事会、股东都无力回天，从而企业业绩继续下滑，公司的市场价值就会降低，当价格低于价值时，就会成为收购者的潜在目标。公司一旦被收购，不仅所有者惨遭损失，而且董事和经理将失去岗位、身价贬值。如果这些机制都不能改变局面，亏损就不断侵蚀所有者权益，当公司所有者权益接近于零的时候，"有限责任"就可能对股权持有者产生负面激励，从而威胁固定受益者特别是债权人的利益。此时固定受益者如债权人，就有动力走到前台，破产机制就会发挥作用，以此改变所有者，改变董事会，资源重新配置。

公司治理是现代企业制度的核心，改善公司治理不仅需要公司董事、经理们的努力，而且需要不断完善法规，需要政府、国有出资人机构、其他投资者、资本市场、经理人市场、中介机构、新闻媒体等的持续共同努力。

(八) 关于董事会的角色和董事责任

英国董事协会编著出版的《董事会标准：改善你的董事会效果》（第三版）描述了董事会的形象：

（1）董事会必须具有企业家精神，同时保持谨慎，并能监控和推动业务的发展；

（2）董事会既要充分了解公司运作以对其行为负责，又能保持客观性，不干预公司的日常管理；

（3）董事会必须既对短期压力敏感，又了解广泛、长期的发展趋势；

（4）董事会既要知道"本地"情况，又能注意到国际化、竞争形势和其他方面对公司的影响；

（5）董事会在集中精力于商业目标的同时，还要对雇员、商业伙伴和整个社会承担责任。

董事会的责任有：

（1）保护和服务于股东并对其他利益相关者，包括对顾客、债权人、雇员、供应商和社区的利益负责；

（2）决定集团目标，批准为实现这些目标所制定的战略、计划、政策和各项投资建议；

（3）监督集团战略、计划和政策的实施和进展情况；

（4）确保集团具有适合的领导人并确保管理才能出色；

（5）监督并评价集团执行管理层的绩效；

（6）确保集团诚实运作，遵从所有法律和规则，指导集团业务符合高尚的伦理道德标准。

董事的一般责任是：无论执行董事或非执行董事，都要平等地承担法律责任，而不是雇员服务合同中的任何具体责任。一般而言，董事不对公司债务和损失负有责任，但个人渎职将承担责任。董事对股东承担谨慎、勤勉和诚信责任。

谨慎与勤勉责任的意思是：

（1）董事必须以适宜的技能，谨慎和勤勉地行使职能，如果疏于职守将负有责任；

（2）除非有合理的理由，连续缺席董事会将导致失职。

诚信责任的意思是：

（1）董事必须遵守相关法律、规章和实践准则，并尽力保证公司在任何时候都依法经营；

（2）董事任何时候都应尊重事实和诚实对待经营事物，个人行为不受公司责任以外的股权、生意、政治和个人承诺及关系的影响；

（3）仅在符合公司目的的情况下使用公司资产和资源；

（4）董事应避免本人利益或相关组织和个人的利益与其所承担的公司责任发生冲突，不参加可能影响其独立行使判断权利的第三方的协议；

（5）董事不得以其董事身份直接或间接为个人或相关人员获取好处，特别是不能利用内部信息获得收益；

（6）作为董事会忠诚的一员，并不意味着董事不应该在董事会或对包括董事长或常务董事在内的其他董事表达不同意见。

建立有效公司治理的核心是改革国有资产管理体制，使国家所有权到位又不越位。当前，扭曲公司治理的最大因素是一股独大的国有股东行为不端正。国资委的成立为解决这一问题创造了条件。国企改革应竭尽全力做到的是，通过有效的公司治理形成内部化的财务预算硬约束机制，这比在企业之外进行干预和审批更具有本质意义。

建立与市场体制相适应的经营者激励机制[*]

（2004年9月6日）

企业管理者薪酬一直是社会关注但又没有很好解决的问题。传统体制下国有企业领导者是"干部"，薪酬水平比照同"级别"公务员，由政府确定。企业转制走向市场后，经营者薪酬如何处理争议很大。

企业最宝贵的财富往往是干部职工队伍自身，他们的积极性、团队精神、创新的斗志是企业竞争力不竭的源泉。但是，员工无限的创造潜力有赖于良好的企业文化开发、有赖于有效的激励机制。薪酬计划是有效激励的核心部分。建立与市场经济体制相适应的经营者激励机制是提高企业竞争力的重大命题。

改革开放以来，为增强企业活力，国家选择了多种方式和途径探索对企业经营者进行有效激励和监督。尽管取得了一定进展，但至今仍是一个没有很好解决的问题。

随着全球化、市场化程度加快，人才战略已经成为国家和企业竞争力的核心。实践经验表明，对经营者的激励与约束既是人才竞争的重要工具，是调动人才潜能、创造良好企业业绩的保障，也是端正经营者行为的重要工具。在推进建立现代企业制度过程中这一问题越来越引起普遍关注。

一 有效的经营者激励制度是公司法人治理的一项基本要素

公司制度最重要的特征是所有权与经营权分离。实现这种分离的必要条件，是在所有者与经营者之间建立有效的激励与制衡机制。其中，所有

---

[*] 本文是作者2004年9月6日在劳动部组织召开的"企业薪酬国际研讨会"上的发言。

权控制构架和对经营者有效激励是保障公司健康发展的两个关键性制度安排。

公司控制权构架，主要是保障各个股东之间和各个利害相关者之间权利与责任的平衡，以及所有者对经营者的有效控制和监督。控制构架最重要的部分是公司人事权力的分配。对经营者有效激励的一个要点则是构建有竞争力的企业薪酬激励体系，使经营者的尽职和努力与公司价值和投资者利益相一致。通过控制构架和激励制度两者的良性互动，实现公司价值和股东利益最大化。

事实上，所有者对经营者的控制和约束，最重要、最有效的工具是决定经营者的去留。但是，一般情况下所有者不会轻易使用这种极端的办法。

另一方面，所有者可以选择多种形式对经营者进行监督，来体现自己的最终控制权，但是由于公司外部人与内部人信息严重不对称，加之经营者追求的目标与所有者目标事实上存在差异，"完善的监督"成本非常昂贵，甚至在技术上难以实现。此时，如何通过一套有效的激励制度使经理人的目标与公司和所有者目标趋于一致，就成为公司治理有效性的一个关键。

在公司制度中，与责任相匹配的人事权力分别由股东会、董事会和经理掌握，形成分责、分权、制衡机制。公司治理中的制衡关系最终是通过对人的制衡来实现的。所谓对人的控制，除一级决定一级人员职位升降和去留之外，重要的是聘用者有权决定被聘用者的薪酬，所有者控制最高经营层的薪酬结构和水平。"激励"是公司人才战略的一项核心内容，是各公司战略中一项重要的制度安排。

"聘用者决定被聘用者的薪酬，所有者控制最高经营管理层的薪酬结构和水平"，这本来是件不言自明的事，但在体制转轨的今天存在不少问题。在体制转轨中要澄清以下概念。

（1）在公司治理结构中，在不同层次谁是薪酬激励的主体，谁是被激励的对象，这必须弄清楚。自己"激励"自己，或乱了层次的激励都是体制转轨时期伴随所有者缺位或越位而出现的不正常现象。

（2）选择怎样的激励因素？对经营者激励有经济因素，有非经济因素；有薪酬因素，有非薪酬因素。例如，直到现在支持国有企业经营者工作的主导方面仍是非薪酬因素。不同的企业战略、选人用人机制，对应不同激励方式。张冠李戴不会有好的效果。

（3）薪酬激励的目标是什么？工资是对员工劳动再生能力的一种补偿，而激励则是以薪酬方式鼓励员工努力实现公司目标。

（4）薪酬激励的手段和工具是什么？不同的激励手段和工具可以产生不同的效果。激励的手段和工具也应随需要而不断创新。针对岗位不同、在公司发挥作用不同，应选择不同的激励工具和激励水平。

二 企业薪酬制度依附于企业人事制度

激励制度的本质是劳动人事制度。由于劳动人事制度改革有更大的难度，改革开放以来我们总想在企业领导人员行政任用制度基本不变的情况下，找出一套适应市场机制的行政管理方式，建立经营者有效激励制度。尽管我们采取过重奖重罚、功效挂钩和承包制等多种方式，但都没有取得预期的效果。除经营者"凭良心"工作外未能形成一种良性激励机制，很难使经营者竭尽全力为所有者创造业绩而又不侵犯股东权益。

在体制转轨过程中实际上是两种人事制度并存，即行政任用和市场选聘两种人力资源配置方式并存。

企业领导人员的行政任用制度，是政府主管机构通过选拔、考核将人员"分配"或"安置"到不同企业、不同"级别"的管理岗位。此时，经营者主要受到三重激励：一是职位晋升的激励，这里有企业内的职务晋升，更有比照政府公务员级别的晋升，而后者具有稳定性和社会普遍认同的特点，也就显得更加珍贵；二是货币性报酬，即工资激励，由政府比照同级公务员并参考职工平均工资确定，水平不高，缺乏吸引力；三是职务消费和福利，如交通、住房、通信、保险，甚至签单，这里有很大的弹性。相比之下，行政级别是最重要的激励因素。

市场配置机制则是聘用双方的一种市场选择。聘用方综合考虑诚信、才智、管理能力和工资成本等因素，通过中介机构，在市场中选择最适宜的经营者；应聘者则综合考虑本人爱好、发挥才能的机会和薪酬水平等因素，选择最适宜的企业和岗位。此时，聘用双方建立合同关系，对高管人员的激励主要有三：一是雇用方的信赖；二是企业资源和发展前景提供的可施展的舞台；三是满意的薪酬水平。薪酬水平是参考经理人市场价格由聘用双方谈判以合同方式确定。

显然，两种用人制度体现了两种不同的机制和价值观，相应地匹配两种不同的激励机制。

实践证明，市场化的人力资源配置方式比行政性配置方式有更强的活力；对国有企业而言，"行政主导型"薪酬制度正面临市场化的薪酬激励机制的挑战。

以行政级别激励企业经营者，表现出许多弊端。以红头文件任命的方式确定企业领导者，遇到的一个问题是被任命者身份和地位的不确定性。企业领导者很难给自己一个准确的定位。例如，企业领导者是公务员或"准公务员"，还是企业家？前者追求的是社会公共目标，后者追求的是所在企业效益最大化。这是价值观完全不同的两类岗位。

企业领导者是国家所有者代表或自身就是经营者？在所有权与经营权分离之后，经营者追求的目标并不必然与所有者的目标完全重合。

企业领导者是企业"小社会"管理者还是企业的经营者？前者是对职工和社区居民负责，后者则要排除各种与主业和经营无关的事物，降低成本，两者追求的目标完全不同。

"行政级别"使企业领导者的身份、地位很难准确界定，给他们设定的目标含糊不清，一方面使他们无所适从，另一方面也为他们为所欲为留出了空间。这是国有企业所有者缺位的重要表现，是许多国有企业非正常行为时有发生和低效率的重要原因。

随着市场化程度提高，非国有经济得到了发展。凭个人能力取得社会认同和获取合法收入的途径大大变宽了。行政任用的企业领导者有与企业职务相应的"行政级别"，却很难有与企业高管人员相应的薪酬。在政府宣布企业经营者不再有行政级别时，对企业经营者最有吸引力的激励因素弱化。不少经营者产生失落感，甚至出现"动力真空"，使经营者"跳槽"和"59岁现象"带有一定普遍性。更有甚者，乘所有者缺位，利用手中权力疯狂侵吞企业财产。

1999年党的十四届四中全会已经明确取消企业领导人员的行政级别。

现在企业经营者行政级别处于若有若无、"官本位"激励面临消失的状况。面对日趋激烈的人才竞争，政府有意采取市场化激励方式或比照同类型非国有企业的水平确定经营者薪酬。但是，行政任用的高管人员要采用市场化激励方式却遇到了难以克服的矛盾。这不仅由于没有经历在人才市场的竞争筛选过程，难以确定个人的市场价值；而且靠一纸红头文件就获取很高的薪酬，与同一行政机构任命的政府人员薪酬水平难以平衡，社会难以认同、职工难以接受、政府部门也感到矛盾重重。

三 有效薪酬激励机制

薪酬机制是特定社会范畴内企业与员工的分配关系，目的是以较低的成本最大限度调动员工和经营者的积极性。当前，我们还处于体制转轨时期，薪酬激励机制落后是企业低效率的重要原因。深化改革是当务之急。

（1）重要的是改善公司治理。薪酬激励是公司治理的一个重要组成部分，如果公司治理基本框架、所有者与经营者之间的基本关系没有建立，合理的薪酬制度也很难建立。要确保股东会任命董事并决定董事薪酬的权力；确保董事会选聘经理并决定经理薪酬的权力；确立股东会、董事会尊重公司经理相应的人事权力。公司控制权的合理配置是建立公司激励与制衡关系的基础。如果公司人事权力配置关系被打乱，激励与制衡关系就会失效，公司效率就会降低，出现劣迹无人负责。

（2）传统"工资加奖金"的激励方式应向"薪酬包"发展。传统的工资制度功能单一，面对企业不同发展阶段和各类人员的复杂情况，难以有效发挥薪酬的激励作用。应当借鉴国际经验，发展新的薪酬激励工具。可将固定工资与短期激励、中期激励、长期激励相组合；将货币薪酬与非货币薪酬，如补充保险、培训计划、福利计划等相配套；还可以引入股票期权计划，形成薪酬组合。每一项薪酬要素有不同的激励效果，针对不同类型人员在公司战略中的不同作用和地位设计结构和水平各不相同的薪酬包。

（3）培育、发展劳动力市场和经理人市场。人力资源市场不仅承担配置资源的基础性作用，而且还有人力资源价格发现的作用。区域人力资源价格是各企业确定薪酬激励水平的准绳。也就是说，企业薪酬的总水平由劳动力和各类人才的市场价格决定，不同企业可高一些或低一些。具体的薪酬激励方式、激励工具各企业则千差万别。

（4）政府应成为积极的"第三方"。政府在企业薪酬制度中应扮演调节劳资双方的角色。在劳动力可以无限供给的情况下，一般职工处于弱势地位。当前应通过制定政策和法规调控个体行为，保护职工合法权益。例如，制定最低工资标准、强制推行社会保障制度、强化劳动保护和劳动时间的监督等。

建立有效激励机制还要发挥工会的作用、中介服务机构的作用，并与健全社会保障体制等配套。

企业间的竞争从表层看，是商品和服务的竞争；进一步看则是技术能力、管理水平的竞争。而支持强大技术能力和高超管理水平的是人。因此，从深层次看，企业间的竞争本质上是人才的竞争。当前，深化改革、建立有效的治理结构、形成科学的薪酬激励机制，是提高企业竞争力的一个关键。

全国政协经济委员会深化国有企业改革座谈会情况[*]

（2004年10月26日）

2004年10月26日上午，全国政协经济委员会召开"深化国有企业改革座谈会"，围绕"十一五"期间国有企业和国资管理体制改革的方向、基本思路和政策措施进行研讨。全国政协主席贾庆林、副主席王忠禹出席并讲话。经济委员会副主任厉以宁、吴敬琏，社会和法制委员会副主任萧灼基，全国政协常委陈清泰，经济委员会委员孙树义、赵希正做了发言，经济委员会委员张卓元提供了书面材料。会议由陈清泰主持，秘书长郑万通，经济委员会主任刘仲藜，副秘书长王巨禄、范西成及部分经济委员会委员出席。

一 "十一五"期间仍然要把国企改革放到非常突出的位置

十四届三中全会以来，我国国有企业改革已取得重大进展，但国有经济布局和结构的战略性调整任务还十分繁重，国有大中型企业与规范的现代企业制度的要求还很远，国有资产管理体制改革才刚刚起步。"十一五"期间仍然要把国企改革放到非常突出的位置。

（1）国有企业状况转好可能弱化改革的紧迫性。王忠禹副主席指出，前些年国企改革是生死问题，拼死也得干，不得不推进。现在情况相对好了一些，不改也没什么问题，所以改革更难了。陈清泰认为，国企状况好转一方面是结构优化、机制转换带来的可喜现象，另一方面也与我国经济

---

[*] 本文是此次座谈会的会议综述。

进入一个高增长期密切相关。国企状况好转是加快改革的好时机，同时，也容易掩盖许多深层次矛盾和问题，弱化改革的紧迫性，甚至有可能使改革出现停顿。加入 WTO 后，国有企业在许多行业不可替代的地位已经不存在，留给国有企业改革的时间已经不多了。如果改革不尽快到位，对整个国民经济的持续发展还会带来很大影响。孙树义认为，从组织领导方面看，对国有企业改革的推进，近年来有迟缓、停滞的现象，使一些地方矛盾和问题尖锐化。现在没有一个部门能综合组织协调国有企业改革的问题，十五大提出国企改革要抓好结构调整和制度创新后，至今没有相关的方案和措施。

（2）国有企业是完成"十一五"规划的主力军。孙树义认为，"十一五"期间，国有经济在资本的占有、资源的配置、科技的创新、人才的聚集等方面仍占有绝对优势，继续深化国有企业改革并发挥好国有企业的主导作用，对"十一五"规划的全面落实至关重要，国有企业是实现"十一五"规划的主力军，国企改革也是健全和完善社会主义市场经济体制的中心环节。萧灼基提出，国有经济在"十一五"期间要加大力度，加快进度，加速完成。改革要有个时间表，争取改革基本到位，退出基本完成，"与其做植物人，不如安乐死"，否则，职工拖老了、设备拖旧了、企业拖死了。

（3）国有企业改制要认真清理。厉以宁提出，要清理现有国有企业的改制，哪些改制成功，哪些不成功，凡一次改制不成功的，必须二次改制。二次改制才能二次创业。改革先解决小问题，宁肯慢点，争取在"十一五"期间建立章法、制度。

二　国有企业改革的一些重大原则问题在"十一五"规划中应进一步明确和重申

王忠禹副主席指出，回顾国有企业改革的历史，在不同阶段改革的重点和主要内容不一样，改革的地位和提法也不一样。从国有企业的状况来看，"十一五"规划要体现一些重大原则，如国有企业在"十一五"期间到底处于什么地位等，需要认真回答，否则对完成规划会有很大影响。中央关于国企改革的重大理论、政策应该说是明确的,现在的问题是在很多重要方面认识不一致,并且已经影响到一些地方改革的进程。改革历来就是有争论的,但中央已经明确的问题就不能含糊、不能动摇。同时,对国企改革的经验和教训需要认真总结,对一些重大原则问题也需要进一步深化、细化。

(1) 调整国有企业改革的指导思想。陈清泰提出,"十一五"期间国企改革应由着重搞好国有企业、国有经济,转向进一步消除所有制结构不合理对生产力的羁绊,完善多种所有制经济共同发展的基本经济制度,坚持两个"毫不动摇";由着眼于搞好一户户国有企业,转向注重国有资本分布的优化和质的提高,使国有经济的主导作用主要体现在控制力上;由以往的政策优惠作为搞好企业的主要手段,转向消除所有制歧视,为各种所有制企业创造公平的市场环境;由政府通过直接干预搞好国有企业,转向建立有效的国有产权委托代理体制和机制,推进企业投资主体多元化,实行政企分开、所有权与经营权分离,建立有效的公司治理机制。

(2) 全面理解贯彻十五大"调整和完善所有制结构"的决定和十六大"毫不动摇地巩固和发展公有制经济"的论断。建立现代企业制度,对所有制结构进行有进有退、有所为有所不为的战略性调整,是国有企业改革的关键。吴敬琏指出,国有经济"有进有退",从哪里进和从哪里退,十五大讲得很清楚。保持国有经济的控制力,并不意味着在所有地方都要控制,也不是在所有地区都要按照统一比例进行控制,国有经济比重降低并不影响我国社会主义性质。陈清泰认为,为了增强国有经济的控制力和提高国有资本的效率,国有资本必须具备流动性,有进有退,大的原则是国有经济应该发挥其他所有制经济不可替代的作用,在其他所有制经济可以替代的领域,国有经济原则上讲可以退出,将国有资本转移到国家必须控制的行业和领域。"十一五"规划应进一步重申十五大以来中央关于国企改革的重大方针政策,这有利于统一思想,坚定社会各界对国企改革的信心。

(3) 客观看待国有资产流失问题。萧灼基认为,对国有资产流失要进行客观分析,算大账、总账。对于以权谋私、关联交易等造成资产流失,必须制止;而对那些有利于盘活存量资产,增加税收和就业的企业低价出售,不能简单地说是资产流失。东德垮台后,许多企业是一块钱卖掉的,因为企业本身已经没有资产了。我们现在的许多企业也一样。关键是价格的市场发现过程是不是公开、透明,其实国有资产"坐失"比"流失"更严重,当务之急是建立规范的退出机制。吴敬琏提出,要明确一点,国有企业不退不改就不流失了?天天在流失。孙树义认为,国有企业改制过程中,确实有国有资产转让不透明,管理层收购不规范,官商结合贪污、转移、侵吞国有资产等问题,但这些问题不是改革过程中、企业发展中的问题,很多是政府机构失职、失责、失察、失办的问题,而非改革的本质性问题。我们还是要坚持中央提出的国企改革的方针,积极稳妥地把改革推向前进。各方面需要用平和宽容的心态,客观冷静地思考和对待,特别是要用历史和全面的眼光审视国企改革和深化中出现的问题。

(4) 把握好国企改革的底线与可行性。厉以宁提出,国有企业改革要不要有一条底线?如果有,底线在什么地方?这很重要。如果要维持"公有制为主体,国有经济占主导"这条底线,公有制应包括哪些范围?对国有制是全资国有、国家相对控股还是国家绝对控股要理清楚。全资国有只是在极少数行业的某些大型企业,大多数还是国家控股,但国家控股不取决于国家的一厢情愿。"十一五"期间,国企改革应该明确重点能做的是什么?应该做但暂时不做的是什么?这样就可以既保留底线又有可行性。国企改革的最后成功要靠其他改革都基本完成了才能实现。

三 积极推进国有资产管理体制改革

国有资产管理体制问题在国有企业改革中处于"龙头"地位,十四届三中全会以来,国有经济布局调整没有取得预期的进展,一个重要原因在于国有资产管理体制改革滞后。陈清泰认为,十六大之后,国有资产管理体制改革取得了较大进展,但因时间过于紧迫,有些问题还需要进一步推敲、深化。

(1) 进一步明确国有资产管理机构的性质和定位。陈清泰提出,国资委是"出资人机构"还是"监管出资人的机构"目前有些模糊,国资委的监管职能很容易与银行、证券、电力等监管部门的职能混淆。国有资产管理划分为管理、监督、运营三部分，其中，国有资产的统计、稽核、制定政策、制定法规等管理职责似应由财政部门负责为宜，国有资产的监督应由政府委托审计部门负责更有效，而出资人机构则应是被管理、监督的对象。国资委履行出资人职责，不能把管理、监督、运营集于一身，应该是受同级政府委托，以国家股东身份运营国有资产，其首要职能是要使国有资本不断流向国家必须控制的行业和领域，保证国有经济的控制力，其次才是提高国有资本运营效率，实现保值增值。为此，管理应划分特殊公司和普通公司两类形态，明确各自目标，提高监管效率。

（2）切实推进国有资产管理的制度建设。陈清泰指出，要加快建立国有资本经营预算制度，强化出资人概念，用出资人的工具来履行出资人的职责；各级国资委建立资产负债表、现金流量表、损益表；政府建立复式预算，即公共预算、国有资本经营预算、社保预算制度，积极探索三种预算之间资金的流通渠道和流通规则；给国资委工作创造更有利的环境，使国资委真正能够履行国有资本排他性的所有者权能；目前国企人事权力的多头管理不利于国资委集中统一行使所有权；进一步顺各级国资委之间的关系，明确各级政府的产权责任，保证国有产权的"独立性、流动性、排他性、可分性"。

（3）强化国有资产管理的公开性。孙树义提出，提高国有资产管理的有效性必须强化监管的公开性。为了防止由于信息不对称引发的内部人控制，应向社会公开国有资产的经营状况，加快培育和完善开放性的企业家市场，严格防止和杜绝政府和公务人员的权力寻租行为，强化媒体和中介机构的监督作用。

四 "十一五"期间国企改革需重点突破的几个难点

改革开放以来，各级政府为国企改革支付了巨额成本，但总体上讲，单一的国有经济并没有做出相应的贡献，也没有看到预期的复兴迹象。"十一五"期间，国有企业改革到了真正"打硬仗""硬碰硬"的时候了。

（1）积极推进中央企业的公司制改革。张卓元提出，中央企业是国有企业的骨干，如不迅速转制、适应市场，将面临巨大压力，甚至处于被动。

"十一五"期间，中央企业改革可分为三步：第一步，按《中华人民共和国公司法》要求将中央企业转为公司，建立董事会，初步实现两权分离；第二步，大力发展股份制，实行投资主体多元化；第三步，建立和完善法人治理结构。对极少数目前仍需保留国有独资的，也要尽可能由多家国有投资公司共同持股。关于股份制改革，吴敬琏指出，我国大多数国有企业股份化采取"剥离上市"方式，结果是中央国资委直接面对的一级企业绝大多数都属于全资国有，股份化的只是由它们控股的二级企业。这种格局不但使作为控股公司的一级企业本身没有得到改造，而且老体制很容易通过控股关系传导到上市公司去。在老体制控制新体制的格局下，后者要想成为具有国际竞争力的现代企业相当艰难，上市公司有可能成为控股公司的"提款机"。

（2）打破垄断行业的垄断地位。垄断行业是我国国有经济最集中的领域，是我国中央国有企业改革的重点。萧灼基提出，对于需要国家垄断的行业，即使是国家独资和国家控股企业，国家也必须采取措施，使其成为"无级别、无官员、无特权"的商业企业，与其他企业一样，在市场上公平竞争。张卓元提出，要认真区分垄断行业中自然垄断业务与非自然垄断业务，在非自然垄断业务领域要放开市场，引入竞争机制，提高效率。同时，对自然垄断性业务，国家要加强监管，既要加强安全、环保、普遍服务等管制，也要实行价格管制，维护消费者的正当权益。

（3）政府职能转变必须到位。赵希正提出，政府是国企改革的推动者，现在政府职能严重滞后，部门之间互相争权扯皮，该办的事情没有人办，效率太低。如果政府职能转变不到位，国企改革难以成功。孙树义提出，在当前通过并购方式重组和调整国有经济布局的条件已经具备的情况下，改革的成效取决于政府能否抓紧时间，在"十一五"期间完善相关政策法规，健全各种协调、配套措施。

建立与现代企业制度相适应的
企业经营者选聘和激励机制[*]

（2004年11月6日）

在一些现代企业制度试点企业中，已开始市场化的选聘职业经理人。这就在试点企业里出现了经理人选聘的"双轨制"：一种是控股股东派出或指定，另一种是市场化选聘。两种选聘制度，就有了两种激励机制。

随着全球化、市场化程度的提高，人才战略已经成为国家和企业竞争力的核心。实践经验表明，没有一支宏大的、具有国际水平的职业企业家和高级管理者队伍，就不可能成长出具有国际水平的优秀企业。然而，国家政策环境、市场环境、所有制结构、经济发展水平以及公司治理结构、社会舆论等都是影响职业企业家成长和施展才能的重要因素。其中，建立与公司制度相适应的企业经营者选聘及激励、约束机制是提高企业竞争力的重大命题。

一　股东应成为有效的公司治理的主导力量

现代公司是开放性市场经营组织，它的生命力在于产权和人力资源的可流动性以及由此形成的所有者、经营者、管理者直至员工的动态最佳组合。

公司提供了一个框架和平台，使最感兴趣和有能力的投资者投资；信托诚信、勤勉、最有决策能力的人组成董事会主持经营决策；选聘最有管

---

[*] 本文是作者2004年11月6日在"建设职业企业家队伍研讨会"上的讲话。

理才能的人进行经营管理，并以提高公司和股东价值为主要目标在所有者、经营者和管理者之间建立分责、分权、制衡机制。

因此，对经营管理者的选聘（筛选）机制、激励机制、约束机制是公司治理的核心部分。

公司制度最重要的特征是所有权与经营权分离。也就是说，所有者投资设立了经营机构，但是所有者并不直接参与经营，把投资的财产信托给董事会来替他经营；董事会对法人事项做出决策，但不直接管理，而是聘请职业经理替他实现公司的目标。这样就出现了一系列的委托代理关系。为保障所有者权益，必须有一套科学的体制设计，这套制度安排就是公司法人治理结构。在公司治理中，所有权控制构架和对经营者的有效激励是保障公司和所有者权益的两个关键性制度安排。

从建立现代企业制度试点开始，公司制度建设就引起人们的广泛关注。无论国内经验还是国际趋势都表明，提高公司质量最重要的措施就是改善公司治理。

（1）改善公司治理的目标。1999年5月经济合作与发展组织通过了《OECD公司治理原则》。《原则》的要点是公司治理框架应保护股东权利，包括小股东和非国有股东应受到平等待遇、确认利害相关者的合法权利、保证及时准确地披露与公司有关的任何重大问题、确保董事会对公司的战略性指导和对管理人员的有效监督。

（2）所有权到位是形成有效公司治理最重要的条件。目前很多企业的公司治理被扭曲的重要原因，要么是所有权不到位，内部人控制；要么是一股独大的国有股东目标多元化。原则上讲，企业的激励和约束本质上都来自所有者，因为所有者享受的是"剩余索取权"，即在政府收缴了税、银行拿走了利息、职工领取了工资后的"剩余"才属于投资者。在完成如上扣除之后，如果"剩余"是正数，那就是利润；如果是负数，那就是亏损。作为"剩余索取者"，所有者承担盈亏的后果，因而具有监督其他参与者和做出有效决策的积极性。所有者为获取更多"剩余"的热情就是企业的动力；防范风险的谨慎，就是企业的约束。所有权到位是公司治理的灵魂，离开了所有者的激励和约束，很难避免管理层的非正常行为，所有者的权益就无法保证。

（3）董事会是公司治理的核心机构。经理层和股东的利益实际上不可能完全一致，在信息不对称、股东直接监控困难的情况下，公司的经理们就有可能为追求自身利益而牺牲股东和公司的利益。因此，股东并不把公司经营权交给经理，而是将公司委托给有决策和监督能力、勤勉诚信的董事组成董事会经营。董事会受投资者信托，主要职责是确保公司的长远利益，最重要的职能是任命和更换公司最高管理层、做出战略决策、监督管理层的工作、评估经理的绩效并决定其薪酬。因此，董事会在公司治理中处于核心地位。为此要优化董事会构成，认真实行"集体决策个人负责"的决策机制，强调董事会的独立性，强化董事的个人责任。

（4）公司的目标必须集中于投资回报。公司治理的要义是保护投资者利益。给企业设置非经营性目标，一方面使经营者无所适从，另一方面也给经营者的随心所欲留出了更大的空间，结果是财务约束软化和对经营业绩无法准确考核，这是国有企业低效率的一个重要原因。政府的目标是多元的，但是，除极少数特殊公司外，不能通过出资人机构把政府的多元目标转嫁给国家投资和拥有股份的企业。公司目标集中于投资回报，才能建立财务预算硬约束，才能准确评价公司的经营业绩。即便承担某些政策目标的特殊公司，也必须把政策目标和为此而支付的成本设定清楚，强化预算硬约束。

有效的公司治理首要的是维护股东利益，如果股东，特别是大股东不认真扮演推进建立有效公司治理的主要角色，那么公司内部人则更倾向于扭曲公司治理，并从中获得非分的好处。

显然，股东应成为推进建立有效公司治理的主宰，其中所有权到位又不越位最为重要。

目前对国有股东维护自己权益存在一种悖论。无论是公司治理结构的设计、相关法律的制定和公司治理的正常运行，主要目标都紧紧围绕维护股东权益，特别是大股东权益。但大股东往往又企图绕过公司治理的正常规则，通过非正常干预来维护自己的权益。因此，大股东特别是一些国有控股股东总有一种人为扭曲公司治理的倾向，包括对一些企业高管人员的不恰当管理，而公司治理一旦被扭曲股东权益就无法保障。

二 公司的控制权构架

公司控制权构架，主要是保障各个股东之间和各个利害相关者之间权利与责任的平衡，以及所有者对经营者的有效控制、激励和监督。控制构架最重要的部分是公司人事权力的分配。而对经营者有效激励的要点则在于构建有竞争力的企业薪酬激励体系，使经营者的尽职和努力与公司价值和投资者利益相一致。通过控制构架和激励制度两者的良性互动，实现公司价值和股东利益最大化。

一般来说，公司权利可以分成所有权、经营权、管理权和监督权。《中华人民共和国公司法》（本文以下简称《公司法》）对四项权能和按层级的制衡关系各有明确界定，并分别由股东会、董事会、经理和监事会行使。

在公司治理中要科学地配置公司的控制权，确保分权、分责、制衡的有效性，使公司体制中每一个层级为行使责任拥有相应的权利；任何权利都有对应的责任约束。在公司权利配置中，既要防止所有权侵犯经营权、管理权，也要防止经营权、管理权架空所有权，排斥监督权。股东对董事会不满意时，甚至可以更换董事会，但不应该、也没有必要替董事会做决策。同样，董事会对经理不满意，甚至可以更换更适合的人，但没有必要替经理指挥生产管理。只有公司的所有者、经营者、管理者、监督者恪尽职守，又不越位，才能形成良好的运行机制，使企业富有活力。其中所有者负责而恰当地行使最终控制权是良好公司治理的基础。

因此，公司治理机制与传统国有企业"一元化"的领导体制存在本质差别。在公司制度下，所有权进入企业，实行分权、分责、制衡体制。决策机制在股东大会是一股一票，少数服从多数；在董事会是集体决策、个人负责。在公司制度下再笼统地提"公司领导班子""董事会领导下的经理负责制""公司一把手""董事长领导总经理"等是不确切的，董事长以法人代表自居，在没得到董事会授权情况下到处表态是不妥当的。很容易把新旧两种制度混淆。

现代公司的分权、分责、制衡关系，主要是各层级通过对人的控制来实现的。所有者对经营者的控制和约束，最重要、最有效的工具是决定经营者的选聘和激励。董事会实现公司目标最重要的保证条件是有权决定经理的去留和薪酬。经理主持经营管理工作的有效性取决于他对高管人员的使用权。

《公司法》中股东会、董事会和经理间有关人事权力的分配，是建立在责任分配和形成有效制衡关系基础上的。由于人事权力与各自履行的职责和承担的责任相对称，因此他们具有选择和监督相关人员强烈的责任心，把权力交给他们是有效的；有责任的约束，不会滥用权力。如果公司人事权力的分配规则乱了，那么公司的责任和制衡关系就会被打乱，就会导致内部约束机制软化、高管人员非正常行为上升、经营劣迹无人负责等问题。因此，尽管对公司具体领导人员的管理十分重要，但维护一个有效的公司治理，形成具有及时纠错功能的人事管理机制，更有利于公司创造良好业绩，降低风险。如果大股东不恰当地干预企业人事管理，尽管是为维护股东利益，但是一旦由此影响甚至破坏了公司的分权、分责、制衡关系，那么必然招致内部化的激励约束机制失效，结果将事与愿违，得不偿失。

三 两种经营者选聘制度，两种激励机制

在公司制度下，所有者尽管可以选择多种形式对经营者进行监督，体现自己的最终控制权，但是由于公司外部人与内部人信息严重不对称，加之经营者追求的目标与所有者目标事实上存在差异，"完善的监督"成本非常昂贵，甚至在技术上难以实现。此时，如何通过一套有效的激励制度使经理人的目标与公司和所有者目标趋于一致，就成为公司治理有效性的一个关键和公司人才战略的一项核心内容。

在体制转轨过程中实际上是行政任用方式和市场机制两种人力资源配置方式并存，与此对应有两种激励机制。

企业领导人员的行政任用制度，是政府主管机构通过选拔、考核将人员分配、安置于不同企业的高级管理岗位。此时，经营者主要受到三重激励：一是职位晋升的激励，这里有企业内的职务晋升，更有比照政府公务员级别的晋升，而后者具有稳定性和社会的普遍认同的特点，也就显得更加珍贵；二是货币性报酬，即工资激励，由政府比照同级公务员并参考职

工平均工资确定，水平不高，缺乏吸引力；三是职务消费和福利，如交通、住房、通信、保险，甚至签单，这里有很大的弹性。相比之下，行政级别是最重要的激励因素。

市场配置机制则是聘用双方的一种市场选择。聘用方综合考虑诚信、才智、管理能力和工资成本等因素，通过中介机构，在市场中选择最适宜的经营者；应聘者则综合考虑本人爱好、发挥才能的机会和薪酬水平等因素，选择最适宜的企业和岗位。此时，聘用双方建立合同关系，对高管人员的激励主要有三：一是雇用方的信赖；二是企业资源和发展前景提供的可施展的舞台；三是满意的薪酬水平。薪酬水平是参考经理人市场价格由聘用双方谈判以合同方式确定。

显然，两种用人制度体现了两种不同的机制，相应地匹配两种不同的激励机制。

实践证明，市场化的人力资源配置方式比行政性配置方式有更强的活力；对国有企业而言，"行政主导型"薪酬制度正面临市场化的薪酬激励机制的挑战。

以行政级别激励企业经营者，表现出许多弊端。以政府红头文件任命的方式确定企业领导者，遇到的一个问题是被任命者身份和地位的不确定性。例如，企业领导者是公务员或"准公务员"，还是企业家？这是价值观完全不同的两类岗位。

企业领导者是国家所有者代表，或自身就是经营者？经营者追求的目标并不必然与所有者的目标完全重合。

企业领导者是企业"小社会"的管理者，还是企业的经营者？两者追求的目标完全不同。

"行政级别"使企业领导者的身份、地位很难准确界定，给他们设定的目标含糊不清。一方面使他们无所适从，另一方面也为他们为所欲为留出了空间。这是国有企业所有者缺位的重要表现，是许多国有企业非正常行为时有发生和低效率的重要原因。

随着市场化程度提高，非国有经济得到了发展。凭个人能力取得社会认同和获取合法收入的途径大大拓宽了。行政任用的企业领导者有与企业职务相应的"行政级别"，却很难有与企业高管人员相应的薪酬。在政府宣布企业经营者不再有行政级别时，对企业经营者最有吸引力的激励因素弱化。不少经营者产生失落感，甚至出现"动力真空"，使经营者"跳槽"和"59岁现象"带有一定普遍性。更有甚者，乘所有者缺位，利用手中权力疯狂侵吞企业财产。

1999年十五届四中全会已经明确取消企业领导人员的行政级别。现在企业经营者行政级别处于若有若无、"官本位"激励面临消失的状况。面对日趋激烈的人才竞争，政府有意采取市场化激励方式或比照同类型非国有企业的水平确定经营者薪酬。行政任用的高管人员要采用市场化激励方式也遇到了难以克服的矛盾。这不仅是由于没有经历在人才市场的竞争筛选过程，难以确定个人的市场价值；而且靠一纸红头文件就获取很高的薪酬，与同一行政机构任命的政府人员薪酬水平难以平衡，社会难以认同、职工难以接受、政府部门也感到矛盾重重。

企业家的水平决定企业的水平；企业的总体水平决定国家的竞争力。我们高兴地看到，中国企业家在市场竞争的大潮中迅速成长，这是国家的希望。

我希望全社会应尊重企业家、理解企业家，政府应为企业家脱颖而出和施展才能创造好的环境。

"十一五"时期的国企改革[*]

(2004年11月15日)

经过这些年的改革和结构调整,国有企业的状况有了很大好转。这个好转,一方面是结构优化、机制转换带来的可喜现象,另一方面也与我国经济进入了一个高增长期密切相关。在这样的背景下,我们面临两种可能,一种是由于经济形势转好,很多深层次矛盾和问题被掩盖,改革的紧迫性慢慢弱化,以至改革可能出现停顿;一种是抓住企业状况转好,承受能力增强的机会,加快改革。总体来看,我国加入WTO之后,国有企业在大多数行业不可替代的地位已经不存在,留给国有企业改革的时间已经不多了。由于国有企业在资产总额中还占一半以上,如果改革不尽快到位,结构、布局和经营机制不能适应市场经济,对整个国民经济的持续发展还会带来很大影响。因此,"十一五"期间仍然要把国有企业改革放到非常突出的位置。

一 "十一五"规划应对国有企业改革的一些重大问题加以澄清

从党的十四届三中全会到党的十六大和十六届三中全会,涉及国企改革的重大理论、政策问题按理说已基本厘清,但现在又出现了一些反复,如对国有资本要"有进有退"这个国企改革中比较核心的问题,目前在认识上有不同的看法。为了增强国有经济的控制力和提高国有资本的效率,国有资本必须具备流动性,要不断进行"有进有退"的调整。大原则上讲,国有资本是政府可以调控的特殊稀缺资源,国有经济应该发挥其他所

---

[*] 本文刊载于全国政协《经济委员会通讯》2004年第10期。

有制经济不可替代的作用。在那些其他所有制经济可以替代的领域，国有经济原则上讲就可以退出。退出之后，把资本再投到不可替代的领域，比如军工、重大基础设施建设等，或者用在民营经济不能进入、不愿进入而国家安全和国民经济发展又需要的行业和领域，如长江三峡电站工程。这样有利于把"蛋糕"做大。多种所有制在社会主义市场经济条件下不是一个简单的对立关系，应按照十六大要求在市场竞争中各自发挥优势，相互促进，共同发展。在"十一五"规划的文件中应进一步澄清中央关于国企改革的重大方针政策，这有利于统一思想，坚定社会各界对国企改革的信心。

二 "十一五"期间国有企业改革的指导思想

由着重搞好国有企业、国有经济，转向进一步消除所有制结构不合理对生产力的羁绊，完善多种所有制经济共同发展的基本经济制度，坚持两个"毫不动摇"；由着眼于搞好一户户国有企业，转向注重国有资本的分布优化和质的提高，使国有经济的主导作用主要体现在控制力上；由以往的政策优惠作为搞好企业的主要手段，转向消除所有制歧视，为各种所有制企业创造公平的市场环境；由政府通过直接干预搞好国有企业，转向建立有效的国有产权委托代理体制和机制，推进企业投资主体多元化，实行政企分开、所有权与经营权分离，建立有效公司治理。

三 进一步完善国有资产管理体制

国有资产管理体制问题在国有企业改革中处在"龙头"的地位。尽管1993年就把国有企业改革推进到制度创新阶段，1997年又提出国有经济布局结构调整的任务，但在实际操作中几乎都因国有资产管理体制改革滞后而使结构调整和制度创新这两项改革任务受阻，没有取得预期的进展。十六大明确提出了国有资产管理体制改革的一些具体、可操作的办法，并在差不多半年的时间里，就开始政府机构改革，设立了国资委，并出台监管条例，等等。这些都是很大的成绩，也是当前工作的紧迫需要，但是现在看来，这些举措的实施尚显匆忙，对有些问题还需要进一步推敲、深化。如果国有资产管理不能扎扎实实走好的话，下一步国资委就有可能成为被改革的对象。当前结构调整、制度创新的核心问题是必须解决国有产权到位，使每一份国有资产都要有一个真老板，而不是假老板。否则，国有资产流失在所难免，结构调整也难以实现。深化国有资产管理体制改革，有若干问题有待进一步研究。

（1）要进一步明确国有资产管理机构的性质和定位。国资委是"出资人机构"还是"监管出资人的机构"？国资委的监管职能，很容易和银行、证券、保险、电力、安全等监管部门的职能混淆。党的十五大把国有资产管理划分为管理、监督、运营三部分。国资委履行出资人职责，到底是把管理、监督、运营集于一身，还是分担某一方面的职能？国有资产管理包括国有资产的统计、稽核、制定政策、制定法规等，属政府职责，管理职能似应由财政部门负责，出资人机构应是执行或被管理的对象。国有资产的监督属政府职责，出资人机构应该是被监督的对象，应由政府委托审计部门负责。受同级政府委托，以国家股东身份运营国有资产，包括对国有资本的布局调整、投资和控股企业的资产重组、建立有效公司治理，实现资产的保值增值等，似应是国资委的主要职责。

（2）加快建立国有资本经营预算制度，相应地建立各级国资委的资产负债表、现金流量表、损益表制度，进一步强化出资人概念，用出资人的工具来履行出资人的职责，承担起出资人的责任。

（3）政府正在建立复式预算制度，即公共预算、国有资本经营预算、社保预算制度，积极探索三种预算之间资金的流通渠道和流通规则。

（4）要给国资委工作创造更加有利的条件。按照十六届三中全会关于"归属清晰、权责明确、保护严格、流转顺畅"的"现代产权制度"要求，让国资委真正承担起国有资本排他性的所有者职能，承担起相应的责任。人事权力的多头管理对它集中统一行使所有权是不利的。

（5）应进一步明确国资委运营国有资本的职能。国资委要承担两种职能，第一种职能就是要使国有资本的布局不断地流向国家必须控制的行业和领域，保证国有经济的控制力，发挥其他任何资源不能替代的作用，这是首要的。第二种职能是提高国有资本运营效率，实现保值增值。如果只讲国有资本的保值增值是不全面的。国有资本作为一种特殊的稀缺资源，投入运营不是简单地为了挣钱。与此相对应，国有资产管理应有两种形态：一类是对特殊公司的监控，如电力、电网、石油、军工等国家必须控制的行业，国资委对这类应该直接控股，应该进行企业形态的监控，不能轻易地退出；另一类是对普通公司的运营，在一般竞争性行业，出资人机构以投资回报最大化和国有资本保值增值为目标，优化资本布局，不断进行"有进有退"的调整。划分两类形态的管理，各自有明确的目标，便于准确地考核，有利于提高监管效率。

（6）要进一步理顺各级国资委之间的关系。应该按照"现代产权制度"的要求，使各级政府承担相应的产权责任。各级国资委应该分别对本级政府负责，它们之间不存在隶属关系。实践已经证明，和其他产权一样，如果国有产权离开了"独立性、流动性、排他性、可分性"，国有资本的安全和运营效率也难以保证。

深化银行企业改革,建立有效公司治理[*]

(2004年11月21日)

2004年11月20~21日,由国务院发展研究中心金融研究所等机构联合举办的首届"中国国际金融论坛"在上海国际会议中心召开,论坛主题是"宏观调控下的金融创新与高成长企业发展"。

今年中国银行业的改革迈出了很大的步伐,其中汇金控股公司成立,中国银行和建设银行股份制改制顺利进行十分引人注目。这是国有银行向商业银行,即金融公司转制的重要一步。

国有银行聚集着国家和储户的巨额资产,金融系统的运行关系国民经济命脉,对国有银行进行商业化改造是我国向市场经济体制转型的重要步骤。有极大的难度。国有银行走向政企分开、实行所有权经营权分离,没有良好的制度安排做保障,就要冒极大的风险。与国有企业一样,国有银行的商业化改革能否成功,很大程度上取决于能否较快地建立有效的公司治理。公司治理结构是改制中最重要的制度安排。

但是,建立有效公司治理并不是靠自身的努力就能做到的,需要有很多配套条件。从国有企业改制的经验看,以下几点是值得注意的。

一 国家所有权到位又不越位

掌握公共权利的部门同时也行使国家出资人的权能,它往往把投资和控股的企业当作行使公共职能的工具。正是这一做法,给国有银行带来了极其严重的后果,一直到现在还困扰着银行商业化的进程。

---

[*] 本文是作者2004年11月21日在论坛上的讲话。

按照党的十六大的要求，设立专职出资人机构，受国家委托专职行使国家所有权。使政府承担公共责任的部门，与承担所有权的部门各自独立。在政府层面实行"政资分开"，才能在企业层面推进政企分开。

1. 出资人机构应集中统一行使所有权

一般而言，只有所有者，即出资人机构，有权决定财产的使用、独占在使用时所产生的效益并承担所发生的全部成本时，效益和成本才能构成对出资人机构的激励和约束，才能对出资人机构的预期和决策产生完全、直接的影响。多头管理意味着无人负责，结果是财务预算的软约束。

与私有产权一样，国有产权的运作效率也取决于产权管理的排他性。必须改变各个政府部门、各级政府都可以对国有银行发指令、提要求和干预放贷业务的状况。按照党的十六大要求，建立责权明晰的国家所有权委托代理体制，形成对每一部分经营性国有资产可追溯产权责任的体制和机制。

2. 国家所有权与企业经营权分离

出资人机构如何行使所有权是关键的技术细节，从某种意义上讲，它决定改革的成败。要害是必须从制度和机制上严格区分以股东方式"履行出资人职责"和依照行政隶属关系"管企业"的本质性差异。

要注意两种倾向：一是防止企业内所有者继续缺位，所有者权益被侵蚀；二是防止所有权越位，出现"婆婆加老板"，把企业管死。

"管资产与管人、管事相结合"中的"管"，绝不是传统意义上政府在企业之外强干预式的管。出资人机构"管"的方式是依照《中华人民共和国公司法》（本文以下简称《公司法》）履行股东权利的方式；"管"的内容是依照《公司法》履行出资人职责该"管"的内容。

所有权到位，就是出资人机构为行使所有权该管的人和事，例如《公司法》中股东大会按规定要管的人和事，要理直气壮地管好、管到位，成为"真老板"。

所有权不越位，就是出资人机构只当"老板"不当"婆婆"。只行使股东控制权，绝不干预企业的经营权、管理权。

在公司治理中既要防止所有权侵犯经营权、管理权，也要防止经营权、管理权架空所有权，排斥监督权。只有公司的所有者、经营者、管理者、监督者恪尽职守，又不越位，才能形成良好的运行机制，既保障所有者的最终控制地位，又使企业富有活力。

二　政企分开和政府与企业权能的界限

国有企业转换机制、形成有效公司治理的主导方面在政府，难点是如何妥善处理政府、市场、企业之间的关系。

实践证明，试图将国有企业和国有银行作为行使公共职能的工具，或试图以政府力量替代企业决策的做法都会制约企业的效率和创造力。

政府和企业是现代社会两种最有力量的组织机构。划清政府与企业的财产界限和权能边界至关重要。企业的行为必须受政府的政策调控和法规约束，但政府必须承认企业的法人财产权利和独立的市场地位。只要依法经营，企业"内部性"的事务不是政府直接干预的领域。现在的问题是，政府管了许多企业"内部性"的事，对企业"外部性"影响又未很好地承担起管理责任。

就是说，政府在宏观调控、市场监管中应发挥主导作用，但并不意味着政府有必要代替市场主体决定进入哪个市场、决策投资什么项目或指挥银行贷款。政府宏观调控必须用调控宏观的工具，政府对企业更大的影响力是它设计的体制框架和政策环境，而不是介入竞争过程。

在现代市场经济中，政府离开了对企业的直接干预是否就失去了对企业外部性行为的控制了呢？实际上，政府对企业的影响无处不在。即使在政企分开情况下，政府仍有足够的力量和手段影响企业，包括银行的行为。因为再大的企业也只能在政府制定的体制、法律和政策的框架内活动。例如，政府的税收制度和会计准则，利率、汇率和外汇政策，关税和进出口政策，环保和安全法规，市场准入、土地使用，以及司法、执法机构对失信者的惩处等，都极其深刻地影响着从股东的投资决策到董事会的经营决策。但是，这种市场化的政府行为却与政企不分式的行政干预有本质的区别。

三 消除人为扭曲公司治理的力量

在中国，从改革方向上很多人都承认必须实行所有权与经营权分离，但有些人却不太相信公司治理的作用，缺乏推进建立有效公司治理的热情。这里有认识和理解方面的原因，也受到体制性局限和利益驱动，有的人更相信所有者在企业外的强力干预，有的则企图从扭曲的公司治理中获得短期非分的好处。这就造成一些国有企业虽然改制为公司甚至已经上市，但公司治理被扭曲的现象仍然存在。

有的企业内董事长、经理一人兼，在避免"领导班子"内部矛盾的同时，却失去了制衡；有的政府部门既派入董事、董事长，还要管经理、副经理，认为对企业领导人员管得越多越安全，打乱了公司内权利和责任的分配关系；有的董事会成员与经理人员高度重合，使董事会的独立性受到质疑，监督经理的作用失效，为内部人控制敞开了方便之门；有的对董事会集体决策、个人负责的议事规则不以为然，仍沿袭"一把手"说了算的风气；有的政府部门仍用管国有企业的办法管理公司，对董事会的决策不算数，还要政府审批等。这些做法都违背了建立现代企业制度的初衷，有的也违反了《公司法》。我们切不可因人为地扭曲公司法人治理结构而达不到转换机制的目标，最终否定了现代企业制度。

这些都表明国有股权委托代理体制尚不健全，模糊的股权管理体制、责权不清的产权代理关系，使国家投资和拥有股份的公司没有集中统一的"国有老板"。失去了所有权的激励和约束，内部人往往会产生偏离所有者权益的行为。

另外，国有企业改制上市存在结构性缺陷。原国有企业将优质资产包装上市，自己背着冗员、不良资产等成为"存续公司"。"存续公司"为解决存续问题，它总有一种倾向，即利用控股股东的特殊地位，通过与上市公司高管人员交叉任职、关联交易等手段从上市公司获得特殊的好处。实际上，在很多企业改制为公司后总有一种人为扭曲公司治理的力量。

四 改善公司治理应注意的几个问题

所有权到位,是形成有效公司治理最重要的条件。目前很多企业的公司治理被扭曲的重要原因,要么是所有权不到位,内部人控制;要么是一股独大的国有股东行为不端正。原则上讲,企业的激励和约束本质上都来自所有者,因为所有者享受的是"剩余索取权"。所有者为获取更多"剩余"的热情就是企业的动力;防范风险的谨慎,就是企业的约束。所有权到位是公司治理的灵魂,离开了所有者的激励和约束,很难避免管理层的非正常行为,所有者的权益就无法保证。

(1)董事会是公司治理的核心机构。经理层和股东的利益实际上不可能完全一致,在信息不对称、股东直接监控困难的情况下,公司的经理们就有可能为追求自身利益而牺牲股东和公司的利益。因此,股东并不把公司交给经理,而是将公司委托给有决策和监督能力、勤勉诚信的董事组成董事会经营。董事会受投资者委托,主要职责是确保公司的长远利益,最重要的职能是做出战略决策,任命和更换公司经理。监督经理和评估经理的绩效并决定其薪酬和去留。董事会在公司治理中处于核心地位。为此要优化董事会构成,认真实行"集体决策、个人负责"的决策机制,必须保持董事会的独立性,强化董事的个人责任。

(2)公司的目标必须集中于投资回报。公司治理的要义是保护投资者利益。给企业设置非经营性目标,一方面使经营者无所适从,另一方面也给经营者的随心所欲留出了更大的空间。结果是财务约束软化和对经营业绩无法准确考核。这是国有企业低效率的一个重要原因。政府的目标是多元的,但是,除极少数特殊公司外,不能通过出资人机构把政府的多元目标转移给国家投资和拥有股份的企业。即便承担某些政策目标的特殊公司,也必须把政策目标和为此而支付的成本设定清楚,强化预算硬约束。

(3)建立与责任相对称的选人用人机制。现代公司的分权、分责、制衡关系,主要是各层级通过对人的控制来实现的。《公司法》中股东会、董事会和经理间有关人事权力的分配,是建立在责任分配和形成有效制衡关系基础上的。有责任的约束，一般不会滥用权力。如果公司人事权力的分配规则乱了，那么公司的责任和制衡关系就会被打乱，就会导致内部约束机制软化、经营劣迹无人负责。因此，尽管对公司具体领导人员的管理十分重要，但维护一个有效的公司治理，形成具有及时纠错功能的人事管理机制，更利于公司创造良好业绩。如果大股东不恰当地干预企业人事管理，尽管是为维护股东利益，但是一旦由此影响甚至破坏了公司的分权、分责、制衡关系，那么必然招致内部化的激励约束机制失效，结果将事与愿违，得不偿失。

有效公司治理是当前微观经济领域最重要的制度建设。国有银行改制挂牌是走向商业银行迈出的第一步，展现了良好的前景。但是如果不在建立有效公司治理上下大功夫，那么没有什么力量能抵御旧体制的惯性。

国有经济的战略定位和有序调整[*]

(2004年12月18日)

我国正处于工业化和产业结构升级的重要时期。尽管贯彻"以结构调整为主线"的方针,近年来经济结构调整取得了积极进展,但产业和企业的结构性低效率、工业部门整合步伐迟缓、低效企业退出市场缓慢等,仍是影响我国经济增长潜力发挥的主要因素。多种所有制经济共同发展作为一项基本经济制度确立后,必须重新确定国有经济的战略地位和作用,并对国有经济主动地进行有进有退的调整和通过市场有序地推进企业重组。这是优化产业和企业结构,提高社会经济效率的必然选择。

一 国有经济的战略性定位

党的十五大以来中央对国有经济战略性调整和国有企业战略性重组不断有重大理论、政策突破。90年代中期以后,国有企业改革实际上就是制度创新和结构调整两条战线联动进行的。

到现在,国有经济布局调整取得了可喜的进展,但任务远未完成。面对入世后过渡期的新形势,国有经济结构调整具有十足的紧迫性。

(1)国有经济结构性矛盾充分暴露。国有经济占有较多的社会资源,但运作效率较低;国有经济分布过宽,但布局结构不尽合理;国有企业数量过多,但整体素质不高。如在工业领域,2000年国有及国有控股企业占用固定资产投资原值72.9%、国内银行工业贷款70%以上,只创造了约

---

[*] 2004年12月18日至19日,由国务院发展研究中心企业研究所和国务院国有资产监督管理委员会研究中心共同主办的"中国国企改制与产权交易高峰论坛"在京举行。本文是作者在论坛上的讲话。

42%的工业总产值。2001年末,国有企业在并无优势的一般竞争性行业有15.5万户,占国企总数的89.1%;占国有企业国有资产总量的49.5%。这种结构性的低效率限制了国有经济的主导作用,影响了中国经济增长的潜力的发挥。

(2) 国有企业的历史欠账已经成为一些城市经济社会矛盾的根源。在一般行业,激烈的市场竞争加速了国有企业的两极分化。一些丧失竞争力的国有企业不得不退出市场,但遇到了极大的困难。近年,破产企业职工失业、国有企业职工下岗、银行不良贷款、社会保障缺口等问题已经成为许多经济社会矛盾的根源。

(3) 在绝大多数行业和领域,国有企业不可替代的地位已经消失。随着市场化改革和兑现加入WTO的承诺,传统国有经济垄断的一些行业和基础设施、公用事业等,对非公经济逐步放开。在非国有经济允许进入的领域,竞争结构发生变化、市场主体多元化的格局逐渐形成,国有经济不可替代的地位迅速消失。国有资本作为政府控制的稀缺资源,必须向国家需要控制的行业和领域集中,以保持国有经济控制国家经济命脉。国有经济结构调整和国有企业重组势在必行。

(4) 政府、金融机构和企业重组国有经济的动力进一步增强。在优胜劣汰机制作用下,企业两极分化日益明显;优强企业、包括较有实力的民营企业以及外资企业,通过购并实现低成本扩张、提高市场集中度、改善产业和企业结构的力量增强;商业银行下属的四大资产管理公司面临资产回收的巨大压力;地方政府急于为状况不良的企业寻找出路。这一切进一步强化了重组国有资产存量的动力。

在社会主义市场经济体系中,各种所有制资本都是国家可利用的发展经济的资源。政府关注的重点是保障国家安全和把经济总量做大。在多种所有制经济共同发展的格局进一步展开后,国有经济无处不有的局面必将改变。重要的是我们必须研究,作为国家掌握的特殊稀缺资源,国有经济如何重新定位才能发挥"主导作用",才有利于把经济总量做大。党的十五大以来党和国家在理论政策上的突破,使国有经济战略性调整和国有企业重组的目标和指导原则越来越清晰。

1. 国有经济在国民经济中的作用和定位

对关系国民经济命脉的重要行业和关键领域，国有经济必须占支配地位。其他领域，可以通过资产重组和结构调整加强重点监督。在这个前提下，即便国有经济比重有所减少，也不会影响我国的社会主义性质。就是说，国有经济在国民经济中是一种特殊的经济成分。从深层次含义来说，国家投资兴办企业不是单一地为赚钱，更为重要的是通过国有企业的发展保障国家安全、支撑整体经济健康发展，起到其他所有制经济不可替代的主导作用。

2. 国有经济的主导作用

如何发挥主导作用？党的十五届四中全会提出"国有经济的主导作用主要体现为控制力"。这是在总结我国国有经济发展的经验教训、深刻认识发展生产力客观规律的基础上做出的重要论断。对"控制力"的诠释十分重要。按照中央有关文件的精神，控制力的表现主要有三个方面。

一是国有经济在关系国民经济命脉的重要行业和关键领域占支配地位。即在其他所有制经济不能进入或无力进入，而国家安全、国民经济发展又必不可少的领域，由国有经济进入，以确保国家安全和支撑国民经济健康发展，使国有经济与其他所有制经济各自发挥优势，把国民经济总量做得最大。

二是国有经济应保持必要的数量，更要注意分布的优化和质的提高。保持国有经济控制力，并不意味着在所有领域、所有地方都要"控制"，也不能简单地看数量的多少和比例的高低。必须随形势的变化及时调整布局，不断向国家必须控制的行业和优先发展的领域集中，国有经济才能持续地发挥"主导作用"。

三是国有经济的主导作用，既可以在某些特殊行业和领域通过国有独资企业来实现，更要大力发展股份制。国有控股或参股的混合所有制也可以体现国家控制力。

3. 国有资本必须控制的行业和领域

国有资本要从中小企业向大型企业集中，从弱势企业向优强企业集中，从一般竞争性领域向重要行业、关键领域集中。也就是向"涉及安全的行业，自然垄断的行业，提供重要公共产品和服务的行业，以及支柱产业和高新技术产业中的重要骨干企业"转移。这就是国家必须控制的关键少数。

4. 调整和改善国民经济的所有制结构

党的十五大提出，要"消除所有制结构不合理对生产力发展的羁绊"。在国民收入分配格局已经发生变化的情况下，个体、私营等非公经济迅速发展有利于国家和人民。党的十六大指出，国有经济与非公经济不是对立关系，应各自发挥优势，相互促进，共同发展。国有经济有进有退的调整，一方面可以加强国家必须控制的行业和领域，另一方面，可以为其他所有制经济让出更大的空间。凡是适合民间投资进入的领域，要鼓励、引导集体和个体、私营等非公有制经济的发展，形成各种所有制经济的互补发展格局，把国家经济总量做大。

二　在国家所有者主持和监督下推进国有经济结构调整

国有经济涉及全国经营性资产的一半，它的战略性调整是意义十分深远的调整，也是对经济社会影响十分重大的调整。这一轮调整将使我们获得结构优化带来的经济增长动力，进一步巩固和提高国有经济在国民经济中的主导作用，将使市场机制更加完善、使多种所有制经济共同发展跃上一个新阶段。

国有经济调整和国有企业重组是一项政策性极强的工作。在过去的国有企业改制和重组中确实出现了产权转让不透明，管理层收购不规范，甚至官商结合、贪污、转移、侵吞国有资产的现象。造成国有资产流失、职工权益受到侵蚀、债权人权益悬空等问题。究其原因，从根本上讲，是国家所有权缺位。尽管在企业外各种行政干预多而又多，但企业内所有权缺位。在这种情况下，政府处于两难地位，国有产权不流动，就会"坐失"；勉强流动，就难免流失。

国资委的成立和相继出台的国有企业改制和国有产权转让的有关法规，为国有产权有序流动创造了条件。为使这一轮调整健康进行，以下几点值得注意。

（1）产权转让必须在所有者决策和监督下进行。原则上讲，国有资本的投向和产权的流动是国家所有者为实现自己意志和获取更高投资回报的主动行为。但是企业改制、重组和产权转让涉及多个利益主体，每个利益主体都有人格化的代表为各自的利益而尽心竭力地施加影响。实践证明，"自买自卖"不行，"他买他卖"也不行。离开或排斥了国家所有权的决策和监督，不仅会背离国家所有者的意志，而且这种产权流动无异于流失。因此，尽管企业经营者可以提出建议，但有权决定并监督产权变动的是国有出资人机构。从这个意义上说，深化国有资产管理体制改革，使所有权到位，建立有效公司治理，是推进国有经济布局调整和国有资本有序流动的基础。

（2）全面理解和推进建立"现代产权制度"对国企改制和产权转让具有重要意义。与其他所有制产权一样，国有产权的独立性、排他性、可分性和流动性对国有资本的安全和效率具有决定性作用。产权"流转顺畅"的前提是"归属清晰"。在有了产权转让规则的情况下，必须明确谁是有责任约束的、有资格的卖主。按照《中华人民共和国公司法》的规定，股东持有股份的转让由持股股东决定；公司的法人财产转让则必须由董事会决议，股东大会决定。公司股权的转让与公司法人产权的转让都属于所有者最终控制权的范畴，但又是必须严格区分而不能混淆的两个层次的权能。就是说，产权转让规则重要，但谁是转让和执行规则的主体同样重要。

（3）企业重组要与改制结合。股份制是企业资产重组的重要形式，也是企业转机建制的重要机会。在结构调整中通过规范上市、中外合资和企业相互参股等形式，大力发展国有资本、集体资本和非国有资本等参股的混合所有制经济，实现投资主体多元化。除极少数必须由国家独资经营的企业外，要积极推行股份制，使股份制成为国有经济的主要实现形式。重要的企业可按情况由国有资本绝对控股或相对控股。

（4）分类指导，区别对待。面对情况十分复杂、数量庞大的国有企业群，用一种办法解决所有问题是不现实的。分类指导、区别对待是解决问题的基本途径。按照"抓大放小"总的原则，应区别大型、特大型企业与中小企业，垄断行业企业与一般竞争行业的企业制定政策和规定。按照充分发挥中央与地方两个积极性的原则，在国家统一的法律法规的指导下由中央和地方分别主持进行。

（5）抓紧完善有关法律法规。目前的状况是，有关法律法规依然滞后于历次中央已经明确的国有经济布局调整的指导原则。由于缺乏法规指导，要么畏首畏尾，行动落后于形势；要么盲目蛮干，造成大量后遗症。结构调整涉及复杂的利益关系，政策性极强，没有法律法规的约束，必然顾此失彼。法规应对企业并购中的利益关系、程序和透明度做出规定。

（6）把国有职工问题放到重要位置。经验表明，企业并购受到深度影响的一个大的群体是职工。国有企业无论关闭破产，还是并购调整，都必须把职工问题解决好。

（7）妥善处理并购企业的债务。企业并购必须是履行法律程序的过程，保护债权人利益是绝不能违背的原则。银行作为主要债权人，要拿起法律武器主动承担起保卫债权利益的责任。坚决制止逃废债务的行为。

（8）进一步完善资本市场。要发展和规范多种产权交易形式，使结构调整和产权流动有多种工具和渠道可以选择。要发展产权交易中介机构，提供信息沟通、法律、会计和公证服务。

（9）给民营企业以平等的机会。国有经济的调整对其他企业往往是重要的发展机会。一些地方只注意与外资嫁接，排斥民营企业的进入。这是不公平的。

中国改革发展 20 多年，积蓄了巨大的经济增长潜力，为企业发展创造了极为有利的条件。但是在经济全球化背景下，中国发展的有利条件并不由中国企业独享。近年来跨国公司迫不及待地大举进入中国，目的是抢先利用中国的发展优势。

面对企业发展的有利条件和竞争形势，机不可失、时不我待。就总体而言，我们的资产存量已经不小。并购重组、优化结构，蕴涵着巨大的商机和企业发展的机会。产权的流动性决定经济的活力和产权的效率，但这种流动必须在所有权人主持下通过市场、依法有序地进行。